金砖国家

农业发展概况

●李哲敏 等 / 著

中国农业科学技术出版社

图书在版编目（CIP）数据

金砖国家农业发展概况／李哲敏等著．—北京：中国农业科学技术出版社，2017.3

ISBN 978-7-5116-3317-0

Ⅰ.①金…　Ⅱ.①李…　Ⅲ.①农业发展-概况-世界　Ⅳ.①F313

中国版本图书馆 CIP 数据核字（2017）第 261910 号

责任编辑　穆玉红
责任校对　马广洋

出 版 者　中国农业科学技术出版社
北京市中关村南大街 12 号　邮编：100081
电　　话　（010）82106638（编辑室）　（010）82109702（发行部）
（010）82109709（读者服务部）
传　　真　（010）82106650
网　　址　http://www.castp.cn
经 销 者　各地新华书店
印 刷 者　北京富泰印刷有限责任公司
开　　本　787mm×1 092mm　1/16
印　　张　25.25
字　　数　620 千字
版　　次　2017 年 3 月第 1 版　2017 年 3 月第 1 次印刷
定　　价　120.00 元

《金砖国家农业发展概况》

编写人员

李哲敏　董晓霞　张　超　任育锋

吴　培　王　禹　陈　威　吴　晨

李燕妮　李干琼　许振宝　张小允

陆美芳　王玉庭　王东杰　王盛威

刘　宏　潘月红　翁凌云　肖红利

前　言

近年来，伴随经济全球化的深入发展，中国适时提出了“一带一路”倡议、“农业走出去”等发展战略，着力构建全方位对外开放新格局，以促进互联互通、统筹多双边和区域开放合作，为包括金砖成员国在内的所有合作伙伴提供了新的合作机遇，国家间双边和多边经济贸易合作日益紧密。金砖国家对话机制，缘起于促进多边经济贸易合作，以实现合作共赢的新局面。2006 年 9 月，“金砖国家”（简称 BRICS）的新兴市场国家合作机制形成后，其迅速成为世界政治、经济舞台上的一支重要力量，在全球政治、经济发展中发挥了举足轻重的作用。金砖国家合作机制成立 10 年来，五国经济总量在世界经济中的比重从 12%上升到 23%，贸易总额比重从 11%上升到 16%，对外投资比重从 7%上升到 12%，30 亿人民的生活质量得到日益改善，金砖国家在国际上的地位和作用不断提升。

金砖国家是世界上重要的农业生产基地，拥有世界耕地的 1/3，各国的农业规模都比较大，对保障全球粮食安全至关重要，受到各国政府高度关注。金砖国家在农业资源禀赋、农业发展水平、市场规模和需求模式等方面均有很大的互补性和合作空间。随着金砖国家合作的推进，农业领域的合作也向纵深发展。从 2010 年 3 月起，巴西、俄罗斯、印度、中国、南非五国采取轮席制，每年召开金砖国家农业部长会议，重点就金砖国家农业基础信息交流系统建设、保障最脆弱人口的粮食安全相关战略、减少气候变化对粮食安全的负面影响推动农业适应气候变化、加强农业技术合作与创新、促进农业贸易与投资等方面进行沟通与交流合作，逐步形成了长效的农业合作与交流机制。在金砖国家农业合作机制的积极推动下，各国农业得到了长足发展和相互促进，结出了累累硕果。从农业生产上，2015 年，金砖国家谷物产量达到 102 395万吨，占全球的 40. 4%；肉类、禽蛋和奶类产量分别达到了 13 084万吨、3 820万吨（2013 年数据）和 25 946万吨，占全球的比重分别为 41. 19%、51. 73%和 32. 40%。从农产品贸易规模上，2015 年金砖国家农产品进出口总额达到 3 838亿美元，比 2000 年增长了 3. 89 倍，规模逐步扩大，对国际农产品市场的健康发展所起的作用越来越明显。同时，金砖国家农业机械化、规模化水平以及农业科技投入与对外投资规模都在逐年扩大，农业现代化水平不断提高。

习近平总书记在金砖国家第八次领导会议提出了“坚定信心　共谋发展”的发展目标，携手规划金砖国家发展新蓝图，以促进世界和平、稳定、繁荣。未来，金砖国家农业合作将在深度和广度上不断拓展。农业信息沟通与交流对切实发挥各国优势、提高资源的利用效率、实现资源的最优配置等发挥了至关重要的作用。

在金砖国家合作的外交背景下，为了进一步做好金砖国家农业基础信息交流工作，本研究从金砖国家合作背景入手，对其农业生产、贸易、科技、投资和农业支持政策等多方面进行深入分析和探讨。全书分为八章：第一章金砖国家农业合作背景，主要介绍金砖国家的金砖国家的由来、发展历程，以及其合作的背景；第二章金砖国家农业发展环境，主要对金砖国家农业发展的自然资源、社会资源和经济资源等整体环境进行全面的介绍；第三章金砖国家农业生产，主要分析金砖国家种植业、畜牧业和水产业等生产状况；第四章金砖国家主要农产品贸易，重点从农产品总体规模、主要农产品贸易与结构、农产品贸易市场分布、各国间农产品相互贸易关系以及相关贸易政策等方面分析金砖国家农产品贸易状况；第五章金砖国家农业对外投资，从外资利用和对外投资两方面对金砖国家农业投资进行比较分析；其中，外资利用主要从外资的规模结构及市场来源进行分析，农业对外投资政策主要从对外投资的概况、实施现状及其市场来源进行分析；第六章金砖国家农业支持政策，从农业政策的目标与发展路径、农业生产支持政策、农产品贸易政策和一般服务支持政策等方面对金砖国家农业支持的主要政策进行分析；第七章金砖国家农业现代化水平，主要从农业规模化水平和机械化水平两方面入手对金砖国家农业现代化发展水平进行研究；第八章金砖国家农业合作前景展望，是在前面研究基础上结合最新金砖国家合作宣言以及各国的农业发展动态与政策，综合提炼，指出金砖国家农业合作发展的趋势与前景，并对未来可能的问题和不确定性进行相关预测，为金砖国家农业合作指明方向。

本研究较为系统、全面地分析了金砖国家农业发展状况，希望能够为从事相关领域研究的广大科研工作者提供借鉴，对相关农业管理部门决策与政策执行提供科学依据。

本研究成果的形成，得益于研究团队的精诚合作。研究过程中，我们有幸参与了农业部国际合作项目“金砖国家农业信息比较研究”、农业部创新人才项目“主要农产品市场监测预警关键技术研究”、中国农业科学院科技创新工程项目——农业数字化管理创新团队（CAAS-ASTIP-2015-AII-02）等的相关科研工作，为金砖国家农业发展研究的顺利开展提供了良好的工作环境和资金支持。

本书的出版，得到了农业部国际合作司、农业部对外合作交流中心以及中国农业科学院农业信息研究所领导们的大力支持。唐盛尧、王锦标、沈立萍、吴立锋、王先忠、于戈、耿建忠等对金砖国家农业信息系统建设及农业发展研究进行了大量的指导。全书的内容凝聚了农业生产管理数字化技术创新团队和农业监测预警创新团队众多成员的心血。在此表示衷心感谢！本书在形成过程中力求客观、科学和严谨，但由于研究人员水平差异以及获取资料的能力所限，已有信息存在缺失或研究仍需进一步深入的现象，书中如有疏漏、不妥之处，衷心希望广大读者能给予批评指正，以便今后进行改正和完善。

著　者

2017年3月

目　　录

第一章　金砖国家农业合作背景

金砖国家（BRICS）合作机制是指巴西、俄罗斯、印度、中国和南非五个新兴经济体国家在新形势下为加强彼此合作，提升国际影响力和话语权而成立的新型合作机制。其始于2006年，此后每年依例举行。2009年起，由最初的金砖国家外长会晤，上升为金砖国家领导人会晤机制，金砖国家的地理范围，也从欧洲、亚洲、拉美扩大到非洲。金砖国家合作机制形成后，特别是领导人首次会晤以来，金砖国家成为世界经济增长的重要引擎，为推动全球治理体系变革不断作出努力和贡献。金砖国家是世界上重要的农业生产基地，对保障全球粮食安全至关重要，受到各国政府高度关注。随着金砖国家合作的推进，农业领域的合作也向纵深发展。自2010年3月起，金砖五国采取轮席制，每年召开金砖国家农业部长会议，逐步形成了长效的农业交流与合作机制。

一、金砖国家合作缘由

金砖国家一词最初由经济学概念演变而来。2001年，美国高盛公司首席经济学家吉姆·奥尼尔（Jim O'Neill）在发表的《全球需要更好的经济之砖》（The World Needs Better Economic BRICs）中首次提出“金砖四国（BRICs）”的概念。“BRICs”一词由巴西（Brazil）、俄罗斯（Russia）、印度（India）和中国（China）四个国家的英文名称首字母组合而成，其发音与英文中的“砖块”（brick）非常相似，因此被称“砖块四国”。由于四国经济规模庞大，发展迅速，受到世界广泛关注，“金砖四国”这一概念由此风靡全球。2006年，金砖国家之间开始了实质性的交流与合作；2010年年底，“金砖四国”吸收南非作为正式成员加入合作机制，“金砖四国”即变成“金砖五国”，并正式更名为“金砖国家”（BRICS），成为重要的新兴市场国家合作机制。金砖国家间的合作进程逐渐深入，合作机制不断完善。

（一）金砖国家合作成为参与全球政治经济交往的重要渠道

随着经济一体化进程的深入，世界政治、经济格局发生深刻变化，多极化成为未来外交政策中的重要组成部分。为应对各种区域或次区域问题，各种形式的多边合作机制联合体应运而生，各国间的经济联系越来越紧密，国与国之间的合作，尤其是经贸领域的合作也变得越来越重要。金砖国家作为21世纪的新兴经济体，凭借其丰富的资源禀赋、庞大的人口规模以及迅速崛起的经济体量，特别是国家间产业和贸易结构的互补性特征来加强经济合作符合金砖各国的利益需求，是参与全球政治经济交往的重要渠道，对现有世界政治与经济格局产生重大而深远的影响。

(二) 金砖国家合作是利益共赢驱动下的国际经济关系发展的需要

金砖各国经济社会发展的成果虽然令人瞩目，但在国际货币经济体系中的地位仍处于较低地位，与其迅速增长的综合国力不相匹配。单个金砖国家尚不具备挑战或变革现行国际秩序的实力，而金砖国家实行联合图强，对于金砖各国利用经济结构互补、推动国际货币金融体系改革、共同提升国际经济地位、应对国际资本流入等具有重要的意义，是利益驱动下国际经济关系发展的需要和明智的选择。

二、金砖国家合作历程

截至2016年，金砖国家开展合作已有10个年头。10年来，金砖国家已发展成为新兴市场国家和发展中国家合作的重要平台，在带动全球经济增长、完善全球治理、推动国际关系民主化等方面发挥了重要作用。在过去的10年里，金砖国家对全球经济增长的贡献率超过50%。随着世界经济和金融格局的改变，金砖国家已成为世界经济的主要参与者和推动者。目前，金砖合作已形成以领导人会晤为引领、以安全事务高级代表和外长等部长级会议为支撑，在多方面开展务实合作的架构。金砖国家已发展出涵盖经贸、金融、农业等领域的60多项合作机制。2015年7月，金砖国家新开发银行在上海开业，这也是新兴市场国家发起建立的第一家多边开发银行。2016年4月，金砖银行正式公布了首批贷款项目，规模达到8.1亿美元。

(一) 第一次会晤

2009年6月16日，中国、巴西、俄罗斯、印度“金砖四国”领导人在俄罗斯叶卡捷琳堡举行首次会晤。这次会晤正式启动了金砖国家之间的合作机制。与会领导人重点就应对国际金融危机冲击、“20国集团”峰会进程、国际金融机构改革、粮食安全、能源安全、气候变化、“金砖四国”对话未来发展等重大问题交换了看法，讨论了“金砖四国”未来对话与合作的前景，并在会后发表了《“金砖四国”领导人俄罗斯叶卡捷琳堡会晤联合声明》。四国认识到国际贸易和外国直接投资对全球经济复苏的重要作用，呼吁各方共同努力改善国际贸易和投资环境；声明督促各方保持多边贸易体系稳定，遏制贸易保护主义，并推动世界贸易组织多哈回合谈判取得全面、平衡的成果。四国表示愿根据“共同但有区别责任”原则①，就应对全球气候变化开展建设性对话，并将有关措施与落实各国经济社会发展目标的任务相结合。叶卡捷琳堡次峰会声明呼吁各国和相关国际组织积极落实2009年4月2日伦敦20国金融峰会共识，强调应提高新兴市场和发展中国家在国际金融机构中的发言权和代表性。

---

①共同但有区别的责任主要是指“由于地球生态系统的整体性和全球环境退化的各种因素，各国对保护全球环境负有共同但是又有区别的责任”。即“在保护和改善全球环境问题方面，所有国家负有共同的责任，但责任的大小又必须有差别，具体而言就是发达国家应比发展中国家承担更大的责任或是担负起主要的责任”

时任国家主席胡锦涛出席会议并发表重要讲话。他指出，在当前形势下，“金砖四国”既面临新的发展机遇，也面临前所未有的挑战。应把握历史机遇，加强团结合作，共同维护发展中国家的整体利益。第一，增强政治互信；第二，深化经济合作；第三，推进人文交流；第四，提倡经验互鉴。

（二）第二次会晤

2010 年 4 月 15—16 日，“金砖四国”第二次正式首脑会晤在巴西的首都巴西利亚举行，与会领导人主要就世界经济、金融形势、20 国事务、国际金融机构改革、气候变化及四国合作等问题阐述了看法和立场，并商定推动“金砖四国”合作与协调的具体措施，发表了《金砖国家领导人第二次正式会晤联合声明》。与首次峰会时国际经济形势相比，第二次峰会召开时国际金融危机对世界各国威胁已有所降低，中国、印度和巴西等一些国家已率先走出危机，俄罗斯、美国和欧盟一些国家的经济也明显好转。但在巩固应对金融危机成果、加速改革国际经济秩序、完善“20 国集团”运作机制、应对全球气候变化、加强环保和节约能源等现实紧迫问题上，仍需“金砖四国”和“20 国集团”及世界各国继续做出更大努力。时任国家主席胡锦涛在会上发表了《合作　开放　互利　共赢》的重要讲话。胡锦涛指出，要从战略高度明确四国合作方向、推动四国合作进程；以政治互信为基石，坦诚相待，相互尊重，相互理解，相互支持；以务实合作为抓手，重在行动，为合作注入新动力；以机制建设为保障，加大合作力度，拓宽合作领域；以互利共赢为目标，优势互补，最大程度分享合作成果；以开放透明为前提，增进同各方沟通和交流，体现合作的开放性。

2010 年 11 月，20 国集团会议在韩国首尔举行，南非在此次会议上申请加入“金砖四国”。2010 年 12 月，中国作为“金砖四国”合作机制轮值主席国，与俄罗斯、印度、巴西一致商定，吸收南非作为正式成员加入“金砖国家”合作机制，自此，“金砖四国”变成“金砖五国”。

（三）第三次会晤

2011 年 4 月 13—14 日，巴西、俄罗斯、印度、中国、南非“金砖国家”领导人在中国三亚举行会晤。此次会议的亮点是新成员南非首次参加会晤，“金砖四国”正式变为“金砖五国”。会议发表《三亚宣言》，宣言就国际形势、经济、金融、发展等问题向全世界进行了呼吁，为加强金砖国家合作，制订行动计划，对已开展的合作项目提出了明确的规划，对新的合作项目进行了展望，在已开展合作领域的基础上，提出了在文化、体育、绿色经济领域合作的可能性，并对合作机制、合作战略等进行了展望。金砖国家领导人的第三次会晤，进一步深化了金砖国家合作机制，并使国家间的对话与合作更加常态化、制度化和深入化。

时任国家主席胡锦涛主持会议，并发表题为《展望未来　共享繁荣》的重要讲话，并就如何使人类拥有一个和平安宁、共享繁荣的 21 世纪这一重要问题提出几点建议。即：大力维护世界和平稳定；大力推动各国共同发展；大力促进国际交流合作；大力加强金砖国家共同发展的伙伴关系。

（四）第四次会晤

2012 年 3 月 28—29 日，“金砖国家”领导人在印度首都新德里举行会晤，会晤主题是“金砖国家致力于全球稳定，安全和繁荣的伙伴关系”。与会领导人就全球治理、可持续发展、金砖国家合作等问题深入交换意见，达成广泛共识。会晤发表了《德里宣言》，探讨了成立金砖国家开发银行的可能性，明确提出全球治理改革的诉求。并在与会各国领导人的见证下，巴西、俄罗斯、印度、中国和南非五国开发银行共同签署了《金砖国家银行合作机制多边本币授信总协议》和《多边信用证保兑服务协议》等两项旨在扩大金砖国家本币结算和贷款业务规模的协议，使得金砖国家间的贸易和投资便利化。第四次会晤一方面大大推动了金砖国家之间的务实合作，强化了金砖国家合作机制维护新兴国家和发展中国家利益的特征，另一方面积极参与全球经济治理，进一步拓展了金砖国家之间的合作领域。

时任国家主席胡锦涛出席了会议，并发表题为《加强互利合作　共创美好未来》的重要讲话。胡锦涛指出，加强金砖国家合作应坚持共同发展，促进共同繁荣；坚持平等协商，深化政治互信；坚持务实合作，夯实合作基础；坚持国际合作，促进世界发展。

（五）第五次会晤

2013 年 3 月 26—27 日，“金砖国家”领导人在南非德班举行会晤，会晤主题为“金砖国家与非洲：致力于发展、一体化和工业化的伙伴关系”。与会领导人就加强金砖国家伙伴关系、深化金砖国家与非洲合作以及共同关心的国际和地区问题深入交流，各国领导人一致认为，金砖国家愿进一步加强团结，为全球和平、稳定、发展与合作做出积极贡献，在国际体系中发挥积极的作用。会议通过了《德班宣言》及行动计划，决定设立金砖国家开发银行、外汇储备库，宣布成立金砖国家工商理事会和智库理事会，鼓励继续开展金砖国家农业部长之间的合作。

中国国家主席习近平发表了题为《携手合作　共同发展》的主旨讲话。习近平主席指出，求和平、谋发展、促合作、图共赢，是金砖国家共同的愿望和责任。他强调说，金砖国家要坚定维护国际公平正义，维护世界和平稳定；要始终坚持平等民主、兼容并蓄，积极参与全球治理体系建设，大力推动建设全球发展伙伴关系，促进各国共同繁荣；要努力发展经济、改善民生，做好自己的事情，为世界经济多添一些增长点；要共同参与国际发展议程的制定，充分利用人类积累的生产力和物质资源，完成联合国千年发展目标，缩小南北发展差距，促进全球发展更加平衡。

（六）第六次会晤

2014 年 7 月 15—16 日，“金砖国家”领导人在巴西福塔莱萨举行第六次会晤，会晤主题为“包容性增长的可持续解决方案”。会晤就全球治理、可持续发展、金砖国家合作等问题深入交换意见，达成广泛共识，发表具有里程碑意义的《金砖国家领导人第六次会晤福塔莱萨宣言》。金砖国家开发银行、应急储备安排也在本次会晤上得到落实，金砖国家开发银行、应急储备安排是推动全球经济治理改革的又一切实成果，将简化金砖国家间相互结算与贷款业务，代表中国等新兴经济体在全球金融体系中发挥更大的影响力。

中国国家主席习近平在会上发表了题为《新起点 新愿景 新动力》的主旨讲话。他指出，金砖国家应坚定不移推动经济可持续增长；坚定不移开展全方位经济合作，坚定不移塑造有利外部发展环境；坚定不移提高道义感召力。

（七）第七次会晤

2015 年 7 月 8—9 日，“金砖国家”领导人在俄罗斯乌法市举行第七次会晤，会晤主题为“金砖国家伙伴关系——全球发展的强有力因素”。会晤就金砖国家合作及其他共同关心的国际和地区问题深入交换看法，达成广泛共识，发表《乌法宣言》，宣言在共同维护世界和平及第二次世界大战胜利成果、推动国际关系民主化、气候变化谈判、反恐、网络安全、国际货币基金组织改革等全球治理重点和热点问题上共同发声，维护新兴市场和发展中国家的共同利益，体现了金砖国家提高自身在改革国际经济金融秩序和全球治理层面的影响力的努力。宣布次年会晤将在印度举行。

中国国家主席习近平出席在俄罗斯乌法举行的金砖国家领导人第七次会晤并发表题为《共建伙伴关系　共创美好未来》的主旨讲话，他提出，应构建维护世界和平的伙伴关系；构建促进共同发展的伙伴关系；构建弘扬多元文明的伙伴关系；构建加强全球经济治理的伙伴关系。应该加强治国理政经验交流，增进彼此了解，加强学习借鉴，共同探索解决问题的办法。

（八）第八次会晤

金砖国家领导人第八次会晤于 2016 年 10 月 15—16 日在印度南部城市果阿邦举行。本次会议适逢金砖国家合作机制成立 10 周年，大会以“打造有效、包容、共同的解决方案”的会晤主题，探讨如何推动经济增长、促进金砖合作、推进全球治理。会议通过了《果阿宣言》。《果阿宣言》共 11 页 109 条，宣言主要涉及建立独立的评级机构、拓展新兴经济体的作用和意识到恐怖主义的威胁。《果阿宣言》指出，要坚定开放合作立场。在共同利益和关键优先领域，进一步加强金砖国家团结合作，以及秉持开放、团结、平等、相互理解、包容、合作、共赢精神，进一步增强金砖国家战略伙伴关系的重要性。要加强务实合作。进一步推动保险和再保险市场合作、税收体系改革、海关部门互动等，并探讨设立一个金砖国家评级机构的可能性。此外，五国就农业、信息技术、灾害管理、环境保护、妇女儿童权利保护、旅游、教育、科技、文化等领域的加强合作进行了沟通协调。金砖五国还签署了农业研究、海关合作等方面的谅解备忘录和文件。

中国国家主席习近平出席金砖国家领导人第八次会晤并发表题为《坚定信心　共谋发展》的重要讲话。

印度作为峰会的东道国邀请“孟印缅斯泰经合组织”成员国参加金砖国家组织扩大会议。果阿峰会期间，五国领导人还同环孟加拉湾多领域经济技术合作倡议成员国领导人举行对话会，加强与地区国家的交流合作，进一步提升金砖国家合作水平，推动世界经济实现包容、可持续增长。同时，在金砖框架下，印政府于 10 月 12—14 日在新德里举办了首届以“构建金砖国家——创新推动协作”为主题的金砖国家贸易博览会，旨在为推进金砖国家间的经济合作增添动力。同时，来自斯里兰卡、尼泊尔、孟加拉国、缅甸、不丹以及泰国的领导人也出席了博览会。据悉，该届博览会将辐射约 20 个领域，包括航天航空、农业加工、机动车、化学材料、绿色能源、医疗卫生等。除大型公司外，来自五国的创新、初创企业也将展示在推进医疗卫生、教育、能效、垃圾废物管理等领域所取得的成就。

三、金砖国家农业合作的意义

科学、高效地运行金砖国家农业合作机制，对于促进农业发展，推动农业分工，促进经济发展等方面具有重要意义。

（一）开展金砖国家农业合作可有效促进农业发展

因不同的农业发展环境以及制度安排，金砖国家在农业科技、农业投资等方面的发展水平差距很大。开展金砖国家农业合作，一方面，不断汲取金砖国家在农业发展过程中的经验与教训；另一方面，加快推进金砖国家在农业科技、农业投资方面的技术借鉴与共享，对于促进金砖国家农业发展具有重要而现实的意义。

（二）开展金砖国家农业合作可有效推动农业分工与协作

金砖各国农业资源丰富、要素禀赋各异，农业生产竞争性较强，农业互补性亟待开发。根据各国农业发展现状以及自然资源禀赋情况开展金砖国家农业合作，进一步完善金砖国家间的农业分工与协作，促进金砖国家农业优势互补。

（三）开展金砖国家农业合作可有效促进经济发展

金砖国家多为农业大国，农业生产在国民生产中占据重要地位，农业产值是国民生产总值的主要组成部分。开展金砖国家农业合作，不断提高金砖国家农业生产力和农业可持续生产水平，对于促进金砖国家经济发展具有重要意义。

四、金砖国家农业合作工作进展

金砖国家作为全球农业生产的主要区域，农业是其合作的重点领域之一。随着金砖国家合作的推进，农业领域的合作也向纵深发展。至 2010 年 3 月起，巴西、俄罗斯、印度、中国、南非五国开展了金砖国家农业部长会议，逐步形成了长效的农业合作与交流机制。

（一）第一次会晤

2010 年 3 月 26 日，金砖国家农业部长首次在俄罗斯莫斯科会晤。为保障全球粮食安全、促进经济稳定发展，有效应对金融危机和推动全球经济复苏，代表们在此次部长会上签署了《莫斯科宣言》，就金砖国家合作机制下的农业合作行动达成了四点共识：一是建立四国农产品生产、消费和人口增长的信息交流机制；二是分享在粮食生产方面的经验，更好地制定保障最脆弱人群食物供给战略；三是减少气候变化对粮食安全的负面影响，使农业生产更好地适应气候变化；四是加强农业技术合作和创新。

（二）第二次会晤

2011年10月30日，根据金砖国家领导人第三次会晤《三亚宣言》精神，第二届金砖国家农业部长会议在中国成都召开。本次会议以“密切合作、共同为世界粮食安全做贡献”为主题，就共同关注的重点问题进行深入探讨，明确了合作方向。五国农业部长审议通过了《金砖国家农业合作行动计划（2012—2016）》，共同签署了《第二届金砖国家农业部长会议共同宣言》。会议围绕“密切合作，共同为世界粮食安全做贡献”的主题，讨论了金砖国家农业合作以及共同促进世界粮食安全保障重大举措的意见和建议，同时就提升粮食安全、推动农业适应气候变化、加强农业科技创新合作、开展信息交流与贸易促进以及合作机制建设等共同关心的问题交换了意见。会议明确了五个重点合作领域：即建立金砖国家农业基础信息交流系统；制定战略保障最脆弱人口的粮食安全；减少气候变化对粮食安全的负面影响，推动农业适应气候变化；加强农业技术合作与创新；促进农业贸易与投资。分别由中国、巴西、南非、印度和俄罗斯牵头协调。

（三）第三次会晤

2013年10月29日，第三届金砖国家农业部长会议在南非比勒陀利亚举行。本次会议以“气候变化对世界粮食安全的负面影响”为主题，就农业基础信息交流、粮食安全、农业适应气候变化、农业技术合作与创新、农业投资与贸易等5个共同关注的重点问题进行深入探讨，明确了合作方向，形成了《南非声明》。声明中指出，金砖国家仍是应对全球粮食危机、促进全球经济复苏的重要力量，仍将在全球粮食安全保障举措上发挥领导作用。金砖各国将在以上五个领域逐步扩大合作，以便解决粮食安全面临的挑战，包括金融危机、气候变化、人口增长、资源短缺等。声明中明确指出，要加强粮食安全保障能力建设，提升最脆弱人群的食物获取能力；要把农业市场信息系统（AMIS）作为金砖国家农业部之间信息共享的平台；对农户，尤其是小农户而言，必须提升资源利用效率，提高生产力，增强农业体系的适应性；要在研发应用增产并适应气候变化的技术方面开展合作；要通过举办农业展览会、交易会、贸易投资展会和论坛等方式促进农业领域的投资与贸易合作，鼓励并支持企业参与金砖国家举办的经贸促进活动；要积极加强与其他国家在农业领域的协调协作，共同致力于减少贫困人口数量，以便实现联合国促进世界和平稳定、繁荣发展等千年发展目标。

（四）第四次会晤

2015年3月13日，第四届金砖国家农业部长会议在巴西的巴西利亚举行，本次会议的主题是“最脆弱群体食物安全保障战略”。会议贯彻落实金砖国家领导人第六次会晤采纳的福塔莱萨宣言和行动计划的要求，重温了合作协议并讨论了未来继续积极和扩大合作的方式。会议认为，按照《2012—2016年金砖国家农业合作行动计划》，需继续促进农业合作及战略信息交流，以确保最脆弱群体的食物获得，减少气候变化对食品安全和农业对气候变化适应力的负面影响；需强调金砖国家农业和农业发展合作的重要性和潜力，重视金砖国家农业发展是确保全球经济繁荣和全球食品安全的关键环节；要继续支持关于土壤资源保护和可持续管理的有效政策和行动，提高有关土壤可持续利用的投资，发展和维护不同土地使用者和人口群体的健康土壤等。

（五）第五次会晤

2015年10月9日，第五届金砖国家农业部长会议在俄罗斯莫斯科举行。本次会议的主题是“农业投资与贸易促进”。会议发布了《莫斯科声明》。金砖各国农业部长根据金砖国家领导人第七次会晤《乌法宣言》精神，重申了进一步发展农业合作的承诺，尤其是在促进农业贸易与投资、加强技术与创新、为最脆弱群体提供食物、建立金砖国家农业基础信息交流系统、减缓气候变化对粮食安全的负面影响、推动农业适应气候变化等方面的合作。《莫斯科声明》中指出近年来金砖国家通过采取促进农业生产、贸易和投资等综合措施在加强全球粮食体系方面所取得的成就，认为金砖国家已经成为应对粮食安全挑战的重要力量，并将在建设共赢伙伴关系方面加强努力，继续推动制定和建立更加全面的营养敏感型社会保护计划和体系，加强粮食安全与营养；进一步采取配套措施，加强家庭农业等方式，提高农业可持续生产水平和农业生产力；推动本地采购和其他手段，保障粮食体系的包容性和效率、创造增收机会，确保最贫困人口的购买力；进一步促进金砖国家在农业生产、贸易和投资领域的伙伴关系与合作。继续促进增产、提质、节水技术的研究与应用，并研发低碳渔业前沿科技与生物技术。继续开展长期合作与信息共享，制定和实施有利于技术进步的政策和体制机制。积极推动各国涉农信息的共享与交流，以实现合作共赢的良好格局，通过有力的信息收集、加工、交换、分析和评价，为金砖国家农业主管部门决策提供信息服务等，以养活到2050年预计将超过90亿的世界人口。

（六）第六次会晤

2016年9月23日，第六届金砖国家农业部长会议在印度首都新德里召开。本次会议的主题是“农业投资与贸易促进”。会议发布了《新德里声明》。金砖各国农业部长根据金砖国家领导人第八次会晤《果阿宣言》精神，重申了进一步发展农业合作的承诺，尤其是在促进各国促进农业可持续发展、信息技术在农业领域应用以及小农经济发展等方面的合作。

各与会部长回顾了《2012—2016年金砖国家农业合作行动计划》取得的成果，探讨了气候变化、粮食和能源安全、可持续发展目标和国际经济金融形势等问题，认为金砖国家为了共同利益和更大的发言权，加强在国际论坛上的沟通、协调、合作，使新兴经济体和其他发展中国家在国际粮农事务中发挥更大作用；加强金砖国家农业研究机构间的合作，充分利用各自优势，加大农业创新、推广和应用等领域的合作，提高农业生产率和农业现代化水平；更广泛开展优势互补的农业贸易和投资合作；加强金砖农业信息平台建设合作，促进重要农业信息共享。一致同意建立金砖国家农业研究中心（BARC）虚拟平台。

第二章　金砖国家农业发展环境

金砖国家作为新兴经济体的典型代表，是全球社会政治经济领域的重要力量。金砖各国地理位置优越，不仅土地、水、气候等自然资源丰富，农业发展条件得天独厚，而且具备良好的社会、经济发展基础。2015 年，金砖国家人口保有量占全世界人口的 42.04%，土地面积占全世界土地面积的 29.54%，国内生产总值占全世界生产总值的 22.24%，贸易值占全世界贸易值得 17.19%。金砖国家拥有世界上 35.6%左右的耕地、41%的林地、30%的草地。同时，金砖各国各具特色、各有所长、互补性强，未来农业合作与发展空间巨大。

一、自然资源状况

金砖国家分处欧、亚、美、非四大洲，囊括全球 11 种气候类型，拥有丰富的土地资源、水资源、生物资源和矿产资源。巴西可耕地资源巨大，拥有约 7 600万公顷的可耕土地，被称为“21 世纪世界粮仓”，并拥有极为丰富的咖啡、大豆、甘蔗、铁矿石、原油等资源；俄罗斯是世界上国土面积最大的国家，也是最大的海洋国家，以其丰富的石油、天然气和矿石资源闻名世界，石油和天然气储量约占世界的 20%；印度是世界上植物品种最丰富的国家之一，是世界最大的香料生产国与出口国，也是一个强大的服务供应商，而且正不断扩张其生产基地；中国国土面积居世界第三位，矿石资源约占全球的 12%，也是世界上野生动物种类最多的国家之一，被称作是“世界工厂”，拥有高度熟练的劳动力和相对较低的劳动力成本；南非是世界第 27 大经济体，矿产资源丰富，是世界最大的铂金和铬的产出国，且是世界第三大生物多样性国家。

（一）地理区位

从东经 170°到西经 74°、从北纬 75°到南纬 35°，金砖各国地跨南、北半球。各国在地理位置上有着天然的联系，但地理区位分布又各不相同。其中，巴西位于南美洲东部，与南美洲大部分国家相邻；俄罗斯地跨欧亚两州，东濒太平洋，北邻北冰洋；印度是南亚地区最大的国家；中国位于亚洲东部，幅员辽阔，陆地、海上与多国相邻；南非地处南半球，位于非洲最南端，有“西方海上生命线”之称。

1. 巴　西

巴西联邦共和国位于南美洲东部，大西洋西岸。地跨西经 35°～74°、北纬 5°至南纬 35°，大部分国土位于赤道和南回归线之间，是拉丁美洲地区最大的国家。东临南大西洋，西接秘鲁、玻利维亚、巴拉圭、阿根廷等，南濒乌拉圭，北连委内瑞拉、哥伦比亚、圭亚那以及苏里南，可以说，南美洲大部分国家是它的邻国。海岸线长约 7 400千米，领海宽度为 12 海里，领海外专属经济区 188 海里。

2. 俄罗斯

俄罗斯横跨欧亚大陆，地处欧洲东部及亚洲北部，欧洲领土以东欧平原为主地跨东经 30°至西经 170°、北纬 50°~75°，面积 1 707.54万多平方千米，是世界上领土面积最大的国家。东濒太平洋，北邻北冰洋，西接波罗的海芬兰湾。俄罗斯邻国包含挪威和芬兰两个国家，西面包含立陶宛、白俄罗斯等 4 个国家，西南面为乌克兰，南面包含阿塞拜疆、格鲁吉亚等 3 个国家，东南面包含中国、蒙古等 3 个国家，东面隔海相望两个国家分别为美国和日本。海岸线总长超过 37 000千米，其中东西海岸线近 10 000千米，横跨 11 个时区为世界上横跨时区最多的国家；南北跨越 4 个气候带，最宽达到 4 000千米。

3. 印　度

印度位于亚洲南部，印度洋北岸。地跨北纬 8°~37°、东经 68°~97°；东北部同中国、尼泊尔、不丹接壤，孟加拉国夹在东北部国土之间，东部与缅甸为邻，东南部与斯里兰卡隔海相望，西北部与巴基斯坦交界。东临孟加拉湾，西濒阿拉伯海，海岸线长 5 560千米。

4. 中　国

中国位于亚洲东部，太平洋的西岸。地跨东经 73°~135°、北纬 4°~53°。中国陆上疆界线为 20 000多千米，大陆海岸线 18 000余千米，其中，陆地相接壤的国家共有 13 个国家，北面分别为俄罗斯和蒙古 2 个国家，西面分别为哈萨克斯坦、吉尔吉斯斯坦、塔吉克斯坦等 8 个国家，南面分别为老挝、缅甸和越南 3 个国家；海上隔海相望的国家共有 6 个国家，南面分别为菲律宾、马来西亚、文莱等 4 个国家，东面分别为韩国和日本 2 个国家。

5. 南　非

南非地处南半球，有“彩虹之国”之美誉，位于非洲大陆的最南端；地跨南纬 22°~35°、东经 17°~33°；作为被大海怀抱的国家，除了北面与纳米比亚、博兹瓦纳等 5 个国家相接壤外，其余的三个方向均为印度洋和大西洋。中部环抱莱索托，使其成为最大的国中国。南非西南端有“西方海上生命线”之称的好望角，是历史上最繁忙的海上运输通道之一，并且是中东大型油轮输出美国、澳大利亚、中国等众多国家海上运输的重要通道。

（二）气候特征

金砖各国不同的地理位置和区域特征，造就了各国气候特征存在明显的差异，囊括全球 11 种气候类型①。其中，巴西以热带、亚热带气候为主；俄罗斯包括极地气候、温带大陆性气候、温带季风气候；印度主要包括热带季风气候、热带雨林气候、沙漠气候和高山气候；中国 87%以上国土面积在温带、亚热带和热带气候带上；南非绝大部分地区属于热带草原气候。

1. 巴　西

巴西地域广阔，国土面积约占南美洲总面积的 46%，以热带、亚热带气候为主。其

①全球 11 种气候类型：极地气候、温带大陆性气候、温带海洋性气候、温带季风气候、亚热带季风气候、热带沙漠气候、热带草原气候、热带雨林气候、热带季风气候、地中海气候、高山高原气候

中，80%的国土位于热带地区，北部大部分地区受亚马逊平原影响，年平均气温 27~29℃，属热带雨林气候；中部高原海拔大部分为 600~800 米，属于热带草原气候，年平均气温 18~28℃；南部属亚热带季风性湿润气候，年平均气温 16~19℃。巴西日照充足，降水量充沛，全国大部分地区降水量为 1 500~2 000毫米，年降水量随地区不同而有差异（图 2-1）。

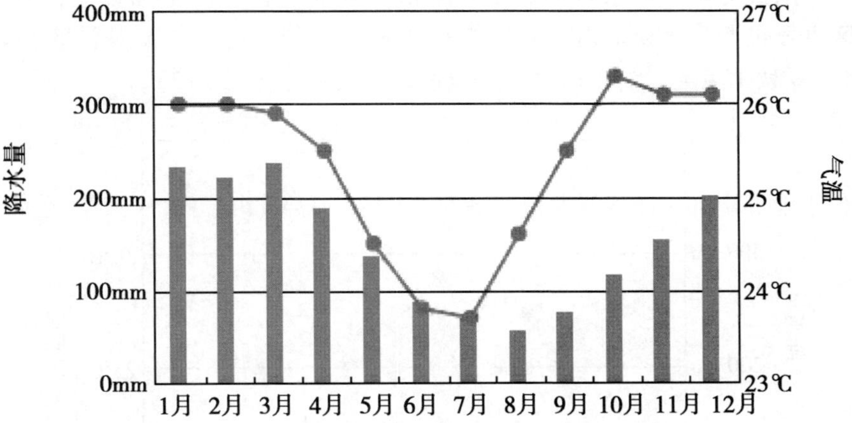

图 2-1　1990—2012 年巴西月平均气温和降水量

数据来源：世界银行 . http：//sdwebx. worldbank. org/climateportal/index. cfm？ page=country_ historical_ climate&ThisRegion=Latin%20America&ThisCCode=BRA

2. 俄罗斯

俄罗斯幅员辽阔，各地气候千差万别，跨北寒带、亚寒带、北温带、亚热带四种气候带。其中，俄罗斯北部靠近北极圈，属寒极气候；中部的东欧平原、西西伯利亚平原，中西伯利亚高原、东西伯利亚山地，大部分属于北温带，以温带大陆性气候为主，冬天漫长、干燥而寒冷，气温年差较大，降水偏少，雨量变率大，1 月平均温度为-37~-1℃，7 月平均温度为 11~27℃，年降水量平均为 150~1 000 毫米；萨哈（雅库特）共和国境内为高原气候；东南部为温带季风气候（图 2-2）。

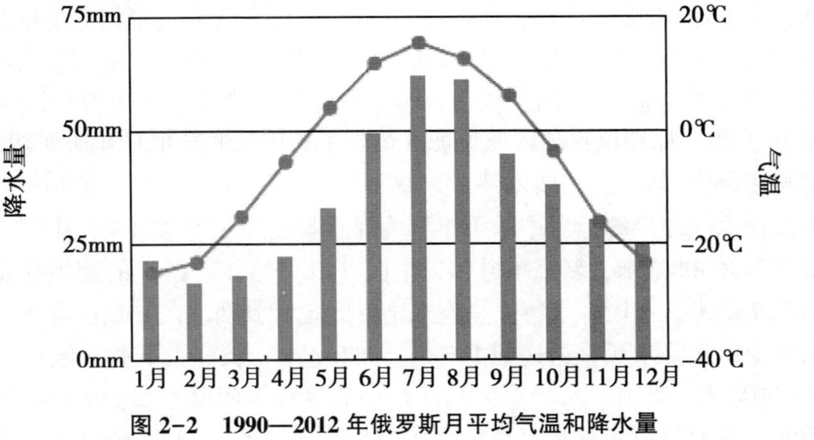

图 2-2　1990—2012 年俄罗斯月平均气温和降水量

资料来源：世界银行。http：//sdwebx. worldbank. org/climateportal/index. cfm？ page = country_ historical_ climate&ThisRegion = Asia&ThisCCode = RUS

3. 印　度

印度地处印度次大陆，由北部的喜马拉雅山区、中央平原以及南部的德干高原三部分组成，气候包括热带季风气候、热带雨林气候、沙漠气候和高山气候四大类。其中，热带季风气候区约占印度半岛的60%；热带雨林气候区主要分布在印度半岛南部的沿海低地，降水量达10 000毫米以上，是世界上年降水量最多的地区；沙漠气候区分布在西部的塔尔沙漠，全年少雨或无雨，降水量不足100毫米，夏季气温高达50℃以上，冬季较凉爽；高山气候区主要包括西北和东北边境海拔3 500m以上的地区，冬春季严寒干燥，最低气温达-30℃，夏秋季凉爽，终年积雪，气候垂直变化显著（图2-3）。

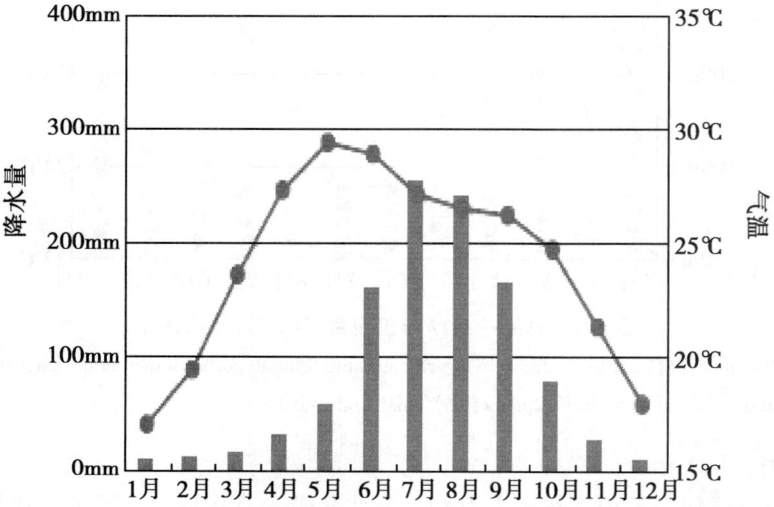

图2-3　1990—2012年印度月平均气温和降水量

资料来源：世界银行。http：//sdwebx. worldbank. org/climateportal/index. cfm？page = country_historical_ climate&ThisRegion = Asia&ThisCCode = IND

4. 中　国

中国位于世界最大的大陆—欧亚大陆的东南部，濒临世界最大的海洋——太平洋。中国地域广阔，南北跨50多个纬度，东西跨60多个经度，从赤道带到寒温带，从热带雨林到沙漠景观都有。中国地形复杂，高到号称世界屋脊的青藏高原，低到陷入海平面以下的吐鲁番盆地，海拔相差悬殊。中国87%的气候类型属于热带、亚热带和温带，其余13%的气候类型分别属于赤道带、高山、高原和寒冷气候，南北跨度大使得中国的地理条件复杂且气候类型多种多样。

根据中国国家气象局统计，中国历年年均降水量约为629. 9毫米，中国台湾的火烧寮年降水量最大为8 408毫米，新疆维吾尔自治区（以下简称新疆）的南疆托克逊年降水量最小，仅为5. 9毫米。我国降水特征呈现东南沿海地区到西北内陆地区降水逐渐减少的特征，东南沿海地区年降水量普遍达到1 500~2 000毫米，长江中下游地区年降水量普遍达到1 000~1 600毫米，淮河、秦岭地区和辽东半岛等地区年降水量为800~1 000毫米，黄河下游、渭河、海河流域和东北大兴安岭部分地区年降水量仅为500~750毫米，新疆及青海盆地地区年降水量小于50毫米，盆地部分区域年降水量小于20毫米。中国常年平均气温约为9. 6℃，2015年全国平均气温10. 5℃（来源：2015年中国气候公报）（图2-4）。

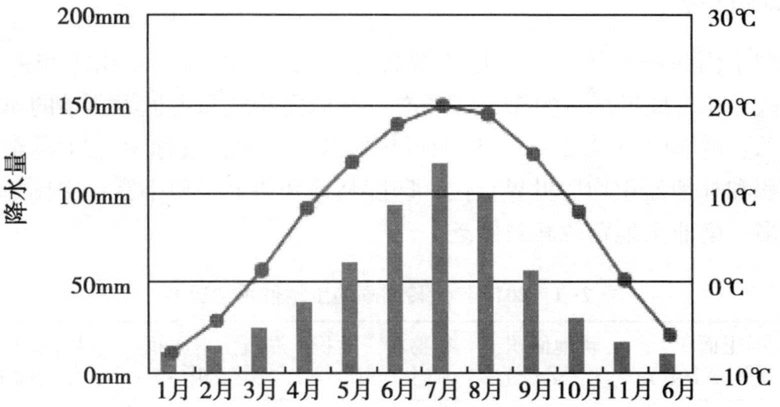

图 2-4　1990—2012 年中国月平均气温和降水量

资料来源：世界银行 . http：//sdwebx. worldbank. org/climateportal/index. cfm？ page = country_ historical_ climate&ThisRegion = Asia&ThisCCode = CHN

5. 南　非

南非位于非洲最南端，地处高压区的亚热带，三面环海，东、西海岸受到海洋暖流和寒流的影响，气候温暖、干燥，沙漠广布，光照充足。由北向南跨越 13 个纬度，地势由西南向东北梯状分布，海拔渐增，绝大部分地区属于热带草原气候，气温十分相似，夏季最高气温为 32~38℃，冬季最低气温为-12~-10℃，年均温浮动在 12~23℃；只有东、西海岸由于各受印度洋暖流和大西洋寒流的影响温差很大。此外，南非还有地中海气候和热带沙漠气候。南非降雨分布不均，在东部沿海地区，年降水量可达 1 200毫米；而南非全境的年降水量仅为 464 毫米，尤其是广大的西部内陆，受德拉肯斯堡山脉的阻挡，印度洋水汽难以深入，形成干燥的大陆性气候，仅当厄加勒斯角冬季受到西南季风的吹拂，带来一些降水，是典型的地中海式气候区（图 2-5）。

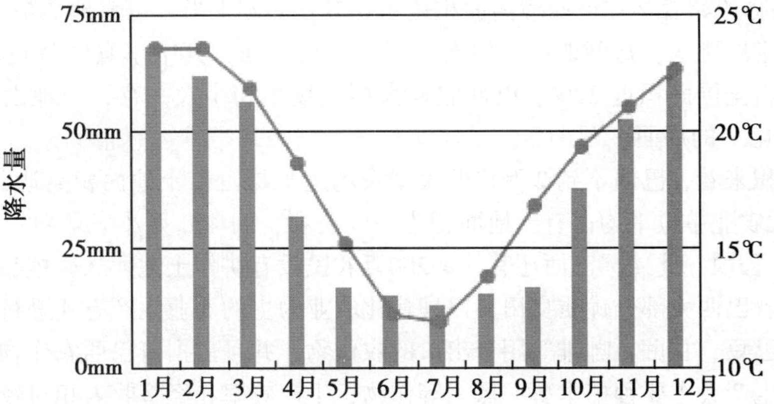

图 2-5　1990—2012 年南非月平均气温和降水量

资料来源：世界银行 . http：//sdwebx. worldbank. org/climateportal/index. cfm？ page = country_ historical_ climate&ThisRegion = Africa&ThisCCode = ZAF

（三）土地资源

金砖各国国土面积相对较大，土地资源较为丰富，5 国国土面积之和占世界总量的30%，耕地面积之和占世界总量的35.6%左右，林地面积之和占世界总量的40%，草地面积之和占世界总量的30%（表2-1）。巴西可耕地潜力巨大，被称为“21 世纪世界粮仓”；俄罗斯国土面积和林地面积均居世界首位；印度林地和耕地资源丰富；中国土地资源总量丰富、类型较多；南非土地资源相对匮乏。

表 2-1　2014 年金砖国家的土地使用情况

国　家	国土面积（万平方千米）	耕地面积（亿公顷）	谷物收获面积（亿公顷）	灌溉土地面积（亿公顷）	林地面积（亿公顷）	草地面积（亿公顷）
巴西	851.6	2.79	0.21	0.054	4.94	2.25
俄罗斯	1 709.8	2.17	0.40	0.043	8.15	4.03
中国	960.0	1.35	0.94	0.69	2.08	2.87
印度	328.7	1.80	0.99	0.67	0.71	0.59
南非	122.0	0.97	0.04	0.017	0.09	—
金砖国家	3 970.1	9.08	2.58	1.474	15.97	—
世界	13 432.0	25.50	7.22	3.25	39.99	32.00

数据来源：FAOSTAT 和中国第二次全国土地调查

注：国土面积为 2014 年数；林地面积为 2015 年数据；耕地面积、谷物面积、灌溉面积、草地面积为 2013 年数据

1. 巴　西

巴西国土面积 851.57 万平方千米，是拉丁美洲面积最大的国家，为世界第 5 位，土地资源十分丰富。根据 FAO 数据，2014 年巴西林地面积 4.95 亿公顷，占巴西国土面积的58.07%，亚马孙原始森林在巴西境内面积达 220 多万平方千米；可耕地 2.79 亿公顷，耕地多为红土，丰厚肥沃，盐碱地；草地面积近 2.3 亿公顷，其中享有“稀树草原”之称的中西部地区占全国面积近 22%。巴西农业大型农场主和小农并存，土地面积占有率呈现出“两极分化”的局面。

从耕地面积来看，巴西不到 2 万户的大型农场主平均占有土地面积高达到 3 万公顷，全国 30 万户大农业单位平均占有土地面积为 500 公顷，而 450 万小农业单位平均占有土地面积仅为 10 公顷。此外，巴西还有约 1 200万农民没有耕作土地。从种植品种来看，大型农场主掌控着巴西大部分优质良田，以现代化农业为主的商业生产方式进行经济作物生产，主要种植巴豆、甘蔗、咖啡等用于出口的农作物，并且占据着巴西农作物出口的主要份额。而小农生产者主要种植木薯、黑豆等作物，生产效率和经济收入相对较低。

2. 俄罗斯

俄罗斯国土面积 1 709.8万平方千米，其土地面积占世界陆地面积的 1/7，人均占有量 11.5 公顷，均为世界之最。据 FAO 报告，世界仅有 4 个国家未开发的土地资源能够对满足未来全球粮食需求产生重要影响，其中就有俄罗斯。俄罗斯土地资源丰富突出体现在

三个方面：一是耕地资源丰富。黑土以及暗栗钙土、栗钙土和灰色森林土共同构成了俄罗斯的基本耕作区，达2.17亿公顷，其中包含了1.68亿公顷世界最大、最肥沃的黑土和草甸黑土区，黑土区面积占世界黑土区面积的2/3；俄罗斯耕地主要分布在俄欧部分和乌拉尔南部以及西伯利亚南部的草原带、森林草原带以及森林带的南部边缘。二是林地资源广阔。俄罗斯的森林覆盖面积8.15亿公顷，占国土面积47.67%，居世界第一位。三是草地面积广阔。草地面积为4.03亿公顷，约占国土总面积的23.6%，主要分布在俄罗斯平原的东南部、海湾地区、高加索北部山麓和西西伯利亚平原的南部边区。

3. 印　度

印度国土面积328.7万平方千米，居世界第七位，具有丰富的土地资源。一是耕地资源丰富。根据FAO数据，2014年印度耕地面积达到1.8亿公顷，占国土总面积的54.76%，其灌溉范围可覆盖总耕地面积的1/3以上。二是林地资源充足。因其地形复杂、雨量充足，印度林业发展较好，据FAO数据，2014年印度林地面积为0.71亿公顷，森林覆盖率达到21.45%；草地面积（包括灌木丛地带、大草原）为0.59亿公顷，约占国土面积18%。

4. 中　国

中国国土面积960万平方千米，居世界第三位，土地广袤，资源丰富。一是土地资源类型众多，适合农、林、牧、渔业全面发展。土地水热条件组合的差异和复杂的地形、地质，悠久的农业历史，多样的土地利用方式，形成了中国多种多样的土地资源类型。根据《中国1：100万土地资源图》显示，中国土地资源类型可达2 700个左右，有利于农、林、牧、渔业的全面发展。二是各类农业土地总量均居世界前列。根据2014年FAO数据和2013年中国第二次土地调查数据，中国耕地面积为1.35亿公顷，居世界第四位；草地面积为2.87亿公顷，居世界第二位；林地面积2.07亿公顷，居世界第五位。中国土地资源丰富，但人均面积少。

5. 南　非

南非国土面积约122万平方千米，仅占非洲的4%。南非耕地面积9 684.1万公顷，其中，可灌溉的耕地面积不到100万公顷。据FAO统计，2014年南非的林地面积为924.1万公顷，其中，天然林面积为720.4万公顷，主要分布在东开普省、夸祖鲁/纳塔尔省、西开普省、北开普省等省份，森林覆盖率为7.0%，人均森林面积0.2万公顷。南非降水量呈现季节性，导致天然草场较少，南非85%的土地为干旱和半干旱地区。近年来，南非农场主加大雨季种植人工草，促使畜牧业养殖迅速发展。其中，南部及其沿海地区畜牧业主要依靠人工牧草养殖奶牛和肉牛，通常人工草场种植面积以养殖规模而定。

（四）水资源

水资源是影响人们生产、生活的重要自然资源之一，除南非外，金砖各国水资源都较为丰富。巴西是世界上水资源最丰富的国家，其淡水拥有量占世界总量的12%；俄罗斯境内河道纵横，湖泊星罗棋布，拥有世界上最大和最深的湖；印度有恒河、布拉马普特拉河、印度河、讷尔默达河、戈达瓦里河、克里希纳河和默哈纳迪河等河流，可利用水资源占其总量的60%；中国水资源整体体现出南多北少、东多西少、总量丰富、人均占有不足、分布不均等特点；南非是世界上水资源匮乏的国家之一，属于资源性缺水国家。

1. 巴　西

巴西是世界上水资源最丰富的国家之一，淡水资源总量约为5.66万亿立方米，占世界淡水总量的12%。巴西境内三大河系分别为巴拉那、亚马逊和圣弗朗西斯科。亚马逊是南美第一大河，也是世界上流域面积和流量最大的河流，贯穿巴西西北部，全长6 751千米，在巴西流域面积达到近400万平方千米；巴拉那河系是南美洲第二大河流，包括巴拉那河和巴拉圭河，流经巴西西南部，激流和瀑布较多，水力资源较丰富。圣弗朗西斯科河系全长2 900千米，主要流经巴西东北部干旱和半干旱地区，并且是该区域主要的灌溉方式。江河入海量约占全世界河流总流量的20%，境内河流流量为20.0～25.8万立方米/秒。巴西人均拥有水资源3 600立方米，远超过了欧洲国家1 400立方米和拉美地区836立方米的人均拥有量。但是，巴西水资源分布严重失衡，北部水资源占全国水资源总量的68%，土地资源占全国的45%，而人口仅为全国的7%；中西部水资源占全国的16%，土地占全国的19%，人口占全国的6%；南部水资源占全国的7%，土地占全国的7%，人口占全国的15%；东南部水资源占全国的6%，土地占全国的11%，人口则占全国43%；东北部水资源占全国的3%，土地占全国的18%，人口占全国的29%。

2. 俄罗斯

俄罗斯临北冰洋和太平洋，境内河道纵横，湖泊星罗棋布，是仅次于巴西的水资源大国。俄罗斯境内共有河流250万条，湖泊约300万个，其中包括了世界最大的湖——里海，面积达37.1万平方千米；世界最深的湖——贝加尔湖，最深处1 620米；欧洲最长的河流——伏尔加河，全长3 531千米；全国水流最湍急的河流——叶尼塞河等。俄罗斯最主要的水资源为河流，在降水量适合的年份，河水流量达424.6万立方米，相当于世界河水总流量的10%。水源供给方式主要为雪水。

3. 印　度

印度位于亚洲南部、印度洋北岸，是世界水资源最为丰富的国家之一。境内主要河流有恒河、布拉马普特拉河（上游为雅鲁藏布江）、印度河、讷尔默达河、戈达瓦里河、克里希纳河和默哈纳迪河等河流，其中恒河最长，全长2 525千米，流域面积81.4万平方千米。布拉马普特拉河、恒河和梅克纳河在孟加拉国汇合，注入孟加拉湾。印度多年平均径流量18 694亿立方米；水资源可利用量11 220亿立方米，约占水资源总量的60%，其中地表水可利用量为6 900亿立方米，约占36.9%；布拉马普特拉河（含梅克纳河）水资源量最多，其次是恒河，这3条河的水资源量占印度水资源总量的59.4%。

4. 中　国

中国是一个水资源条件优越的国家，江河众多，湖泊密布，水资源总量丰富。全国河流总长达43万千米，其中，流域面积在100平方千米以上的河流约有5万多条；超过1万平方千米的大江河多达79条；长度在1 000千米以上的河流有20多条；国内湖泊主要分布在青藏高原和长江中下游平原，共拥有约2.5万个天然湖泊，其中，13个大湖面积高达10万公顷，2 800多个天然湖泊面积达到100公顷以上。总量达28 124亿立方米的淡水资源，占全球总量的6%，仅次于巴西、俄罗斯和加拿大，居世界第四位。但中国水资源地域分布极不平衡，长江流域及其以南地区，国土面积只占全国的36.5%，淡水资源量占全国的81%，而占国土面积63.5%的长江流域以北地区的水资源量仅占全国的19%，整体体现出南多北少、东多西少、总量丰富、人均占有不足、分布不均的特点。

5. 南 非

南非属于资源性缺水国家，水资源主要包括地表径流量、降水和地下水。南非几乎没有天然湖泊，只有几个人工湖，而且没有河流可供航运，境内主要河流有两条：一条是自东向西流入大西洋的奥兰治河，全长2 160千米，系全非大河之一，流域面积约95万平方千米；另一条是主要流经与博茨瓦纳、津巴布韦边界并经莫桑比克汇入印度洋的林波波河，全长1 680千米，流域面积38.5万平方千米。其他源于内陆高原的较小河流多切过“大断崖”注入印度洋，少数向西流入大西洋。主要有法尔河、图盖拉河、森迪斯河和大鱼河、奥利凡茨河、北、莱塔巴河及卡利登河等。虽然南非降水量仍算丰富，但是除了一些少数区域以外，南非的年平均蒸发量高于年平均降水量，水资源开发困难。此外，南非水资源的匮乏使地下水成为生活用水中必不可少的一部分。地下水开采于地下50米内由破碎的岩层组成的次要含水层，含水层开采难度大且十分有限的情况下，每年仍需开采近55亿立方米的地下水来满足日常所用。

（五）生物资源

生物资源是自然资源的有机组成部分，是指生物圈中对人类具有一定经济价值的动物、植物、微生物有机体以及由它们所组成的生物群落。自然界中存在的生物种类繁多、形态各异、结构千差万别。据估计，自然界中生存着2 000万~5 000万种生物，已经证明存在的生物物种约200万种。由于地理区位不同，气候资源、土地资源、水资源丰富多样，使得金砖国家生物资源总量丰富、稀有物种繁多，同时各国生物资源各有特色。巴西是17个“超级生物多样性”成员国之一，俄罗斯是世界上最大的海洋国家，印度是世界上植物品种最丰富的国家之一，中国是世界上野生动物种类最多的国家，南非是世界第三大生物多样性国家。

1. 巴 西

巴西是17个“超级生物多样性”成员国之一，地球上有22%的物种是在巴西发现的。巴西拥有全球最大的基因宝库——亚马逊，这一区域是地球上生物多样性最丰富、特异性最高的地区，拥有多达百万种的生物资源，但当前亚马逊地区的脊椎动物和高大植物的认知率只有约50%和60%，矮小植物的认知率只有10%，微生物的认知率不足10%。

2. 俄罗斯

俄罗斯是世界上最大的海洋国家，拥有地球上最长的大陆海岸，海岸覆盖了所有地带性生态系统，海岸景观极其丰富。俄罗斯拥有维管束植物11 000多种（占全球4%）、哺乳动物276多种（占全球7%）、鸟类约732种（占全球8%）、爬行动物77种、两栖动物约26种、淡水鱼类272种①。

3. 印 度

印度拥有丰富的植物资源，植物品种约有4.9万种，约占世界的1/10、亚洲的1/4，是世界上植物品种最丰富的国家之一，其中35%的植物属于珍稀品种。印度的动物资源品种多、数量大、分布广，约为8万种，其中，昆虫约6万种、软体动物5 000多种、哺乳类372种、鸟类2 000多种（占世界鸟类的14%）、爬行动物446种、两栖动物204种、

①资料来源：中国—俄罗斯生物多样性信息管理研究

鱼类2 546种。

4. 中 国

中国是生物多样性最丰富的国家之一，生物资源约48万种。其中，高等植物3万余种，占世界总数10%；脊椎动物6 347种，占世界总数14%。中国是世界上野生动物种类最多的国家，仅脊椎动物就约有4 880种（占世界总数的11%），其中，兽类410种、鸟类1 180种、爬行类300种、两栖类190种、鱼类2 800种。中国独有的珍稀动物有大熊猫、白唇鹿、金丝雀、扬子鳄、白鳍豚等；名贵珍禽有丹顶鹤、锦鸡、蓝孔雀、绶带鸟、大天鹅等；珍贵蝴蝶有金斑喙凤蝶、中华虎凤蝶、二尾褐凤蝶等2 000多种不同的品种。

中国植物种类繁多，是世界上植物资源最丰富的国家之一。种子植物约2.5万种，裸子植物200余种，占世界总量25%；木本植物7 000余种，木本植物中的乔木高达2 800余种。其中，中国植物种类中不乏金花茶、银杉、珙桐、水杉等珍贵品种。就总量而言，中国位居世界第三位，仅次于世界植物最丰富的马来西亚和巴西。

5. 南 非

南非生物资源丰富，是世界第三大生物多样性国家。全世界约有80%的植物、30%的爬行动物、15%的哺乳动物和6%的鸟类在南非均有分布。南非是世界上动物品种最多的野生动物保护区，分布着品种繁多的野生动物，包括大象、狮子、犀牛、羚羊、长颈鹿、野水牛、斑马、鳄鱼、河马、豹、猎豹、牛羚、黑斑羚、鸟类等异兽珍禽。

（六）矿产资源

金砖各国矿产资源各有不同，但矿产资源均较为丰富且开发利用较好，对GDP贡献率较高，尤其是南非矿产资源对GDP的贡献率达到8.3%。巴西是国际上矿业开发最具吸引力的国家之一；俄罗斯已开采的矿物种类极其丰富，已探明资源储量位居世界第一，占世界资源总量的37%；印度的金属和工业矿物资源丰富，但重要矿产资源短缺；中国是世界上为数不多的、矿产资源种类较齐全的、矿产自给程度较高的国家之一；南非是世界五大矿产资源国之一。

1. 巴 西

巴西矿产资源丰富，是国际上矿业开发最具吸引力的国家之一。石油储量在南美地区位居第二，仅次于委内瑞拉；煤炭资源是西半球仅次于美国的第二大煤炭资源国，根据美国地质调查局数据，2012年储量为7.54万亿吨；铝土矿储量26亿吨，位居世界第三位，占世界铝土矿储量的7.8%；铁矿砂储藏量为296亿吨，居世界第六位；铜矿储量1 142万吨铜，占世界铜储量的1.8%；镍储量835万吨，占世界镍储量的4.0%；金矿储量2 400吨，占世界金储量2.0%（表2-2）。

表2-2 巴西主要矿产品储量

名 称	储 量	名 称	储 量
石棉纤维（万吨）	1 130	天然气（百万立方米）	436 430
铝土矿（万吨）	260 000	镍矿（万吨）	835
铬铁矿（万吨）	217	铌矿（万吨）	414
煤矿（万吨）	274 652	石油（百万42加仑的桶）	15 730

（续表）

名 称	储 量	名 称	储 量
钴矿（吨）	89 000	磷矿（万吨）	34 000
铜（万吨）	1 142	稀土族（吨）	40 000
氟石（万吨）	100	滑石与叶蜡石（万吨）	23 000
金矿（吨）	2 400	钽（吨）	8 800
石墨（万吨）	5 835	锡矿（万吨）	71
石膏（万吨）	23 000	钛矿物（万吨）	167
铁矿砂（万吨）	2 960 400	铀（吨）	309 000
高岭土（万吨）	730 000	蛭石（万吨）	1 580
铅矿（吨）	149 000	锌矿（万吨）	260
菱镁矿（万吨）	24 090	锆（万吨）	405
锰（万吨）	5 350		

数据来源：MINERALS YEARBOOK

同时，巴西矿业开发较好，生产 85 种矿产品，2012 年矿业产值对 GDP 的贡献达到 4.5%。根据《2012 Minerals Yearbook》，2012 年巴西铌的产量居世界首位，占到世界的 98%；钽的产量居世界第二位，占世界的 28%；铁矿石和铝产量均居世界第三位，分别占世界的 17%和 14%；锰产量居世界第五位，占世界的 20%；钢铁产量居世界第七位，铝产量居世界第八位。

2. 俄罗斯

俄罗斯地质结构复杂，西部和东部分别以平原和山地为主，广阔的地域使得其矿产资源十分丰富，是世界上少有的多数矿产都能自给的国家之一。铁矿、金刚石、锑矿、锡矿探明储量居世界第一位，铝矿、煤炭居世界第二位，钼矿居世界第三位，钾盐储量占全球的 21%，钴矿储量占 21%，金矿储量居世界第四位，其他一些矿产储量也占全球相当大的份额（表 2-3）。俄罗斯石油探明储量为 109 亿吨，占世界总储量的 10%，俄罗斯已成为世界第二大石油输出国；同时，天然气探明储量为 47.65 万亿立方米，居世界第一位，占世界天然气总储量的 27.3%，是世界最大天然气生产国。

表 2-3 俄罗斯主要矿产品储量

名 称	储 量	名 称	储 量
煤炭（百万吨）	15 701	铜（万吨）	3 000
镁（万吨）	73 000	钨（万吨）	42
钼（万吨）	36	锡（万吨）	3.5
锑（万吨）	37	金（吨）	7 000
磷（百万吨）	1 000	钾盐（百万吨）	2 200
重晶石（万吨）	300	硼（万吨）	10 000
萤石（万吨）	1 800		

数据来源：中国国土资源经济 2010 年 08 期 . file：///C：/Users/Aarom/AppData/Local/Microsoft/Windows/INetCache/IE/B2JP0JW4/中俄主要固体矿产资源潜力比较研究_ 叶锦华 [1]. pdf

根据《2012 Minerals Yearbook》，2012 年俄罗斯矿业产值对 GDP 的贡献为 3.4%。2012 年，俄罗斯的铝、锑、砷、石棉、重晶石、铝土矿、硼、镉、水泥、煤、钴、铜、金刚石、硅藻土、氟石、镓、锗、金、石墨、石膏、铟、碘、铁矿石、铅、石灰、镁化合物和金属、云母、钼、天然气、镍、氮、钯、泥炭、石油、磷矿石、生铁、铂、钾盐、铼、硒、硅、银、钢、硫、碲、海绵钛、钨、铀、钒和蛭石的产量均居世界前列，多数为世界第一位。

3. 印　度

相对于其他金砖国家，印度的金属和工业矿物资源丰富，但是重要矿产资源短缺。印度境内煤炭、铁矿石、铬铁矿、铝土矿等矿产资源比较丰富，其中，综合煤炭储量是世界第五大煤炭储量国，但石油、天然气、铜、铅、锌、金等重要矿产资源却十分缺乏，尤其是天然气和石油成为制约印度经济发展的首要因素。根据英国石油公司（British Petroleum）的资料，2011 年，印度煤炭储量 606 亿吨，占世界总量的 7%，居世界第四位；但石油储量为 1.2 亿吨、天然气为 1.5 亿立方米，均不足全球总量的 1%。

印度主要生产 10 种金属、47 种工业矿物、23 种次要矿物、4 种矿物燃料以及 3 种原子矿物质，2012 年矿业产值对 GDP 的贡献率为 2.6%。根据《2012 Minerals Yearbook》，重晶石、铝土矿、铬、煤、铁矿石、石灰石和锰矿等的储备资源均居世界前十位。其中，印度的重晶石、石墨、滑石产量均居世界第二位，铬铁矿、煤炭、稀土、锌（板）产量居世界第三位，铝、铝土矿、铁矿、蓝晶石、锰矿石、云母（片）和钢铁产量均居世界前八位（表 2-4）。

表 2-4　巴西主要矿产品储量

名　称	储　量	名　称	储　量
重晶石（千吨）	34 000	菱镁矿（千吨）	70 000
铝土矿（千吨）	539 000	锰矿（千吨）	49 000
铬铁矿（千吨）	54 000	磷矿（千吨）	34 800
煤矿（千吨）	277 000 000	铀（千吨）	150
铜矿（千吨）	394 000	铁矿石（千吨）	8 120 000
金矿（吨）	67	铅锌矿	63 000
石墨（千吨）	11 000		

数据来源：MINERALS YEARBOOK。http：//minerals. usgs. gov/minerals/pubs/country/2012/myb3-2012-in. pdf

4. 中　国

中国是世界上为数不多的、矿产资源种类较齐全的、自给程度较高的国家之一。中国探明的矿产资源总量较大，据不完全统计，按照每平方千米国土面积来计算，中国所拥有的的矿产资源价值是世界大陆平均值的 150 余倍，居世界第六位。已探明储量的资源中，钼矿、锑矿、菱镁矿、重晶石等均居世界首位；截至 2013 年，已探明铜储量 2 750万吨，居世界第三位；铝土矿储量 9.8 亿吨、铅储量 1 580万吨、锌储量 3 770万吨均居世界前列。

中国是矿业生产国和消费大国。根据《2013 Minerals Yearbook》，2013 年中国生产的铝、锑、重晶石、铋、水泥、煤、铜、氟石、金、石墨、铟、铁和钢、铅、石灰、氧化镁、锰、钼、磷矿石、稀土、盐、银、滑石、锡、钨和锌的产量均居处在世界领先地位。2013 年中国矿产和金属制品贸易总额为 1.03 万亿美元，占全球总贸易量的 24.8%（表 2-5）。

表 2-5　中国主要矿产品储量

名　称	储　量	名　称	储　量
锑（万吨）	460	钼矿石（万吨）	8 060
重晶石（万吨）	40	镍矿石（万吨）	2 530
铬矿石（万吨）	983	石油（百万公吨）	3 370
煤炭（万吨）	2 360 000	磷矿石（万吨）	3 000
铜（万吨）	27 500	钾、氯化钾（万吨）	535
萤石（吨）	36 800	黄铁矿（百万吨）	1 300
天然气（亿立方米）	4 640	盐（亿吨）	100 083
金矿石（吨）	3 740	砂矿石（百万公吨）	1 900
石墨（万吨）	53 500	银（万吨）	37
铁矿石（百万公吨）	19 900	滑石（百万公吨）	93
高岭土（万吨）	92 700	锡（万吨）	1 160
铅矿石（万吨）	15 800	钛矿石（百万公吨）	220
菱镁矿矿石（万吨）	1 210	钨（万吨）	2 350
锰（万吨）	215	钒（万吨）	9 100
芒硝（万吨）	5 200	锌（万吨）	37 700

数据来源：MINERALS YEARBOOK. http://minerals.usgs.gov/minerals/pubs/country/2013/myb3-2013-ch.pdf

5. 南　非

南非矿产资源非常丰富，是世界五大矿产资源国之一，其矿产种类多、储量大且产量高，拥有世界第二富含矿产的地质构造。其中，铂族金属、锰、铬、黄金、红柱石、矾资源储量均居世界首位；萤石、钛、蛭石、锆资源储量均居世界第二位；金刚石、锑、磷酸盐资源储量均居世界第四位；镍、铀资源储量均居世界第五位，铅、煤、铁矿资源储量分别居世界第七、第八、第九位；南非石油天然气储量很少，主要集中在近海区（表 2-6）。

表 2-6　南非主要矿产品储量

名　称	储　量	名　称	储　量
红柱石（百万吨）	51	锰（百万吨）	150
锑（万吨）	2.1	镍（万吨）	370
铬（百万吨）	3 100	磷矿（百万吨）	1 500

（续表）

名　称	储　量	名　称	储　量
煤矿（百万吨）	30 156	铂金族（万吨）	6.3
铜（百万吨）	11	钛矿物（百万吨）	71
氟石（百万吨）	41	钒（万吨）	364
金（万吨）	0.6	蛭石（百万吨）	14
铁矿砂（百万吨）	650	锌矿（百万吨）	14
铅（万吨）	30	锆（百万吨）	14

数据来源：MINERALS YEARBOOK. http：//minerals. usgs. gov/minerals/pubs/country/2012/myb3－2012－sf. pdf

南非矿业开采和加工在全球占据重要地位，2012 年矿业产值对南非 GDP 的贡献达到 8.3%。根据《美国地质调查局矿产品摘要（2013）》，2012 年南非铂的开采量占世界总量的 72%，蓝晶石等材料占 53%，铬的开采量占到世界总量的 46%，钯占 36%，钒占 35%，蛭石占 34%，精制钯占 29%，锆占 28%，锰占 22%，钛铁矿占 17%，金红石占 16%，精致的黄金占 10%，矿产金占 6%，煤占 4%，氟石占 3%，锑、钴、铁矿石、镍、硅砂和硅均占 2%，铝、精炼钴、硅铁、铅、磷矿石均占 1%。

二、社会资源发展状况

社会资源是指为了应对需要、满足需求，所有能提供足以转化为具体服务内涵的客体，既包括有形资源也包括无形资源。本部分从人口、劳动力总量和就业结构、对外关系、物资资源和人文发展状况入手，了解金砖各国的社会资源发展状况。金砖国家 2015 年总人数占到世界总数的 42.5%；金砖国家劳动力资源丰富，2014 年劳动力之和占到世界总量的 45%；金砖各国都本着和平发展、积极合作的态度，拥有良好的国际关系；金砖各国农业物资投入不断增加，金砖国家氮肥、磷肥和钾肥的施用量 2012 年均达到或超过世界总量的 50%左右；金砖国家总体的人文发展指数 2015 年超过了世界中等收入国家水平，发展较快。

（一）人　口

根据世界银行的统计，2015 年金砖国家总人口数占到世界总数（73.5 亿）的 42.5%，中国、印度、巴西、俄罗斯的人口总量分别位居世界的第一、第二、第五、第九位。从城市化率看，2015 年印度城镇化率约为 32.3%，中国城镇化率约为 57.2%，而巴西和俄罗斯城镇化率均高达 70%以上；从人口结构看，印度赡养率呈现出“一高一低”的特征，儿童和老人赡养率分别约为 48%和 8%，而巴西、俄罗斯、中国和南非均在 10%以上。在这样的人口结构下，印度继中国之后，处于年轻劳动力充裕的阶段，具有“人口红利”发展阶段的优势（表 2-7）。

表 2-7　人口基本概况

国家或地区	年份											
	2000	2005	2006	2007	2008	2009	2010	2011	2012	2013	2014	2015
	人口数（万人）											
巴西	17 579	18 848	19 070	19 278	19 477	19 670	19 861	20 052	20 240	20 426	20 608	20 785
俄罗斯	14 640	14 362	14 334	14 318	14 312	14 313	14316	14 321	14 329	14 337	14 343	14 346
印度	105 348	114 433	116 209	117 969	119 707	121 418	123 098	124 745	126 359	127 950	129 529	131 105
中国	129 913	133 562	134 277	134 994	135 715	136 441	137 170	137 902	138 635	139 358	140 060	140 731
南非	4 490	4 835	4 903	4 969	5 035	5 099	5 162	5 224	5 284	5 342	5 397	5 449
金砖国家	271 969	286 040	288 792	291 528	294 246	296 941	299 608	302 244	304 847	307 413	309 937	312 415
世界	612 662	651 964	660 022	668 161	676 373	684 648	692 973	701 343	709 750	718 172	726 579	734 947
	男性（万人）											
巴西	8 686	9 300	9 406	9 506	9 601	9 692	9 783	9 873	9 962	10 050	10 136	10 220
俄罗斯	6 851	6 684	6 664	6 650	6 643	6 639	6 639	6 642	6 648	6 655	6 661	6 664
印度	54 569	59 310	60 239	61 160	62 069	62 962	63 835	64 687	65 519	66 337	67 147	67 955
中国	66 709	68 644	69 022	69 400	69 779	70 161	70 546	70 935	71 325	71 710	72 083	72 438
南非	2 210	2 374	2 407	2 438	2 470	2 501	2532	2 563	2 594	2 624	2 652	2 680
金砖国家	139 026	146 313	147 738	149 155	150 561	151 955	153 336	154 700	156 048	157 376	158 680	159 957
世界	308 454	328 508	332 618	336 766	340 947	345 159	349 396	353 655	357 930	362 210	366 478	370 721
	女性（万人）											
巴西	8 893	9 548	9 663	9 772	9 876	9 978	10 078	10 179	10 278	10 375	10 471	10 565
俄罗斯	7 789	7 679	7 670	7 668	7 670	7 673	7 677	7 679	7 681	7 682	7 682	7 681
印度	50 779	55 122	55 969	56 808	57 638	58 456	59 263	60 057	60 840	61 613	62 382	63 150
中国	63 203	64 917	65 254	65 594	65 936	66 280	66 624	66 968	67 310	67 648	67 977	68 292
南非	2 279	2 461	2 496	2 531	2 565	2 598	2 630	2 661	2 690	2 718	2 745	2 769
金砖国家	132 943	139 727	141 054	142 374	143 685	144 985	146 272	147 543	148 799	150 037	151 257	152 458
世界	304 208	323 455	327 404	331 395	335 426	339 489	343 577	347 688	351 820	355 961	360 100	364 227
	城市人口（万人）											
巴西	14 168	15 419	15 642	15 855	16 060	16 262	16 463	16 665	16 866	17 065	17 260	17 451
俄罗斯	10 765	10 574	10 564	10 566	10 574	10 582	10 583	10 576	10 564	10 548	10 532	10 516
印度	28 837	32 952	33 806	34 664	35 529	36 402	37 290	38 193	39 117	40 061	41 020	41 994
中国	48 198	58 431	60 577	62 734	64 934	67 163	69 426	71 715	73 985	76 219	78 407	80 539
南非	2 551	2 872	2 939	3 007	3 074	3 139	3 201	3 260	3 315	3 367	3 417	3 466
金砖国家	104 519	120 247	123 528	126 826	130 171	133 549	136 963	140 408	143 846	147 259	150 637	153 966
世界	285 613	319 901	327140	334 475	341 942	349 494	357 127	364 825	372 550	380 282	388 013	395 729

（续表）

国家或地区	年份											
	2000	2005	2006	2007	2008	2009	2010	2011	2012	2013	2014	2015
	农村人口（万人）											
巴西	3 282	3 195	3 171	3 145	3 117	3 087	3 058	3 028	2 999	2 971	2 943	2 915
俄罗斯	3 911	3 820	3 807	3 799	3 793	3 787	3 779	3 768	3 753	3 735	3 715	3 694
印度	75 390	79 763	80 523	81 245	81 938	82 611	83 272	83 923	84 552	85 153	85 720	86 245
中国	82 766	76 396	75 061	73 737	72 388	71022	69 629	68 214	66 820	65 448	64 093	62 753
南非	1 933	1 952	1 953	1 954	1 953	1 950	1944	1 935	1 924	1 911	1 897	1 883
金砖国家	167 282	165 125	164 515	163 879	163 188	162 458	161 683	160 869	160 048	159 218	158 368	157 489
世界	327 157	331 508	332 183	332 835	333 423	333 978	334 491	334 975	335 457	335 930	336 366	336 750

资料来源：联合国粮食及农业组织。http：//faostat3. fao. org/download/O/OA/E

1. 巴　西

巴西人口总量居世界第五位，2015 年巴西人口总数为 20 785万，其中，城市人口 17 451万人、农村人口 2 915万人，男女人口比为 0. 967 : 1，平均寿命为 73. 9 岁。2015 年巴西的人口密度约为 24 人/平方千米，但人口分布极不均衡，西北部和东部沿海一带人口稠密；广大的亚马逊平原却是世界人口密度最小的地区之一，每平方千米不到 1 人。巴西人口分布的另一特点是人口高度集中在少数大城市，如圣保罗人口 1 885万。

2. 俄罗斯

俄罗斯人口总量居世界第九位。俄罗斯联邦统计局数据显示，2015 年俄罗斯人口总数为 14 345. 7万。其中，城市人口 10 516万人、农村人口 3 694万人，男女人口比例为 0. 868 : 1，平均寿命为 69. 8 岁（2012 年数据）。俄罗斯属于地广人稀的国家，平均人口密度不到 8. 34 人/平方千米。俄罗斯在人口方面具有三个明显特征：一是人口的地区分布严重不平衡，西多东少；二是城市人口比重大，占 73. 3%；三是人口老龄化现状严重（2013 年 60 岁以上人口为 2 680万，约占总人口的 18. 6%）。

3. 印　度

印度人口总量居世界第二位，仅次于中国。世界银行数据显示，2015 年印度人口总数约为 131 105万人，其中，城市人口 41 994万人、农村人口 86 245万人，男女人口比例为 1. 076 : 1（2015 年 FAO 数据），平均寿命 66. 1 岁（2006—2010 年平均值）。结合领土面积来看，印度是世界上人口密度较大的国家，平均人口密度 440 人/平方千米，是世界平均人口密度的 9 倍。

4. 中　国

中国人口总量居世界第一位，是世界上人口最多的国家，2015 年中国人口总数达到 140 731万人，其中，城市人口 805 387万人、农村人口 627 525万人，男女人口比例为 1. 061 : 1，平均寿命为 76. 34 岁。中国平均人口密度 147 人/平方千米，为世界平均人口密度的 3 倍，是世界上人口密度较大的国家之一。中国人口资源具有两个明显特征：一是人口地区分布严重不平衡。东部沿海地区人口密集，西部高原地区人口稀少。二是人口老龄化现状日益严重。

5. 南　非

南非人口总量及密度是金砖国家中最低的，人口总数约为5 449万人，其中，城镇人口3 466万人、农村人口1 883万人，男女人口比例为0.968∶1（FAO，2015），平均寿命为57.1岁。南非平均人口密度达44.6人/平方千米，略低于世界平均水平，是金砖国家中人口密度最小的国家。

（二）劳动力总量和就业结构

金砖国家劳动力总量近年波动增长，占世界总劳动力的比重呈下降趋势。2000年以来金砖国家劳动力总量不断扩大，由2000年的金砖国家劳动力共计为130 918万人，波动增长到2014年的15 100万人，增长了20 085万人，年均增长1.02%。但劳动力占世界总劳动力的比重呈现下降趋势，2014年金砖国家劳动力之和占到世界总量的45%，比2000年的47%下降2%。从劳动力总量看，中国劳动力资源最为丰富；从劳动力年增长率来看，巴西增长速度最快，俄罗斯最慢（表2-8）。

表2-8　金砖国家劳动力规模

国家或地区	2000	2006	2007	2008	2009	2010	2011	2012	2013	2014
巴西	8 430	9 716	9 823	10 011	10 185	10 374	10 532	10 695	10 838	10 984
中国	72 949	76 714	77 210	77 613	77 987	78 105	79 018	79 586	80 179	80 650
印度	40 636	46 880	46 965	47 020	47 128	47 128	47 509	47 795	48 788	49 696
俄罗斯联邦	7 275	7 558	7 669	7 707	7 693	7 659	7 697	7 690	7 689	7 675
南非	1 628	1 787	1790	1 851	1 820	1 799	1832	1 888	1 941	1 998
金砖国家	130 918	142 654	143 457	144 202	144 813	145 066	146 588	147 654	149 435	151 004
世界	277 343	305 874	309 649	313 460	316 965	320 226	324 613	328 861	333 731	338 411
金砖国家占全球比（%）	47%	47%	46%	46%	46%	45%	45%	45%	45%	45%

数据来源：世界银行数据库

金砖国家劳动力就业结构差异明显。2000年以来，中国与印度农业就业人员占就业人员的比例一直高于世界平均水平，将近半数从事农业劳动，而巴西、俄罗斯、南非相对较低；各国工业就业人员占就业人员的比例均在20%左右；巴西、俄罗斯、南非服务业就业人员占就业人员的比例较高，均在60%左右，而中国和印度较低。

1. 巴　西

就劳动力总量而言，巴西劳动力资源丰富，呈逐年扩张趋势。2014年巴西劳动力总数为10 984万人，占该国总人口的54.37%，比2000年的8 430万人增加了2 554万人，年均增长1.91%。就劳动力结构而言，2000年以来，巴西服务业就业占比最高，且呈逐年上涨趋势，2013年为63.90%，比2000年增加3.8%。同期工业就业占比较为平稳，维持在20%左右；农业就业占比则呈下降趋势，由2000年的18.5%下降至2013年的14.5%，降幅为27.6%（图2-6）。

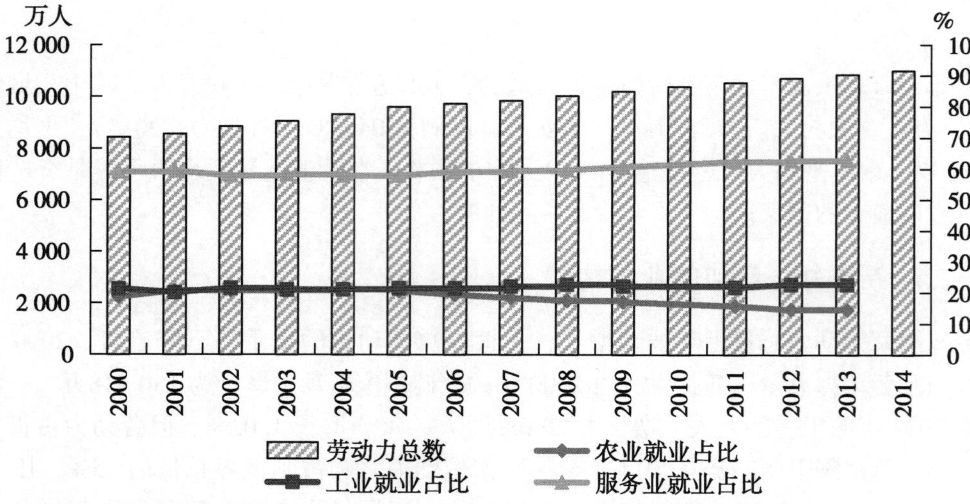

图 2-6 2000—2014 年巴西劳动力总量和就业结构

2. 俄罗斯

2000—2014 年，俄罗斯劳动力总量呈增长趋势，从 7 275万人增长到 7 675万人，年均增长 0. 38%，是金砖国家劳动力总量年均增速最慢的国家。就劳动力结构而言，俄罗斯服务业就业人员最多，占比最大，2014 年达到了 65. 8%；工业就业占比较为稳定，在 27%~30%徘徊；农业就业人员占比呈下降态势，2014 年为 6. 7%，比 2000 年的 14. 5%下降了 7. 8%（图 2-7）。

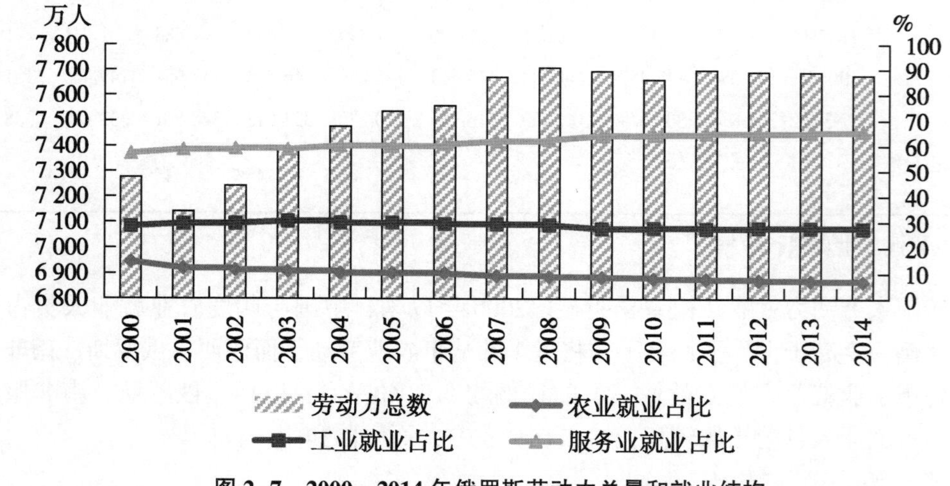

图 2-7 2000—2014 年俄罗斯劳动力总量和就业结构

3. 印　度

印度劳动力资源丰富，近年呈上升趋势。2000—2014 年，印度劳动力总量从 40 636万人上升至 49 696万人，增长了 9 060万人，年均增长率为 1. 45%。

在印度，将近半数的人都在从事农业相关劳动，近年随着印度经济的不断发展，农业就业人数的占比总体呈现下降趋势。2013 年农业就业占比为 49. 7%，比 2000 年的

59.9%，下降了 10.2%，降幅为 17.03%；2000—2013 年，工业就业占比从 16% 涨至 21.5%，其中 2012 年工业就业占比达到了最高值，为 24.8%；2000—2013 年，服务业就业占比从 24%涨至 28.7%（图 2-8）。

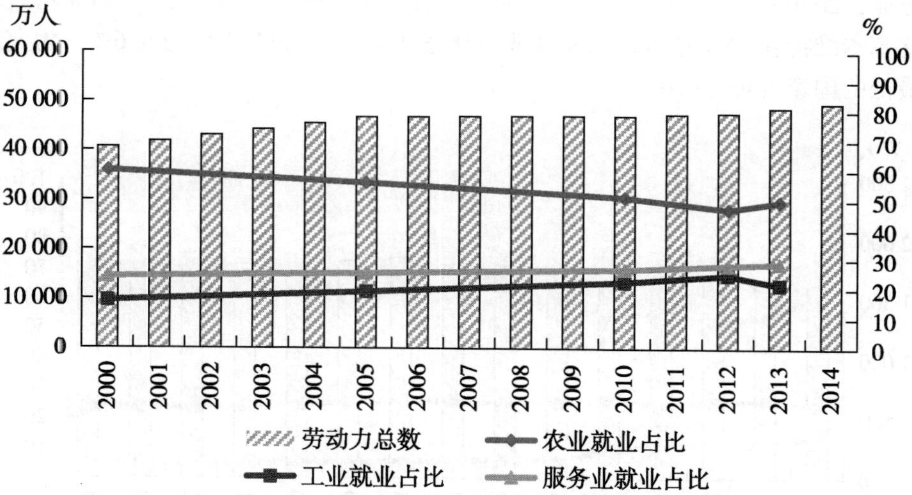

图 2-8　2000—2014 年印度劳动力总量和就业结构

4. 中　国

中国被称为“世界工厂”，这与中国丰富而廉价的劳动力资源密切相关。2014 年中国的劳动力总量达到 79 690万人，比 2000 年增加了 5 698万人，年均增长 0.53%，增速低于世界平均水平。中国作为农业大国，农业就业人数占劳动力的比重也较大，但随着我国经济的均衡发展，到 2011 年基本形成了“三分天下”的局面。2014 年，农业就业占比、工业就业占比与服务业就业占比分别为 29.5%、29.9%和 40.6%，呈农业就业人数减少、工业与服务业就业人数双增趋势（图 2-9）。

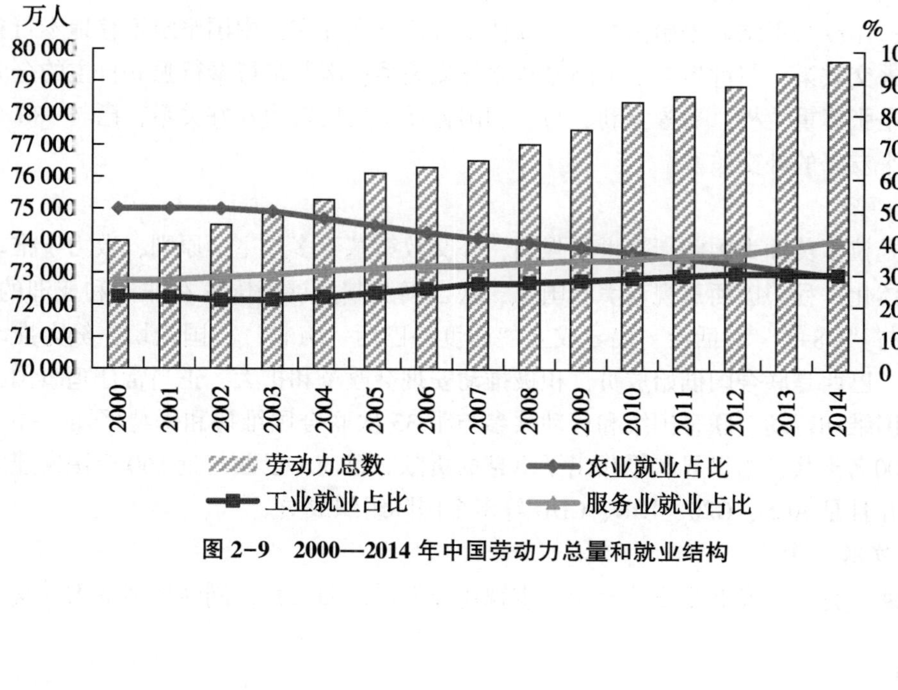

图 2-9　2000—2014 年中国劳动力总量和就业结构

5. 南 非

南非是金砖国家中劳动力总量最少的国家，2014 年为 1 998万人，比 2000 年的 1 628 万人，增长了 22.74%，年均增速为 1.47%。就劳动力就业结构而言，南非就业人数最多的是服务业，2000—2009 年一直维持在 60%左右，2010—2014 年增长到 71%左右；工业就业占比基本维持在 25%左右；农业就业占比逐年降低，2011 年仅为 4.6%，为金砖国家中占比最低的国家（图 2-10）。

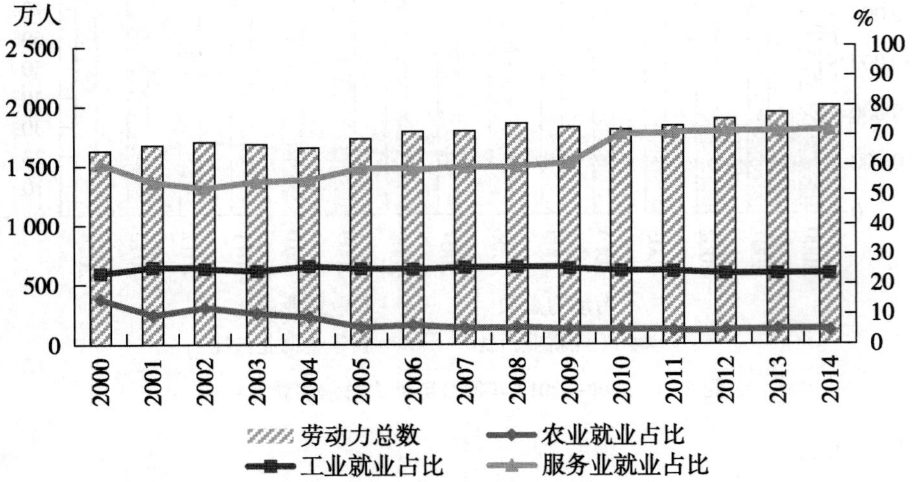

图 2-10 2000—2014 年南非劳动力总量和就业结构

（三）对外关系

金砖各国都本着和平发展、密切合作的态度，积极参与国际事务与机构，均拥有良好的国际关系，为国内经济社会发展提供良好的外部环境。巴西与近 160 个国家建立外交关系，是里约集团创始国之一；俄罗斯一直坚持开展全方位外交，与中国一道同为联合国常任理事国；印度为不结盟创始国之一，保持全方位务实外交；中国坚定不移地奉行独立自主的和平外交政策，与世界 171 个国家建立外交关系；南非坚持奉行独立自主的全方位外交政策，主张尊重主权、平等互利、与一切国家保持发展双边友好关系，已与 186 个国家建立了和平友好的外交关系。

1. 巴 西

巴西是拉丁美洲大国和新兴世界强国，外交政策基于多边主义原则，致力于推动南美和拉美一体化进程。巴西重视与美洲国家、联合国及其发展中国家在非洲和亚洲的关系，并积极参与“G8+5”对话会，倡导成立“印度—巴西—南非”三国论坛，努力推动金砖国家对话。巴西是联合国创始成员，积极推动安理会改革和扩大，正当常任理事国，积极参与联合国维和行动。联合国维和行动共参与了 33 次联合国维持和平特派团，并贡献了超过 27 000名士兵，为世界和平作出了卓越的贡献。目前，巴西与近 160 个国家建立了外交关系，并且是 ACS、G20、IDB、CDB 等多个国际组织成员。

2. 俄罗斯

俄罗斯一直坚持发展全方位外交，重视优先发展欧洲关系，同时加强亚太外交。俄罗斯作为联合国常任理事国，积极参与联合国维和行动，并且是粮食及农业组织、联合国贸易和发展会议、联合国工业发展组织等众多联合国系统组织成员。近年来加强建立与西方国家的良好关系，探索与北约建立新型合作机制，推动俄罗斯重返欧洲的进程。

3. 印　度

印度是不结盟创始国之一，坚持彼此的主权和领土完整，以互相尊重、互不侵犯、国内事务互不干涉、平等互利、和平共处等为五项基本原则。冷战结束后，印度政府大力发展多边外交，为本国发展创造了和平、稳定的地区环境，致力于与所有国家建立发展关系，并且是 ADB、BIS、FO、G20、ICC 等多个国际组织成员。作为联合国创始成员国之一的国家，支持联合国宗旨和原则，多次参与联合国维和行动，并为世界和平作出了卓越的贡献。近年来加强与发达国家及发展中国家的合作关系，先后与俄、美、英等多国实现了高层互访，进一步推动本国经济的发展。

4. 中　国

中国坚定不移地奉行独立自主的和平外交政策，这一政策的基本目标是维护中国的独立、主权和领土完整，为中国的改革开放和现代化建设创造一个良好的国际环境，维护世界和平，促进共同发展。在对外关系的实施上，始终奉行独立自主原则；反对霸权主义，维护世界和平；积极推动建立公正合理的国际政治经济新秩序；改善和发展同发达国家、发展中国家的关系；主张国与国之间应超越社会制度和意识形态的差异，相互尊重，求同存异，扩大互利合作。新中国成立 60 多年来，中国同各国密切合作，积极参与处理各种国际争端，全面推进同世界各国的友好合作，建交国已由新中国成立初期的 18 个增加到 171 个。

5. 南　非

南非坚持奉行独立自主的全方位外交政策，主张尊重主权、平等互利、与一切国家保持发展双边友好关系，目前已与 186 个国家建立了和平友好的外交关系。南非积极参与大湖地区和平进程以及津巴布韦、苏丹达尔富尔等非洲热点问题的解决，努力促进非洲一体化进程和非洲联盟建设，大力推动南南合作和南北对话。对外交往活跃使得南非的国际地位不断提高，目前南非是联合国、非盟、英联邦、20 国集团等国际组织或多边机制成员国。

（四）物资资源

物资投入是农业生产的必需品，是推动农业发展的重要动力。总体而言，金砖国家农业物资投入不断增加，农业生产条件得到极大改善。2013 年，金砖国家灌溉率达到 28.81%，高于同期世界平均水平 8.17%。2012 年，金砖国家氮肥施用量为 6 785万吨，占世界总量的 56.67%；磷肥施用量为 2 841万吨，占世界总量的 61.22%；钾肥施用量为 1 414万吨，占世界总量的 49.63%（表 2-9）。

表 2-9　2014 年金砖国家农业发展条件及其与世界的综合对比

项　目	世界	中国	俄罗斯	印度	南非	巴西
国土面积（万平方千米）	13 432	960	1 709.80	328.70	122.00	851.57
人口（万人）	734 947	140 731	14 346.00	131 105.00	5 449.00	20 785.00
GDP（亿美元，2014 年）	778 451	103 548	18 606.00	20 485.00	3 501.00	23 461.00

（续表）

项　目	世界	中国	俄罗斯	印度	南非	巴西
耕地面积（万公顷，2013 年）	157 526	12 252	12 384.00	17 000.00	1 291.00	8 281.00
灌溉（万公顷，（2013 年）	32 513	6 915	430.00	6 700.00	167.00	540.00
农业劳动力（千人，2013）	1 307 133	1 188	269 740.00	500 977.00	6 251.00	11 049.00
拖拉机拥有量（万台，2009）	—	2 282	36.40（2008）	314.90（2007）	6.30（2007）	77.70（2007）
收割机使用量（万台，2009）	—	128	9.60（2008）	47.70（2007）	1.10（2007）	5.40（2007）
氮肥（万吨，2012）	11 973	4 515	118.00	1 685.00	43.00	425.00
磷肥（万吨，2012）	4 640	1 672	42.00	673.00	19.00	434.00
钾肥（万吨，2012）	2 848	715	18.00	199.00	12.00	460.00

资料来源：FAO，世界银行

1. 巴　西

巴西非常重视农业的发展，近年来对农业投入不断增加，农业产量与质量均不断提高。2013 年巴西耕地面积达到 8 281万公顷，比 2000 年的 6 520万公顷，提高了 27.01%；其中水利设施投入不断增加，灌溉条件得到改善，灌溉土地面积从 330 万公顷增至 540 万公顷，增加了 63.64%。

同时，其他各类农业生产投入品使用量也在不断增加。就化肥而言，2000—2012 年，氮肥施用量从 166.8 万吨增至 425 万吨，增长超过 1.5 倍；磷肥施用量从 233.8 万吨增至 434 万吨，增长了 85.63%；钾肥施用量从 256.2 万吨增至 460 万吨，增长了 79.55%。就农药用量而言，2000—2012 年，杀虫剂使用量从 28 382吨增加到 57 170吨，增长了 101%；除草剂使用量从 81 862吨增加到 214 201吨，增长了 1.6 倍多。就农业机械而言，2007 年巴西拖拉机拥有量为 77.7 万台，收割机拥有量为 5.4 万台，为机械化操作提供基础。

2. 俄罗斯

近年来，俄罗斯农业耕地与灌溉面积有所下降，但其他物质资源投入不断增长，农业生产发展良好。2000—2013 年，俄罗斯耕地面积从 126 238万公顷增加到 123 840万公顷，增加 1.94%；灌溉面积从 460.6 万公顷降至 430 万公顷，降低 6.64%。

其他农业投入品使用量也在不断增加，就化肥而言，2000—2012 年，氮肥施用量从 96 万吨增加到 118 万吨，增长 22.92%；磷肥施用量从 28 万吨增长到 42 万吨，增长了 50%；钾肥施用量从 18 万吨增加到 28 万吨，增长了 55.56%。就农业机械而言，2008 年俄罗斯拖拉机拥有量为 36.4 万台，收割机拥有量为 9.6 万台，农业机械化水平较高。

3. 印　度

印度是世界上仅次于中国的人口大国，粮食安全问题突出，为了确保本国粮食安全，印度对农业投入不断增加，农业生产不断发展。2013 年印度农业耕地面积和灌溉面积分别为 17 000公顷和 6 700万公顷，灌溉率达到 39.41%，比 2000 年提高了 3.89%。

其他农业投入品使用量也在不断增加。就化肥而言，2000—2012 年，氮肥施用量从 1 092万吨增至 1 685万吨，增长了 54.3%；磷肥施用量从 421.46 万吨增加到 673 万吨，增长了59.68%；钾肥施用量从156.75万吨增加到199万吨，增长了26.95%。就农业机械而言，2007年印度拖拉机拥有量为314.9万台，收割机拥有量为47.7万台，农业机械拥有量在金砖国家中仅次于中国。

4. 中　国

中国是传统农业大国，对农业重视程度较高，特别是2004年以来，中央一号文件连续关注“三农”，对农业物资投入力度不断增加。2013年中国耕地面积和灌溉面积分别为12 252万公顷和691万公顷，与2000年相比，耕地面积减少了750.3万公顷，但是灌溉面积增加了1 495万公顷，表明近年来农田水利设施得到较大改善，农业灌溉率提高。

就化肥而言，2000—2012年，氮肥施用量从2 214万吨增加到4 551万吨，增长1倍多；磷肥施用量从861万吨增加到1 672万吨，增长近1倍；钾肥施用量从347万吨增加到715万吨，增长超过1倍。就农业机械而言，2012年中国拖拉机拥有量为2 282万台（其中大中型拖拉机为485万台、小型拖拉机为1 797万台），联合收割机拥有量约为128万台。

5. 南　非

近年来，南非农业物资投入水平不断变化，化肥等农用品投资有所减少，但是农业基础设施、机械水平不断提高，农业得到长足发展。2000—2013年南非耕地面积和灌溉面积分别从1 420万公顷和150万公顷变化到1 291万公顷和167万公顷，农业灌溉率不断提高，增加至11.48%。

就化肥而言，2000—2012年，氮肥施用量从41.59万吨增至43万吨，增长了3.39%；磷肥施用量从18.7万吨增至19万吨，增长了1.6%；钾肥施用量从13.74万吨减少到12万吨，减少了12.66%。就农业机械而言，2007年南非拖拉机拥有量为6.3万台，收割机拥有量为1.1万台。

（五）人文发展

人文发展水平是影响一国社会经济发展的重要软实力，同时经济实力的不断提升，也为人文水平的发展提供重要经济基础。近年来，金砖国家人文发展较快，2014年金砖国家人文发展指数平均为0.711，超过中等收入国家水平。其中，俄罗斯人文发展指数最高，为0.798，超过高收入国家水平。具体来看，金砖国家的预期受教育年限和平均受教育年限的均值分别为13.7和8.5，都超过了高收入国家水平；金砖国家出生时预期寿命、性别不平等指数、平均教育满意度、15岁以上人口就业比分别为69.16、0.379、60%、53.5%，均超过中等收入国家水平（表2-10）。

表2-10　2014金砖国家人文发展指数与世界的对比

国家或地区	人文发展指数	出生时预期寿命	预期受教育年限	平均受教育年限	性别不平等指数	教育满意度（%）	15岁以上就业人口比率（%）
超高水平	0.986	80.5	16.4	11.8	0.199	64	55.4
高水平	0.744	75.1	13.6	8.2	0.310	61	63.4
中等水平	0.630	68.6	11.8	6.2	0.506	70	55.7

（续表）

国家或地区	人文发展指数	出生时预期寿命	预期受教育年限	平均受教育年限	性别不平等指数	教育满意度（%）	15岁以上就业人口比率（%）
低水平	0.505	60.6	9.0	4.5	0.583	53	63.9
巴西	0.755	74.5	15.2	7.7	0.457	46	65.6
中国	0.727	75.8	13.1	7.5	0.191	64	68.0
俄罗斯	0.798	70.1	14.7	12.0	0.276	48	60.1
印度	0.609	68.0	11.7	5.4	0.563	69	25.2
南非	0.666	57.4	13.6	9.9	0.407	73	48.6

资料来源：2015年联合国开发计划署《人文发展报告》

1. 巴　西

近年来，巴西人文状况得到不断改善，2014年巴西人文发展指数达到0.755，超过了高等收入国家水平，也在金砖国家平均水平之上，比2000年的0.683提高了10.54%。具体来看，2014年巴西的出生时预期寿命、平均受教育年限、预期受教育年限、性别不平等指数、教育满意度、15岁以上人口就业比分别为74.5岁、15.2年、7.7年、0.457、46%、65.3%，其中预期受教育年限和收入指数达到了高收入国家水平。

2. 俄罗斯

相对而言，俄罗斯是金砖国家中人文基础较好且发展水平较高的国家，2000年人文发展指数为0.717，超过了高等收入国家水平，2014年达到0.798，为金砖国家中最高的，增长了11.30%。具体来看，2014年俄罗斯出生时预期寿命、平均受教育年限、预期受教育年限、性别不平等指数、教育满意度、15岁以上人口就业比分别为70.1岁、14.7年、12.0年、0.276、48%、60.1%，其中预期受教育年限、平均受教育年限、教育指数、收入指数均为金砖国家中最高的，均超过高收入国家水平，甚至平均受教育年限达到了超高收入国家水平。

3. 印　度

印度是金砖国家中人文发展状况最差的国家，但是近年来增长较快。2014年人文发展指数达到0.609，虽仍低于高等收入国家水平，但比2000年的0.496提高了22.78%，在金砖国家中增速仅次于中国。具体来看，2014年印度的出生时预期寿命、平均受教育年限、预期受教育年限、性别不平等指数、教育满意度、15岁以上人口就业比分别为68.0岁、11.7年、5.4年、0.563、69%、25.2%，其中预期受教育年限、平均受教育年限、教育指数、收入指数均为金砖国家中最低的，这与其实行的精英教育体制密切相关，且印度的性别不平等状况是金砖国家中最为糟糕的。

4. 中　国

中国的人文状况是金砖国家中改善最多的国家，2014年人文发展指数达到0.727，超过了中等收入国家水平，比2000年的0.588增长了23.64%，是金砖国家中增速最快的。具体来看，2014年中国的出生时预期寿命、平均受教育年限、预期受教育年限、性别不平等指数、教育满意度、15岁以上人口就业比分别为75.8岁、13.1年、7.5年、0.191、64%、68.0%，其中出生时预期寿命、健康指数均为金砖国家中最高的，都达到了高收入国家水平，这与中国医疗条件的改善密切相关，此外，中国性别不平等状况是金砖国家中最好的，同样达到高收入国家水平，可以看到中国改善最大的是男女地位。

5. 南 非

近年来虽说南非人文状况得到不断改善，但是其增长速度是金砖国家中最慢的，2014年南非人文发展指数达到0.666，超过了中等收入国家水平，仅比2000年的0.632提高了5.38%。具体来看，2014年南非的出生时预期寿命、平均受教育年限、预期受教育年限、性别不平等指数、教育满意度、15岁以上人口就业比分别为57.4岁、13.6年、9.9年、0.407、73%、48.6%，其中出生时预期寿命和健康指数均为金砖国家中最低的，甚至低于低收入国家水平，这与南非恶劣的生活、医疗条件密不可分，亟须金砖国家就此开展合作，推动南非医疗健康状况的改善。

三、经济资源发展状况

近年来，金砖国家的一个共同特点就是经济快速增长，成为当地乃至全球经济快速增长的重要动力。2000—2014年金砖各国国内生产总值（GDP）年均增速都高于世界平均水平（2.68%），中国最快，平均为9.72%；其次是印度，为7.01%；然后是俄罗斯，为4.60%；南非与巴西较为相近，分别为3.31%和3.21%（表2-11）。

表2-11 金砖国家生产总值（GDP）增长 单位：%

国家或地区	2000	2005	2006	2007	2008	2009	2010	2011	2012	2013	2014
巴西	4.38	3.15	4.00	6.01	5.02	-0.24	7.57	3.92	1.76	2.74	0.14
俄罗斯	10.00	6.38	8.15	8.54	5.25	-7.82	4.50	4.26	3.41	1.34	0.64
印度	3.84	9.28	9.26	9.80	3.89	8.48	10.26	6.64	5.08	6.90	7.29
中国	8.43	11.35	12.69	14.19	9.62	9.23	10.63	9.48	7.75	7.68	7.27
南非	4.20	5.28	5.59	5.36	3.19	-1.54	3.04	3.21	2.22	2.21	1.52
金砖国家	6.72	8.39	9.52	10.79	6.99	4.65	9.00	7.28	5.71	5.92	5.36
世界	4.27	3.59	4.09	3.94	1.45	-2.06	4.08	2.85	2.26	2.36	2.49

数据来源：世界银行数据库。http：//data.worldbank.org.cn/indicator/NY.GDP.MKTP.KD?display=default

注：金砖国家数据是本课题组计算

受2009年全球金融危机影响，各国经济增速均有所放缓，巴西、俄罗斯和南非甚至在2009年出现经济负增长，随后不断加快；印度近年来经济增长加快，增长率超过中国；中国近年来受经济结构的调整和转型升级影响，增速出现放缓，经济发展进入“新常态”。

（一）经济总量和结构

近年来，金砖国家作为世界新兴经济体，经济得到了长足发展，经济总量不断扩大。

据世界银行统计，2000 年，金砖国家 GDP 总额共计为 27 159亿美元，占世界 GDP 总额的 8.17%；2015 年达到 174 458亿美元，占世界 GDP 总额的 21.87%。2000—2015 年，金砖国家 GDP 总额增长了 147 299亿美元，年均增长 13.2%，是同期世界 GDP 年均增长率 6.01%的 2.2 倍；其中，中国 GDP 总额最为突出，巴西次之，俄罗斯、印度相差不多，南非总量上最少（表 2-12）。

表 2-12　2000—2015 年世界和金砖国家 GDP 总额　　单位：亿美元

国家或地区	年份											
	2000	2005	2006	2007	2008	2009	2010	2011	2012	2013	2014	2015
巴西	6 447	8 822	10 889	13 668	16 535	16 202	21 431	24 767	22 488	22 457	22 479	22 187
俄罗斯	2 597	7 640	9 899	12 997	16 608	12 226	15 249	19 048	20 175	20 968	21 093	20 292
印度	4 766	8 342	9 491	12 387	12 241	13 654	17 085	18 430	18 358	18 751	20 119	21 628
中国	11 985	22 569	27 130	34 941	45 218	49 902	59 305	73 219	82 295	92 403	99 148	105 989
南非	1 364	2 578	2 716	2 994	2 868	2 959	3 753	4 166	3 974	3 661	3 716	3 764
金砖国家	27 159	49 951	60 126	76 987	93 470	94 944	116 823	139 630	147 290	158 239	166 151	174 458
世界	332 273	469 753	508 906	573 458	628 782	595 606	652 378	721 286	735 212	756 219	775 880	797 605

数据来源：世界银行数据库

金砖国家人均 GDP 快速增长，但各国差异明显。2000—2015 年，金砖国家人均 GDP 由 1015 美元增长到 5 584美元，其中，中国人均 GDP 增速最快，年均为 14.81%，2015 年达到 7531 美元，是金砖国家中最高的；印度则是金砖国家人均 GDP 最低的国家，2014 年仅为 1 649美元（表 2-13）。

表 2-13　2000—2015 年世界和金砖国家人均 GDP　　单位：美元

国家或地区	年份											
	2000	2005	2006	2007	2008	2009	2010	2011	2012	2013	2014	2015
巴西	3 694	4 739	5 788	7 194	8 623	8 373	10 978	12 576	11 320	11 208	11 571	10 675
俄罗斯	1 772	5 338	6 948	9 145	11 700	8 616	10 710	13 324	14 091	14 612	12 874	14 145
印度	457	740	830	1 069	1 042	1 147	1 417	1 509	1 484	1 498	1 633	1 649
中国	949	1 731	2 069	2 651	3 414	3 749	4 433	5 447	6 093	6 807	7 595	7 531
南非	3 099	5 444	5 660	6 154	5 812	5 912	7 390	8 081	7 592	6 886	6 484	10 281
世界	5 445	7 238	7 749	8 629	9 350	8 754	9 477	10 356	10 439	10 613	10 804	10 853
金砖国家	1 015	1 777	2 119	2 690	3 238	3 262	3 980	4 717	4 934	5 257	5 474	5 584

数据来源：世界银行数据库

在经济总量不断增加的同时，金砖各国农业 GDP 占比也发生变动。总体来看，金砖国家各产业 GDP 占比相对稳定，GDP 占比服务业较大、工业次之、农业最小，同时农业 GDP 占比呈下降趋势。2006—2014 年，金砖国家整体表现为农业 GDP 占比不断下降，其中，巴西由 2006 年的 5.1%下降到 2010 年的 4.9%，随后略有上升到 2014 年达到 5.6%；俄罗斯由 2006 年的 4.6%，下降到 2010 年的 3.8%，到 2014 年为 4.2%；印度农业 GDP

占比相对较大，一般稳定在21%左右，2006年为21%，最高峰为2011年为21.6%，2014年降至19.5%；中国农业GDP占比下降明显，由2006年的10.7%一直下降到2014年的9.2%；南非农业GDP占比由2006年的10.7%上升到2011年的最大值12.1%，然后下降到2014年的10.9%（图2-11）。

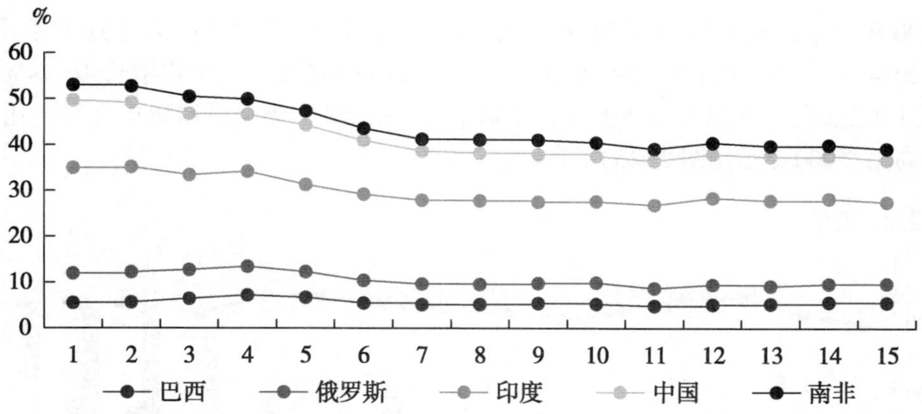

图2-11　金砖国家农业GDP占比结构图

1. 巴　西

近年来，巴西经济发展迅速，GDP总量位居拉丁美洲第一位，对世界市场的影响日益扩大。2000—2014年，巴西GDP总量从6 572亿美元增长到22 479亿美元，年均增长9.2%，在金砖国家中，GDP总量仅次于中国；同期，人均GDP从3 694美元增长到11 571美元，2014年达到2000年的3倍多，年均增长8.5%（图2-12）。

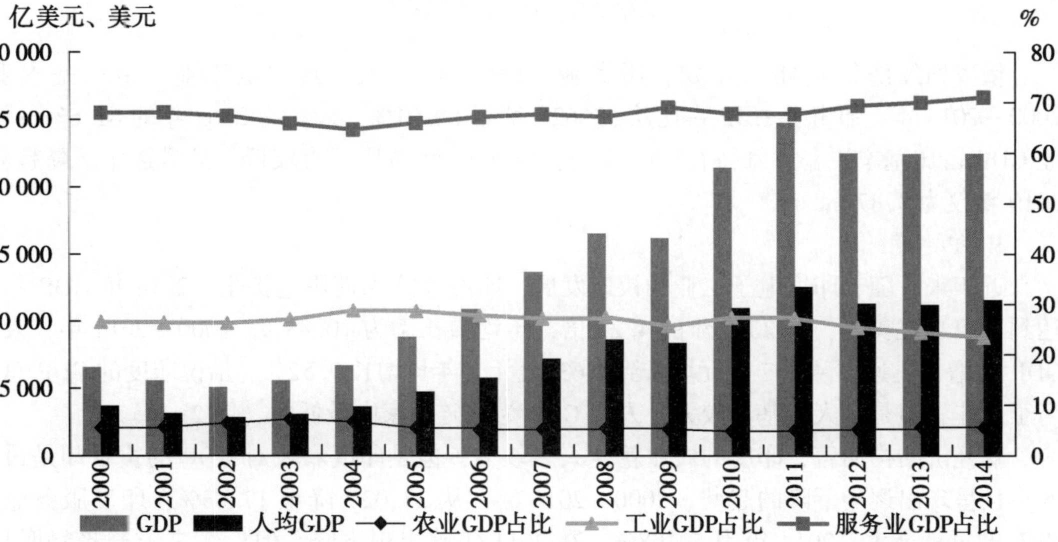

图2-12　2000—2014年巴西经济规模和结构

数据来源：世界银行数据库

一直以来，在巴西经济中，服务业对 GDP 的贡献最大，2014 年达到 71%，为 2000 年以来的最高值，比 2000 年的 68%增长了 3%；工业对 GDP 的贡献较为稳定，2000—2014 年维持在 23.4%~28.7%，其中自 2010 年以来，出现明显的下降趋势，2014 年最低为 23.4%；农业对 GDP 的贡献一直较低，稳定在 5.5%左右。

2. 俄罗斯

2000 年以来，俄罗斯经济快速发展，GDP 总量和人均 GDP 均得到大幅度提高。2000—2014 年，GDP 总量从 2597 亿美元增长到 21 093亿美元，年均增长 16.14%。人均 GDP 从 1 772美元上升到 12 874美元，年均增长 15.22%，为金砖国家中最高，比世界平均水平高出 2 000美元（图 2-13）。

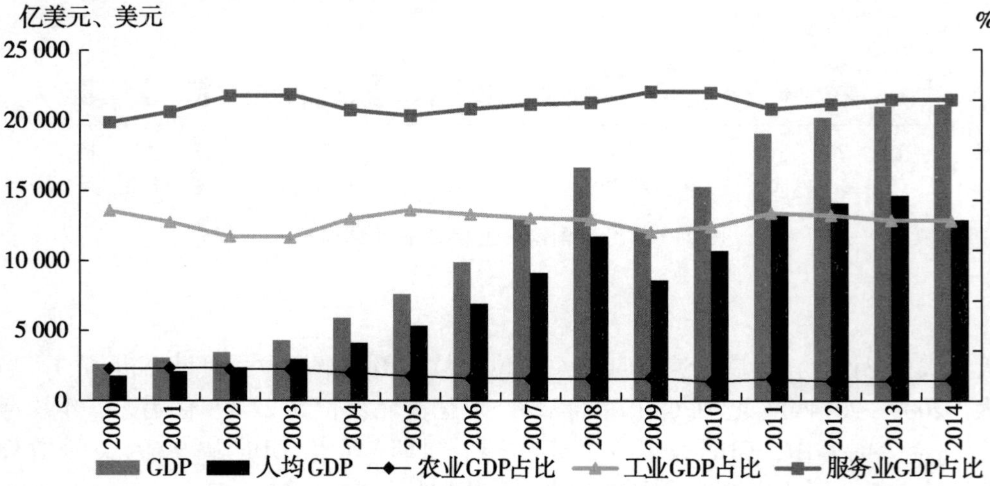

图 2-13　2000—2014 年俄罗斯经济规模和结构

数据来源：世界银行数据库

俄罗斯经济结构相对稳定，服务业 GDP 占比最大，其次是工业，最后是农业。2000—2014 年，服务业 GDP 占比从 55.62%涨至 60.01%，最高为 2009 年的 61.67%；工业 GDP 占比基本平稳，维持在 35%左右；农业 GDP 占比一直较低，且呈逐年下降趋势，2010 年仅为 3.87%。

3. 印　度

近年来，随着印度电子工业的快速发展，印度经济规模快速扩张，2014 年 GDP 总量达到 20 119亿美元，是 2000 年的 4.22 倍，年均增长率为 10.83%。2000—2014 年，人均 GDP 也增长迅速，从 457 美元增长到 1 633美元，年均增长 9.52%。虽说印度的 GDP 总量高于南非，但是其人口基数较大，人均 GDP 为金砖国家中最低的（图 2-14）。

就经济结构而言，印度的农业就业人数较多，但是印度农业对 GDP 的贡献却是最小的，且呈现出逐年下降的趋势，2000—2014 年，从 23.02%降至 17.83%；印度服务业对 GDP 的贡献最大，2014 年为 52.08%，在 2011 年曾出现下降，但近年来上升趋势明显；工业对 GDP 的贡献较为稳定，在 2011 年涨至 32.95%，近年来逐步回落，稳定在 30%左右。

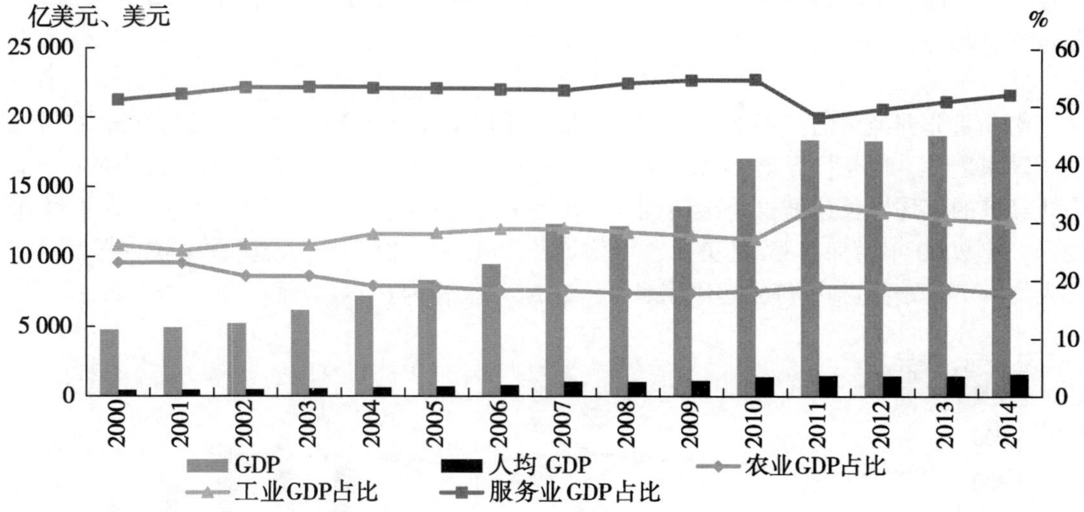

图 2-14　2000—2014 年印度经济规模和结构

数据来源：世界银行数据库

4. 中　国

中国经济规模与增速均居世界前列，对世界经济的复苏与发展做出了突出贡献。根据世界银行数据，2014 年中国 GDP 总量达到 99 148亿美元，仅次于美国，居世界第二位，较 2000 年年均增长速度为 16. 24%；2014 年中国人均 GDP 达到 7 595美元，比 2000 年的 949 美元增长了 8 倍多，年均增长 16. 02%（图 2-15）。

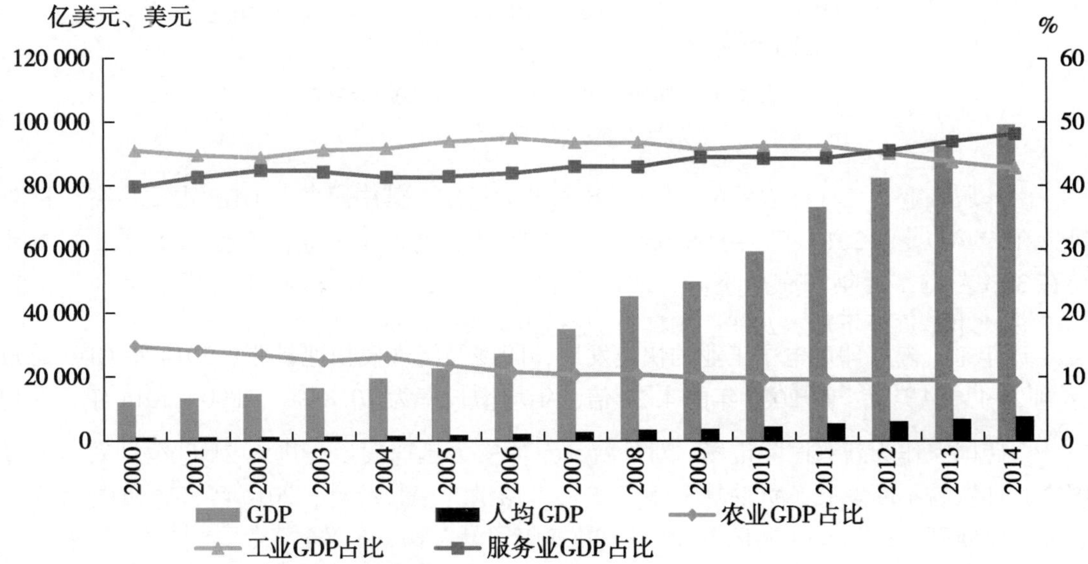

图 2-15　2000—2014 年中国经济规模和结构

数据来源：世界银行数据库

就经济结构而言，中国与其他金砖国家的明显区别是工业对 GDP 的贡献大于服务业对 GDP 的贡献（2000—2012 年），相同点是服务业 GDP 占比逐年提高，2012 年首次超过工业 GDP 份额（44.97%），2014 年达到 48.11%；2000—2014 年，农业对 GDP 的贡献呈逐年下降趋势，2014 年仅为 9.17%，比 2000 年下降了 5.58%。

5. 南　非

南非是非洲经济的“领头羊”。近年来，南非经济得到不断发展，成为全球 26 个工业化国家之一，也是世界第 27 大经济体，但南非的经济规模是金砖国家中最小的，同时南非经济的年均增长速度也是金砖国家中最慢的。2014 年，南非的 GDP 总量为 3 716亿美元，比 2000 年增加 2 352亿美元，年均增长 7.42%；由于南非人口数量较少，2011 年其人均 GDP 已经达到中等发达国家水平，2014 年下降为 6 484美元（图 2-16）。

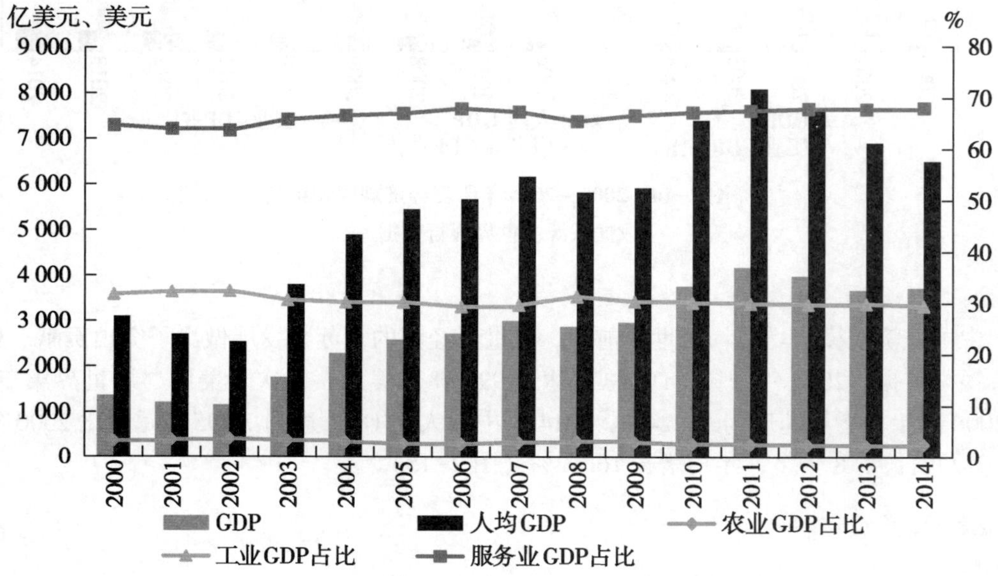

图 2-16　2000—2014 年南非经济规模和结构

数据来源：世界银行数据库

南非服务业、工业、农业的 GDP 占比都较为稳定，其中服务业 GDP 占比最高，长期维持在 65%以上，2014 年达到 68.05%，比 2000 年提高了 3.23%；工业 GDP 占比基本维持在 30%左右，近年来有所下降，2014 年降至 29.47%，比 2000 年下降 2.43%；农业 GDP 占比也是逐年下降，2000—2014 年从 3.29%降至 2.49%，降幅为 24.33%。

（二）对外贸易情况

金砖国家作为新兴国际市场，对外贸易总体实力迅速发展。进入 21 世纪以来，金砖国家对外贸易不断发展，贸易规模不断扩大，据世界银行统计，2014 年，金砖国家贸易总额再创新高，达到 65 064亿美元，是 2000 年贸易总额（8 706亿美元）的 7.47 倍，年均增长 15.45%，高于世界平均水平 9%；2000—2014 年，金砖国家贸易总额占世界贸易总额的比例大幅提升，由 6.43%增长到 20.19%。其中，中国贸易总额在金砖国家中最多，2014 年占到金砖国家贸易总额的 66%以上；其次是俄罗斯，约占 12.06%；印度、巴西分别列第三、第四位，分别占 11.94%和 6.98%；南非最少（表 2-14）。

表 2-14　2000—2014 年世界及金砖国家贸易规模　　单位：亿美元

国家或地区	年份										
	2000	2005	2006	2007	2008	2009	2010	2011	2012	2013	2014
巴西	1 110	1 921	2 291	2 813	3 711	2 806	3 778	4 823	4 657	4 818	4 542
俄罗斯	1 370	3 402	4 394	5 520	7 350	4 726	6 260	8 231	8 410	8 422	7 845
印度	953	2 412	2 994	3 645	4 976	4 432	5 704	7 639	7 785	8 027	7 769
中国	4 743	14 219	17 604	21 762	25 633	22 072	29 738	36 418	38 670	41 590	43 004
南非	531	1 020	1 211	1 439	1 616	1 176	1 656	2 106	2 030	1 986	1 905
金砖国家	8 706	22 974	28 494	35 179	43 286	35 213	47 136	59 217	61 552	64 842	65 064
世界	135 384	219 632	254 587	291 850	336 297	261 258	316 755	378 388	372 587	382 115	322 270

数据来源：世界银行数据库

就贸易结构而言，2000 年以来金砖国家总体上保持贸易顺差，且 2014 年达到最大贸易顺差 4 404亿美元，比 2000 年的 692 亿美元增加了 5.4 倍，其中 2008 年受到金融危机影响，呈波动下降趋势至 2012 年，2014 年比 2013 年增幅 200 多亿美元为 65 064亿美元。其中，中国、俄罗斯一直保持贸易顺差，印度一直是贸易逆差，南非经历贸易逆差—顺差—逆差—顺差—逆差，巴西则是经历贸易逆差—顺差—逆差（表 2-15）。

表 2-15　2000—2014 年世界及金砖国家贸易顺差　　单位：亿美元

国家或地区	年份										
	2000	2005	2006	2007	2008	2009	2010	2011	2012	2013	2014
俄罗斯	692	1 427	1 637	1 525	2 009	1 310	1 682	2 109	2 086	2 123	2 112
中国	241	1 020	1 775	2 639	2 981	1 961	1 818	1 550	2 306	2 590	3 843
印度	-106	-405	-570	-727	-1 339	-896	-1 296	-1 609	-1 994	-1 294	-1 418
南非	-5	-80	-159	-158	-136	-99	-3	52	-53	-83	-93
巴西	-7	449	465	400	247	253	169	298	194	26	-40
金砖国家	815	2 411	3 148	3 679	3 763	2 529	2 369	2 400	2 539	3 361	4 404

数据来源：世界银行数据库

金砖国家地处四大洲，各国资源禀赋各有不同，进出口结构亦不尽相同。出口方面，俄罗斯、巴西、南非属于资源密集型国家，以出口资源型产品为主；中国劳动力资源丰富，成为“世界工厂”；印度在生物技术和科技创新能力方面处于世界领先地位，具有明显优势。进口方面，农产品进口是各国的共同特征，但是各国进口种类、数量、来源又各具特色。

1. 巴　西

巴西作为南美洲资源最丰富、经济活力和经济实力最强的国家，2000 年以来贸易总额呈上涨趋势，据世界银行统计，2014 年达到 4 542亿美元，比 2000 年上涨了 309.26%，年均涨幅达到 10.59%。

巴西的贸易结构是不断变化的，2000 年、2014 年是贸易逆差，分别为-7 亿美元和-40亿美元；2001—2013 年为贸易顺差，其中 2006 年为最大顺差值 465 亿美元，其后逐渐缩小，2013 年仅为 26 亿美元（图 2-17）。

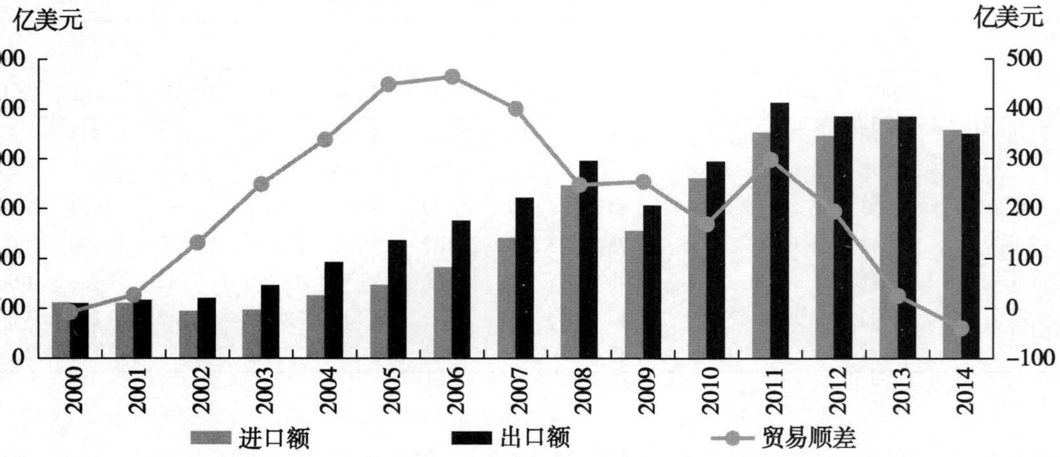

图 2-17　2000—2014 年巴西贸易结构

数据来源：世界银行数据库

就进出口产品结构而言，巴西出口商品中主要为车辆及其零附件、钢铁、肉及使用杂碎、油籽、糖及糖食等，而进口商品中主要为矿物燃料、矿物油、沥青、核反应堆零件、有机化学品、肥料、原有、医药原料等。

2. 俄罗斯

俄罗斯作为世界上国土面积最大、资源最丰富的国家之一，其国际贸易也较为活跃。根据世界银行数据，2000—2014 年，其贸易总额由 1 370亿美元增长到 7 845亿美元，年均增长 13.27%。

就贸易结构而言，2000 年以来俄罗斯一直是贸易顺差国，其中 2000—2008 年和 2009—2014 分别呈现波动上涨趋势，2013 年达到最大值 2 123亿美元，比 2000 年增长了 305.12%。其中 2009 年因受国际金融危机影响，严重依赖能源出口的俄罗斯受到沉重打击，贸易顺差减少近 700 亿美元（图 2-18）。

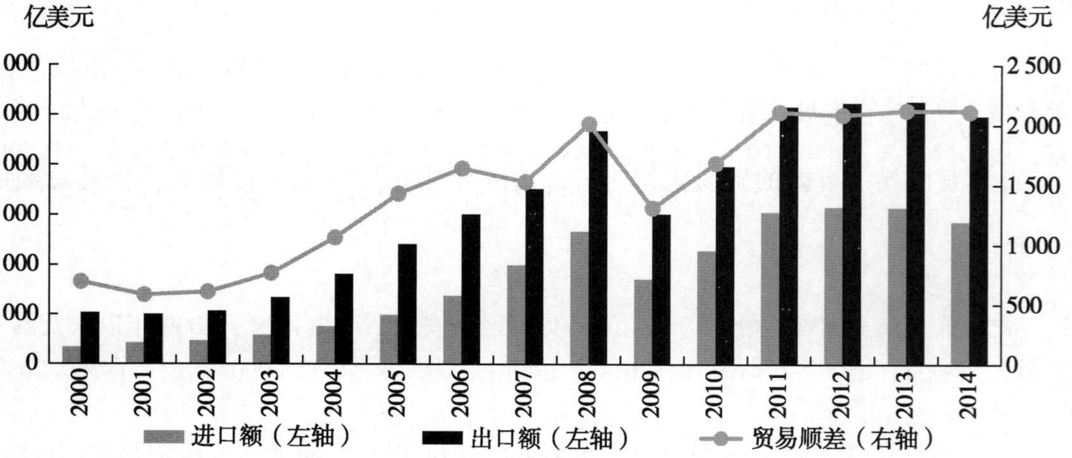

图 2-18　2000—2014 年俄罗斯贸易结构

数据来源：世界银行数据库

就进出口产品结构而言，俄罗斯对外贸易出口结构一直以资源性产品为主，其中石油、天然气及其制品能源产品占据了主导地位，此外还包括大麦和小麦，2008 年俄罗斯成为世界第三大小麦出口国；进口商品主要为新鲜和冷冻肉类、水果、蔬菜、糖料、酒类、药品、乘用车等。

3. 印 度

印度作为重要的发展中大国之一，近年来其贸易总额呈现不断上涨态势。2000—2014 年，贸易总额由 953 亿美元增长到 7 769亿美元，增长了 815. 24%，其中，2014 年出现小幅下滑，为 8 027亿美元；2009 年贸易额大幅下降，这主要是由于 2009 年进口额由 2008 年的 3 157亿美元大幅下降为 2 664亿美元，减少了 493 亿美元。

就贸易结构而言，印度一直是贸易逆差国。2000—2012 年，其贸易逆差不断扩大，最大为 2012 年的 1 994亿美元。2013、2014 年贸易逆差呈现下降趋势，分别为 1 294亿美元和 1 418亿美元（图 2-19）。

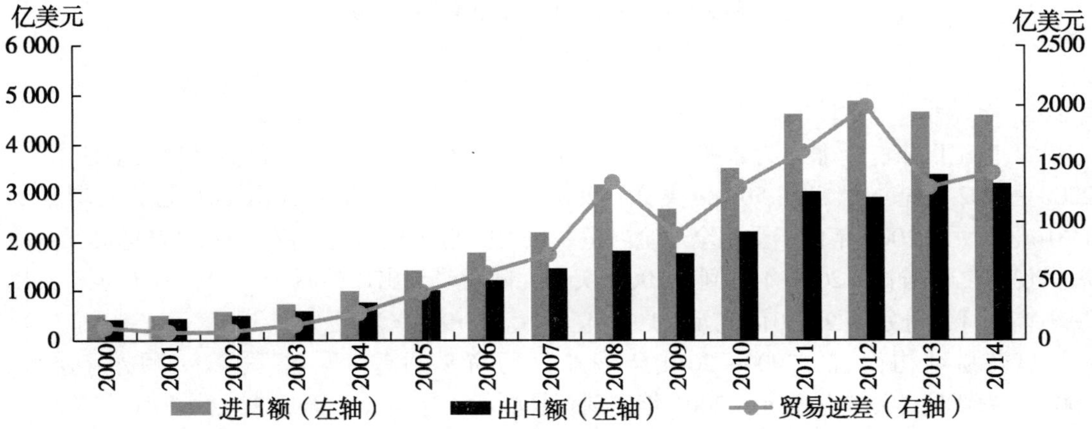

图 2-19 2000—2014 年印度贸易结构

数据来源：世界银行数据库

就进出口产品结构而言，印度主要出口商品包括石油、交通工具、珠宝、机械设备、医药制品及精细化学品、钢铁、成衣、电子产品、铁矿砂、金属制品、天然橡胶等；进口产品主要包括食用饮料、油类等。

4. 中 国

中国是世界上重要的贸易大国之一，2014 年中国贸易总额占到世界贸易总额的 13. 34%。2000—2014 年，中国贸易总额由 4 743亿美元增长到 4 3004亿美元，年均增长 17. 05%，是金砖国家中年均增速最快的国家，其中 2009 年由于受到全球经济危机影响，进出口贸易受到巨大打击，贸易额出现大幅下降，为 22 072亿美元。

就贸易结构而言，中国一直保持贸易顺差，2000—2008 年，贸易顺差不断上涨，由 241 亿美元增长到 2 981亿美元，2009 年贸易顺差降为 1 961亿美元，随后随着全球经济的缓慢复苏，呈缓慢增长态势，2014 年达到 3 843亿美元（图 2-20）。

就进出口产品结构而言，中国出口商品主要有机电产品、高新技术产品、钢材、成衣、电子产品、乘用车及其配件、船舶等，主要进口商品包括机电产品、高新技术产品、大豆、棉花、食糖、铁矿砂及其精矿、原油及其制品、钢材、汽车及其配件等。

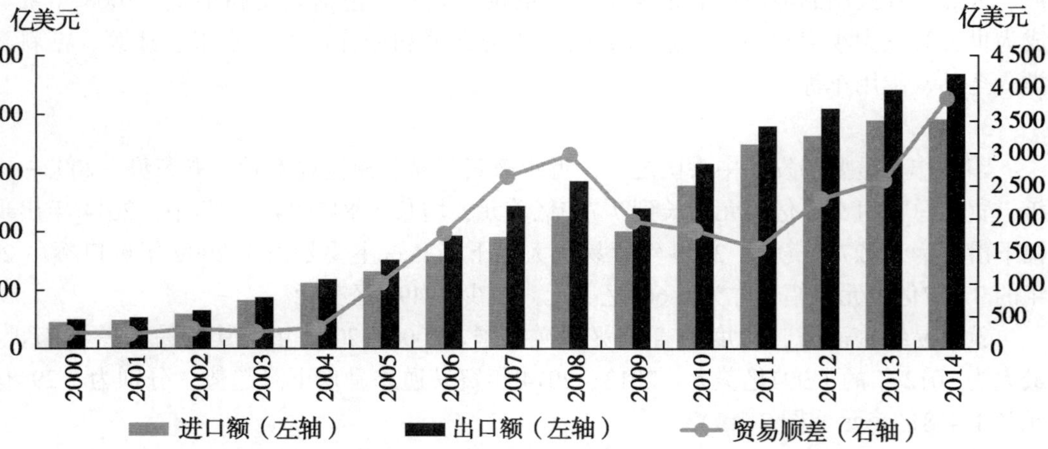

图 2-20 2000—2014 年中国贸易结构

数据来源：世界银行数据库

5. 南 非

21 世纪以来，南非作为非洲较为活跃的经济体之一，其进出口贸易呈现波动性增长。2000—2002 年基本稳定在 500 亿美元；2003—2008 年逐年增长，由 661 亿美元增长到 1 616亿美元；2009 年由于受到全球金融危机影响，也出现明显下降，为 1 176亿美元；而后呈现恢复性增长，2011 年达到 2 106亿美元；随后受到出口的减少，2012—2014 年又出现小幅下降，分别为 2 030亿美元、1 986亿美元和 1 905亿美元。

就贸易结构而言，2000—2014 年南非经历贸易逆差—顺差—逆差—顺差—逆差。2000 年为贸易逆差 5 亿美元，2001 年出现贸易顺差 4 亿美元，而后 2002—2010 年为贸易逆差，最大差额出现在 2006 年，逆差 159 亿美元，2011 年转为贸易顺差 52 亿美元，2012 年—2014 年反转为贸易逆差，分别为 53 亿美元、83 亿美元和 93 亿美元（图 2-21）。

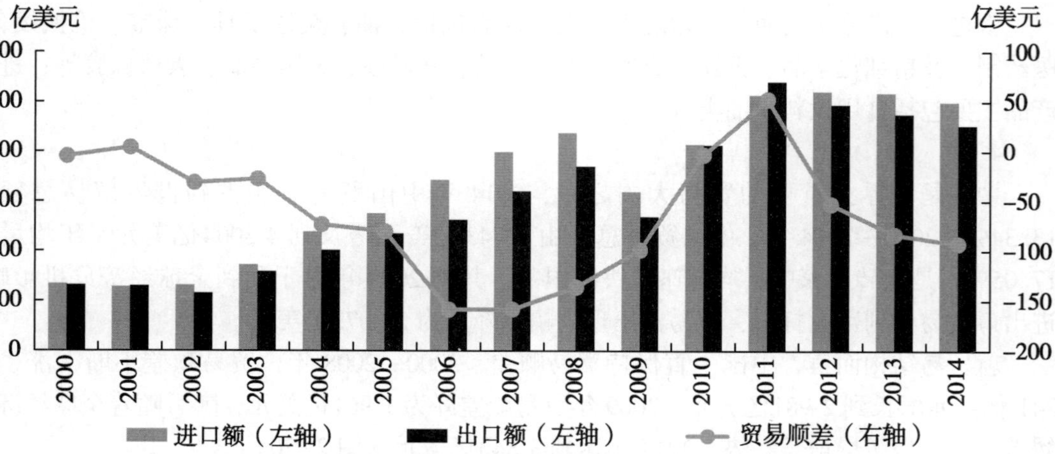

图 2-21 2000—2014 年南非贸易结构

数据来源：世界银行数据库

就进出口产品结构而言，南非的主要出口商品是黄金、金属、金属制品、钻石、食品、饮料、烟草、机械、交通运输设备、羊毛、玉米等；主要进口产品有机器设备、电器、交通运输设备、石油、化工产品、大米、小麦、动物饲料、鲜猪肉及冷冻猪肉等。

第三章　金砖国家农业生产

农业被认为是人类的“母亲产业”，是国民经济的基础。自远古时代开始，农业就已经成为人类抵御自然危险、得以生存的根本，其养活并发展了人类。金砖国家作为新兴经济体的重要代表，各国都十分重视农业生产与发展。2015 年，金砖国家谷物、油料产量分别占到世界总产量的 40. 4%、35. 47%；肉类产量占到了世界的四成，尤其是猪肉和鸭肉产量世界占比都超过 50%；水产品总量占世界水产品总量的比重超过 40%；大蒜产量更是占到世界产量的八成以上。

一、金砖国家农业生产总体状况

长期以来，金砖国家高度重视农业生产，特别是近年来加强农业领域的合作交流，农业生产取得了长足发展，各类主要农产品的产量稳步提升、农业生产结构不断优化、占世界的比重也逐年增加，为世界食物安全作出了巨大的贡献。

（一）金砖国家农业生产总值变化

金砖国家成立以来，各国加强农业领域合作交流，尤其是农业技术合作以及农业直接投资领域不断增强，农业生产总值不断上升，其占世界的比重也逐年增加。从农业生产总

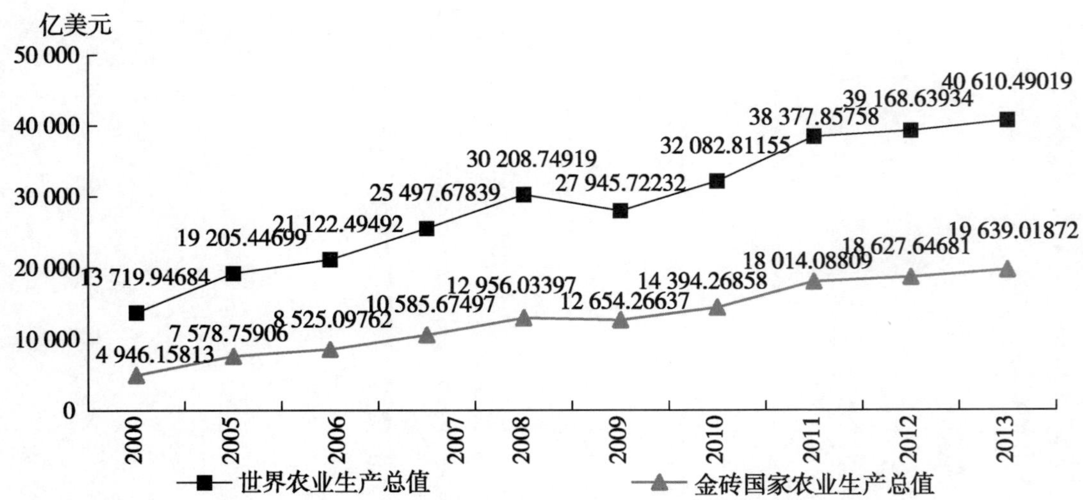

图 3-1　2000—2013 年世界和金砖国家农业生产总值

值的变化看，2000—2013 年金砖国家（世界）农业生产总值①从 4 946亿美元（13 720亿美元）增至 19 639 亿美元（40 610 亿美元），增长了 2.97 倍（1.96 倍），年均增长 11.19%（8.71%），占世界农业生产总值的比重从 36.05%增至 48.36%，呈现稳步增长的趋势（图 3-1）。

1. 巴　西

近年来，巴西农业生产总值基本保持平稳增长态势。2013 年，巴西农业生产总值为 2 207亿美元，比 2000 年的 457 亿美元，增长了 3.83 倍，年均增长 12.88%。其中，2000—2013 年，种植业生产总值由 253 亿美元增长到 1 280亿美元；畜牧业生产总值由 201 亿美元增长到 914 亿美元；水产业总产值由 3 亿美元增长到 13 亿美元，其中 2010—2012 年均高达 15 亿美元。从年均增长率来看，种植业增幅最大，畜牧业最小（图 3-2）。

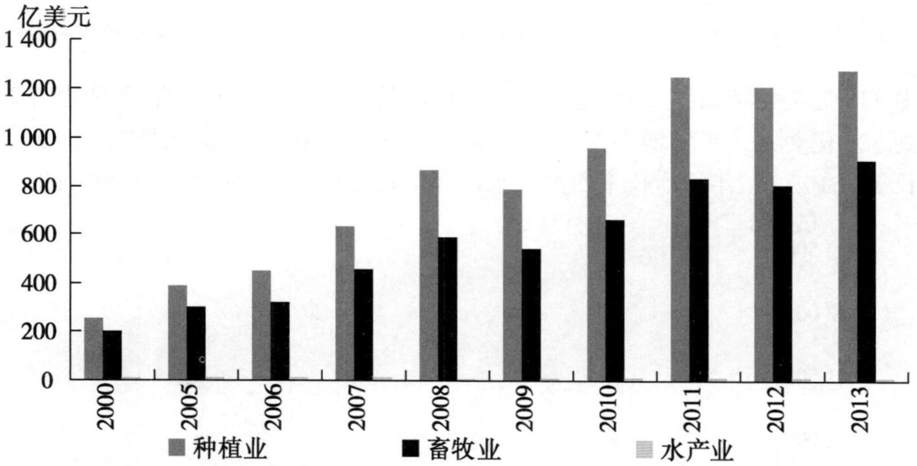

图 3-2　2000—2013 年巴西农业生产总值及构成

数据来源：种植业与畜牧业数据来自 FAOSTA，水产业数据来自 FAO《渔业统计年鉴》及 FAO 渔业司网站

2. 俄罗斯

2000—2013 年，俄罗斯农业生产总值呈现增长态势，由 242 亿美元增至 975 亿美元，增长了 3.03 倍，年均增长 11.31%。其中，种植业生产总值由 133 亿美元增长到 485 亿美元；畜牧业生产总值由 109 亿美元涨至 484 亿美元；水产业总产值一直较低，到 2013 年为 5 亿美元。就年均增长率而言，畜牧业最快，种植业最慢（图 3-3）。

3. 印　度

印度是世界上重要的农业大国之一，近年来，印度农业得到较快发展。2000—2013 年，农业生产总值由 978 亿美元增长到 2671 亿美元，年均增长 8.03%。其中，种植业生

①本研究的农业生产总值从一致性、可比性、数据可获取性原则出发，统计为种植业、畜牧业和水产业之和，且水产业的产值为淡水养殖产值，包括鱼、虾、贝类以及藻类等，没有收集到捕捞产值的数据

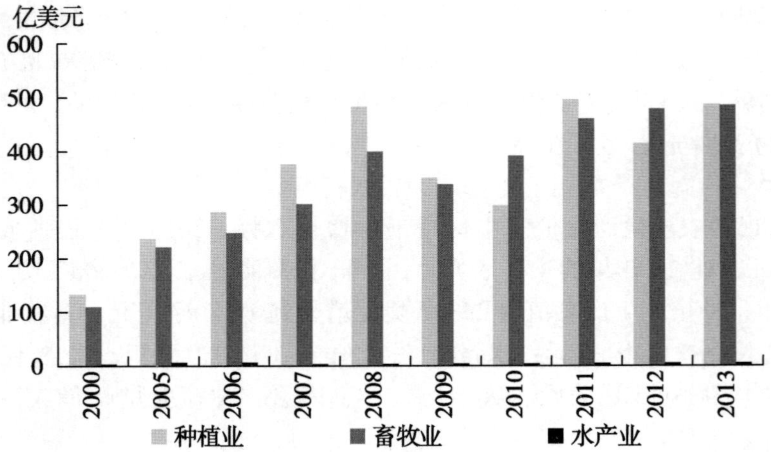

图 3-3　2000—2013 年俄罗斯农业生产总值及构成

数据来源：种植业与畜牧业数据来自 FAOSTA，水产业数据来自 FAO《渔业统计年鉴》

产总值由 738 亿美元增长到 2 041亿美元，年均增长 8. 14%；畜牧业生产总值由 215 亿美元上涨到 527 亿美元，年均增长 7. 14%；水产业总产值由 25 亿美元增长到 104 亿美元，年均增长 11. 51%。就年均增长率而言，水产业增长最快，畜牧业增长最慢（图 3-4）。

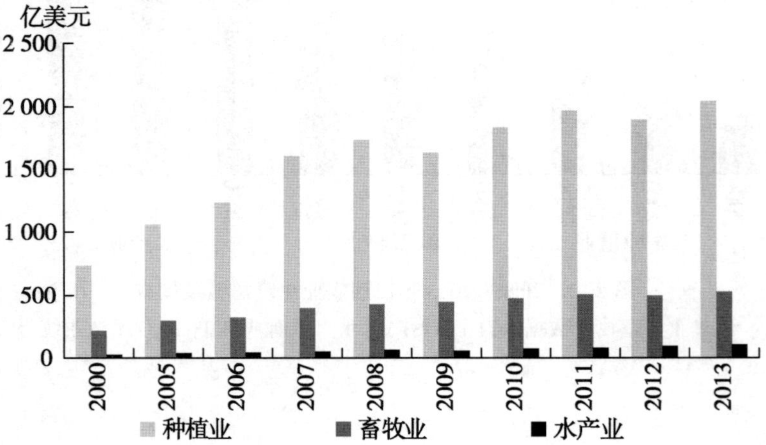

图 3-4　2000—2013 年印度农业生产总值及构成

数据来源：种植业与畜牧业数据来自 FAOSTA，水产业数据来自 FAO《渔业统计年鉴》

4. 中　国

中国是金砖国家中农业生产总值最高的国家，2013 年达到 13 577亿美元，比 2000 年的 3 195亿美元，增长了 3. 25 倍，年均增长 11. 77%。其中，种植业生产总值由 2000 年的 2 111亿美元增长到 2013 年的 8 731亿美元，年均增长 11. 54%；畜牧业生产总值由 2000 年的 835 亿美元增长到 2013 年的 4 115亿美元，年均增长 13. 05%；水产业总产值 2013 年为 731 亿美元，2000—2013 年年均增 8. 67%。据 2015 年《中国统计年鉴》数据，2014 年中国种植业产值 8 492亿美元①、畜牧业产值为 4 489亿美元，与 2013 年相比，畜牧业产

①按照美元兑人民币 6. 45 的汇率换算而得

值增长迅速，而种植业产值有所下降，这与中国农业产业“转方式、调结构”的发展思路密切相关（图 3-5）。

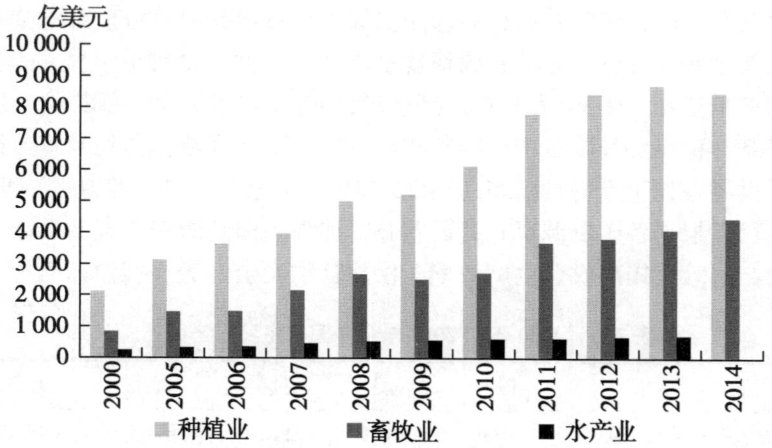

图 3-5　2000—2014 年中国农业生产总值及构成

数据来源：2000—2013 年种植业与畜牧业数据来自 FAOSTA，水产业数据来自 FAO《渔业统计年鉴》，2014 年种植业与畜牧业数据来自《中国统计年鉴》，假设水产业数据与 2013 年相同

5. 南　非

南非在金砖国家中农业生产总值较低，2013 年的农业生产总值仅为 209 亿美元，但增速较快，2000—2013 年年均增长率为 8.31%。2000—2013 年，种植业总产值由 44 亿美元增至 115 亿美元、畜牧业总产值由 30 亿美元增至 93 亿美元，年均增长率分别为 7.67%和 9.09%；水产业总产值由 6.1 万美元增至 65.1 万美元，年均增长 18.61%（图 3-6）。

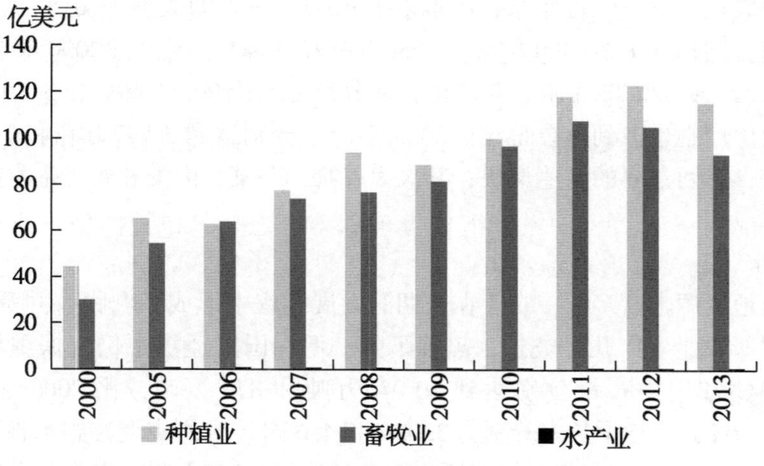

图 3-6　2000—2013 年南非农业生产总值及构成

数据来源：种植业与畜牧业数据来自 FAOSTA，水产业数据来自 FAO《渔业统计年鉴》

（二）金砖国家农业生产总量变化

经过近年来的快速发展，金砖国家农业在种植业、畜牧业、水产养殖等方面均取得了长足进展。尤其在金砖合作农业部长会议的倡导下，各国共同应对粮食安全问题，推动生产技术的应用与创新，促进了金砖各国粮食生产，为粮食安全打下了坚实基础。2015 年，金砖国家谷物产量达到 102 395万吨，占到全球产量的 40.4%。长期以来，金砖国家谷物对全球贡献率基本稳定，其中，中国的谷物产量为 57 225万吨，占到金砖国家谷物产量的半壁江山，对世界谷物生产的贡献率高达 22.58%。未来，应进一步加强农业生产技术的合作，特别是可以根据各国资源禀赋特征差异，加强各国间的农业直接投资，加大农业科技人员的输出与引入，提高农业生产效率，保障食物安全（表 3-1）。

表 3-1　2000 年和 2015 年金砖国家主要农产品产量

2000 年	谷物	水果	油料	蔬菜	蛋类	肉类	奶类	水产品
金砖国家	76 701	15 503	3 165	45 412	2 804	8 400	14 738	2 364
世界	206 017	47 917	11 022	78 101	5 508	23 005	58 202	3 242
2015 年	谷物	水果	油料	蔬菜	蛋类	肉类	奶类	水产品
金砖国家	102 395	28 456	17 333	73 404	3 820	13 084	25 946	7 665
世界	253 430	67 667	53 999	113 569	7 385	31 769	80 069	16 276

数据来源：FAOSTAT 数据库、FAO 渔业统计司网站、2015《 Food Outlook》

注：谷物、肉类、奶类为 2015 年产量数据，油料为 2014 年数据，水果、蔬菜、蛋类与水产品数据为 2013 年数据

1. 巴　西

巴西作为农业大国，农业是其经济发展的重要支撑力量。辽阔的国土、丰富的自然资源奠定了巴西农业的基础，先进的农业科技促进了巴西农业的发展，持续增长的农产品贸易加速了巴西农业的腾飞。近年来，巴西农业取得了辉煌的成绩。2015 年巴西谷物、肉类和奶类产量分别达到了 10 300万吨、2 656万吨和 3 641万吨，与 2000 年相比分别增长了 124.43%、72.19%和 77.38%，年均增长率分别为 5.54%、3.69%和 3.89%；水果、蔬菜在巴西农业生产中也占到重要地位，2013 年产量分别达到 3 777万吨和 1 146万吨。就年均增速而言，巴西油料的增速最快，其次为谷物，蔬菜、肉类和奶类基本持平，最慢的为水果（图 3-7）。

2. 俄罗斯

俄罗斯土地资源丰富多样，农业在长期的发展过程中形成了农牧业并重的生产格局。近年来，俄罗斯农业生产几经波折，出现下降，但在国民经济中仍占据重要地位。2015 年，俄罗斯谷物和肉类产量分别达到 10 050万吨和 876 万吨，比 2000 年分别增长了 56.23%和 97.17%，年均增长率分别为 3.02%和 4.63%，分别占金砖国家谷物、肉类总产量的 9.81%和 6.69%。2015 年，俄罗斯奶类产量达到 2 949万吨，占到了金砖国家奶类总产量的 11.37%。在主要农产品中，油料作物是产量增长速度最快的农产品，与 2000 年相比，2014 年油料产量增长了 200%；其次为肉类与谷物；蛋类、奶类和水产品基本相同，

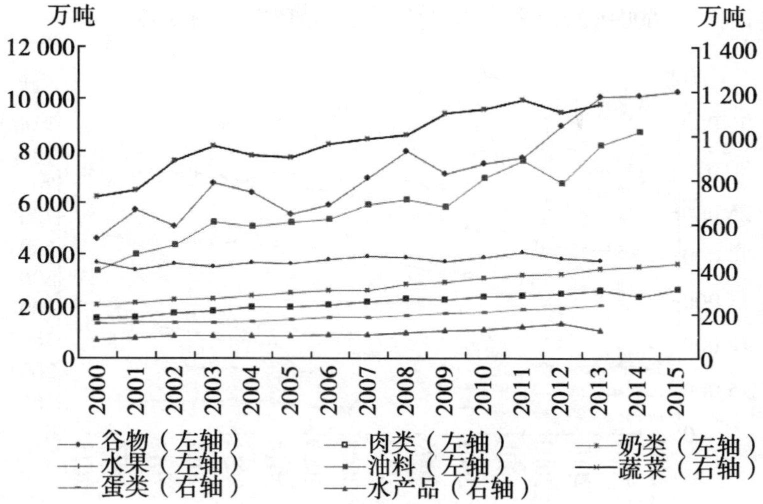

图 3-7　2000—2015 年巴西主要农产品产量

数据来源：2014 年肉类数据来自巴西国家地理与统计局，其余数据来自 FAOSTAT 及《FOOD OUTLOOK》

都增长了 20%~30%（图 3-8）。

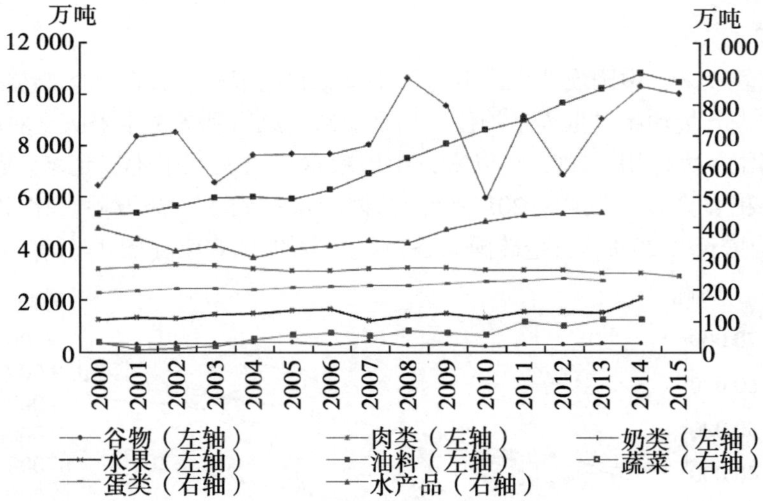

图 3-8　2000—2015 年俄罗斯主要农产品产量

数据来源：2014 年肉类、水果数据来自俄罗斯联邦统计局，2015 年相关数据来自《FOOD OUTLOOK》，其余数据来自 FAOSTAT

3. 印　度

印度丰富的耕地资源以及水资源为农业生产提供了基础条件，近年来，印度农业发展取得了显著的成绩。目前，印度是世界第二位小麦和大米生产国，仅次于中国；是世界第四位粗粮生产国，仅次于美国、中国和巴西。2015 年，印度谷物产量达到了 23 540万吨，与 2000 年基本持平，占到金砖国家谷物产量的 22.99%，仅次于中国；除此之外，水果、油料、蔬菜等植物性产品以及奶类、水产品等动物性产品的产量在金砖国家中也占有相当比重，尤其是 2015 年，其奶类产量占到金砖国家的 56.96%。与 2000 年相比，印度水果种植产业发展较快，2000—2013 年年均增长率为 5. 15%（图 3-9）。

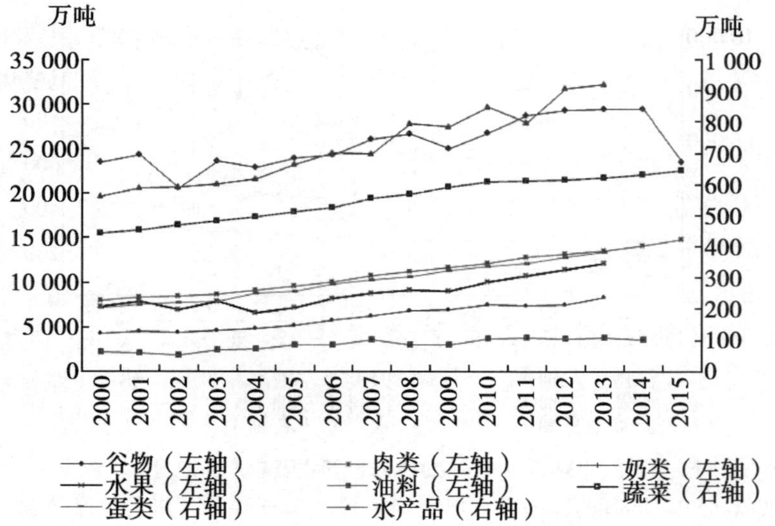

图 3-9　2000—2015 年印度主要农产品产量

数据来源：2014 年和 2015 年数据来自《FOOD OUTLOOK》，其他数据来自 FAOSTAT

4. 中　国

新中国成立以来，中国农业生产取得了举世瞩目的成就。目前，除奶类外，中国其他农产品年人均占有量均超过世界平均值，粮食短缺问题得到了基本解决，对解决世界食物安全问题起到了巨大作用。2003 年以来，中国粮食产量实现了十二连增，是金砖国家乃至全球的主要粮食产地。其中，2015 年，谷物产量达到 57 225万吨，比 2000 年增长了 40. 49%，年均增长 2. 29%，占金砖国家谷物总产量的 55. 89%（图 3-10）。

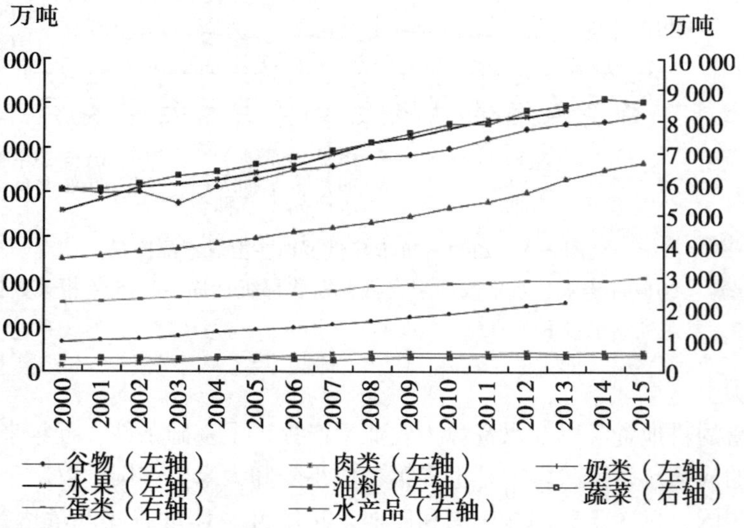

图 3-10　2000—2015 年中国主要农产品产量

数据来源：2014 年和 2015 年肉类、水果、农产品、油料数据来自 2015 年《中国统计年鉴》和《统计公报》，其余数据来自 FAOSTAT

除油料和奶类以外，中国蔬菜、水果、肉类、蛋类、水产品等产量在金砖国家相关农产品产量的占比均在50%以上。与2000年相比，奶类的增长速度最快，其次是水果，这与中国的产业发展政策存在密切关系。

5. 南　非

近年来，南非农业得到了快速的发展，其中玉米和小麦是南非的主栽品种，花卉、水果、葡萄酒等农产品在海外享有盛誉。谷物是南非种植最为广泛的作物，联合国粮食及农业组织（FAO）预测其谷物产量2015年为1 280万吨。其次是水果，2013年其产量达到642万吨。除此之外，蔬菜、肉类和奶类在南非农业生产中也占有重要地位，2013年分别达275万吨、278万吨和337万吨。与2000年比，蛋类和肉类增速较快，分别增长了71. 68%和62. 5%（图3-11）。

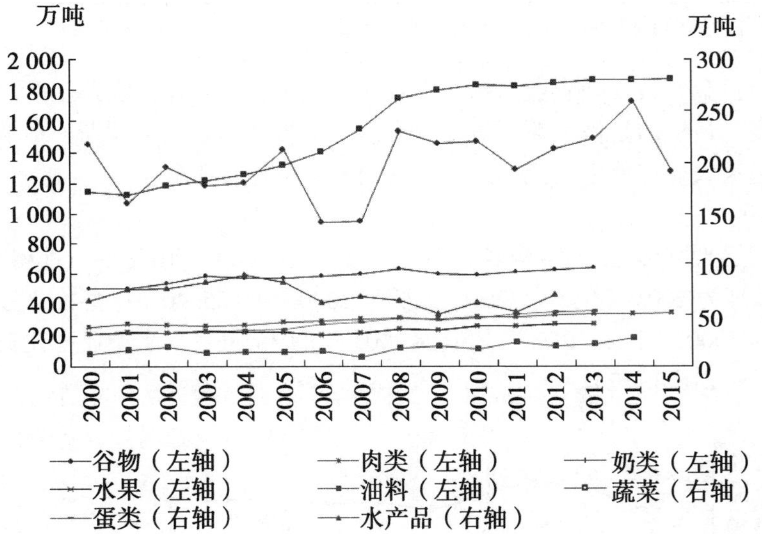

图3-11　2000—2015年南非主要农产品产量

数据来源：FAOSTAT

（三）金砖国家农业生产结构变化

总体来看，金砖国家的农业结构基本稳定，种植业、畜牧业与水产业占比基本维持在65%、30%和5%左右①，其中波动变化相对较大的是畜牧业。具体来看，2000—2013年，金砖国家种植业占农业生产总产值的比重由66. 29%降至64. 42%，下降了1. 87%；畜牧业占比由28. 12%提高到31. 23%，提高了3. 11%，最高为2007年的32. 19%、最低为2000年的28. 12%；水产业占比由5. 58%降至4. 34%，下降了1. 24%（表3-2）。

①农业产业结构用种植业、畜牧业与水产业产值占农业总产值的比例来研究，其中农业总产值等于种植业、畜牧业与水产业之和，各国计算方法与此相同

表 3-2 金砖国家与世界农业生产结构对比 单位：%

项目		2000	2001	2002	2003	2004	2005	2006	2007	2008	2009	2010	2011	2012	2013
世界	种植业	64.51	62.93	63.67	64.79	63.89	63.73	65.63	64.19	64.58	64.35	65.50	65.63	65.75	65.06
	畜牧业	31.65	33.20	32.36	31.53	32.57	32.64	30.63	32.11	31.94	31.66	30.62	30.82	30.56	31.08
	水产业	3.84	3.86	3.97	3.68	3.53	3.63	3.74	3.70	3.48	3.99	3.87	3.55	3.70	3.87
金砖国家	种植业	66.29	63.76	63.89	65.67	64.55	64.37	66.66	63.01	63.11	63.83	64.85	64.69	64.98	64.42
	畜牧业	28.12	30.47	29.97	28.91	30.58	30.77	28.58	32.01	32.19	31.08	30.25	31.19	30.71	31.23
	水产业	5.58	5.78	6.14	5.43	4.87	4.85	4.76	4.98	4.70	5.09	4.90	4.12	4.31	4.34

数据来源：FAOSTAT 数据库；FAO《渔业统计年鉴 2012》；FAO 渔业司网站

与此同时，金砖各国间农业结构差别较大。其中，种植业占农业生产总产值比重最高的国家是印度，最低的是俄罗斯；畜牧业产值比重最高的则是俄罗斯，最低的是印度；水产品在金砖国家农业产值中的比例最低，各国差异也比较明显。

1. 巴 西

近年来，巴西农业生产结构较为稳定。其中，2000—2013 年，种植业占比基本在58%左右，最高为 2003 年的 63.72%、最低为 2000 年的 55.40%；畜牧业占比在 41%左右波动，最高为 2000 年的 44.01%、最低为 2003 年的 35.36%；水产业占比较低，基本维持在 0.7%的水平（图 3-12）。

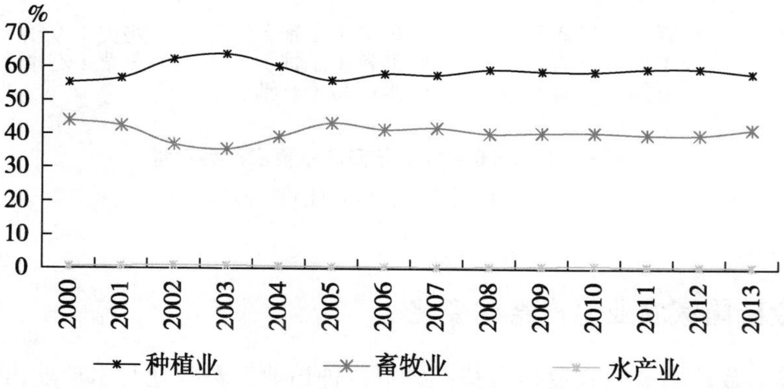

图 3-12 2000—2013 年巴西农业生产结构

2. 俄罗斯

俄罗斯的农业生产结构最突出的特点是畜牧业占比为金砖国家中最高的，占到总产值的一半左右，最高为 2010 年的 56.42%；种植业占比波动较大，最低为 2010 年的 43.01%，而后不断恢复，2013 年增长至 49.78%；水产业占比也处于较低水平，近年来维持在 0.55%左右（图 3-13）。

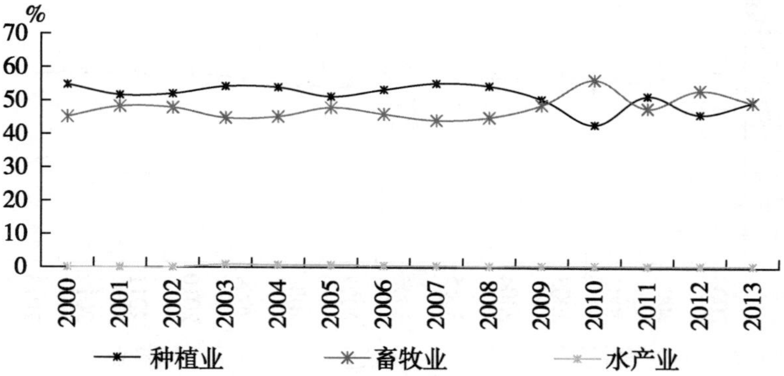

图 3-13　2000—2013 年俄罗斯农业生产结构

3. 印　度

印度农业生产结构的突出特点是种植业占比较大，为金砖国家中最高的。2000—2013 年，种植业占比基本维持在 75%左右，最高为 2007 年的 78.06%；畜牧业占比基本维持在 22%左右，但是近年来表现出一定下降趋势，2013 年仅为 19.73%；水产业占比较低，基本在 3%左右，且近年来增长趋势明显，2013 年达到 3.88%（图 3-14）。

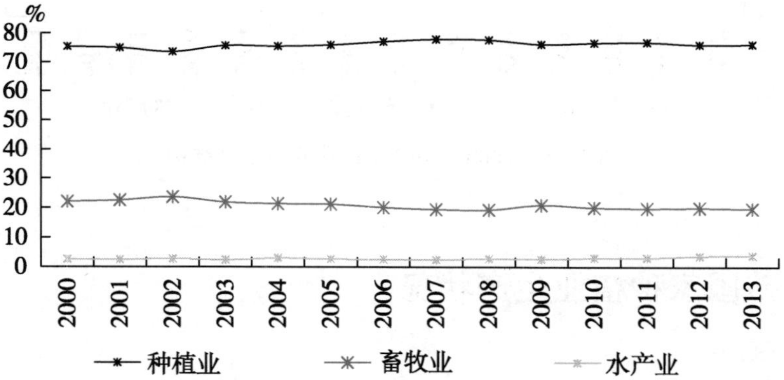

图 3-14　2000—2013 年印度农业生产结构

4. 中　国

就农业生产结构而言，中国水产业占比相对较高，2013 年为 5.38%，近年来虽有下降但仍高于其他金砖国家。2000—2013 年，种植业比重较为稳定基本在 65%左右；畜牧业占比呈现小幅增长态势，由 2000 年的 26.15%增长到 2013 年的 30.31%（图 3-15）。

5. 南　非

南非是农业结构变化最为明显的国家，其种植业占比呈现明显的下降趋势，畜牧业占比增长趋势明显。2000—2013 年，其种植业占比从 59.67%下降到 55.27%；畜牧业占比从 40.33%增长到 44.73%，发展迅速；水产养殖业占比极小（图 3-16）。

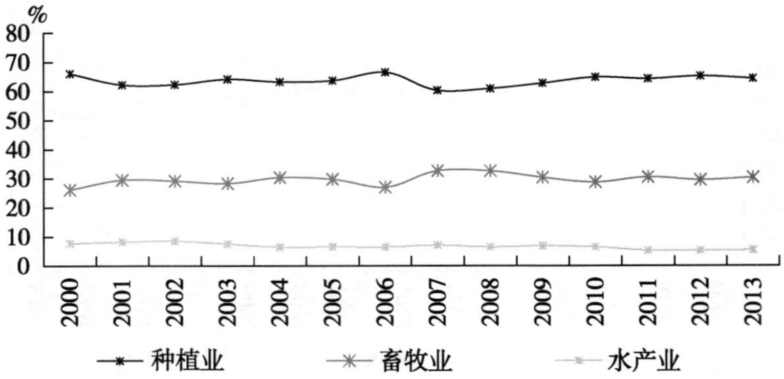

图 3-15　2000—2013 年中国农业生产结构

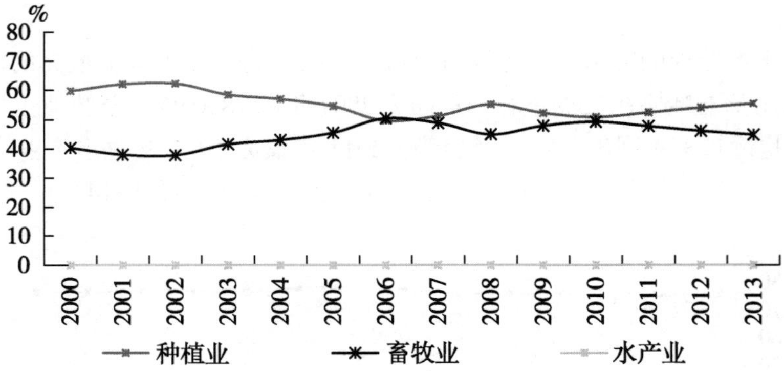

图 3-16　2000—2013 年南非农业生产结构

二、金砖国家种植业生产状况

种植业是金砖国家农业发展的主要产业，经过漫长的发展历程，其收获面积、作物单产和产量等均得到大幅提高，并逐渐形成了粮、棉、油、水果、蔬菜和糖料并重发展的格局。就收获面积而言，2014 年，谷物收获面积达到 26 169万公顷，为种植最为广泛的作物种类；油料仅次于谷物，为第二大类作物，收获面积为 11 011万公顷，是近年来收获面积增长最多的作物类型；块茎类是唯一减少的作物种类，2014 年仅为 1 572万公顷。就单产而言，巴西谷物、蔬菜单产提速较快；俄罗斯水果和块茎类单产提速较快；印度木薯的单产水平几乎为金砖国家中最高；中国的谷物和甘蔗单产处于领先；南非水果与蔬菜单产较为突出。就总产量而言，巴西谷物产量增长较快，2014 年其甘蔗产量居世界第 1 位，油料产量居世界第 4 位；俄罗斯油料产量涨幅居前；印度香蕉、芒果和香料产量居世界第 1 位，甘蔗产量居世界第 2 位；中国的谷物、蔬菜、水果和块茎类产量均居世界首位；南非主要农产品产量相对较低，但是在水果生产方面优势突出，其中苹果、香蕉和柑橘产量均居世界前 10 位。

（一）种植业收获面积变化

2000年以来，金砖国家种植业得到长足发展，除块茎类作物外，其他作物的收获面积均呈增长趋势。谷物为种植最为广泛的作物种类，油料次之，蔬菜、水果也是金砖国家的主栽作物。2000—2014年，谷物作物收获面积从25 170万公顷增至26 169万公顷，增长了3.97%，年均增长0.28%；油料收获面积由8 473万公顷增长到11 011万公顷，增长了29.95%，年均增长1.89%；经济作物收获面积从7 061万公顷增至8 678万公顷，增长了22.90%，年均增长1.48%（图3-17）。

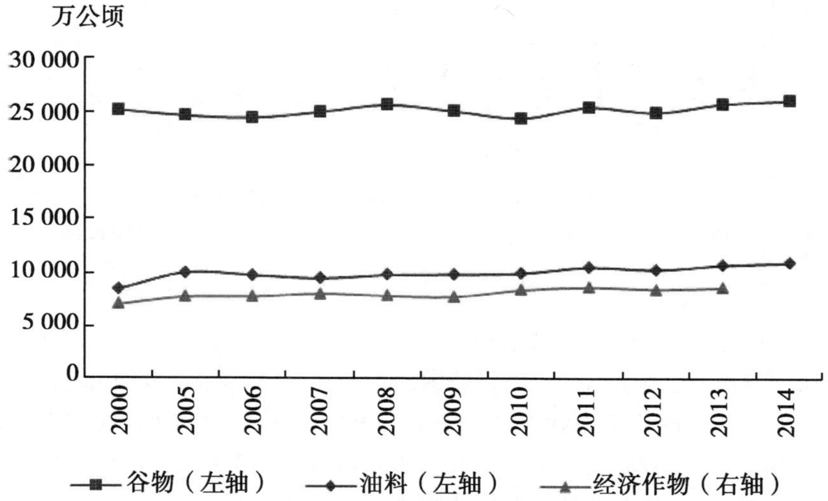

图3-17　2000—2014年金砖国家农产品收获面积

1. 巴　西

种植业是巴西国民经济的重要支柱，在长期的耕作过程中，巴西农产品形成了以油料作物种植为主、粮食和经济作物为辅的生产结构，主要种植大豆、玉米、水稻、木薯、甘蔗、小麦等作物。东南部和南部经济发达的农业区以生产大豆、甘蔗、咖啡、可可等农产品为主；中部较发达的稀树草原地区多种植瓜果、蔬菜、花卉、棉花及发展畜牧业，但单产和效益都比较低，大部分土地有待开发；东北部干旱、半干旱地区以芒果、甜瓜、菠萝等热带经济作物为主。2014年，巴西种植面积最为广泛的是油料中的大豆，占到油料收获面积的94.03%；其次是谷物中的玉米；甘蔗排第3位；种植面积相对较少的是蔬菜。

（1）谷物

谷物收获面积稳步增长，其中小麦收获面积明显增长、稻谷有所下降。2000—2014年，谷物收获面积由1 724万公顷增长到2 185万公顷，增长了26.74%，年均增长1.71%。其中，小麦从2000年的107万公顷增至2014年的283万公顷，增长了164.49%，年均增长率为7.19%；玉米由1 161万公顷增至1 543万公顷，增长了32.90%，年均增长2.05%；稻谷则由366万公顷降至234万公顷，下降了36.07%（图3-18）。2015年巴西小麦和稻谷面积出现下降，分别为246万公顷和215万公顷，同比降13.07%和8.12%；玉米收获面积则是稳中有增，为1 556万公顷，增长了1.49%。

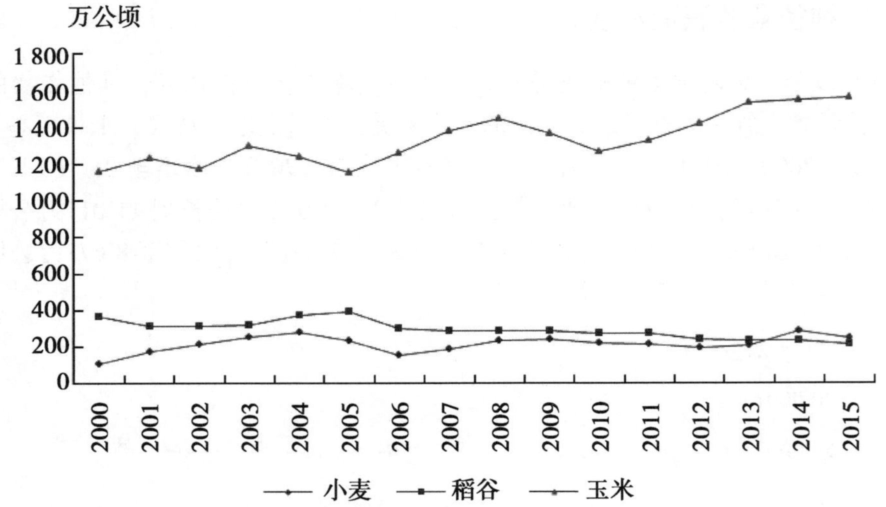

图 3-18　2000—2015 年巴西主要谷物收获面积

数据来源：2000—2014 年数据来自 FAOSTAT，2015 年数据来自巴西国家地理与统计局

（2）油料

油料收获面积大幅增长，在巴西种植业中的地位稳步提升。2000—2014 年，巴西油料收获面积从 1 516万公顷增至 3 219万公顷，增长了 112.34%，年均增长 5.53%（图 3-19）。其中，大豆收获面积从 2000 年的 1 364万公顷增至 2014 年的 3 027万公顷，增长了 121.92%，年均增长 5.86%，2014 年占到巴西油料收获面积的 94.04%。根据巴西国家地理统计局数据，2015 年其大豆的收获面积更是达到了 3 211万公顷。

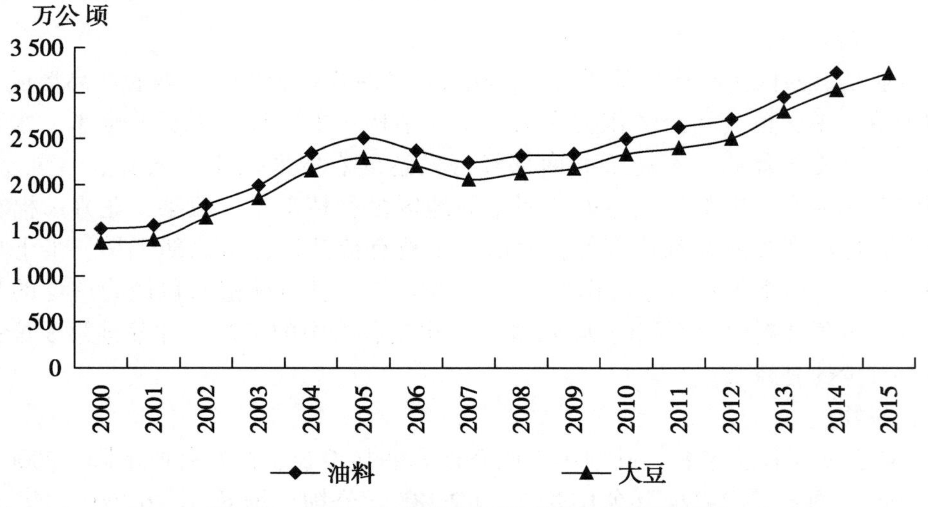

图 3-19　2000—2015 年巴西油料和大豆收获面积

数据来源：2000—2014 年数据来自 FAOSTAT，2015 年数据来自巴西国家地理与统计局

（3）水果

2000 年以来，巴西水果产业较为稳定，收获面积稳中略降。2000—2013 年，巴西水果收获面积由 239 万公顷变至 229 万公顷，下降了 4.18%。其中，柑橘收获面积从

2000 年的 86 万公顷变至 2013 年的 70 万公顷，下降了 18.60%，2015 更是减至 69 万公顷。椰子收获面积基本维持在 26 万公顷；苹果种植面积较小，基本稳定在 4 万公顷（图 3-20）。

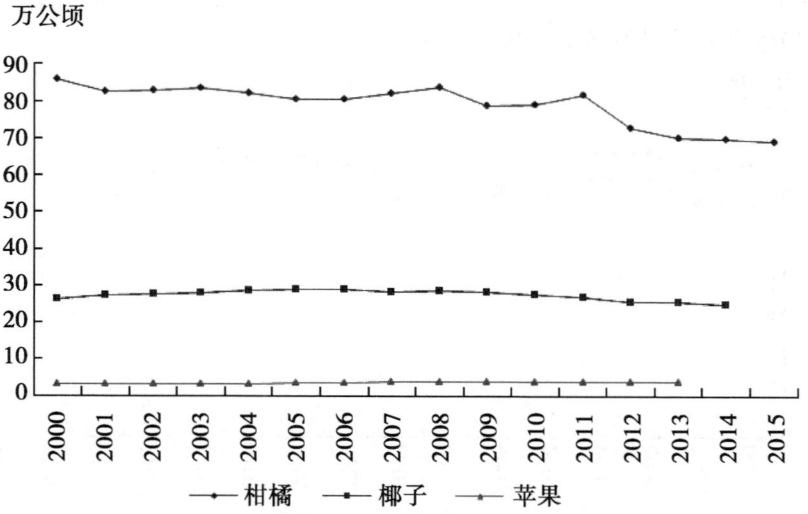

图 3-20　2000—2015 年巴西主要水果收获面积

数据来源：2000—2014 年数据来自 FAOSTAT，2015 年数据来自巴西国家地理与统计局

（4）块茎类作物

21 世纪以来，块茎类作物收获面积稳中略降。2014 年巴西块茎类作物收获面积为 177 万公顷，比 2000 年减少了 18 万公顷，降幅为 8.76%。其中，木薯是巴西种植的主要根茎作物，种植地多集中于东北部、北部和南部等 3 个地区。2015 年木薯收获面积为 149 万公顷，比 2000 年减少了 23 万公顷，减少了 13.37%。此外，2000—2015 年，马铃薯的收获面积从 15 万公顷降至 13 万公顷，也呈下降趋势（图 3-21）。

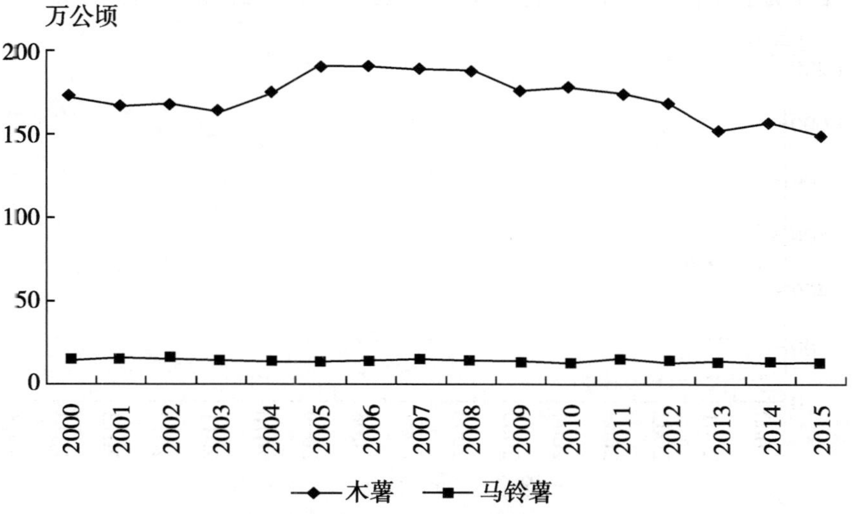

图 3-21　2000—2015 年巴西主要块茎类作物收获面积

数据来源：2000—2014 年数据来自 FAOSTAT，2015 年数据来自巴西国家地理与统计局

（5）蔬菜

2000 年以来，巴西蔬菜收获面积稳中略涨。2000—2013 年，巴西蔬菜收获面积从 42 万公顷增至 47 万公顷，增长了 11.90%，年均增长 0.87%。其中，番茄收获面积保持基本稳定，约为 6 万公顷，洋葱则从 2000 年的 7 万公顷降至 2013 年的 6 万公顷，下降了 14.29%，2015 年仍维持在 6 万公顷的水平（图 3-22）。

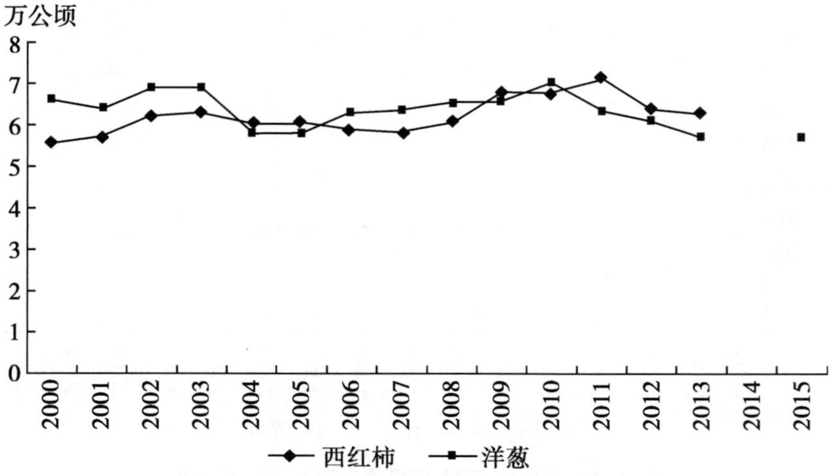

图 3-22　2000—2015 年巴西主要蔬菜收获面积

数据来源：2000—2013 年数据来自 FAOSTAT，2015 年数据来自巴西国家地理与统计局

（6）其他经济作物

巴西其他经济作物收获面积普遍增长，是巴西种植业的重要调剂。棉花是巴西重要的经济作物之一，2015 年棉花收获面积达到 105 万公顷，比 2000 年增长了 31.25%，年均增长 1.83%。巴西其他经济作物中产量最高的是甘蔗，收获面积从 2000 年的 485 万公顷增至 2015 年的 1 029万公顷，增长了 112.16%，年均增长 5.14%。咖啡收获面积则由 2000 年的 227 万公顷降至 2015 年的 198 万公顷，下降了 12.78%（图 3-23）。

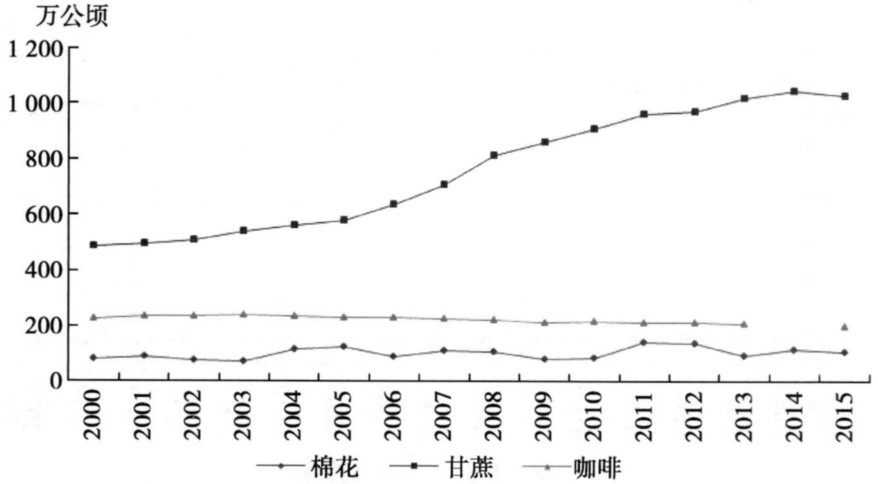

图 3-23　2000—2015 年巴西其他主要经济作物收获面积

数据来源：2000—2014 年数据来自 FAOSTAT，2015 年数据来自巴西国家地理与统计局

2. 俄罗斯

在长期的耕作过程中，俄罗斯形成了以粮食作物种植为主的生产结构。俄罗斯农用土地主要分布在西部的东欧平原和西南部的顿河流域，以种植小麦、大麦、燕麦、黑麦、马铃薯、向日葵、甜菜等为主；东部和北部大片寒冷地区均不适于农作物生长。2014 年，俄罗斯谷类作物收获面积为 4 222万公顷，在整个种植业中占据绝对地位，其中，小麦收获面积最大，达到 2 391万公顷，占到谷物收获面积的 56. 63%；油料作物为俄罗斯第二大类种植作物，其次为块茎类，蔬菜和水果次之。

（1）谷物

近年来俄罗斯谷物收获面积稳中略增。2014 年，俄罗斯谷物收获面积为 4 222万公顷，比 2000 年的 4 115万公顷，增长了 2. 60%，年均增长 0. 18%。其中，小麦收获面积从 2 135万公顷增至 2 391万公顷，年均增长 0. 81%；大麦从 846 万公顷增至 900 万公顷，年均增长 0. 44%；玉米是谷物收获面积增速最快的，从 72 万公顷增至 260 万公顷，年均增长率高达 9. 61%；此外，燕麦、黑麦等在俄罗斯均有种植，但收获面积略有下降，2014 年分别为 309 万公顷和 186 万公顷（图 3-24）。

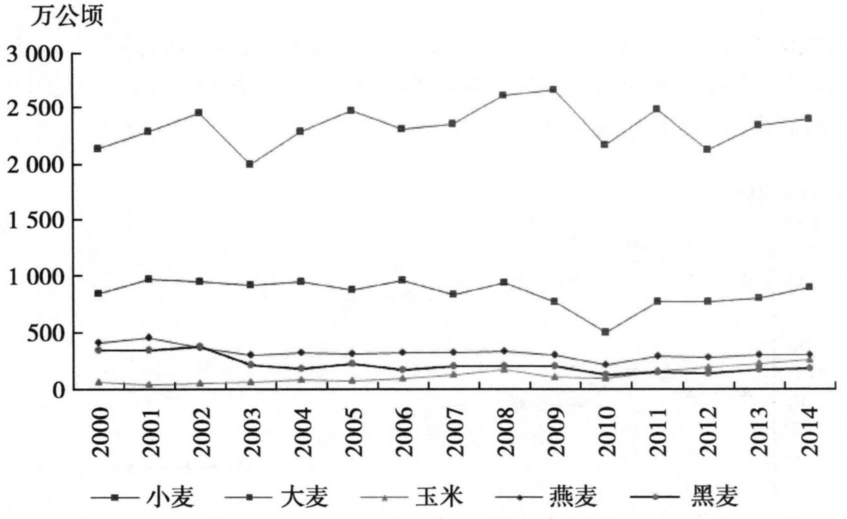

图 3-24　2000—2014 年俄罗斯主要谷物收获面积

数据来源：FAOSTAT

（2）油料

葵花籽、大豆和油菜籽等油料作物的收获面积实现翻番，其中葵花籽的收获面积最大、大豆和油菜籽收获面积增长较快。2000—2014 年，俄罗斯油料收获面积从 510 万公顷增至 1 037万公顷，增长了 103. 33%，年均增长 5. 20%。其中，葵花籽收获面积从 437 万公顷增至 644 万公顷，年均增长 2. 81%；大豆从 34 万公顷增至 192 万公顷，年均增 13. 16%；油菜籽则由 17 万公顷增至 106 万公顷，年均增长率高达 13. 97%（图 3-25）。

（3）水果

俄罗斯水果种植规模不断缩减，收获面积逐年下降。2000—2013 年，水果收获面积

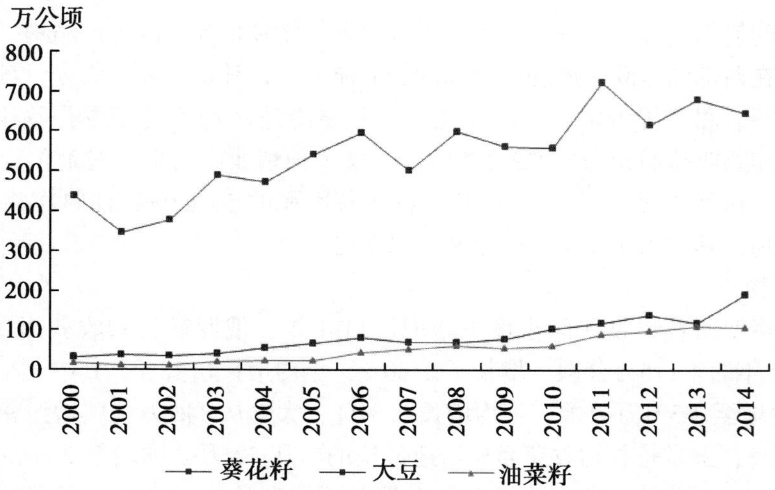

图 3-25　2000—2014 年俄罗斯主要油料作物收获面积

数据来源：FAOSTAT

从 82 万公顷降至 45 万公顷，下降了 45.12%，年均降幅为 4.51%，近年来基本稳定在 45 万公顷。其中，苹果收获面积从 2000 年的 45 万公顷降至 2013 年的 19 万公顷，减少了 26 万公顷，下降了 57.78%（图 3-26）。

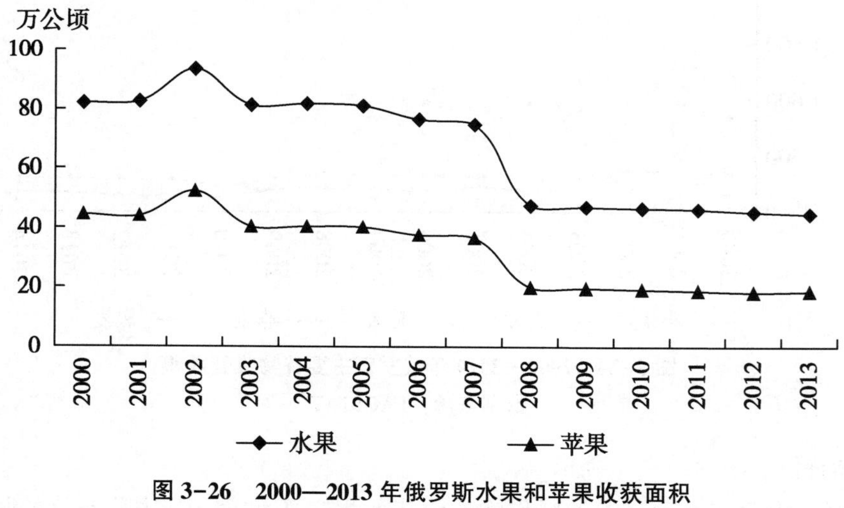

图 3-26　2000—2013 年俄罗斯水果和苹果收获面积

数据来源：FAOSTAT

（4）块茎类作物

2000 年以来，块茎类作物收获面积明显下降。2014 年俄罗斯块茎类收获面积为 210 万公顷，比 2000 年的 323 万公顷，减少了 113 万公顷，年均下降 3.03%。其中，马铃薯是俄罗斯最重要的块茎类作物，2014 年收获面积几乎占到块茎类收获面积的 100%（图 3-27）。

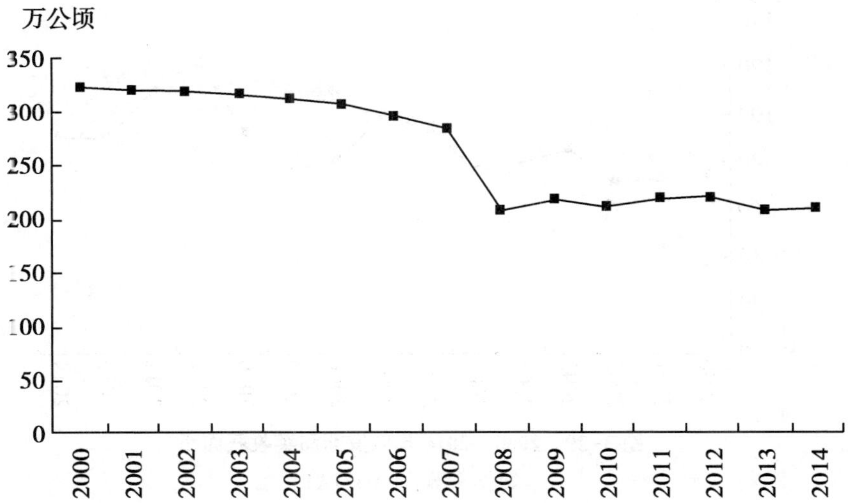

图 3-27　2000—2014 年俄罗斯马铃薯收获面积

数据来源：FAOSTAT

（5）蔬菜

俄罗斯蔬菜收获面积稳中略降。2000—2013 年，蔬菜收获面积由 87 万公顷降至 79 万公顷，下降了 9.20%。其中，卷心菜收获面积从 17 万公顷降至 11 万公顷，下降了 35.29%；番茄收获面积从 15 万公顷降至 12 万公顷，下降了 20%（图 3-28）。

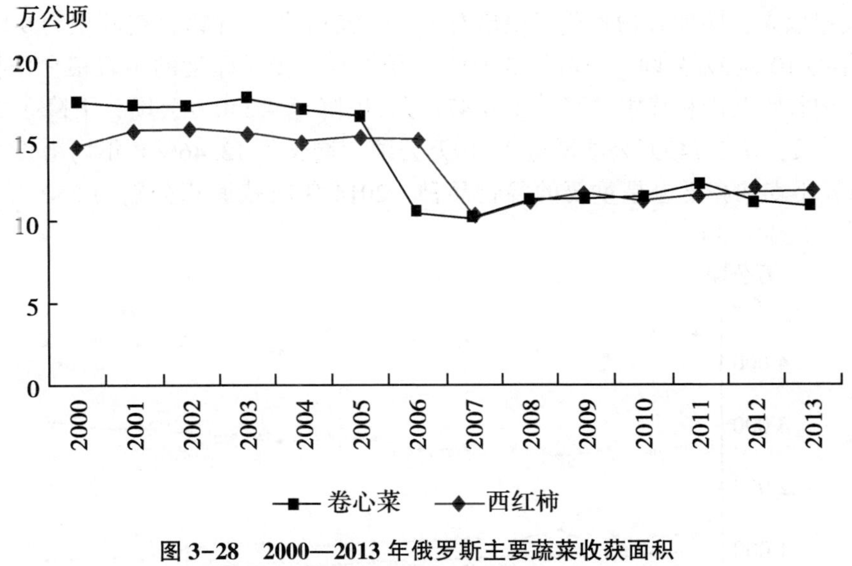

图 3-28　2000—2013 年俄罗斯主要蔬菜收获面积

数据来源：FAOSTAT

（6）其他经济作物

甜菜是俄罗斯重要的糖料作物，收获面积逐年增长。2000—2014 年，甜菜收获面积从 75 万公顷增至 91 万公顷，增长了 21.33%，年均增长 1.39%，最高的 2011 年达到了 122 万公顷（图 3-29）。

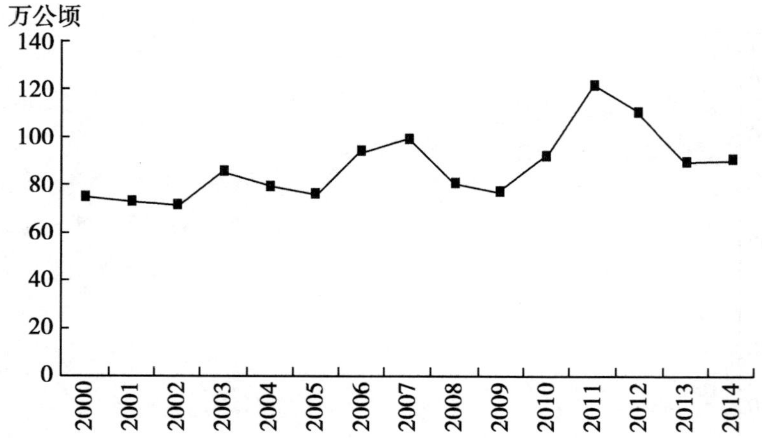

图 3-29　2000—2014 年俄罗斯甜菜收获面积

数据来源：FAOSTAT

3. 印　度

印度是世界上重要的农业生产和出口大国，其农业生产结构以种植业为主。种植业形成了以粮食作物为主、油料作物为辅，水果、蔬菜和花卉种植产业同步发展的格局。2014 年，谷类收获面积为 9 862万公顷，在整个农业种植业中占据绝对地位；油料的收获面积位居第二，达到 4 175万公顷；其后为豆类、蔬菜、水果和块茎类，种植面积分别为 1 000 万、865 万、694 万、236 万公顷。

（1）谷物

21 世纪以来，印度谷物收获面积略有下降。2014 年，谷物收获面积为 9 862万公顷，比 2000 年的 10 240万公顷，下降了 3.69%。稻谷和小麦是印度的主栽粮食作物，2000—2014 年，稻谷收获面积稳中略降，由 4 471万公顷降至 4 340万公顷，下降了 2.93%；小麦则稍有增长，从 2 749万公顷增至 3 119万公顷，增长了 13.46%，年均增长 0.91%。此外，玉米、小麦和高粱也是重要的谷物品种，2014 年收获面积分别为 860 万、880 万和 582 万公顷（图 3-30）。

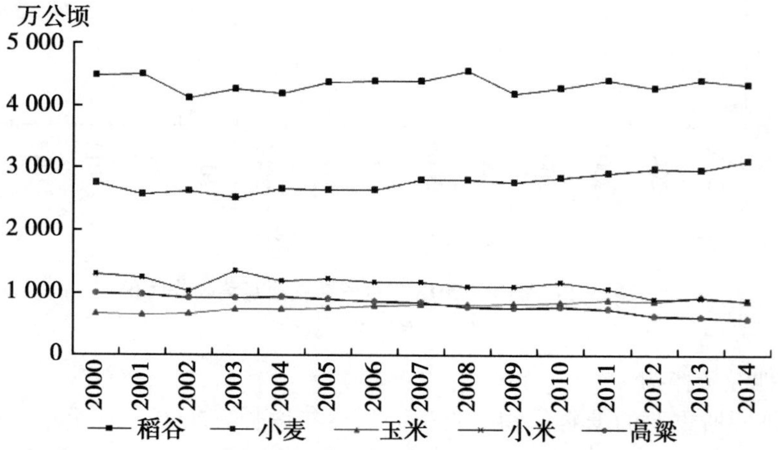

图 3-30　2000—2014 年印度主要谷物收获面积

数据来源：FAOSTAT

（2）油料

印度油料作物以花生、大豆和油菜籽种植为主，收获面积稳步增长。2000—2014 年，油料收获面积从 3 462万公顷增至 4 175万公顷，增长了 20. 60%，年均增长 1. 35%。具体品种则有增有减。其中，花生收获面积从 642 万公顷降至 520 万公顷，下降了 20. 73%；油菜籽从 6C3 万公顷增长到 720 万公顷，年均增长 1. 27%；大豆从 656 万公顷增至 1 091 万公顷，增长了 69. 94%，年均增 3. 86%（图 3-31）。

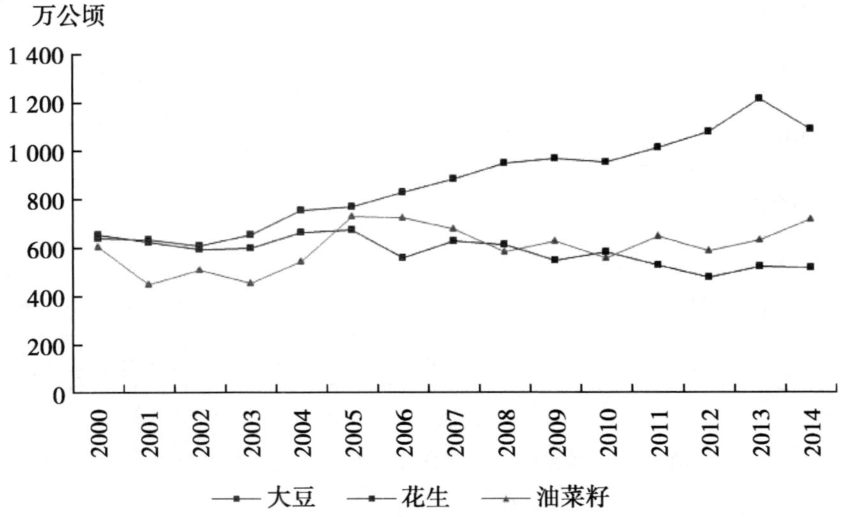

图 3-31　2000—2014 年印度主要油料收获面积

数据来源：FAOSTAT

（3）水果

椰子、芒果和香蕉是印度主要种植的水果品种，水果收获面积快速增长。2000—2013 年，印度水果收获面积从 381 万公顷增至 694 万公顷，增长了 82. 15%，年均增长 4. 72%。其中，椰子收获面积从 177 万公顷增至 216 万公顷，年均增长 1. 54%；芒果从 149 万公顷增至 250 万公顷，年均增长 4. 06%；香蕉从 47 万公顷增至 80 万公顷，年均增 4. 18%（图 3-32）。

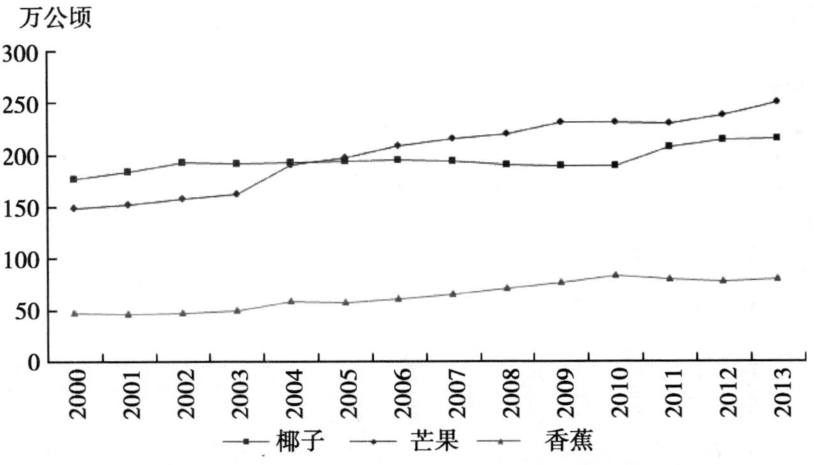

图 3-32　2000—2013 年印度主要水果收获面积

数据来源：FAOSTAT

（4）块茎类作物

印度主要的块茎类作物为马铃薯和木薯，近年来收获面积快速增长。2014 年块茎类收获面积为 236 万公顷，比 2000 年的 168 万公顷，增长了 40.48%，年均增长 2.46%。其中，马铃薯收获面积从 134 万公顷增至 202 万公顷，年均增长 2.98%；木薯从 22 万公顷增至 23 万公顷，略有增长（图 3-33）。

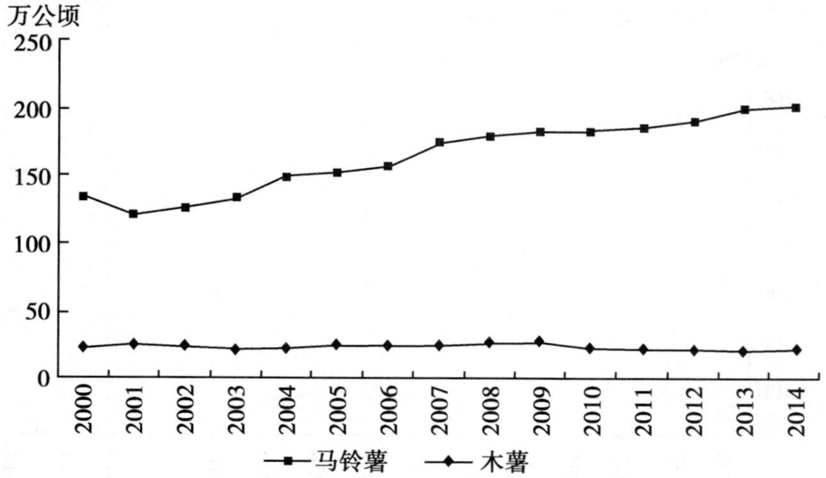

图 3-33　2000—2014 年印度主要块茎类作物收获面积

数据来源：FAOSTAT

（5）蔬菜

印度蔬菜类作物主要包括茄子、卷心菜、花椰菜和洋葱等，收获面积稳步提高。2000—2013 年，印度蔬菜收获面积从 547 万公顷增至 865 万公顷，增长了 58.14%，年均增长 3.59%。其中，茄子收获面积从 50 万公顷增至 72 万公顷，年均增长 2.84%；卷心菜从 26 万公顷增至 37 万公顷，年均增长 2.75%；花椰菜从 25 万公顷增至 40 万公顷，年均增长 3.68%；番茄从 46 万公顷增至 88 万公顷，年均增长 5.12%；洋葱的增速最快，2000—2013 年年均增长 7.95%，2013 年达到 122 万公顷（图 3-34）。

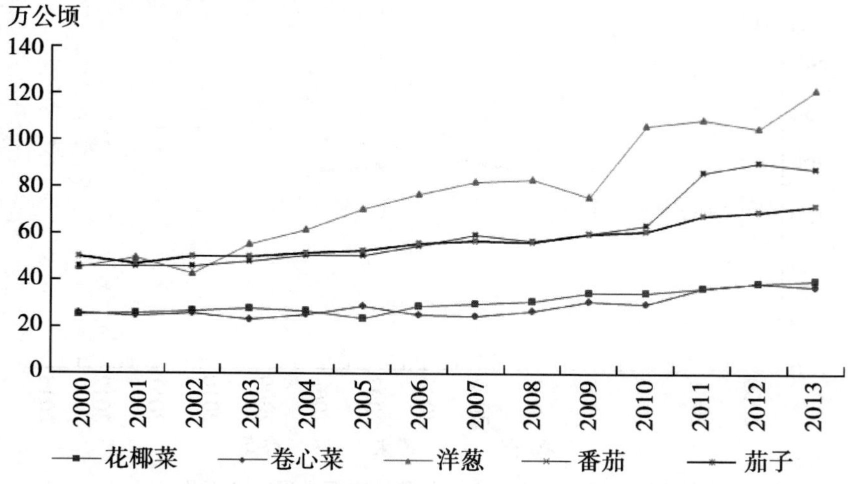

图 3-34　2000—2013 年印度主要蔬菜收获面积

数据来源：FAOSTAT

（6）其他经济作物

印度的糖料、香料和药用植物产业发展迅速。印度最重要的糖料作物为甘蔗，2014年甘蔗收获面积为501万公顷，比2000年的422万公顷，增长了18.72%，年均增长1.23%（图3-35）。

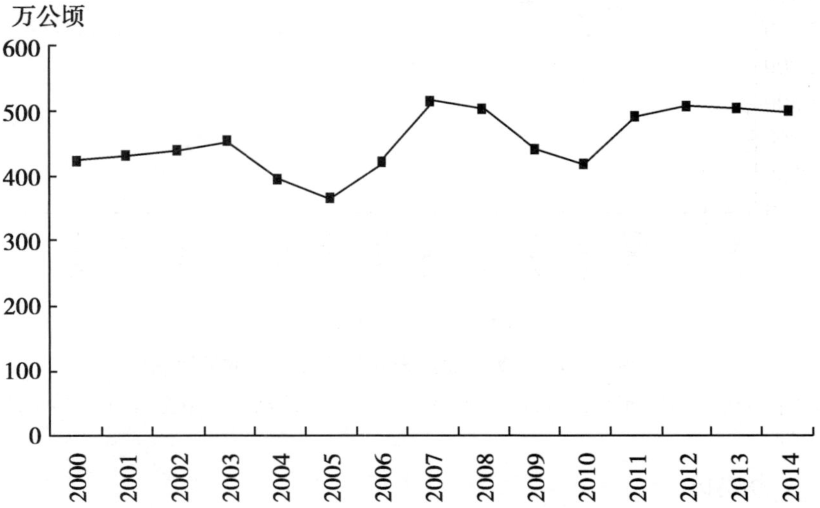

图3-35　2000—2014年印度甘蔗收获面积

数据来源：FAOSTAT

4. 中　国

在长期的耕作过程中，中国农产品形成了以粮食作物种植为主，油料、糖料、蔬菜、水果全面发展的种植业生产结构。在金砖国家中，2014年，中国水果、块茎类、蔬菜收获面积均为第一，分别为1 386万、941万、2 442万公顷；谷物和油料收获面积仅次于印度，分别为9 500万、2 453万公顷。

（1）谷物

稻谷、玉米和小麦是中国的三大主粮，近年来谷物收获面积小幅增长。2000—2014年，谷物收获面积从8 564万公顷增至9 500万公顷，增长了10.93%，年均增长0.74%。具体来看，稻谷收获面积从2000年的3 030万公顷增至2015年的3 021万公顷，减少了9万公顷，年均递减0.02%；玉米从2 309万公顷增至3 812万公顷，增长了65%，年均增长3.40%，成为中国收获面积最大的谷物；小麦收获面积则略微下降，从2 665万公顷降至2 414万公顷，降幅为9.42%（图3-36）。

（2）油料

2000年以来，油料作物收获面积稳中略降，2014年为2 453万公顷，比2000年的2 920万公顷，下降了15.99%。具体来看，2015年，花生收获面积从2000年的488万公顷降至465万公顷，下降了4.71%（图3-37）；油菜籽从749万公顷增至765万公顷，上升了2.14%；大豆则是油料中收获面积降幅最大的，2015年比2000年下降了35.55%，仅为600万公顷，这与近年来我国大豆比较效益较低，农民调减大豆种植密切相关。

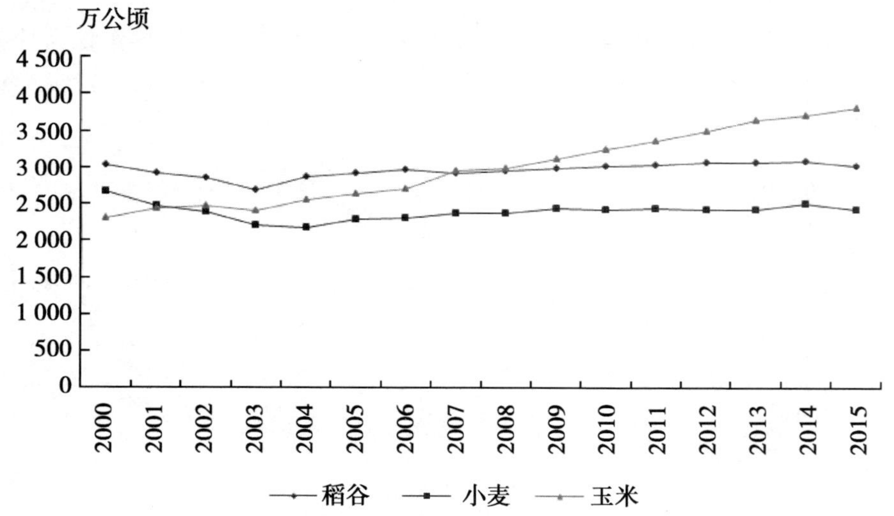

图 3-36　2000—2015 年中国主要谷物收获面积

数据来源：2000—2014 年数据来自 FAOSTAT，2015 年数据来自中国国家统计局《统计公报》

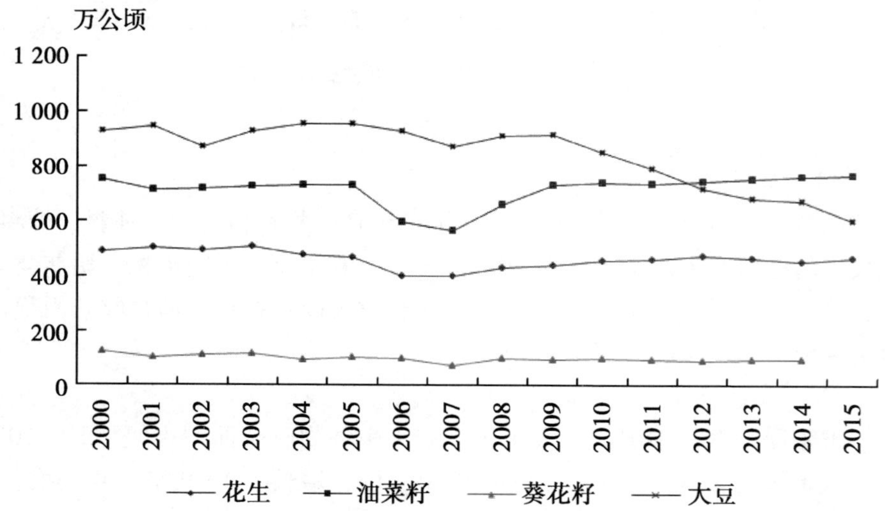

图 3-37　2000—2015 年中国主要油料作物收获面积

数据来源：2000—2014 年数据来自 FAOSTAT，2015 年数据来自中国国家统计局《统计公报》

（3）水果

水果已成为我国优化农业种植结构、促进农民增收的重要产业。近年来水果收获面积大幅增长。2000—2013 年，中国水果收获面积从 922 万公顷增至 1 386万公顷，增长了 50. 33%，年均增长 3. 19%。其中，苹果收获面积从 225 万公顷增至 241 万公顷，年均增长 0. 53%；柑橘从 26 万公顷增至 58 万公顷，是水果中增速最快的，年均增速达 6. 37%；梨从 102 万公顷增至 128 万公顷，年均增长 1. 76%；香蕉收获面积从 26 万公顷增至 44 万公顷，年均增长 4. 13%（图 3-38）。

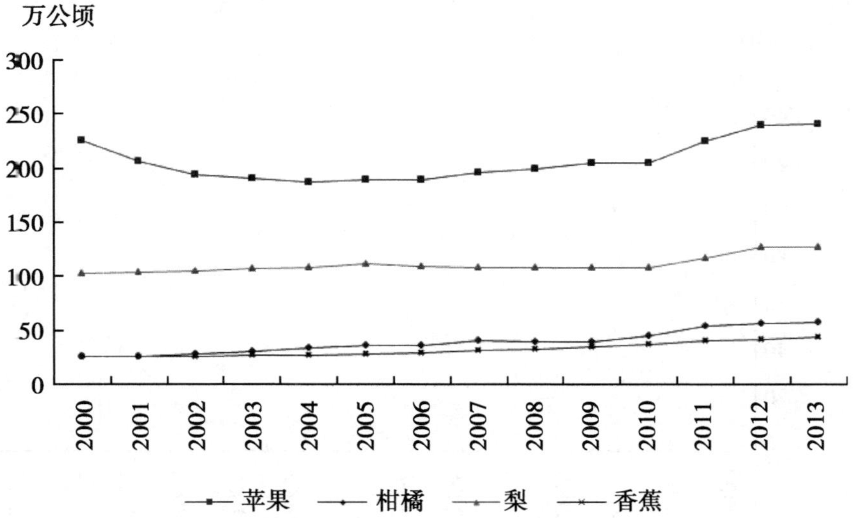

图 3-38　2000—2013 年中国主要水果收获面积

数据来源：FAOSTAT

（4）块茎类作物

2000 年以来，中国块茎类作物种植面积有所下降。2014 年块茎类收获面积为 941 万公顷，比 2000 年的 1 088万公顷，下降了 13.51%。其中，马铃薯的收获面积略有上涨，从 473 万公顷增至 565 万公顷，年均增长 1.28%（图 3-39）。

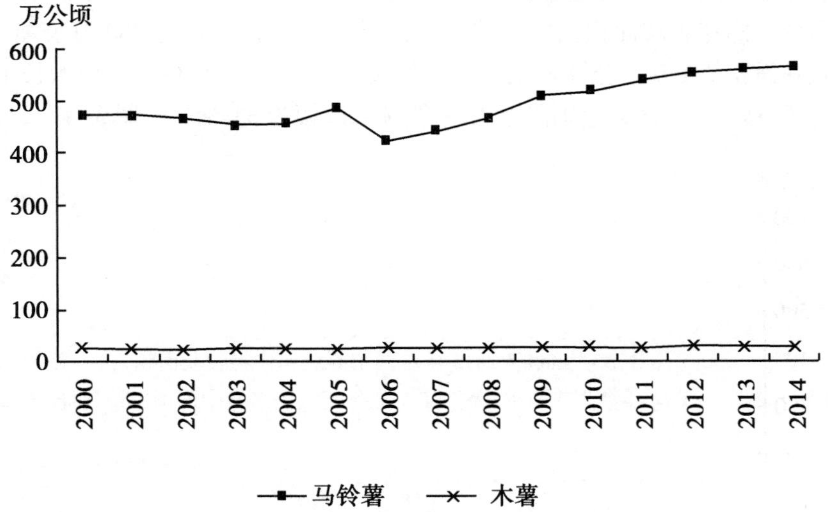

图 3-39　2000—2014 年中国主要块茎类作物收获面积

数据来源：FAOSTAT

（5）蔬菜

在长期实行“菜篮子”工程的政策激励下，中国蔬菜收获面积持续增长。2000—2013 年，蔬菜收获面积从 1 791万公顷增至 2 442万公顷，增长了 36.35%，年均增长 2.41%。其中，卷心菜收获面积从 122 万公顷降至 96 万公顷，下降了 21.31%；番茄从 67

万公顷增至 98 万公顷，年均增长 2.97%；大蒜从 56 万公顷涨至 78 万公顷，增长了 39.29%（图 3-40）。

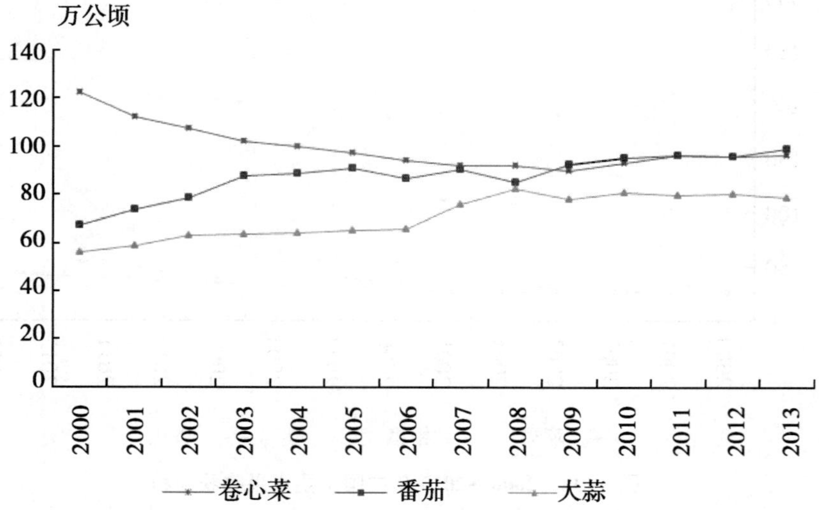

图 3-40　2000—2013 年中国主要蔬菜收获面积

数据来源：FAOSTAT

（6）其他经济作物

棉花和糖料是重要的工业原料和中国重要的经济类作物，其收获面积基本保持稳定，但不同产品略有差异。2000—2014 年，棉花收获面积从 404 万公顷增至 422 万公顷，增至了 4.46%，年均增 0.31%，但是随着 2015 年 11 月农业部关于"镰刀弯"地区玉米结构调整的指导意见出台，棉花收获面积在 2015 年出现较大幅度下降，仅为 380 万公顷。2000—2015 年，甘蔗收获面积从 119 万公顷增至 146 万公顷，增长了 22.69%，年均增长 1.37%；甜菜收获面积有所下降，从 33 万公顷降至 12 万公顷，降幅为 63.64%（图 3-41）。

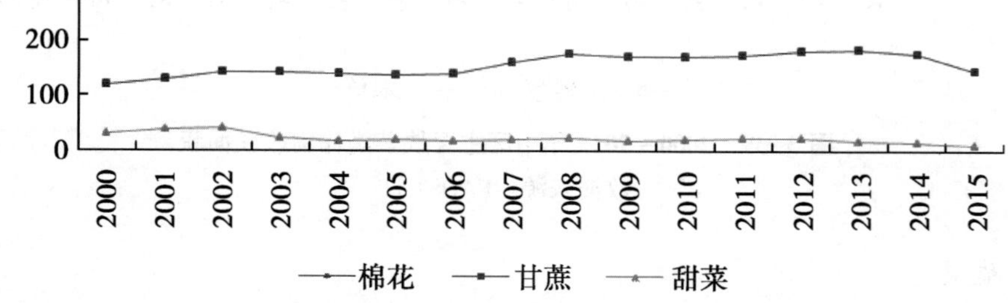

图 3-41　2000—2015 年中国其他重要经济作物收获面积

数据来源：2000—2014 年数据来自 FAOSTAT，2015 年数据来自中国国家统计局《统计公报》

5. 南 非

南非发展种植业的条件并不十分优越，是金砖各国种植业收获面积及产量最低的国家。近年来，南非种植业逐渐形成了以谷物种植为主，水果、糖料、油料作物种植同步发展的种植结构。2014 年，南非谷物收获面积 400 万公顷，在南非种植业中占据绝对位置；其次是油料作物，收获面积为 127 万公顷；豆类、块茎类收获面积分别为 4 万公顷、8 万公顷；蔬菜、水果种植面积分别为 16 万公顷和 30 万公顷（2013 年数据）。

（1）谷物

谷物是南非重要的农作物种类，但近年来收获面积下降明显。2000—2014 年，谷物收获面积从 527 万公顷降至 400 万公顷，下降了 24.10%。其中，小麦收获面积从 93 万公顷降至 49 万公顷，下降了 47.31%；玉米从 401 万公顷降至 330 万公顷，下降了 17.71%；大麦基本稳定 8 万公顷；高粱由 14 万公顷降至 5 万公顷，下降了 64.29%（图 3-42）。

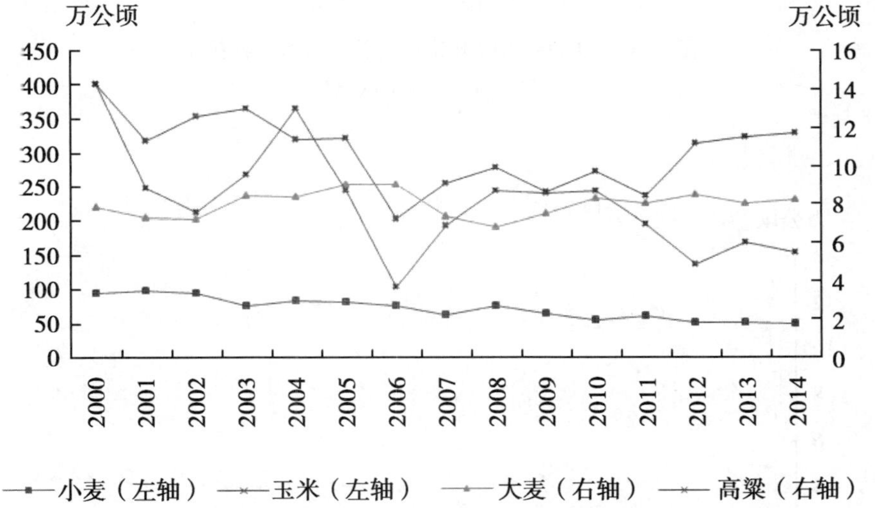

图 3-42 2000—2014 年南非主要谷物收获面积

数据来源：FAOSTAT

（2）油料

南非油料产业发展迅速，收获面积快速增长。2000—2014 年，油料作物收获面积从 64 万公顷增至 127 万公顷，增长了 98.44%，年均增长 5.02%。其中，南非的主要油料作物是葵花，是世界第十大葵花籽产地，葵花籽收获面积从 2000 年的 40 万公顷增至 2014 年的 60 万公顷，年均增 2.94%。此外，大豆收获面积从 9 万公顷增至 50 万公顷，年均涨幅高达 13.03%（图 3-43）。

（3）水果

水果是南非农产品出口的重要品种，收获面积基本保持稳定。2013 年水果收获面积为 30 万公顷，比 2000 年的 31 万公顷略有下降，降幅为 3.23%。具体分品种来看，葡萄收获面积从 2000 年的 11 万公顷增至 2013 年的 13 万公顷，年均增长 1.29%；柑橘、香蕉和苹果收获面积均减少 1 万公顷，2013 年分别为 4 万公顷、1 万公顷和 2 万公顷；梨的收获面积稳定在 1 万公顷的水平（图 3-44）。

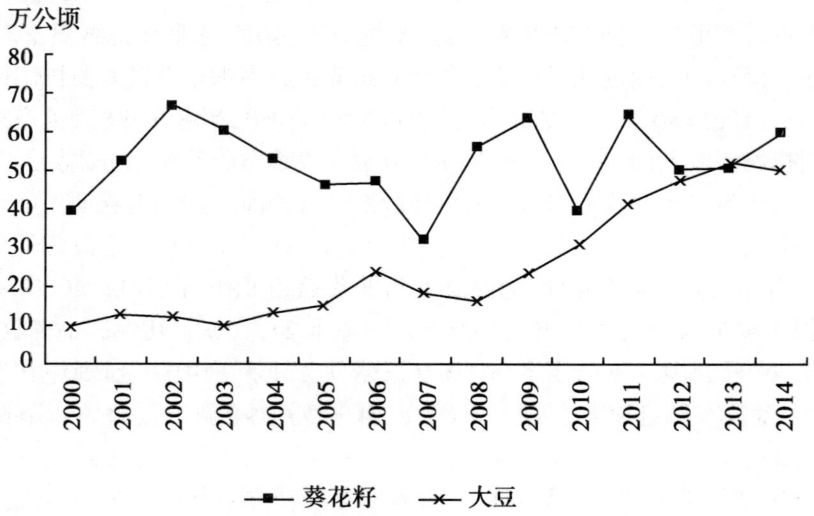

图 3-43　2000—2014 年南非主要油料作物收获面积

数据来源：FAOSTAT

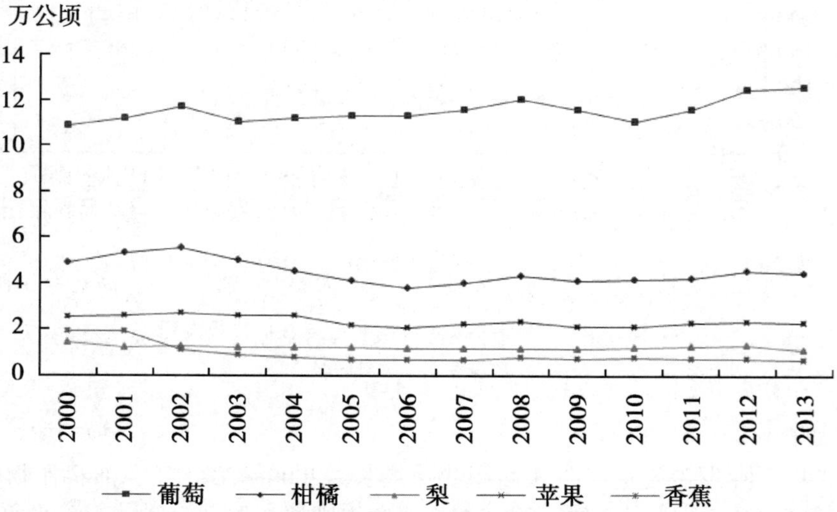

图 3-44　2000—2013 年南非主要水果收获面积

数据来源：FAOSTAT

（4）块茎类作物

南非块茎类作物收获面积基本保持稳定，2000—2014 年基本稳定在 8 万公顷，最高为 2013 年的 9 万公顷，最低为 2002 年和 2003 年，均为 6 万公顷。其中，马铃薯收获面积从 2000 年的 5 万公顷增至 2014 年的 7 万公顷，占到块茎类总收获面积的 87.5%（图 3-45）。

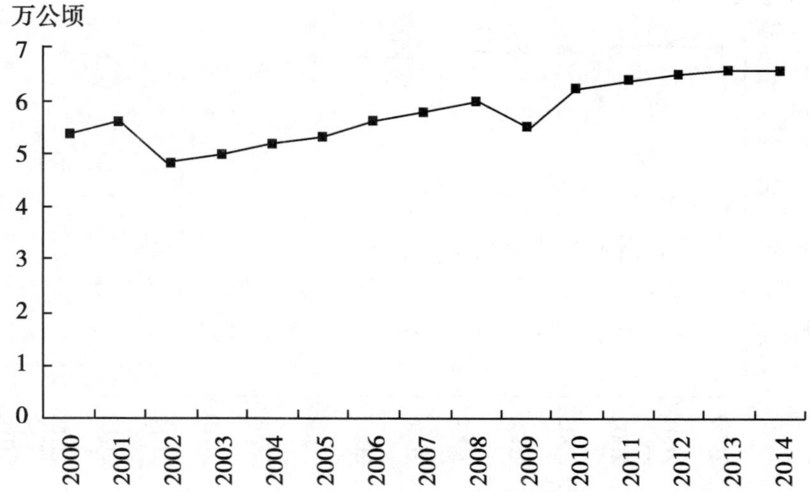

图 3-45 2000—2014 年南非马铃薯收获面积

数据来源：FAOSTAT

（5）蔬菜

2000 年以来，南非蔬菜收获面积稳中略增。2000—2013 年，南非蔬菜收获面积从 13 万公顷增长到 16 万公顷，增长了 23.08%，年均增长 1.61%。其中，洋葱收获面积从 2 万公顷增至 3 万公顷，年均增长 3.17%；番茄则稳定在 1 万公顷的水平（图 3-46）。

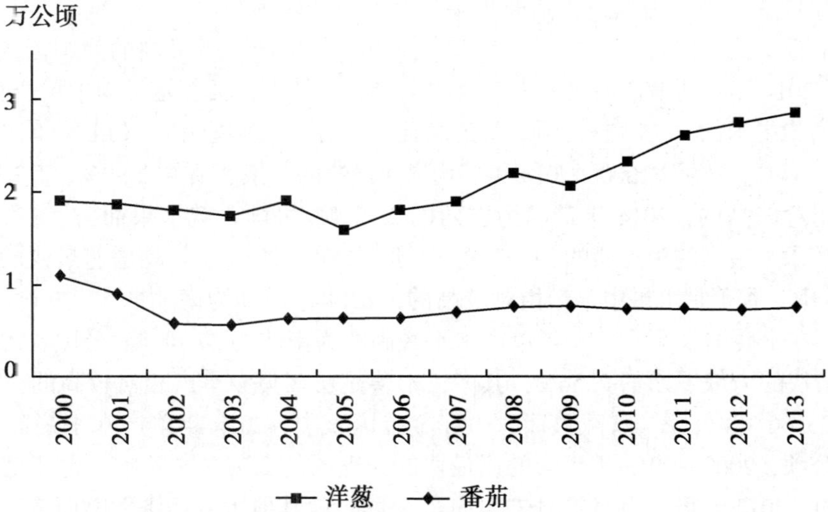

图 3-46 2000—2013 年南非主要蔬菜收获面积

数据来源：FAOSTAT

（6）其他经济作物

南非是非洲最大的蔗糖产区及出口地区，其主要糖料作物是甘蔗。近年来，南非甘蔗收获面积稳中略降。2014 年，南非甘蔗收获面积为 31 万公顷，比 2000 年的 33 万公顷，下降了 6.06%（图 3-47）。

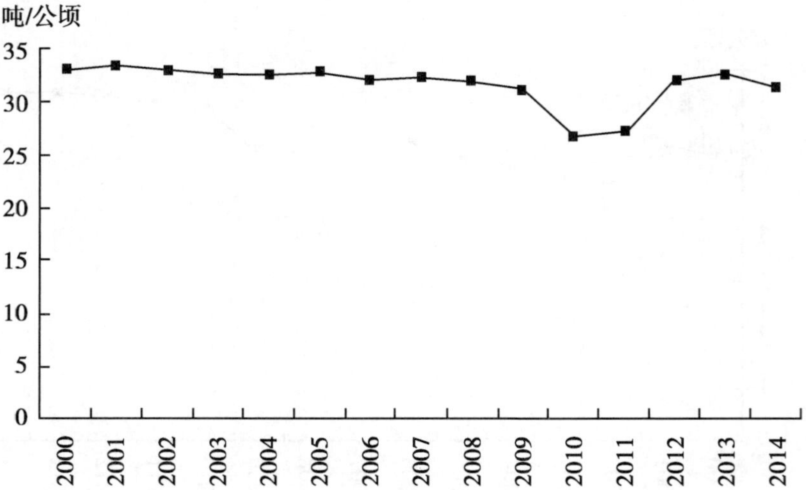

图 3-47　2000—2014 年南非甘蔗收获面积

数据来源：FAOSTAT

（二）种植业单产变化

近年来，随着金砖各国不断加强农业科技创新和技术合作，种植业单产水平普遍得到提升，不同的种植品种的单产水平各国存在着一定的差异。如巴西谷物、蔬菜单产提速较快，俄罗斯水果和块茎类单产提速位居前列，印度木薯的单产水平为金砖国家中最高，中国的谷物和甘蔗单产较为领先，南非水果与蔬菜单产较为突出。

具体来看，就谷物而言，在金砖国家中，2014 年单产水平最高的为中国的 5.89 吨/公顷，2000—2014 年年均增速最快的为巴西的 4.05%，其中，稻谷是谷物中单产相对较高的，2014 年最高为中国的 6.75 吨/公顷。就油料而言，在金砖国家中，2014 年单产水平最高的为中国的 0.64 吨/公顷，2000—2014 年年均增速最快的为俄罗斯的 2.99%，其中，大豆是谷物中单产相对较高的，2014 年最高为巴西的 2.87 吨/公顷。就水果而言，在金砖国家中，2013 年单产水平最高的为巴西的 21.53 吨/公顷，2000—2013 年年均增速最快的为俄罗斯的 4.74%，其中，香蕉是水果中单产相对较高的，2014 年最高为南非的 55.39 吨/公顷。就块茎类而言，在金砖国家中，2014 年单产水平最高的为南非的 27.48 吨/公顷，2000—2014 年年均增速最快的为俄罗斯的 2.56%，其中，木薯是块茎类中单产相对较高的，2014 年最高为印度的 35.66 吨/公顷。就蔬菜而言，在金砖国家中，2013 年单产水平最高的为巴西的 24.45 吨/公顷，2000—2013 年年均增速最快的为巴西的 2.72%，其中，番茄是蔬菜中单产相对较高的，2014 年最高为南非的 72.41 吨/公顷。就其他主要经济作物而言，甘蔗的单产水平相对较高，2014 年最高的为中国的 72.24 吨/公顷。

1. 巴　西

随着先进农业科学技术的推广应用，巴西种植业单产普遍提高。2000—2014 年，谷物单产提高最多，年均增长率达到 4.05%；其次为豆类与蔬菜，达 2.81%和 2.72%；油料与块茎类均在 1%左右；水果较低，仅为 0.47%。

（1）谷物

2000 年以来，巴西谷物单产普遍大幅提高。2000—2014 年，谷物单产从 2.66

吨/公顷增至4.64吨/公顷，增长了74.44%，年均增长4.05%。其中，小麦单产从2000年的1.56吨/公顷增至2014年的2.21吨/公顷，年均增长2.52%；稻谷从3.03吨/公顷增至5.2吨/公顷，年均增长3.93%；玉米从2.74吨/公顷增至5.18吨/公顷，年均增长4.65%，单产水平增速最快。2015年，巴西稻谷和玉米的单产均再次提高，分别达到5.74吨/公顷和5.51吨/公顷；小麦单产与2014年基本持平，为2.2吨/公顷（图3-48）。

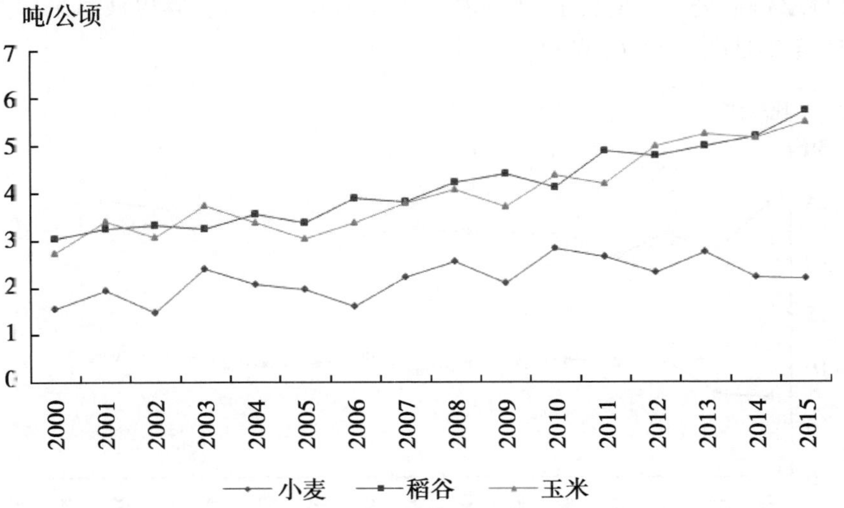

图3-48 2000—2015年巴西主要谷物单产

数据来源：2000—2014年数据来自FAOSTAT，2015年数据来自巴西国家地理与统计局

（2）油料

21世纪以来，油料单产稳步提高。2014年，巴西油料单产达到2.72吨/公顷，比2000年的2.21吨/公顷，提高了23.08%，年均增长1.49%。其中，大豆单产水平从2.4吨/公顷增至2.87吨/公顷，年均增长1.29%，2015年进一步提高至3.02吨/公顷（图3-49）。

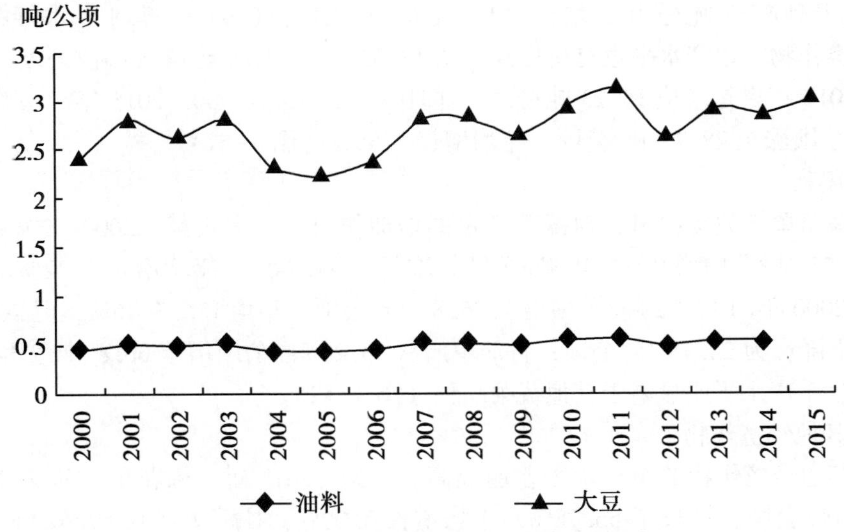

图3-49 2000—2015年巴西油料和大豆单产

数据来源：2000—2014年数据来自FAOSTAT，2015年数据来自巴西国家地理与统计局

（3）水果

水果单产整体水平略有增加，椰子单产提速明显。2000—2013年，巴西水果单产从15.49吨/公顷提升到16.46吨/公顷，增长了6.26%，年均增长0.47%。其中，柑橘单产稳中略增，从2000年的24.91吨/公顷增至2013年的24.99吨/公顷，略增0.32%；但是2015年，柑橘单产有所下降，为23.48吨/公顷。椰子单产从2000年的7.39吨/公顷增至2013年的11.23吨/公顷，增长了51.96%，年均增长3.27%，是巴西水果中产量增速较快的，2014年更是涨至11.65吨/公顷（图3-50）。

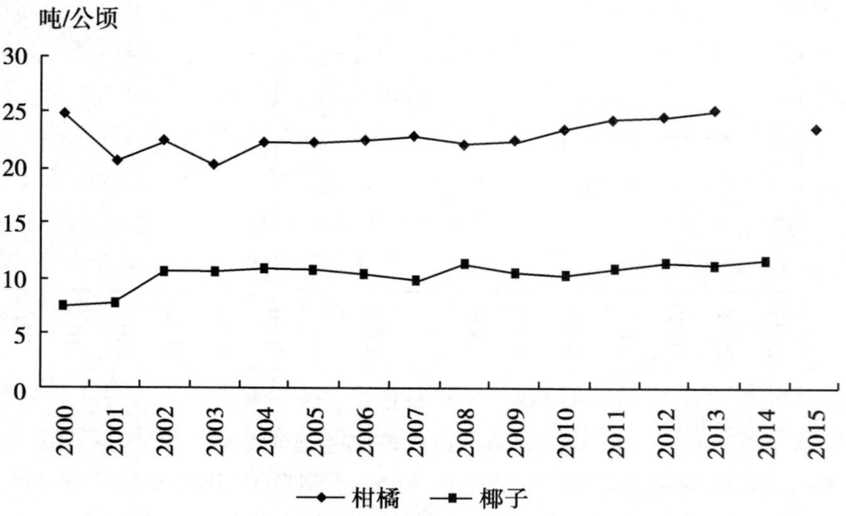

图3-50　2000—2015年巴西主要水果单产

数据来源：2000—2014年数据来自FAOSTAT，2015年数据来自巴西国家地理与统计局

（4）块茎类作物

2000年以来，块茎类作物单产水平稳步提高。2000—2014年，块茎类单产从13.71吨/公顷提升到15.7吨/公顷，增长了14.51%，年均增长0.97%。其中，木薯作为巴西重要的块茎类作物，单产水平也有所提高，从13.55吨/公顷增至14.83吨/公顷，年均增长0.65%，2015年更是增至15.23吨/公顷，同比增2.70%。2000—2015年，马铃薯单产从17.02吨/公顷涨至28.73吨/公顷，年均增长3.55%（图3-51）。

（5）蔬菜

巴西蔬菜单产波动提升，对蔬菜产量的增加作出了巨大贡献。2000—2013年，蔬菜单产从17.25吨/公顷增至24.45吨/公顷，增长了41.74%，年均增长2.72%。其中，洋葱单产从2000年的17.22吨/公顷增至26.81吨/公顷，年均增长3.46%，但2015年洋葱单产有所下降，为25.78吨/公顷；番茄单产从53.26吨/公顷增至66.8吨/公顷，年均增长1.76%，单产水平明显高于其他蔬菜品种（图3-52）。

（6）其他经济作物

巴西其他经济作物的单产水平普遍提高。2000—2015年，棉花单产从2.51吨/公顷增至3.91吨/公顷，增长了55.78%，年均增长3.00%；甘蔗单产从67.62吨/公顷增至73.4吨/公顷，增长了8.55%，年均增长0.55%，是巴西单产最高的农作物；咖啡单产从0.84吨/公顷增至1.33吨/公顷，增长了58.33%，年均增长3.11%（图3-53）。

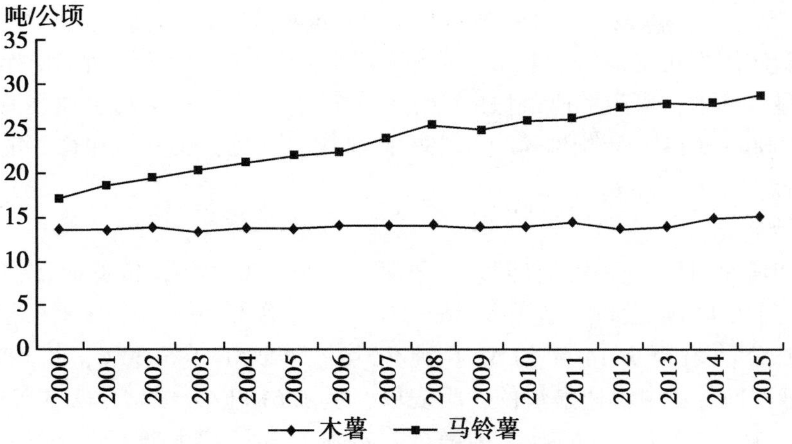

图 3-51　2000—2015 年巴西主要块茎类单产

数据来源：2000—2014 年数据来自 FAOSTAT，2015 年数据来自巴西国家地理与统计局

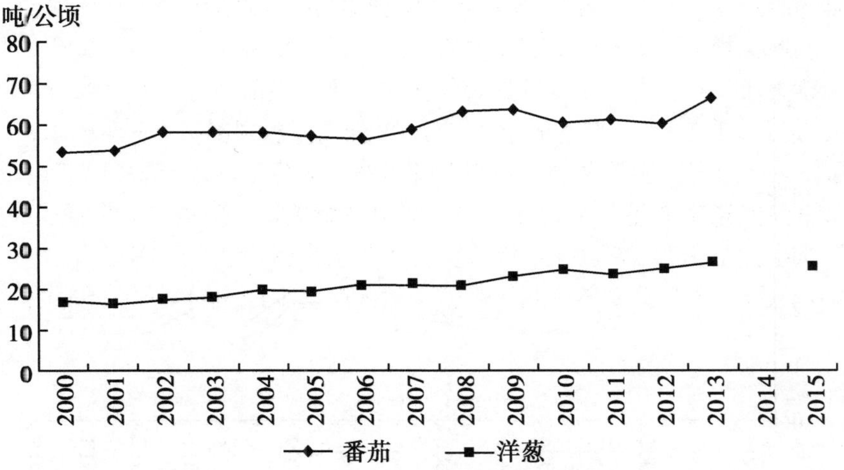

图 3-52　2000—2015 年巴西主要蔬菜单产

数据来源：2000—2014 年数据来自 FAOSTAT，2015 年数据来自巴西国家地理与统计局

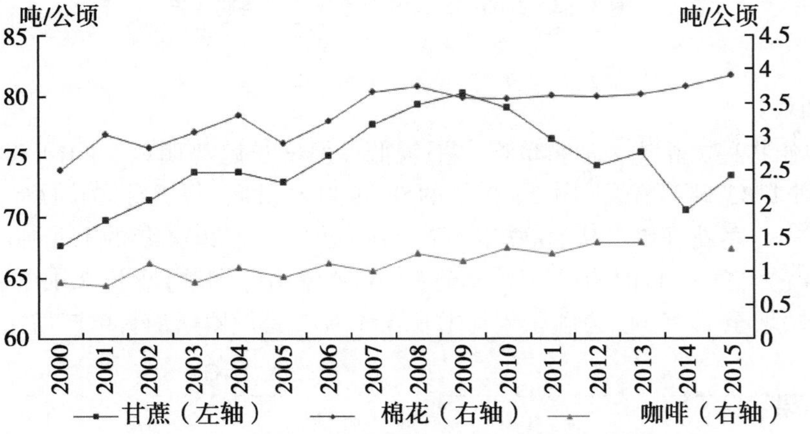

图 3-53　2000—2015 年巴西主要其他经济作物单产

数据来源：2000—2014 年数据来自 FAOSTAT，2015 年数据来自巴西国家地理与统计局

2. 俄罗斯

与其他金砖国家相比，除豆类外，俄罗斯其他主要作物的单产水平相对较低，但近年来均增速明显。其中，单产增速最快的为水果，2000—2013 年年均增速达到 4.74%；其次为谷物，2000—2014 年年均增速为 3.25%；油料、豆类、块茎类和蔬菜的年均增速均在 2.5%左右。

（1）谷物

谷物单产增速明显，且各品种间差异显著。2000—2014 年，俄罗斯谷物单产从 1.56 吨/公顷提高到 2.44 吨/公顷，提升了 56.41%，年均增 3.25%。其中，玉米单产从 2000 年的 2.12 吨/公顷增至 2014 年的 4.36 吨/公顷，增长了 105.66%，年均增长率高达 5.29%，是俄罗斯谷物中增速最快的；小麦单产从 1.61 吨/公顷增至 2.5 吨/公顷，年均增长 3.19%；大麦单产从 1.66 吨/公顷增至 2.27 吨/公顷，年均增长 2.26%；燕麦与黑麦的单产水平相对较低，2014 年分别为 1.71 吨/公顷和 1.77 吨/公顷，年均增速分别为 1.09%和 0.81%（图 3-54）。

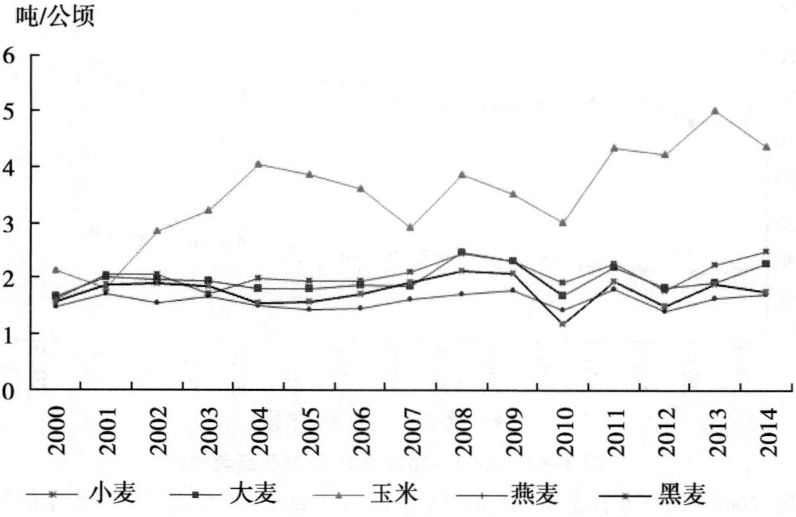

图 3-54　2000—2014 年俄罗斯主要谷物单产

数据来源：FAOSTAT

（2）油料

与其他作物种类相比，油料单产水平较低，但增长趋势明显。2014 年，俄罗斯油料单产达到 1.33 吨/公顷，比 2000 年的 0.88 吨/公顷，提升了 51.14%，年均增长 2.99%。其中，葵花籽单产从 2000 年的 0.9 吨/公顷增至 2014 年的 1.4 吨/公顷，年均增长 3.21%；大豆从 1.01 吨/公顷增至 1.36 吨/公顷，年均增长 2.15%；油菜籽从 0.86 吨/公顷增至 1.38 吨/公顷，年均增长 3.44%，是俄罗斯油料单产增速最快的品种（图 3-55）。

（3）水果

俄罗斯是世界上重要的水果进口国家，水果生产技术相对匮乏，单产水平明显低于其他金砖国家。2000—2013 年，俄罗斯水果单产从 4.14 吨/公顷提高到 7.56 吨/公顷，提升

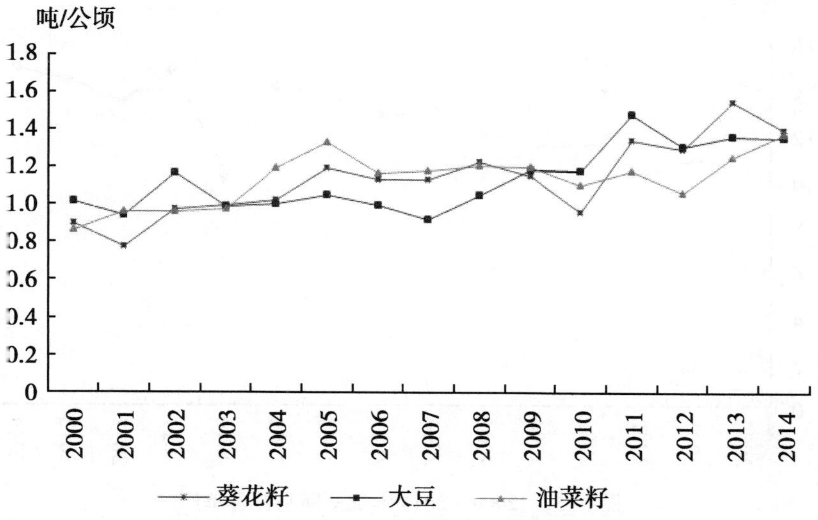

图 3-55　2000—2014 年俄罗斯主要油料作物单产

数据来源：FAOSTAT

了 82.61%，年均增长 4.74%，但是仍明显低于 2013 年南非的水果单产（21.53 吨/公顷）。其中，苹果的单产从 2000 年的 4.12 吨/公顷增至 8.44 吨/公顷，年均增长 5.67%（图 3-56）。

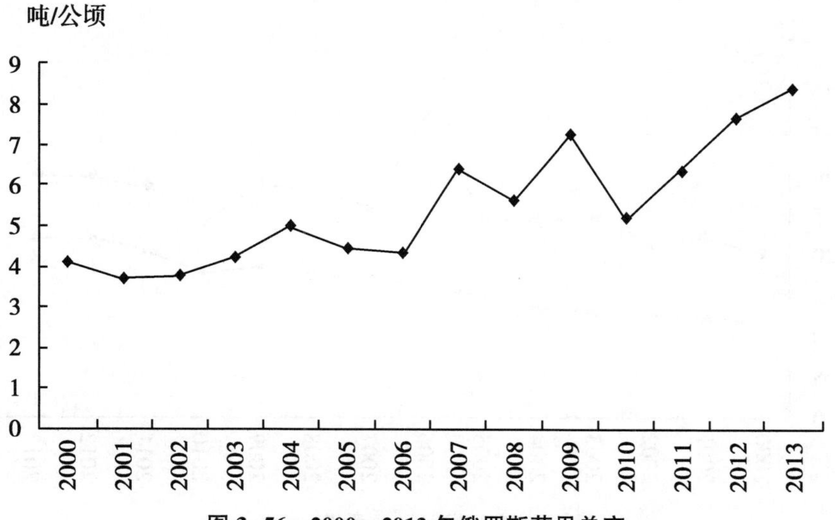

图 3-56　2000—2013 年俄罗斯苹果单产

数据来源：FAOSTAT

（4）块茎类作物

马铃薯是俄罗斯主要种植的块茎类作物，2000 年以来，马铃薯单产明显提高，2014 年达到 14.99 吨/公顷，比 2000 年的 10.52 吨/公顷，提高了 42.49%，年均增长 2.56%（图 3-57）。

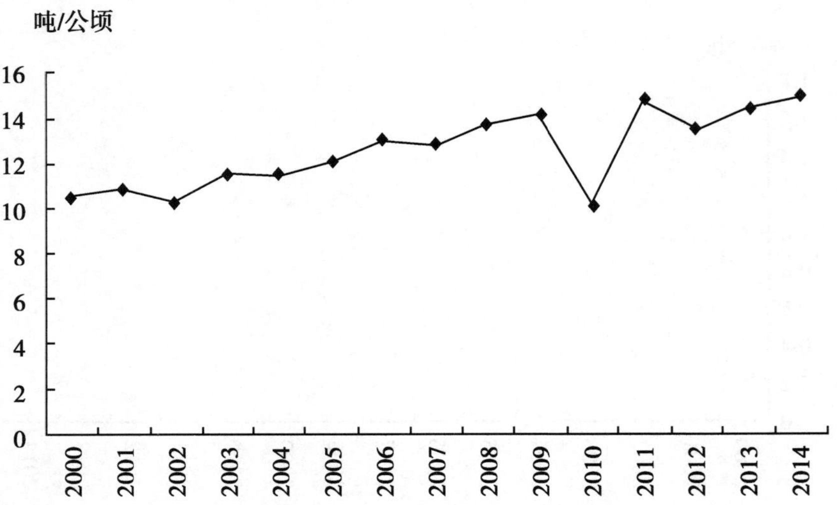

图 3-57　2000—2014 年俄罗斯马铃薯单产

数据来源：FAOSTAT

（5）蔬菜

2000 年以来，俄罗斯蔬菜单产稳步提高，2013 年达到 19.56 吨/公顷，比 2000 年的 14.3 吨/公顷，提升了 36.78%，年均增长 2.44%。其中，卷心菜单产 20.05 吨/公顷增至 29.92 吨/公顷，年均增长 3.13%；番茄单产 11.43 吨/公顷增至 22.07 吨/公顷，年均增长 5.19%，明显高于蔬菜单产平均增速（图 3-58）。

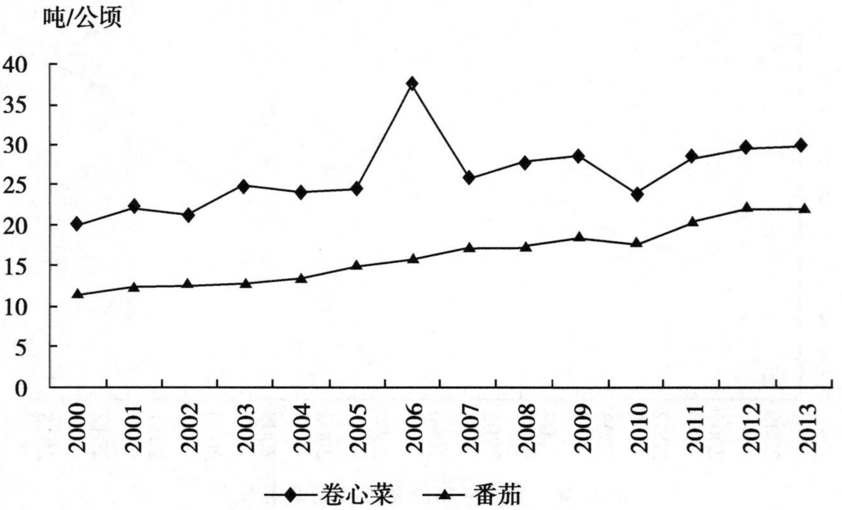

图 3-58　2000—2013 年俄罗斯主要蔬菜单产

数据来源：FAOSTAT

（6）其他经济作物

甜菜作为俄罗斯重要的糖料作物，2000—2014 年，其单产水平明显提高，从 18.82 吨/公顷增至 37.01 吨/公顷，增长了 96.65%，年均增长 4.95%（图 3-59）。

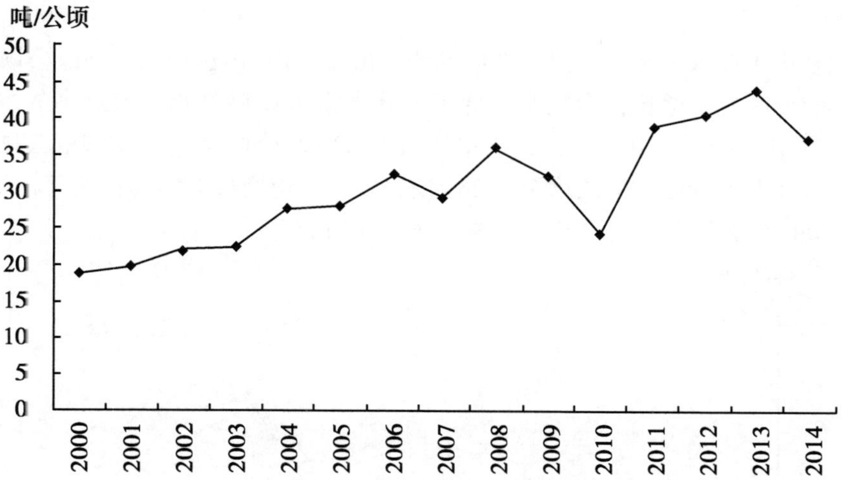

图 3-59 2000—2014 年俄罗斯甜菜单产

数据来源：FAOSTAT

3. 印 度

2000 年以来，除豆类外，印度的其他主要农作物物种类的单产均为增长态势。其中，单产提高最快的是油料，2000—2014 年年均增率为 2.31%；其次为谷物的 1.9%，而 2000—2013 年水果与蔬菜的年均增速均在 0.4%左右。

（1）谷物

印度谷物单产稳步提高，2000—2014 年从 2.29 吨/公顷增至 2.98 吨/公顷，增长了 30.13%，年均增长 1.90%。其中，稻谷单产从 2.85 吨/公顷增至 3.62 吨/公顷，年均增长 1.72%；小麦从 2.78 吨/公顷增至 3.03 吨/公顷，年均增长 0.62%；玉米从 1.82 吨/公顷增至 2.75 吨/公顷，年均增长 2.99%；此外，小米与高粱单产也明显提高，2014 年单产分别为 1.19 吨/公顷和 0.93 吨/公顷（图 3-60）。

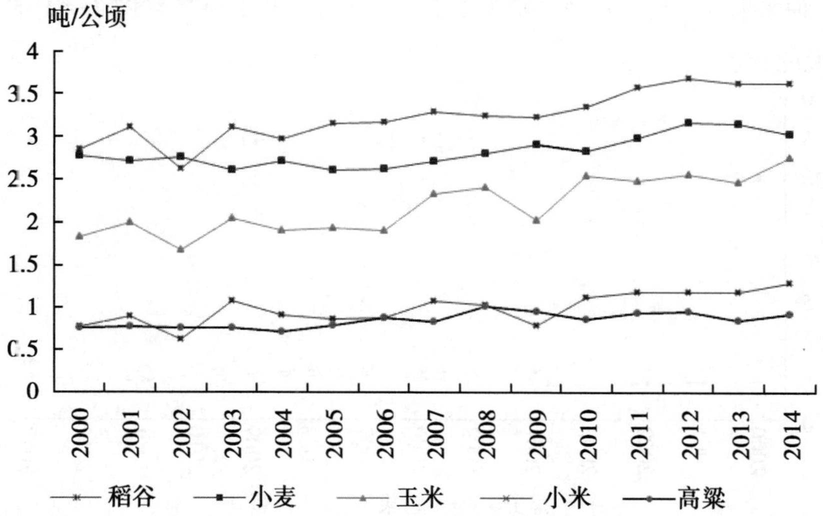

图 3-60 2000—2014 年印度主要谷物单产

数据来源：FAOSTAT

（2）油料

印度油料的单产水平是金砖国家中最低的，虽说 2014 年达到 0.84 吨/公顷，比 2000 年的 0.61 吨/公顷有所增长，但是明显低于金砖国家中油料单产水平最高的中国（1.43 吨/公顷）。其中，2000—2014 年，大豆单产从 0.82 吨/公顷增至 0.97 吨/公顷，年均增长 1.21%；花生从 0.99 吨/公顷增至 1.26 吨/公顷，年均增长 1.74%；油菜籽从 0.96 吨/公顷增至 1.09 吨/公顷，年均增长 0.91%（图 3-61）。

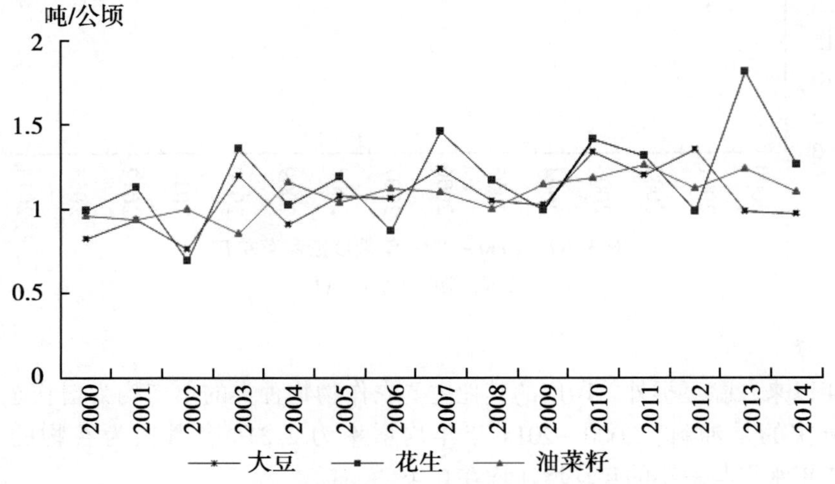

图 3-61　2000—2014 年印度主要油料单产

数据来源：FAOSTAT

（3）水果

2000—2013 年，印度水果单产稳中略增，从 11.3 吨/公顷增至 11.91 吨/公顷，增长了 5.40%，年均增长 0.41%。其中，椰子单产从 2000 年的 4.72 吨/公顷增至 2013 年的 5.53 吨/公顷，芒果从 7.06 吨/公顷增至 7.2 吨/公顷，香蕉从 30.1 吨/公顷增至 34.64 吨/公顷，3 种水果的年均增长率分别为 1.23%、0.15%和 1.09%（图 3-62）。

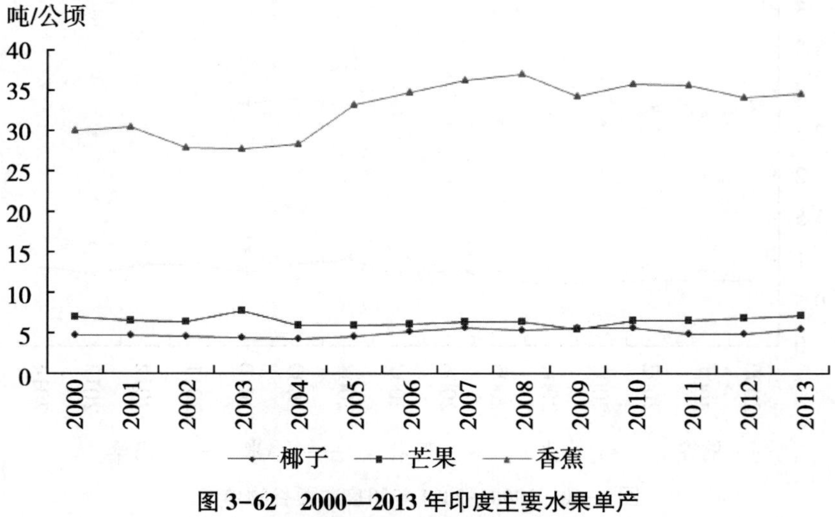

图 3-62　2000—2013 年印度主要水果单产

数据来源：FAOSTAT

（4）块茎类作物

印度块茎类作物单产稳步提高。2000—2014 年，块茎类作物单产从 19.14 吨/公顷增至 23.59 吨/公顷，增长了 23.25%，年均增长 1.50%。其中，马铃薯单产从 18.64 吨/公顷增至 22.92 吨/公顷，年均增长 1.49%；木薯从 26.91 吨/公顷增至 35.66 吨/公顷，年均增长 2.03%（图 3-63）。

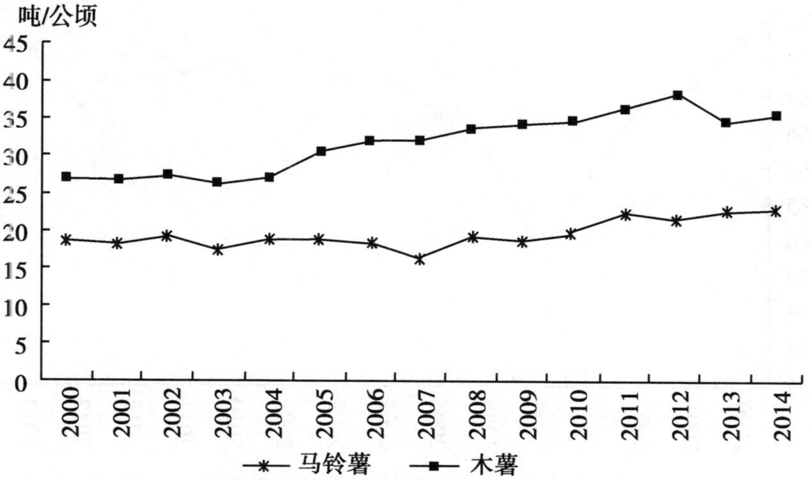

图 3-63　2000—2014 年印度主要块茎类作物单产

数据来源：FAOSTAT

（5）蔬菜

印度蔬菜单产稳中略增。2000—2013 年，蔬菜单产从 13.22 吨/公顷增至 13.99 吨/公顷，提升了 5.82%，年均增长 0.44%。其中，花椰菜单产从 18.88 吨/公顷增至 19.62 吨/公顷，年均增长 0.3%；卷心菜单产从 22.88 吨/公顷增至 22.94 吨/公顷，略有增长；洋葱单产从 10.49 吨/公顷增至 15.86 吨/公顷，增长了 51.19%，年均增长 3.23%，是蔬菜中单产提速最快的；番茄和茄子单产增速也相对较快，2000—2013 年年均增速分别为 1.93%和 1.06%（图 3-64）。

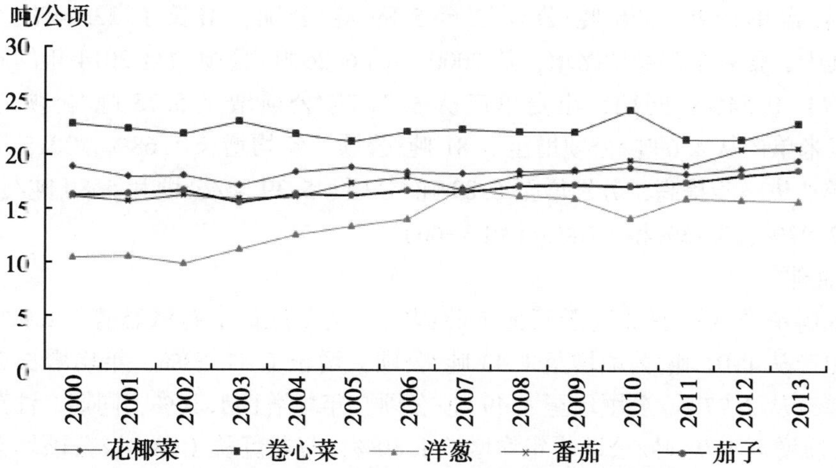

图 3-64　2000—2014 年印度主要蔬菜类作物单产

数据来源：FAOSTAT

(6) 其他经济作物

甘蔗是印度重要的糖料作物，同时也是印度农作物中单产水平最高的，但近年来单产水平波动略降。2000—2014 年，印度甘蔗单产从 70.93 吨/公顷波动降至 70.26 吨/公顷，略微下降 0.94%，年均降幅为 0.07%（图 3-65）。

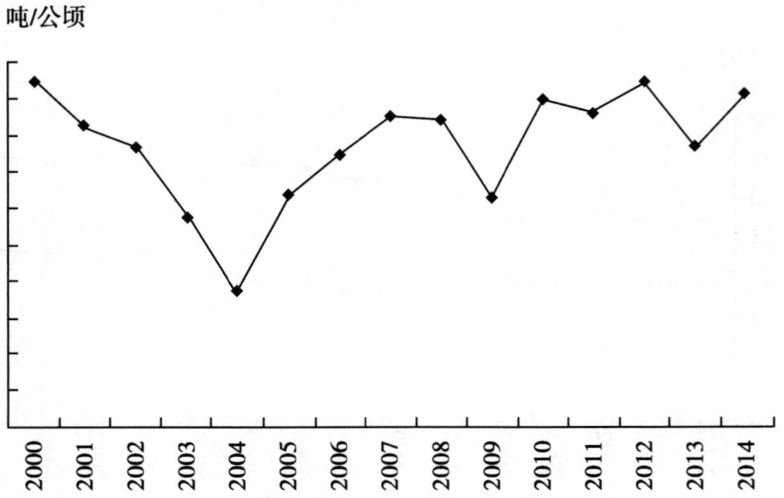

图 3-65　2000—2014 年印度甘蔗单产

数据来源：FAOSTAT

4. 中　国

耕地资源与水资源匮乏是限制中国农业生产的重要瓶颈，近年来，对农业科技创新与推广投入不断增加，推动中国主要农作物单产水平稳步提高。2014 年，中国谷物单产水平达到 5.89 吨/公顷，为金砖国家中谷物单产最高水平，同时中国的油料、豆类单产水平也相对较高。

(1) 谷物

中国历来重视谷物生产，谷物单产长期维持在较高水平，且保持增长态势。2000—2014 年，谷物单产从 4.76 吨/公顷增至 5.89 吨/公顷，增长了 23.74%，年均增长 1.53%。其中，稻谷单产稳中略增，从 2000 年的 6.26 吨/公顷增至 2014 年的 6.75 吨/公顷，年均增长 0.54%；同期，小麦单产从 3.74 吨/公顷增至 5.75 吨/公顷，年均增长 2.17%；玉米单产从 4.6 吨/公顷增至 5.81 吨/公顷，年均增长 1.68%。2015 年稻谷、小麦和玉米单产进一步提高，分别增至 6.89 吨/公顷、5.39 吨/公顷和 5.89 吨/公顷，同比分别增长 2.07%、6.73%和 1.38%（图 3-66）。

(2) 油料

中国油料单产水平明显高于其他金砖国家，且保持稳中有涨态势。2000—2014 年，中国油料单产从 1.01 吨/公顷增至 1.43 吨/公顷，增长了 41.58%，年均增长 2.51%。其中，花生单产从 2.97 吨/公顷增至 3.49 吨/公顷，年均增长 1.16%；同期，油菜籽单产从 1.52 吨/公顷增至 1.95 吨/公顷，年均增长 1.80%；葵花籽从 1.59 吨/公顷增至 2.56 吨/公顷，年均增长 3.46%，是中国油料作物单产增速最快的；大豆单产从 1.66 吨/公顷增至 1.81 吨/公顷，年均增长 0.62%。2015 年中国花生、油菜籽延续增长态势，分别达到

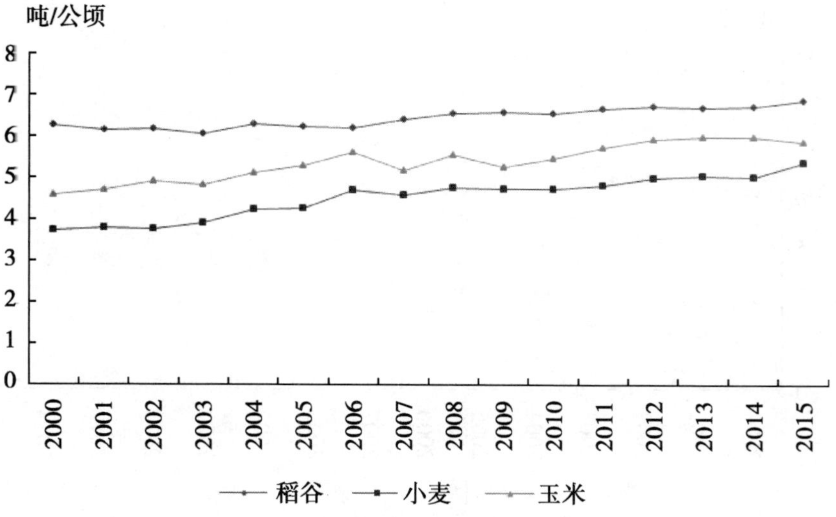

图 3-66 2000—2015 年中国主要谷物单产

数据来源：2000—2014 年数据来自 FAOSTAT，2015 年数据来自中国国家统计局《统计公报》

3.57 吨/公顷和 1.97 吨/公顷，同比分别增长 2.29%和 1.03%，但 2015 年大豆产量相对 2014 年有所下降，为 1.8 吨/公顷，下降了 0.55%（图 3-67）。

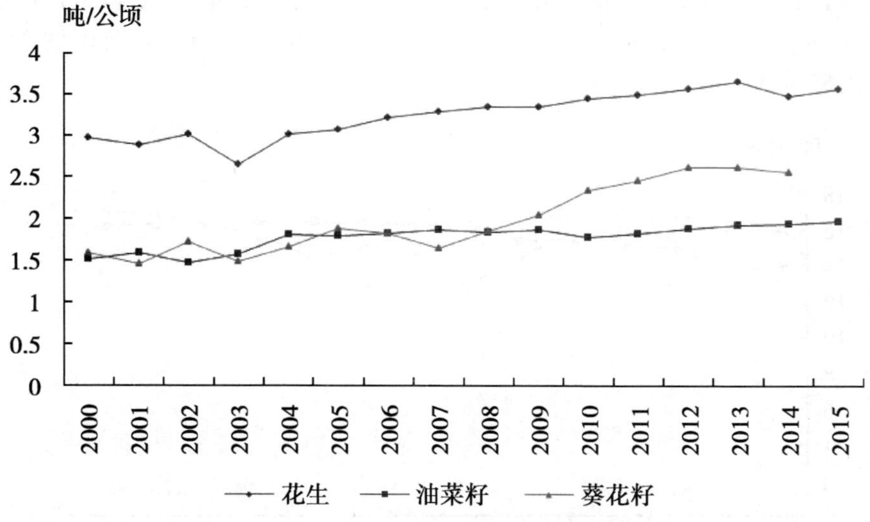

图 3-67 2000—2015 年中国主要油料作物单产

数据来源：2000—2014 年数据来自 FAOSTAT，2015 年数据来自中国国家统计局《统计公报》

（3）水果

21 世纪以来，中国水果单产稳步增长，2013 年为 11.13 吨/公顷，比 2000 年的 7.22 吨/公顷，增长了 54.16%，年均增长 3.39%。其中，2000—2013 年，苹果单产从 9.06 吨/公顷增至 16.47 吨/公顷，年均增长 4.7%；柑橘从 4.58 吨/公顷增至 12.97 吨/公顷，年均增长 8.34%；梨从 8.33 吨/公顷增至 13.67 吨/公顷，年均增长 3.88%；香蕉单产从 19.91 吨/公顷增至 27.92 吨/公顷，年均增长 2.64%（图 3-68）。

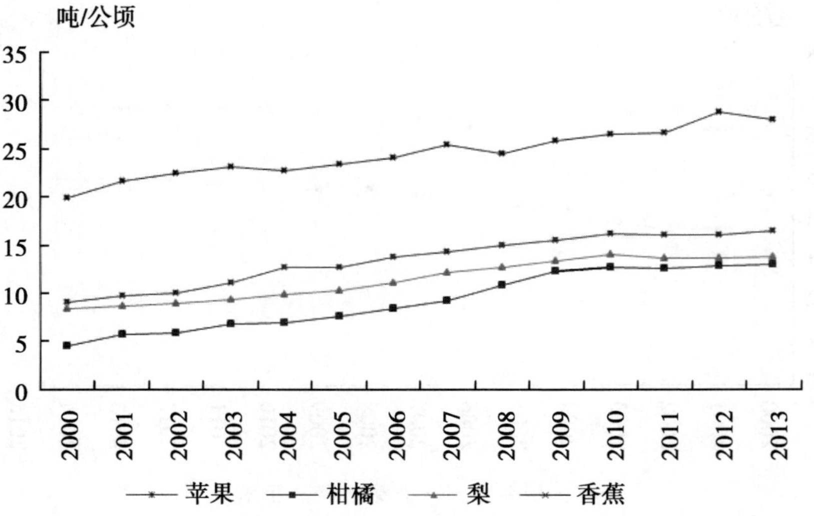

图 3-68　2000—2013 年中国主要水果单产

数据来源：FAOSTAT

（4）块茎类作物

块茎类单产稳中略增。2000—2014 年，中国块茎类单产从 17.46 吨/公顷增至 18.45 吨/公顷，增长了 5.67%，年均增长 0.39%。其中，马铃薯单产从 14.03 吨/公顷增至 17.09 吨/公顷，增长了 21.31%，年均增长 1.39%；木薯从 15.98 吨/公顷增至 16.27 吨/公顷，年均略增 0.13%（图 3-69）。

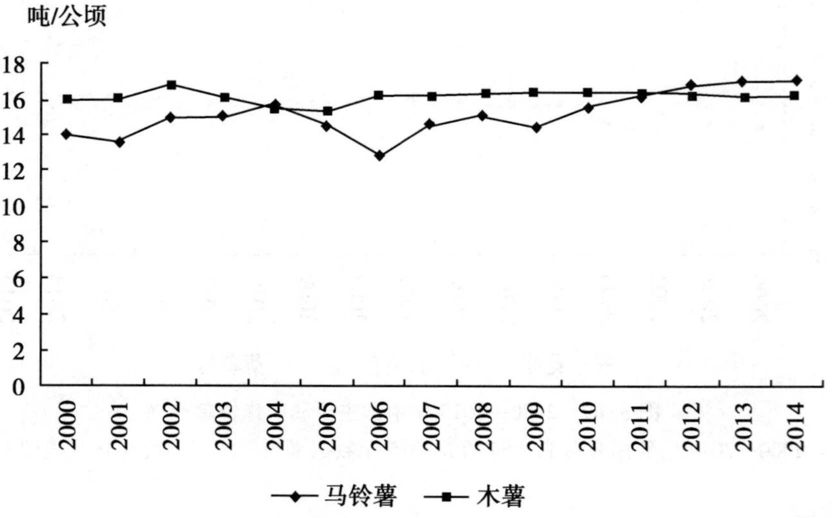

图 3-69　2000—2014 年中国主要块茎类单产

数据来源：FAOSTAT

（5）蔬菜

2013 年，中国蔬菜单产达到 23.88 吨/公顷，比 2000 年的 20.1 吨/公顷，增长了 18.81%，年均增长 1.33%。其中，卷心菜单产从 2000 年的 33.31 吨/公顷增至 2013 年的

33.68 吨/公顷，略增 1.11%；番茄单产从 33.11 吨/公顷增至 51.46 吨/公顷，年均增长 3.45%；大蒜单产从 2000 年的 13.37 吨/公顷上涨到 2013 年的 24.56 吨/公顷，上涨了 83.69%，年均增 4.79%（图 3-70）。

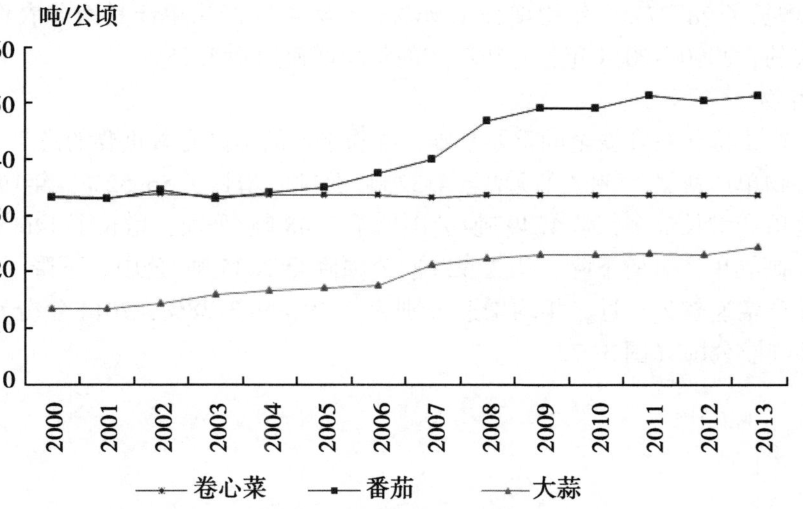

图 3-70　2000—2013 年中国主要蔬菜单产

数据来源：FAOSTAT

（6）其他经济作物

中国其他经济作物单产呈普遍提高态势。2000—2014 年，棉花单产从 1.09 吨/公顷增至 1.46 吨/公顷，增长了 33.94%，年均增长 2.11%；甘蔗单产从 58.3 吨/公顷增至 72.24 吨/公顷，增长了 23.9%，年均增长 1.54%；甜菜单产从 24.53 吨/公顷增至 48.97 吨/公顷，增长了近 1 倍，年均增长 5.06%。2015 年，棉花单产更是提高到 1.48 吨/公顷，同比增长 0.78%（图 3-71）。

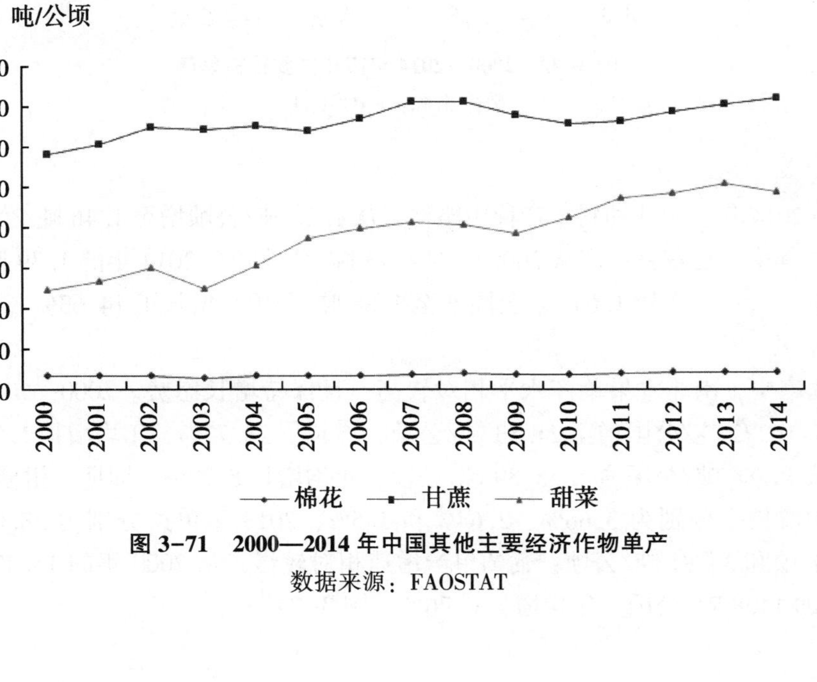

图 3-71　2000—2014 年中国其他主要经济作物单产

数据来源：FAOSTAT

5. 南　非

果蔬是南非最大的农产品创汇产业，其单产水平也相对较高，特别是南非的水果单产是金砖国家中最高的。2013 年，南非的水果单产达到 21. 53 吨/公顷，比 2000 年的 16. 72 吨/公顷，增长了 28. 77%，年均增长 1. 96%。谷物类农产品单产是南非农作物年均增速中增速最快的，2000—2014 年，谷物单产的年均增速达到 3. 25%。

（1）谷物

谷物生产是确保粮食安全的重要基础，谷物单产的提高有着重要的意义。2000—2014 年，南非谷物单产从 2. 76 吨/公顷增至 4. 32 吨/公顷，增长了 56. 52%，年均增长 3. 25%。其中，大麦单产增长最多，从 1. 49 吨/公顷增至 3. 48 吨/公顷，增长了 146. 98%，年均增长 6. 67%；高粱单产有所下降，从 3. 32 吨/公顷降至 2. 75 吨/公顷，下降了 17. 17%；小麦和玉米单产增速较为接近，年均增速分别为 2. 39% 和 3. 38%，2014 年分别为 3. 62 吨/公顷和 4. 54 吨/公顷（图 3-72）。

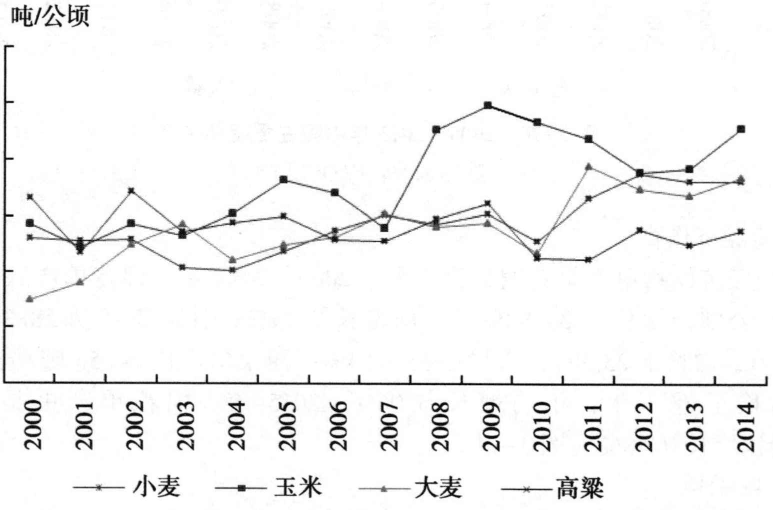

图 3-72　2000—2014 年南非主要谷物单产

数据来源：FAOSTAT

（2）油料

2000—2014 年，南非油料单产稳中略增，从 1. 22 吨/公顷增至 1. 46 吨/公顷，年均增长 1. 29%。其中，葵花籽单产从 2000 年的 1. 43 吨/公顷降至 2014 年的 1. 39 吨/公顷，下降了 2. 80%；大豆单产从 1. 64 吨/公顷增至 1. 88 吨/公顷，增长了 14. 63%（图 3-73）。

（3）水果

金砖国家中，南非水果单产水平相对较高，且保持增长态势。2000—2013 年，南非水产单产从 16. 72 吨/公顷增至 21. 53 吨/公顷，增长了 28. 77%，年均增长 1. 96%。其中，香蕉单产从 19. 84 吨/公顷增至 55. 39 吨/公顷，年均增长 8. 22%；同期，柑橘、梨和苹果单产的年均增长率分别为 3. 66%、2. 64% 和 3. 5%，2013 年单产分别为 38. 03 吨/公顷、30. 79 吨/公顷和 35. 81 吨/公顷；葡萄单产增速相对较慢，从 2000 年的 13. 42 吨/公顷增至 2013 年的 14. 8 吨/公顷，年均增长 0. 76%（图 3-74）。

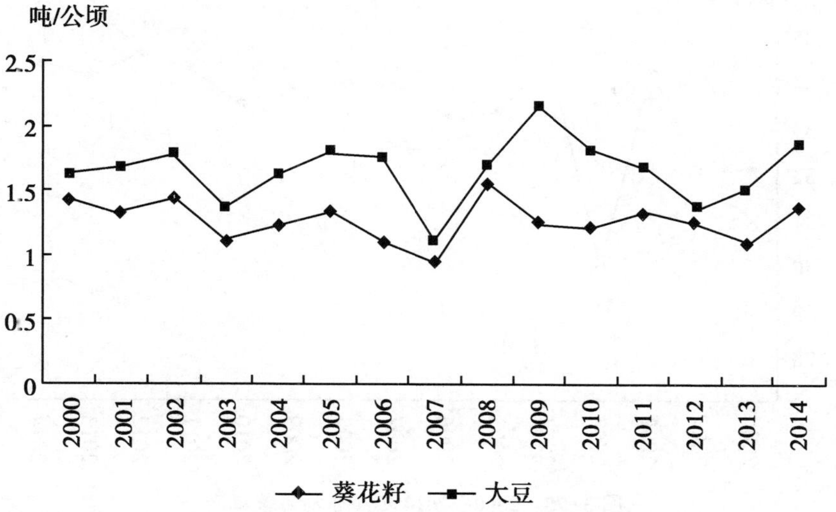

图 3-73 2000—2014 年南非主要油料单产

数据来源：FAOSTAT

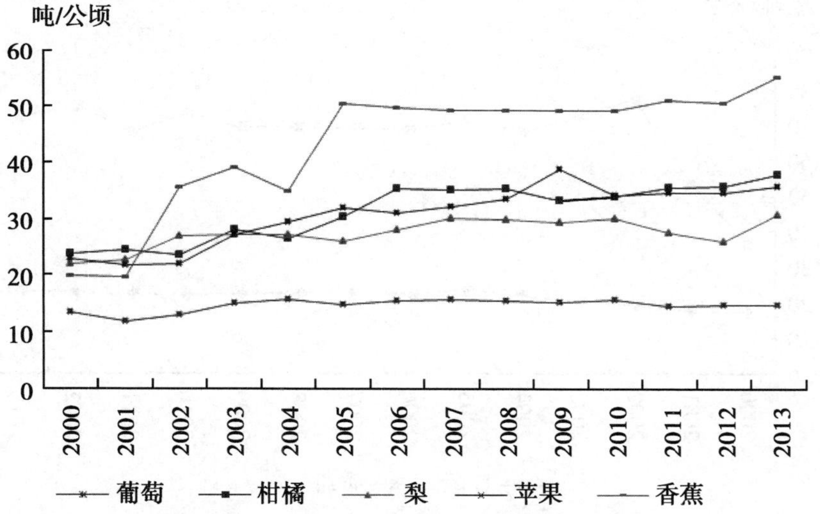

图 3-74 2000—2013 年南非主要水果单产

数据来源：FAOSTAT

（4）块茎类作物

2000—2014 年，南非块茎类单产稳步提高，从 22.95 吨/公顷增至 27.48 吨/公顷，增长了 19.74%，年均增长 1.3%。其中，马铃薯单产从 2000 年的 32.1 吨/公顷增至 2014 年的 34.45 吨/公顷，年均增长 0.51%（图 3-75）。

（5）蔬菜

2000 年以来，南非蔬菜单产稳中略增。2013 年，蔬菜单产为 17.68 吨/公顷，比 2000 年的 16.43 吨/公顷，增长了 7.61%，年均增长 0.57%。分品种来看，2000—2013 年，洋葱单产从 17.32 吨/公顷增至 23.36 吨/公顷，年均增长 2.33%；番茄单产从 36.64 吨/公顷增至 72.41 吨/公顷，增长近 1 倍，年均增长 5.38%（图 3-76）。

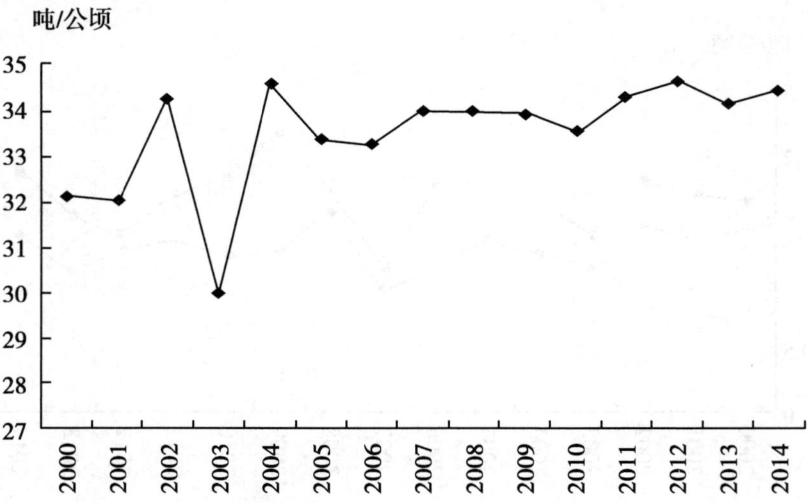

图 3-75　2000—2014 年南非马铃薯单产

数据来源：FAOSTAT

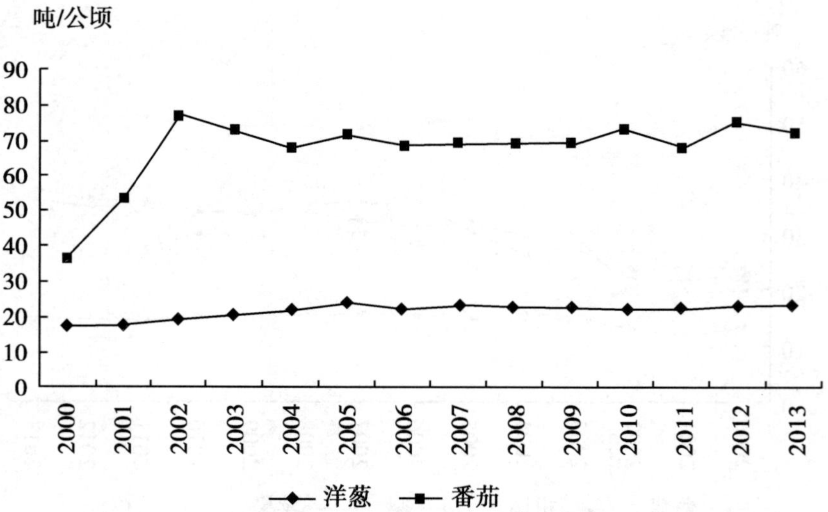

图 3-76　2000—2013 年南非主要蔬菜单产

数据来源：FAOSTAT

（6）其他经济作物

甘蔗是南非农作物中单产下降幅度较大的农作物，其单产从 2000 年的 72.35 吨/公顷降至 2014 年的 58.50 吨/公顷，下降了 19.15%，年均下降 1.51%（图 3-77）。

（三）种植业各品种产量变化

在种植业单产普遍得到提升的推动下，金砖各国主要农作物产量普遍呈现增长态势。巴西谷物产量提速较快，2014 年其甘蔗产量居世界第 1 位、油料产量居世界第 4 位；俄罗斯油料产量提速较快；印度香蕉、芒果和香料产量均居世界第 1 位、甘蔗产量居世界第 2 位；中国谷物、蔬菜、水果和块茎类产量均居世界首位；南非主要农产品产量相对较

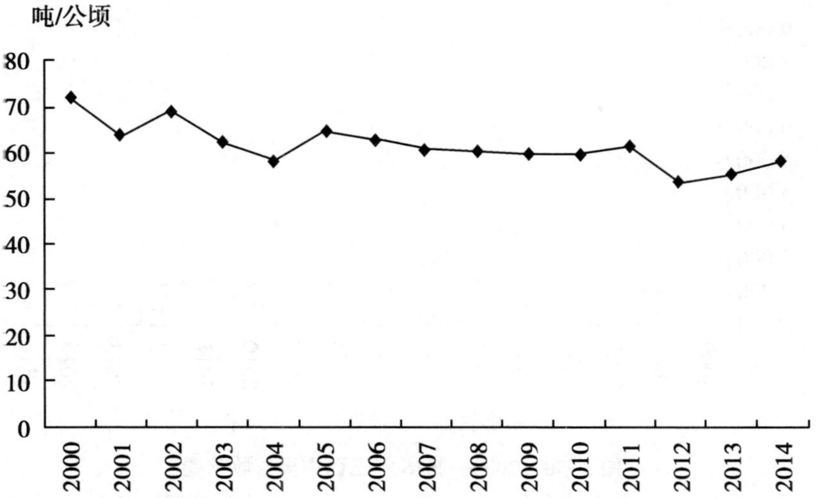

图 3-77　2000—2014 年南非甘蔗单产

数据来源：FAOSTAT

低，但是在水果生产方面优势突出，苹果、香蕉和柑橘产量均居世界前 10 位。

在金砖国家中，就谷物而言，2014 年谷物产量最高为中国的 55 931万吨，2000—2014 年年均增速最快的为巴西的 5. 83%，其中，玉米是谷物中产量相对较高的，2014 年最高为中国的 21 581万吨。就油料而言，2014 年产量最高的为印度的 1 703万吨，2000—2014 年年均增速最快的为俄罗斯的 8. 41%，其中，大豆是油料中产量相对较高的，2014 年最高为巴西的 8 676万吨。就水果而言，2013 年产量最高的为中国的 15 436万吨，2000—2013 年年均增速最快的仍为中国的 6. 69%，其中，香蕉是水果产量相对较高的，2014 年最高为印度的 2 758万吨。就块茎类作物而言，2014 年产量最高的为中国的 17 365万吨，2000—2014 年年均增速最快的为印度的 4%，其中，马铃薯是块茎类中产量相对较高的，2014 年最高为中国的 9 614万吨。就蔬菜而言，2013 年产量最高的为中国的 58 332万吨，2000—2013 年年均增速最快的为印度的 4. 04%。就其他主要经济作物而言，甘蔗的产量相对较高，2014 年最高的为巴西的 71 736万吨。

1. 巴　西

总体来说，巴西农作物产量普遍提高。2000—2014 年，巴西农作物中增速最快的是小麦，年均增速达到 9. 95%，其次为大豆的 7. 21%、玉米的 6. 78%；然而柑橘产量却出现了小幅下降，2014 年仅为 1 485万吨，比 2000 年下降了 30. 38%。

（1）谷物

巴西主要种植玉米、稻谷、小麦等谷物，21 世纪以来，主要谷类作物产量稳步增长。2000 年，巴西小麦、稻谷和玉米的产量分别是 166 万吨、1 109万吨、3 188万吨，2015 年分别达到 543 万吨、1 231万吨和 8 571万吨，与 2000 年相比，分别增加了 227. 11%、11. 00%、168. 85%，年均增长率分别为 8. 22%、0. 70%和 6. 82%（图 3-78）。

（2）油料

近年来，大豆已经逐渐成为巴西最重要的油料作物。2000 年大豆产量仅为 3 273万吨，2015 年达到 9 704万吨，产量比 2000 年翻了一番多，年均增长 7. 51%（图 3-79）。

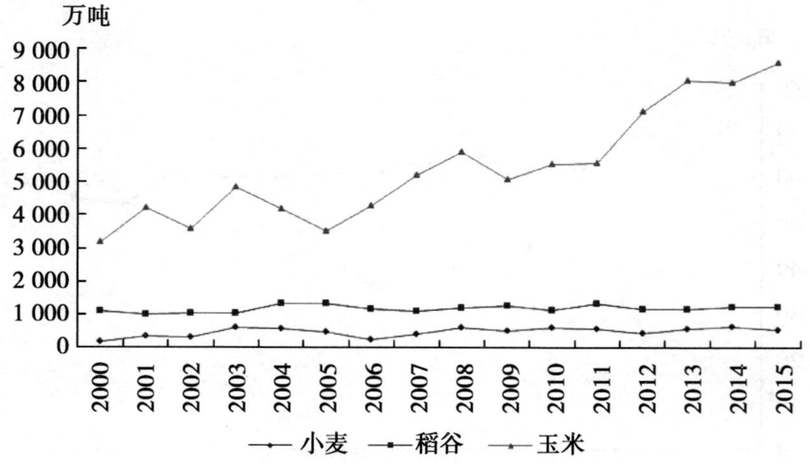

图 3-78　2000—2015 年巴西主要谷物产量

数据来源：2000—2014 年数据来自 FAOSTAT，2015 年数据来自巴西国家地理与统计局

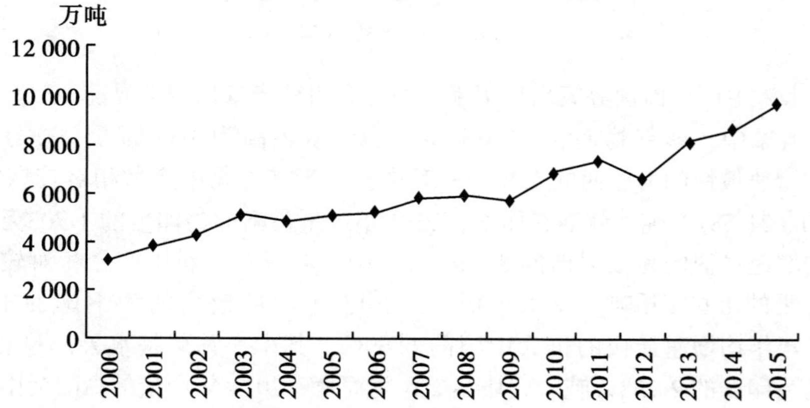

图 3-79　2000—2015 年巴西大豆产量

数据来源：2000—2014 年数据来自 FAOSTAT，2015 年数据来自巴西国家地理与统计局

（3）水果

虽说巴西水果收获面积有所下降，但是在单产有所提高的状况下，水果总产稳中略增。其中，椰子产量增速明显，2014 年达到 292 万吨，比 2000 年的 195 万吨，增长了 49. 74%，年均增长 2. 93%；但是柑橘产量有所下降，2015 年为 1 627万吨，比 2000 年的 2 133万吨，下降了 23. 72%（图 3-80）。

（4）块茎类作物

木薯是巴西主要的块茎类作物，2015 年其产量为 2 276万吨，比 2000 年的 2 334万吨，减少了 58 万吨，下降 2. 49%。2000—2015 年，马铃薯产量从 256 万吨增至 366 万吨，增长了 42. 97%，年均增长 2. 41%（图 3-81）。

（5）蔬菜

在收获面积稳定、单产大幅提高的综合作用下，巴西蔬菜总产明显提高，2013 年达到 1 146万吨。其中，番茄产量从 2000 年的 298 万吨增至 2013 年的 419 万吨，增长了 40. 60%，年均增长 2. 66%；洋葱产量从 2000 年的 114 万吨增至 2013 年的 154 万吨，增长了 35. 09%，年均增长 2. 34%，但 2015 年洋葱产量略有下降，为 146 万吨（图 3-82）。

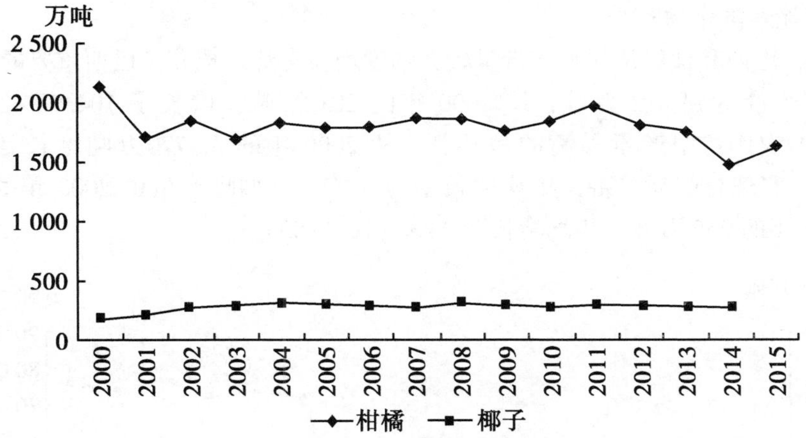

图 3-80　2000—2015 年巴西主要水果产量

数据来源：2000—2014 年数据来自 FAOSTAT，2015 年数据来自巴西国家地理与统计局

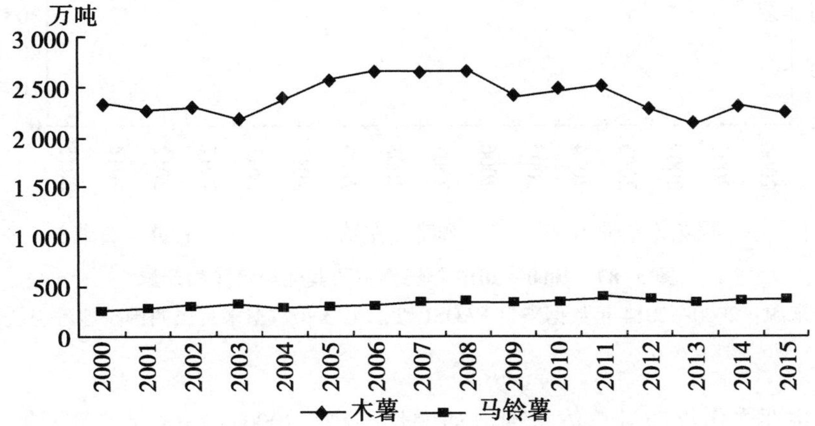

图 3-81　2000—2015 年巴西主要块茎类作物产量

数据来源：2000—2014 年数据来自 FAOSTAT，2015 年数据来自巴西国家地理与统计局

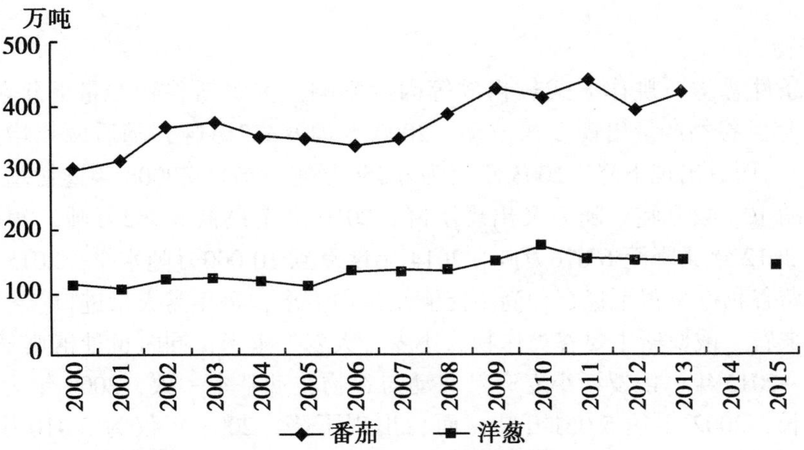

图 3-82　2000—2015 年巴西主要蔬菜产量

数据来源：2000—2014 年数据来自 FAOSTAT，2015 年数据来自巴西国家地理与统计局

（6）其他经济作物

近年来，巴西其他经济作物产量呈较大幅度增长态势。棉花是巴西重要的经济作物之一，2015 年产量达到 412 万吨，比 2000 年的 201 万吨，增长了 104.98%，年均增长 4.90%。巴西农作物中产量最高的是甘蔗，从 2000 年的 32 770万吨增长到 2015 年的 75 495万吨，实现总产翻一番，年均增长率为 5.72%。咖啡产量由 2000 年的 190 万吨，增长到 2015 年的 265 万吨，年均增长 2.24%（图 3-83）。

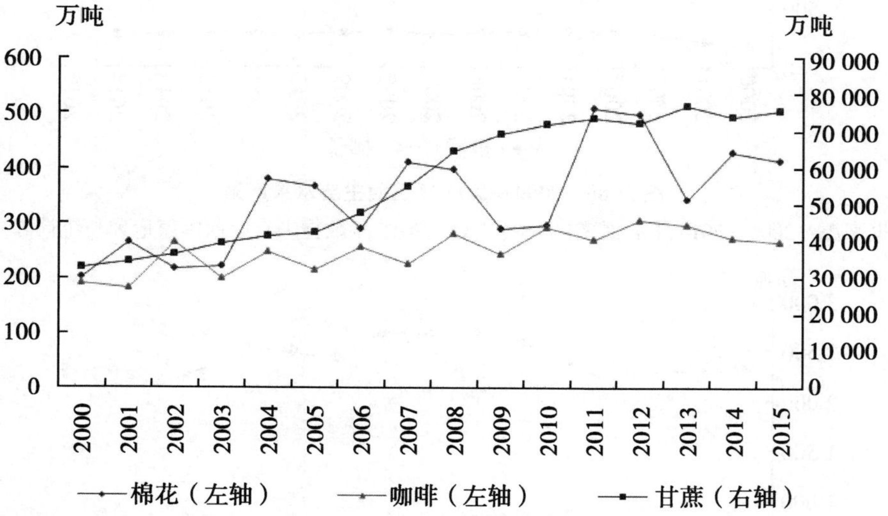

图 3-83　2000—2015 年巴西主要其他经济作物产量

数据来源：2000—2014 年数据来自 FAOSTAT，2015 年数据来自巴西国家地理与统计局

2. 俄罗斯

俄罗斯主要农作物产量总体呈现波动增长态势。2000—2014 年，俄罗斯主要农作物中产量增速最快的为油菜籽，年均增速达到 17.65%，其次为大豆和玉米，年均增速分别为 15.64%和 15.37%。然而，黑麦和燕麦产量出现小幅下降，2014 年仅为 328 万吨和 527 万吨。

（1）谷物

受气候条件恶劣、耕作方式较粗放等因素影响，俄罗斯谷物产量的年际波动很大。2000—2015 年，谷物产量出现多次波动，2000 年为 6 433万吨，随后两年增长，2002 年达 8 486万吨，而后出现下降，2003 年仅为 6 556万吨，2004—2008 年连续增长，2008 年达到创纪录的 10 642万吨，随后又出现下降，2010 降至最低 5 962万吨，2011 年上涨到 9 179万吨，2012 年又降至 6 876万吨，2014 年恢复到 10 000万吨水平，2015 年为 10 050 万吨。俄罗斯谷物产量很不稳定，尚不能满足国内需求，每年需大量进口。

分品种来看，俄罗斯主要谷类作物为小麦、大麦、玉米，同时也种植燕麦、水稻和黑麦等。2000—2015 年，俄罗斯小麦产量波动与谷物波动基本一致，2000 年为 3 446万吨，随后两年增长，2002 年达 5 061万吨，而后出现下降，2003 年仅为 3 410万吨，2004—2008 年连续增长，2008 年达到创纪录的 6 377万吨，随后又出现下降，2010 降至最低 4 151万吨，2011 年上涨到 5 624万吨，2012 年又降至 3 772万吨，2014 年恢复到 5 971万吨，2015 年为 5 980万吨；俄罗斯玉米主要以饲料为主，其产量在 2000 年为 153 万吨，随后波动上升，2008 年达 668 万吨，随后连续两年下降，2010 年为 308 万吨，2015 年上涨至 1 300万吨；水稻产量在俄罗斯谷物中的占比较低，2000 年为 59 万吨，之后开始逐步上升，2014 年达到 105 万吨，但与其他谷物相比，产量仍显低下。燕麦和和黑麦波动较大（图 3-84）。

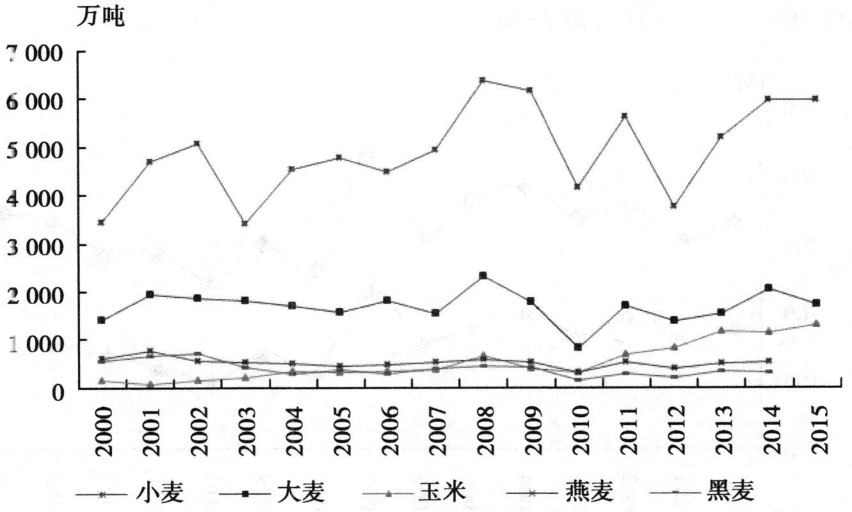

图 3-84　2000—2015 年俄罗斯主要谷物产量

数据来源：2000—2014 年数据来自 FAOSTAT，2015 年数据来自 FAO《FOOD OUTLOOK》

（2）油料

在收获面积和单产增长的共同作用下，俄罗斯油料作物产量增长明显。2000—2014 年，油料产量由 447 万吨增长到 1 384万吨，年均增长 8.41%。分品种来看，其油料作物以葵花籽、大豆和油菜籽为主，2000 年产量分别为 391 万吨、34 万吨、15 万吨，2014 年达到 903 万吨、260 万吨、146 万吨，年增长率分别达到 6.16%、15.64%、17.65%。大豆和油菜籽产量占油料作物的比重虽不高，但是增长速率较快（图 3-85）。

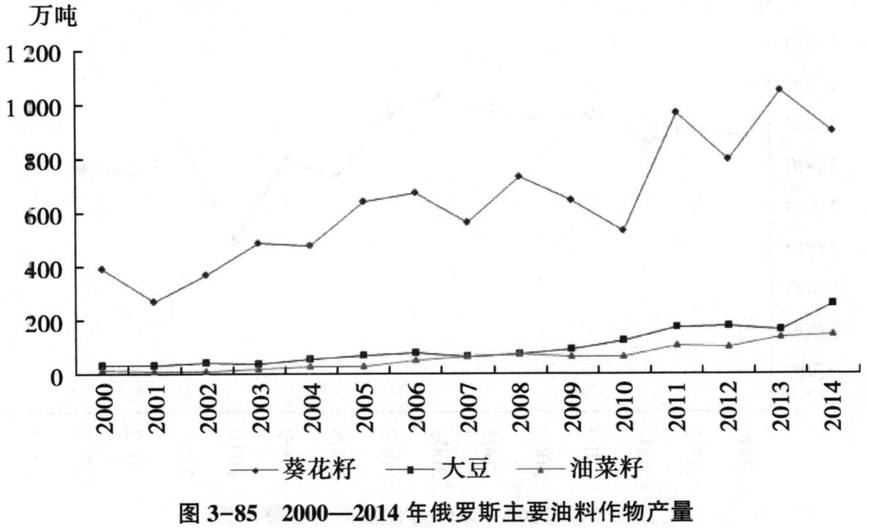

图 3-85　2000—2014 年俄罗斯主要油料作物产量

数据来源：FAOSTAT

（3）水果

虽说水果收获面积略有下降，但在单产提高的作用下，俄罗斯水果产量基本稳定。2000—2014 年，俄罗斯水果产量基本稳定，从 340 万吨增至 351 万吨，略增 3.24%，最高为 2003 年的 436 万吨，最低为 2010 年仅 246 万吨。其中，苹果产量从 2000 年的 183 万吨降至 157 万吨，略有下降（图 3-86）。

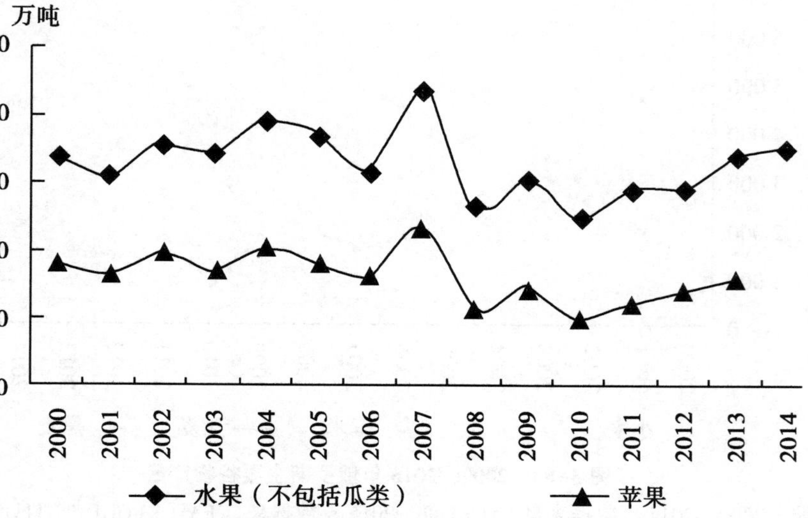

图 3-86　2000—2014 年俄罗斯水果和苹果产量

数据来源：FAOSTAT

（4）块茎类作物

在收获面积大幅减少的作用下，俄罗斯块茎类作物产量也呈现明显下降趋势。马铃薯是俄罗斯重要的块茎类作物，2000—2014 年，其产量从 3 398万吨降至 3 150万吨，下降了 7.3%（图 3-87）。

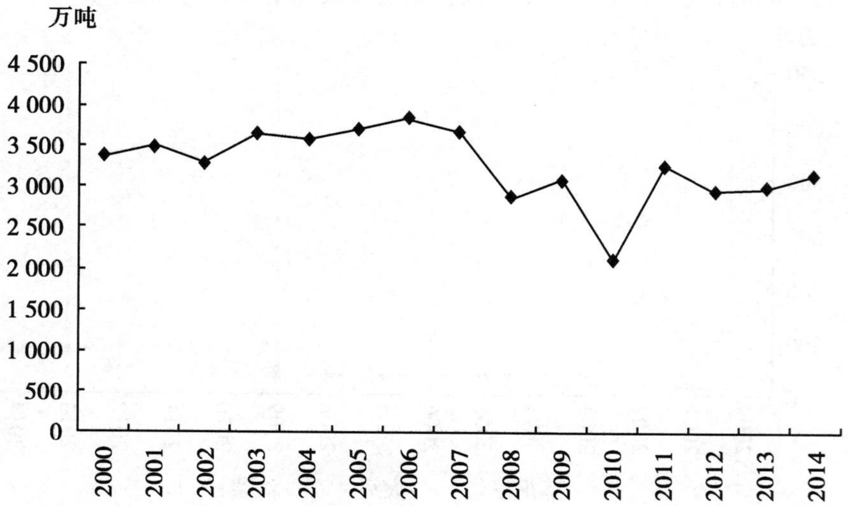

图 3-87　2000—2014 年俄罗斯马铃薯产量

数据来源：FAOSTAT

（5）蔬菜

虽说俄罗斯蔬菜收获面积有所下降，但是在单产提高的推动下，蔬菜总产量稳步增长。2000—2014 年，俄罗斯蔬菜产量从 1 245万吨增至 2 101万吨，增长了 68.76%，年均增长 3.81%。其中，卷心菜产量从 2000 年的 349 万吨变至 2013 年的 333 万吨，略有下降；番茄产量从 2000 年的 169 万吨增至 2013 年的 264 万吨，增长了 56.21%，年均增长 3.49%（图 3-88）。

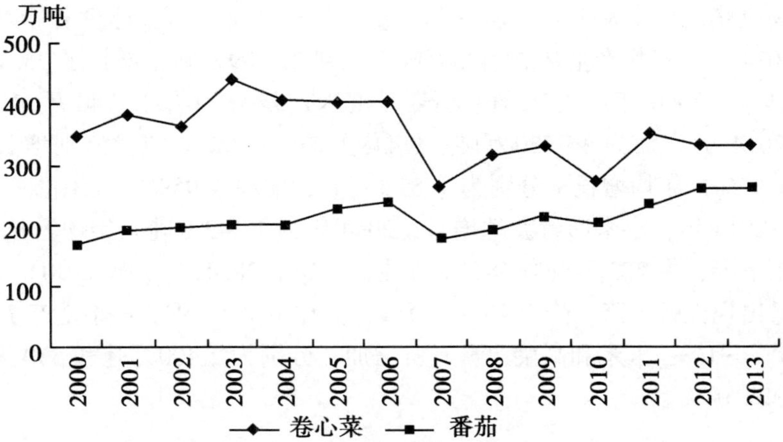

图 3-88　2000—2013 年俄罗斯主要蔬菜产量

数据来源：FAOSTAT

（6）其他经济作物

甜菜是俄罗斯主要的糖料作物，其产量呈波动增长态势。2000—2014 年，甜菜产量从 1 405万吨增至 3 351万吨，增长了 138.51%，年均增长 6.41%。从具体波动性来看，2000—2005 年，甜菜产量持续增长，由 1 405万吨增长到 3 067万吨，尤其是 2006 年同比增长了 43.2%；2007—2010 年产量较低均在 3 000万吨以下，尤其是 2010 年仅为 2 226万吨；2011 年和 2012 年产量较高，分别为 4 764万吨和 4 506万吨；2013 年和 2014 年有所下降，分别为 3 932万吨和 3 351万吨（图 3-89）。

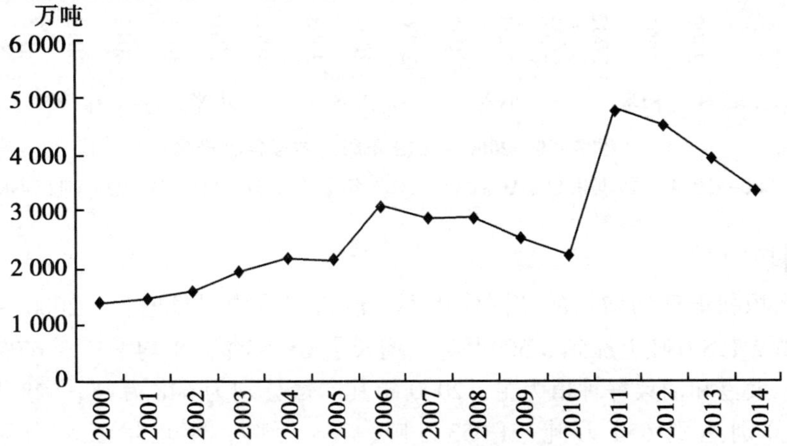

图 3-89　2000—2014 年俄罗斯甜菜产量

数据来源：FAOSTAT

3. 印　度

印度作为世界上重要的农业大国，主要农作物产量都相对较高，特别是芒果、香蕉和香料的产量均居世界首位。在印度，2014 年产量最高的农作物为甘蔗，达到 35 214万吨；其次为稻谷的 15 720万吨。农作物增速最快的为洋葱，2000—2013 年其年均增速为 11. 44%；其次为番茄，2000—2013 年其年均增速为 7. 15%。

（1）谷物

虽说谷物收获面积小幅下降，但在单产稳步增长的推动下，印度谷物产量呈增长趋势。2000—2014 年，谷物产量从 23 493万吨增至到 29 399万吨，增长了 25. 14%，年均增长 1. 61%。其中，2000 年印度水稻、小麦、玉米产量分别为 12 746万吨、7 637万吨、1 204万吨，2014 年分别为 15 720万吨、9 448万吨、2 367万吨，分别增长了 23. 33%、23. 71%和 96. 59%，年均增长率分别为 1. 51%、1. 53%和 4. 95%，玉米的增长速度最快。此外，2000—2014 年，小米产量波动增长，2014 年为 1 142万吨，年均增长 0. 9%；高粱产量出现大幅下降，由 753 万吨降至 539 万吨，减少了 28. 42%（图 3-90）。但是 2015 年印度谷物产量出现大幅下降，降至 23 540万吨，同比下降 19. 93%；小麦产量也降至 8 890 万吨，同比降 5. 91%；玉米和高粱产量有所增加，分别为 2 400万吨和 550 万吨，同比分别增 1. 39%和 2. 04%。

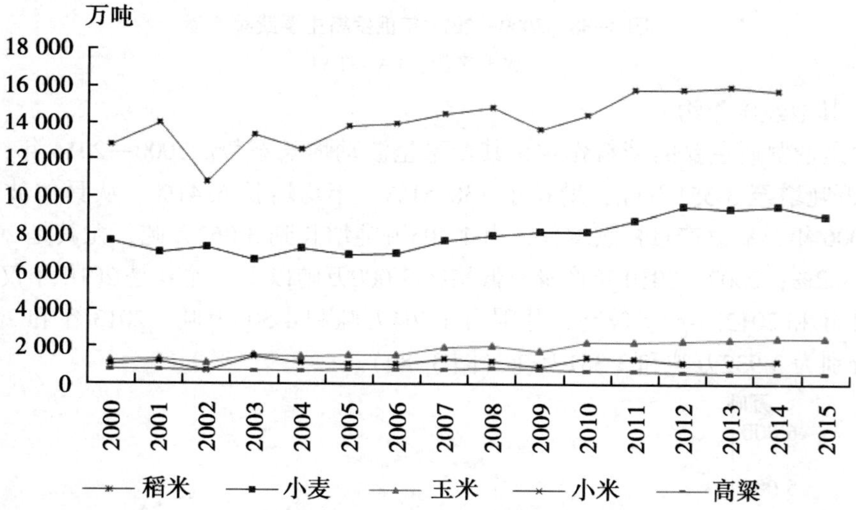

图 3-90　2000—2015 年印度主要谷物产量

数据来源：2000—2014 年数据来自 FAOSTAT，2015 年数据来自 FAO《FOOD OUTLOOK》

（2）油料

在收获面积和单产均增长的共同作用下，油料产量均明显增长。2000—2014 年，印度油料产量由 2 118万吨上涨到 3 509万吨，增长了 65. 68%，年均增长 3. 67%。印度油料作物以花生、大豆和油菜籽种植为主，2000 年其产量分别为 648 万吨、528 万吨、579 万吨，2014 年分别达到 656 万吨、1 053万吨、788 万吨，年均增长率分别为 0. 09%、5. 05%、2. 23%（图 3-91）。

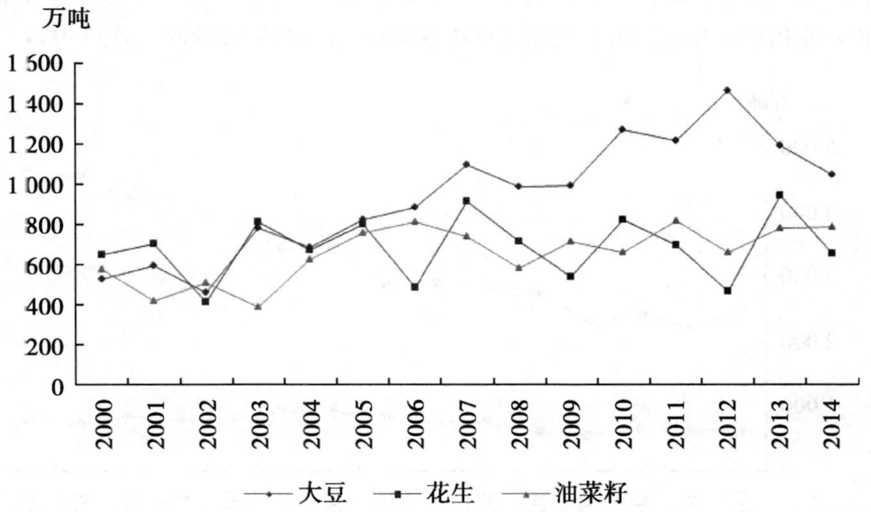

图 3-91　2000—2014 年印度主要油料作物产量

数据来源：FAOSTAT

（3）水果

水果产量大幅增长，基本实现翻一番，2013 年量为 8 263万吨，与比 2000 年的 4 300 万吨相比，年均增长 5. 15%。分品种来看，2013 年印度的芒果、香蕉等产量均居世界第 1 位，分别为 1 800万吨和 2 758万吨，比 2000 年分别增加 750 万吨和 1 344万吨，年均分别增 4. 23%和 5. 27%；椰子产量居世界第 3 位，为 1 193万吨，与 2000 年比增长了 42. 87%（图 3-92）。

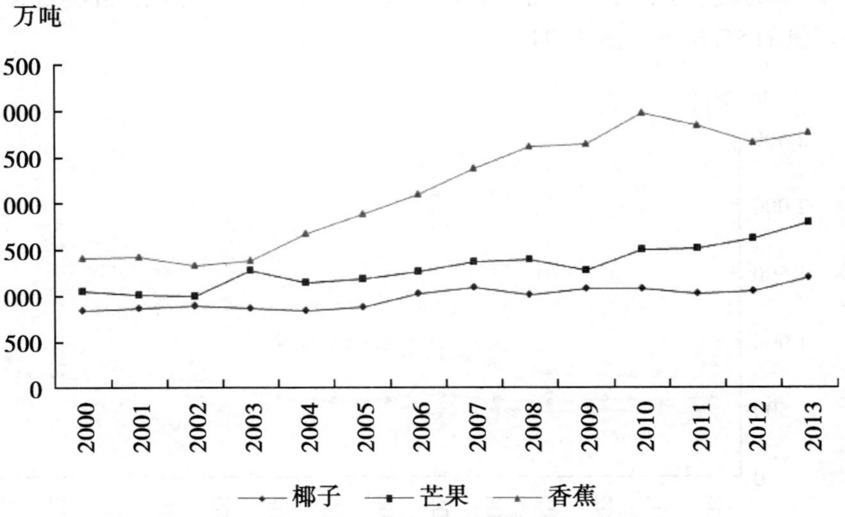

图 3-92　2000—2013 年印度主要水果产量

数据来源：FAOSTAT

（4）块茎类作物

2000 年以来，印度块茎类作物产量快速增长。2000—2014 年，块茎类作物产量由 3 212

万吨增加至5 562万吨，增长了73.164%，年均增长4%。其中，2014年马铃薯和木薯产量分别为4 640万吨和814万吨，两者之和占到块茎类作物产量的98.06%（图3-93）。

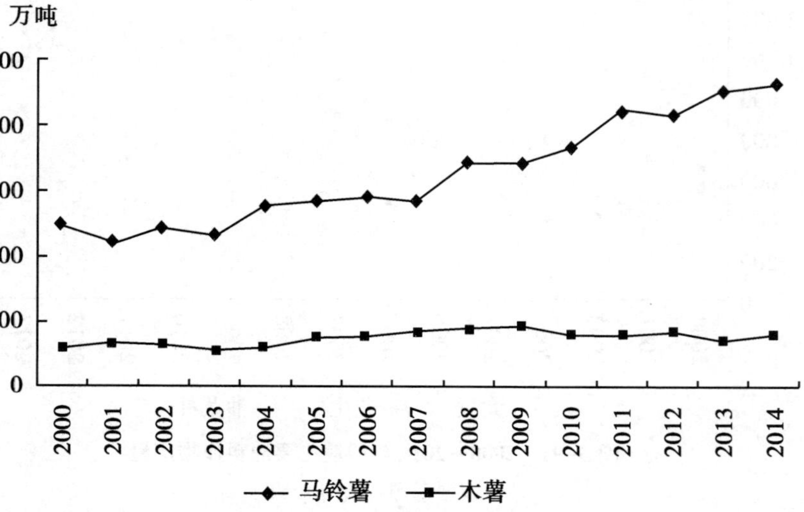

图3-93　2000—2014年印度主要块茎类作物产量

数据来源：FAOSTAT

（5）蔬菜

印度蔬菜产业发展迅速，在收获面积和单产双双提高的作用下，产量增长明显。2000—2013年，蔬菜产量由7 228万吨增长到12 102万吨，增长了67.43%，年均增长4.04%。分品种来看，印度主要种植茄子、卷心菜、花椰菜、洋葱和番茄，2013年其产量分别为1 344万吨、853万吨、789万吨、1 930万吨和1 823万吨，五类蔬菜产量之和占到蔬菜总产量的55.69%（图3-94）。

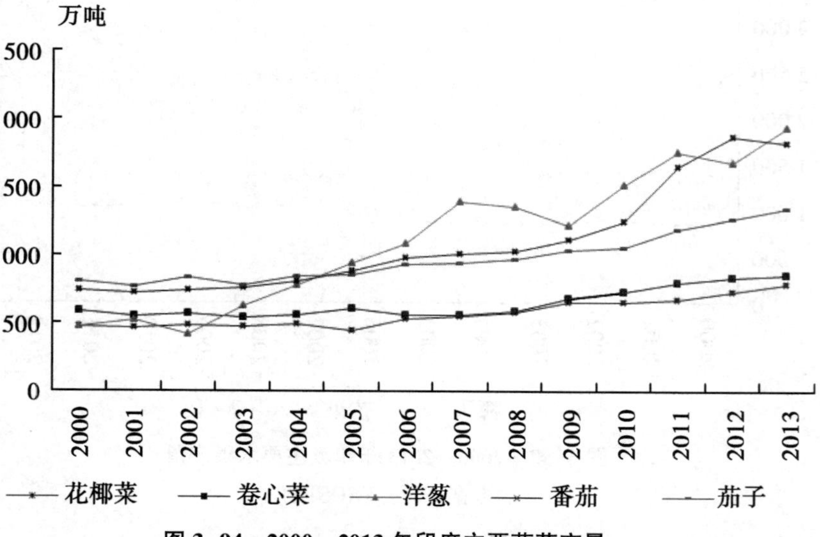

图3-94　2000—2013年印度主要蔬菜产量

数据来源：FAOSTAT

（6）其他经济作物

印度的糖料、香料和药用植物产业发展迅速。印度最重要的糖料作物为甘蔗，2014 年其产量达到 35 214万吨，为印度产量最高的农作物，比 2000 年增加 17.65%，年均增长 1.17%（图 3-95）。印度作为世界上最大的香料生产国，2013 年香料产量达到 150 万吨，约占世界总产量的 70%。印度还是珍贵药用植物的宝库，印度政府确定并记载了 9 500多个在药学方面非常重要的植物物种，其中约 65 种植物在世界贸易中需求量相当大。

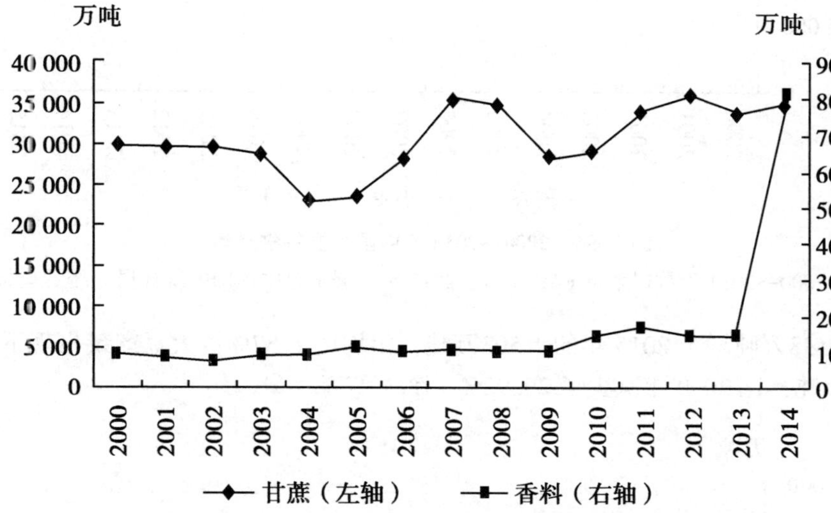

图 3-95　2000—2014 年印度主要其他经济作物产量

数据来源：FAOSTAT

4. 中　国

中国是世界上重要的农业生产大国，谷物、蔬菜、水果、块茎类的产量均居世界首位。其中，产量最高的为玉米，2014 年达 21 581万吨；其次为稻谷，2014 年达 20 824万吨。单个农作物增速最快的为柑橘，2000—2013 年其年均增速为 15.25%；其次为番茄，2000—2013 年其年均增速为 6.51%。

（1）谷物

在谷物单产大幅提高、收获面积稳中有增的共同作用下，中国谷物产量稳步增长。2000—2015 年，谷物产量由 40 734万吨增长到 57 225万吨，增加了 40.48%，年均增长 2.29%。分品种来看，2015 年水稻、小麦和玉米的产量之和占到当年谷物总产量的 98.39%，分别达 20 825万吨、13 019万吨和 22 458万吨，比 2000 年的 18 981万吨、9 964 万吨、10 618万吨，分别上涨 9.71%、30.66%和 111.51%，年均增长率分别为 0.62%、1.80%和 5.12%，玉米增产最快（图 3-96）。

（2）油料

受中国油料收获面积下降、单产有所提升的共同影响，中国油料产量基本稳定。2000—2015 年，油料产量由 2 955万吨增长到 3 547万吨，上涨了 20.03%，年均略增 1.22%。分品种来看，花生是中国最重要的油料作物，2015 年产量为 1 661万吨，比 2000 年的 1 452万吨，增加了 14.393%，年均增 0.9%；油菜籽产量是油料中增速最快的，从

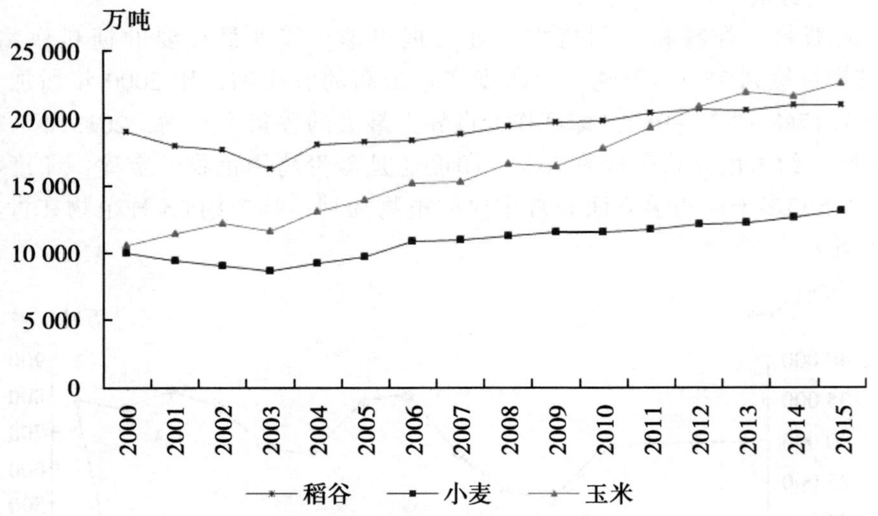

图 3-96　2000—2015 年中国主要谷物产量

数据来源：2000—2014 年数据来自 FAOSTAT，2015 年数据来自中国国家统计局《统计公报》

2000 年的 1 138万吨增至 2015 年的 1 503万吨，年均增 1.87%；大豆产量出现下降，2015 年为 1 080万吨，比 2000 年减少了 29.92%（图 3-97）。

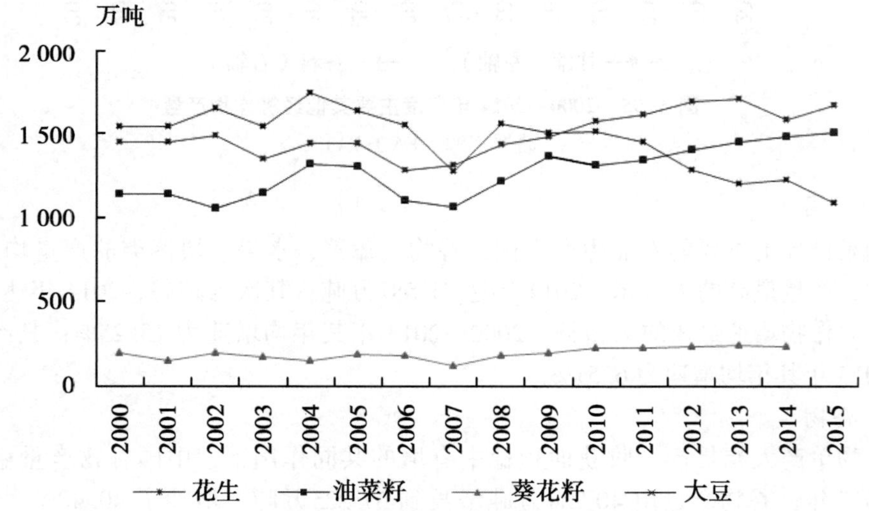

图 3-97　2000—2015 年中国主要油料作物产量

数据来源：2000—2014 年数据来自 FAOSTAT，2015 年数据来自中国国家统计局《统计公报》

（3）水果

水果产量大幅增加，是中国农作物中增长最快的种类。2000—2013 年，水果产量由 6 653万吨增长到 15 463万吨，增长了 1.32 倍，年均增长 6.69%，成为世界第一大水果生产国。其中，苹果、柑橘、梨、香蕉是中国重要的水果品种，2013 年其产量分别为 3 968 万吨、747 万吨、1 744万吨和 1 237万吨，比 2000 年的 2 044万吨、118 万吨、853 万吨和 514 万吨，分别上涨 94.13%、533.05%、104.45%和 140.66%，增速较快（图 3-98）。

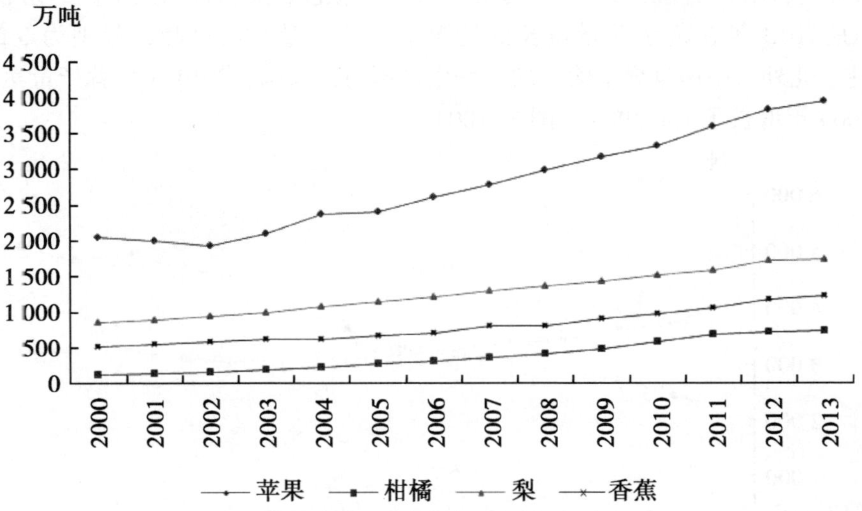

图 3-98　2000—2013 年中国主要水果产量

数据来源：FAOSTAT

（4）块茎类作物

块茎类作物生产有所减少，产量呈下降趋势。2000—2014 年，块茎类作物产量由 18 988万吨降至 17 365万吨，减少了 8. 55%，年均降幅为 0. 64%。马铃薯是中国主要的块茎类作物，2014 年产量为 9 614万吨，比 2000 年的 6 632万吨，增长了 44. 96%，年均增长 2. 69%；木薯由 2000 年的 382 万吨增至 2014 年的 468 万吨，年均增 1. 46%（图 3-99）。

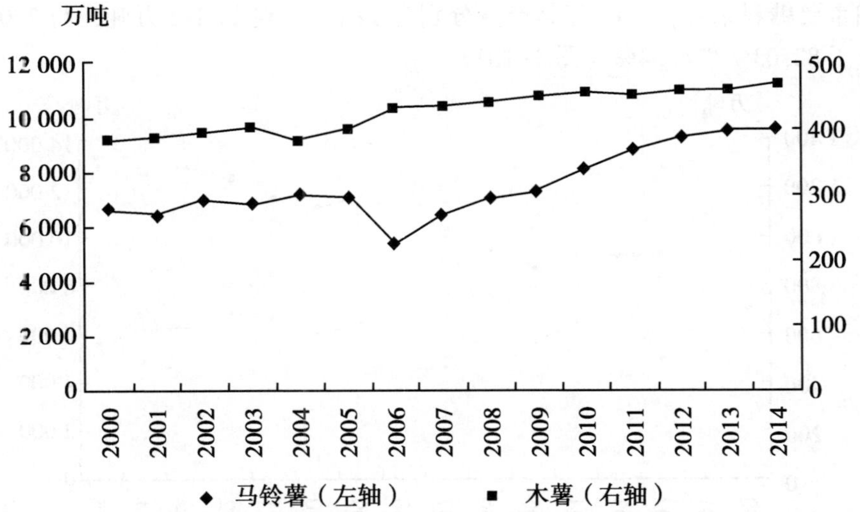

图 3-99　2000—2014 年中国主要块茎类作物产量

数据来源：FAOSTAT

（5）蔬菜

蔬菜产业快速发展，产量居世界首位。2000—2013 年，蔬菜产量由 36 002万吨增长到58 332万吨，增长了62.02%，年均增长3.78%。卷心菜和番茄是中国产量较高的蔬菜品种，但是2013年在蔬菜总量增长的情况下，其产量有增有减，分别为3 227万吨和5 066万吨。此外，中国世界上第一的大蒜生产国与出口国，2013年大蒜产量达到1 923万吨，比2000年增长了156.93%（图3-100）。

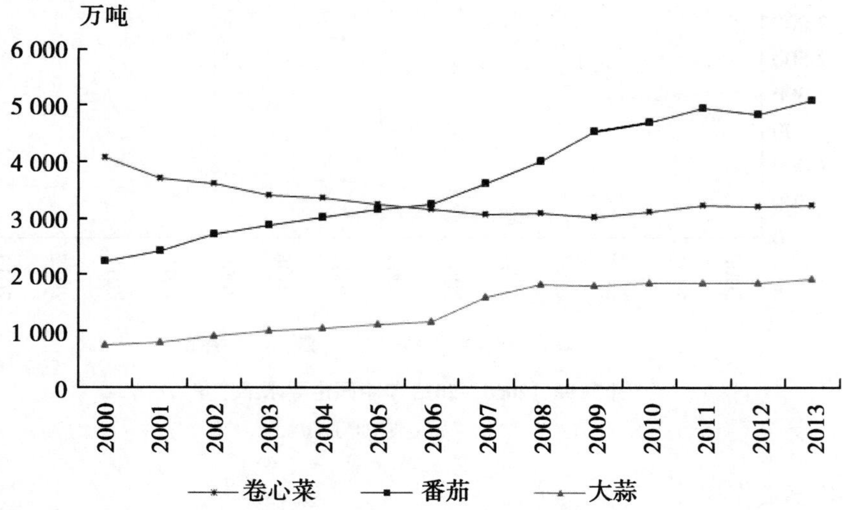

图3-100　2000—2013年中国主要蔬菜产量

数据来源：FAOSTAT

（6）其他经济作物

2000年以来，中国棉花、糖料产量整体呈现明显的上升趋势。2000年棉花产量为442万吨，2015年达到561万吨，增长了26.92%，年均增1.6%。就糖料而言，甘蔗与甜菜是中国重要糖料来源，2014年其产量分别为12 615万吨和842万吨，与2000年相比，分别增长了82.03%和4.34%（图3-101）。

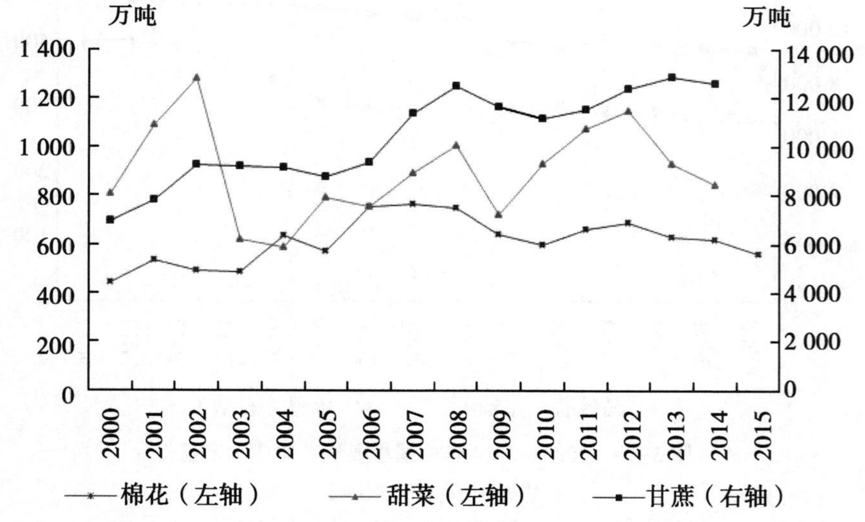

图3-101　2000—2015年中国其他主要经济作物产量

数据来源：甜菜和甘蔗产量数据来自FAOSTAT，棉花产量数据来自《中国统计年鉴》

5. 南　非

与其他金砖国家相比，南非主要农产品产量较低，但是在水果生产方面优势突出，其苹果、香蕉和柑橘产量均居世界前 10 位。南非产量最高的农作物为甘蔗，2014 年达 1 829万吨；其次为玉米，2014 年达 1 498万吨。增速最快的农作物为大豆，2000—2014 年其年均增速为 14. 09%；其次为大麦，2000—2014 年其年均增速为 6. 76%。

（1）谷物

南非谷类作物产量波动较大。由于水资源比较短缺、雨量不稳，谷类作物产量极容易受到旱情的影响，波动较大。2000—2005 年谷物产量基本维持在 1 000万吨以上；2006 年、2007 年出现大幅下降，分别降至 944 万吨和 951 万吨；2008 年大幅增长，涨到 1 534万吨；而后出现波动，到 2014 年涨至为 1 727万吨；2015 年又出现下降，为 1 280万吨，同比降 25. 9%。分品种来看，玉米和小麦是南非主要的谷物品种，2015 年其产量分别为 1 050万吨和 170 万吨，两者之和占 2015 年谷物总产的 95. 31%，比 2000 年的 88. 5%，提升了 6. 81%，玉米和小麦在国家粮食安全中的地位不断提升（图 3-102）。

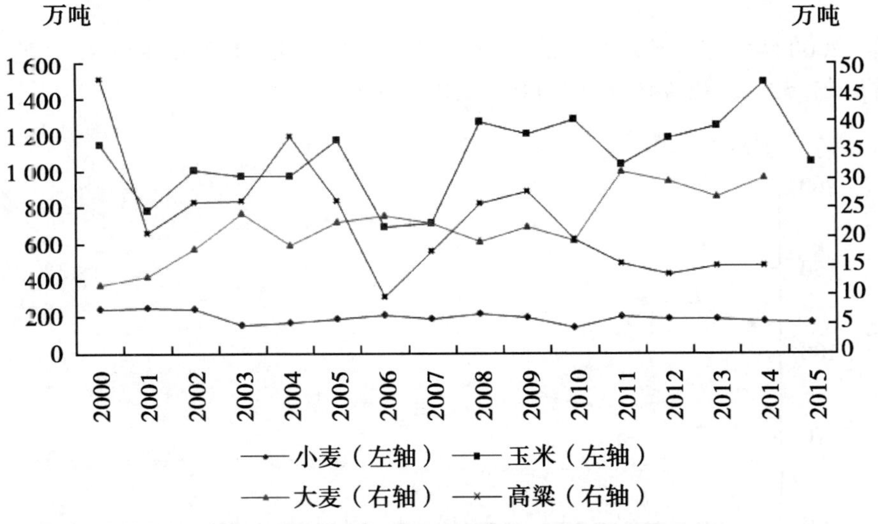

图 3-102　2000—2015 年南非主要谷物产量

数据来源：2000—2014 年数据来自 FAOSTAT，2015 年数据来自 FAO《FOOD OUTLOOK》

（2）油料

葵花和大豆是南非主要的油料作物，南非是世界第十大葵花籽产地。2000 年，南非葵花籽产量为 57 万吨，2007 年降至 30 万吨，仅为 2000 年的 1/2，之后产量波动变化，2011 年最高，达到 86 万吨，2014 年恢复至 83 万吨，2000—2014 年年均增长率为 2. 72%。2000—2014 年，大豆产量从 15 万吨增至 95 万吨，年均增长 14. 09%，是南非增速最快的单个农作物品种（图 3-103）。

（3）水果

南非水果产业不断发展，产量出现大幅增长。2000—2013 年，水果产量由 544 万吨增长到 642 万吨，增长了 25. 62%，年均增长 1. 77%。南非主要生产葡萄、柑橘、苹果等

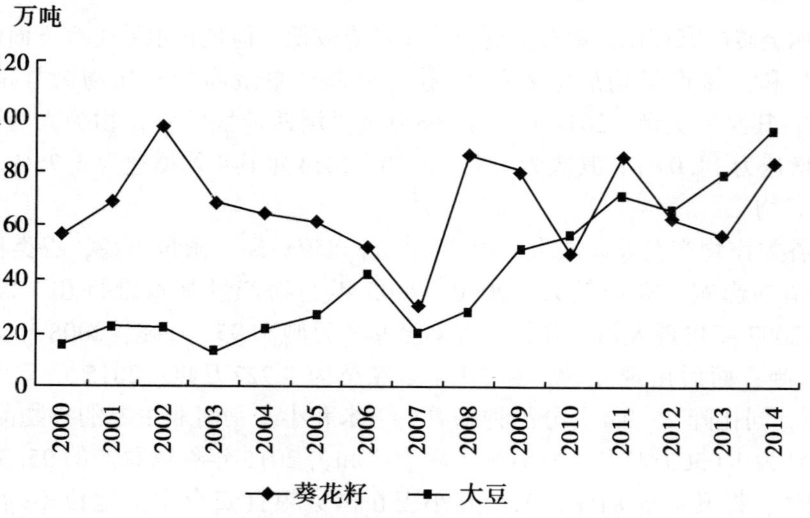

图 3-103　2000—2014 年南非主要油料作物产量

数据来源：FAOSTAT

水果产品，2000 年以来稳步增长，2013 年分别达 185 万吨、167 万吨和 81 万吨，比 2000 年分别增长 27.59%、42.74%和 42.11%（图 3-104）。

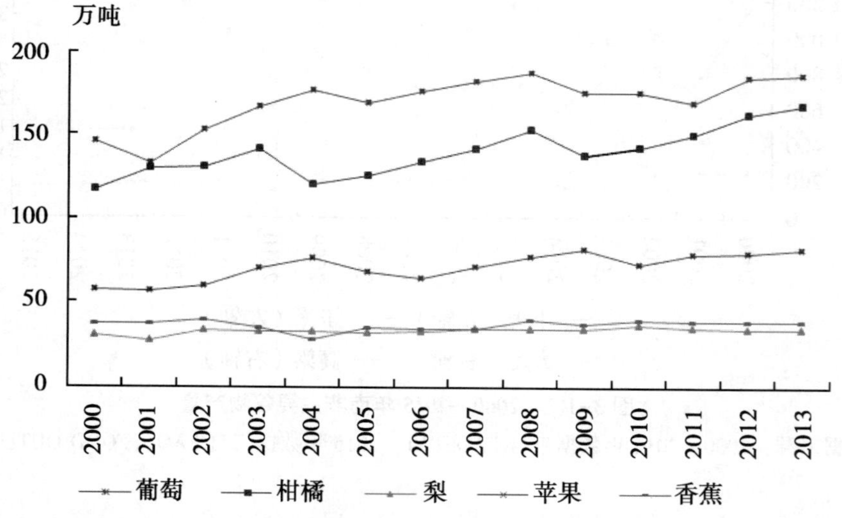

图 3-104　2000—2013 年南非主要水果作物产量

数据来源：FAOSTAT

（4）块茎类作物

近年来，块茎类作物生产技术不断提高，因此在收获面积基本不变的情况下，2014 年南非块茎类作物产量达到 231 万吨，比 2000 年增长了 30.74%，年均增长 1.93%。南非最重要的块茎类作物为马铃薯，2014 年产量为 226 万吨，比 2000 年增长了 31.40%，年均增长 1.97%，占块茎类作物总产量的比例基本不变，维持在 97%左右（图 3-105）。

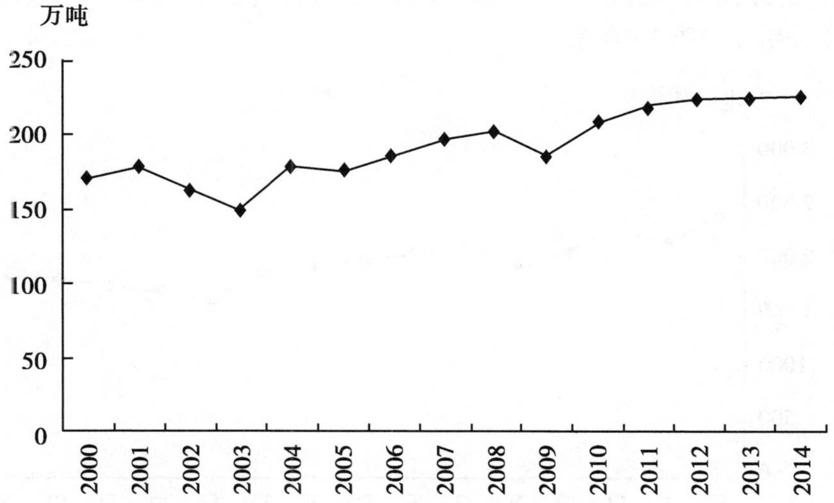

图 3-105　2000—2014 年南非马铃薯产量

数据来源：FAOSTAT

（5）蔬菜

蔬菜产业不断发展，与水果产业均是南非重要的出口创汇农产品项目。2000—2013 年，蔬菜产量由 211 万吨增长到 276 万吨，年均增长 2.09%。洋葱和番茄是南非产量较高的蔬菜品种，2013 年产量分别为 67 万吨和 57 万吨，与 2000 年的 33 万吨和 40 万吨相比，分别增长了 103.03%和 42.5%（图 3-106）。

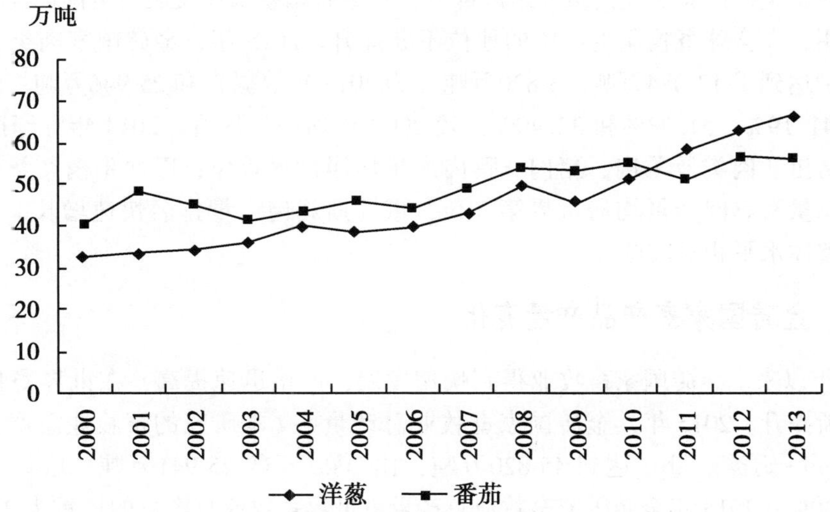

图 3-106　2000—2013 年南非主要蔬菜产量

数据来源：FAOSTAT

（6）其他经济作物

糖料作物产量逐年下降。南非的主要糖料作物是甘蔗，其是非洲最大的蔗糖产区及出口地区。2000 年，南非甘蔗产量 2 388万吨，之后便开始不同程度的减产，2010 年降至

1 602万吨，仅为2000年的67.1%，2014年略有回升，为1 829万吨，但整体来看，产量下降趋势十分明显（图3-107）。

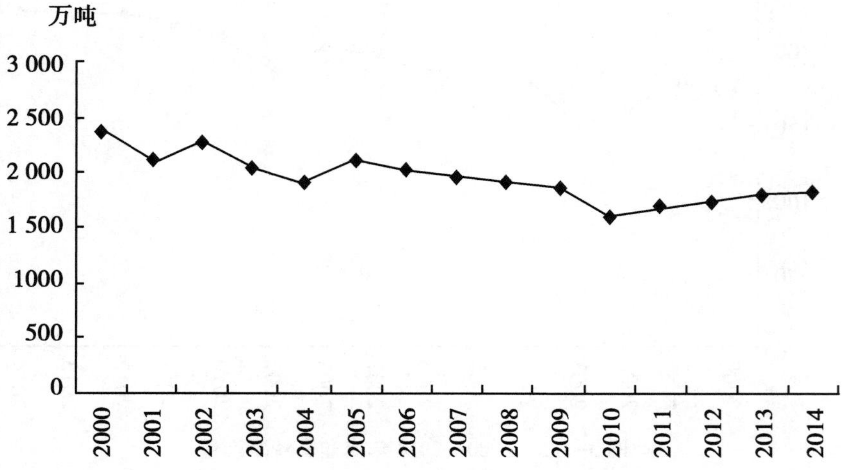

图3-107　2000—2014年南非甘蔗产量

数据来源：FAOSTAT

三、金砖国家畜牧业生产

畜牧业是金砖国家农业的重要组成部分，对金砖国家农业发展乃至国民经济发展起到了重要作用，在全球畜牧业生产中的地位不断提升。2015年，金砖国家肉类、禽蛋和奶类产量分别达到了13 084万吨、3 820万吨（为2013年数据）和25 946万吨，占全球的比重分别为41.19%、51.73%和32.40%，较2000年均明显提升。2014年，印度奶类产量和中国的禽蛋、肉类及羊肉、猪肉、鸭肉产量均居世界首位；巴西牛肉产量居世界第2位，肉类总量和鸡肉产量均居世界第3位；俄罗斯鸡肉产量排名快速增长，居世界第4位；南非整体水平相对较低。

（一）金砖国家畜产品产量变化

2000年以来，金砖国家畜牧业得到快速发展，产量迅速提高，在世界畜牧业生产中的地位不断提升。2015年，金砖国家畜牧业总产量①（本研究的畜牧业总产量=肉类产量+禽蛋产量+奶类产量）达到45 820万吨，比2000年的25 941万吨，增长了65.19%，年均增3.40%；2015年金砖国家畜牧业总产量占世界畜牧业总产量的比重为38.43%，比2000年提高了8.52%。

①2000—2013年的金砖各国及世界肉类、奶类、禽蛋产量主要来自FAOSTAT，奶类产量选择的是鲜奶产量（milk total），包括水牛奶、骆驼奶、鲜牛奶、山羊奶和绵羊奶；2014年数据来自2015 Food Outlook；因为缺少2013年的禽蛋产量数据，所以2015年的畜产品产量使用的是2015年的肉类产量+2015年的奶类产量+2013年的禽蛋产量，即假设2015年金砖各国禽蛋产量没有发生变化

具体来看，2000—2015 年，金砖国家肉类产量从 8 400万吨增长到 13 084万吨，增长了 55.76%，年均增长 3%，占世界肉类产量的比重从 36.51%提高到 41.19%；禽蛋产量从 2 804万吨上涨到 3 820万吨（2013 年产量），增长了 36.23%，年均增长 2.41%，占世界禽蛋产量的比重从 50.90%增加到 51.73%；奶类产量从 14 738万吨上升到 25 946万吨，增长了 76.05%，年均增长 3.84%，占世界奶类产量的比重从 25.32%提高到 32.40%，奶类增长速度最快（图 3-108）。

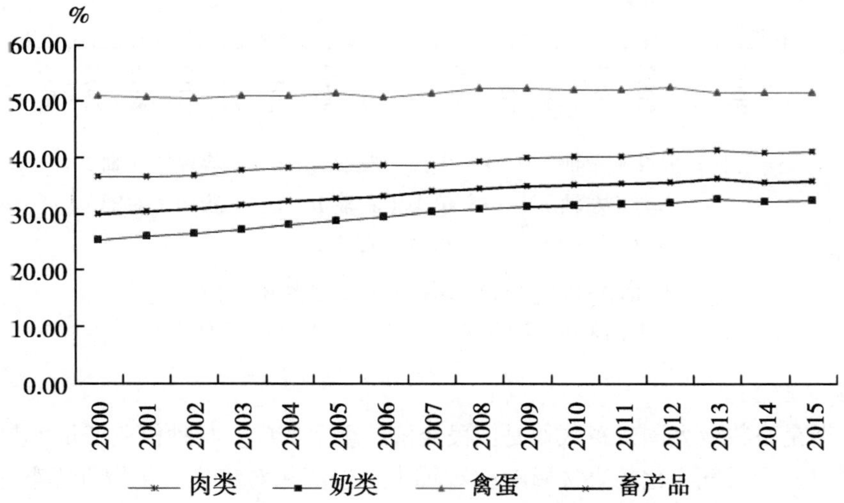

图 3-108　2000—2015 年金砖国家畜牧业产量占世界的比重

数据来源：FAOSTAT、FAO《FOOD OUTLOOK》、《渔业统计年鉴》、FAO 渔业司网站、2015 年《中国统计年鉴》、2015 年《统计公报》

1. 巴　西

近十几年来，巴西畜牧业得到长足发展，肉蛋奶齐头并进，产量均大幅提高。2000 年，巴西肉类总产量为 1 542万吨，2015 年增长到 2 656万吨，增长了 72.24%，年均增 3.69%，整体表现出明显的增长趋势，而各肉类产量却是在波动中增长（图 3-109）。

牛肉产量在 2000—2007 年一直处于增长状态，2008 年、2009 年连续两年下降，2009 年降至 894 万吨，而后出现波动增长，2014 年达到创纪录的 972 万吨，2015 年略有下降，为 943 万吨。羊肉①总体产量不高，2000—2014 年，表现出较为平稳增长的趋势，2014 年羊肉产量为 12 万吨。猪肉产量一直处于增长的趋势，从 2000 年的 260 万吨增长到 2015 年的 333 万吨，年均增 1.667%。鸡肉是巴西发展最为迅速的肉类产品之一，2000 年产量为 598 万吨，2014 年达到 1 255万吨，增长了 1 倍多，年增长率达到 5.44%。鸭肉产量较低，且 2000 年以来一直维持 1 万吨的产量水平。

禽蛋产量稳步增长，2000 年为 157 万吨，2013 年达到 238 万吨，年均增长 3.25%。奶类产量基数较大，增长也比较快，从 2000 年的 2 053万吨增长到 2015 年的 3 641万吨，增长了 77.35%，年均增 3.89%。

①羊肉产量为山羊肉和绵羊肉产量之和，下同

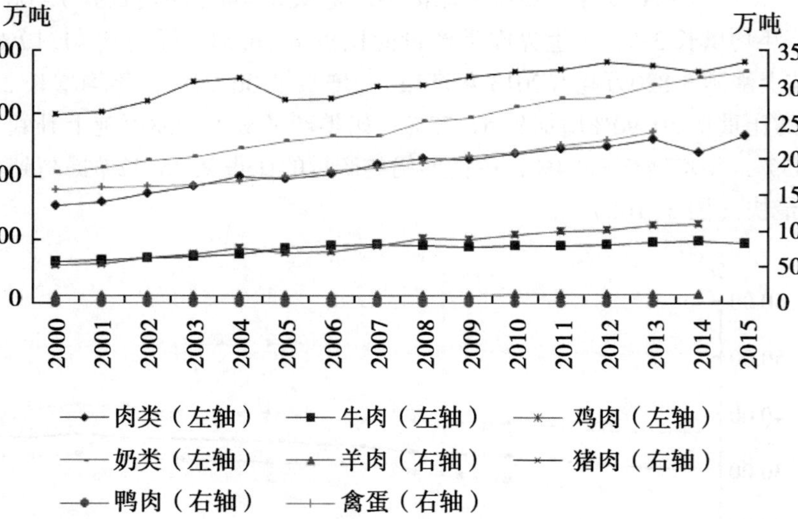

图 3-109　2000—2015 年巴西主要畜产品产量

数据来源：FAOSTAT、FAO《FOOD OUTLOOK》

2. 俄罗斯

俄罗斯是畜牧业大国，畜牧业是国民经济的重要部门。与种植业产量大起大落的状况不同，畜牧业受天气变化的直接影响相对较小，生产相对稳定。俄罗斯畜牧业以鸡、牛、羊和猪为主，此外也养殖鹅、火鸡、山羊和马等。21 世纪以来，俄罗斯畜产品整体呈现出增长趋势。2000—2015 年，俄罗斯肉类总产量整体表现出明显的增长趋势，由 444 万吨增长到 876 万吨，年均增 4.63%，是俄罗斯畜牧业部门增长最快的（图 3-110）。

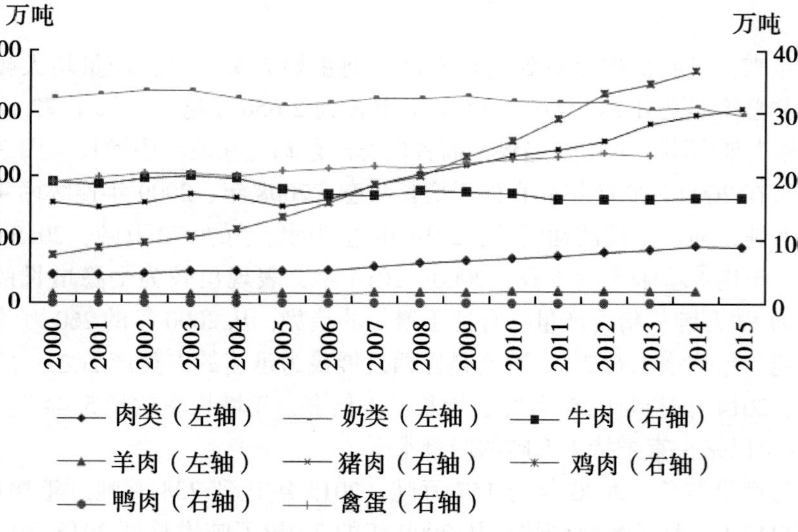

图 3-110　2000—2015 年俄罗斯主要畜产品产量

数据来源：FAOSTAT、FAO《FOOD OUTLOOK》

虽说整体增长趋势明显，但是各种肉类产量呈现波动变化。牛肉产量呈现波动下降趋势，2000 年为 189 万吨，2008 年略有上升之后继续下降，2015 年仅为 165 万吨，比 2000

年下降了 12.7%。羊肉产量总体不高，2000—2014 年表现出较为平稳增长的趋势，2014 年为 19 万吨，比 2000 年增加了 5 万吨。猪肉产量在波动变化中增长，从 2000 年的 1 567 万吨增长到 2015 年的 306 万吨，年均增 4.55%。鸡肉是俄罗斯发展最为迅速的肉类产品之一，2000 年产量为 75 万吨，2014 年达 367 万吨，是 2000 年的 4.8 倍之多，年均增长率达 11.96%。

禽蛋产量稳中有升，2000—2013 年从 190 万吨增长到 232 万吨，年均增 1.55%。2000—2015 年，奶类产量基本维持在 3 000万吨水平，产量占据俄罗斯畜牧业生产的头把交椅，但是几年来下降趋势明显，2015 年产量仅为 2 949万吨，比 2000 年的 3 228万吨下降了 8.64%。

3. 印　度

印度畜牧业主要包括养牛业、养羊业、家禽业和养猪业，其中，牛存栏量位居世界第 2 位，仅次于巴西①。肉类产量整体呈增长态势，2000 年为 444 万吨，到 2015 年增至 646 万吨，年均增 2.53%（图 3-111）。

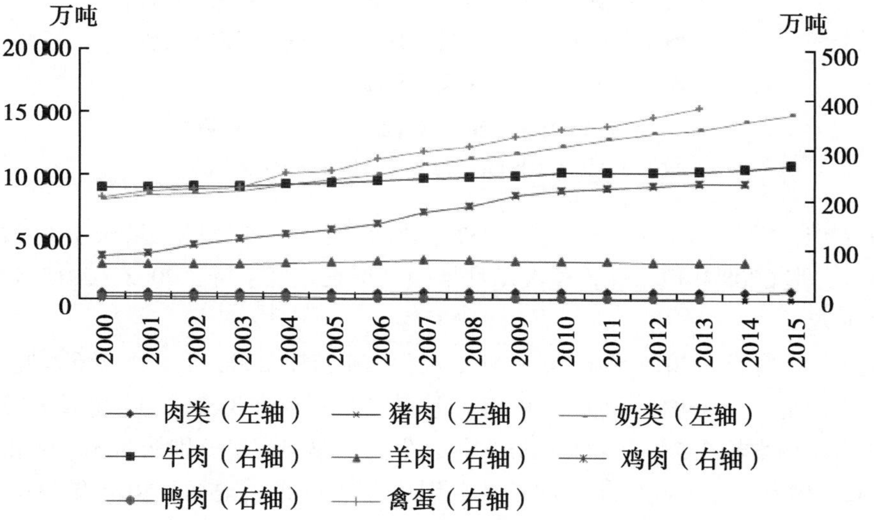

图 3-111　2000—2015 年印度主要畜产品产量

数据来源：FAOSTAT、FAO《FOOD OUTLOOK》

分品种来看，鸡肉是印度肉类占比和增长速度最快的肉类产品，产量由 2000 年的 86 万吨增长到 2014 年的 233 万吨，年均增 7.38%，占肉类的比重从 19.37%上升到 36.07%，提高了 16.7%。2000—2015 年，牛肉、羊肉、猪肉和鸭肉产量有增有减，从 224 万吨、69 万吨、47 万吨和 4 万吨分别变化到 268 万吨、74 万吨（2014 年数据）、36 万吨和 3 万吨（2013 年数据）。

禽蛋产量快速增长，2000 年为 204 万吨，2013 年达 384 万吨，年均增 4.99%。奶类是印度产量最高的畜产品，2000 年为 7 966 万吨，2015 年达到 14 780 万吨，年均增 4.21%。

①朱行．印度农业发展与政府财政支持［J］．上海农村经济，2008，9：42-45

4. 中　国

近十几年来，中国畜牧业得到长足发展，肉蛋奶整体均不断增长，是世界上最大的肉类生产国和消费国，是全球第一大禽蛋生产国，且奶类增长速度最快（图 3-112）。

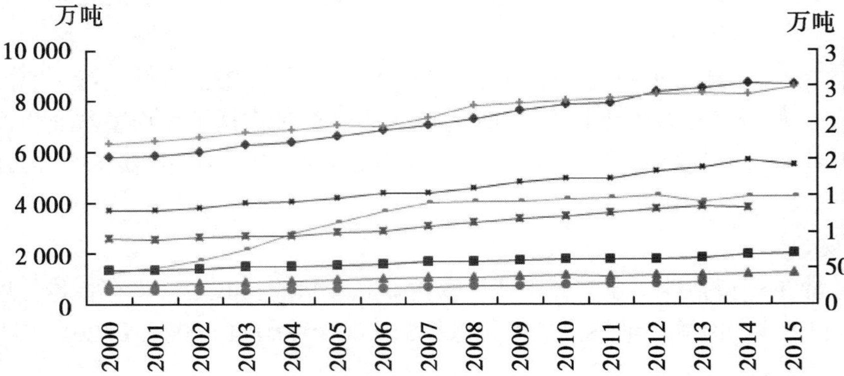

图 3-112　2000—2015 年中国主要畜产品产量

数据来源：FAOSTAT、FAO《FOOD OUTLOOK》

2000—2015 年，中国奶类产量从 1 237万吨增长到 4 227万吨，增长了约 2.5 倍，年均增 8.54%，但 2008 年以来，产量波动性增强且增长速度下降，2008—2015 年年均增长速率仅为 0.72%。

就肉类生产而言，2015 年产量达到 8 625万吨，比 2000 年的 5 796万吨，增长了 48.81%，年均增长 2.69%。其中，猪肉产量从 2000 年的 3 679万吨增长到 2015 年的 5 487万吨，年均增长 2.7%；2000—2015 年，牛肉、羊肉产量分别从 465 万吨和 265 万吨上涨到 700 万吨和 441 万吨，年均增长率分别为 2.76%和 3.45%；2014 年鸡肉和鸭肉产量分别达到 1 329万吨和 299 万吨（2013 年数据），与 2000 年相比，分别增长了 46.69%和 59.89%。

禽蛋产量稳步增长。从 2000 年的 2 221万吨增长到 2015 年的 2 999万吨，增长了 35.03%，年均增长 2.02%。

5. 南　非

与其他金砖国家一样，2000 年以来，南非畜牧业快速发展。肉类整体呈现增长态势，且猪肉增速最快（图 3-113）。

2000—2015 年，南非肉类产量从 172 万吨增长到 282 万吨，年均增 3.35%，其中，猪肉产量由 10 万吨增长到 23 万吨，年均增长速度达到 5.71%，为增速最快的肉类品种；牛肉、羊肉和鸡肉产量分别由 63 万吨、12 万吨和 82 万吨增长到 86 万吨、18 万吨（2014 年数据）和 151 万吨（2014 年数据），年均增长率分别为 2.10%、1.31%和 4.46%。

禽蛋产量平稳增长，2013 年为 55 万吨，比 2000 年的 32 万吨增长了 23 万吨，年均增 4.25%。2000—2015 年，南非奶类产量由 254 万吨增加到 350 万吨，年均增长 2.16%，实

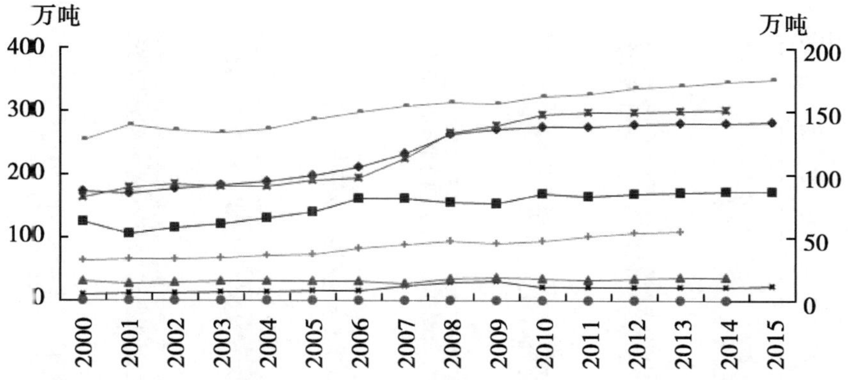

图 3-113 2000—2015 年中国主要畜产品产量

数据来源：FAOSTAT、FAO《FOOD OUTLOOK》

现整体快速增长。

（二）畜产品结构变化

就金砖国家整体而言，奶类、肉类、禽蛋占畜产品总量的比例基本维持在 6∶3∶1。分国别来看，除中国外，巴西、俄罗斯、印度和南非都是奶类产量最高，占比最大，印度更是奶类占比维持在 90%以上，虽说近年来中国奶类占比也明显提高，但是肉类占比仍为最高，维持在 50%以上。肉类分品种来看，金砖各国鸡肉占比普遍提升，其中印度增长最多，2014 年其鸡肉产量占比达 40.66%，中国鸡肉产量占比较为稳定，维持在 15.5%左右；猪肉、牛肉产量占比各国间差异较大，就猪肉产量占比而言，中国最高、印度最低；就牛肉产量占比而言，印度最高、中国最低；各国鸭肉、羊肉产量占比都相对较低（图 3-114）。

就畜产品整体而言，2000—2015 年，中国和印度畜产品占金砖国家的比重分别从 35.68%和 33.21%增至 36.92%和 36.82%，增幅分别为 3.48%和 10.88%，两国畜产品之和占金砖国家畜产品总量的 70%以上，且依然呈现稳步上升的趋势；巴西和南非占据金砖国家比重呈现平稳波动趋势，分别保持在 15%和 1.6%左右；受世界经济与政治环境影响，俄罗斯占比呈现小幅下降趋势，从 14.89%降至 9.45%，下降了 5.44%。

禽蛋分品种来看，金砖各国都主要生产鸡蛋，特别是印度与南非只生产鸡蛋。奶类分品种来看，金砖各国主要的奶类均为鲜牛奶，印度的产量居世界首位，占比最高；中国奶类最为丰富，生产包括鲜水牛奶、骆驼奶、鲜牛奶、山羊奶和绵羊奶等多种类鲜奶；南非只生产鲜牛奶。

1. 巴　西

就总体产量占比而言，巴西奶业、肉类和禽蛋①占其畜产品总量的比例基本维持在

①假设 2014 年和 2015 年禽蛋产量与 2013 年一样，维持不变

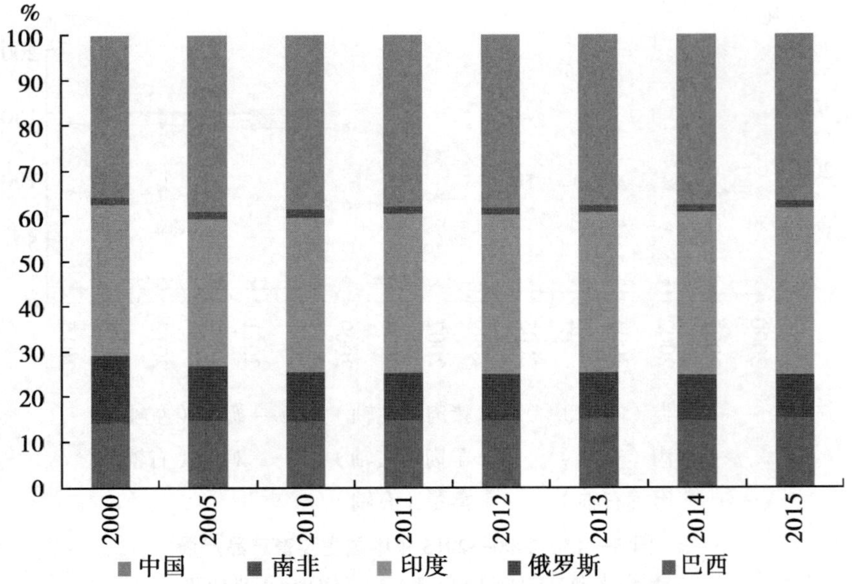

图 3-114　2000—2015 年金砖国家畜产品结构变化

5∶4∶1，且近年来奶业占比呈增长趋势，2015 年达到 55.72%，同时，肉类和禽蛋占比分别为 40.65%和 3.64%（图 3-115）。

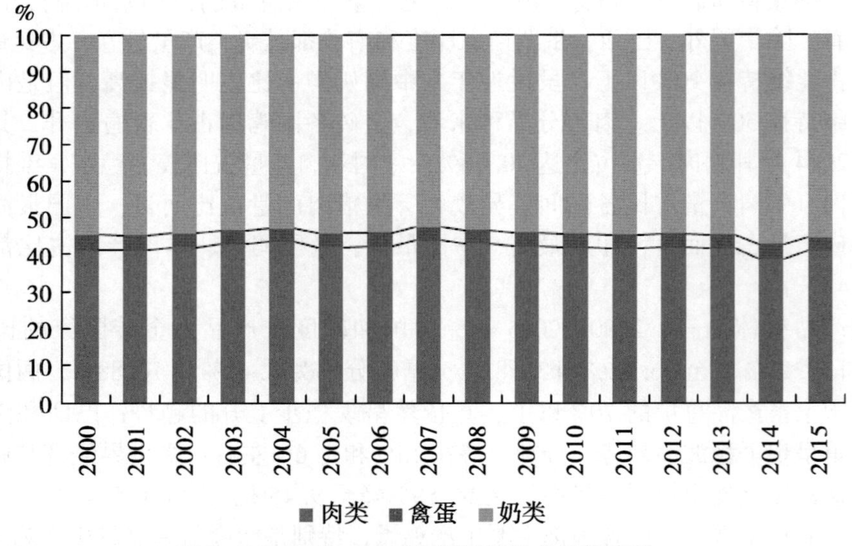

图 3-115　2000—2015 年巴西畜牧业结构变化

（1）肉类结构变化

在巴西肉类生产中，牛肉和鸡肉产量相对较高，两者之和占其肉类总量的比维持在 80%以上，其中，2014 年牛肉和鸡肉占比分别为 40.84%和 45.25%，与 2000 年相比，牛肉占比降低了 1.81%，而鸡肉占比提高了 6.48%。2000—2014 年，猪肉占比从 16.86%降至 13.4%，下降了 3.46%；羊肉与鸭肉占比维持在 0.5%和 0.05%左右，且呈下降趋势（图 3-116）。

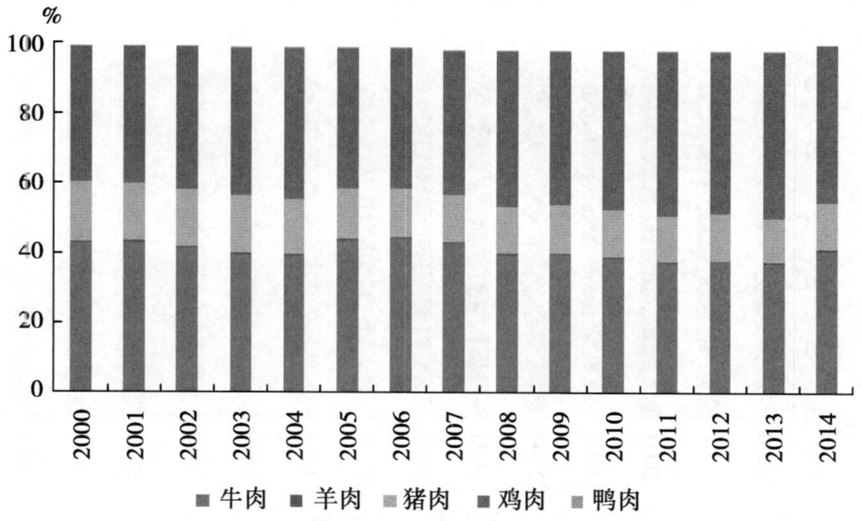

图 3-116　2000—2014 年巴西肉类结构变化

（2）禽蛋结构变化

在巴西禽蛋生产中，鸡蛋占据统治地位，2000—2013 年，鸡蛋产量占禽蛋总产量的比例维持在 90%以上，但是呈现出明显的下降趋势，2000 年该比例为 96.18%，2013 年降至 91.35%，下降了 4.83%。同期，其他禽蛋产量占比从 3.82%提升到 8.65%，呈增长态势（图 3-117）。

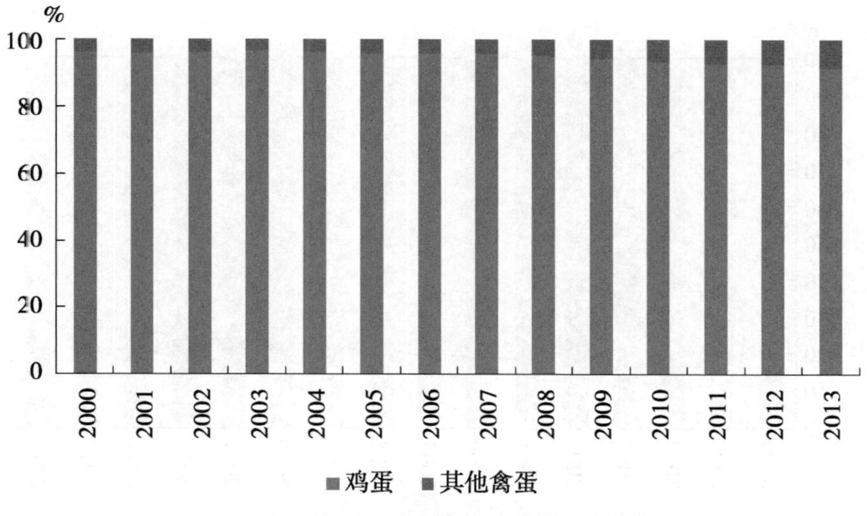

图 3-117　2000—2013 年巴西禽蛋结构变化

（3）奶业结构变化

在本研究中，奶类产量选择的是鲜奶产量（milk total），包括水牛奶、骆驼奶、鲜牛奶、山羊奶和绵羊奶产量（下同）。在巴西，鲜奶主要包括鲜牛奶和山羊奶，并且鲜牛奶产量占奶类产量的比例常年维持在 99%以上，2013 年更是达到 99.56%，为近年来的最高值。同期，山羊奶占比维持在 0.5%左右，近年来占比呈下降趋势，2013 年仅为 0.44%，比 2000 年的 0.72%，下降了 0.28%（图 3-118）。

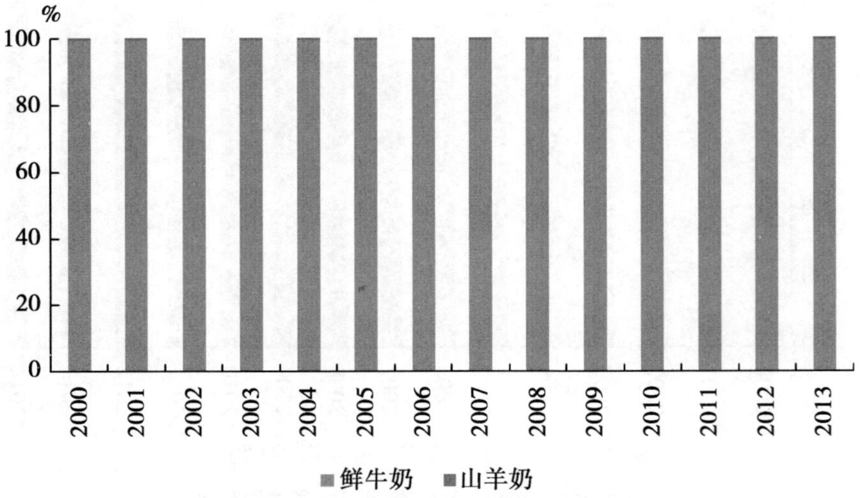

图 3-118　2000—2013 年巴西奶类结构变化

2. 俄罗斯

就总体产量占比而言，俄罗斯奶类产量占畜产品总量的比例相对较高，但近年来该比例呈下降趋势，2000 年奶类占比为 83.54%，到 2015 年降至 72.7%，下降了 10 多个百分点。同期，肉类占比显著增长，从 11.5%增至 21.59%；禽蛋占比基本稳定在 5%左右（图 3-119）。

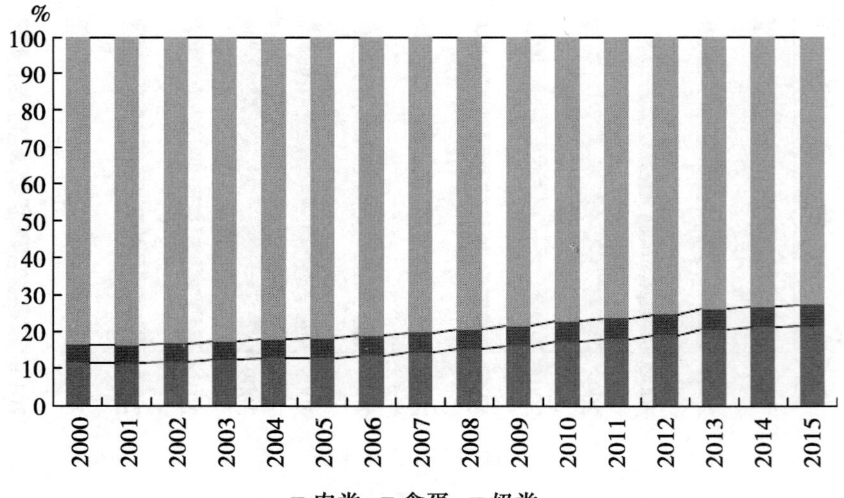

图 3-119　2000—2015 年俄罗斯畜牧业结构变化

（1）肉类结构变化

在俄罗斯肉类生产中，鸡肉产量占比明显提高，而牛肉产量占比大幅下降。猪肉和鸡肉产量相对较高，2014 年两者产量之和占肉类总量的比近 80%，具体来看，2014 年猪肉和鸡肉产量占比分别为 32.60%和 40.55%，与 2000 年相比，猪肉产量占比降低了 2.73%，而鸡肉产量占比提高了 22.55%。2000—2014 年，牛肉产量占比从 42.66%降至 18.23%，下降了 24.43%；羊肉产量占比基本维持在 2%左右，且呈下降趋势；俄罗斯不生产鸭肉（图 3-120）。

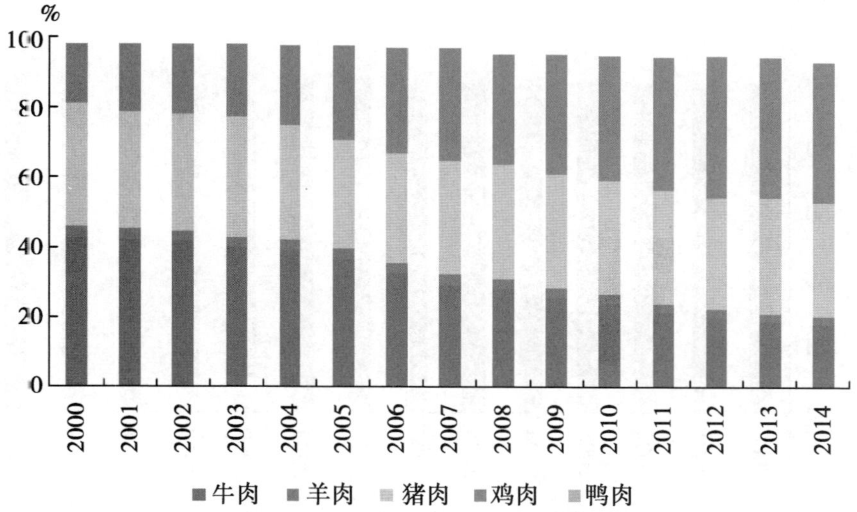

图 3-120　2000—2014 年俄罗斯肉类结构变化

（2）禽蛋结构变化

在俄罗斯禽蛋生产中，鸡蛋占据绝对的统治地位。2000—2013 年，鸡蛋产量占禽蛋总产量的比例维持在 90%以上，但是呈现出略微下降趋势，2000 年为 99.56%，到 2013 年降至 98.58%，下降了 0.98%。同期，其他禽蛋产量占比从 0.44%提升到 1.42%，呈增长态势（图 3-121）。

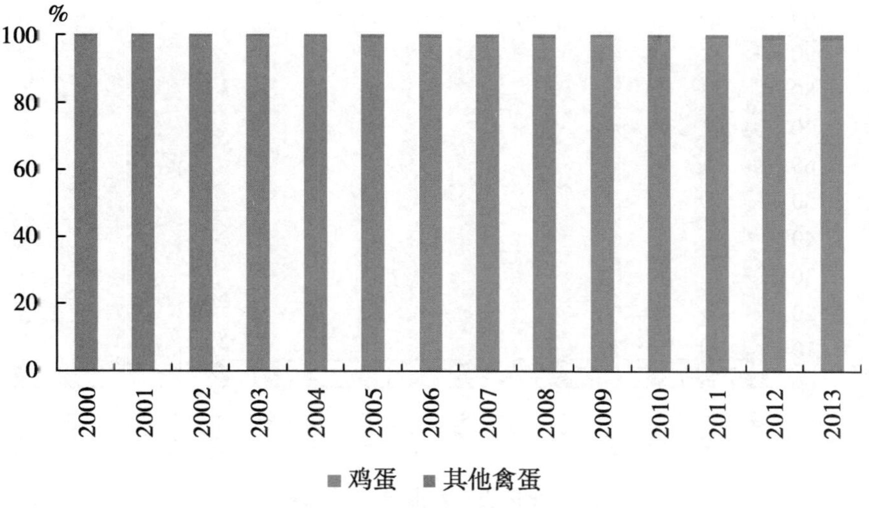

图 3-121　2000—2013 年俄罗斯禽蛋结构变化

（3）奶业结构变化

在俄罗斯鲜奶主要包括鲜牛奶和山羊奶，以及少量的骆驼奶和绵羊奶。鲜牛奶产量占奶类产量的比例常年维持在99%以上，2013年更是达到99.22%，为近年来的最高值。同期，山羊奶占比维持在0.8%左右，且近年来呈下降趋势，2013年为0.77%，比2000年的0.98%，下降了0.21%。骆驼奶与绵羊奶产量较低，2013年较高，仅分别为40吨和785吨，占比基本维持在0.002%左右（图3-122）。

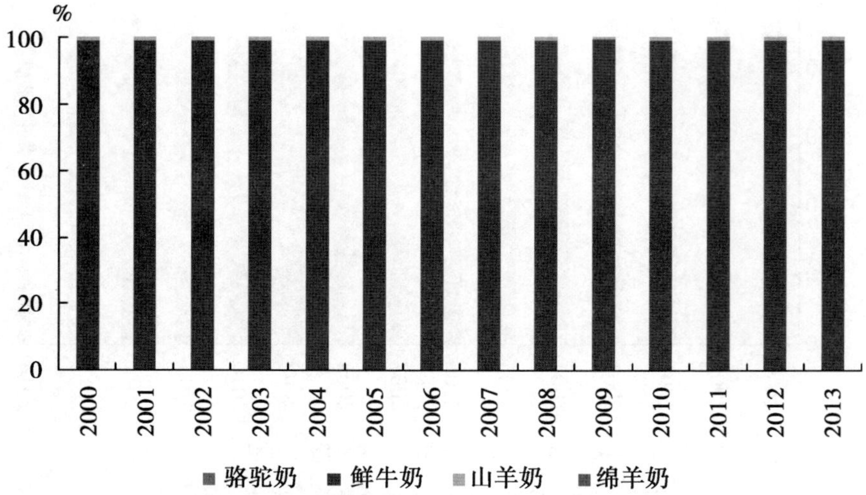

图3-122 2000—2013年俄罗斯奶类结构变化

3. 印 度

印度奶类产量占畜产品总量的比例相对较高，基本维持在90%以上，且近年来该比例稳中略增，2000年为92.48%，到2015年升至93.49%，提高了约1%；同期，肉类占比有所下降，从5.16%降至4.09%；禽蛋占比基本稳定在2.5%左右（图3-123）。

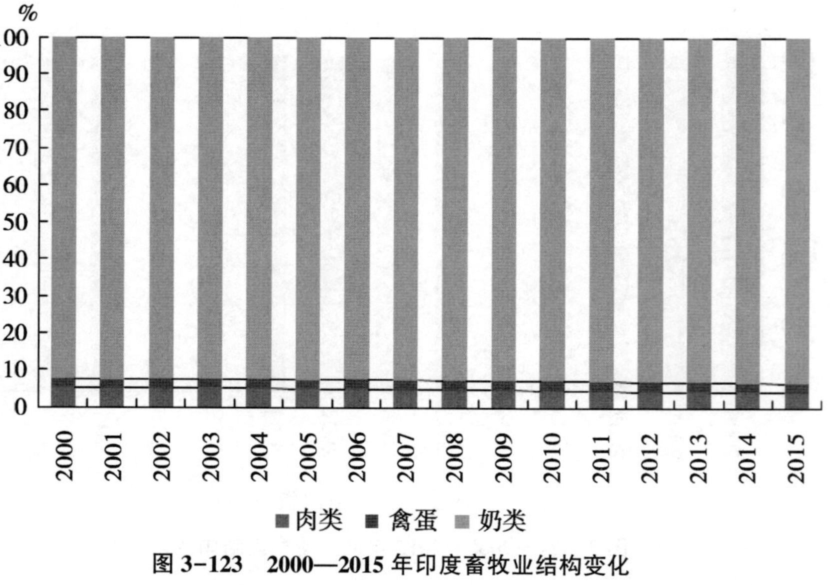

图3-123 2000—2015年印度畜牧业结构变化

（1）肉类结构变化

在印度肉类生产中，除鸡肉占肉类产量的比例提高外，其他肉类均呈下降趋势。2014

年鸡肉产量占比为 40.66%，与 2000 年相比，提高了 21.22%。2000—2014 年，牛肉产量占比从 50.34%降至 41.46%，下降了 8.88%；羊肉产量占比从 15.52%降至 11.71%，下降了 2.81%；猪肉产量占比从 10.48%降至 5.7%，下降了 4.78%；鸭肉产量占比从 0.9%降至 0.47%，下降了 0.43%（图 3-124）。

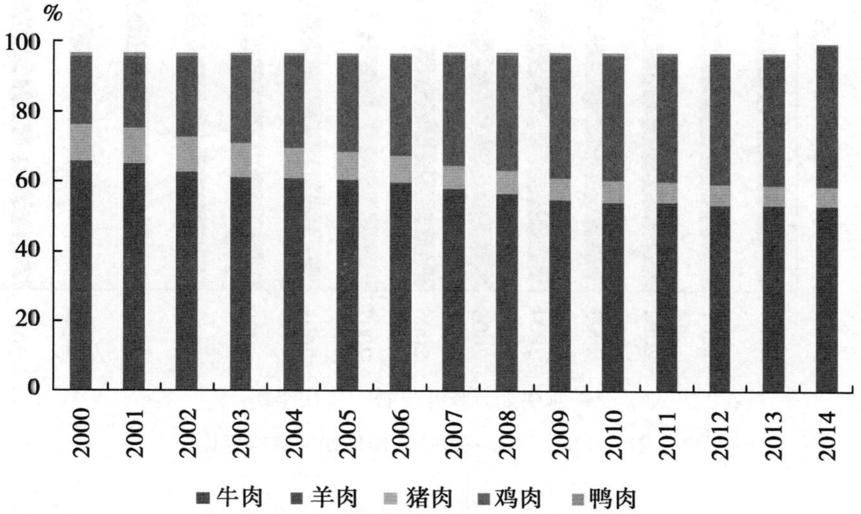

图 3-124 2000—2014 年印度肉类结构变化

（2）禽蛋结构变化

印度只生产鸡蛋，所以鸡蛋占禽蛋的比例为 100%（图 3-125）。

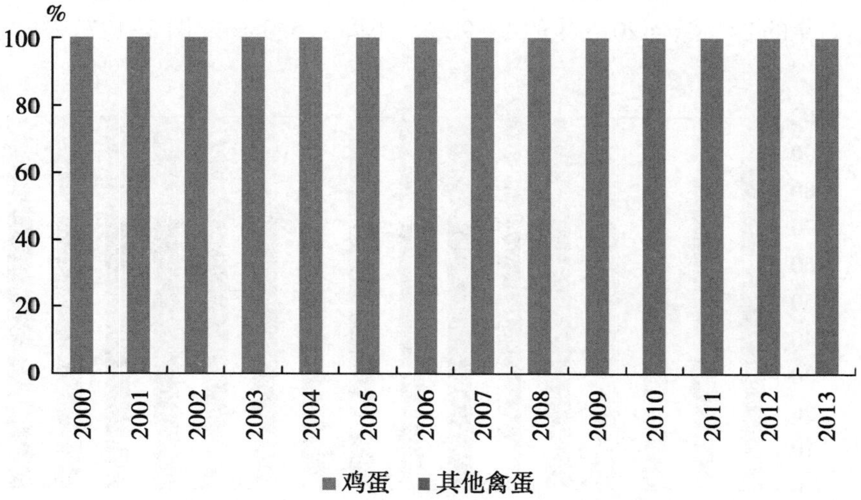

图 3-125 2000—2013 年印度禽蛋结构变化

（3）奶业结构变化

在印度，鲜奶主要包括鲜水牛奶、鲜牛奶和山羊奶。鲜水牛奶产量占奶类产量的比例最高，维持在 50%以上，但近年来呈稳中有降趋势，2013 年为 51.62%，比 2000 年的 54.52%，下降 2.9%；其次为鲜牛奶，2000—2013 年，其占比从 41.38%增至 44.69%，提高了 3.31%；山羊奶占比也是稳中略降，从 4.1%降至 3.69%，下降了 0.41%（图 3-126）。

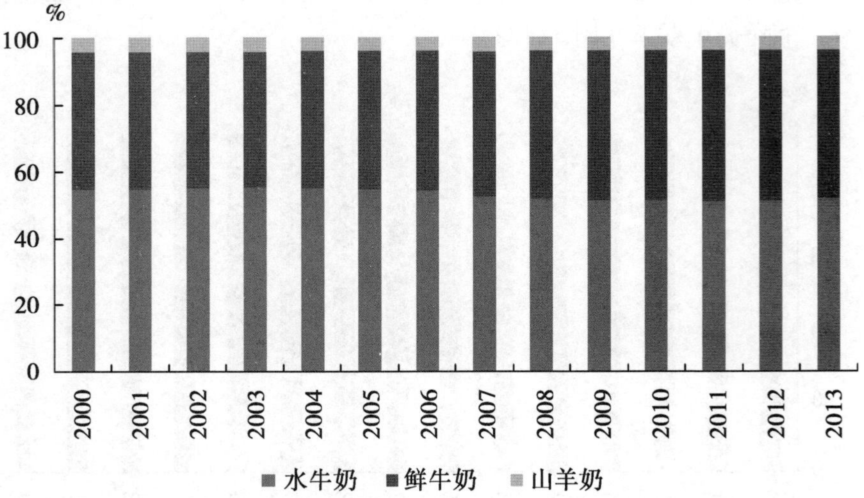

图 3-126　2000—2013 年印度奶类结构变化

4. 中　国

就总体产量占比而言，中国肉类产量占畜产品总量的比例相对较高，基本维持在 50%以上，但近年来呈下降趋势，2000 年为 62.63%，到 2015 年降至 54.41%，下降了 8.22%。肉类产量占比的下降与中国奶类产业的快速发展密切相关，2000—2015 年，奶类产量占比从 13.37%提高到 26.67%，提高了 13.3%。同期，禽蛋产量占比也呈下降趋势，从 2000 年的 24%降至 2015 年的 18.92%，下降了 5.08%（图 3-127）。

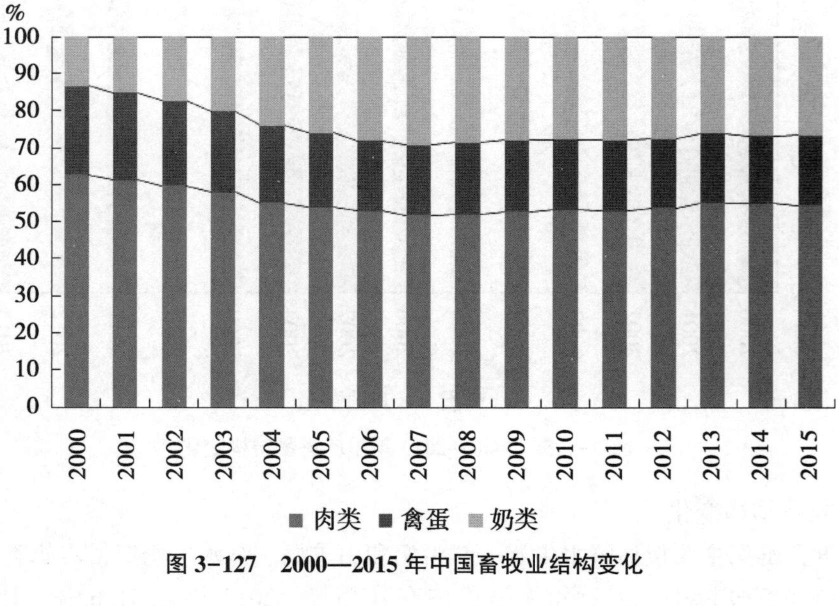

图 3-127　2000—2015 年中国畜牧业结构变化

（1）肉类结构变化

在中国肉类生产中，猪肉生产占绝对统治地位，猪肉产量占肉类产量的比例维持在60%以上，且呈稳中略增的趋势。2000—2014 年，猪肉产量占比从 63.46%增至 65.14%，提高了 1.68%；牛肉产量占比稳中略降，从 8.03%降至 7.92%，下降了 0.11%；羊肉产量占比稳中略增，从 4.58%到 4.92%；鸡肉和鸭肉产量占比基本维持在 15.5%和 3.5%左右（图 3-128）。

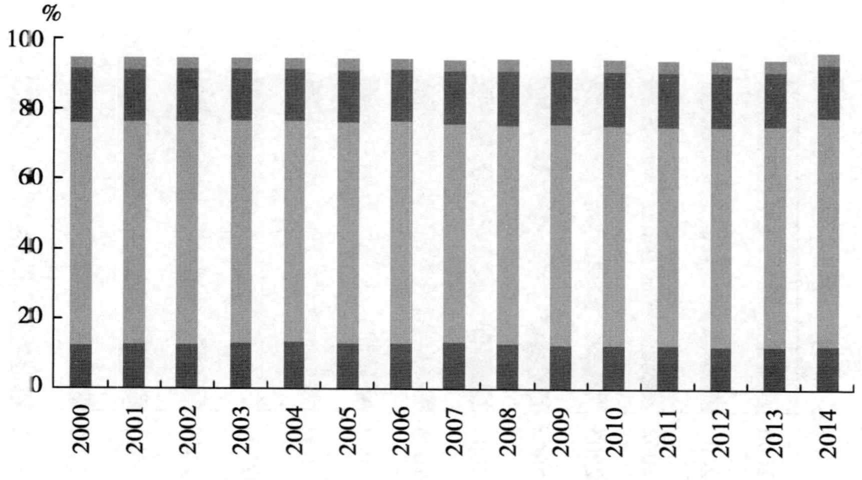

图 3-128　2000—2014 年中国肉类结构变化

（2）禽蛋结构变化

在中国禽蛋生产中，鸡蛋占据统治地位，但近年来略有下降。2000—2013 年，鸡蛋产量占禽蛋总产量的比例基本稳定在 85%的水平，2000 年为 85.14%，到 2013 年变为 85.1%，下降了 0.04%。同期，其他禽蛋产量占比维持在 15%左右（图 3-129）。

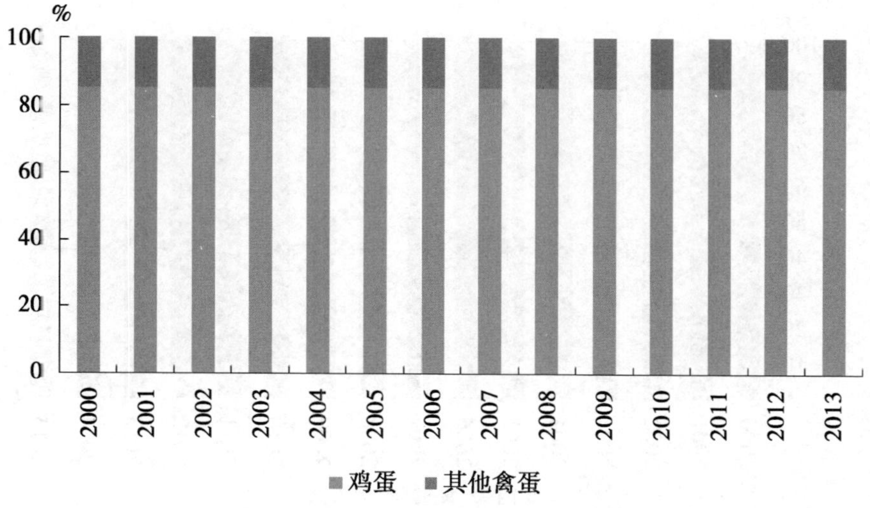

图 3-129　2000—2013 年中国禽蛋结构变化

（3）奶业结构变化

在中国，鲜牛奶产量占奶类产量的比例最高，且近年来呈明显上涨趋势，2013 年达到 87.92%，比 2000 年的 69.76%，提高了 18.16%。此外，其他类型奶类均呈下降趋势，鲜水牛奶占比下降明显，2000—2013 年，其占比从 21.42%降至 7.52%，下降了 13.9%；绵羊奶产量占比从 6.85%降至 3.8%，下降了 3.05%；山羊奶产量占比从 1.86%降至 0.73%，下降了 1.13%；骆驼奶产量占比从 0.12%降至 0.03%，下降了 0.09%（图 3-130）。

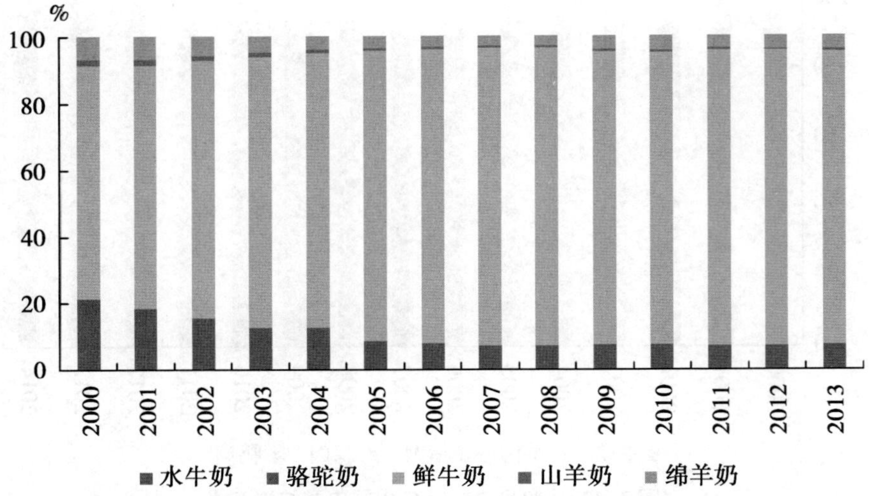

图 3-130　2000—2013 年中国奶类结构变化

5. 南　非

南非奶类、肉类和禽蛋产量占畜产品总量的比例基本为 5∶4∶1。2000—2015 年，肉类产量占比从 37.6%增至 41.07%，上涨了 3.47%；禽蛋产量占比从 6.94%升至 7.95%，提高了 1.01%；奶类产量占比则从 55.46%降至 50.98%，下降了 4.48%（图 3-131）。

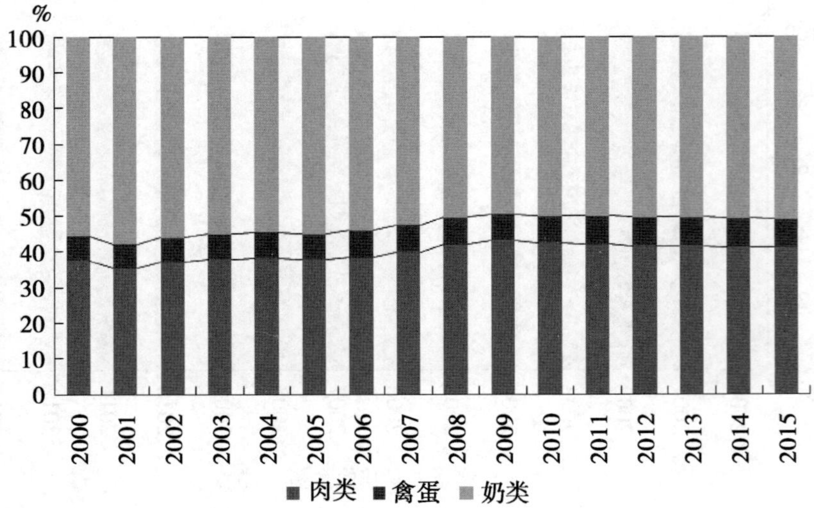

图 3-131　2000—2015 年南非畜牧业结构变化

（1）肉类结构变化

在南非肉类生产中，鸡肉产量占比相对较高，近年来维持在50%以上，呈稳中略增的趋势。2000—2014年，鸡肉产量占比从47.44%增至53.93%，提高了6.49%；牛肉产量占比稳中略降，从36.3%降至30.71%，下降了5.59%；羊肉产量占比稳中略降，从8.94%到6.43%，下降了2.51%；猪肉产量占比稳中略增，从6.04%增至7.86%，提高了1.82%；鸭肉产量占比一直维持在较低水平（图3-132）。

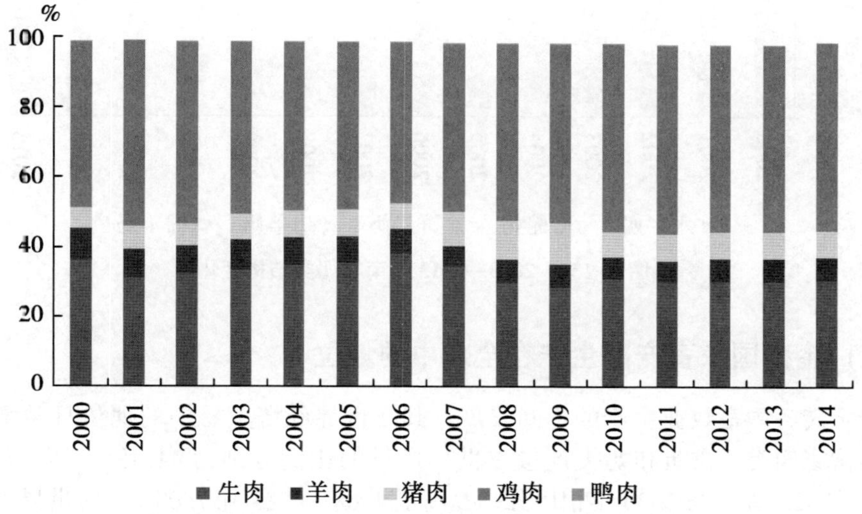

图3-132　2000—2014年南非肉类结构变化

（2）禽蛋结构变化

南非只生产鸡蛋，所以鸡蛋占禽蛋的比例为100%（图3-133）。

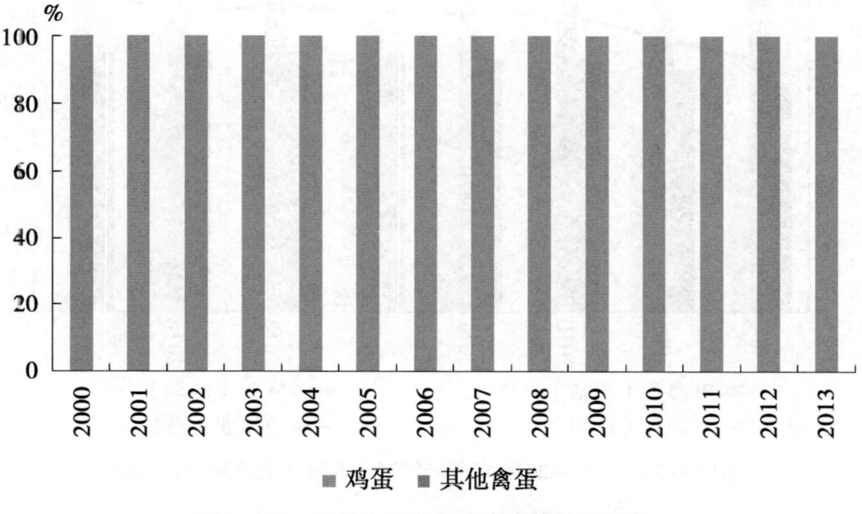

图3-133　2000—2013年南非禽蛋结构变化

（3）奶业结构变化

在南非只生产鲜牛奶，鲜牛奶占比为100%（图3-134）。

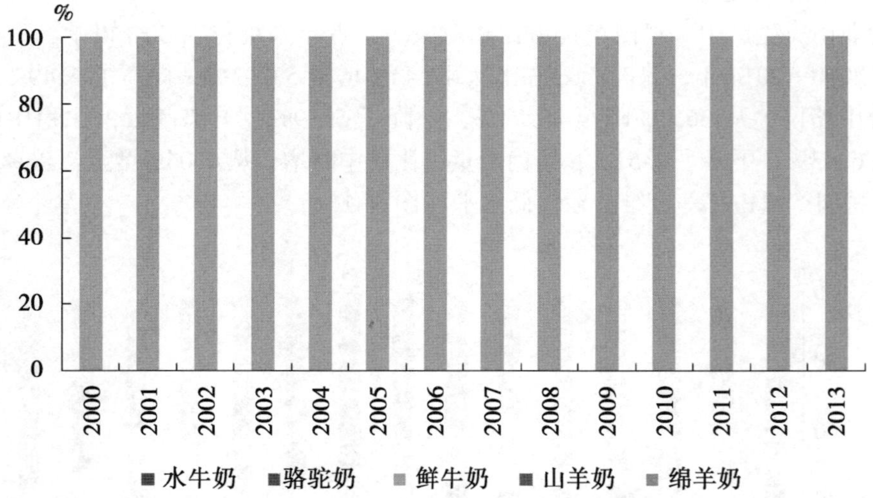

图 3-134　2000—2013 年南非奶类结构变化

(三) 金砖国家畜产品生产在全球中的地位

随着金砖各国畜牧业生产的不断发展，其在世界经济贸易中的地位日益增加。2015 年，金砖国家肉类、禽蛋和奶类产量占世界产量的比例分别为 41.19%、51.73%（2013 年数据）和 32.4%，与 2000 年相比分别提高了 4.68、0.83 和 7.08%，对世界畜产品的贡献越来越大（图 3-135）。

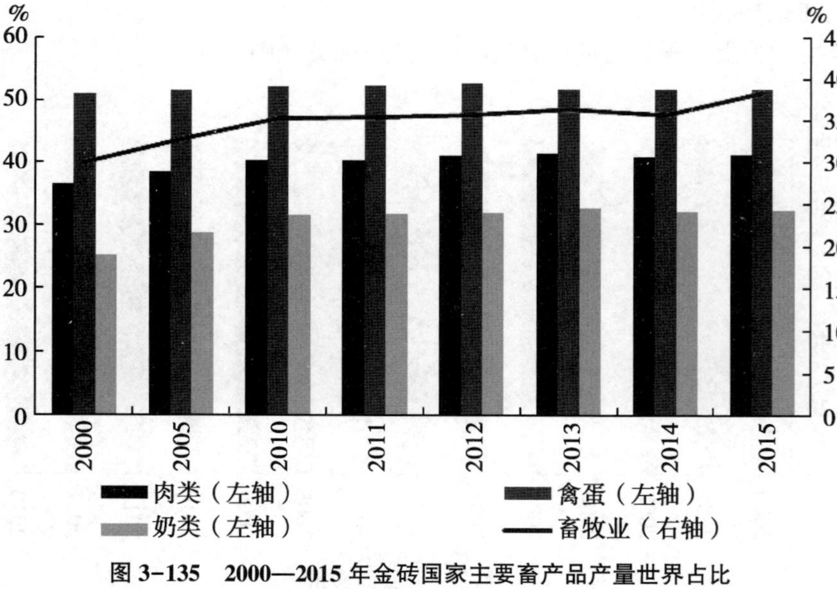

图 3-135　2000—2015 年金砖国家主要畜产品产量世界占比

尤其是，印度奶类产量以及中国禽蛋、肉类及羊肉、猪肉、鸭肉产量均居世界首位；巴西牛肉产量居世界第 2 位，肉类总量和鸡肉产量居世界第 3 位；俄罗斯鸡肉产量排名快速增长，居世界第 4 位；南非整体水平相对较低。

1. 巴　西

巴西是重要的畜产品生产国，2000—2013 年，巴西肉类产量均居世界第 3 位，禽蛋产量的世界排名从第 7 位（2000—2012 年）提升至第 6 位（2013 年），奶类产量排名从 2000 年的第 7 位提升到 2013 年的第 4 位，在世界肉类、禽蛋和奶类的重要性不断提高。2000—2014 年，巴西肉类占世界肉类总产的比重从 6. 71%提高到 7. 75%，提高了 0. 84%；禽蛋产量占世界禽蛋产量的比重从 2. 85%提升到 3. 22%（2013 年数据）；奶类产量占世界奶类产量的比例从 3. 53%增至 4. 49%，提高了 0. 96%（图 3-136）。

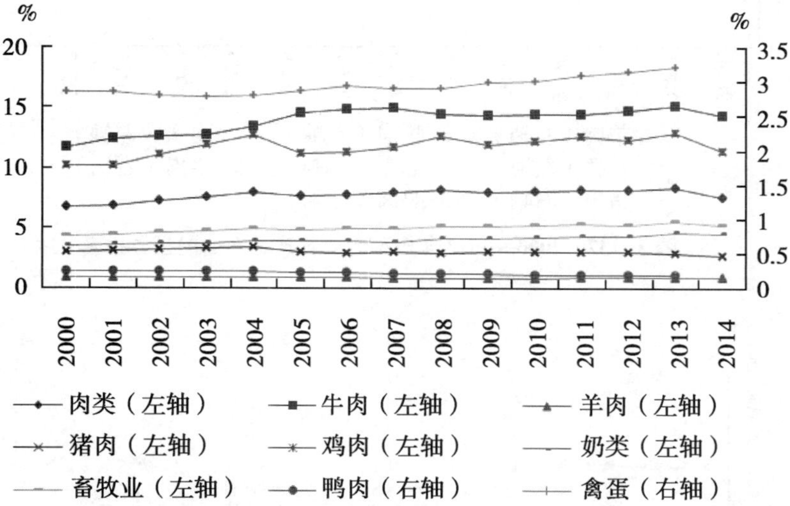

图 3-136　2000—2014 年巴西主要畜产品产量世界占比

分品种来看，巴西牛肉、鸡肉和猪肉产量世界排名较高，分别为第 2 位、第 3 位和第 5 位，而羊肉和鸭肉产量排名较为靠后，2013 年分别为第 29 位和第 26 位（图 3-137）。2000—2014 年，巴西牛肉产量占世界牛肉产量的比例从 11. 73%提高到 14. 28%，增长了 2. 55%；鸡肉产量世界占比从 10. 19%增至 11. 36%，提高了 1. 17%；羊肉、鸭肉和猪肉产量占比相对较低且呈下降趋势，2014 年分别为 0. 86%、0. 18%（2013 年数据）和 2. 9%，与 2000 年相比分别下降了 0. 01、0. 07 和 0. 3%。

2. 俄罗斯

俄罗斯肉类产量世界占比有所提升，但是禽蛋和奶类出现双降。2000—2013 年，俄罗斯肉类产量在世界的排名从第 10 位上升到第 4 位，禽蛋产量的世界排名从第 5 位降至第 7 位，奶类产量排名从 2000 年的第 3 位降至 2013 年的第 6 位。就具体占比而言，2000—2014 年，俄罗斯肉类占世界肉类总产的比重从 1. 9%提高到 2. 87%，提高了 0. 97%；禽蛋产量占世界禽蛋产量的比重从 3. 45%降至 3. 14%（2013 年数据）；奶类产量占世界奶类产量的比例从 5. 55%降至 3. 91%，下降了 1. 64%（图 3-138）。

分品种来看，俄罗斯鸡肉产量世界排名上升最快，由 2000 年的第 17 位到 2013 年的第 4 位，提高了 13 个名次；其次为猪肉，2013 年猪肉产量居世界第 4 位，比 2000 年提升了 4 个名次；羊肉排名也有所提升，从第 18 位提升至第 14 位；但是牛肉排名出现下降，从第 7 位降至第 10 位（图 3-139）。2000—2014 年，俄罗斯牛肉产量占世界牛肉产量的

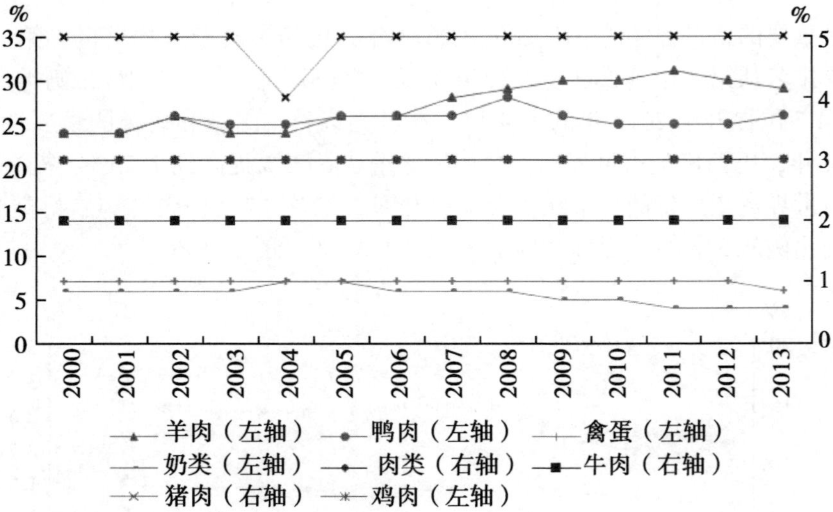

图 3-137　2000—2013 年巴西主要畜产品产量的世界排名

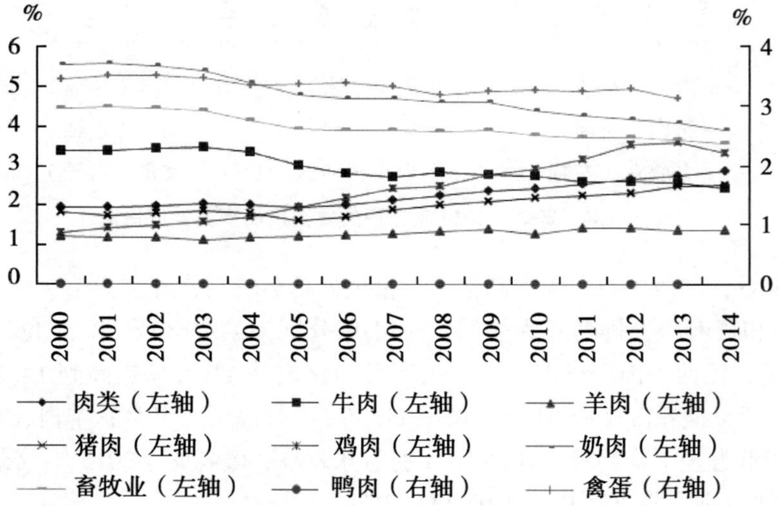

图 3-138　2000—2014 年俄罗斯主要畜产品产量世界占比

比例从 3. 38%降至 2. 42%，下降了 0. 95%；鸡肉产量世界占比从 1. 29%增至 3. 32%，提高了 2. 04%；羊肉和猪肉产量占比均小幅提升，2014 年分别为 1. 37%、2. 52%，比 2000 年分别提升了 0. 16%和 0. 69%。

3. 印　度

印度畜牧业生产的一个突出特色就是奶类产量恒居世界首位。此外，2000—2013 年，印度肉类产量在世界的排名从第 9 位上升到第 8 位，禽蛋产量的世界排名从第 4 位升至第 3 位。就具体占比而言，2000—2014 年，印度肉类占世界肉类总产的比重从 1. 93%提高到 2%，提高了 0. 07%；禽蛋产量占世界禽蛋产量的比重从 3. 69%升至 5. 19%（2013 年数据）；奶类产量占世界奶类产量的比例从 13. 6%升至 17. 96%，提升了 4. 26%，奶类产量不仅占世界比例较高，且增长最多（图 3-140）。

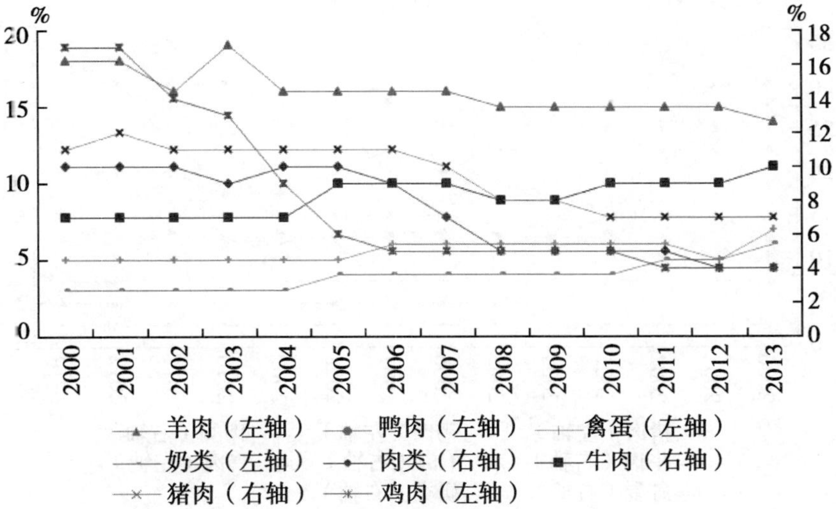

图 3-139　2000—2013 年俄罗斯主要畜产品产量的世界排名

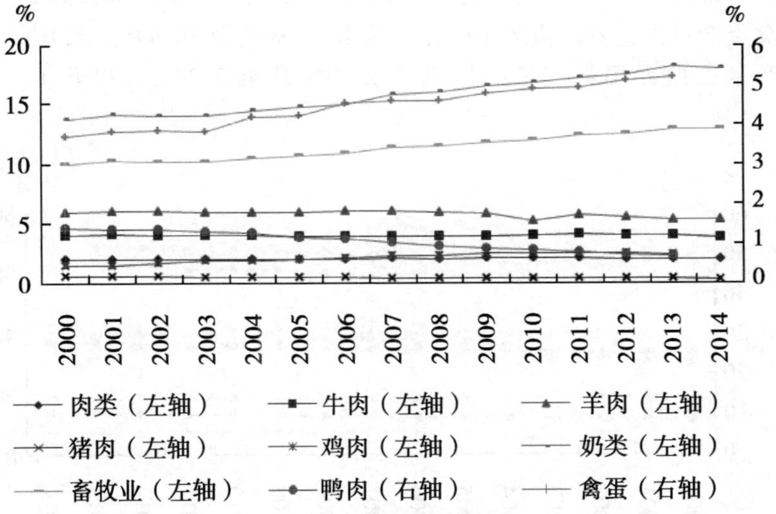

图 3-140　2000—2014 年印度主要畜产品产量世界占比

分品种来看，印度鸡肉产量世界排名上升最快，由 2000 年的第 12 位到 2013 年的第 6 位，提高了 6 个名次；其次为羊肉，2013 年羊肉产量居世界第 2 位，比 2000 年提升了 1 个名次；牛肉排名基本稳定在第 5 位；鸭肉排名从 2000 年的第 10 位降至 2013 年的第 15 位，下降了 5 个名次；猪肉排名不仅靠后且出现明显下降，从 26 位降至 31 位。就具体世界占比而言，除鸡肉有所提升外，其余肉类均出现下降（图 3-141）。2000—2014 年，鸡肉产量世界占比从 1.47%增至 2.42%，提高了 0.95%；而牛肉、羊肉、猪肉和鸭肉分别下降了 0.14%、0.66%、0.23%和 0.7%。

4. 中　国

中国作为世界上重要的农业大国，肉类、禽蛋产量均居世界第 1 位，且奶类产业发展迅速，世界排名从 2000 年的第 10 位升至 2013 年的第 3 位，提高了 7 个名次。就具体占

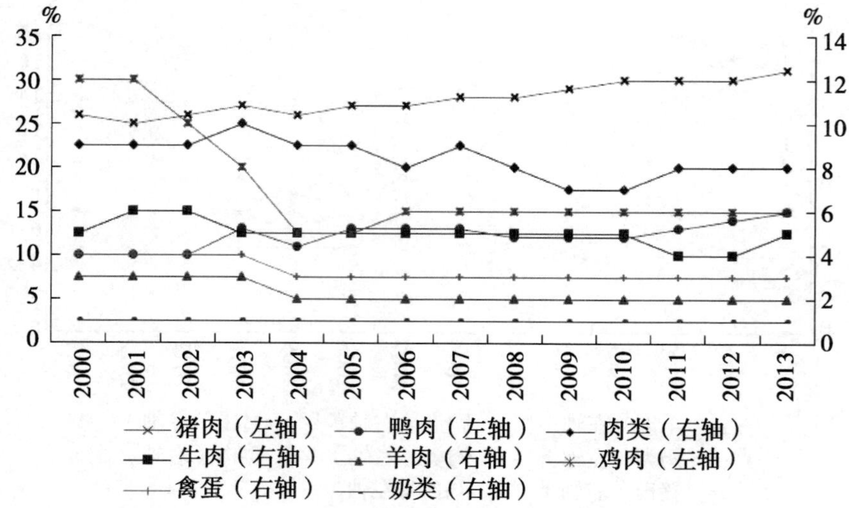

图 3-141　2000—2013 年印度主要畜产品产量的世界排名

比而言，2000—2014 年，中国肉类占世界肉类总产的比重从 25. 2%提高到 27. 61%，提高了 2. 41%；禽蛋产量占世界禽蛋产量的比重从 40. 32%变至 39. 44%（2013 年数据），略有下降；奶类产量占世界奶类产量的比例从 2. 13%升至 5. 39%，提升了 3. 26%（图 3-142）。

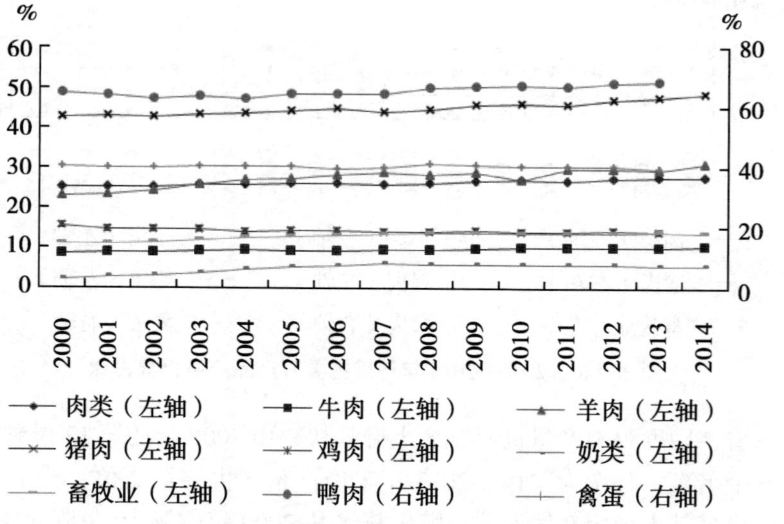

图 3-142　2000—2014 年中国主要畜产品产量世界占比

分品种来看，中国羊肉、猪肉、鸭肉产量均居世界首位，鸡肉产量居世界第 2 位，猪肉产量居世界第 3 位（图 3-143）。就世界占比而言，除鸡肉有所下降外，其余肉类均出现增长。2000—2014 年，鸡肉产量世界占比从 15. 44%降至 13. 91%（2013 年数据），下降了 1. 53%；而牛肉、羊肉、猪肉和鸭肉产量世界占比分别上涨了 1. 83、7. 79、5. 61%和 3. 78%，羊肉产量占比提高最多。

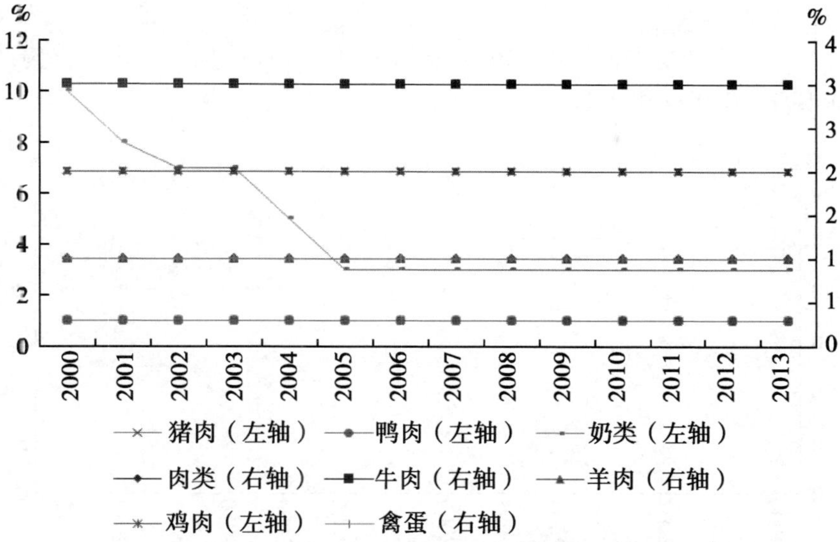

图 3-143　2000—2013 年中国主要畜产品产量的世界排名

5. 南　非

与其金砖国家相比，南非畜牧业相对落后，世界占比与排名相对靠后且相对稳定。2000—2013 年，南非肉类产量在世界的排名从第 22 位降至 23 位；禽蛋产量的世界排名从第 26 位升至第 24 位；奶类产量的世界排名从第 37 位升到第 36 位。就具体占比而言，2000—2014 年，南非肉类占世界肉类总产的比重从 0. 75%提高到 0. 89%，提高了 0. 14%；禽蛋产量占世界禽蛋产量的比重从 0. 58%升至 0. 74%（2013 年数据）；奶类产量占世界奶类产量的比例维持在 0. 44%左右（图 3-144）。

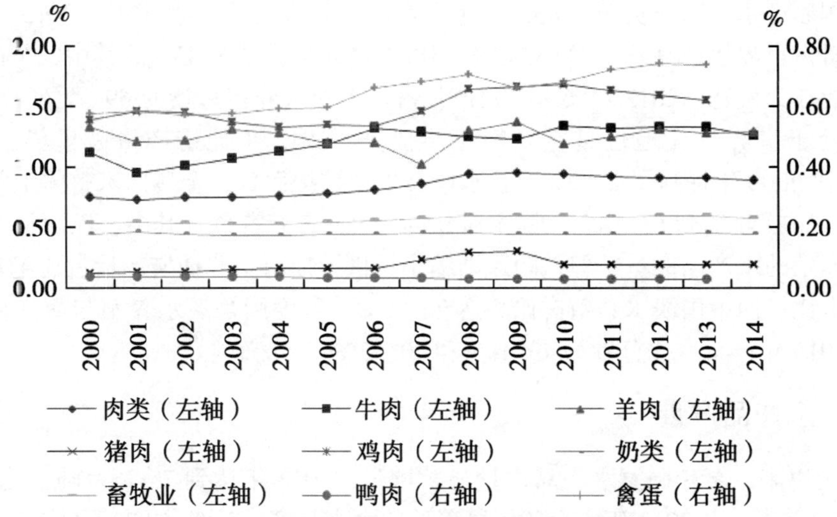

图 3-144　2000—2014 年南非主要畜产品产量世界占比

分品种来看，南非鸡肉排名相对靠前，2013 年居世界第 12 位；其次为羊肉和牛肉，2013 年分别居世界第 16 位和第 17 位；猪肉排名提高最多，从 2000 年的 54 位提高到 2013 年的 44 位，提高 10 个名次；鸭肉排名较稳定，在 40 位左右徘徊（图 3-145）。就具体占比而言，除羊肉略有下降、鸭肉基本稳定外，其余肉类产量占比均呈增长态势。2000—2014 年，羊肉产量占比从 1. 33%下降到 1. 29%；而牛肉、猪肉、鸡肉产量占比分别上涨了 0. 15%、0. 07%和 0. 17%。

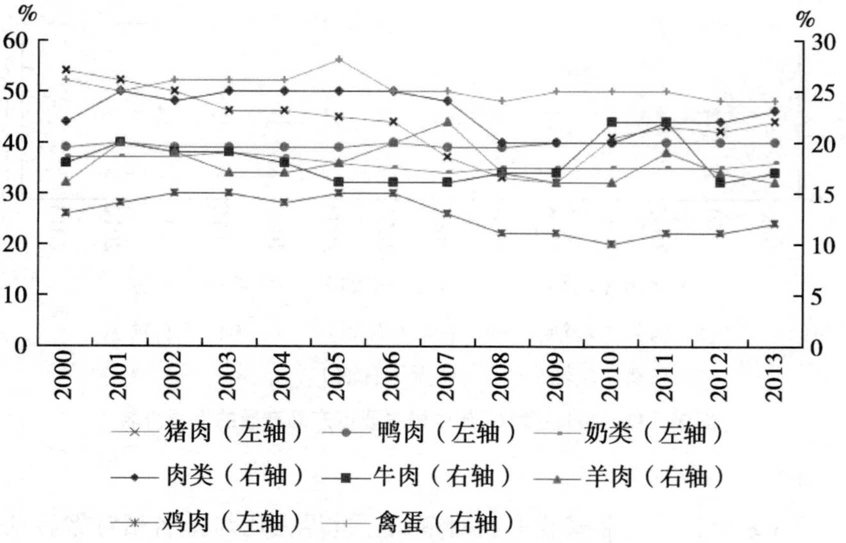

图 3-145　2000—2013 年南非主要畜产品产量的世界排名

四、金砖国家水产养殖业生产

金砖国家海水、渔业资源丰富，近年来水产养殖业得到快速发展。2013 年金砖国家水产品总量占世界水产品总量的 45. 93%，比 2000 年提高了 8. 43%。其中，金砖国家的淡水养殖产业较为发达，2013 年淡水养殖产量占世界淡水养殖总量的 69. 42%。金砖国家捕捞产业也处于世界领先地位且重要性逐步提升，2013 年捕捞产量占世界捕捞总量的 28. 12%，比 2000 年提高了 2. 89%。就水产品生产结构而言，金砖国家整体上是淡水养殖占比较高，2013 年达到 65. 18%，具体到金砖各国又各有特色。其中，巴西捕捞的水产品产量高于养殖的水产品产量，但差距逐渐缩小；俄罗斯与南非捕捞产量占比绝对高于淡水养殖产量占比；而中国淡水养殖占比高达 72. 80%；印度则是淡水养殖与海洋捕捞各占半壁江山，2013 年产量占比分别为 49. 48%和 50. 52%。

（一）水产品产量

21 世纪以来，金砖国家水产品产量显著增长，2013 年达到 7 476万吨，比 2000 年增长了 58. 27%。其中，2013 年，金砖国家养殖的水产品产量达到 4 873万吨，比 2000 年的 2 364万吨，增长了 1 倍多，年均增 5. 72%，但是占世界养殖总量的比例从 72. 92%下降到 69. 42%，下降了 3. 5%。金砖国家的水产品捕捞量从 2000 年的 2 360万吨上涨到 2013 年的 2 603万吨，增 10. 3%，占世界捕捞量的比例从 25. 23%提高到 28. 12%，增加了 2. 89%（图 3-146）。

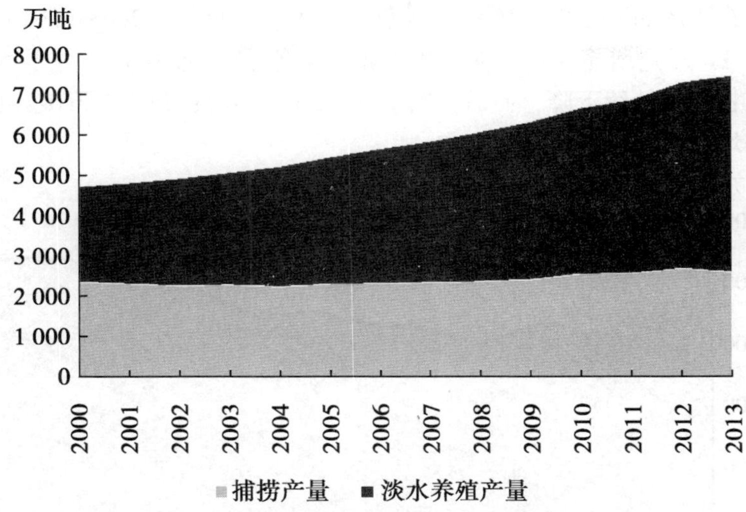

图 3-146　2000—2013 年金砖国家水产品产量

数据来源：2000—2012 年数据来自 FAO《渔业统计年鉴》和 2013 年数据来自 FAO 渔业司网站

1. 巴　西

丰富的水资源带动巴西水产养殖业的发展。2000—2013 年，巴西水产品产量从 84 万吨增至 124 万吨，增长了 47.62%，年均增长 3.04%。具体来看，巴西的水产养殖可分为 6 大类，即淡水鱼、海水虾、蛤仔类、牡蛎、淡水虾和蛙类。2000—2013 年，巴西水产养殖业得到快逗发展，从 17 万吨增至 47 万吨，年均增长率达到 8.14%。就水产捕捞而言，2000—2013 年，巴西捕捞的水产品产量从 67 万增加到 77 万吨，年均增长 1.08%，虽说巴西捕捞的水产品产量仍然高于养殖的水产品产量，但差距逐渐缩小（图 3-147）。

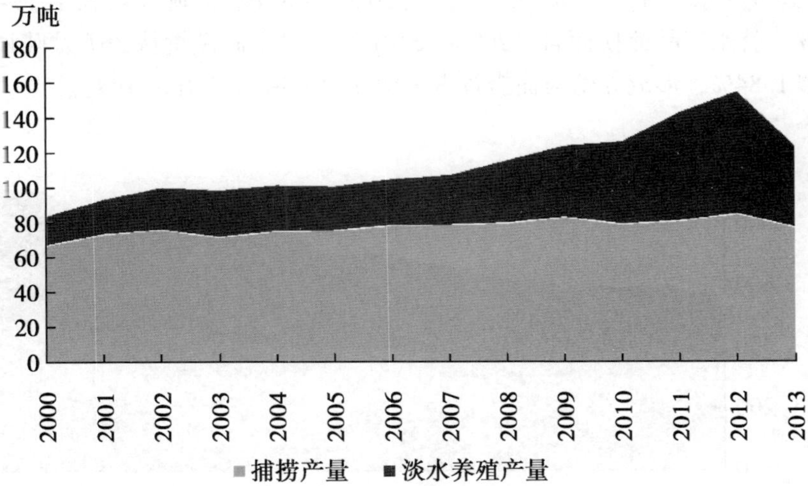

图 3-147　2000—2013 年巴西水产品产量

数据来源：2000—2012 年数据来自 FAO《渔业统计年鉴》和 2013 年数据来自 FAO 渔业司网站

2. 俄罗斯

俄罗斯是金砖国家中第二大水产品生产国，丰富的水资源促进了其水产业的发展，且俄罗斯以水产捕捞为主。黑海、里海沿岸以及位于远东的滨海边疆区是俄罗斯重要的水产养殖区，主要养殖产品有龙虾、鲜鱼、章鱼、鱿鱼、扇贝等。2003—2013 年，其养殖的水产品产量从 11 万吨增至 15 万吨，水产养殖业平稳健康发展。对于水产捕捞而言，2000—2004 年捕捞量持续下降，而后不断上涨，2013 年增长到 435 万吨，比 2000 年增长了 9.57%，年均增长 0.71%（图 3-148）。

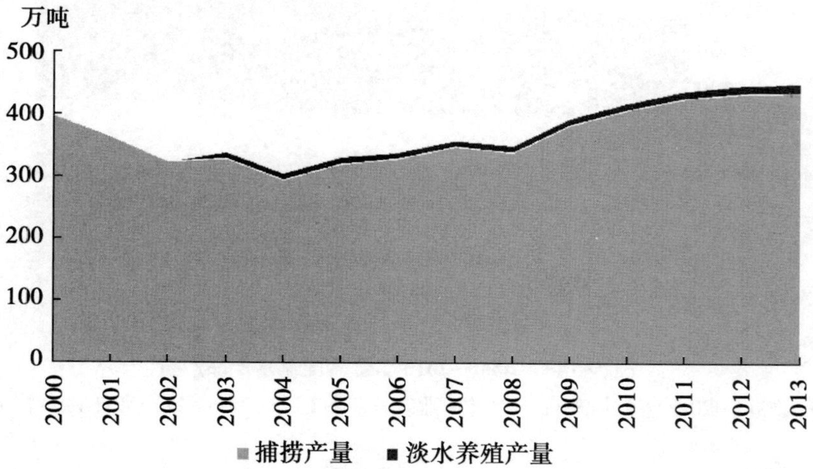

图 3-148　2000—2013 年俄罗斯水产品产量

数据来源：2000—2012 年数据来自 FAO《渔业统计年鉴》和 2013 年数据来自 FAO 渔业司网站

3. 印　度

印度水资源丰富，水产养殖业快速发展，形成养殖与捕捞并重的格局。在印度，除了少数私人或团体在陆地上建造的池塘和养殖场外，所有其他的水体均由各级政府授权经营管理，水产养殖户可通过出租或许可来进行生产。2013 年，印度养殖的水产品产量达到 455 万吨，是世界水产品生产大国之一，比 2000 年的 194 万吨，增长了 134.54%，年均增长 6.78%。就水产品捕捞而言，2000—2013 年，印度捕捞量从 367 万吨增加到 465 万吨，年均增 1.84%，形成养殖与捕捞各占半壁江山的格局（图 3-149）。

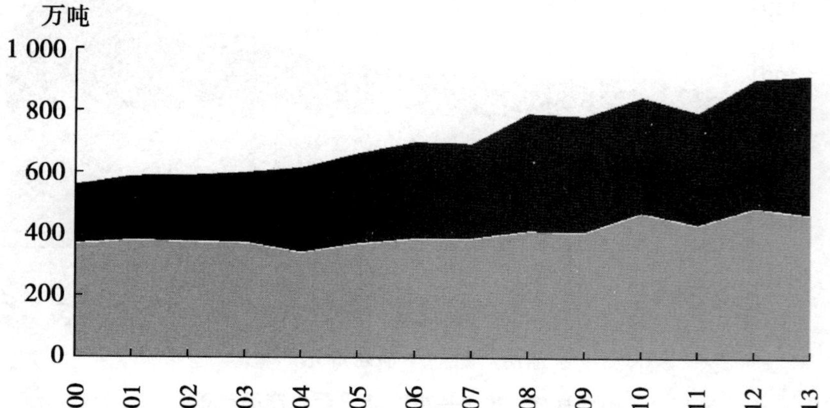

图 3-149　2000—2013 年印度水产品产量

数据来源：2000—2012 年数据来自 FAO《渔业统计年鉴》和 2013 年数据来自 FAO 渔业司网站

4. 中　国

中国是世界水产品生产第一大国，为本国乃至世界提供了丰富的水产品。21 世纪以来，随着水产生产技术的发展、消费需求的提升，中国水产养殖业快速发展，水产品养殖量不断上升。2015 年，养殖的水产品产量达到 4 942万吨，比 2000 年的 2 152万吨，增长了 129. 65%，年均增 5. 70%。就捕捞业而言，2000—2015 年，中国水产捕捞业平稳发展，产量由 1 465万吨增加到 1 748万吨，增长了 19. 32%，年均增 1. 18%（图 3-150）。

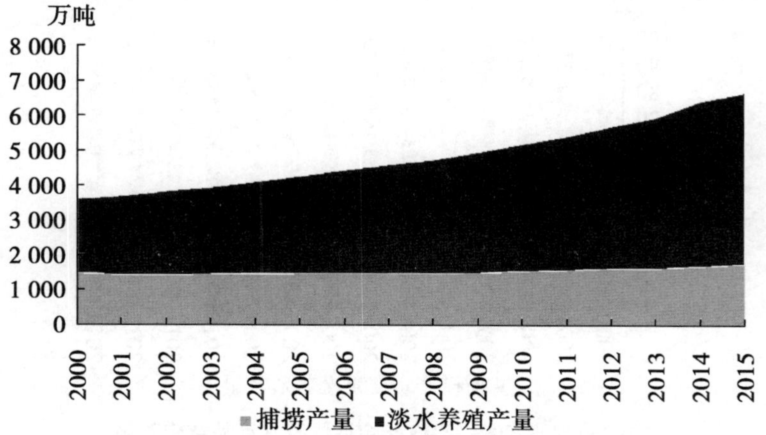

图 3-150　2000—2015 年中国水产品产量

数据来源：2000—2012 年数据来自 FAO《渔业统计年鉴》、2013 年数据来自 FAO 渔业司网站、2014 年和 2015 年数据来自《中国统计年鉴》

5. 南　非

在南非，受环境污染、气候改变等因素影响，其水产养殖相对落后，占世界的比重较小，缺少相关水产养殖的统计数据。根据 FAO 的数据，2000—2013 年，南非水产品捕捞量呈现波动增长。2000—2004 年持续增加，2004 年达到 89 万吨，而后出现波动、连续下降，2009 年最低，仅为 51 万吨，随后波动增长，到 2012 年为 70 万吨，比 2000 年增长了 9. 38%，年均增长 0. 75%（图 3-151）。

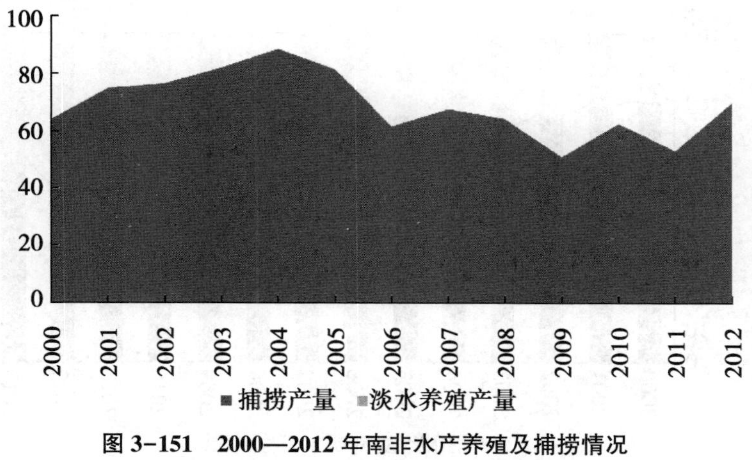

图 3-151　2000—2012 年南非水产养殖及捕捞情况

数据来源：FAO《渔业统计年鉴》

(二) 水产品结构变化

就金砖国家整体而言，近年来淡水养殖产业发展迅速，淡水养殖产量占水产品总产量的比重迅速提高，2013 年达到 65.18%，比 2000 年的 50.04%，提高了 15.14%；捕捞产量占比从 2000 年的 49.96%降至 2013 年的 34.82%，金砖国家已成功实现由“水产捕捞业”向“水产养殖业”转型的经济体系（图 3-152）。

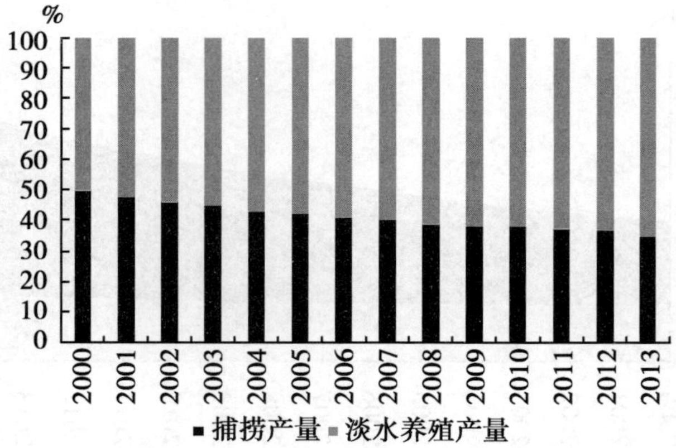

图 3-152　2000—2013 年金砖国家水产品结构变化

分国别来看，巴西淡水养殖产业快速发展，占比快速提高；俄罗斯捕捞产业较为发达，捕捞占绝对统治地位；印度淡水养殖和捕捞几乎各占半壁江山；中国淡水养殖产业较为发达，占比较高；南非几乎没有养殖产业，捕捞占绝对统治地位。

1. 巴　西

近年来，巴西淡水养殖产业快速发展，呈现出水产捕捞业平稳地向水产养殖业转型的趋势，但主要水产业经济体系仍为水产捕捞业。2013 年其占水产品总产量的比重达到 38.33%，比 2000 年的 20.55%，提高了 17.78%，2012 年达到最高，为 45.63%。同期，捕捞产量占水产品总产量的比重，从 2000 年的 79.45%降至 2013 年的 61.78%，最低出现在 2012 年，仅为 54.37%（图 3-153）。

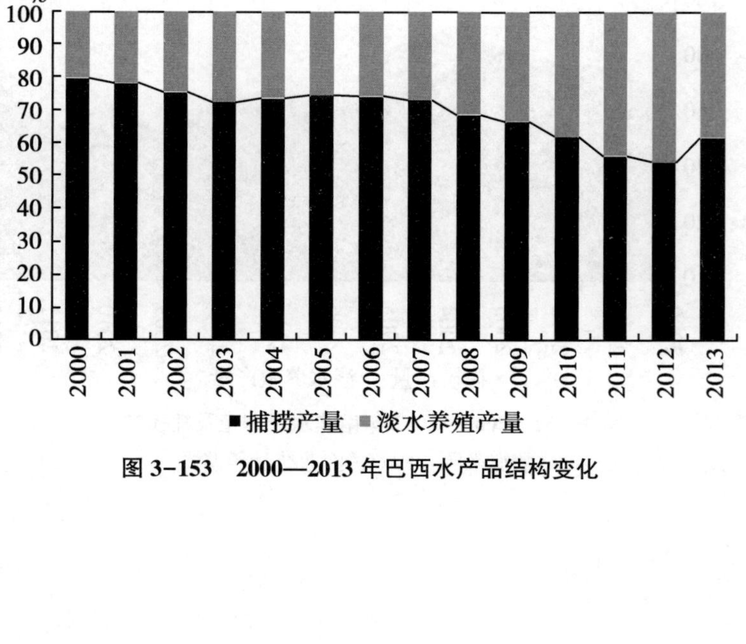

图 3-153　2000—2013 年巴西水产品结构变化

2. 俄罗斯

俄罗斯远洋捕捞产业较为发达，捕捞产量占水产品总产量的决定统治地位，尤其是2000—2002年淡水养殖量均为零，捕捞产量占比高达100%。2003年以来，随着淡水养殖产业的稳步发展，其占比稳定提高，2013年其占水产品总产量的比重达到3.44%，创近年来新高。同期，捕捞产量占比从2000年的100%降至2013年的96.56%，虽说比例略有下降，但仍占主导地位（图3-154）。

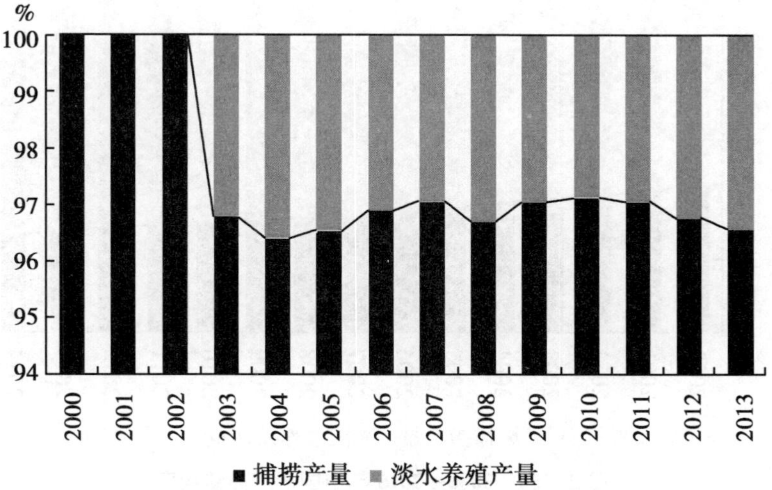

图3-154 2000—2013年俄罗斯水产品结构变化

3. 印 度

近年来，印度淡水养殖产业快速发展，2013年其占水产品总量的比重达到49.48%，比2000年的34.63%，提高了14.85%，达到近年来的最高值。同期，捕捞产量占水产品总产量的比重，从2000年的65.37%降至2013年的50.52%，淡水养殖量与捕捞产量几乎各占水产品总量的半壁江山（图3-155）。

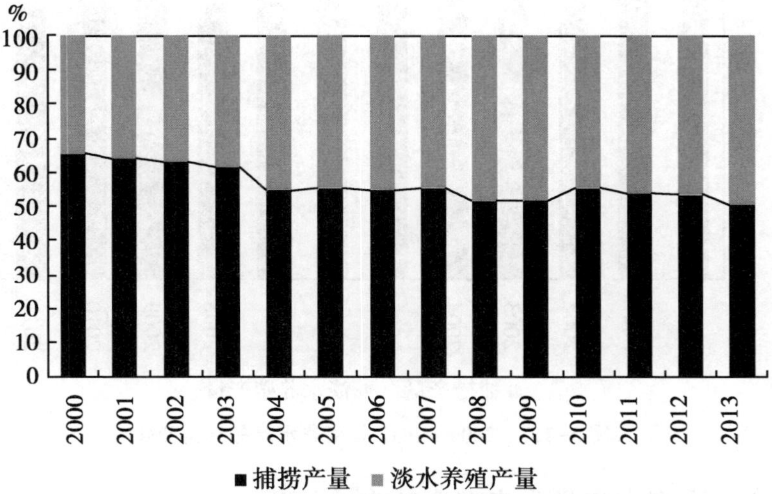

图3-155 2000—2013年印度水产品结构变化

4. 中　国

中国淡水养殖产业发展迅速，2015 年淡水养殖产量占水产品总量的比重达到 73.87%，比 2000 年提高了 14.37%，达到近年来的最高点，地位越来越突出。同期，捕捞产量占水产品总产量的比重从 2000 年的 40.5%降至 2015 年的 26.13%（图 3-156）。

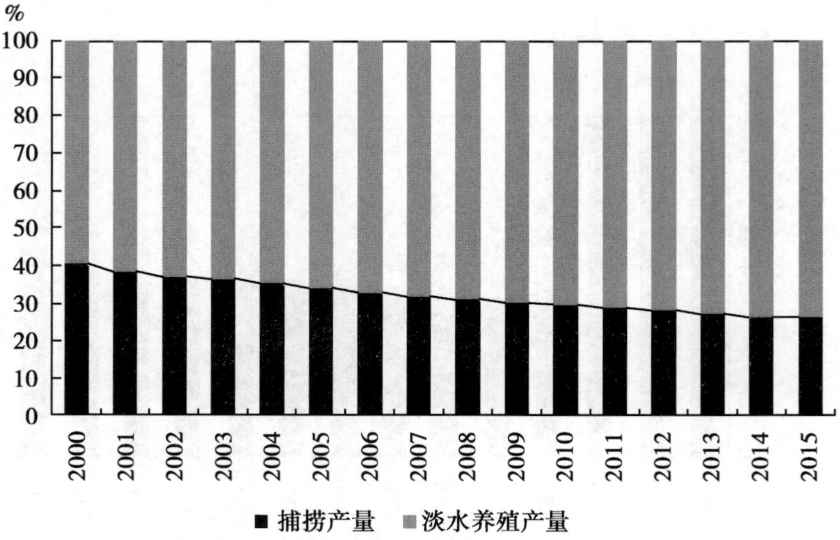

图 3-156　2000—2015 年中国水产品结构变化

5. 南　非

南非捕捞产量占水产品总产量的决定统治地位，2000—2013 年占比一直维持在 100% 的水平（图 3-157）。

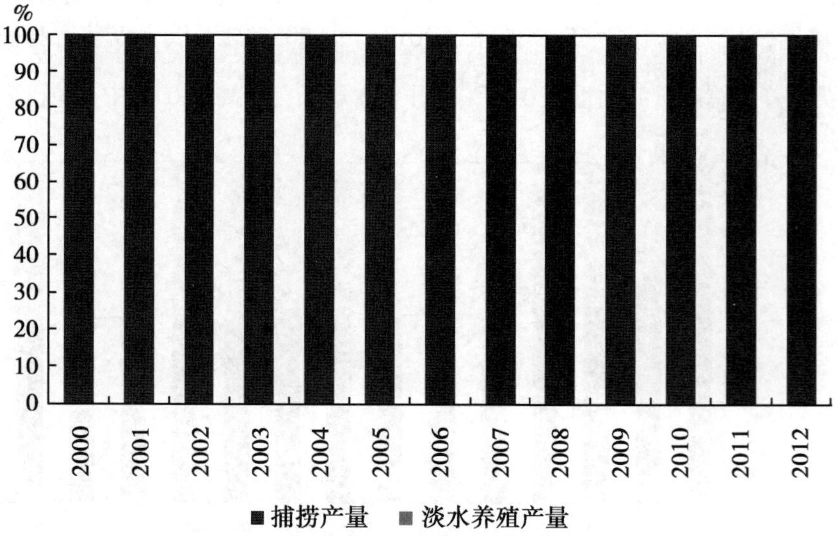

图 3-157　2000—2012 年南非水产品结构变化

（三）金砖国家水产品生产在全球中的地位

随着金砖各国水产品产量的不断发展，对全球水产业的影响力逐步提升。2000—2013

年，金砖国家水产总量占世界产量的比重由25.23%增至28.12%，增加了2.89%。其中，捕捞业总量占世界产量的25.23%增至28.12%，增加了2.89%；养殖业总量占世界产量的72.92%降至69.42%，减少了3.5%（图3-158）。

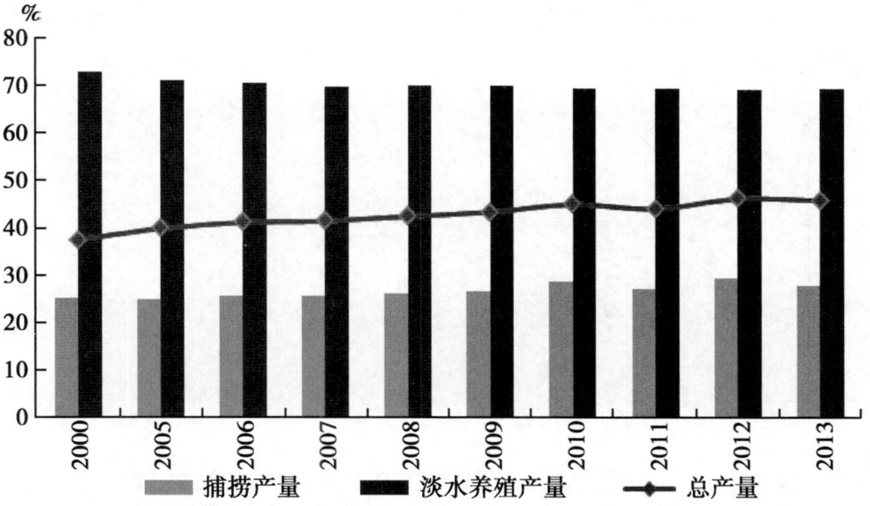

图3-158　2000—2013年金砖国家水产品产量占世界的比重

分国别来看，中国淡水养殖的水产品产量稳居世界首位，捕捞产量也稳步增长，提高了1.92%，是金砖国家中增速最快的；巴西与南非水产品生产占全球总量的比重较低，但增长明显；印度是金砖国家中仅次于中国的水产大国，水产品产量占全球的比例稳步提高；俄罗斯捕捞产业较为先进，占全球捕捞产量的比重不断提高。

1. 巴　西

2000年以来，巴西水产品总产量占全球总量的比重稳步提升。2000—2013年，巴西水产品总产量占世界水产品总产量的比重从0.67%提升到0.76%，提高了0.09%；淡水养殖产量占世界淡水养殖总产量的比重从0.53%提升到0.67%，提高了0.14%；捕捞产量占世界捕捞总量的比例从0.71%增至0.83%，提高了0.12%（图3-159）。

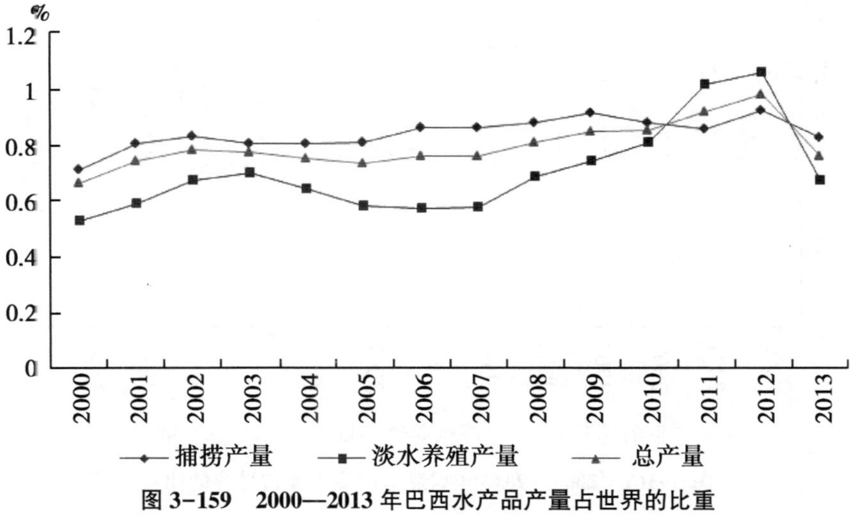

图3-159　2000—2013年巴西水产品产量占世界的比重

2. 俄罗斯

俄罗斯水产品总产量世界占比稳中略降，但是捕捞产量占比稳步增长。2000—2013年，俄罗斯水产品总产量占世界水产品总产量的比重从3.15%降至2.77%，下降了0.88%；淡水养殖产量占世界淡水养殖总产量的比重从0%提升到0.22%；捕捞产量占世界捕捞总量的比例从4.25%增至4.69%，提高了0.44%（图3-160）。

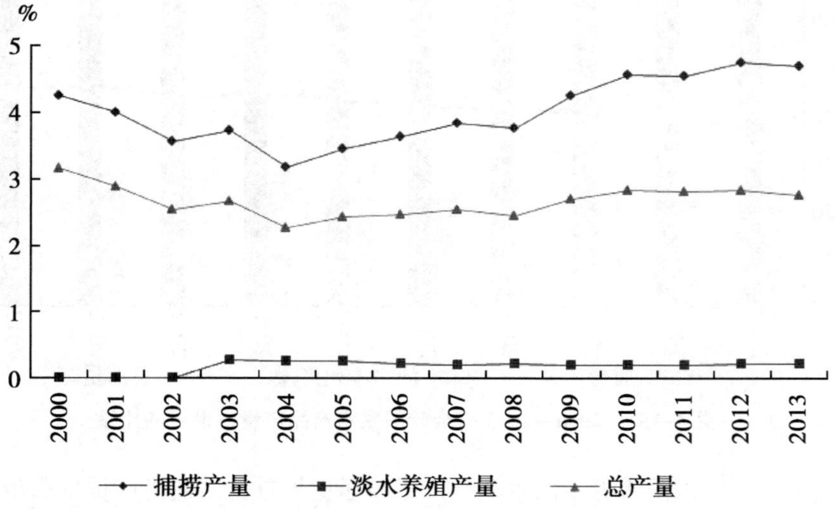

图3-160 2000—2013年俄罗斯水产品产量占世界的比重

3. 印 度

2000年以来，印度水产品总产量占全球总量的比重稳步提升。2000—2013年，印度水产品总产量占世界水产品总产量的比重从4.45%提升到5.65%，提高了1.2%；淡水养殖产量占世界淡水养殖总产量的比重从5.99%提升到6.48%，提高了0.49%；捕捞产量占世界捕捞总量的比例从3.92%增至5.02%，提高了1.1%（图3-161）。

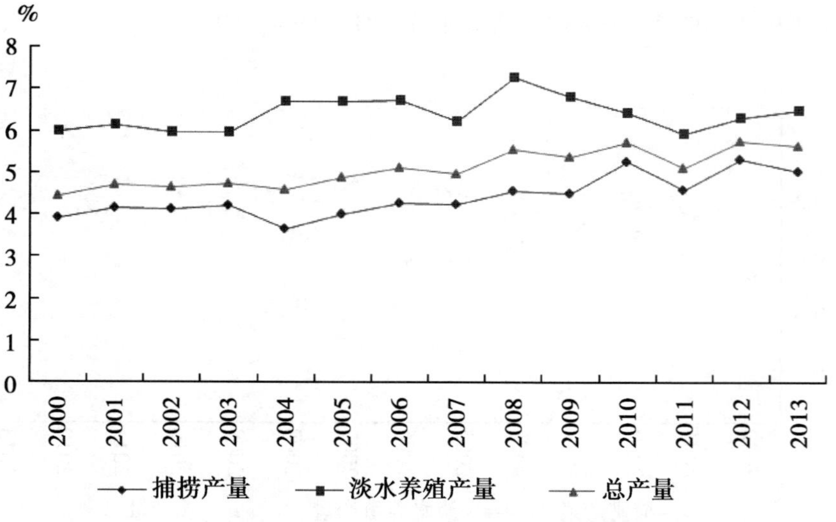

图3-161 2000—2013年印度水产品产量占世界的比重

4. 中　国

2000年以来，中国水产品总产量占全球总量的比重稳步提升，但是淡水养殖产量占比稳中有降。2000—2013年，中国水产品总产量占世界水产品总产量的比重从28.72%提升到36.76%，提高了8.04%；淡水养殖产量占世界淡水养殖总产量的比重从66.39%降至62.05%，下降了4.34%；捕捞产量占世界捕捞总量的比例从15.66%增至17.58%，提高了1.92%（图3-162）。

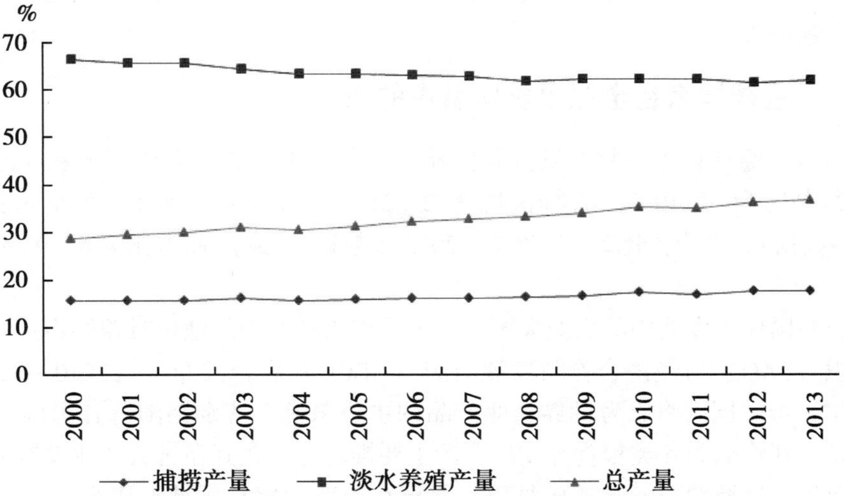

图3-162　2000—2013年中国水产品产量占世界的比重

5. 南　非

2000年以来，南非捕捞产量占全球捕捞总量的比重稳步提升，但是水产品产量占世界比例稳中有降。2000—2012年，南非水产品总产量占世界水产品总产量的比重从0.51%降至0.44%，下降了0.07%；捕捞产量占世界捕捞总量的比例从0.69%增至0.77%，提高了0.08%（图3-163）。

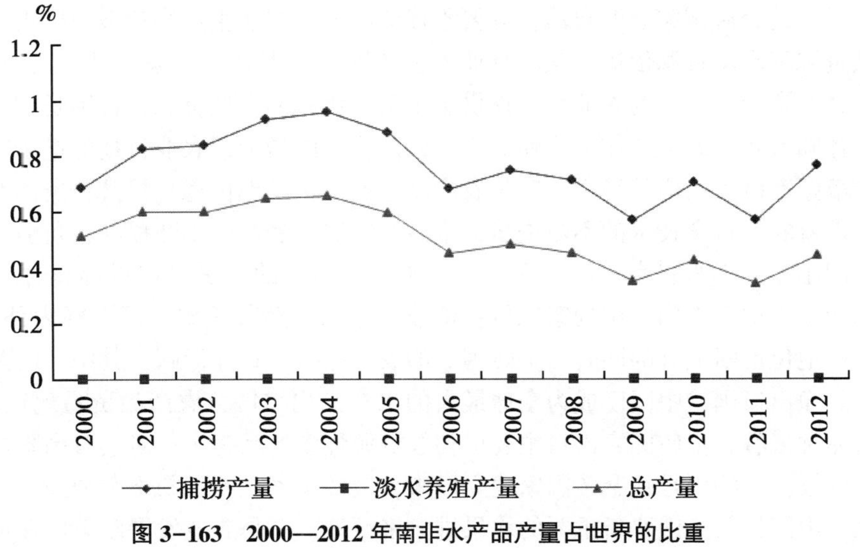

图3-163　2000—2012年南非水产品产量占世界的比重

五、金砖国家农业生产在全球粮农体系中的地位及各国异同点

金砖国家在全球粮农体系中占有重要地位，是稳定全球粮食安全的重要载体，这不仅因为金砖国家拥有世界42.2%的人口，更因为金砖国家农业生产总值占到世界总额近半数（2012年为48%），此外更重要的是金砖国家的农业具有巨大的发展潜力，在世界市场的地位不断增强。

（一）金砖国家在全球粮农体系中的地位

2015年，金砖国家谷物产量占到世界总产量的40.4%、肉类和水果占比均在40%左右、奶类占比为32.19%、油料占比为25.22%（2014年数据）、蔬菜占比为64.63%（2013年数据）、禽蛋占比为51.73%（2013年数据）、水产业占比为45.93%（2013年数据）。

金砖各国作为发展中的农业大国，在世界粮农体系中的地位日益突出。联合国粮食及农业组织（FAO）与经济合作与发展组织（OECD）联合发布的《2010—2019年农业展望》指出，金砖国家将成为世界农业产品的主要来源，特别是随着各国国民收入水平的不断提高，其将成为各类粮食开发项目的主要推动力，尤其在畜牧产业发展方面，最终其将在农业生产领域领先OECD成员国，甚至在消费和贸易领域形成主导力量。根据FAO预测，2019年金砖国家农业生产效率增加率将达27%，超过世界平均水平（预计为22%）。其中，巴西农业产量增加率最高，将达40%以上，中国、印度和俄罗斯分别为29%、21%和26%。

（二）金砖国家农业发展共性特征

金砖国家作为发展中的农业大国，农业发展各具特色，但近年来的发展呈现出一定的共性特征。一是金砖国家农业自然资源要素优势明显，农业生产增长潜力巨大。农业是一个对自然资源和环境资源依赖很强的行业，金砖国家地理区位优势明显、土地资源丰富、水资源、林业资源充足，为农业生产提供了丰富、优厚的自然资源，特别是在金砖国家建立以来，伴随着各国农业合作的不断深入，以及投入的增加、农业科技的进步，金砖国家农业生产蕴藏着巨大的增长潜力。二是农产品生产、贸易地位稳步提升，资源型农产品出口突出。随着农业科学技术的不断进步，金砖国家农产品产量不断提高，目前，巴西的咖啡以及中国小麦、玉米、畜产品、水产品、水果、蔬菜的产量均居世界首位，印度的小麦、玉米产量仅次于中国，位列第二位；南非的水果、蔬菜等农产品在国内外享有盛名。农产品生产地位不断上升的同时，金砖国家的农产品贸易日渐活跃，其中，巴西、印度已成为农产品净出口国，中国已成为全球最大的水产品出口国，农产品贸易地位不断上升。从贸易的品种来看，金砖国家出口主要以初级资源性农产品为主，对具有高附加值的加工农产品出口较少。特别是在金砖国家建立以来，金砖国家之间贸易不断加强，以中俄水果贸易为例，中国目前是俄罗斯重要的水果进口来源地。三是农业发展政策以保证自给为基础，兼顾农业走出去战略。金砖国家人口占世界人口的42.2%，主要农产品特别是粮食

的自给自足关系到各国的发展，各国农业发展政策多以保障农产品安全为主，在此基础上鼓励农业走出去战略，金砖各国的合作逐渐增多，特别是对外直接投资、进行合作程度不断提高，不仅包括劳务输出，还包括农业科技输出、水产业产业合作等。四是农业科技创新与引用，推动农业产业转型。随着全球气候变暖、环境污染加剧、土地资源枯竭等农业资源因素制约的加剧，金砖国家逐步加大农业科技投入，加快农业科技创新，推动农业新技术的推广应用，不断加快农业产业升级转型。同时，不断加强合作应对全球气候变暖、粮食安全等全球性问题，且合作层次较高、合作内容不断深入、合作成果逐步显现。

（三）金砖国家农业发展差异比较

金砖国家各国地处四大洲，受自然资源、社会经济、人口规模、文化差异等因素的制约及影响，各国农业发展具有明显差异。一是各国农业发展水平有所差异。总体而言，中国农业发展水平相对较高，各类农作物单产水平、耕地灌溉率、百人机械拥有量、良种繁育和配种水平普遍较高，但是同时也应该清晰的看出，印度在奶业生产方面优势明显，生物技术水平较为先进。二是各国农业发展政策具有一定的差异。金砖国家人口规模、生活习性差异极大，各国在制定农业发展政策时也会各有着重，如中国以保障粮食供给安全为主、俄罗斯农产品则以进口为主、印度则在鼓励农产品的出口。三是各国农、林、牧、水产业生产各有侧重。受自然资源的约束以及生产文化的影响，金砖国家农业生产各有所重，其中，中国、印度和南非以种植业生产为主；俄罗斯受气候环境的影响，主要以发展林业、畜牧业为主；巴西则逐渐实现了种植业、畜牧业、水产业和林业的全面协调发展。四是各国农产品竞争力差异不尽相同。受资源禀赋方面因素的制约，金砖国家农产品竞争力各不相同，在金砖五国中，巴西绝大部分农产品都具有较强的比较优势，其中部分经济作物竞争优势极强；俄罗斯农产品竞争优势最弱，仅水产品和谷物这两类农产品具有一定优势；中国水产品、蔬菜和水果具有明显的竞争优势；印度咖啡、茶、香料等经济作物及谷物、棉花等产品有优势；南非的水果、蔬菜具有一定的优势，是南非出口创汇的重要农产品。

未来，金砖各国应该在充分发挥各国农业资源优势的基础上，不断加强农业生产技术、农业信息手段、农业科技创新等方面的合作，共同应对粮食安全问题，以及全球变暖对农业生产带来的挑战，实现各国粮食安全与农业稳定发展。

第四章　金砖国家农产品贸易情况

经济全球化、一体化趋势的加快，推动了世界农产品贸易的发展，金砖国家农产品贸易的重要性也越来越突出。2014 年，金砖国家农产品进出口额占到全球农产品进出口总额的 11.74%，进口额和出口额分别占全球进口总额和出口总额的 11.40%和 12.07%。同时，在金砖各国农业资源条件、生产政策、贸易政策的共同作用下，形成了各国特色鲜明的贸易结构，国家间贸易结构互补性显著，未来合作潜力巨大。

一、金砖国家农产品贸易总体规模

近年来，金砖国家农产品贸易总体规模不断扩大，对国际农产品市场的健康发展作用越来越明显。2015 年，金砖国家农产品进出口额为 3 838亿美元①，比 2000 年的 784 亿美元，增长了 3.90 倍，年均增长 11.17%。2000—2015 年，金砖国家农产品进口额与出口额均呈现快速增长，年均增长率分别为 10.57%和 11.75%（表 4-1）。

表 4-1　2000—2015 年金砖国家和世界农产品贸易状况　　单位：亿美元

世　界	2000 年	2005 年	2010 年	2011 年	2012 年	2013 年	2014 年	2015 年
进口额	4 332	6 799	11 073	13 559	13 660	17 372	17 654	—
出口额	4 110	6 536	10 851	13 208	13 369	18 448	18 731	—
进出口总额	8 442	13 335	21 925	26 767	27 029	35 820	36 385	—
金砖国家	2000 年	2005 年	2010 年	2011 年	2012 年	2013 年	2014 年	2015 年
进口额	399	695	1 561	2 007	2 197	2 000	2 013	1 800
出口额	385	710	1 498	1 800	1 928	2 288	2 260	2 038
进出口总额	784	1 405	3 060	3 808	4 125	4 288	4 273	3 838
金砖国家占比（%）	2000 年	2005 年	2010 年	2011 年	2012 年	2013 年	2014 年	2015 年
进口额	9.21	10.22	14.10	14.81	16.08	11.51	11.40	—

①2000—2012 年数据来自 FAOSTA，2013 年和 2014 年巴西、俄罗斯、印度、中国和南非的数据根据联合国商品贸易数据库计算而得（计算根据的农产品范围根据 WTO 的农业协定，1-24 章，另外加上 290543、290544、3301、3501 - 3505、380910、382360、4101 - 4103、4301、5001 - 5003、5101 - 5103、5201-5203、5301、5302 等），2013 和 2014 年世界的农产品贸易数据来自 WTO 数据库，数值较 FAO 数据偏高，所以 2014 年金砖国家农产品进出口额占世界的比例可能比实际值偏低一些

（续表）

金砖国家占比（%）	2000 年	2005 年	2010 年	2011 年	2012 年	2013 年	2014 年	2015 年
出口额	9.37	10.87	13.81	13.63	14.42	12.40	12.07	—
进出口总额	9.29	10.54	13.96	14.23	15.26	11.97	11.74	—

数据来源：FAOSTAT、联合国商品贸易数据库、WTO 数据库

（一）农产品进口额

农产品进口不仅是满足居民消费需要的重要手段，而且是调节与稳定国内农产品市场的有效方式。2000 年之前，金砖国家的进口额一直保持较低水平且增速缓慢，1992—1999 年年均增长率仅为 0.29%①。进入 21 世纪后，金砖国家的农产品进口迅速增加，2000—2015 年年均增长率达 10.57%。其中，2007 年成功突破 1 000亿美元，达到 1 022亿美元；2011 年突破 2 000亿美元，2014 年达到 2 013亿美元。其中，最大贡献来自中国的 1 210亿美元，其次为俄罗斯的 405 亿美元，印度以 209 亿美元紧随其后，巴西贡献了 122 亿美元，南非最少仅为 67 亿美元。据 WTO 数据库资料，2014 年中国农产品进口额居世界第 1 位、俄罗斯居第 11 位、印度第 15 位，巴西居第 33 位，南非居第 48 位②。

1. 巴　西

近年来，巴西农产品进口额呈明显的波动增长态势，且波动频繁。2000—2015 年，巴西农产品进口额由 43 亿美元增长到 97 亿美元，年均增长 5.57%，是金砖国家中进口额年均增长最慢的国家（图 4-1）。

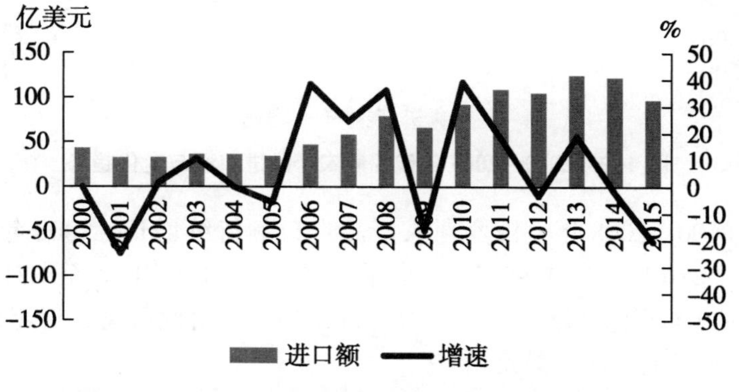

图 4-1　2000—2015 年巴西农产品进口额与变化趋势

数据来源：2000—2012 年数据来自 FAO 数据库，2013—2015 年数据为联合国贸易数据库。数据涵盖海关数据中 1 - 24、290543、290544、3301 - 3505、380910、4101 - 4103、5001 - 5003、5101、5103、5201-5203、5301，其余为空

具体来看，2001 年巴西农产品进口额同比下降 25%，为 32 亿美元；随后 2002 年和

①俄罗斯是在苏联解体后，于 1991 年成立的，因此可获得的最早的关于金砖国家的数据开始于 1992 年，增速就是开始于 1993 年

②本次统计数据中不包括中国香港、中国澳门和中国台湾

2003 年出现恢复性增长，但是增速较慢，2003 年仅为 36 亿美元；2004—2005 年又出现小幅下降，2005 年降至 34 亿美元；随后 2006—2008 年连续 3 年保持同比年均 30%以上的增长，2008 年增至 79 亿美元；但 2009 年由于受到全球经济危机影响，下降 16.48%，降至 66 亿美元；2010 年出现急速增长，增幅达 39.08%，为 20 世纪 90 年代以来的最快增速；2011 年更是成功突破 100 亿美元，达到 109 亿美元；随后一直维持在 100 亿美元以上水平，2013 年最高，为 125 亿美元；然而 2014 年和 2015 年进口额出现下降趋势，同比分别下降 2.4%和 20.49%，降至 122 亿美元和 97 亿美元。

2. 俄罗斯

21 世纪以来，俄罗斯农产品进口额除了 2009 年受到 2008 年金融危机影响出现小幅下降，其他年份保持平稳增长态势。2000—2015 年，俄罗斯农产品进口额由 72 亿美元增到 269 亿美元，年均增长 9.18%，比 1992—1999 年的-8%的年均增长明显提高；2000—2008 的年均增长率达到 20.34%，但是 2009—2012 的年均增长率降为 12.20%，增速呈放缓态势（图 4-2）。

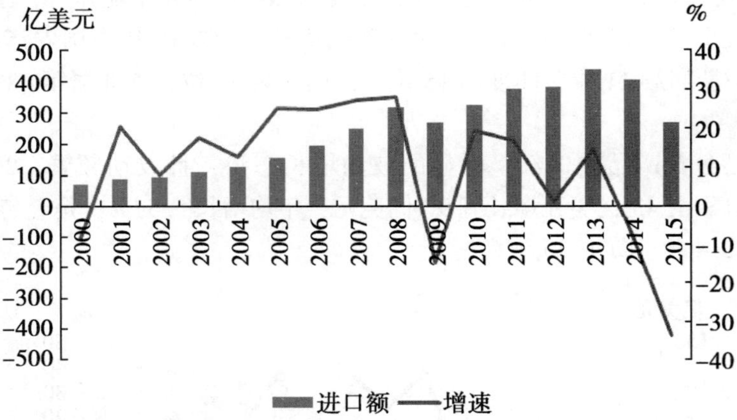

图 4-2　2000—2015 年俄罗斯农产品进口额与变化趋势

具体来看，2000—2008 年，俄罗斯农产品进口额持续增长，2008 年为 318 亿美元，比 2007 年增长 28.01%，为 1992 年以来最大涨幅；2009 年降至 271 亿美元，下降 14.89%；2010—2014 年保持增长，年均增速为 5.77%，由此可见，近年来农产品进口额增速放缓；2015 年降至 269 亿美元。

3. 印　度

21 世纪以来，印度的农产品进口额增速是金砖国家中增速最快的。2000—2015 年，印度农产品进口额的年均增速为 14.53%，同时，1992—1999 年的年均增速也高达 17%，均居金砖各国之首。此外，2011 年的增速达到 61.84%，为近年来最高，明显高于其他金砖国家的最高增速（图 4-3）。

具体来看，2000—2009 年，印度农产品进口额总体呈增长走势，从 29 亿美元增长到 128 亿美元，增长了 3.41 倍，是金砖国家在 2009 年这一年中唯一保持增长的国家；但是 2010 年同比下降了 16.82%，与其他金砖国家相比，其对国际市场的变化表现出一定的滞后性；2011 年和 2012 年保持增长趋势，分别涨至 173 亿美元和 202 亿美元，2013 年小幅下降，2014 年再次上涨至 209 亿美元，2015 年进一步涨至 222 亿美元。预计，未来印度

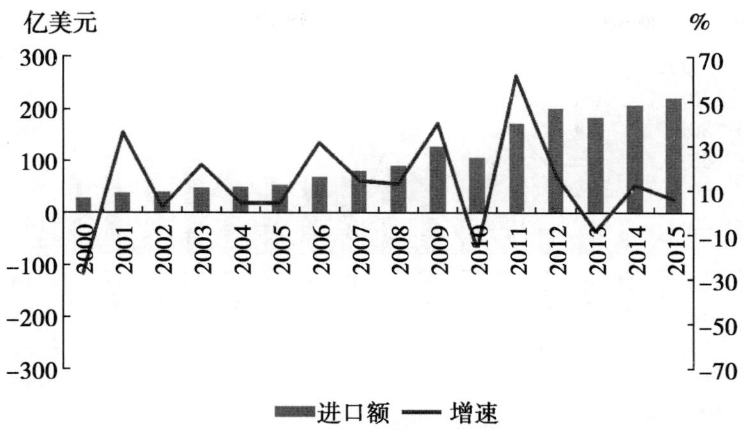

图 4-3　2000—2015 年印度农产品进口额与变化趋势

的农产品进口仍保持增长态势，进口额增速将趋于稳定，且可能高于其他金砖国家水平，是重要的农产品进口国。

4. 中　国

自 2010 年起农产品进口额超过美国，成为世界上最大的农产品进口国。2015 年农产品进口额达 1 159亿美元，占金砖国家进口总额的 64. 41%，。2000—2015 年，中国农产品进口额年均增速为 11. 04%，明显高于 1992—1999 年的 2%，进口额大幅提高（图 4-4）。

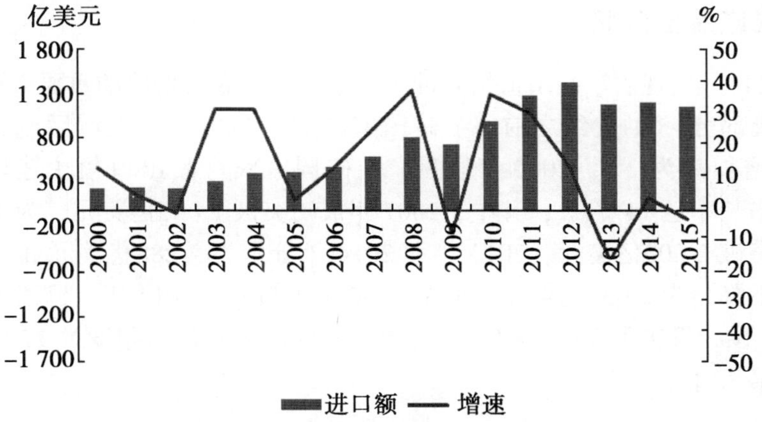

图 4-4　2000—2015 年中国农产品进口额与变化趋势

具体来看，2000—2002 年，中国农产品进口额基本稳定在 245 亿美元左右，2003 年和 2004 年同比保持 30%以上的增速，随后 2005—2008 年，进口额与其增速均保持增长趋势，2008 年达 809 亿美元，而后 2009 年出现下降，为 729 亿美元；2010—2012 年，保持年均 20. 63%的增速，处于高速增长期，2013 年和 2014 年有小幅下降。预计，未来中国农产品进口需求仍然较大，进口额仍将维持在较高水平。

5. 南　非

2000 年以来，南非的农产品进口贸易持续扩张，进口额不断增长。2000—2015 年，南非农产品进口额由 14 亿美元增长到 52 亿美元，年均增长 9. 14%，比 1992—1999 年的−4%明显提高（图 4-5）。

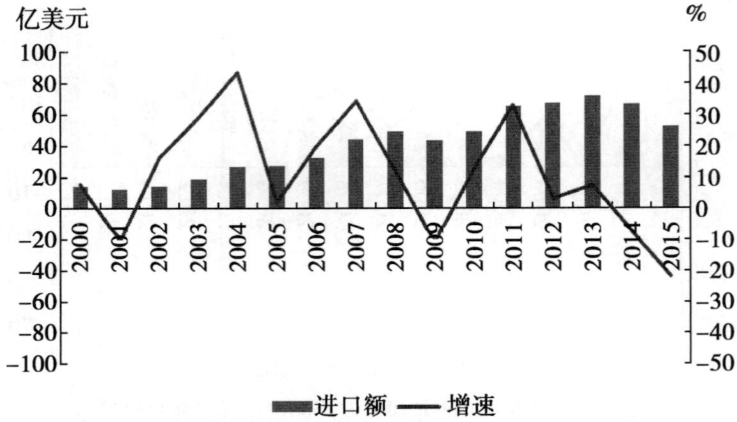

图 4-5　2000—2015 年南非农产品进口额与变化趋势

具体来看，2000—2003 年，南非的农产品进口额延续 1992 年以来的低位徘徊趋势，一直低于 20 亿美元；2004 年开始农产品进口额持续增长，2008 年涨至 49 亿美元；2009 年受到全球金融危机影响，有所下降，为 44 亿美元；而后，继续保持增长走势，2010—2012 年年均增长率达到 17.06%，2012 年进口额为 67 亿美元，2013 年更是超过 70 亿美元。预计，未来南非农产品进口增长潜力较大，但增速可能较为缓慢。

（二）农产品出口额

农产品出口是实现农产品增值增效的重要手段，是农民增收的重要渠道，是出口创汇的重要组成部分。21 世纪之前，金砖国家的农产品出口呈先增后减趋势，1992—1999 年年均增加率为 2%。2000 年以后，金砖国家农产品出口额快速增长，2000—2015 年年均增长率达 11.75%，其中，2007 年成功突破 1 000亿美元，为 1 035亿美元，2013 年更是突破 2 000亿美元，2013 年和 2014 年分别为 2 288亿美元和 2 260亿美元，2015 年略有下降，为 2 038亿美元。据 WTO 数据库资料，2014 年，巴西的农产品出口额居世界第 4 位，仅次于美国、荷兰和德国，中国居第 6 位，印度第 12 位，俄罗斯第 17 位，南非第 33 位。

1. 巴　西

巴西是世界上重要的农产品出口国，2014 年其农产品出口额位居世界第 4 位。2000—2015 年，巴西农产品出口额由 128 亿美元增长到 745 亿美元，年均增长 12.46%，远高于 1992—1999 年的 6%，出口额进入快速增长通道（图 4-6）。

具体来看，自 1994 年起巴西农产品出口额进入 100 亿美元“俱乐部”，而后维持多年；直到 2003 年才成功突破 200 亿美元，为 209 亿美元；2003—2008 年，保持年均增长 22.5%的高速，2008 年达到 577 亿美元；2009 年受全球金融危机影响，出口出现下滑，出口额降低 8.22%，为 530 亿美元；2010 年和 2011 年分别涨至 641 亿美元和 813 亿美元；2012 年出现小幅下滑，为 801 亿美元；2013 年、2014 年和 2015 年分别为 866 亿美元、826 亿美元和 745 亿美元。

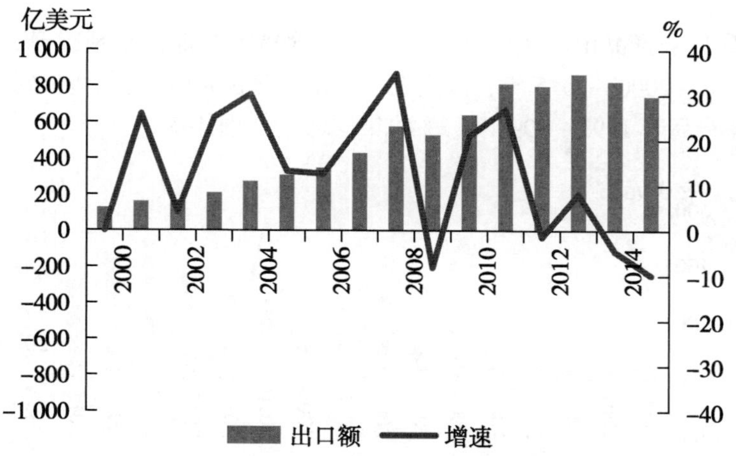

图 4-6　2000—2015 年巴西农产品出口额与变化趋势

数据来源：2000—2012 年数据来自 FAO 数据库，2013—2015 年数据来自联合国贸易数据库。数据包含海关数据 1-24、290543、290544、3301-3505、380910、4101-4103、5001-5003、5101、5103、5201-5203、5301，其余数据为空

2. 俄罗斯

2000 年以前，俄罗斯农产品出口一直低位徘徊，1999 年出口额最低，仅为 6 亿美元。21 世纪以来，俄罗斯农产品出口额进入了快速波动增长期，较其他金砖国家波动幅度大。2000—2015 年，俄罗斯农产品出口额由 11 亿美元增长到 163 亿美元，年均增长 19.69%，在金砖国家同期中也属于最高增速（图 4-7）。

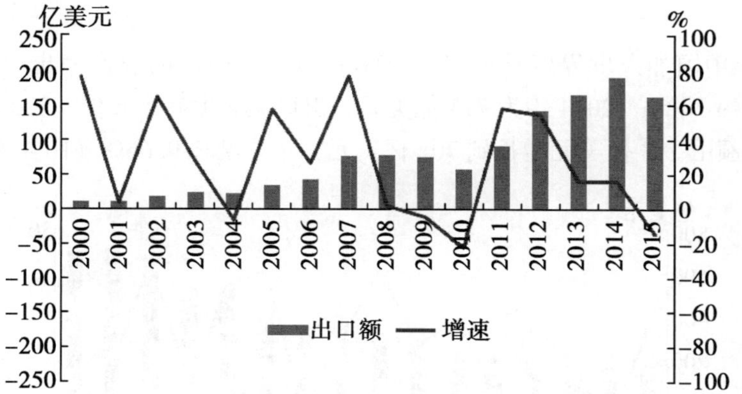

图 4-7　2000—2014 年俄罗斯农产品出口额与变化趋势

具体来看，俄罗斯农产品出口额 2000 年和 2011 年几乎没有变动，均为 11 亿美元；2002 年同比快速增长 64.60%，涨至 18 亿美元；而后，2004 年出现小幅下降，与 2003 年相比下降 6.08%；2005—2008 年，连续 4 年增长，尤其 2007 年同比增速达到 77.10%，为近年来最大涨幅；2009—2010 年，持续下滑，2010 年降至 58 亿美元；随后企稳增长，2010—2014 年，年均增长率高达 34.57%，2014 年达到 191 亿美元，2015 年有所下降，降至 163 亿美元。

3. 印　度

近年来，印度农产品出口在世界农产品出口贸易中的地位不断提升，2014 年出口额跃居世界第 12 位。2000—2015 年，印度农产品出口额由 49 亿美元增长到 343 亿美元，年均增长 13. 85%，高于 1992—1999 年 7%的年均增速（图 4-8）。

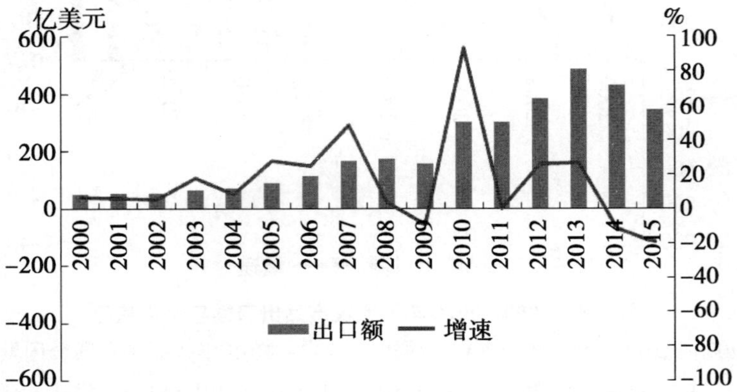

图 4-8　2000—2015 年印度农产品出口额与变化趋势

具体来看，1995 年，印度农产品出口出现大幅增长，同比增长 69. 59%，达到 54. 94 亿美元；而后，连续 3 年下降。进入 21 世纪后，印度农产品出口呈现持续快速增长势头，到 2008 年达到 173 亿美元；与其他金砖国家类似，2009 年印度农产品出口额出现下滑，降至 157 亿美元；2010 年出现大幅增长，增幅达到 93. 42%，涨至 303 亿美元；2010 年以来，农产品出口额基本保持较平稳增长走势，2010—2014 年的年均增长 8. 98%，2015 年降至 343 亿美元。

4. 中　国

自 2001 年中国加入世界贸易组织（WTO）以来，中国的农产品出口贸易逐渐增长（除 2009 年小幅下降），2014 年为 713 亿美元，出口额居世界第 6 位。2000—2015 年，中国农产品出口额由 173 亿美元增长到 702 亿美元，年均增长 9. 66%（图 4-9）。

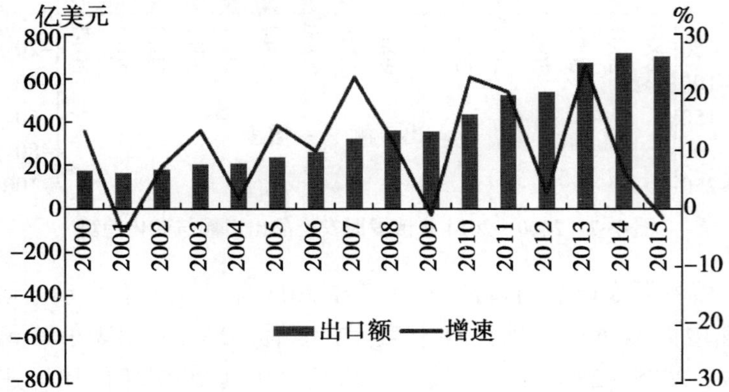

图 4-9　2000—2015 年中国农产品出口额与变化趋势

具体来看，2001 年中国农产品出口额下降 4. 40%，为 168 亿美元，这主要是受到入世影响，前景不明朗，出口商存在观望态度；而后，除了 2009 年出现小幅下降 1. 08%外，中国农产品出口额保持增长走势；2011 年起突破 500 亿美元，达 523 亿美元，2013 年和 2014 年保持快速增长，分别为 671 亿美元和 713 亿美元，2015 年略有下降，为 702 亿美元。

5. 南　非

农产品出口特别是果蔬出口是南非出口创汇的一个重要组成部分。2000—2015 年，南非农产品出口额由 22 亿美元增长到 86 亿美元，年均增长 9.51%，比 1992—1999 年的 3%提高了 6.51%（图 4-10）。

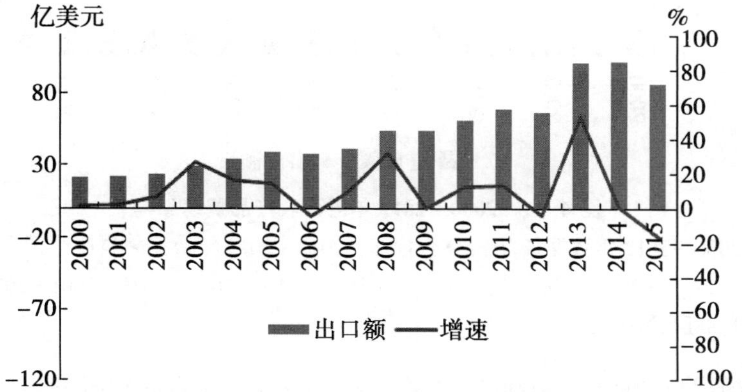

图 4-10　2000—2015 年南非农产品出口额与变化趋势

具体来看，2000 年以前，南非农产品出口额维持低速波动变化，基本维持在 20 亿美元左右；2000—2005 年，由 22 亿美元持续增长至 39 亿美元，年均增长 12.75%；2006 年下降至 37 亿美元，降幅为 4.69%；2007—2011 年出口额持续增长至 69 亿美元，年均增长 10.97%，但增幅低于上一个连续 5 年增长期；2012 年出现一定下降，降到 67 亿美元；2013 年和 2014 年年均为 102 亿美元，2015 年降至 86 亿美元。

（三）农产品进出口比例

农产品进出口比例是反映农产品贸易结构的重要指标之一。1992 年以来，金砖国家农产品进口与出口的比例不断波动变化。1992—1994 年，农产品进口额占比不断降低，由 54.60%降到 50.91%，而后 1995 年涨至 55.15%，为 1992—2012 年间的最高值，随后波动下降，到 2002 年，金砖国家进口占比首次低于出口占比，分别为 48.89%和 51.11%，2005 年和 2007 年出现了进口占比低于出口占比的状况，其余年份前者均高于后者，且近年来进口占比呈进一步扩大趋势，2012 年为 53.26%，高于出口占比 6.52%，贸易逆差达到 269 亿美元；2013 年和后进口额与出口额占进出口额的比例发生逆转，2015 年分别为 46.89%和 53.11%。

1. 巴　西

21 世纪以来，巴西农产品出口国地位更加突出，贸易顺差逐渐扩大。1992 年，巴西农产品出口额占比为 79.09%，而后 1993—1995 年，出口占比出现下降，1995 年最低下降至 68.43%，随后进出口比例出现波动。2000 年以来，巴西农产品出口额占比逐年上升，到 2005 年升至近年来的最高点，为 90.06%，随后进出口比例小幅波动，出口比例基本维持在88.00%左右；2015年农产品出口额占比为88.45%（图4-11）。

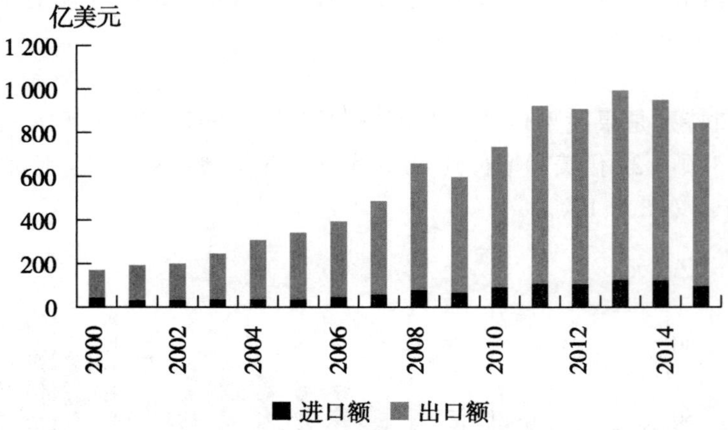

图4-11　2000—2015年巴西农产品贸易结构

数据来源：2000—2012年数据来自FAO数据库，2013—2015年数据来自联合国贸易数据库。数据包含海关数据1-24、290543、290544、3301-3505、380910、4101-4103、5001-5003、5101、5103、5201-5203、5301，其余数据为空

就农产品净出口额而言，2000年以来，除2009年受到金融危机影响，有小幅下降之外，其他年份均保持增长，农产品净出口额由2000年的85亿美元增长到2015年的647亿美元，增长562亿美元，农产品出口国地位更加突出。

2. 俄罗斯

俄罗斯是世界上重要的农产品进口国，进口额占进出口额的比例一直维持在较高水平，存在巨大的贸易逆差。1992年，俄罗斯农产品进口额占比为93.65%，进口比例超过九成；而后随着俄罗斯出口贸易的增加，该比例呈波动下降趋势。2000年，俄罗斯农产品进口额占比为87.05%，到2015年，农产品进口额占比有所下降，但仍为62.27%（图4-12）。

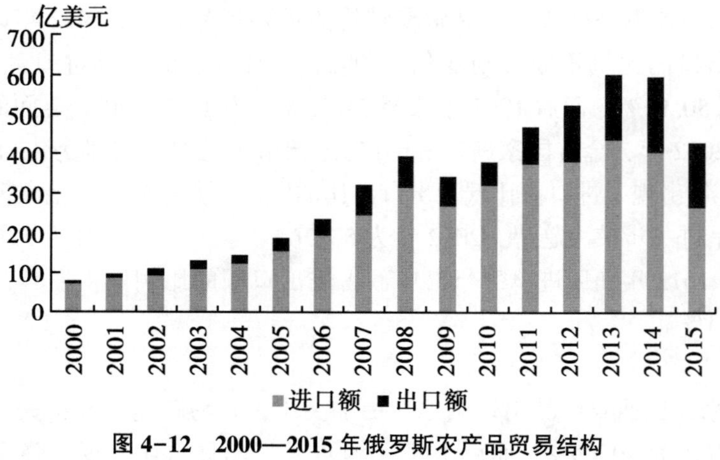

图4-12　2000—2015年俄罗斯农产品贸易结构

就贸易逆差而言，21世纪以来，除2009年和2012年有所下降外（受2008年全球经

济危机和 2011 年俄罗斯入世影响)，其余年份均为增长态势，2000—2013 年，农产品净进口额由 62 亿美元增长到 273 亿美元，2014 年降至 214 亿美元，2015 年进一步降至 106 亿美元，农产品进口国地位突出。

3. 印　度

印度是重要的农产品出口国，21 世纪以来，虽说其进口与出口占比呈现波动性变动，但是贸易顺差增长趋势明显，出口国地位越来越突出。1992—1999 年，印度的农产品出口额占比从 68.52%下降到 53.90%，下降了 14.62%；2000 年以后，出口额占比频繁波动，2001—2004 年，维持在 57.00%的水平，有增有降；2005 年出口占比为 62.72%；2006—2008 年各有变动，但进口额与出口额基本维持“四六开”水平；2009 年出口占比急剧变化，为 55.09%；2010 年出口占比升至 1992 年以来的最高水平，为 73.90%；2015 年出口额占比为 60.82%（图 4-13）。

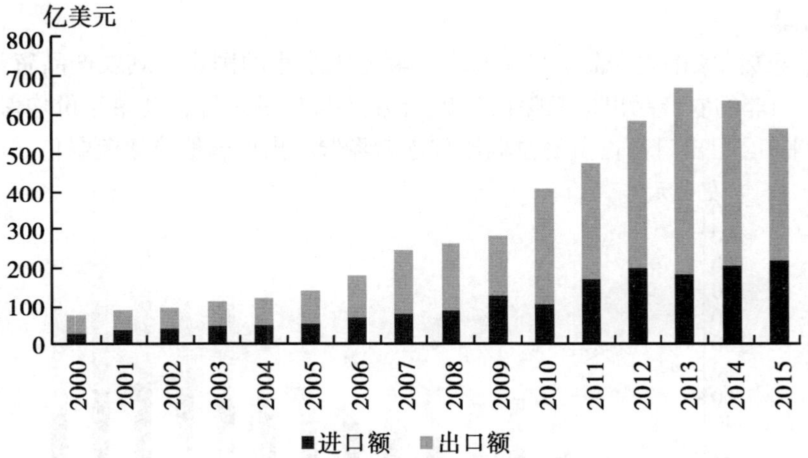

图 4-13　2000—2015 年印度农产品贸易结构

就贸易顺差而言，1992—2000 年，波动频繁，最低为 1999 年的 7 亿美元，最高为 1996 年的 36 亿美元；2001—2014 年，由 13 亿美元增至 219 亿美元，增长了 206 亿美元，期间 2009 年受全球经济危机影响，急剧降至 28 亿美元，2010 年暴增至 196 亿美元，增长了 6 倍，最高为 2013 年的 299 亿美元，2015 年略有下降为 121 亿美元。总体来看，印度农产品出口国地位更加突出，农产品出口创汇能力不断增强。

4. 中　国

近年来，作为当今世界最大的农产品进口国，中国农产品进口表现出强劲增长趋势，进口额占进出口额的比例增长趋势明显，贸易逆差逐渐扩大。1992—1999 年，中国的农产品进口额占比仍都维持在 50%~60%，最低的 1993 年为 50%，实现了贸易均衡，最高的 1995 年为 59.07%。2000 年以来，农产品进口额占比保持持续增长态势，自 2003 年起该数值超过 60%，到 2011 年涨至 72.84%；2012 年，农产品进口额高达 1440 亿美元，占到进出口额的 72.84%；2015 年有所下降，至 62.28%（图 4-14）。

就农产品贸易逆差而言，2000—2014 年，从 65 亿美元涨至 497 亿美元，增长了 6.65 倍。其中，2012 年逆差最大，为 903 亿美元；2015 年略有下降，为 457 亿美元。

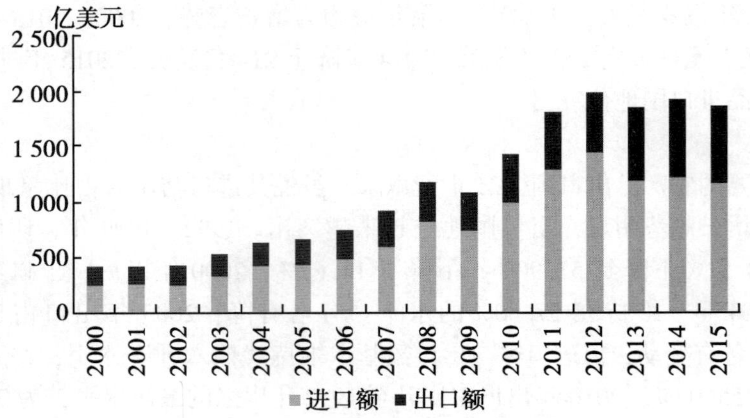

图 4-14　2000—2015 年中国农产品贸易结构

5. 南　非

南非是金砖国家中农产品进口额与出口额差距最小的国家，其农产品贸易基本均衡。2000 以来，南非的农产品出口额除在 2007 年小于进口额之外，其余年份均保持贸易顺差（2012 年持平），但出口额占贸易总额比重逐渐降低，出口国地位逐渐弱化（图 4-15）。

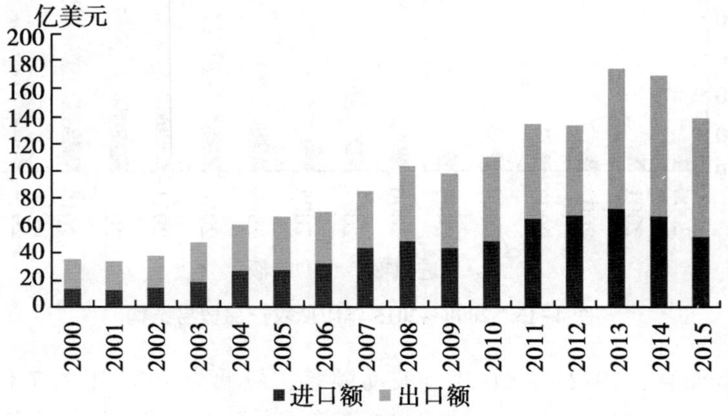

图 4-15　2000—2015 年南非农产品贸易结构

2000 年，南非农产品出口额占农产品进出口额的近 62. 86%，2015 年，农产品进口额、出口额均有所增长，分别达到 52 亿美元、86 亿美元，出口额占比为 62. 32%，与 2000 年基本持平。

（四）农产品贸易在世界贸易中的地位

近年来，金砖国家农产品进出口额不断增加，在世界贸易中的地位不断增强。2000—2015 年金砖国家进出口额由 784 亿美元增加到 3 838亿美元，年均增长 11. 17%。2000—2014 年，世界农产品进出口额由 8 442亿美元提高到 36 385亿美元，年均增长 11%，金砖国家进出口额占世界进出口总额的比例由 9. 29%提升到 11. 74%。由此可见，金砖国家农产品贸易不仅在增速上高于世界水平，而且占比不断提高，地位逐渐提升。从金砖各国情况来看，2014 年中国农产品进出口额居世界第 2 位、巴西第 9 位、俄罗斯第 13 位、印度第 14 位、南非第 41 位，与 2000 年相比，除南非外，各国排名均有所上升。

1. 巴　西

随着经济的不断发展，巴西农产品进出口额不断增长，贸易规模日益扩大。2015 年，农产品进出口额达到 842 亿美元，相比 2000 年的 170 亿美元，增长 672 亿美元，年均增长 11.26%（图 4-16）。

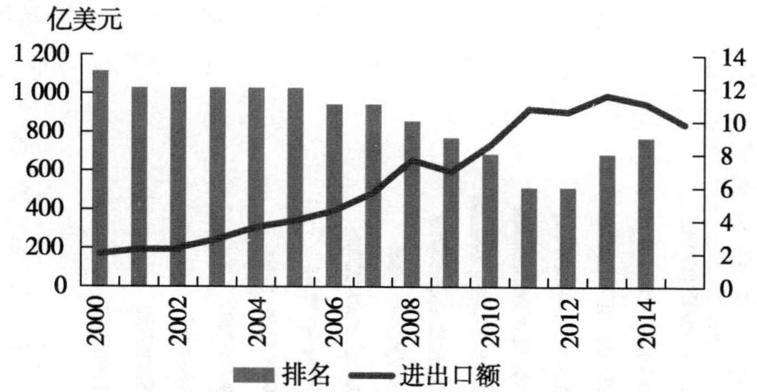

图 4-16　2000—2015 年巴西农产品进出口额及其占世界农产品贸易中的地位

2000—2012 年，巴西在世界农产品贸易中的排名稳步提高，2000 年居世界第 13 位，2001—2005 年居第 12 位，2006—2007 年居第 11 位，2008—2010 年，每年提升一个名次，分别居第 10 位、第 9 位和第 8 位，2011—2012 年一直保持第 6 位，2013 年和 2014 年有所下降，分别为第 8 位和第 9 位。

2. 俄罗斯

近年来，随着俄罗斯经济的稳定发展，对农产品需求日益扩大，贸易规模日益扩大。2000 年，农产品进出口额为 83 亿美元，2015 年增长到 432 亿美元，增长 349 亿美元，年均增长 11.62%（图 4-17）。

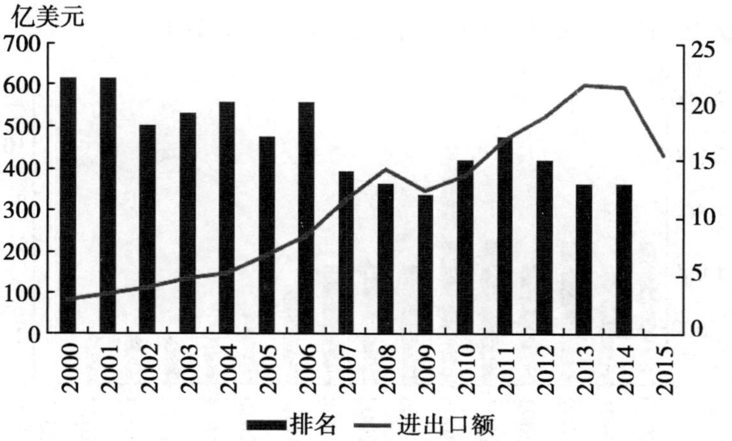

图 4-17　2000—2015 年俄罗斯农产品进出口额及其占世界农产品贸易中的地位

就农产品贸易在世界农产品贸易中的地位而言，2000—2014 年，俄罗斯排名有所波动，但总体排名保持上升趋势。2000 年和 2001 年，俄罗斯农产品进出口额居世界农产品进出口额的第 22 位，2002 年提升到第 18 位，而后 2003—2006 年，排名交替波动，2007—2009 年排名逐年提高，2009 年达到近年来最高排名，居第 12 位，2010 年居第 15

位，2014 年上升至第 13 位。

3. 印　度

在过去的十几年中，印度农业经历了由内向型封闭的政府主导发展战略向积极地与世界经济融合的战略转变过程①。近年来，随着经济的发展和农业市场的不断开放，印度农产品贸易规模日益扩大。2000 年，农产品进出口额为 78 亿美元，2015 年增长到 564 亿美元，增长 486 亿美元，年均增长 14. 10%，为金砖国家中增速最快的国家（图 4-18）。

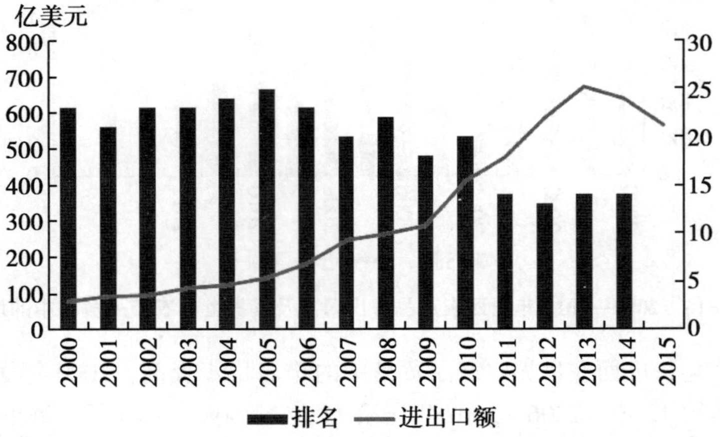

图 4-18　2000—2015 年印度农产品进出口额及其占世界农产品贸易中的地位

2000—2014 年，印度在世界农产品贸易中的排名呈波动提高的态势，特别是近年来，提升较快，2012 年达到第 13 位，2013 年和 2014 年维持在第 14 位的水平。

4. 中　国

随着中国经济的不断发展，中国农产品对外进出口额不断增长，贸易规模日益扩大。2015 年，中国农产品进出口额达到 1 861亿美元，相比 2000 年的 417 亿美元增长 1 444亿美元，年均增长 10. 49%，保持了较快的增长速度（图 4-19）。

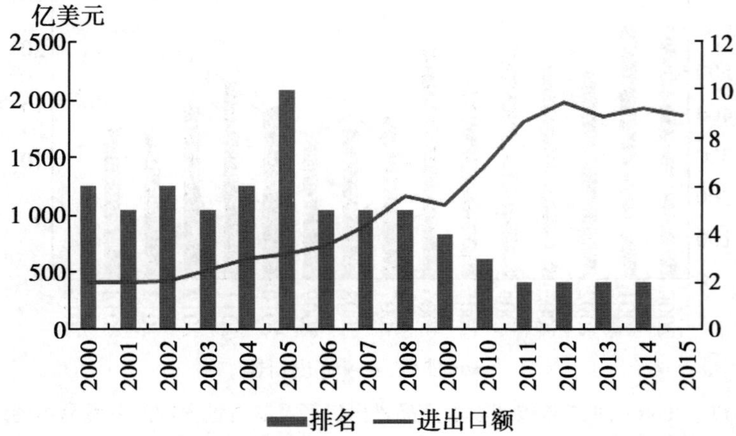

图 4-19　2000—2015 年中国农产品进出口额及其占世界农产品贸易中的地位

①资料来源：刘志雄，董运来，耿建．印度农业贸易政策改革：问题和前景［J］．经济与管理研究，2008，1：55-59

2000—2014 年，中国在世界农产品贸易中的排名不断提高，2000—2004 年，在第 5 位和第 6 位之间持续徘徊；2005 年降至最低的第 10 位，而后进入上升通道；2006—2008 年连续 3 年为第 5 位；2009 年中国农产品进出口额首次超过法国，成为世界第四大农产品贸易国；2010 年超过荷兰，成为仅次于美国和德国的第三大农产品贸易国；2011 年起更是超过了德国，成为仅次于美国的第二大农产品贸易国。

5. 南　非

近年来，随着经济的发展和农业市场的不断开放，南非农产品贸易规模不断增长。2000 年，农产品进出口额为 35 亿美元，2015 年增长到 138 亿美元，增长 103 亿美元，年均增长 9.58%，贸易总额出现了较为快速的增长，规模不断扩大（图 4-20）。

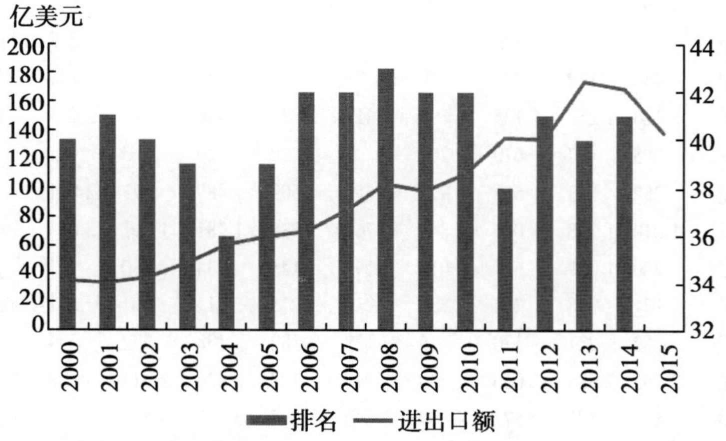

图 4-20　2000—2015 年南非农产品进出口额及其占世界农产品贸易中的地位

就农产品贸易在世界农产品贸易的地位而言，2000—2014 年南非的排名基本稳定，在第 40 位左右徘徊，最靠前是 2004 年的第 36 位，最靠后为 2008 年的第 43 位，2014 年为第 41 位。

二、金砖国家主要农产品贸易及结构变化

金砖国家是世界农产品贸易活动中重要的组成部分与拉动力量，近年来其农产品贸易发展势头强劲。谷物、糖料、油料、果蔬、肉类、禽蛋和奶类等七大类主要农产品占世界同类产品的贸易比重均呈增长趋势（奶类出口贸易除外），且各类重要农产品进出口额、进口额与出口额的增速也高于世界平均水平（谷物进口额与奶类出口额增速除外）。其中，巴西以糖、油、肉类出口为主，以谷物进口为主；俄罗斯是农产品净进口大国；2014 年印度除果蔬外，谷物、油料、糖料、肉类、禽蛋、奶类均实现净出口；中国是世界上最大的农产品进口国，各类农产品进口额均较大；果蔬是南非最大的出口创汇农产品。

（一）谷　物

谷物是确保粮食安全的重要农作物，一直以来金砖各国都非常重视谷物的生产与贸

易，特别是21世纪以来，金砖国家谷物贸易的规模不断扩大。就进出口量而言，2000—2015年，金砖国家的谷物进出口量由4 647万吨增至12 011万吨，增长了158.47%，年均增长6.54%；其中，进口量由2 753万吨增至4 314万吨，增长了56.70%，年均增长3.04%；出口量由1 893万吨增至7 697万吨，增长了306.60%，年均增长9.80%；2000—2014年，其占世界谷物进出口总量的比重由8.53%涨至14.58%（表4-2）。

表4-2　2000—2015年金砖国家谷物进出口量状况　　单位：万吨

项目		年份											
		2000	2005	2006	2007	2008	2009	2010	2011	2012	2013	2014	2015
巴西	进口量	1 081	643	857	961	851	861	879	835	931	900	860	640
	出口量	4	153	489	1 147	763	877	1 257	1 315	2 332	2 450	2 300	3 173
俄罗斯	进口量	485	149	235	110	98	43	45	84	117	140	120	73
	出口量	126	1 251	1 135	1 694	1 412	2 232	1 400	1 910	2 265	2 540	3 030	3 071
印度	进口量	5	7	610	269	2	20	20	3	5	10	20	56
	出口量	282	543	557	972	650	509	489	977	2 001	1 970	1 380	1 343
中国	进口量	1 010	1 358	1 069	841	762	988	1 281	1 191	2 063	1 459	1 952	3 272
	出口量	1 400	1 027	621	1 019	190	145	134	130	111	100	77	53
南非	进口量	171	228	294	339	230	215	211	301	342	320	290	273
	出口量	82	221	70	15	128	182	138	272	124	210	220	113
金砖国家	进口量	2 753	2 386	3 066	2 520	1 944	2 128	2 436	2 414	3 458	2 829	3 242	4 314
	出口量	1 893	3 195	2 872	4 847	3 143	3 945	3 417	4 604	6 832	7 270	7 007	7 697
世界	进口量	27 099	28 582	30 180	31 364	31 826	32 911	34 048	34 697	37 584	34 700	35 140	
	出口量	27 389	29 166	30 120	31 969	31 938	33 154	34 251	35 124	38 417	35 480	35 140	

数据来源：2000—2013年数据来自FAOSTAT，2014—2015年巴西、俄罗斯、印度和南非数据来自联合国贸易数据库，2014—2015年中国数据来自中国海关

就进出口额而言，2000—2015年金砖国家谷物进出口总额由66.81亿美元增长到310.44亿美元，年均增长10.78%，在国际谷物贸易中地位越来越突出。2000—2015年，金砖国家谷物进口总额由39.13亿美元上升到121.28亿美元，增长209.84%，年均增长7.83%；出口总额由27.68亿美元增长到189.16亿美元，年均增长率达到13.67%。同期，金砖国家谷物贸易逆差变成贸易顺差，成为重要的谷物出口来源地。预计，未来金砖国家谷物贸易仍有上升空间，且出口潜力大于进口（表4-3）。

表4-3　2000—2015年金砖国家谷物进出口额状况　　单位：亿美元

项目		年份							
		2000	2005	2010	2011	2012	2013	2014	2015
巴西	进口额	14.41	8.90	25.23	26.85	26.33	31.12	23.89	15.75
	出口额	0.17	1.96	26.01	40.34	65.52	70.68	44.38	57.25
俄罗斯	进口额	5.77	2.54	2.34	4.14	5.11	6.32	5.24	3.29
	出口额	1.28	13.94	24.42	46.56	63.21	47.52	70.87	56.53

（续表）

项　目		年　份							
		2000	2005	2010	2011	2012	2013	2014	2015
印度	进口额	0. 09	0. 14	0. 63	0. 13	0. 20	0. 20	0. 20	1. 60
	出口额	7. 90	16. 52	29. 40	54. 15	88. 11	115. 92	100. 59	68. 46
中国	进口额	16. 07	27. 11	36. 53	46. 11	72. 79	51. 00	62. 20	92. 78
	出口额	17. 23	15. 16	6. 81	7. 80	6. 28	7. 00	6. 00	3. 22
南非	进口额	2. 79	4. 51	7. 27	12. 03	12. 96	11. 28	9. 94	7. 86
	出口额	1. 10	2. 79	3. 67	8. 93	4. 93	9. 40	8. 04	3. 70
金砖国家	进口额	39. 13	43. 20	72. 01	89. 26	117. 39	99. 92	101. 47	121. 28
	出口额	27. 68	50. 38	90. 32	157. 77	228. 05	250. 52	229. 88	189. 16
世界	进口额	408. 69	528. 58	968. 85	1 292. 44	1 335. 63	1 387. 95	—	—
	出口额	355. 06	460. 51	873. 03	1 211. 01	1 251. 17	1 266. 55	—	—

数据来源：FAOSTAT、联合国贸易数据库、中国海关

就三大谷物水稻、小麦和玉米而言，21 世纪以来，小麦是金砖国家最活跃的农产品之一，进出口量、额均快速增长，且由进口地转变成重要的出口地，为世界提供丰富的小麦资源（表 4-4）。

表 4-4　2000—2015 年金砖国家三大谷物贸易状况　　单位：万吨、亿美元

项　目		年　份							
		2000	2005	2010	2011	2012	2013	2014	2015
水稻	进口量	179. 94	214. 11	211. 08	222. 48	447. 33	451. 82	439. 54	460. 20
	进口额	4. 66	6. 49	11. 87	12. 81	22. 77	22. 32	21. 11	20. 76
	出口量	449. 62	604. 02	397. 31	919. 75	1 306. 27	1 307. 38	1 285. 13	1 257. 86
	出口额	12. 06	19. 28	30. 24	52. 76	71. 92	91. 54	88. 77	71. 72
小麦	进口量	1 178. 28	1 173. 78	913. 50	881. 50	1 234. 22	1 510. 55	1 099. 46	1 028. 54
	进口额	14. 93	19. 66	23. 92	28. 40	34. 27	49. 36	33. 75	25. 94
	出口量	62. 67	1 179. 71	1 334. 06	1 831. 78	2 331. 59	1 950. 99	2 669. 50	2 396. 39
	出口额	0. 62	13. 65	23. 49	46. 26	65. 83	51. 68	67. 49	45. 40
玉米	进口量	277. 97	88. 41	209. 42	264. 56	638. 97	424. 72	351. 78	586. 96
	进口额	3. 64	1. 05	5. 33	8. 73	20. 51	12. 81	11. 11	14. 55
	出口量	1 111. 12	1 230. 93	1 468. 25	1 727. 26	2 810. 63	3 665. 64	2 988. 14	3 430. 87
	出口额	11. 38	15. 56	32. 57	49. 24	77. 35	89. 54	60. 83	60. 41

2000—2015 年①，金砖国家水稻进口量（额）由 179. 94 万吨（4. 66 亿美元）增至 460. 20 万吨（20. 76 亿美元），年均增长 6. 46%（10. 47%）；出口量（额）由 449. 62 万吨（12. 06 亿美元）增至 1 257. 86万吨（71. 72 亿美元），年均增长 7. 10%（12. 62%）（表 4-4）。

①数据说明：2000—2015 年金砖各国贸易量，额数据均来自联合国商品贸易数据库，查找代码分别为 1006 水稻、1001 小麦、1005 玉米

2000—2015 年金砖国家小麦进口量（额）由 1 178.28万吨（14.93 亿美元）降（增）至 1 028.54万吨（25.94 亿美元），下降（增长）了 12.71%（73.74%）；出口量（额）由 62.67 万吨（0.62 亿美元）增至 2 396.39万吨（45.40 亿美元），年均增长 27.50%（33.14%）（表 4-4）。

2000—2015 年金砖国家玉米进口量（额）由 277.97 万吨（3.64 亿美元）涨至 586.96 万吨（14.55 亿美元），年均增 5.11%（9.68%）；出口量（额）由 1 111.12万吨（11.38 亿美元）增至 3 430.87 万吨（60.41 亿美元），年均增 7.81%（11.77%）（表 4-4）。

1. 巴　西

21 世纪以来，巴西谷物贸易的最主要特征就是由谷物进口国转变成为出口国，且贸易顺差逐年扩大。从进出口量（额）看，2000—2015 年，巴西谷物进出口量（额）由 1 085万吨（14.57 亿美元）增长到 3 814 万吨（73 亿美元），增长了 251.52%（401.03%），年均增长 8.74%（11.34%）。其中，进口量（额）由 1 081万吨（14.41 亿美元）减少到 640 万吨（增加到 15.75 亿美元），减少了 40.80%（增长 9.30%），年均减少 3.43%（增长 0.59%）；出口量（额）由 4 万吨（0.17 亿美元）增至 3 173 万吨（57.25 亿美元），年均增长 56.06%（47.40%），为金砖国家谷物出口量最快增速。

从谷物贸易结构变化看，2000 年，谷物进口量（额）占谷物进出口量（额）的比重高达 99.63%（98.90%），属于典型的谷物净进口国；这种状况持续到 2006 年。2007 年起巴西的出口量（额）首次超过进口量（额），出口量（额）占比达到 54.41%（50.44%）；2008 年和 2009 年谷物该比例略有下降，分别为 47.28%（41.98%）和 50.45%（45.36%）；随后，贸易顺差逐渐扩大，到 2015 年为 83.21%（78.42%）（图 4-21）。

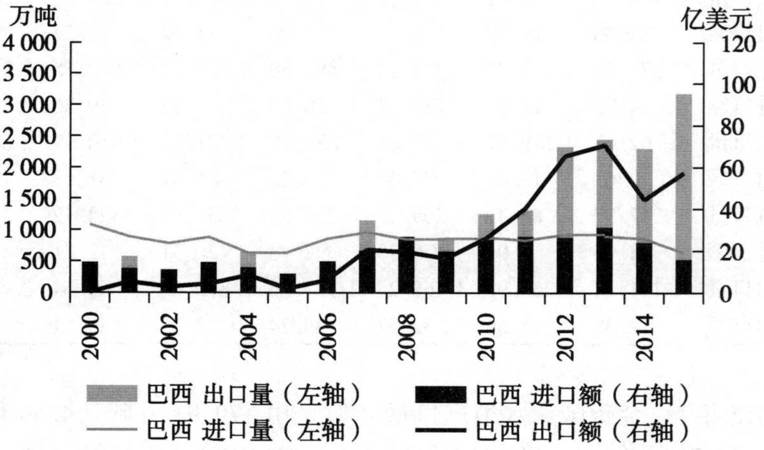

图 4-21　2000—2015 年巴西谷物进出口量、额及其结构

从水稻、小麦和玉米三大谷物品种的贸易形势看，巴西玉米自 2000 年以来出口不断增长，目前为仅次于美国的第二大玉米出口国；巴西的水稻出口量、额分别居世界第 6 位和第 7 位（表 4-5）。

表 4-5　2000—2014 年巴西三大谷物贸易状况　　单位：万吨、亿美元

		2000	2005	2006	2007	2008	2009	2010	2011	2012	2013	2014	2015
水稻	进口量	63.21	49.46	61.84	68.67	41.91	62.44	74.79	58.06	69.38	75.72	62.44	37.70
	进口额	1.41	1.29	1.85	2.37	2.26	2.72	3.98	2.73	3.42	3.73	3.02	1.58
	出口量	2.62	27.20	28.99	20.13	51.05	58.97	42.10	129.16	109.92	91.81	92.99	96.15
	出口额	0.07	0.57	0.60	0.53	3.12	2.68	1.58	6.13	5.46	4.01	3.97	3.50
小麦	进口量	752.30	498.81	653.05	663.80	603.27	544.56	632.32	574.05	658.04	727.33	578.30	517.04
	进口额	9.81	6.49	11.33	13.92	18.74	12.09	17.02	18.32	17.57	24.15	18.12	12.16
	出口量	0.10	15.66	65.21	10.45	64.51	38.48	132.42	235.07	240.49	118.83	27.70	177.89
	出口额	0.00	0.15	0.65	0.30	2.05	0.63	2.27	6.99	6.19	3.48	1.01	3.53
玉米	进口量	177.12	59.70	95.64	109.55	76.98	113.75	46.25	65.63	83.04	91.14	77.30	37.00
	进口额	2.02	0.59	0.85	1.33	1.50	1.62	0.80	1.41	1.71	1.60	1.18	0.45
	出口量	0.67	107.00	393.80	1 093.35	643.27	778.19	1 081.53	948.69	1 980.19	2 662.49	2 065.46	2 892.40
	出口额	0.09	1.21	4.82	19.19	14.05	13.02	22.15	27.16	53.83	63.08	39.32	50.09

数据来源：2000—2014 年来自 FAO 数据，2015 年数据来自联合国贸易数据库。数据包含海关数据 1-24、290543、290544、3301-3505、380910、4101-4103、5001-5003、5101、5103、5201-5203、5301，其余数据为空

（1）巴西水稻。2000—2015 年，巴西水稻进口量（额）波动中保持平稳，由 2000 年的 63.21 万吨（1.41 亿美元）变至 2015 年的 37.70 万吨（1.58 亿美元），年均下降 3.39%（增长 0.76%）；出口量（额）大幅增加，由 2.62 万吨（0.07 亿美元）增至 96.15 万吨（3.5 亿美元），年均增长 27.15%（29.80%）。

（2）巴西小麦。2000—2015 年巴西小麦进口量（额）由 752.30 万吨（9.81 亿美元）降至 517.04 万吨（增至 12.16 亿美元），年均下降 2.47%（增长 1.44%）；出口量（额）由 0.10 万吨（20.4 万美元）增至 177.89 万吨（3.53 亿美元），年均增长 64.49%（64.40%），其中 2012 年达到了最高的 240.49 万吨，随后 2013 年和 2014 年急剧下降。

（3）巴西玉米。巴西玉米进口量（额）由 2000 年的 177.12 万吨（2.02 亿美元）降至 2015 年的 37 万吨（0.45 亿美元），下降了 79.11%（77.72%）；出口量（额）由 0.67 万吨（0.09 亿美元）增至 2 892.4万吨（50.09 亿美元），年均增长 74.72%（52.42%）。

2. 俄罗斯

俄罗斯谷物贸易已由净进口国转变成净出口国，出口量占进出口量的比重已由 2000 年的 20.62%上升到 2015 年的 97.68%，贸易顺差逐年扩大。

（1）从进出口量（额）来看，2000 年，俄罗斯谷物的进口量（额）、出口量（额）、进出口量（额）分别为 485 万吨（5.77 亿美元）、126 万吨（1.28 亿美元）和 611 万吨（7.05 亿美元），到 2015 年分别为 73 万吨（3.29 亿美元）、3 071万吨（56.53 亿美元）和 3 144万吨（59.82 亿美元），年均增长率分别为 -11.86%（-3.68%）、23.73%

(28.73%)和11.54%(15.32%)。

(2)从谷物贸易结构看,2000年谷物出口量(额)占进出口总量(额)的比例仅为20.62%(18.16%);2001年起谷物出口量(额)开始超过进口量(额),而后其贡献率不断增加;2009年达到较高,占谷物进出口总量(额)的98.11%(93.15%);随后虽有所波动,但一直维持较高比例,2015年出口量(额)占比为97.68%(94.52%)。预计,未来俄罗斯谷物贸易增长强劲,谷物进口将在6亿美元左右徘徊,出口将保持快速增长,仍有一定上涨空间(图4-22)。

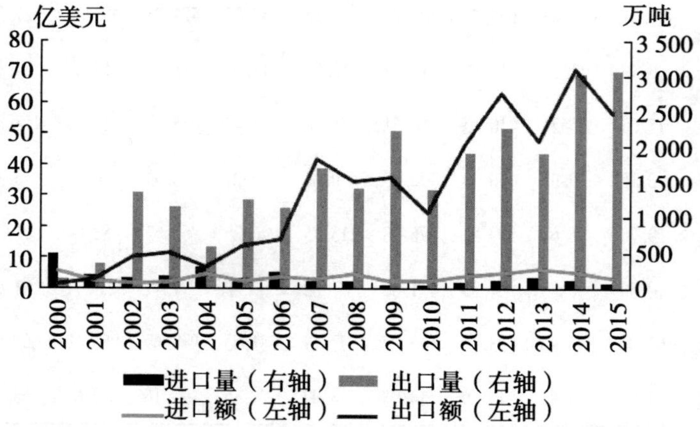

图4-22 2000—2015年俄罗斯谷物进出口量、额及其结构

从三大谷物品种水稻、小麦和玉米来看,俄罗斯小麦出口量(额)不断增长,已跃居世界第3位(第4位);玉米也由净进口国转变成净出口国,出口量、额分别居世界第8位和第9位(表4-6)。

表4-6 2000—2014年俄罗斯三大谷物贸易状况 单位:万吨、亿美元

项目		年份							
		2000	2005	2010	2011	2012	2013	2014	2015
水稻	进口量	35.15	36.79	21.46	17.89	20.55	24.75	30.21	22.79
	进口额	0.69	0.94	1.22	1.12	1.23	1.38	1.58	1.00
	出口量	2.70	1.36	19.06	15.37	36.55	16.79	22.24	17.97
	出口额	0.05	0.04	0.85	0.87	1.72	0.92	1.24	1.04
小麦	进口量	263.13	57.71	0.19	0.14	37.35	91.33	39.69	40.36
	进口额	2.78	0.68	0.01	0.01	0.86	2.35	0.97	0.74
	出口量	41.90	1 031.96	1 184.81	1 518.60	1 608.88	1 379.63	2 213.93	2 123.41
	出口额	0.42	11.34	20.69	36.71	45.24	34.83	54.23	39.49
玉米	进口量	70.22	20.06	3.62	11.42	4.09	5.53	5.27	4.38
	进口额	1.25	0.37	0.62	1.08	1.00	1.61	2.21	1.44
	出口量	0.04	6.95	23.00	72.16	219.66	259.93	348.79	369.76
	出口额	0.00	0.07	0.43	1.59	5.73	5.90	7.00	6.01

（1）水稻。俄罗斯水稻进口量（额）在波动中保持平稳，由 2000 年 35.15 万吨（0.69 亿美元）变至 2015 年的 22.79 万吨（1.00 亿美元），年均下降 2.85%（增长 2.50%）；出口量（额）由 2.7 万吨（0.05 亿美元）增至 17.97 万吨（1.04 亿美元），年均增长 13.47%（22.43%）。

（2）小麦。俄罗斯小麦进口量（额）由 263.13 万吨（2.78 亿美元）降至 40.36 万吨（0.74 亿美元），下降了 84.66%（73.38%）；出口量（额）由 41.90 万吨（20.4 万美元）增至 2 123.42万吨（39.49 亿美元），年均增长 29.91%（35.38%）。

（3）玉米。俄罗斯玉米进口量（额）由 70.22 万吨（1.25 亿美元）降（增）至 4.38 万吨（1.44 亿美元），下降了 93.76%（增长了 15.20%）；出口量（额）由 0.04 万吨（2.5 万美元）增至 369.76 万吨（6.01 亿美元），年均增长 83.82%（158.10%）。

3. 印　度

印度是世界上重要的谷物出口国，在谷物贸易方面长期保持较大的贸易顺差。

（1）从谷物进出口量（额）来看，2000—2015 年，印度谷物进出口量（额）由 288 万吨（8 亿美元）增至 1 342万吨（70.06 亿美元），增长了 366.32%（7 倍多），年均增长 10.81%（15.56%）。其中，进口量由 5 万吨（0.09 亿美元）到 56 万吨（1.6 亿美元），增长了 10 倍（1677.78%），年均增长 17.48%（21.15%）；出口量（额）由 282 万吨（7.9 亿美元）增长到 1 286万吨（68.46 亿美元），增长了 356.03%（7 倍多），年均增长为 10.65%（ 15.48%）。

（2）从谷物贸易结构看，2000—2015 年，除 2006 年谷物进口量（额）占进出口总量（额）的比例高达 52.27%（43.16%），其余年份，都是出口量（额）占统治地位，2011 年以来更是维持在 99%左右。2013 年和 2014 年印度谷物出口额占进出口额的比例分别为 99.83%和 99.8%。在出口快速增长的推动下，2000—2012 年，印度贸易顺差由 7.81 亿美元增加到 87.90 亿美元，是世界中重要的谷物出口传统强国，也是金砖国家中谷物顺差最大的国家。近年来不仅继续保有净出口国地位，而且出口持续保持高速增长。预计，未来印度谷物出口势头强劲，进口额将趋于稳定，谷物进出口额有一定上涨空间（图 4-23）。

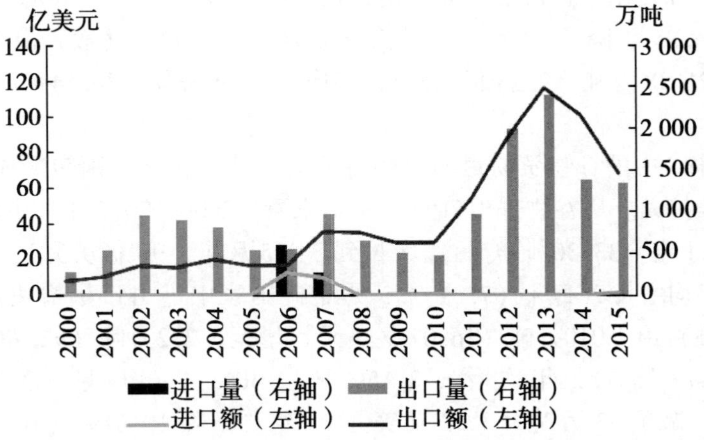

图 4-23　2000—2015 年印度谷物进出口量、额及其结构

从三大谷物品种水稻、小麦和玉米来看，印度水稻出口不断增长，目前出口量（额）均居世界首位，小麦与玉米的出口也均排在世界前10，且玉米已由净进口国转变成净出口国（表4-7）。

表4-7　2000—2015年印度三大谷物贸易状况　　单位：万吨、亿美元

		2000	2005	2010	2011	2012	2013	2014	2015
水稻	进口量	4.10	0.00	0.01	0.11	0.05	0.13	0.18	0.13
	进口额	0.08	0.00	0.00	0.01	0.01	0.01	0.02	0.01
	出口量	148.17	505.66	250.67	501.81	1 056.96	1 138.71	1 116.20	1 102.51
	出口额	6.30	16.36	22.96	40.73	61.28	81.70	79.06	63.80
小麦	进口量	0.81	139.15	33.13	0.00	0.16	1.02	1.88	51.19
	进口额	0.01	3.06	1.01	0.00	0.01	0.04	0.07	1.35
	出口量	3.12	102.85	0.07	49.99	458.50	430.28	395.09	60.29
	出口额	0.04	1.74	0.00	1.45	13.50	12.60	11.10	1.56
玉米	进口量	5.62	0.14	1.85	1.23	0.24	1.16	0.70	2.85
	进口额	0.06	0.01	0.11	0.06	0.02	0.12	0.06	0.16
	出口量	1.93	43.33	184.10	395.21	427.17	474.97	357.10	91.38
	出口额	0.04	0.74	5.34	10.84	11.33	12.59	8.40	2.18

（1）水稻。2000—2015年，印度水稻进口量（额）波动中保持平稳，由4.10万吨（0.08亿美元）变至0.13万吨（0.01亿美元），下降了96.83%（87.5%）；出口量（额）由148.17万吨（6.30亿美元）增至1 102.51万吨（63.80亿美元），年均增长14.32%（16.69%）。

（2）小麦。印度小麦进口量（额）由0.81万吨（0.01亿美元）增至51.19万吨（1.35亿美元），年均增长49.29%（38.68%）；出口量（额）由3.12万吨（0.01万美元）增至60.29万吨（1.56亿美元），年均增长21.83%（27.66%）。

（3）玉米。印度玉米进口量（额）由5.62万吨（0.06亿美元）降（增）至2.85万吨（0.16亿美元），下降了92.49%（增长166.67%）；出口量（额）由1.93万吨（0.04万美元）增至91.38万吨（2.18亿美元），年均增长29.33%（30.54%）。

4. 中　国

21世纪以来，中国谷物贸易最明显的特征就是从谷物出口国转变成为谷物进口国，且贸易逆差逐年扩大。从谷物进出口量（额）来看，2000—2015年，中国谷物进出口量（额）由2 410万吨（33.30亿美元）增长到3 325万吨（96亿美元），增长了37.97%（188.29%），年均增长2.17%（7.31%），是金砖国家中进出口量增速最慢的国家。其中，进口量（额）由1 010万吨（16.07亿美元）增至3 272万吨（92.78亿美元），增长了223.96%（477.35%），年均增长8.15%（12.40%）；出口量（额）由1 400万吨（17.23亿美元）减至53万吨（3.22亿美元），年均下降19.61%（10.58%）。近年来，中国出口额的大幅减少，与中国国内实行的小麦、玉米和稻米等主要粮食作物的最低收购价保护政策密切相关，该类政策的实施，使得国内谷物价格高于国际市场，出口乏力。预

计，未来中国谷物出口可能仍将保持下降趋势，贸易将保持逆差格局，且差额存在进一步扩大的可能性（图 4-24）。

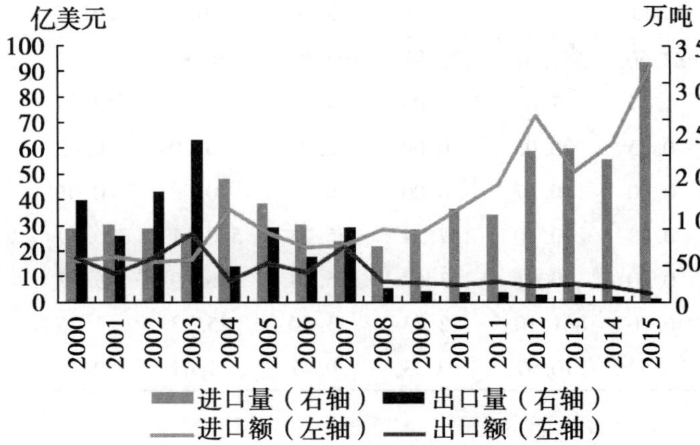

图 4-24　2000—2015 年中国谷物进出口量、额及其结构

就谷物贸易结构而言，从进出口量来看，2000 年，中国谷物为净出口国，出口量（额）占进出口量（额）的比例为 58.09%（51.73%）；2001 年谷物进口量（额）超过出口量（额），成为净进口国，占比达 53.95%（60.75%）；而后 2002 年和 2003 年，出口量再次超过进口量，出口量占比分别为 59.85%和 70.21%，保持贸易顺差；2004 年以来，中国一直保持谷物净进口国地位，2014 年进口量（额）占比分别为 96.37%（91.20%）。

就三大谷物品种水稻、小麦和玉米而言，2000 年以来，中国三大谷物进口不断增长，自 2011 年起三大谷物全面净进口，2014 年水稻进口量、额均居世界首位，小麦与玉米的进口也均排在世界前 15 位。2000—2015 年，中国水稻进口量（额）持续增长，由 23.86 万吨（1.13 亿美元）增至 338.00 万吨（14.98 亿美元），年均增长 19.33%（18.80%）；出口量（额）由 295.28 万吨（5.61 亿美元）降至 28.72 万吨（2.68 亿美元），下降了 90.27%（52.23%）。中国小麦进口量（额）由 87.6 万吨（1.47 亿美元）涨至 300.70 万吨（9.02 亿美元），年均上涨 8.57%（12.86%）；出口量（额）由 0.25 万吨（24.43 万美元）涨至 12.20 万吨（0.02 亿美元），年均增长 29.59%（15.05%）。中国玉米进口量（额）由 0.03 万吨（35.45 万美元）涨至 473.00 万吨（11.09 亿美元），年均增长为 90.48%（71.01%）；出口量（额）由 1046.56 万吨（10.52 亿美元）降至 1.11 万吨（0.05 亿美元），下降了 99.89%（99.52%）（表 4-8）。

表 4-8　2000—2015 年中国三大谷物贸易状况　　单位：万吨、亿美元

项 目		年 份							
		2000	2005	2010	2011	2012	2013	2014	2015
水稻	进口量	23.86	51.42	36.62	57.84	234.46	224.43	255.65	338.00
	进口额	1.13	1.96	2.53	3.87	11.26	10.52	12.29	14.98
	出口量	295.28	67.18	61.95	51.55	27.91	47.84	41.91	28.72
	出口额	5.61	2.25	4.16	4.27	2.72	4.17	3.78	2.68

（续表）

项目		年份							
		2000	2005	2010	2011	2012	2013	2014	2015
小麦	进口量	87.60	351.01	121.87	124.88	368.86	550.67	297.12	300.70
	进口额	1.47	7.62	3.09	4.18	11.01	18.66	9.62	9.02
	出口量	0.25	26.03	0.00	3.98	0.00	0.25	0.10	12.20
	出口额	0.00	0.37	0.00	0.17	0.00	0.01	0.00	0.02
玉米	进口量	0.03	0.40	157.24	175.28	520.71	326.49	259.85	473.00
	进口额	0.00	0.01	3.67	5.78	16.89	9.37	7.29	11.09
	出口量	1 046.56	861.10	12.73	13.60	25.73	7.76	2.00	1.11
	出口额	10.52	10.97	0.33	0.47	1.01	0.33	0.08	0.05

5. 南　非

粮食安全问题始终是南非政府和人们需要解决的重大难题，为了应对粮食安全挑战，近年来，南非谷物贸易更加活跃，进出口量、额呈同步快速增长态势。从进出口量（额）来看，2000—2015年，南非谷物进出口量（额）由253万吨（3.9亿美元）增至386万吨（11.56亿美元），增长了52.57%（196.41%），年均增长2.86%（7.51%），其中，进口量（额）由171万吨（2.79亿美元）增至273万吨（7.86亿美元），增长了59.65%（181.72%），年均增长3.17%（7.15%）；出口量（额）由82万吨（1.1亿美元）增至113万吨（3.70亿美元），增长了37.80%（236.36%），年均增长2.16%（8.42%），其中，出口额在2012年出现大幅下降，由2011年的8.93亿美元降至4.93亿美元，下降了44.79%。预计，未来南非谷物贸易将更为活跃，南非谷物贸易将保持逆差格局，且差额存在进一步扩大的可能性（图4-25）。

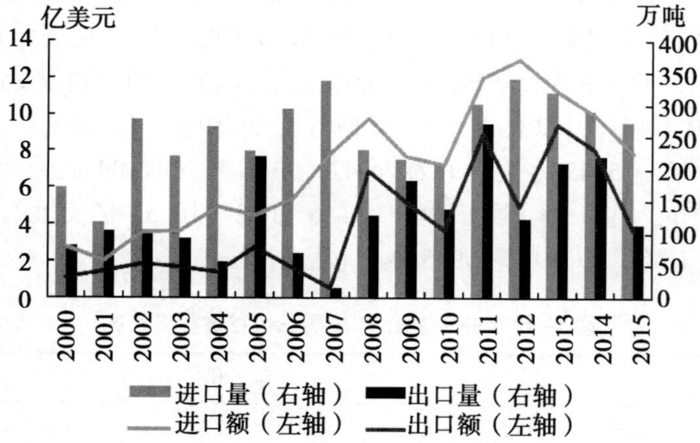

图4-25　2000—2015年南非谷物进出口量、额及其结构

就谷物贸易结构而言，南非属于净进口国家，但进、出口差距波动缩小。从进出口量（额）来看，2000—2015年，谷物进口量（额）一直大于出口量（额）。2000年进口量（额）与出口量（额）占比分别为67.71%（71.66%）和32.29%（28.34%）；到2015年为 70.73%（67.99%）和 29.22%（32.01%）；期间，进口量（额）占比最大为 2007 年，达到 95.89%（93.58%）。

就三大谷物水稻、小麦和玉米而言，2000 年以来，南非三大谷物贸易不断增长，为水稻与小麦净进口国、玉米净出口国。2000—2015 年，南非水稻进口量（额）持续增长，由 53.61 万吨（1.35 亿美元）增至 61.58 万吨（3.19 亿美元），年均增长 0.93%（5.90%）；出口量（额）由 0.85 万吨（0.03 亿美元）涨至 12.50 万吨（0.70 亿美元），年均增长 19.63%（23.37%）。南非小麦进口量（额）由 74.44 万吨（0.85 亿美元）涨至 119.24 万吨（2.67 亿美元），年均上涨 3.19%（7.93%）；出口量（额）由 17.3 万吨（0.16 亿美元）涨至 22.59 万吨（0.8 亿美元），年均增长 1.79%（11.33%）。南非玉米进口量（额）由 24.98 万吨（0.31 万美元）增至 69.73 万吨（1.42 亿美元），年均增长 7.08%（10.68%）；出口量（额）由 61.92 万吨（0.72 亿美元）涨至 76.22 万吨（2.09 亿美元），年均增长 1.39%（7.36%）（表 4-9）。

表 4-9　2000—2014 年南非三大谷物贸易状况　　单位：万吨、亿美元

项　目		年　份							
		2000	2005	2010	2011	2012	2013	2014	2015
水稻	进口量	53.61	76.44	78.21	88.59	122.89	126.78	91.05	61.58
	进口额	1.35	2.29	4.15	5.08	6.86	6.68	4.21	3.19
	出口量	0.85	2.62	23.53	221.86	74.93	12.23	11.80	12.50
	出口额	0.03	0.06	0.70	0.76	0.75	0.76	0.71	0.70
小麦	进口量	74.44	127.09	125.99	182.43	169.81	140.20	182.46	119.24
	进口额	0.85	1.81	2.78	5.88	4.82	4.17	4.97	2.67
	出口量	17.30	3.22	16.77	24.14	23.72	22.00	32.69	22.59
	出口额	0.16	0.06	0.53	0.93	0.90	0.76	1.15	0.80
玉米	进口量	24.98	8.12	0.45	11.00	30.88	0.40	8.66	69.73
	进口额	0.31	0.08	0.12	0.40	0.89	0.12	0.37	1.42
	出口量	61.92	212.55	166.88	297.59	157.89	260.49	214.78	76.22
	出口额	0.72	2.59	4.31	9.18	5.45	7.65	6.03	2.09

数据来源：联合国商品贸易数据库

（二）糖　料

糖是人类生活的必需品和重要的轻工业原料，在一国国民经济中占有特殊的重要地位；而糖料是农产品国际贸易中最敏感的产业之一，世界上几乎所有国家都对本国制糖业进行保护。21 世纪以来，金砖国家糖料贸易的规模不断扩大。就进出口量而言，2000—2014 年①，金砖国家的糖料进出口量由 1 529万吨增至 3 390万吨，增长了 121.71%，年均增长 5.85%，高于世界增长率 3.15%，占世界糖料贸易总量的比重由 19.98% 涨至

①数据说明：2000—2013 年数据来自 FAO 数据库，2014—2015 数据来自联合国商品贸易数据库，世界 2013—2014 年数据摘自 FAO 的《Food Outlook 2015》，其中 2013 年为估计值，2014 年和 2015 年为预测值

30.51%。其中，进口量由612万吨增至636万吨，增长了3.92%，年均增长0.28%，低于世界2.96%的年均增速；出口量由917万吨增至2 753万吨，增长了200.22%，年均增长8.17%，远高于世界2.45%的年均增速（表4-10）。

表4-10　2000—2014年金砖国家糖料进出口量状况　　单位：万吨

项目		年份											
		2000	2005	2006	2007	2008	2009	2010	2011	2012	2013	2014	2015
巴西	进口量	0.00	0.00	0.00	0.01	0.01	0.01	0.02	0.01	0.02	0.08	0.06	0.13
	出口量	669	1 872	1 940	1 996	1 998	2 485	2 861	2 581	2 444	2 715	2 413	2 401
俄罗斯	进口量	484	305	275	354	249	136	219	239	60	61	101	
	出口量	17	15	18	33	6	15	3	8	7	1	1	
印度	进口量	3	56	0	0	39	260	120	8	75	84	138	
	出口量	35	34	175	488	349	4	138	288	364	192	244	
中国	进口量	124	224	217	169	147	186	252	371	455	455	349	
	出口量	49	45	21	17	10	9	13	9	8	5	5	
南非	进口量	1	4	3	10	16	13	11	15	22	66	49	
	出口量	147	109	136	106	70	93	44	27	32	85	91	
金砖国家	进口量	612	589	496	533	451	594	602	633	612	666	636	
	出口量	917	2 074	2 290	2 640	2 434	2 606	3 059	2 914	2 855	2 998	2 753	
世界	进口量	3 685	4 760	5 046	5 144	4 801	4 950	5 499	5 797	5 482	5 340	5 540	
	出口量	3 967	5 039	5 249	5 252	5 010	5 360	6 100	5 887	5 925	5 500	5 570	

数据来源：2000—2013年数据来自FAO数据库，巴西、俄罗斯、印度、南非2014—2015年的数据来自UN Comtrade Database

从糖料进出口额来看，2000—2014年①，金砖国家糖料进出口总额由27.09亿美元增长到138.51亿美元，增长了411.30%，年均增长12.36%。仅2000—2012年，金砖国家糖料贸易总额占世界糖料贸易总额的比重由14.99%升至26.56%，在国际糖料贸易中的地位越来越突出。其中，金砖国家糖料进口总额在2000—2014年由10.19亿美元上升到28.08亿美元，增长175.56%，年均增长7.51%；出口总额由16.91亿美元增长到110.43亿美元，增长了约5.53倍，年均增长率达到14.34%。巴西和印度是世界上重要的糖料生产国和出口国，中国则是糖料生产国和进口大国（表4-11）。

表4-11　2000—2014年金砖国家糖料进出口额状况　　单位：亿美元

项目		年份											
		2000	2005	2006	2007	2008	2009	2010	2011	2012	2013	2014	2015
巴西	进口额	0.00	0.00	0.00	0.00	0.00	0.00	0.00	0.00	0.01	0.01	0.01	0.02
	出口额	11.99	39.19	61.67	51.01	54.83	83.78	127.61	149.42	126.51	118.42	94.59	76.41

①数据说明：2000—2013年金砖各国进出口额数据来自FAO数据库，2014—2015年数据来自联合国商品贸易数据库，由于各国糖料贸易主要是食糖尤其以蔗糖和甜菜糖为主，所以选用1701solid cane or beet sugar and chemically pure sucrous作为替代数据

（续表）

项目		年份											
		2000	2005	2006	2007	2008	2009	2010	2011	2012	2013	2014	2015
俄罗斯	进口额	7.65	7.97	11.19	11.62	9.74	5.60	12.34	17.64	3.49	3.08	4.98	—
	出口额	0.38	0.35	0.72	1.23	0.25	0.57	0.19	0.60	0.49	0.05	0.06	—
印度	进口额	0.07	1.48	0.01	0.01	1.34	12.32	5.95	0.46	4.02	3.73	5.44	—
	出口额	0.96	1.29	6.90	13.11	10.28	0.21	8.58	19.17	20.02	9.66	11.16	—
中国	进口额	2.45	6.14	8.77	5.36	5.49	7.02	13.33	24.86	27.20	20.69	14.94	—
	出口额	0.97	1.30	0.79	0.69	0.44	0.44	0.79	0.71	0.65	0.42	0.38	—
南非	进口额	0.02	0.12	0.13	0.37	0.58	0.52	0.57	1.01	1.25	3.69	2.71	—
	出口额	2.60	2.76	3.78	2.80	2.21	3.72	2.48	1.97	1.96	4.45	4.24	—
金砖国家	进口额	10.19	15.71	20.10	17.35	17.15	25.47	32.19	43.96	35.97	31.20	28.08	—
	出口额	16.91	44.89	73.87	68.84	68.01	88.72	139.65	171.87	149.63	133.01	110.43	—
世界	进口额	92.08	160.17	213.76	200.76	206.02	229.09	299.89	398.49	348.21	—	—	—
	出口额	88.61	143.94	200.03	182.40	188.44	219.52	305.37	369.19	350.55	—	—	—

具体就食糖①而言，21 世纪以来，金砖国家该类糖的贸易不断增长。2000—2014 年②，金砖国家食糖进口量 611.66 万吨涨至 636.49 万吨，年均上涨 0.83%；进口额由 9.27 亿美元涨至 28.08 亿美元，年均增长 8.24%。出口量由 870.29 万吨增至 2753.09 万吨，年均增长率为 8.57%；出口额由 16.41 亿美元增至 110.43 亿美元，年均上涨 14.59%。巴西、印度和南非均为食糖出口大国，2014 年分别占世界第 1、第 3 和第 9 位，而中国食糖进口量居世界首位，俄罗斯也处在世界前 20 位。

1. 巴　西

巴西是世界上重要的糖料生产国（主要生产蔗糖）与出口国，2010 年以来其出口量（额）几乎都占到世界糖料出口量（额）的四成左右。就糖料进出口量（额）而言，2000—2015 年，巴西糖料进出口量（额）由 669 万吨（11.99 亿美元）增长到 2401.36 万吨（76.43 亿美元），增长了 258.89%（近 5.4 倍），年均增长 8.89%（13.14%）；巴西糖料进口量相对较低，基本维持在 0.02 万吨左右，但进口金额的增速较快，由 4.2 万美元增长到 174 万美元，年均增长 28.18%；出口量（额）增长较快，由 669 万吨（11.99 亿美元）增至 2 401万吨（76.41 亿美元），增长了 2.59 倍（近 5.4 倍），年均增长 8.89%（13.14%）。

就糖料贸易结构而言，巴西糖料出口一直占有绝对统治地位，贸易一直保持顺差，且逐渐扩大。从进出口量（额）来看，2000—2015 年，出口量（额）占巴西糖料进出口量（额）比例几乎均达到 100%。巴西糖料贸易额由 2000 年的 11.99 亿美元，增至 2015 年的

①查找数据为固体甘蔗与甜菜的，因为其是食糖的主体，所以进行选其数据作为代表

②数据说明：巴西、俄罗斯、印度和南非 2000—2015 年甘蔗与甜菜糖数据来自联合国商品贸易数据库，2000—2012 年中国数据来自联合国商品贸易数据库，2013 年和 2014 年数据来自中国海关

76.40 亿美元，其中最高为 2011 年的 149.42 亿美元。未来，巴西仍将保持糖料出口大国地位，糖料出口总量与金额都将快速增长（图 4-26）。

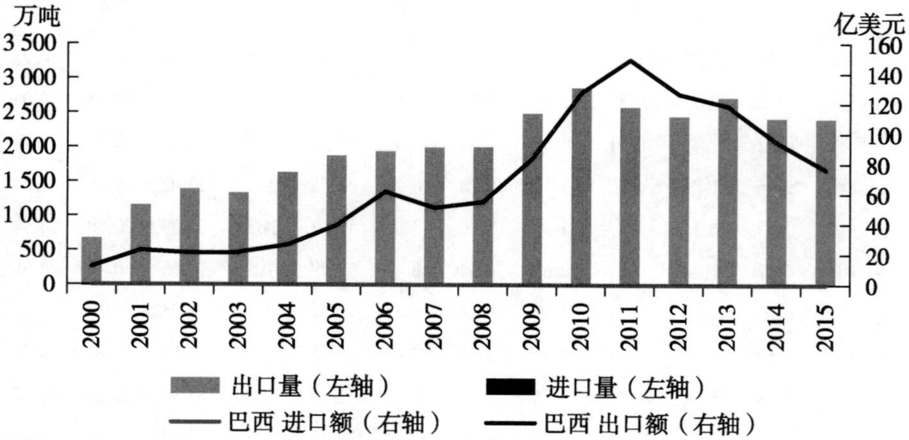

图 4-26　2000—2015 年巴西糖料进出口量、额及其结构

就食糖而言，21 世纪以来，巴西该类糖的出口贸易不断增长，2015 年出口量、额均居世界首位。2000—2015 年，巴西食糖的进口量（额）由 26.7 吨（3.37 万美元）涨至 1 332吨（174 万美元），年均上涨 29.78%（30.08%）；出口量（额）由 650.24 万吨（11.99 亿美元）增至 2 401.23万吨（76.41 亿美元），年均增长率为 9.10%（13.14%）。

2. 俄罗斯

俄罗斯是世界上重要的糖料进口国，就 2006 年而言，其糖料进口额居世界第 4 位，仅次于美国、英国和德国，而后出现下滑，但仍占据重要地位。从糖料进出口量来看，2000 年，俄罗斯糖料的进口量（额）、出口量（额）、进出口量（额）分别为 484.15 万吨（7.65 亿美元）、16.89 万吨（0.38 亿美元）和 501.03 万吨（8.03 亿美元），到 2014 年分别下降为 100.7 万吨（4.98 亿美元）、0.67 万吨（0.06 亿美元）和 101.4 万吨（5.03 亿美元），降幅分别为 79.19%（34.92%）、96%（85.36%）和 79.76%（37.2%）。期间，2012 年俄罗斯糖料进口额出现大幅下滑，降至 3.49 亿美元，世界排名更是降至 23 位，其进出口额大幅下降，降至 3.98 亿美元，而后 2013 年持续下降至 3.13 亿美元，2014 年呈恢复增长，增至 5.03 亿美元。

就糖料贸易结构比例而言，俄罗斯糖料进口一直保持逆差，占有绝对统治地位。从进出口量来看，2000—2014 年，俄罗斯糖料进口量（额）占进出口量（额）的比例均保持在 95%左右，糖料贸易一直保持逆差。2000—2011 年逆差波动增长，由 7.27 亿美元增至 17.04 亿美元；随后 2012 年出现逆差缩小，降至 3.01 亿美元，2013 年和 2014 年分别为 3.03 亿美元和 4.92 亿美元（图 4-27）。未来，俄罗斯仍将保持糖料进口大国地位，糖料进口会逐渐恢复并增长。

食糖而言，21 世纪以来，俄罗斯该类糖的进出口均呈下降趋势。2000—2014 年，俄罗斯食糖的进口量（额）由 482.10 万吨（7.66 亿美元）降至 100.74 万吨（4.98 亿美元），下降了 79.10%（34.99%）；出口量（额）由 15.53 万吨（0.38 亿美元）降至 0.67 万吨（0.06 亿美元），下降了 95.66%（85.36%）。

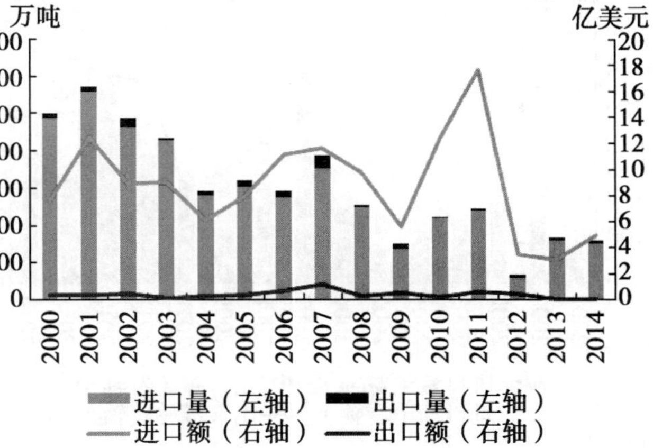

图 4-27 2000—2014 年俄罗斯糖料进出口量、额及其结构

3. 印 度

印度是世界上重要的糖料生产国与出口国，其与巴西、泰国出口之和几乎占据世界糖料出口贸易的半壁江山。就进出口量而言，2000—2014 年，印度糖料进出口量（额）由 38 万吨（1.03 亿美元）增至 382 万吨（16.60 亿美元），增长了 9 倍多（15 倍多），年均增长 17.92%（21.96%）。其中，进口量（额）增速在金砖国家中增长最快，波动也极大。进口量（额）由 2000 年的 3 万吨（0.07 亿美元）增加到 2014 的 138 万吨（5.44 亿美元），增长了 45 倍（76.71 倍），年均增长 31.45%（36.47%）；进口量（额）最高的 2009 年为 260 万吨（12.53 亿美元），但 2006 年和 2007 年仅为 0.11 万吨（0.01 亿美元）和 0.1 万吨（0.01 亿美元），近年呈一定增长趋势。出口量（额）整体呈增长趋势，由 2000 年的 35 万吨（0.96 亿美元）增长到 2014 年的 244 万吨（11.16 亿美元），增长了 597.14%（1 062.50%），年均增长 14.88%（19.15%）。但是 2009 年出口量骤减至 0.21 亿美元，随后恢复增长，2012 年涨至近年来最高，为 20.02 亿美元，随后有所下降。

就糖料贸易结构而言，大部分时间印度糖料出口占比超过进口。从进出口量（额）结构来看，2000—2003 年印度糖料出口量（额）占进出口量（额）的比例超过 90%以上，为净出口国；2004—2005 年进口量（额）超过出口量（额），出口量（额）占比降至 10.78%（12.96%）和 37.77%（46.57%），贸易逆差分别达 1.84 亿美元和 0.19 亿美元；2006—2008 年出口量（额）占比再次超过进口量（额）占比，均维持在 90%左右，贸易转为顺差；2009 年进口量（额）再次超过出口量（额），出口量（额）占比仅为 1.68%（1.70%）；2010—2012 年出口量（额）占比超过进口量（额），比例不断提高，2012 为 82.92%（83.24%）；2011—2014 年出口量（额）占比不断降低，2014 年为 65.67%（67.23%）。预计未来印度糖料贸易仍以出口为主（图 4-28）。

就食糖而言，21 世纪以来，印度该类糖的出口贸易不断增长，2014 年出口量（额）均居世界第 3 位。2000—2014 年印度食糖的进口量（额）由 19.61 万吨（0.44 亿美元）涨至 137.77 万吨（5.44 亿美元），年均增长 14.94%（19.68%）；出口量（额）由 21.56 万吨（0.62 亿美元）增至 243.79 万吨（11.16 亿美元），年均增长 18.92%（22.93%）。

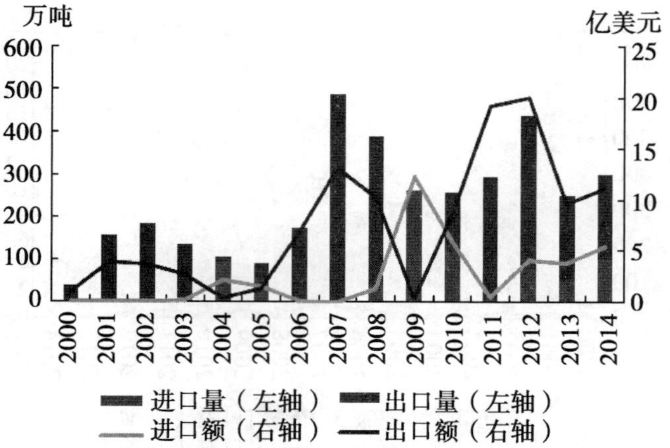

图 4-28　2000—2014 年印度糖料进出口量、额及其结构

4. 中　国

中国是世界上重要的糖料进口国，特别是近年来中国国内市场和国际市场价差的扩大，使得中国糖料进口迅速增长，2014 年中国糖料进口额仅次于美国，居世界第 2 位。从进出口量（额）来看，中国糖料贸易呈波动增长态势，2000—2014 年由 172 万吨（3.42 亿美元）增至 353.2 万吨（15.32 亿美元），增长了 105.23%（347.95%），年均增长 5.27%（11.31%）；进口量（额）由 124 万吨（2.45 亿美元）增至 348.58 万吨（14.94 亿美元），增长了 182.14%（509.80%），年均增长 7.69%（13.78%）；出口量（额）一直保持较低水平，由 49 万吨（0.97 亿美元）降至 4.62 万吨（0.38 亿美元），下降了 90.51%（60.82%），年均降幅为 15.48%（6.5%）。

就糖料贸易进出口比例而言，中国糖料进口一直占有绝对统治地位，且进口量（额）对进出口量（额）的贡献率不断提升。从进出口量（额）来看，2000—2014 年进口量（额）占进出口量（额）的比例从 71.72%（71.65%）增至 98.69%（97.53%），提高了 26.97%（25.88%），贸易逆差由 1.48 亿美元增至 14.56 亿美元。预计，未来中国糖料贸易仍保持贸易逆差，出口有增长态势（图 4-29）。

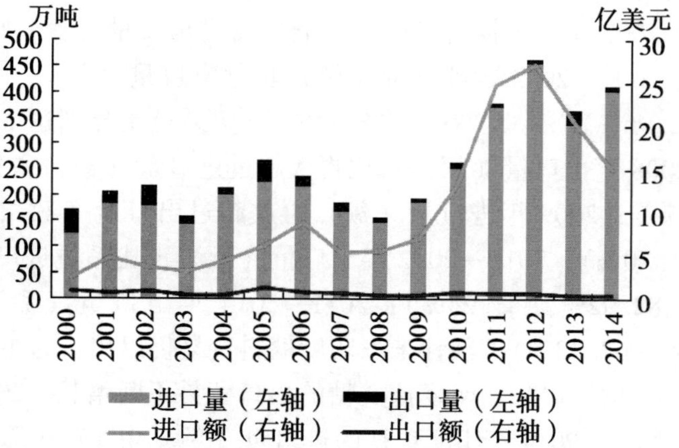

图 4-29　2000—2014 年中国糖料进出口量、额及其结构

就食糖而言，21 世纪以来，中国该类糖的进口贸易不断增长，2014 年进口量居世界首位，进口额仅次于美国，居世界第 2 位。2000—2014 年中国食糖的进口量（额）由 64.07 万吨（1.15 亿美元）涨至 348.58 万吨（14.94 亿美元），年均增长 12.86%（20.10%）；出口量（额）由 41.48 万吨（0.84 亿美元）减至 4.62 万吨（0.38 亿美元），下降了 88.86%（54.76%）。

5. 南　非

21 世纪以来，南非糖料贸易整体呈波动增长态势，贸易规模有所增长。从进出口量（额）来看，2000—2014 年，南非糖料进出口量（额）由 148 万吨（2.62 亿美元）降至 141 万吨（增至 6.95 亿美元），下降了 4.73%（增加 165.27%），年均下降 0.35%（增长 7.22%）。其中，进口量（额）由 0.8 万吨（0.02 亿美元）增至 49.34 万吨（2.71 亿美元），增长了 61 倍多（145.6 倍），年均增长 33.9%（42.8%）；出口量（额）由 147 万吨（2.60 亿美元）降至 91 万吨（增至 4.24 亿美元），下降了 38.10%（增长 63.08%），年均降幅（增长）为 3.37%（3.55%）。预计，未来南非糖料贸易总额仍将保持增长，且进口贸易有进一步增加态势。

南非糖料贸易一直保持顺差，但是出口量（额）占比逐渐缩小。2000—2014 年南非糖料出口量（额）一直高于进口量（额），贸易一直保持顺差，但是出口量（额）占比逐渐缩小，由 99.32%（99.24%）降至 64.54%（61.01%）；贸易顺差由 2000 年的 2.58 亿美元减少到 2014 年的 1.53 亿美元（图 4-30）。

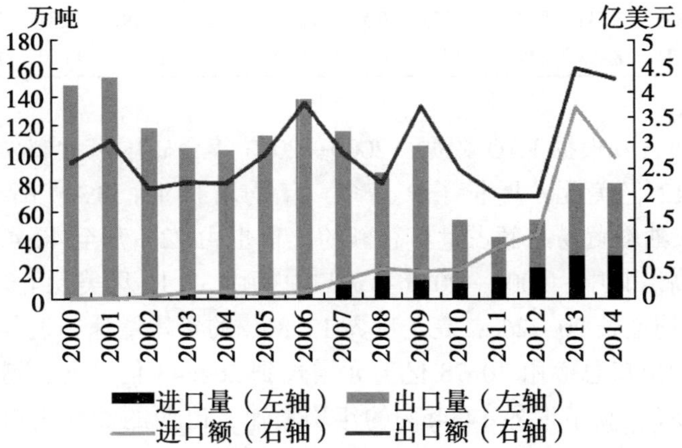

图 4-30　2000—2014 年南非糖料进出口量、额及其结构

就食糖而言，南非是重要的出口国，2014 年其出口量、额分别居世界第 9 和第 10 位。2000—2014 年南非食糖的进口量（额）由 0.78 万吨（0.02 亿美元）涨至 49.34 万吨（2.71 亿美元），年均上涨 34.48%（42.00%），但是出口量（额）由 141.48 万吨（2.58 亿美元）减至 91.34 万吨（增至 4.24 亿美元），下降了 35.44%（增长了 64.34%），年均下降 3.08%（增长 3.61%）。

（三）油　料

油料作物是以榨取油脂为主要用途的一类作物，主要有大豆、花生、芝麻、向日葵、棉籽、蓖麻、苏子、油用亚麻和大麻等。21 世纪以来，金砖国家油料贸易无论进出口量还是进出口额，都呈增长趋势。就进出口量而言，2000—2015 年①金砖国家②的油料进出口量由 3 111万吨增至 14 190万吨，增长了 356. 12%，年均增长 10. 65%。其中，进口量由 1 694万吨增至 8 850万吨，增长了 4 倍多，年均增长 11. 65%；出口量由 1 417万吨增至 5 340万吨，增长了 276. 85%，年均增长 9. 25%（表 4-12）。

表 4-12　2000—2015 年金砖国家油料进出口量状况　　单位：万吨

项目		年份											
		2000	2005	2006	2007	2008	2009	2010	2011	2012	2013	2014	2015
巴西	进口量	83	40	9	13	13	13	18	9	33	90	20	20
	出口量	1 152	2 251	2 501	2 378	2 456	2 869	2 913	3 308	3 253	4 630	4 680	5 090
俄罗斯	进口量	12	17	14	26	70	107	121	106	83	180	130	180
	出口量	129	39	40	25	20	33	17	44	87	40	50	70
印度	进口量	1	4	7	7	5	8	4	7	7	20	20	30
	出口量	50	46	55	69	69	66	79	132	112	80	70	80
中国	进口量	1 581	2 961	3 182	3 456	4 122	4 883	5 972	5 710	6 475	6 784	7 752	8 620
	出口量	83	112	95	101	96	84	62	66	78	87	87	100
南非	进口量	18	14	11	23	6	17	8	7	8	—	—	—
	出口量	4	4	2	2	11	19	15	9	20	—	—	—
金砖国家	进口量	1 694	3 036	3 223	3 525	4 216	5 029	6 123	5 838	6 606	7 074	7 922	8 850
	出口量	1 417	2 452	2 693	2 574	2 652	3 071	3 086	3 560	3 551	4 837	4 887	5 340
世界	进口量	6 896	8 546	8 761	9 775	10 551	11 096	12 536	12 199	12 875	13 770	13 970	14 470
	出口量	6 774	8 493	8 981	9 770	10 579	11 100	12 544	12 182	13 207	13 770	13 960	14 460

就进出口额而言，根据 FAO 数据，2000—2013 年金砖国家油料贸易总额由 67. 93 亿美元增长到 694. 12 亿美元，增长了 9 倍多，年均增长 19. 58%，高于世界年均增长率 5. 47%，金砖国家油料贸易总额占世界总额的比重也由 22%升至 40. 42%，在国际油料贸易中地位逐步提高。其中，2000—2013 年进口总额由 37. 15 亿美元上升到 429. 49 亿美元，增长近 11 倍，年均增长 20. 72%，高于世界 13. 80%的年均增速，近年来，中国稳居油料进口第一的位置；出口总额由 30. 78 亿美元增长到 264. 43 亿美元，增长了近 8 倍，年均增长率达到 18. 00%，高于世界 14. 45%的年均增速，巴西的油料出口额仅次于美国，处于世界第 2 位（表 4-13）。

表 4-13　2000—2013 年金砖国家油料进出口额状况　　单位：亿美元

项目		年份													
		2000	2001	2002	2003	2004	2005	2006	2007	2008	2009	2010	2011	2012	2013
巴西	进口额	1. 47	1. 43	1. 80	2. 41	0. 85	0. 81	0. 23	0. 46	0. 68	0. 67	0. 87	0. 60	2. 03	1. 75
	出口额	21. 90	27. 31	30. 38	43. 02	54. 35	53. 84	56. 91	67. 41	133. 43	114. 93	130. 53	180. 66	173. 62	229. 26

①数据说明：2000—2013 年数据来自 FAO 数据库，2014 年和 2015 年数据摘自 FAO 的《Food Outlook》，其中 2014 年为估计值，2015 年为预测值，缺少南非数据

②2014 年和 2015 年南非的进出口额均用 2013 年数据代替

（续表）

项　目		年　份													
		2000	2001	2002	2003	2004	2005	2006	2007	2008	2009	2010	2011	2012	2013
俄罗斯	进口额	0.48	0.44	0.59	0.57	0.85	1.11	1.51	2.23	5.79	6.77	7.65	8.65	8.35	11.15
	出口额	1.91	0.47	0.23	0.81	0.50	0.83	0.88	0.78	0.89	1.11	0.84	2.02	3.90	3.25
印度	进口额	0.04	0.02	0.10	0.14	0.15	0.19	0.36	0.51	0.61	0.75	0.42	0.59	0.63	1.91
	出口额	2.44	2.11	1.47	3.63	2.86	3.19	4.17	7.22	7.53	6.74	9.11	16.33	15.28	15.99
中国	进口额	34.84	38.28	32.15	62.26	79.59	87.58	86.29	130.66	241.22	218.02	278.19	327.64	392.86	414.00
	出口额	4.27	4.70	4.70	5.89	6.01	7.12	5.83	7.18	10.09	7.45	7.16	8.37	10.23	15.70
南非	进口额	0.32	0.17	0.13	0.28	0.31	0.20	0.26	0.61	0.22	0.53	0.30	0.37	0.42	0.67
	出口额	0.26	0.28	0.34	0.27	0.19	0.26	0.15	0.16	0.94	0.97	0.89	0.72	1.21	0.44
金砖国家	进口额	37.15	40.33	34.77	65.66	81.75	89.88	88.65	134.46	248.51	226.73	287.43	337.85	404.29	429.49
	出口额	30.78	34.87	37.12	53.63	63.91	65.25	67.95	82.75	152.88	131.20	148.53	208.10	204.24	264.63
世界	进口额	163.64	172.23	175.64	233.42	273.19	264.84	262.97	380.39	632.47	525.02	611.88	746.32	824.83	878.70
	出口额	145.11	152.36	156.37	214.96	225.67	229.06	241.15	340.18	569.69	479.34	582.49	705.25	781.80	838.50

数据说明：2000—2013 年数据来自 FAO 数据库

21 世纪以来，作为重要的油料作物，金砖国家的大豆进出口贸易更加活跃。2000—2014 年，金砖国家大豆进口量从 1 136.12万吨增至 7 411.81万吨，年均增长 14.33%；进口额由 24.32 亿美元涨至 417.27 亿美元，年均增长 22.51%。出口量由 1 181.99万吨增至 4 618.41万吨，年均增长 10.22%；出口额由 22.7 亿美元增至 236.54 亿美元，年均增长 18.22%。巴西是世界上重要的大豆出口国，2014 年出口量（额）均居世界第 2 位；中国与印度的出口量也居世界前 10 位；同时中国还是世界上最大的大豆进口国，2014 年其进口量、额均居世界首位；俄罗斯的大豆进口贸易也居世界前 10 位。

1. 巴　西

巴西是世界上重要的油料生产国与出口国，2010 年以来其出口额几乎占到世界油料出口总额的 20%左右，与美国一起占到世界出口额的一半以上。从进出口量来看，2000—2015 年巴西油料进出口量由 1 235万吨增长到 5 110万吨，增长了 313.77%，年均增长 9.93%，其中，巴西油料进口量相对较低，且近年来下降趋势明显，由 83 万吨减至 20 万吨，下降了 75.90%，年均降幅为 9.05%；出口量由 1 152万吨增至 5 090万吨，增长了 341.84%，年均增长 10.41%。从进出口额来看，2000—2013 年巴西油料进出口额由 23.37 亿美元增长到 231.01 亿美元，增长了近 9 倍，年均增长率达到 19.27%，其中，进口额由 1.47 亿美元增长到 1.75 亿美元，增长了 19.05%，年均增长 1.35%；出口额不仅金额较大且增速较快，由 21.90 亿美元增长到 229.26 亿美元，增长了 9 倍多，年均增长率达到 19.80%。预计，未来巴西油料进出口额仍将保持增长态势。

就油料贸易结构而言，巴西油料出口一直占有绝对统治地位，贸易顺差逐渐扩大。2000—2015 年巴西油料出口量对进出口量的贡献率均在 90%以上，2006 年来更是维持在

99%左右，2015 年为 98.09%；从进出口额结构来看，2000—2013 年巴西油料出口额对进出口额的贡献率几乎达到 99%，所以巴西油料贸易一直保持顺差，且逐渐扩大，2000 年为 20.43 亿美元，到 2013 年增至 228 亿美元。未来，巴西仍将保持油料出口大国地位，出口总量与出口额都将快速增长（图 4-31）。

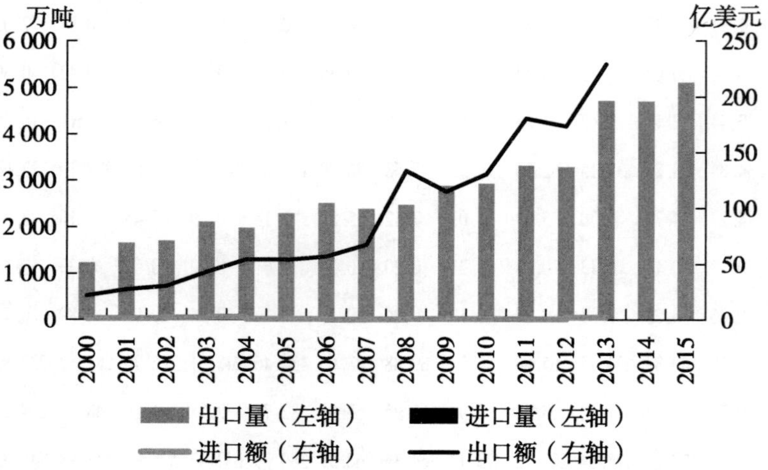

图 4-31　2000—2015 年巴西油料进出口量（额）及其结构

就大豆而言，21 世纪以来，巴西大豆的出口贸易不断增长，2015 年出口量、额均居世界首位。2000—2015 年巴西大豆的进口量（额）由 80.74 万吨（1.36 亿美元）减至 32.41 万吨（1.09 亿美元），下降了 59.86%（19.85%），年均下降 5.9%（1.46%）；出口量（额）由 1 151.73万吨（21.88 亿美元）增至 5 432.42万吨（209.84 亿美元），年均增长率为 10.89%（16.27%）。

2. 俄罗斯

21 世纪以来，俄罗斯油料贸易的明显特征之一就是由贸易顺差转变成贸易逆差。从油料进出口量来看，2000—2015 年，俄罗斯油料进出口量由 141 万吨增长到 250 万吨，增长了 77.30%，年均增长 3.89%，其中，进口量由 12 万吨涨至 180 万吨，上涨了 14 倍，年均涨幅为 19.79%；出口量由 129 万吨减至 70 万吨，下降了 45.74%，年均下降 3.99%。从油料贸易进出口额来看，2000 年俄罗斯油料进出口额为 2.39 亿美元，2001 年和 2002 年连续两年下降，分别为 0.90 亿美元和 0.82 亿美元；而后持续增长，2013 年为 14.40 亿美元，与 2000 年相比，年均增长率为 14.81%。其中，2000—2013 年进口额由 0.48 亿美元增至 11.15 亿美元，年均增长 27.37%；出口额由 1.91 亿美元增至 3.25 亿美元，年均增长 4.17%，这与 2001—2008 年俄罗斯油料出口额均低于 1 亿美元密切相关。预计，未来俄罗斯油料贸易仍有上涨空间，进出口额仍将保持增长。

就油料贸易结构而言，从进出口量的变化结构来看，2000—2006 年除 2003 年外，出口量占进出口量的比例均高于进口量占比；2006—2015 年进口量占比反而超过出口量占比（2012 年除外），且进口量占比不断提高，2015 年为 72%。从进出口额的结构变化看，2000 年和 2001 年，出口额占比较大，贸易保持顺差，分别为 1.42 亿美元和 0.03 亿美元；2002 年进口额与出口额占比分别为 71.96%和 28.04%，进口额占比超过出口额占比；而后2003年出现反弹，进口额与出口额占比分别为41.58%和58.42%；2004年以来，进口额占比一直高于出口额占比，最高2010年超过90%，贸易逆差也在2010年达到最大，为6.81亿美元（图4-32）。

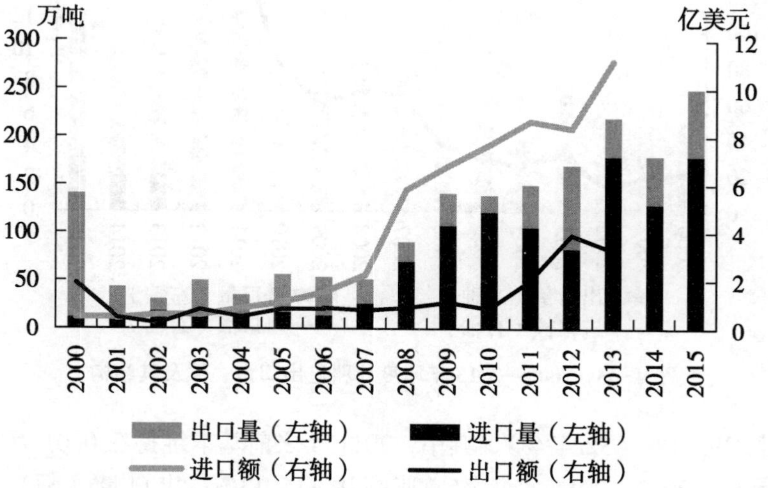

图4-32　2000—2015年俄罗斯油料进出口量、额及其结构

21世纪以来，俄罗斯大豆的进口贸易不断增长，2014年进口量、额分别居世界第7和第9位。2000—2014年，俄罗斯大豆的进口量（额）由4.09万吨（0.08亿美元）增至202.82万吨（11.51亿美元），年均增长32.16%（42.61%）；出口量（额）由4.58万吨（0.09亿美元）增至7.87万吨（0.24亿美元），年均增长率为3.94%（7.26%）。

3. 印　度

2000年以来，印度的油料贸易总量不断增长，规模不断扩大。从进出口量来看，2000—2015年印度油料进出口量由51万吨增长到110万吨，增长了115.69%，年均增长5.26%。其中，进口量由1万吨涨至30万吨，年均涨幅为25.45%；出口量由50万吨增至80万吨，上涨了60.00%，年均上涨3.18%。从进出口额来看，2000—2013年印度油料进出口额由2.48亿美元增长到17.9亿美元，增长了6倍多，年均增长率为16.42%。其中，进口额由0.04亿美元增长到1.91亿美元，增长了46倍多，年均增长达到34.63%；出口额由2.44亿美元增长到15.99亿美元，年均增长率为15.56%。

印度油料出口一直占有绝对统治地位，长期保持贸易顺差。从进出口量结构来看，2000—2015年印度油料出口量占比一直高于进口量占比，尤其是2000—2012年出口量占比基本维持在95%左右，但是2013—2015年该比例有所下降，分别为80%、77.78%和72.73%。从进出口额的结构变化看，出口额对巴西油料进出口的贡献率基本保持在95%，印度油料贸易一直保持顺差，且逐渐扩大。2000年为2.4亿美元，到2013年增至14.07亿美元，增长了486.25%（图4-33）。

21世纪以来，印度大豆贸易不断增长，尤其是2012—2014年增长迅速。2000—2014年印度大豆的进口量（额）由0.01万吨（4.74万美元）增至0.39万吨（242.92万美

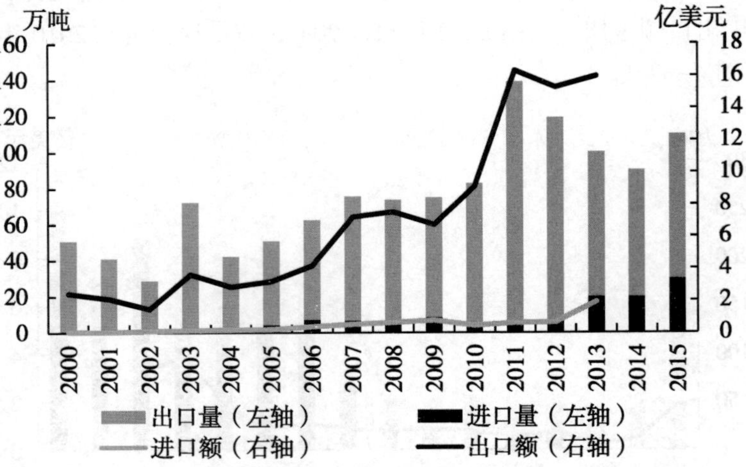

图 4-33　2000—2015 年印度油料进出口量、额及其结构

元），年均增长 29.91%（32.47%），其中，2011 年之前基本维持在 0.01 万吨水平，2012 年以后快速增长，2012—2014 年年均增速高达 115.13%；出口量（额）由 4.34 万吨（0.09 亿美元）增至 20.44 万吨（1.51 亿美元），年均增长率为 11.70%（22.32%），尤其是 2012—2014 年年均增长率高达 110.21%。

4. 中　国

中国是世界上重要的油料生产国与进口国，目前是世界油料第一大进口国。2010 年以来中国油料进口额几乎占到世界油料出口总额的 5%左右，居世界第 1 位。从进出口量来看，2000—2015 年中国油料进出口量由 1 664万吨增长到 8 720万吨，增长了 424.04%，年均增长 11.68%。其中，进口量由 1 581万吨涨至 8 620万吨，上涨了 4 倍多，年均增长 11.97%；出口量由 83 万吨增至 100 万吨，上涨了 20.48%，年均上涨 1.25%。从进出口额来看，2000—2014 年①中国油料进出口额由 39.11 亿美元增长到 459.37 亿美元，增长了 11 倍多，年均增长率达到 19.24%，其中，进口额由 34.84 亿美元增至 445.07 亿美元，增长了近 12 倍，年均增长 19.96%；出口额由 4.27 亿美元增长到 14.3 亿美元，增长了 234.89%，年均增长 9.02%。预计，未来中国油料进出口额仍将保持增长态势。

从油料贸易进出口比例变化看，中国油料长期保持贸易逆差，进口一直占有绝对统治地位。2000—2015 年中国油料出口量占进出口量的比例一直维持在 95%左右，尤其是 2009 年以来，一直高于 98%。从进出口额结构的变化看，中国油料进口额对油料进出口额的贡献率逐年提高，2000—2002 年保持在 80%左右，2003 年后均保持在 90%以上，2014 年达到 96.89%。所以中国油料贸易一直保持逆差，且逐渐扩大，2000 年为 30.57 亿美元，到 2014 年增至 430.77 亿美元。未来，中国仍将保持油料进口大国地位，进口总量与进口额都仍将保持增长态势（图 4-34）。

---

①数据说明：2000—2013 年数据来自 FAO 数据库，2013 年和 2014 年数据来自《中国农业展望报告（2015—2024）》

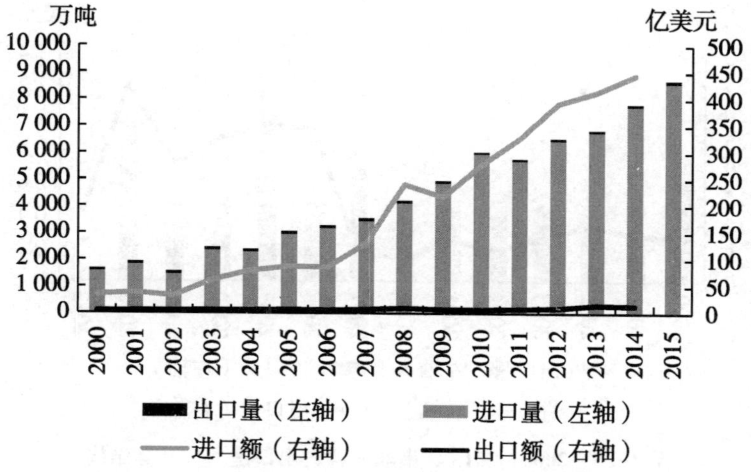

图 4-34　2000—2015 年中国油料进出口量、额及其结构

近年来，中国大豆进口贸易不断增长，一直稳坐世界第一的“宝座”。2000—2014 年中国大豆的进口量（额）由 1 041.91万吨（22.70 亿美元）增至 7 140.37万吨（402.66 亿美元），年均增长 14.74%（22.8%）；出口量（额）由 21.8 万吨（0.64 亿美元）变至 20.71 万吨（1.99 亿美元），年均下降 0.13%（增 8.44%）。

5. 南　非

2000 年以来，南非油料贸易的一个明显特征就是由贸易逆差转变成顺差，且近年来进出口额增速明显加快，贸易规模不断扩大。从数量变化看，2000—2012 年南非油料进出口量由 22 万吨增长到 28 万吨，增长了 27.27%，年均增长 2.23%。其中，进口量由 18 万吨降至 8 万吨，下降 55.56%，年均降幅为 6.20%；出口量由 4 万吨增至 20 万吨，上涨了 4 倍，年均上涨 14.75%。从金额来看，2000—2013 年南非油料进出口额由 0.58 亿美元增长至 1.1 亿美元，增长了 89.66%，年均增长 5.05%。其中，进口额由 0.32 亿美元增长至 0.67 亿美元，增长了 10，9.38%，年均增长 5.85%；出口额由 0.26 亿美元增至 0.44 亿美元，增长了 69.23%，年均增长 4.13%。预计，未来南非油料贸易规模仍有扩大空间，贸易顺差仍将进一步扩大。

从油料贸易结构的变化看，2000—2007 年南非油料进口量占比均高于出口量占比，最高的 2007 年达到 92.00%；而后油料出口大幅增加，出口量占比超过进口量占比，2012 年出口量占比达到 71.43%。从进口额结构的变化看，2000—2007 年除 2001 年、2002 年和 2005 年之外，进口额占比均高于出口额占比，最高的 2007 年达到 79.22%，贸易逆差为 0.45 亿美元；2008 年以后，油料出口大幅增加，油料出口占比不断提高，2013 年出口额占比为 40%（图 4-35）。

21 世纪以来，南非大豆贸易稳中有增。2000—2014 年南非大豆的进口量（额）由 9.37 万吨（0.18 亿美元）增至 10.36 万吨（0.53 亿美元），年均增长 0.72%（8.02%），其中 2001—2013 年基本维持在 2 万吨（0.02 亿美元）的较低水平，2014 年迅速增至 10.36 万吨（0.53 亿美元）；出口量（额）由 2000 年的 0.26 万吨（0.01 亿美元）变至 2014 年的 0.19 万吨（0.02 亿美元），年均下降 2.22%（年均增长 5.08%）。

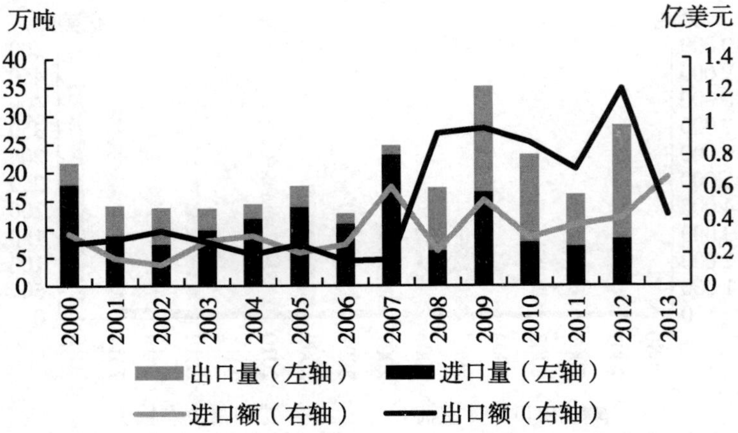

图 4-35　2000—2013 年南非油料进出口量、额及其结构

（四）果　蔬

随着居民健康意识不断提高，水果和蔬菜在人们日常生活中的消费越来越受到重视，在全球农产品贸易中的重要性和活跃度不断提高。从金砖国家果蔬进出口量①变化看，2000—2015 年金砖国家果蔬进出口量由 1 261 万吨增至 5 016 万吨，增长了 297.78%，年均增长 9.64%；进口量由 601 万吨增至 3 117万吨，增长了 418.64%，年均增长 11.60%；出口量由 661 万吨增至 1 899万吨，增长了 187.29%，年均增长 7.29%（表 4-14）。

表 4-14　2000—2015 年金砖国家果蔬进出口量状况　　单位：万吨

项目		年份							
		2000	2005	2010	2011	2012	2013	2014	2015
巴西	进口量	60.07	77.00	117.04	127.87	133.62	147.23	116.56	121.17
	出口量	57.30	93.53	84.26	77.46	78.87	80.63	79.25	97.01
俄罗斯	进口量	306.42	596.78	901.34	1 026.04	888.25	933.23	905.60	765.00
	出口量	10.56	24.61	22.87	64.78	89.69	66.51	76.21	131.00
印度	进口量	83.34	279.75	416.78	472.13	533.46	545.74	629.67	732.00
	出口量	105.25	225.89	210.21	296.90	318.50	356.18	333.89	277.00
中国	进口量	139.51	482.26	912.92	908.25	1 121.52	1 167.55	1 341.35	1 475.00
	出口量	358.52	764.95	980.77	1 067.50	1 044.76	1 057.71	1 033.61	1 060.00
南非	进口量	11.62	12.81	22.51	24.18	26.84	28.82	30.00	23.00
	出口量	128.87	305.53	383.60	436.33	402.25	334.12	333.55	334.00
金砖国家	进口量	600.97	1 448.61	2 370.59	2 558.47	2 703.70	2 822.56	3 023.17	3 117.00
	出口量	660.50	1 414.51	1 681.70	1 942.97	1 934.07	1 895.15	1 856.52	1 899.00

①果蔬进出口量 2000—2015 年数据来自 UN Comtrade Database，代号编码 0701 Potatoes，fresh or chilled 至 0814 Peel orcutrus fruit or melons

（续表）

项　目		年　份							
		2000	2005	2010	2011	2012	2013	2014	2015
世界	进口量	8 953.05	11 351.33	13 915.99	14 464.78	14 617.98	20 294.40	15 512.00	—
	出口量	8 856.43	11 614.48	14 375.86	15 157.27	14 769.17	15 849.69	162 65.03	—

数据来源：UN Comtrade Database，代号编码 0701 Potatoes，fresh or chilled 至 0814 Peel orcutrus fruit or melons

就进出口额而言①，2000—2013 年金砖国家果蔬贸易总额由 122.49 亿美元增长到 517.43 亿美元，增长了 322.43%，年均增长 11.72%，比世界年均增长率高 2.38%，金砖国家果蔬贸易总额占世界总额的比重也由 8.6%升至 11.38%，在国际果蔬贸易中地位逐步提高。其中，进口总额由 48.36 亿美元上升到 227.68 亿美元，增长 370.80%，年均增长 12.66%，远高于世界 9.08%的年均增速；出口总额由 74.13 亿美元增长到 289.75 亿美元，增长了 290.87%，年均增长率达 11.06%，高于世界 9.61%的年均增速（表 4-15）。

表 4-15　2000—2015 年金砖国家果蔬进出口额状况　　单位：亿美元

项　目		年　份							
		2000	2005	2010	2011	2012	2013	2014	2015
巴西	进口额	5.40	5.77	18.59	19.14	19.49	22.79	—	—
	出口额	15.25	19.36	28.74	35.88	34.40	34.10	—	—
俄罗斯	进口额	12.12	36.22	91.16	107.38	102.99	108.73	—	—
	出口额	0.67	1.74	1.68	3.64	6.10	5.60	—	—
印度	进口额	5.18	14.56	24.39	40.47	42.24	45.45	—	—
	出口额	9.52	15.88	23.41	28.45	26.73	35.99	—	—
中国	进口额	24.83	34.71	81.24	100.62	122.85	45.80	66.50	64.10
	出口额	40.49	79.45	171.48	210.43	208.73	179.07	186.87	201.60
南非	进口额	0.82	1.66	3.56	4.45	5.05	4.92	—	—
	出口额	8.20	16.48	26.74	28.61	29.09	34.99	—	—
金砖国家	进口额	48.36	92.92	218.94	272.07	292.61	227.68	—	—
	出口额	74.13	132.91	252.05	307.00	305.04	289.75	—	—
世界	进口额	749.62	1 203.08	1 844.65	2 089.70	2 103.99	2 321.42	—	—
	出口额	674.41	1 124.16	1 789.80	2 039.18	2 044.38	2 224.37	—	—

数据来源：2000—2013 年金砖国家数据来自 FAOSTAT，2014—2015 年中国数据来自中国农业部农产品进出口数据

此外，研究发现大蒜、马铃薯、苹果和橙子是金砖各国果蔬贸易中较为重要的品种。

①果蔬贸易进出口额数据来自 FAOSTAT，但是该数据库缺少果蔬贸易量的数据，所以根据联合国商品贸易数据库的各类分品种数据加总而成，所以数据从在不能一一对应，但是不影响趋势和特征的研究

21 世纪以来，金砖国家上述农产品贸易不断增长。具体来看，2000—2014 年，金砖国家这些种类农产品进口量、额增速最快的是苹果，由 27.42 万吨（额 1.21 亿美元）增至 139.93 万吨（额 10.13 亿美元），年均增长 12.35%（额 16.39%）；出口量（额）增速最快的是马铃薯，由 10.18 万吨（额 0.13 亿美元）增至 103.84 万吨（额 4.47 亿美元），年均增长 18.04%（额 28.45%）（表 4-16）。

表 4-16　2000—2014 年金砖国家主要果蔬产品贸易　单位：万吨、亿美元、%

项目		年份											
		2000	2005	2006	2007	2008	2009	2010	2011	2012	2013	2014	年均增速
大蒜	进口量	11.34	18.49	15.96	17.71	19.18	19.89	19.98	22.39	20.36	23.04	22.14	4.90
	进口额	0.70	1.00	1.12	1.30	1.18	1.47	3.12	3.23	2.47	2.93	2.41	9.24
	出口量	38.87	118.35	124.38	143.95	153.69	160.98	137.93	166.85	144.02	165.64	176.98	11.43
	出口额	1.38	5.70	8.08	8.74	6.40	10.94	23.40	20.73	13.99	14.10	14.82	18.50
马铃薯	进口量	28.49	39.81	37.99	25.55	54.15	38.62	68.50	147.19	46.42	47.79	69.79	6.61
	进口额	0.49	0.91	1.00	1.10	2.28	1.53	2.85	7.35	2.31	2.46	3.91	16.05
	出口量	10.18	37.76	53.49	62.98	60.11	57.30	88.25	87.92	103.00	62.47	103.84	18.04
	出口额	0.13	0.68	0.98	1.27	1.26	1.49	1.86	2.63	2.03	2.19	4.47	28.45
苹果	进口量	27.42	85.78	95.76	110.12	122.28	131.46	147.10	151.05	158.43	167.94	139.93	12.35
	进口额	1.21	3.72	4.48	5.84	6.78	7.30	9.37	11.43	11.46	11.64	10.13	16.39
	出口量	57.51	121.65	116.21	150.13	167.09	163.94	162.28	182.30	164.91	160.03	130.77	6.04
	出口额	1.96	5.16	5.72	8.04	10.36	10.09	11.72	12.76	13.53	15.51	14.19	15.19
橙子	进口量	31.44	44.56	59.12	53.75	57.29	52.31	59.65	70.56	64.01	66.03	63.69	5.17
	进口额	0.93	2.32	3.27	3.34	4.08	4.37	5.27	6.49	5.74	6.20	5.71	13.81
	出口量	49.27	135.95	115.64	117.10	118.89	118.64	130.90	113.38	128.08	131.77	126.67	6.98
	出口额	1.54	3.11	3.64	4.59	5.23	5.06	7.14	6.87	6.99	7.07	7.19	11.62

数据来源：联合国商品贸易统计数据库

1. 巴　西

21 世纪以来，巴西果蔬进出口呈波动增加趋势，贸易规模不断扩大。从进出口量来看，2000—2015 年果蔬进出口量由 117 万吨增至 218 万吨，增长了 86.32%，年均增长 4.24%，其中，水果进出口量由 74 万吨增至 128 万吨，年均增长 3.72%；蔬菜进出口量由 44 万吨增至 86 万吨，年均增长 4.57%。进口量对果蔬贸易增量的贡献较大，由 60 万吨增至 121 万吨，增长了 101.67%，年均增长 4.79%。其中，水果进口量由 25 万吨增至 57 万吨，年均增长 5.65%；蔬菜进口量由 35 万吨增至 59 万吨，年均增长 3.54%。出口量由 57 万吨增至 97 万吨。其中，水果出口量维持 60 万吨水平，蔬菜出口量维持在 8 万吨左右。从进出口额来看，2000—2013 年巴西果蔬进出口额由 20.65 亿美元增至 50.88 亿美元，增长了 175.45%，年均增长 8.11%；其中，进口额从 5.4 亿美元增至 22.79 亿美元，增长了 322.04%，年均增长 11.71%，出口额从 15.25 亿美元增至 34.1 亿美元，增长了 123.61%，年均增长 6.39%。

就果蔬贸易结构而言，从进出口量结构变化看，2000—2009 年巴西果蔬出口量均高于进口量，出口量占进出口量的比例维持在 55%；但是自 2010 年起，出口量开始低于进口量，出口量占比大幅下降。2014 年和 2015 年分别为 40.47%和 44.46%；其中，主要是蔬菜出口量占比大幅下降导致的，2015 年蔬菜出口量占其进出口量的比例仅为 4.38%（图 4-36）。从进出口额结构的变化看，2000—2013 年巴西果蔬贸易保持贸易顺差，但是出口额占比在逐年降低，2013 年仅为 59.94%，顺差额为 11.31 亿美元。

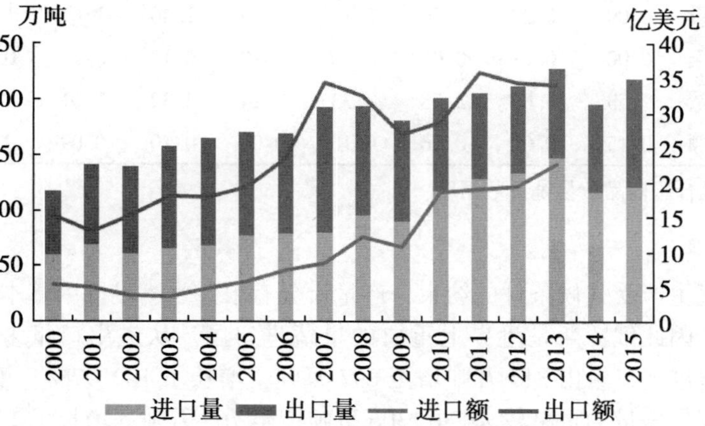

图 4-36　2000—2015 年巴西果蔬进出口量、额及其结构

21 世纪以来，巴西大蒜、马铃薯、苹果和橙子进出口涨跌不一，其中 2014 年巴西大蒜进口量（额）均居世界第 2 位。具体来看，2000—2015 年巴西这些种类果蔬进口量增速最快的是橙子，由 0.09 万吨增至 1.55 万吨，年均增长 21.14%；进口额增速最快的是苹果，由 0.24 亿美元增至 0.67 亿美元，年均增长 7.08%；出口量（额）增速最快的是马铃薯，由 0.01 万吨（1.1 万美元）增至 1.07 万吨（354 万美元），年均增长 34.01%（46.22%）（表 4-17）。

表 4-17　2000—2015 年巴西主要果蔬产品贸易　　单位：万吨、亿美元、%

项目		年份								
		2000	2005	2010	2011	2012	2013	2014	2015	年均增速
大蒜	进口量	8.89	13.26	15.31	16.36	15.78	17.68	16.72	16.18	4.07
	进口额	0.61	0.73	2.76	2.49	1.87	2.20	1.72	1.76	7.27
	出口量	0.00	0.08	0.00	0.02	0.00	0.00	0.00	0.00	-25.01
	出口额	0.00	0.01	0.00	0.00	0.00	0.00	0.00	0.00	-8.68
马铃薯	进口量	1.18	1.80	2.05	0.53	0.29	2.92	0.78	0.57	-4.70
	进口额	0.02	0.03	0.13	0.06	0.04	0.13	0.08	0.05	5.42
	出口量	0.01	0.03	0.06	0.30	0.03	0.20	0.92	1.07	34.01
	出口额	0.00	0.00	0.00	0.01	0.00	0.01	0.03	0.04	46.22
苹果	进口量	4.40	6.75	7.69	9.66	5.79	9.40	11.67	7.74	3.83
	进口额	0.24	0.30	0.73	0.84	0.61	0.95	1.12	0.67	7.08
	出口量	6.45	9.93	9.08	4.87	7.23	8.54	4.43	6.01	-0.47
	出口额	0.31	0.46	0.55	0.36	0.49	0.63	0.32	0.41	1.88

（续表）

项　目		年　份								
		2000	2005	2010	2011	2012	2013	2014	2015	年均增速
橙子	进口量	0.09	0.22	0.60	1.15	1.19	1.46	1.61	1.55	21.14
	进口额	0.00	0.01	0.05	0.10	0.10	0.12	0.14	0.11	24.03
	出口量	7.53	3.07	3.78	3.33	2.24	2.32	2.01	2.35	-7.47
	出口额	0.15	0.09	0.16	0.16	0.09	0.10	0.09	0.09	-3.52

数据来源：联合国商品贸易统计数据库

2. 俄罗斯

俄罗斯果蔬生产受气候条件的约束，产量十分有限。为满足国内基本果蔬需求，需要进口大量果蔬，因此俄罗斯是世界上重要的果蔬进口国。从进出口量来看，2000—2015年，俄罗斯果蔬进出口量由317万吨增至897万吨，增长了182.97%，年均增长7.18%。进口量对果蔬贸易增量的贡献较大，由306万吨增至765万吨，增长了150.00%，年均增长6.23%；出口量由11万吨增至131万吨，出口量增长近11倍，年均增长17.96%。从进出口额来看，2000—2013年，俄罗斯果蔬进出口额由12.79亿美元增至114.32亿美元，增长了793.82%，年均增长18.35%。其中，进口额从12.12亿美元增至108.73亿美元，增长了797.11%，年均增长18.38%；出口额从0.67亿美元增至5.60亿美元，增长了735.82%，年均增长17.74%。

作为重要的果蔬进口国，俄罗斯的果蔬进口量（额）占进出口量（额）的比例基本维持在95%以上，但是2015年进口量占比有所下降，仅为85.36%（图4-37）。预计，未来俄罗斯果蔬进出口额仍将保持增长态势，且进口额增长势头强劲，仍将保持净进口国状态，但贸易逆差存在缩小的可能性。

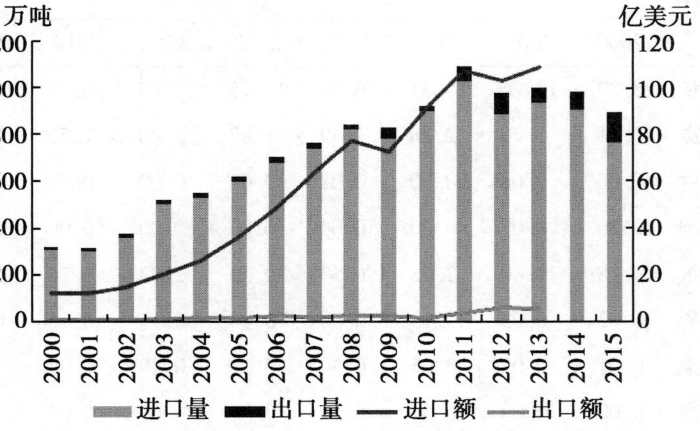

图4-37　2000—2015年俄罗斯果蔬进出口量、额及其结构

21世纪以来，俄罗斯大蒜、马铃薯、苹果和橙子进出口增减不一。2014年俄罗斯苹果进口量（额）位居世界首位，橙子进口额（量）居世界首位（第2位），大蒜进口量（额）分别居世界第7（第6），马铃薯进口额（量）居世界第1位（第3位）。具体来看，

2000—2015 年俄罗斯这些种类果蔬进口量增速最快的是苹果，由 20.01 万吨增至 88.03 万吨，年均增长 10.38%；进口额增速最快的是大蒜，由 0.06 亿美元增至 0.71 亿美元，年均增长 18.56%；出口量增速最快的是橙子，由 0.18 万吨增至 2.35 万吨，年均增长 18.66%；出口额增速最快的为马铃薯，由 0.01 亿美元增至 0.17 亿美元，年均增长 18.51%（表 4-18）。

表 4-18　2000—2015 年俄罗斯主要果蔬产品贸易　单位：万吨、亿美元、%

项目		年份								
		2000	2005	2010	2011	2012	2013	2014	2015	年均增速
大蒜	进口量	1.90	4.11	4.52	5.83	4.39	5.17	5.21	5.26	7.02
	进口额	0.06	0.18	0.34	0.71	0.57	0.70	0.66	0.71	18.56
	出口量	0.01	0.00	0.00	0.00	0.00	0.01	0.01	0.05	11.78
	出口额	0.00	0.00	0.00	0.00	0.00	0.00	0.00	0.00	13.18
马铃薯	进口量	26.94	37.66	66.43	146.62	46.11	44.82	68.97	54.92	4.86
	进口额	0.45	0.87	2.72	7.29	2.28	2.33	3.83	2.56	12.22
	出口量	1.50	2.66	2.91	4.17	2.78	4.05	3.81	16.41	17.31
	出口额	0.01	0.03	0.06	0.08	0.07	0.11	0.08	0.17	18.51
苹果	进口量	20.01	72.35	120.40	115.77	127.86	135.23	104.99	88.03	10.38
	进口额	0.82	2.95	6.66	7.57	7.97	7.89	6.21	3.85	10.83
	出口量	0.12	0.36	0.03	0.04	0.05	0.06	0.07	0.50	10.10
	出口额	0.00	0.02	0.00	0.01	0.01	0.01	0.01	0.02	11.88
橙子	进口量	24.96	39.11	49.88	56.84	48.91	50.44	46.87	46.37	4.21
	进口额	0.70	1.95	4.37	5.12	4.31	4.80	4.18	0.28	-5.82
	出口量	0.18	0.72	0.05	0.04	0.10	0.13	0.17	2.35	18.66
	出口额	0.01	0.04	0.01	0.00	0.01	0.01	0.01	0.08	15.97

3. 印　度

近年来印度果蔬贸易进口额快速增长，贸易逆差逐步扩大。从进出口量来看，2000—2015 年印度果蔬进出口量由 189 万吨增至 1 009万吨，增长 433.86%，年均增长 11.81%。其中，进口量由 83 万吨增至 732 万吨，年均增长 15.62%；出口量由 106 万吨增至 277 万吨，增长了 161.32%，年均增长率为 6.61%。预计，未来印度果蔬进出口额仍将保持增长态势，且进口需求较大，仍将保持进口比例高于出口的状况，且贸易逆差进一步扩大。从进出口额来看，2000—2013 年印度果蔬进出口额由 14.70 亿美元增至 81.44 亿美元，增长了 454.01%，年均增长 14.08%。其中，进口额从 5.18 亿美元增至 45.45 亿美元，增长了 777.41%，年均增长 18.18%；出口额从 9.52 亿美元增至 35.99 亿美元，增长了 278.05%，年均增长 10.77%。

从果蔬贸易结构变化看，2000—2015 年印度果蔬出口量占进出口量的比例持续下降，由 56.21%降至 27.43%，下降了 28.78%（图 4-38）。从进出口额结构的变化看，2000—2013 年，出口额占比同样呈下降趋势，由 64.76%降至 44.19%，下降了 20.57%，贸易由顺差转变为逆差，2013 年果蔬贸易逆差为 9.46 亿美元。

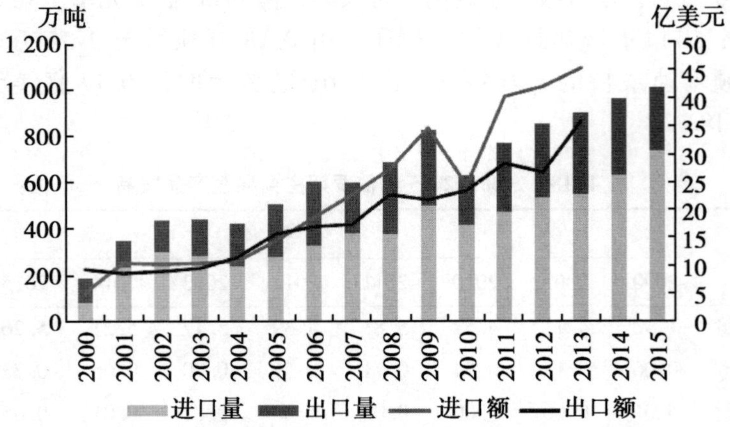

图 4-38　2000—2015 年印度果蔬进出口量、额及其结构

从大蒜、马铃薯、苹果和橙子等果蔬分品种贸易变化看，2014 年印度大蒜出口量居世界第 6 位，马铃薯出口量居世界第 9 位。具体来看，2000—2015 年，印度这些种类果蔬进口量（额）增速最快的是橙子，由 0.01 万吨（2.29 万美元）增至 4.91 万吨（2 829万美元），年均增长 53.89%（60.73%）；出口量（额）增速最快的是马铃薯，由 2.49 万吨（0.03 亿美元）增至 20.79 万吨（0.54 亿美元），年均增长 15.20%（21.99%）（表 4-19）。

表 4-19　2000—2015 年印度主要果蔬产品贸易　单位：万吨、亿美元、%

项目		年份								
		2000	2005	2010	2011	2012	2013	2014	2015	年均增速
大蒜	进口量	0.50	1.04	0.00	0.02	0.02	—	0.01	0.19	-6.18
	进口额	0.02	0.04	0.00	0.00	0.00	—	0.00	0.01	-3.17
	出口量	0.46	2.69	1.26	0.28	2.54	2.95	1.65	0.75	3.28
	出口额	0.01	0.07	0.19	0.03	0.10	0.11	0.08	0.04	8.29
马铃薯	进口量	0.12	0.35	0.00	0.00	0.00	0.00	0.00	0.00	-22.84
	进口额	0.00	0.01	0.00	0.00	0.00	0.00	0.00	0.00	-13.24
	出口量	2.49	8.46	7.31	21.79	11.57	16.59	30.01	20.79	15.20
	出口额	0.03	0.10	0.29	0.37	0.19	0.34	1.10	0.54	21.99
苹果	进口量	0.45	3.36	12.29	17.90	18.64	19.43	20.46	19.37	28.42
	进口额	0.03	0.21	1.21	1.86	1.96	2.12	2.34	2.10	32.34
	出口量	0.43	2.68	1.72	2.57	1.95	3.72	1.58	1.83	10.18
	出口额	0.01	0.08	0.13	0.15	0.10	0.14	0.06	0.07	11.85
橙子	进口量	0.01	0.16	1.02	2.48	3.26	3.42	4.90	4.91	53.89
	进口额	0.00	0.01	0.08	0.18	0.22	0.19	0.28	0.28	60.73
	出口量	2.38	3.12	0.56	2.80	2.65	2.68	1.48	2.35	-0.08
	出口额	0.05	0.07	0.04	0.12	0.13	0.08	0.05	0.08	2.61

4. 中　国

中国既是果蔬出口大国，又是果蔬进口大国，在全球果蔬贸易中占据重要地位。就进出口量而言，2000—2014 年中国果蔬进出口量由 498 万吨增至 2 375万吨，增长了 376.87%，年均增长 11.8%；其中，水果进出口量由 187 万吨增至 677 万吨，年均增长 9.62%；蔬菜进出口量由 311 万吨增至 1 698万吨，年均增长 12.89%，蔬菜对果蔬贸易增量的贡献较大。果蔬进口量由 139.51 万吨增至 1341.35 万吨，增长了 861.46%，年均增长 17.55%；其中，水果进口量由 98 万吨增至 388 万吨，年均增长 10.29%；蔬菜进口量由 41 万吨增至 954 万吨，年均增张 25.18%。出口量由 358.52 万吨增至 1 033.61万吨，增长了 539.52%，年均增长率为 14.17%；其中，水果出口量由 89 万吨增至 289 万吨，年均增长 8.81%；蔬菜出口量由 270 万吨增至 745 万吨，年均增长 7.52%；水果和蔬菜出口均大幅增长。从进出口额来看，2000—2015 年中国果蔬进出口额由 65.32 亿美元增至 265.70 亿美元，增长了 306.79%，年均增长 9.81%；其中，进口额从 24.83 亿美元增至 64.10 亿美元，增长了 158.15%，年均增长 6.53%，出口额从 40.49 亿美元增至 201.60 亿美元，增长了 397.95%，年均增长 11.30%。

中国果蔬贸易近年来进、出口量呈“六四开”格局。从进出口量结构来看，2000—2009 年中国果蔬进口量与出口量占进出口量的比重基本维持“四六开”，2010—2014 年进口量与出口量占进出口量的比重基本维持“五五开”，2014 年进口量与出口量占比分别为 56.48%和 43.52%。从进出口额结构来看，2000—2015 年中国果蔬进口额与出口额占进出口额的比重基本维持“二八开”，2015 年进口额与出口额占比分别为 24.12%和 75.88%；2000—2015 年贸易逆差不断扩大，由 15.66 亿美元增至近年最高的 137.5 亿美元。预计，未来中国果蔬进出口额仍将保持增长态势，果蔬贸易创汇能力较强（图 4-39）。

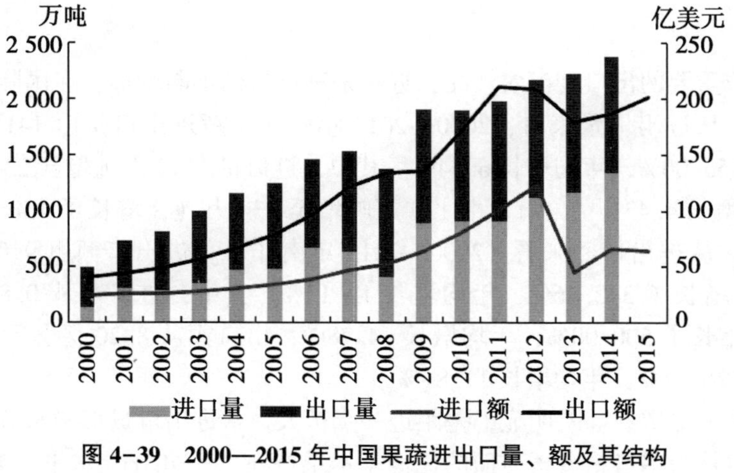

图 4-39　2000—2015 年中国果蔬进出口量、额及其结构

从中国大蒜、马铃薯、苹果和橙子的贸易变化看，2014 年中国大蒜出口量（额）均居世界第 1 位，马铃薯出口量居世界第 6 位，苹果出口量（额）分别居第 4 位和第 2 位，橙子出口量（额）分别居第 12 位和第 9 位。具体来看，2000—2014 年中国这些种类果蔬进口量（额）增速最快的是橙子，由 4.94 万吨（0.23 亿美元）增至 9.03 万吨（1.09 亿美元），年均增长 4.4%（11.75%）；出口量（额）增速最快的还是橙子，由 0.25 万吨（40.95 万美元）增至 8.73 万吨（1.08 亿美元），年均增长 28.79%（48.93%）（表 4-20）。

表 4-20　2000—2014 年中国主要果蔬产品贸易　单位：万吨、亿美元、%

项目		年份						
		2000	2005	2011	2012	2013	2014	年均增速
大蒜	进口量	0.00	0.00	—	—	0.00	0.00	-21.37
	进口额	0.01	0.04	—	—	0.00	0.00	-37.70
	出口量	38.39	115.56	166.40	141.37	162.59	175.21	11.45
	出口额	1.36	5.62	20.68	13.88	13.97	14.73	18.53
马铃薯	进口量	0.10	0.00	0.02	0.00	0.00	0.00	-62.81
	进口额	0.00	0.00	0.00	0.00	0.00	0.00	-36.19
	出口量	4.24	24.47	37.53	35.80	29.84	54.02	19.94
	出口额	0.05	0.45	1.71	1.32	1.28	2.72	33.23
苹果	进口量	2.55	3.32	7.71	6.15	3.86	2.81	0.72
	进口额	0.12	0.25	1.16	0.92	0.67	0.46	10.34
	出口量	29.77	82.40	103.46	97.59	99.47	86.50	7.92
	出口额	0.97	3.06	9.14	9.60	10.30	10.28	18.40
橙子	进口量	4.94	5.03	9.96	9.67	8.77	9.03	4.40
	进口额	0.23	0.35	1.09	1.10	1.07	1.09	11.75
	出口量	0.25	5.53	8.40	12.35	9.32	8.73	28.79
	出口额	0.00	0.19	0.65	0.92	0.98	1.08	48.93

5. 南　非

果蔬是南非重要的出口创汇农产品，近年来进出口额不断增加，在国际果蔬贸易中的地位不断加强。从进出口量来看，2000—2015 年南非果蔬进出口量由 141 万吨增至 357 万吨，增长了 155.00%，年均增长 6.44%。其中，进口量由 12 万吨增至 23 万吨，增长了 91.67%，年均增长 4.43%；出口量由 129 万吨增至 334 万吨，增长了 158.91%，年均增长率为 6.55%。从进出口额来看，2000—2013 年南非果蔬进出口额由 9.02 亿美元增至 39.91 亿美元，增长了 342.46%，年均增长 12.12%。其中，进口额从 0.82 亿美元增至 4.92 亿美元，增长了 500.00%，年均增长 14.78%；出口额从 8.20 亿美元增至 34.99 亿美元，增长了 326.71%，年均增长 11.81%。

南非近年来果蔬贸易顺差明显，差距进一步扩大。从进出口量结构来看，2000—2015 年南非果蔬进口量与出口量占贸易额的比例基本维持在“一九开”水平，如 2015 年进口量与出口量占比分别为 6.52%和 93.48%。从进出口额结构来看，2000—2013 年，随着南非出口额快速增长，出口额占进出口额的比例不断提高。进口额与出口额占比分别由 2000 年的 8.22%和 91.78%变化至 2013 年的 12.32%和 87.68%；贸易顺差不断扩大，2000 年为 7.38 亿美元，2013 年增至 34.99 亿美元（图 4-40）。预计，未来南非果蔬贸易顺差仍有增大的空间，果蔬贸易创汇能力不断增强。

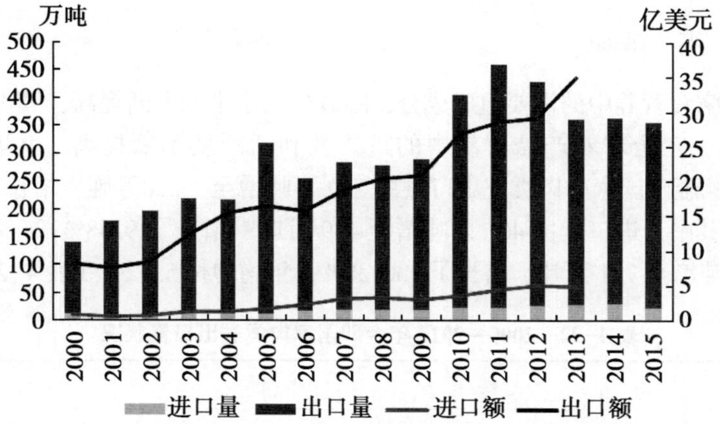

图 4-40　2000—2015 年南非果蔬进出口量、额及其结构

在大蒜、马铃薯、苹果和橙子等主要农产品贸易变化中，2014 年南非苹果出口量（额）居世界第 7 位（第 8 位），橙子出口量（额）均居世界第 2 位。具体来看，2000—2015 年在这些种类果蔬进口量中增速最快的是苹果，进口量（额）由 0.598 吨（0.033 万美元）增至 169.17 吨（14.96 万美元），年均增长 45.69%（50.35%）；出口量（额）增速最快的为马铃薯，由 1.95 万吨（0.04 亿美元）增至 16.1 万吨（0.44 亿美元），年均增长 15.13%（16.56%）（表 4-21）。

表 4-21　2000—2015 年南非主要果蔬产品贸易　　单位：万吨、亿美元、%

项　目		年　份								
		2000	2005	2010	2011	2012	2013	2014	2015	年均增速
大蒜	进口量	0.05	0.08	0.15	0.18	0.17	0.19	0.20	0.23	10.92
	进口额	0.00	0.01	0.03	0.03	0.03	0.03	0.03	0.05	21.93
	出口量	0.01	0.02	0.15	0.15	0.10	0.10	0.10	0.07	11.89
	出口额	0.00	0.00	0.02	0.01	0.01	0.01	0.01	0.01	15.76
马铃薯	进口量	0.15	0.00	0.01	0.01	0.02	0.05	0.04	0.01	-20.20
	进口额	0.00	0.00	0.00	0.00	0.00	0.00	0.00	0.00	-17.74
	出口量	1.95	2.15	52.10	24.13	52.82	11.79	15.08	16.10	15.13
	出口额	0.04	0.09	0.47	0.46	0.45	0.46	0.54	0.44	16.56
苹果	进口量	0.00	0.00	0.04	0.01	0.00	0.02	0.00	0.02	45.69
	进口额	0.00	0.00	0.00	0.00	0.00	0.00	0.00	0.00	50.35
	出口量	20.75	26.27	39.15	71.36	58.10	48.24	38.19	38.11	4.14
	出口额	0.67	1.54	2.71	3.10	3.33	4.43	3.54	3.18	10.95
橙子	进口量	1.44	0.04	0.15	0.13	0.98	1.93	1.28	0.80	-3.84
	进口额	0.00	0.00	0.00	0.00	0.01	0.02	0.02	0.03	15.64
	出口量	38.93	123.50	112.60	98.82	110.74	117.33	114.27	115.62	7.53
	出口额	1.33	2.72	6.09	5.93	5.84	5.90	5.96	6.14	10.75

数据来源：联合国商品贸易统计数据库

（五）肉　类

肉类是人们膳食营养中的重要组成成分，随着生活水平的不断提高，其占居民食物消费的比重不断提高，在全球农产品贸易中的重要性和活跃度不断提高。就进出口量而言，2000—2015年①，金砖国家的肉类进出口量由740万吨增至1 220万吨，增长了64.86%，年均增长3.39%。其中，进口量由401万吨增至439万吨，增长了9.48%，年均增长0.61%；出口量由339万吨增至781万吨，增长了130.38%，年均增长5.72%（表4-22）。

表4-22　2000—2015年金砖国家肉类进出口量状况　　单位：万吨

项目		年份											
		2000	2005	2006	2007	2008	2009	2010	2011	2012	2013	2014	2015
巴西	进口量	6	4	4	3	4	4	4	4	6	6	7	6
	出口量	142	498	520	595	563	597	606	598	622	642	664	590
俄罗斯	进口量	124	266	282	325	247	271	239	245	273	239	202	114
	出口量	2	4	2	4	5	7	4	3	3	4	4	9
印度	进口量	0	0	0	0	0	0	0	0	0	0	0	0
	出口量	38	40	47	57	66	71	79	123	137	177	195	136
中国	进口量	254	156	193	344	278	305	337	390	373	441	464	273
	出口量	156	112	126	126	121	148	171	189	182	190	211	34
南非	进口量	17	25	33	35	32	29	35	41	46	44	46	46
	出口量	2	1	2	2	2	4	5	3	3	6	9	12
金砖国家	进口量	401	452	511	707	561	609	615	681	699	730	719	439
	出口量	339	654	696	784	757	827	864	916	946	1 019	1 083	781
世界	进口量	2 072	2 585	2 091	2 377	2 322	2 461	2 605	2 784	2 887	2 932	2 990	
	出口量	2 157	2 730	2 109	2 386	2 308	2 535	2 646	2 882	2 973	3 086	3 157	

就进出口额而言，2000—2015年②金砖国家肉类贸易总额由83.51亿美元增长到311.48亿美元，增长了272.99%，年均增长9.17%。其中，进口额由39.41亿美元上升到105.83亿美元，增长168.54%，年均增长6.81%；出口额由44.1亿美元增长到205.64亿美元，增长了366.30%，年均增长10.81%（表4-23）。

表4-23　2000—2015年金砖国家肉类进出口额状况　　单位：亿美元

项目		年份											
		2000	2005	2006	2007	2008	2009	2010	2011	2012	2013	2014	2015
巴西	进口额	1.32	0.99	0.87	1.20	1.57	1.53	2.19	2.96	3.53	3.53	4.77	3.31
	出口额	19.27	80.78	85.22	111.11	143.16	115.06	133.22	153.95	152.90	163	154.17	130.78

①数据来源：2000—2005年数据来源于FAOSTAT，数据包含牛肉、猪肉、羊肉、鸡肉、兔肉等21种肉类的进出口总量，2006—2014年数据来自FAO的《Food Outlook》报告，其中2013年为估计值，2014年为预测值，2015年数据来自联合国商品贸易数据库

②数据说明：2000—2013年金砖各国肉类进出口额数据来自FAO数据库，2014年和2015年巴西、俄罗斯、印度和南非数据来自联合国商品贸易数据库，查找代码为02meat and edible meat offal，2014—2015年中国数据来自中国海关

（续表）

项　目		年　份											
		2000	2005	2006	2007	2008	2009	2010	2011	2012	2013	2014	2015
俄罗斯	进口额	10.50	29.55	44.20	50.28	69.46	60.19	56.53	59.69	72.53	67.28	55.28	31.06
	出口额	0.25	0.54	0.60	0.81	1.24	1.03	0.81	1.22	1.66	2.12	1.05	1.17
印度	进口额	0.00	0.01	0.01	0.02	0.04	0.04	0.03	0.05	0.05	0.05	0.03	0.02
	出口额	3.25	6.20	7.31	9.08	12.44	13.12	18.19	27.24	31.51	47.93	50.76	43.42
中国	进口额	26.60	27.27	31.27	48.55	76.41	69.63	79.45	103.71	103.83	135.58	58.44	66.95
	出口额	20.82	22.71	25.87	30.74	36.93	37.88	45.17	48.31	46.52	46.32	11.82	27.74
南非	进口额	0.99	2.73	3.22	3.71	3.11	2.98	3.66	5.57	6.05	6.53	5.64	4.49
	出口额	0.51	0.52	0.78	0.97	1.04	1.25	1.45	0.86	0.72	2.34	2.55	2.53
金砖国家	进口额	39.41	60.55	79.57	103.76	150.59	134.37	141.85	171.97	185.99	212.97	124.16	105.83
	出口额	44.10	110.74	119.79	152.72	194.81	168.33	198.82	231.58	233.31	261.70	220.35	205.64
世界	进口额	448.42	712.44	765.31	902.83	1 102.62	1 016.39	1 084.67	1 288.68	1 306.18	1 372.71	—	—
	出口额	440.37	732.45	782.32	920.09	1 133.12	1 029.94	1 120.75	1 322.20	1 354.48	1 354.93	—	—

在人们的膳食中，常食用的肉类包括牛肉、猪肉、羊肉和鸡肉，且研究发现其在金砖国家肉类贸易中占有重要地位，21 世纪以来进出口贸易增长迅速。具体来看，2000—2015 年①金砖国家这四类肉进口量增速最快的是猪肉，由 36 万吨增至 111.42 万吨，年均增长 7.82%；进口额增速最快的是羊肉，由 0.50 亿美元增至 5.16 亿美元，年均增长 20.44%；出口量增速最快的为鸡肉，由 136.40 万吨增至 460.59 万吨，年均增长 8.45%；出口额增速最快的为羊肉，由 0.22 亿美元增至 1.66 亿美元，年均增长 14.38%（表 4-24）。

表 4-24　2000—2015 年金砖国家主要肉类产品贸易　单位：万吨、亿美元、%

项　目		年　份								
		2000	2005	2010	2011	2012	2013	2014	2015	年均增速
牛肉	进口量	5.47	5.18	3.76	5.34	9.56	13.10	14.93	60.72	7.10
	进口额	0.91	1.06	2.17	3.33	5.20	6.68	7.50	28.13	12.34
	出口量	12.11	19.11	9.73	10.83	14.74	17.16	16.42	15.19	1.52
	出口额	2.48	6.57	5.67	7.35	9.02	9.72	9.71	8.66	8.71
鸡肉	进口量	165.03	191.61	145.83	119.17	145.70	150.43	131.88	103.30	-3.07
	进口额	8.91	13.30	20.68	18.48	22.37	22.67	20.66	16.13	4.03
	出口量	136.40	303.57	382.90	397.13	394.79	396.36	409.42	460.59	8.45
	出口额	14.77	36.96	65.28	79.22	75.86	78.71	78.05	82.04	12.11
猪肉	进口量	36.00	62.09	86.99	116.59	129.11	123.11	95.53	111.42	7.82
	进口额	2.85	8.95	21.76	30.69	35.32	33.05	26.06	24.80	15.53
	出口量	17.00	83.10	58.09	53.66	57.10	51.96	51.83	55.74	8.24
	出口额	2.33	15.32	15.81	16.32	16.59	15.71	18.93	15.22	13.32

①数据说明：2000—2014 年金砖各国牛肉、鸡肉、猪肉、羊肉数据均来自联合国商品贸易数据库，查找代码为 0201 牛肉、0203 猪肉、0207 鸡肉、0204 羊肉

（续表）

项目		年份								
		2000	2005	2010	2011	2012	2013	2014	2015	年均增速
羊肉	进口量	8.30	7.58	9.21	11.55	15.54	29.11	31.24	24.32	7.43
	进口额	0.50	0.96	2.99	4.33	5.66	11.00	12.83	8.16	20.44
	出口量	1.58	3.73	3.19	2.90	1.81	2.58	2.89	2.64	3.49
	出口额	0.22	0.76	1.35	1.11	1.06	1.57	1.82	1.66	14.38

1. 巴　西

巴西是世界上重要的肉类生产国与出口国，2014 年以来其出口额几乎占到世界肉类出口总额的 11%，是仅次于美国的第二大肉类出口国。就进出口量而言，2000—2015 年巴西肉类进出口量（额）由 148 万吨（20.59 亿美元）增长到 596 万吨（134.09 亿美元），增长了 302.69%（5.5 倍多），年均增长 9.73%（13.3%）；进口量基本维持在 6 万吨左右，进口额由 1.32 亿美元增长到 3.31 亿美元，增长了 150.68%，年均增长 6.32%；肉类出口不仅量（额）较大且增速较快，出口量（额）由 142 万吨（19.27 亿美元）增至 590 万吨（130.78 亿美元），增长了 3 倍多（近 7 倍），年均增长 9.96%（13.62%）。

巴西肉类贸易顺差非常显著，出口一直占有绝对统治地位。2000—2015 年巴西肉类出口量（额）占进出口量（额）的比例基本维持在 99%（98%）左右。所以巴西肉类贸易一直保持顺差，且逐渐扩大，2000 年为 17.95 亿美元，到 2015 年增至 127.47 亿美元（图 4-41）。预计，未来巴西肉类进出口额仍将保持增长态势，且出口势头强劲，肉类出口大国地位依然稳固。

图 4-41　2000—2015 年巴西肉类进出口量、额及其结构

巴西牛肉、猪肉、羊肉和鸡肉的贸易近年来快速增长，均位于世界前列。2014 年巴西牛肉出口量（额）均居世界第 9 位，猪肉出口量（额）居世界第 9 位（第 8 位），鸡肉出口量（额）分别为世界第 2 位（第 1 位），羊肉进口量（额）分别为世界第 22 位（24 位）。其中，2000—2015 年这四类肉进口量（额）中，增速最快的是鸡肉，由 0.03 万吨（0.01 亿美元）增至 0.41 万吨（0.1 亿美元），年均增长 18.9%（19.4%）；出口量（额）

增速最快的仍为鸡肉，由 94. 92 万吨（8. 79 亿美元）增至 397. 44 万吨（63. 79 亿美元），年均增长 1C. 02%（14. 12%）（表 4-25）。

表 4-25　2000—2015 年巴西主要肉类产品贸易　　单位：万吨、亿美元、%

项目		2000	2005	2010	2011	2012	2013	2014	2015	年均增速
牛肉	进口量	4. 30	2. 69	1. 48	1. 58	2. 97	2. 79	3. 99	2. 93	-2. 54
	进口额	0. 78	0. 61	0. 96	1. 18	1. 76	1. 64	2. 42	1. 53	4. 61
	出口量	4. 88	17. 78	8. 07	8. 89	12. 55	14. 35	13. 03	11. 68	5. 98
	出口额	1. 70	6. 27	4. 85	6. 52	8. 20	8. 55	8. 34	6. 91	9. 79
鸡肉	进口量	0. 03	0. 06	0. 11	0. 22	0. 22	0. 34	0. 27	0. 41	18. 09
	进口额	0. 01	0. 01	0. 03	0. 07	0. 06	0. 1	0. 12	0. 10	19. 40
	出口量	94. 92	287. 52	354. 10	364. 41	365. 76	364. 60	373. 03	397. 44	10. 02
	出口额	8. 79	34. 96	59. 52	72. 43	69. 48	72. 01	70. 50	63. 79	14. 12
猪肉	进口量	0. 00	0. 00	0. 00	0. 00	0. 00	0. 01	0. 00	0. 00	—
	进口额	0. 00	0. 00	0. 00	0. 00	0. 00	0. 00	0. 00	0. 00	—
	出口量	11. 60	57. 94	46. 37	43. 61	49. 91	43. 97	41. 85	47. 27	9. 82
	出口额	1. 63	11. 23	12. 27	12. 86	13. 48	12. 27	14. 46	11. 68	14. 04
鸡肉	进口量	0. 85	0. 47	0. 64	0. 51	0. 63	0. 89	0. 99	0. 74	-0. 92%
	进口额	0. 12	0. 11	0. 35	0. 34	0. 35	0. 46	0. 57	0. 46	9. 08%
	出口量	0. 00	0. 00	0. 00	0. 00	0. 00	0. 00	0. 00	0. 00	-36. 08%
	出口额	0. 00	0. 00	0. 00	0. 00	0. 00	0. 00	0. 00	0. 00	-36. 08

2. 俄罗斯

俄罗斯受到其饮食习惯影响，肉类需求量较大，是世界上重要的肉类进口国。从进出口量来看，2000—2015 年俄罗斯肉类进出口量（额）由 126 万吨（10. 75 亿美元）减至 124 万吨（增至 32. 23 亿美元），减少了 1. 59%（增长了 209. 12%），年均下降 0. 12%（增长 7. 59%）。其中，进口量（额）由 124 万吨（10. 5 亿美元）减至 114 万吨（增至 31. 06 亿美元），减少了 7. 92%（增长了 195. 72%），年均减少 0. 55%（年均增长 7. 50%）；出口量（额）由 2 万吨（0. 25 亿美元）增至 9 万吨（1. 17 亿美元），增长了 407. 22%（370. 20%），年均增长 11. 43%（10. 87%）。

俄罗斯肉类贸易保持逆差，进口占主导地位。2000—2015 年俄罗斯肉类进口量（额）占进出口量（额）的比例高于出口量（额）占比，均维持在 90%以上。近年来，贸易逆差不断扩大，2012 年最高，达到 70. 87 亿美元；2013 年和 2014 年分别为 66. 62 亿美元和 54. 23 亿美元，2015 年有所下降，为 29. 89 亿美元（图 4-42）。预计，未来俄罗斯肉类进口需求仍然较大，未来仍将保持净进口国状态。

从俄罗斯牛肉、猪肉、羊肉和鸡肉等四大主要肉类品种的贸易变化看，其进口量（额）均位居世界前列，增速明显。2014 年俄罗斯牛肉进口量（额）分别居世界第 10 位（第 15 位），猪肉进口量（额）居世界第 8 位（第 6 位），羊肉出口量（额）为世界第 23 位（第 22 位），鸡肉出口量（额）为世界第 6 位（第 8 位）。具体来看，2000—2015 年

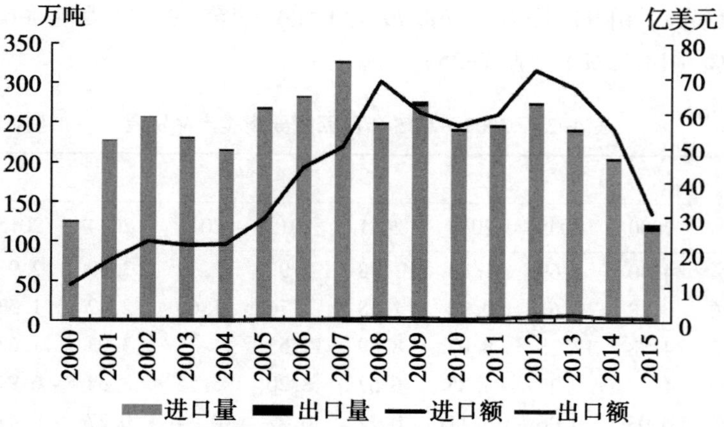

图 4-42　2000—2015 年俄罗斯肉类进出口量、额及其结构

俄罗斯这四类肉进口量（额）增速最快的是牛肉，由 1.14 万吨（0.12 亿美元）增至 10.29 万吨（3.37 亿美元），年均增长 15.76%（24.66%）；出口量（额）增速最快的为猪肉，由 46 吨（3.66 万美元）增至 4 373 吨（909 万美元），年均增长 35.44%（44.45%）（表 4-26）。

表 4-26　2000—2015 年俄罗斯主要肉类产品贸易　　单位：万吨、亿美元、%

项目		年份								
		2000	2005	2010	2011	2012	2013	2014	2015	年均增速
牛肉	进口量	1.14	2.38	1.97	3.36	5.99	8.72	10.15	10.29	15.76
	进口额	0.12	0.40	0.98	1.89	3.12	4.22	4.73	3.37	24.66
	出口量	0.00	—	0.00	—	0.00	0.01	0.01	0.00	3.91
	出口额	0.00	—	0.00	—	0.00	0.01	0.01	0.00	17.52
鸡肉	进口量	68.72	131.82	64.99	41.89	52.99	52.70	45.45	25.34	-6.43
	进口额	3.66	8.47	8.62	5.92	8.46	8.48	8.02	3.62	-0.07
	出口量	0.24	0.02	1.67	1.79	2.50	5.38	6.16	7.14	25.23
	出口额	0.03	0.00	0.14	0.14	0.29	0.63	0.65	0.76	25.33
猪肉	进口量	21.30	56.3	64.21	66.58	73.54	61.98	37.23	30.45	2.41
	进口额	2.13	8.19	19.07	21.38	24.61	21.35	15.02	9.52	10.51
	出口量	0.00	0.00	0.01	0.01	0.01	0.03	0.04	0.44	35.44
	出口额	0.00	0.00	0.00	0.00	0.00	0.01	0.02	0.09	44.45
羊肉	进口量	0.35	0.69	0.91	0.96	0.97	1.01	0.98	0.38	0.56
	进口额	0.04	0.10	0.43	0.47	0.52	0.57	0.63	0.20	11.97
	出口量	0.00	0.00	0.00	0.00	0.01	0.00	0.00	0.00	3.07
	出口额	0.00	0.00	0.00	0.00	0.00	0.00	0.01	0.00	19.79

3. 印　度

一直以来印度都是世界重要的肉类出口国，出口额在世界的排名在 15 左右。2000—2015 年印度肉类进出口量（额）由 38 万吨（3.25 亿美元）增长到 136 万吨（43.44 亿美元），增长了 257.89%（12.37 倍），年均增长 8.87%（18.87%）；进口量（额）由 0.03

万吨（21.2 万美元）增至 0.035 万吨（229.3 万美元），年均增长 2.20%（17.20%），但仍维持在较低水平；出口量（额）由 38 万吨（3.25 亿美元）增至 136 万吨（43.42 亿美元），增长了 260.59%（12.37 倍），年均增长 8.93%（18.87%）。

印度肉类长期保持贸易顺差，出口占有绝对统治地位。2000—2015 年印度肉类出口量（额）占进出口量（额）的比例一直维持在 99%以上。印度肉类贸易一直保持顺差，且逐渐扩大，2000 年为 3.25 亿美元，到 2015 年增至 43.4 亿美元（图 4-43）。预计未来印度肉类进出口额仍将保持增长态势，且出口势头强劲。

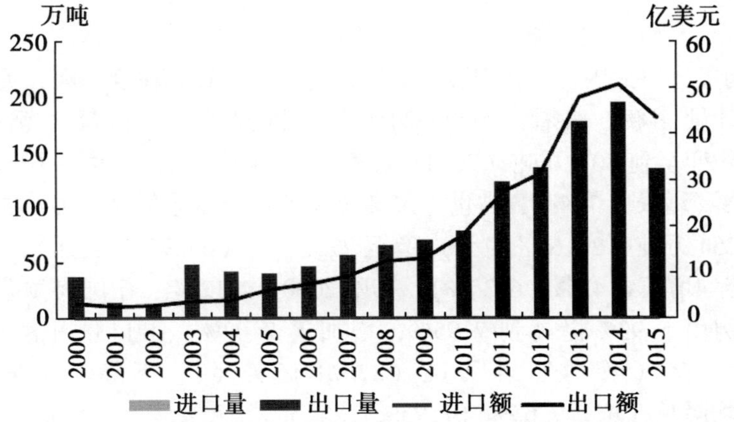

图 4-43　2000—2015 年印度肉类进出口量、额及其结构

21 世纪以来，印度牛肉、猪肉、羊肉和鸡肉进出口贸易有增有减，是肉类出口国。具体来看，2000—2015 年印度这四类肉进口量（额）增速最快的是猪肉，由 0.519 吨（0.26 万美元）增至 257.23 吨（132.10 万美元），年均增长 51.24%（51.45%）；出口量（额）增速最快的为鸡肉，由 56.79 吨（6.72 万美元）增至 7 793.59吨（1 274.67万美元），年均增长 38.83%（41.87%）（表 4-27）。

表 4-27　2000—2015 年印度主要肉类产品贸易　　单位：吨、万美元、%

项目		年份								
		2000	2005	2010	2011	2012	2013	2014	2015	年均增速
牛肉	进口量	0.00	0.00	0.00	0.00	0.00	0.00	0.00	0.00	—
	进口额	0.00	0.00	0.00	0.00	0.00	0.00	0.00	0.00	—
	出口量	7.09	0.48	0.31	0.67	0.80	1.68	1.83	1.52	-9.77
	出口额	0.74	0.06	0.20	0.26	0.33	0.76	0.81	0.69	-0.51
鸡肉	进口量	0.00	0.00	0.00	0.00	0.00	0.00	0.00	0.00	30.17
	进口额	0.00	0.00	0.00	0.00	0.00	0.00	0.00	0.00	24.02
	出口量	0.01	0.07	0.00	1.01	0.51	0.55	0.83	0.78	38.83
	出口额	0.00	0.01	0.04	0.16	0.07	0.08	0.11	0.13	41.87
猪肉	进口量	0.00	0.00	0.02	0.02	0.02	0.01	0.02	0.03	51.24
	进口额	0.00	0.00	0.01	0.01	0.01	0.01	0.01	0.01	51.45
	出口量	0.03	0.02	0.03	0.01	0.01	0.01	0.01	0.00	-27.49
	出口额	0.00	0.00	0.01	0.00	0.00	0.00	0.00	0.00	-25.89

（续表）

项　目		年　份								
		2000	2005	2010	2011	2012	2013	2014	2015	年均增速
羊肉	进口量	0.00	0.00	0.00	0.00	0.00	0.01	0.01	0.01	18.95
	进口额	0.00	0.00	0.00	0.00	0.00	0.01	0.01	0.01	20.20
	出口量	1.16	0.68	1.44	1.07	1.20	2.14	2.28	2.16	4.24
	出口额	0.16	0.17	0.60	0.54	0.59	1.21	1.32	1.28	14.74

4. 中　国

中国既是肉类进口大国，又在肉类出口中拥有一定位置，在全球肉类贸易中占据重要地位。从进出口量（额）来看，2000—2015 年中国肉类进出口量（额）由 410 万吨（47.42 亿美元）变至到 307 万吨（96.47 亿美元），下降了 25.18%（增长了 99.67%），年均下降 1.92%（增长 4.72%），占世界肉类贸易的比例基本维持在 6%左右。其中，进口量（额）由 254 万吨（26.6 亿美元）增至 273 万吨（66.95 亿美元），增长了 7.21%（151.68%），年均增长 0.47%（6.35%），其中 2000—2012 年，中国肉类进口额占世界肉类进口额的比例由 5.93%提高到 7.95%，增加了 2.02%；出口量（额）由 156 万吨（20.82 亿美元）降（增）至 34 万吨（27.74 亿美元），下降（增长）了 78.12%（33.23%），年均降长（增）9.63%（1.93%）。

中国肉类贸易近年来保持逆差，差距不断扩大。2000—2014 年进口量占进出口量的比例基本维持在 70%左右，2015 年增至 88.90%。中国肉类进口额占比逐渐提高，2000—2015 年由 56.09%增至 71.70%；贸易逆差不断扩大，由 5.77 亿美元增至 39.21 亿美元（图 4-44）。预计，未来中国肉类进出口额仍将保持增长态势，肉类进口保持增长趋势。

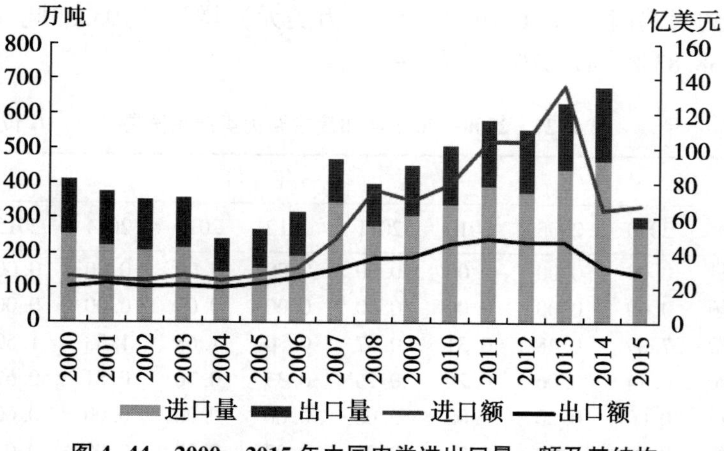

图 4-44　2000—2015 年中国肉类进出口量、额及其结构

中国近年来牛肉、猪肉、羊肉和鸡肉进口居世界前列，贸易逆差逐渐扩大。2014 年中国羊肉进口量（额）居世界第 1 位，猪肉进口量（额）居世界第 6 位（第 11 位）①，鸡

①特别说明：中国香港、中国台湾和中国澳门不参与排名

肉进口量（额）分别为世界第5位（第7位）。2000—2015年中国这四类肉进口量（额）增速最快的是羊肉，1.78万吨（0.14亿美元）增至22.29万吨（7.30亿美元），年均增长18.36%（30.16%）；出口量（额）增速最快的为牛肉，由0.01万吨（0.0023亿美元）增至0.47万吨（0.45亿美元），年均增长27.41%（42.20%）（表4-28）。

表4-28 2000—2015年中国主要肉类产品贸易 单位：万吨、亿美元、%

项目		年份								
		2000	2005	2010	2011	2012	2013	2014	2015	年均增速
牛肉	进口量	16.27	18.64	35.20	36.93	47.95	27.43	29.79	47.39	7.39
	进口额	4.00	4.89	11.55	14.02	17.07	—	—	23.20	12.43
	出口量	0.01	0.75	0.71	0.53	0.22	0.05	0.01	0.47	27.41
	出口额	0.00	0.19	0.33	0.27	0.15	0.04	0.01	0.45	42.20
鸡肉	进口量	85.01	38.34	54.20	42.09	52.17	58.42	46.88	40.88	-4.76
	进口额	4.81	3.34	9.63	8.72	9.56	10.06	8.78	9.53	4.67
	出口量	40.46	15.75	20.59	21.09	19.40	20.31	22.52	48.21	1.18
	出口额	5.87	1.94	4.28	5.24	5.02	5.15	5.77	16.50	7.13
猪肉	进口量	13.61	3.10	20.13	46.77	52.22	58.35	56.42	78.00	12.34
	进口额	0.58	0.29	2.09	8.48	9.81	11.05	10.49	14.53	23.89
	出口量	5.28	25.05	11.01	8.07	6.62	7.34	9.15	7.15	2.05
	出口额	0.69	4.06	3.32	3.26	2.95	3.25	4.23	0.22	-7.19
羊肉	进口量	1.78	4.14	5.70	8.31	12.39	25.87	28.29	22.29	18.36
	进口额	0.14	0.55	1.57	2.76	4.22	9.55	11.33	7.30	30.16
	出口量	0.42	3.00	1.35	0.81	0.50	0.32	0.44	0.38	-0.67
	出口额	0.06	0.57	0.69	0.53	0.43	0.31	0.43	0.34	12.61

5. 南 非

21世纪以来，南非肉类贸易不断扩张，进出口量（额）不断增长。就进出口量（额）而言，2000—2015年南非肉类进出口量（额）由19万吨（1.49亿美元）增长到58万吨（7.02亿美元），增长了205.26%（370.72%），年均增长7.72%（10.88%）；进口量（额）由17万吨（0.99亿美元）增至46万吨（4.99亿美元），增长了175.23%（356.09%），年均增长6.98%（10.65%）；出口量（额）由2万吨（0.51亿美元）增至12万吨（2.53亿美元），增长了487.46%（399.16%），年均增长12.53%（11.31%）。

南非肉类贸易长期保持逆差，但近两年差距逐渐缩小。2000—2015年南非肉类进口量占进出口量的比例，由89.23%降至79.51%。而从进出口额结构来看，2000—2012年，南非肉类进口额占比逐渐提高，由66.03%增至89.32%；其后有所下降，2015年进口额占比达63.98%；贸易逆差在不断扩大后，近两年开始缩小。由2000年的0.48亿美元增至2012年的5.33亿美元，其后下降，到2015年贸易逆差为1.96亿美元（图4-45）。预计，未来南非肉类进出口额仍将保持增长态势，肉类出口有一定上涨空间。

南非牛肉、猪肉、羊肉和鸡肉贸易进口位居世界前列，进出口贸易整体增长明显。2014年南非鸡肉进口量（额）分别居世界第8位（第13位）①。具体来看，2000—2015

①特别说明：中国香港、中国台湾和中国澳门不参与排名

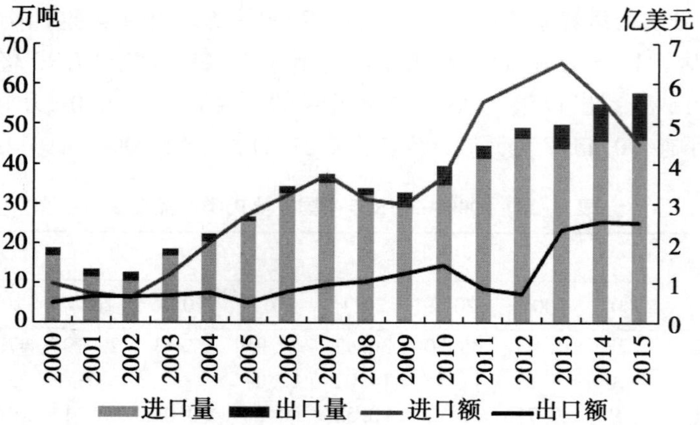

图 4-45　2000—2015 年南非肉类进出口量、额及其结构

年，南非这四类肉进口量（额）增速最快的是牛肉，由 14.52 吨（6.81 万美元）增至 1 197.08吨（294.35 万美元），年均增长 34.20%（28.55%）；出口量增速最快的为羊肉，由 44 吨增至 1 100吨，年均增长 23.59%；出口额增长最快的是猪肉，由 0.02 亿美元增至 3.22 亿美元，年均增长 42.48%（表 4-29）。

表 4-29　2000—2015 年南非主要肉类产品贸易　　单位：万吨、亿美元、%

项　目		年　份								
		2000	2005	2010	2011	2012	2013	2014	2015	年均增速
牛肉	进口量	0.00	0.08	0.28	0.36	0.52	0.46	0.49	0.12	34.20
	进口额	0.00	0.02	0.17	0.17	0.21	0.15	0.15	0.03	28.55
	出口量	0.13	0.10	0.64	0.74	1.17	1.08	1.54	1.52	17.78
	出口额	0.03	0.05	0.29	0.29	0.34	0.37	0.54	0.61	23.10
鸡肉	进口量	11.26	21.39	26.52	34.96	40.31	38.98	39.27	36.67	8.19
	进口额	0.44	1.47	2.40	3.76	4.29	4.04	3.75	2.87	13.41
	出口量	0.77	0.21	6.54	8.84	6.62	5.52	6.88	7.02	15.85
	出口额	0.07	0.04	1.30	1.26	1.00	0.84	1.02	0.87	17.80
猪肉	进口量	1.09	2.69	2.63	3.22	3.32	2.77	1.86	2.94	6.81
	进口额	0.13	0.47	0.59	0.82	0.88	0.64	0.53	0.73	12.00
	出口量	0.09	0.08	0.67	1.96	0.54	0.61	0.78	0.88	16.15
	出口额	0.02	0.02	0.22	0.19	0.16	0.17	0.22	3.22	42.48
羊肉	进口量	5.32	2.28	1.96	1.77	1.55	1.34	0.97	0.90	-11.17
	进口额	0.20	0.21	0.65	0.77	0.57	0.42	0.29	0.20	0.00
	出口量	0.00	0.04	0.40	1.02	0.10	0.11	0.16	0.11	23.59
	出口额	0.00	0.02	0.06	0.04	0.04	0.04	0.07	0.04	26.87

（六）禽　蛋

禽蛋被认为是“人类最好的营养源”“天然最接近母乳蛋白质食品”，鸡蛋又被美国科学家称为“世界上最营养早餐”，足见其在人们膳食中的重要性。随着居民生活水平的不断提高，其占居民食物消费的比重不断提高。虽说禽蛋贸易相对于其他农产品来说较小，但21世纪以来，增长趋势明显。从进出口量而言，2000—2015年①金砖国家禽蛋进出口量由95 499吨增至290 184吨，增长了203.86%，年均增长7.69%；进口量由1 217吨增至97 714吨，增长了79倍多，年均增长33.96%；出口量由94 282吨增至192 470吨，增长了104.14%，年均增幅为4.87%（表4-30）。

表4-30　2000—2015年金砖国家禽蛋进出口量状况　　单位：吨

项目		年份							
		2000	2005	2010	2011	2012	2013	2014	2015
巴西	进口量	133	170	159	184	218	166	266	318
	出口量	4 428	12 595	39 041	28 917	35 440	18 620	22 730	27 115
俄罗斯	进口量	917	7 187	17 174	22 251	61 254	66 670	92 674	97 340
	出口量	9 846	6 233	12 892	12 615	18 450	17 742	13 265	13 637
印度	进口量	23	366	144	315	212	231	28	36
	出口量	11 344	58 744	34 861	33 915	36 164	27 131	28 651	36 235
中国	进口量	128	0	19	23	20	19	16	3
	出口量	65 802	80 796	101 962	102 238	99 258	91 147	94 583	97 641
南非	进口量	16	722	4	3	0	68	59	17
	出口量	2 862	382	5 731	2 592	4 264	13 579	14 238	17 842
金砖国家	进口量	1 217	8 445	17 500	22 776	61 704	67 154	93 042	97 714
	出口量	94 282	158 750	194 487	180 277	193 576	168 219	173 466	192 470
世界	进口量	905 693	1 112 120	1 721 539	1 711 329	1 864 665	2 052 469	—	—
	出口量	955 302	1 162 217	1 879 967	1 847 887	1 971 567	2 118 179	—	—

数据来源：2000—2013年数据来自FAO数据库，巴西、俄罗斯、印度、南非2014年数据摘自FAO的《Food Outlook 2015》，其中2014年为预测值。中国2014年和2015年数据来自中国海关，巴西、俄罗斯、印度和南非2015年数据摘自联合国商品贸易数据库

就进出口额而言，2000—2015年②金砖国家禽蛋贸易总额由1.43亿美元增长到6.72亿美元，增长了369.83%，年均增长10.87%；其中，2000—2013年金砖国家禽蛋贸易总额占世界总额的比重也由7.1%升至9.44%，在国际禽蛋贸易中地位逐步提高。2000—

①数据说明：2000—2012年数据来自FAO数据库，巴西、俄罗斯、印度、南非2013年和2014年数据摘自FAO的《Food Outlook 2015》，其中2013年为估计值，2014年为预测值，中国2013年和2014年数据来自中国海关，，2015年数据摘自联合国商品贸易数据库

②数据说明：2000—2012年金砖各国贸易额数据来自FAO数据库，巴西、俄罗斯、印度和南非的2013—2015年数据来自联合国商品贸易数据库，查找代码为0407 birds eggs，in shell，fresh，preserved or cooked

2015 年金砖国家禽蛋进口总额由 0.81 亿美元上升到 3.06 亿美元，增长 280.15%，年均增长 9.31%；禽蛋出口总额由 0.62 亿美元增长到 3.66 亿美元，增长了 485.47%，年均增长率达到 12.50%（表 4-31）。

表 4-31　2000—2015 年金砖国家禽蛋进出口额状况　单位：亿美元

项目		年份							
		2000	2005	2010	2011	2012	2013	2014	2015
巴西	进口额	0.05	0.16	0.21	0.18	0.20	0.20	0.19	0.26
	出口额	0.08	0.19	1.04	1.01	0.98	0.61	0.87	0.73
俄罗斯	进口额	0.02	0.29	1.01	1.30	1.88	2.29	3.08	2.79
	出口额	0.06	0.06	0.13	0.14	0.23	0.25	0.19	0.16
印度	进口额	0.00	0.01	0.01	0.01	0.01	0.01	0.01	0.01
	出口额	0.13	0.43	0.39	0.41	0.50	0.31	0.41	0.50
中国	进口额	0.74	0.76	1.39	1.70	1.82	0.01	0.01	0.00
	出口额	0.32	0.64	1.32	1.65	1.63	1.77	1.91	1.92
南非	进口额	0.00	0.01	0.00	0.00	0.00	0.00	0.00	0.00
	出口额	0.03	0.01	0.16	0.07	0.11	0.29	0.32	0.35
金砖国家	进口额	0.81	1.23	2.62	3.19	3.91	2.50	3.29	3.06
	出口额	0.62	1.33	3.05	3.28	3.44	3.22	3.70	3.66
世界	进口额	10.14	15.44	32.28	33.20	38.74	41.26		
	出口额	10.02	14.95	33.80	33.28	38.72	40.52		

数据来源：2000—2013 年金砖各国贸易额数据来自 FAO 数据库，巴西、俄罗斯、印度和南非的、2014 年和 2015 年数据来自联合国商品贸易数据库，中国 2014—2015 年数据来自中国海关

1. 巴　西

21 世纪以来，巴西禽蛋贸易稳步增长。就进出口量（额）而言，2000—2015 年巴西禽蛋进出口量（额）由 4 561吨（0.14 亿美元）增长到 27 434吨（0.99 亿美元），增长了 5 倍多（6 倍多），年均增长 12.71%（14.12%）。其中，进口量（额）由 133 吨（0.05 亿美元）增至 318 吨（0.26 亿美元），增长了 139.46%（396.29%），年均增长 5.99%（11.27%）；出口量（额）由 4 428吨（0.08 亿美元）增至 27 115吨（0.73 亿美元），增长了 512.36%（近 8 倍），年均增长 12.84%（15.47%）（图 4-46）。

巴西禽蛋进出口贸易地位变化不一，近十年出口占主导地位。从进出口量结构来看，2000—2015 年，除 2002 年之外，巴西禽蛋出口量占贸易了比例均保持在 90%以上，2005 年以来更是有所提高，维持在 99%左右。从进出口额结构而言，2000 年和 2001 年，出口额占比高于进口额占比，两年出口额占比分别为 61.97%和 71.22%；而后，2002 年，进口额占比大幅超过出口额，达到 65.59%，贸易由顺差变为逆差，为 0.04 亿美元；随后两年，禽蛋贸易仍维持逆差；2005 年后贸易又转成顺差，2015 年出口额占进出口额的比例为 73.96%。预计，未来巴西禽蛋贸易仍将保持增长态势，且出口势头强劲，出口总量与金额都将快速增长。

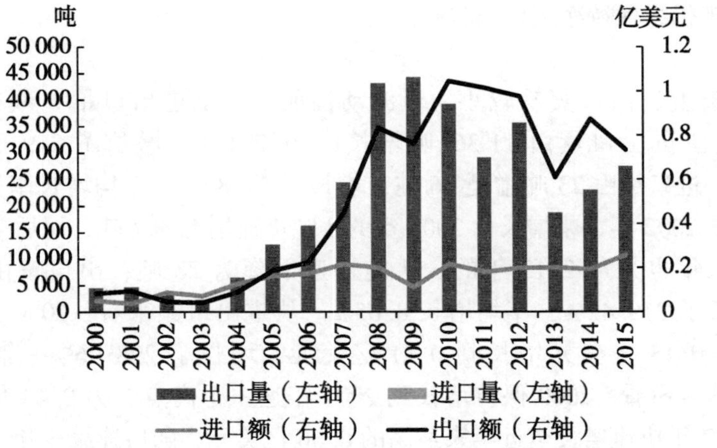

图 4-46 2000—2015 年巴西禽蛋进出口量、额及其结构

2. 俄罗斯

2000 年以来，俄罗斯禽蛋贸易持续增长，进口增势抢眼。就进出口量（额）而言，2000—2015 年，俄罗斯禽蛋进出口量（额）由 10 763吨（0. 08 亿美元）增长到 110 976 吨（2. 95 亿美元），增长 9 倍多（37 倍），年均增长 16. 83%（27. 44%）；其中，进口量（额）由 917 吨（0. 02 亿美元）增至 97 340吨（2. 79 亿美元），增长了 100 多倍（166 倍），年均增长率达到 36. 48%（40. 67%）；出口量（额）由 9 846吨（0. 06 亿美元）增至 13 637吨（0. 16 亿美元），增长了 38. 50%（165. 23%），年均增长 2. 19%（6. 72%）。

就禽蛋贸易结构而言，俄罗斯进、出口量占比交替变化，贸易额逆差不断扩大。从进出口量结构来看，2000—2004 年俄罗斯禽蛋出口量大于进口量，但是出口量占进出口量的比例逐年缩小，由 91. 48% 降至 69. 79%；2005 年进口量占比超过出口量占比，达 53. 55%；2007—2009 年出口量占比又高于进口量占比；2010—2015 年进口量占比高于出口量占比，且进口量占比逐年提高，由 57. 12% 增至 87. 71%。从进出口额结构来看，2000—2015 年除 2000 年外，俄罗斯禽蛋进口额对进出口额的贡献率一直高于出口额，且进口额占比不断增加，2015 年达 94. 52%；贸易逆差不断扩大，2014 年最高，达到 2. 89 亿美元，2015 年略有下降，为 2. 63 亿美元（图 4-47）。预计，未来俄罗斯禽蛋进口需求

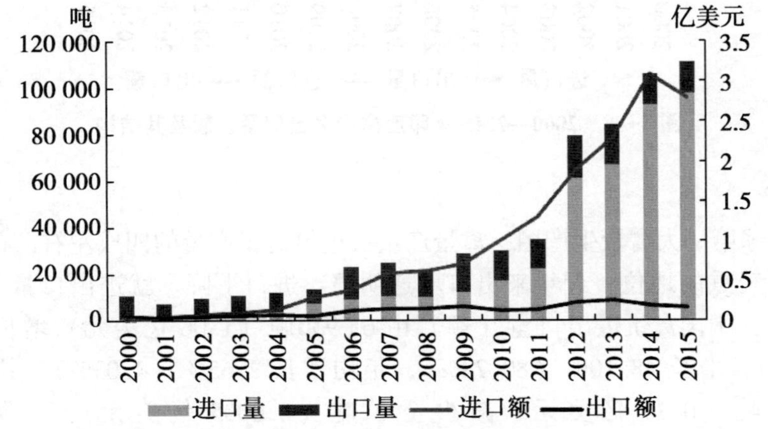

图 4-47 2000—2015 年俄罗斯禽蛋进出口量、额及其结构

仍然较大，未来仍将保持净进口国状态。

3. 印　度

虽说印度禽蛋进出口贸易较小，但波动性明显。就进出口量（额）而言，2000—2015 年印度禽蛋进出口量由 11 367 吨增长到 36 271 吨，增长了 219.09%，年均增长 8.04%。其中，进口量由 23 吨增至 36 吨，增长了 57.80%，年均增长率达到 3.09%，但中间波动较大，2002 年大幅增长由 2001 年的 8 吨迅速增至 387 吨，而后 2003 年又快速降至 43 吨，2014 年也是从 2013 年的 357 吨快速下降为 28 吨；出口量由 11 344 吨增至 36 235 吨，增长了 219.42%，年均增长 8.05%。从进出口额来看，2000—2015 年印度禽蛋进出口额由 0.13 亿美元增长到 0.51 亿美元，增长了 298.06%，年均增长率达到 9.65%。就具体年份看，2000 保持增长到 2005 年达一个高点，为 0.43 亿美元；2006 年有所下降，2007 年快速增长至近年来最高的 0.66 亿美元，随后连续 3 年下降，2011 年起又恢复增长，波动明显。其中，就禽蛋进口额来看，由 0 亿美元增长到 0.01 亿美元，且 2010 年以来稳定在 0.01 亿美元；就禽蛋出口额而言，由 0.13 亿美元增长到 0.50 亿美元，增长了 291.32%，年均增长 9.52%。

就禽蛋贸易结构而言，印度禽蛋出口一直占有绝对统治地位，贸易顺差明显且逐渐扩大。从进出口量结构来看，2000—2015 年印度禽蛋出口量（额）占进出口量（额）的比例一直维持在 99% 以上（98% 左右），所以印度禽蛋贸易一直保持顺差，且逐渐扩大，2000 年为 0.13 亿美元，到 2015 年增至 0.50 亿美元（图 4-48）。预计，未来印度禽蛋进出口额仍将保持增长态势，进口额保持稳中有增，出口额增长空间较大。

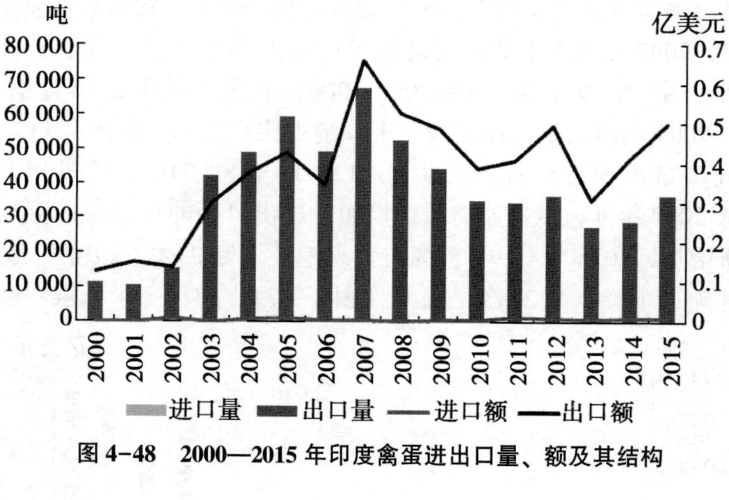

图 4-48　2000—2015 年印度禽蛋进出口量、额及其结构

4. 中　国

中国是全球第一大禽蛋生产国，禽蛋产量占世界禽蛋产量的四成左右，在世界禽蛋贸易中占据举足轻重的地位，近年来出口增速明显、进口下降。就进出口量（额）而言，2000—2015 年，中国禽蛋进出口量（额）由 65 930 吨（1.06 亿美元）增长到 97 643 吨（1.92 亿美元），增长 48.10%（80.78%），年均增长 2.65%（4.03%）。其中，进口量（额）由 128 吨（0.74 亿美元）减少至 3 吨（0.0005 亿美元），下降了 98.04%（99.93%）；出口量（额）由 65 802 吨（0.32 亿美元）增至 97 641 吨（1.92 亿美元），增

长了 48.39%（近 5 倍），年均增长 2.67%（12.58%）。从进出口额来看，2000—2014 年中国禽蛋进出口额占世界肉类贸易的比例基本维持在 5%左右。

就禽蛋贸易结构而言，出口占绝对主导地位，属净出口国。从进出口量结构来看，2000—2015 年中国禽蛋出口量占进出口量的比重一直维持在 99%左右。从进出口额结构来看，2000—2015 年中国禽蛋出口额占比不断提高，由 30.55%涨至 99.97%，由 2000 年贸易逆差为 0.41 亿美元变成 2015 年顺差为 1.92 亿美元（图 4-49）。

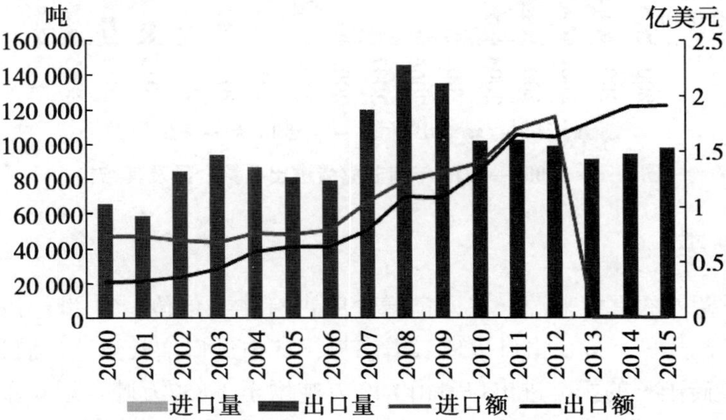

图 4-49　2000—2015 年中国禽蛋进出口量、额及其结构

5. 南　非

21 世纪以来，南非禽蛋贸易波动较大。就进出口量而言，2000—2015 年南非禽蛋进出口量由 2 878吨增长到 17 859吨，增长 520.55%，年均增长 12.94%；进口量由 16 吨增至 17 吨，增长了 7.15%，年均增长 0.46%，但是期间波动较大，2003—2008 年进口量较高，年平均进口量达到 636 吨，2009—2012 年逐年下降，2013 年其恢复性增长；出口量由 2 862吨增至 17 842吨，增长了 523.42%，年均增长 12.98%。从进出口额来看，2000—2015 年，南非禽蛋进出口额由 0.03 亿美元增至 0.35 亿美元，年均增长 18.34%；就具体波动趋势来看，2000—2002 年，持续增长，2002 年达到 0.08 亿美元，而后连续 4 年下降，2006 年降至近年来最低的 0.01 亿美元，随后连续 4 年增长，到 2010 年增至最高的 0.16 亿美元，2011 年降至 0.07 亿美元，2012 年之后保持增长态势；期间南非禽蛋鲜有进口，进口额较低，除 2004—2007 年为 0.01 亿美元外，其他年份换算成亿美元基本为零；出口额由 0.03 亿美元增至 0.35 亿美元，增长了年均增长 18.40%。

就禽蛋贸易结构而言，以出口为主，净出口国地位进一步加强。从进出口量结构来看，除 2005—2007 年进口量占比高于出口量占比分别为 65.40%、57.13%和 60.02%之外，2000—2015 年其他年份进口量占比均低于出口量占比，且出口量占比高达 95%左右。从进出口额结构来看，除 2004—2007 年进口额占比分别为 13.50%、47.91%、40.34%和 29.43%之外，2000—2015 年其余年份基本维持在 5%以下，2015 年进口额占进出口额的比例仅为 0.09%，南非禽蛋出口额对进出口额的贡献率几乎零（图 4-50）。预计，未来南非禽蛋进出口额仍将保持增长态势，禽蛋出口有一定上涨空间。

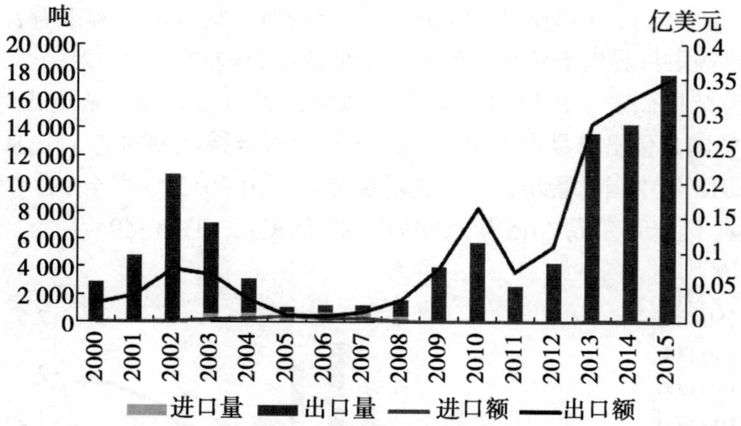

图 4-50　2000—2015 年南非禽蛋进出口量、额及其结构

（七）奶　类

奶类是人类营养的重要来源，在人类膳食中占有重要地位。21 世纪以来，金砖国家奶类贸易地位日益凸显，进、出口呈现双增态势，其中进口增长迅速。就进出口量而言，2005—2015 年金砖国家的奶类进出口量由 840 万吨增至 1 857万吨，增长了 121. 05%，年均增长 8. 26%，高于世界增长率 4. 04%，占世界奶类贸易总量的比重由 9. 14%涨至 13. 37%。其中，进口量由 660 万吨增至 1 436万吨，增长了 117. 53%，年均增长 8. 08%，远高于世界 3. 95%的年均增速；出口量由 180 万吨变化至 421 万吨，年均增长 8. 87%（表 4-32）。

表 4-32　2005—2014 年金砖国家奶类进出口量状况　单位：万吨

项目		年份						
		2005	2010	2011	2012	2013	2014	2015
巴西	进口量	50	50	85	97	93	77	93
	出口量	40	20	11	7	9	28	32
俄罗斯	进口量	240	300	349	399	501	447	290
	出口量	30	20	10	10	8	8	294
印度	进口量	0	40	30	16	6	8	7
	出口量	60	20	20	41	119	92	31
中国	进口量	350	470	534	648	1 234	1 530	1 021
	出口量	40	10	22	21	20	20	25
南非	进口量	20	10	12	21	20	19	24
	出口量	10	10	9	10	22	31	40
金砖国家	进口量	660	870	1 010	1 181	1 853	2 080	1 436
	出口量	180	80	71	89	178	179	421
世界	进口量	4 590	4 690	5 038	5 338	6 522	6 835	6 759
	出口量	4 600	4 700	5 052	5 342	6 875	7 194	7 134

数据来源：数据来自历年的《Food Outlook》，其中 2013 年为估计数，2014、2015 年为预测数

就进出口额而言，金砖国家奶类贸易总额年均增长速度高于世界平均增长速度，在国

际奶类贸易中的地位逐步提高。根据 FAO 数据，2000—2013 年金砖国家奶类贸易总额由 14.25 亿美元增长到 95.74 亿美元，增长了 571.67%，年均增长 15.78%，高于世界年均增长率 5.8%；金砖国家奶类贸易总额占世界奶类贸易总额的比重也由 5.56% 升至 10.86%，在国际奶类贸易中地位逐步提高。其中，2000—2013 年金砖国家奶类进口总额由 11.9 亿美元上升到 82.82 亿美元，增长 6 倍多，年均增长 16.65%，高于世界 9.82%的年均增速；奶类出口总额由 3.06 亿美元增长到 12.92 亿美元，增长了 321.68%，年均增长率为 11.71%，高于世界 10.13%的年均增速（表 4-33）。

表 4-33 2000—2015 年金砖国家奶类进出口额状况 单位：亿美元

项目		年份							
		2000	2005	2010	2011	2012	2013	2014	2015
巴西	进口额	3.26	1.09	2.21	3.95	4.50	4.01	—	—
	出口额	0.06	0.98	0.97	0.74	0.78	0.77	—	—
俄罗斯	进口额	1.03	1.37	3.75	2.34	7.99	13.04	—	—
	出口额	0.78	1.02	0.93	0.89	1.75	2.00	—	—
印度	进口额	0.02	0.03	1.00	1.68	0.69	0.24	—	—
	出口额	0.17	1.33	0.66	0.18	1.09	5.21	—	—
中国	进口额	6.61	8.08	26.55	35.10	42.75	64.83	83.04	59.76
	出口额	1.76	1.47	1.20	1.85	2.13	2.83	0.59	0.41
南非	进口额	0.27	0.44	0.57	0.70	0.86	0.70	—	—
	出口额	0.29	0.19	0.50	0.66	0.79	2.10	—	—
金砖国家	进口额	11.19	11.02	34.08	43.77	56.77	82.82	—	—
	出口额	3.06	4.99	4.25	4.32	6.54	12.92	—	—
世界	进口额	129.27	195.21	303.27	369.39	373.16	436.87	—	—
	出口额	126.87	196.05	309.26	361.69	371.28	444.70	—	—

数据说明：2000—2013 年数据来自 FAOSTAT，2014—2015 年数据来自中国海关和《中国农业展望报告（2016—2025）

21 世纪以来，金砖国家的牛奶进出口贸易更加活跃。2000—2015 年①金砖国家牛奶进口量从 17.49 万吨增至 72.76 万吨，年均增长 9.97%；进口额由 0.69 亿美元涨至 6.82 亿美元，年均增长 16.51%。出口量由 4.6 万吨增至 17.14 万吨，年均增长 9.17%；出口额由 0.27 亿美元增至 1.39 亿美元，年均增长 11.49%。

1. 巴 西

21 世纪以来，巴西奶类贸易波动增长。就进出口量而言，2005—2015 年巴西奶类进出口量由 90 万吨增长到 125 万吨，增长 38.89%，年均增长 3.34%。其中，进口量由 50 万吨增至 93 万吨，上涨了 86%，年均上涨 6.40%；出口量由 40 万吨降至 32 万吨，下降

①数据说明：2000—2014 年巴西、俄罗斯、印度、中国和南非的牛奶及其制品贸易状况数据来自联合国商品贸易数据库，2015 年中国数据来自中国海关，其他金砖国家来自联合国商品贸易数据库

了20%，年均降幅为2.21%。从进出口额来看，据FAO数据，2000—2013年，巴西奶类进出口额由3.33亿美元增长到4.78亿美元，增长了43.71%，年均增长率为2.83%；就具体波动来看，最低点出现在2003年，进出口额仅为1.32亿美元，而后连续5年增长，2008年达到近年来的最高点为6.45亿美元，2009年又出现大幅下降52%，降至3.07亿美元，之后奶类贸易恢复性增长。其中，奶类进口额由3.26亿美元增长到4.01亿美元，增长了22.73%，年均增长1.59%；奶类出口额由0.06亿美元增长到0.77亿美元，增长了近11倍多，年均增长率达到21.38%。

就奶类贸易结构而言，巴西为奶类净进口国。从进出口量结构来看，2005—2015年仅有2007年和2008年，巴西奶类出口量占贸易量的比例高于进口量占比，分别达到了71.43%和66.67%；其余年份都是进口量占比较大，2012年进口量占比高达93.08%。从进出口额结构而言，2000—2004年，进口额占进出口额的比例逐渐下降，由98.3%降至47.53%，2004年出口额超过进口额，由2000年的净进口3.2亿美元转变成净出口0.07亿美元；2005—2006年进口额占比再次超过出口额占比，分别为52.67%和53.85%；2007—2008年进口额占比又有所缩减，变成35.06%和27.63%，且2008年净出口额达到最大，为2.88亿美元；2009—2013年巴西奶类贸易均是进口占主导，2012年达到最大的贸易逆差，为3.71亿美元（图4-51）。预计，未来奶类贸易仍将保持增长态势，且仍将保持净进口国地位。

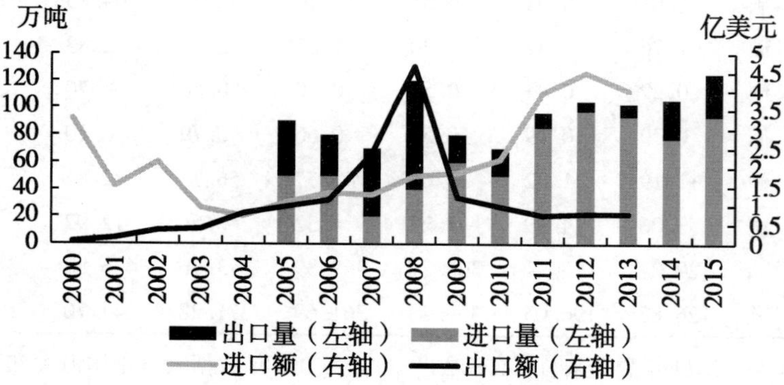

图4-51　2000—2015年巴西奶类进出口量、额及其结构

21世纪以来，巴西的牛奶贸易不断扩张，以出口为主。2000—2015年，巴西牛奶进口量从9.59万吨降至0.06万吨，下降了99.36%；进口额由2 860万美元减至46万美元，下降了98.39%。出口量由0.04万吨增至0.64万吨，年均增长21.19%；出口额由41.77万美元增至1300万美元，年均增长25.77%。

2. 俄罗斯

2000年以来，俄罗斯奶类贸易保持波动增长态势，特别是近年来增势强劲。从进出口量而言，2005—2015年俄罗斯奶类进出口量由270万吨增长到584万吨，增长116.3%，年均增长8.02%。其中，进口量由240万吨增至290万吨，上涨了20.83%，年均上涨1.91%；出口量由30万吨增至294万吨，上涨了880%，年均上涨25.64%。从进出口额来看，2000—2013年俄罗斯奶类进出口额由1.81亿美元增长到15.04亿美元，增长了731.43%，年均增长17.69%；特别是2010—2013年的年均增速达到47.61%，2013

年比 2011 年上涨 366. 34%，增速明显。其中，奶类进口由 1. 03 亿美元增长到 13. 04 亿美元，增长了 11 多倍，年均增长 21. 58%；奶类出口由 0. 78 亿美元增长到 2 亿美元，增长了 156. 33%，年均增长率为 7. 51%。

就奶类贸易结构而言，2015 年俄罗斯出口量激增，由长期的净进口国转为净出口国。2005—2014 年俄罗斯奶类进口量占贸易量的比例逐年提高，由 88. 89%增至 98. 31%，提高了将近 10%，但是 2015 年下降至 49. 66%。从进出口额结构来看，2000—2009 年俄罗斯奶类进口额与出口额对进出口额的贡献率相差不大，基本是“五五”分；2010 年以来，进口额占比迅速增长，到 2013 年达 86. 7%，2013 年贸易逆差最高，达到 11. 04 亿美元（图 4-52）。

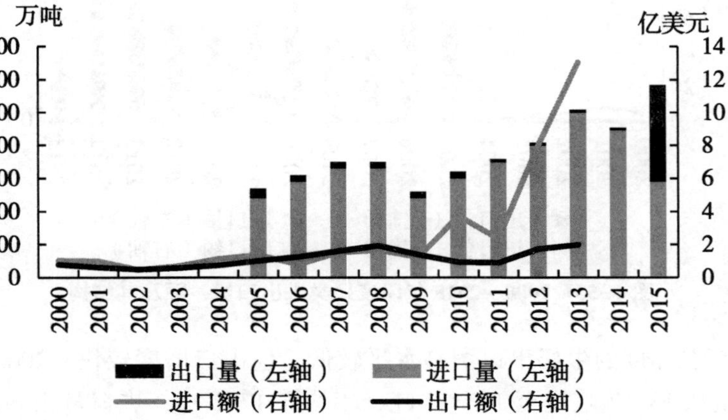

图 4-52　2000—2015 年俄罗斯奶类进出口量、额及其结构

21 世纪以来，俄罗斯的牛奶与奶油贸易地位不断提高，2014 年牛奶与奶的油进口量（额）分别居世界第 10 位（第 8 位）。2000—2014 年俄罗斯牛奶与奶油的进口量（额）从 6. 38 万吨（0. 25 亿美元）增至 30 万吨（3. 02 亿美元），年均涨 11. 69%（19. 42%）；出口量（额）由 0. 37 万吨（0. 02 亿美元）增至 2. 02 万吨（0. 24 亿美元），年均增长 12. 92%（21. 38%）。

3. 印　度

2000 年以来，印度奶类贸易波动性较大，贸易份额下降明显。从进出口量而言，2005—2015 年印度奶类进出口量由 60 万吨下降到 38 万吨，降低 37. 33%，年均下降 4. 57%。其中，进口量由 0 万吨增至 7 万吨；出口量由 60 万吨降至 31 万吨，下降了 49. 17%，年均下降 6. 54%。从进出口额来看，2000—2013 年印度奶类进出口额由 0. 19 亿美元增长到 5. 45 亿美元，增长了 2 780. 99%，年均增长率达到 29. 50%，为金砖国家中奶类进出口额增速最快的，同时波动性较大。就具体年份看，2000—2005 年贸易额基本保持增长，2005 年达到一个高点，为 1. 36 亿美元；2006 年有所下降，2007 年快速增长至 1. 77 亿美元，随后连续 2 年下降，2009 年降至 0. 7 亿美元，而后基本稳定增长，波动明显。其中，奶类进口额由 0. 02 亿美元增长到 0. 24 亿美元，年均增长 22. 92%，为金砖国家中奶类进口额增速最快的；出口额由 0. 17 亿美元增长到 5. 21 亿美元，增长了 2917. 86%，年均增长率为 29. 96%。

除个别年份外，印度奶类基本为净出口国，近年贸易顺差扩大。除 2010 年和 2011 年外，2005—2015 年出口量占比均高于进口量占比；其中的 2005 年、2006 年和 2008 年出口量占比几乎达到 100%。从 2000—2013 年进出口额来看，除 2003 年、2010 年和 2011 年以外，出口额占比高于进口额占比。其中 2005 年出口额占比最高，为 97. 63%；最低为 2011 年，为 9. 85%；2013 年进口额与出口额占比分别为 4. 49% 和 95. 53%，贸易顺差为 4. 96 亿美元（图 4-53）。

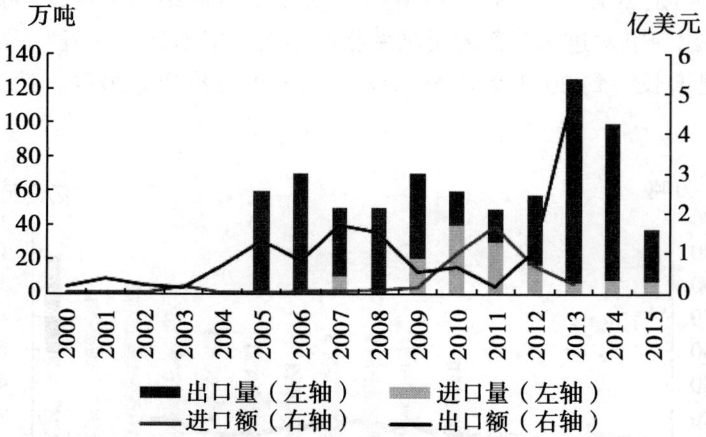

图 4-53　2000—2015 年印度奶类进出口量、额及其结构

21 世纪以来，印度的牛奶出口贸易水平较低，但出口增度较快。2000—2015 年，印度牛奶的进口量从 13. 17 吨增至 143. 57 吨，年均涨 17. 27%；进口额由 605. 23 万美元减至 43. 14 万美元，下降了 92. 87%；出口量由 0. 5 吨增至 5126. 29 吨，年均增长 85. 09%，出口额 0. 05 万美元增至 398. 79 万美元，年均增长 80. 89%。

4. 中　国

中国是世界上重要的奶类生产国与进口国，奶产量仅次于美国和印度，居世界第 3，奶制品进口量居世界首位。从进出口量而言，2005—2015 年中国奶类进出口量由 390 万吨增长到 1 046万吨，增长 168. 15%，年均增长 10. 37%；进口量由 350 万吨增至 1 021万吨，增长了 191. 77%，年均增长 11. 30%；出口量由 40 万吨降至 25 万吨，减少 38. 5%，年均降幅为 4. 75%。从进出口额来看，2000—2015 年①，中国奶类进出口额由 8. 38 亿美元增长到 60. 17 亿美元，年均增长率达到 14. 05%。其中，进口额由 6. 61 亿美元增至 59. 76 亿美元，增长了 803. 50%，年均增长 15. 81%；出口额由 1. 76 亿美元降至 0. 41 亿美元，下降了 76. 72%。可见，中国奶类需求缺口仍较大，进口需求较大。

中国奶类长期保持贸易逆差，进口占有绝对统治地位。2005—2015 年中国奶类进口量占进出口量的比例一直较高，特别是 2010 年后基本保持在 95%左右，2015 年达到 97. 65%。进口额对奶类贸易的贡献率从 2000—2015 年逐年提高；其中，2000—2008 年保持在 80%左右，2009 年后占比超过 90%，2015 年达到 99. 32%。所以中国奶类贸易一直保持逆差，且逐渐扩大，2000 年为 4. 85 亿美元，到 2015 年增至 59. 35 亿美元（图 4-

①数据说明：2000—2013 年中国奶类贸易额数据来自 FAO 数据库，2014—2015 年数据来自中国海关

54）。预计，未来中国奶类进出口额仍将保持增长态势，中国仍将保持奶类进口大国地位，进口总量与金额都将快速增长。

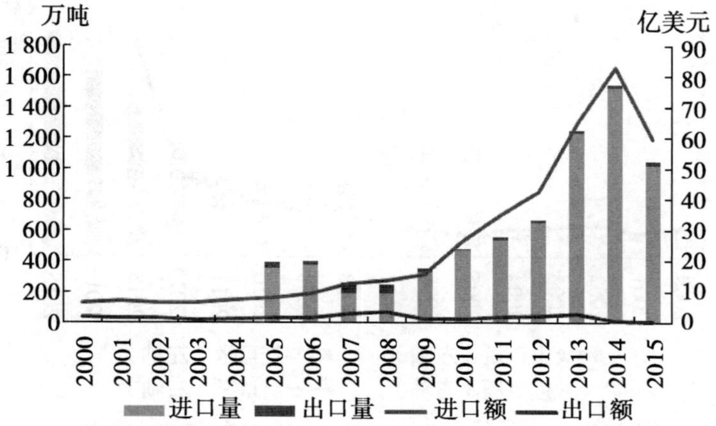

图 4-54　2000—2015 年中国奶类进出口量、额及其结构

中国的牛奶进口贸易活跃，2014 年的进口量（额）居世界第 9 位（第 6 位）。2000—2015 年中国牛奶的进口量（额）从 1. 49 万吨（0. 09 亿美元）增至 46. 98 万吨（5. 04 亿美元），年均张 25. 86%（30. 91%）；出口量（额）由 2. 94 万吨（0. 2 亿美元）增至 3. 33 万吨（0. 41 亿美元），年均增 0. 83%（4. 86%）。

5. 南　非

21 世纪以来，南非奶类贸易保持波动增长趋势。从进出口量而言，2005—2015 年，南非奶类进出口量由 30 万吨增长到 64 万吨，增长了 114. 67%，年均增长 7. 94%；进口量由 20 万吨增长至 24 万吨，年均增长 2. 01%；出口量由 10 万吨增至 40 万吨，增长了 3 倍，年均涨幅为 14. 87%。从进出口额来看，根据 FAO 数据，2000—2013 年，南非奶类进出口额由 0. 55 亿美元增至 2. 81 亿美元，增长了 407. 07%，年均增长 13. 3%；进口额由 0. 27 亿美元增至 0. 7 亿美元，上涨了 162. 73%，年均增长 7. 71%；出口额由 0. 29 亿美元增至 2. 1 亿美元，增长了 635. 2%，年均增长 16. 59%。

就奶类贸易结构而言，从进出口量结构来看，2005—2007 年南非奶类进口量占进出口量的比例高于出口量占比，进口量占比与出口量占比分别为 66. 67% 和 33. 33%，2008—2011 年进口量与出口量各占半壁江山，而后 2012 和 2013 年都围绕在 50%左右浮动；2014 年和 2015 年出现明显波动，出口量分别为 61. 43%和 62. 11%。从进出口额结构来看，2000—2004 年南非奶类进口额一直低于出口额，进口占比低于出口占比，保持贸易顺差，2004 年进口额与出口额占比分别为 40. 41%和 59. 59%，净出口额为 0. 09 亿美元，2005 年之后，进口额基本高于出口额（2009 和 2013 年除外），2013 年进口额与出口额占比分别为 25. 05%和 74. 98%，贸易顺差为 1. 4 亿美元（图 4-55）。

21 世纪以来，南非的牛奶贸易保持持续增长态势。2000—2015 年南非牛奶进口量从 0. 02 万吨增至 1. 06 万吨，年均涨 30. 59%；进口额由 27. 39 万美元增至 639. 78 万美元，年均增长 23. 38%；出口量由 1. 25 万吨增至 8. 37 万吨，年均上涨 13. 52%；出口额由 0. 05 亿美元变涨至 0. 56 亿美元，年均增长 17. 27%。

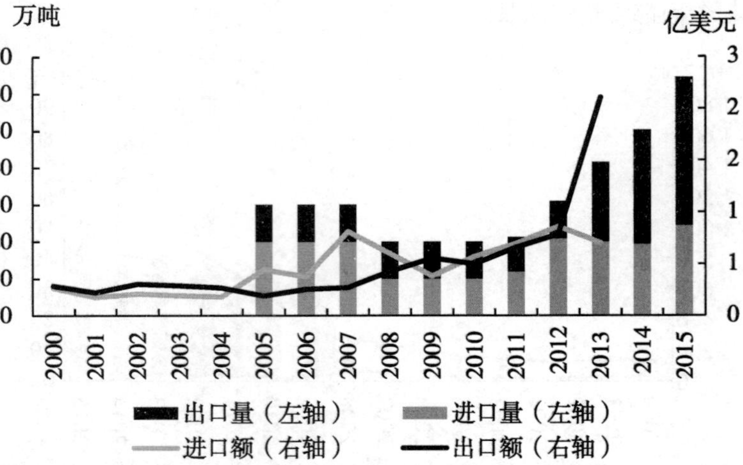

图 4-55　2000—2015 年南非奶类进出口量、额及其结构

三、农产品贸易的市场分布

农产品生产是农产品贸易的重要基础，贸易市场的分布和各国农产品生产状况密切相关。其中，金砖国家农产品进口来源地较为稳定，出口市场分布广泛。金砖国家谷物进口主要来自美洲，主要出口到亚洲；奶类进口主要来自大洋洲，主要出口到美洲；油料和果蔬进出口主要均来自亚洲；糖料、肉类和禽蛋进口主要来自欧洲，主要出口到亚洲。

（一）谷　物

谷物是确保粮食安全的重要作物，金砖各国为了更好调节、稳定国内粮食安全，在谷物贸易主要品种类别、进出口市场方面各具特色。

1. 巴　西

巴西谷物进出口集中度较高，进口主要来自美洲国家，主要出口到亚洲国家。就进口而言，根据联合国商品贸易数据库统计，2015 年巴西谷物进口来源国前 5 名分别是阿根廷、巴拉圭、美国、乌拉圭和圭亚那；其中 2000—2012 年阿根廷始终保持第 1 名，巴拉圭和乌拉圭交替保持第 2、第 3 名，加拿大和美国紧随其后，2012—2014 年巴西从美国进口谷物数量从 0.19 亿美元增至 8.31 亿美元，成为进口第一来源国，年均增 561.34%；2015 年阿根廷再次成为巴西谷物进口的第一来源地，进口额为 11.1 亿美元，占到谷物进口总额的 70.48%（表 4-34）。2000—2015 年巴西进口来源国（地区）数量始终保持在 23 个左右，且位居前 5 位的进口来源国的进口额之和始终占谷物进口总额的 98%左右。

表 4-34　2000—2015 年金砖国家谷物进口概况　　单位：亿美元

	2000 年		2005 年		2010 年		2013 年		2014 年		2015 年	
排名	国家	数量	国家	数量	国家	数量	国家	数量	国家	数量	国家	数量
巴西进口排名												
	世界	12.38	世界	8.79	世界	20.62	世界	31.12	世界	23.89	世界	15.75
1	阿根廷	10.67	阿根廷	6.95	阿根廷	10.82	阿根廷	11.77	美国	8.31	阿根廷	11.10
2	乌拉圭	0.93	巴拉圭	0.96	乌拉圭	4.74	美国	11.44	阿根廷	7.24	巴拉圭	2.30
3	巴拉圭	0.32	乌拉圭	0.73	巴拉圭	2.40	巴拉圭	4.15	乌拉圭	4.02	美国	1.09
4	加拿大	0.26	加拿大	0.07	美国	1.35	乌拉圭	2.32	巴拉圭	2.78	乌拉圭	0.94
5	美国	0.10	美国	0.05	加拿大	0.97	加拿大	1.06	加拿大	0.99	圭亚那	0.08
俄罗斯进口排名												
	世界	5.52	世界	2.46	世界	2.17	世界	6.32	世界	5.24	世界	3.29
1	哈萨克斯坦	2.47	哈萨克斯坦	0.76	越南	0.34	哈萨克斯坦	2.42	哈萨克斯坦	1.16	哈萨克斯坦	0.73
2	美国	1.61	中国	0.30	泰国	0.33	丹麦	0.53	罗马尼亚	0.67	罗马尼亚	0.46
3	中国	0.38	乌克兰	0.21	巴基斯坦	0.26	越南	0.43	匈牙利	0.60	匈牙利	0.38
4	德国	0.22	泰国	0.19	匈牙利	0.19	匈牙利	0.35	印度	0.49	法国	0.36
5	印度	0.15	越南	0.17	丹麦	0.18	罗马尼亚	0.34	法国	0.33	印度	0.29
印度进口排名												
	世界	0.16	世界	0.03	世界	1.16	世界	0.20	世界	0.20	世界	1.60
1	中国	0.06	澳大利亚	0.02	澳大利亚	0.84	阿根廷	0.08	澳大利亚	0.11	澳大利亚	1.27
2	巴基斯坦	0.06	阿根廷	0.00	伊朗	0.11	澳大利亚	0.07	阿根廷	0.06	阿根廷	0.13
3	澳大利亚	0.02	尼泊尔	0.00	阿根廷	0.11	巴西	0.03	西班牙	0.01	法国	0.02
4	美国	0.02	美国	0.00	俄罗斯	0.05	西班牙	0.01	美国	0.01	巴西	0.01.
5	尼泊尔	0.00	不丹	0.00	乌克兰	0.03	南非	0.00	加拿大	0.01	乌克兰	0.01
中国进口排名												
	世界	5.74	世界	13.94	世界	15.01	世界	50.54	世界	61.75	世界	93.50
1	澳大利亚	1.73	加拿大	4.78	澳大利亚	5.21	美国	22.03	美国	20.95	美国	27.78
2	加拿大	1.69	澳大利亚	4.31	美国	3.80	澳大利亚	11.06	澳大利亚	17.27	澳大利亚	21.32
3	泰国	1.12	泰国	1.88	泰国	2.29	越南	6.16	越南	6.26	法国	10.98
4	法国	0.75	法国	1.79	加拿大	1.94	加拿大	4.72	泰国	4.85	乌克兰	10.61
5	美国	0.28	美国	1.04	法国	1.17	泰国	2.36	加拿大	3.21	越南	7.32
南非进口排名												
	世界	2.77	世界	4.47	世界	7.28	世界	11.28	世界	9.94	世界	7.86
1	美国	0.61	泰国	1.49	泰国	3.19	泰国	2.28	俄罗斯	2.73	泰国	1.23
2	泰国	0.50	阿根廷	0.73	德国	1.21	印度	2.15	泰国	2.28	阿根廷	1.21
3	澳大利亚	0.38	印度	0.73	美国	0.82	中国	1.70	印度	1.48	印度	1.07
4	英国	0.31	美国	0.60	巴基斯坦	0.48	乌克兰	1.30	乌克兰	0.79	澳大利亚	0.91
5	加拿大	0.26	澳大利亚	0.35	加拿大	0.37	俄罗斯	0.72	德国	0.64	加拿大	0.52

数据来源：联合国商品贸易数据库

就谷物出口而言，2015 年巴西主要出口国家排前 5 名分别是越南、伊朗、韩国、日本、其他亚洲，且出口向多元化模式转变。2010—2014 年出口额伊朗排第一位（2013 年伊朗国内生产总值由于受到国际制裁呈现负增长后大幅减少降至第 4 位），韩国、日本、其他亚洲和埃及紧随其后大致保持第二至第五位；其中，2013—2014 年出口越南谷物出现爆发式增长，出口额从 2.46 亿美元增至 6.14 亿美元，增长 149.59%。2015 年，越南成为巴西谷物出口的第一目的地，出口额达到 9.03 亿美元，占到谷物出口总额的 15.77%。2000—2015 年巴西出口国家（地区）数量从 29 个增加为 100 个，出口模式呈现单一化向多元化的转变，前 5 位国家出口额占比从 80%下降为 52.49%（表 4-35）。

表 4-35　2000—2015 年金砖国家谷物出口概况　　单位：亿美元

	2000 年		2005 年		2010 年		2013 年		2014 年		2015 年	
排名	国家	数量	国家	数量	国家	数量	国家	数量	国家	数量	国家	数量
巴西出口排名												
	世界	0.17	世界	1.96	世界	26.01	世界	70.68	世界	44.38	世界	57.25
1	巴拉圭	0.08	伊朗	0.68	伊朗	2.85	韩国	9.14	伊朗	8.77	越南	9.03
2	阿根廷	0.02	塞内加尔	0.36	其他亚洲	2.20	日本	9.02	越南	6.14	伊朗	7.37
3	新西兰	0.01	韩国	0.20	摩洛哥	1.87	其他亚洲	5.13	韩国	3.54	韩国	5.29
4	塞内加尔	0.01	西班牙	0.14	马来西亚	1.86	伊朗	5.12	其他亚洲	2.68	日本	4.62
5	智利	0.01	美国	0.07	沙特	1.67	埃及	4.01	埃及	2.40	其他亚洲	3.74
俄罗斯出口排名												
	世界	0.96	世界	13.50	世界	23.96	世界	47.52	世界	70.87	世界	56.53
1	阿塞拜疆	0.24	埃及	3.18	埃及	8.62	土耳其	8.86	土耳其	13.28	埃及	8.49
2	以色列	0.21	沙特阿拉伯	0.98	土耳其	3.15	埃及	5.55	埃及	10.34	土耳其	8.27
3	叙利亚	0.08	阿塞拜疆	0.96	沙特阿拉伯	1.19	沙特阿拉伯	3.18	伊朗	5.33	沙特阿拉伯	5.48
4	伊朗	0.07	也门	0.75	利比亚	0.88	伊朗	3.04	沙特阿拉伯	3.43	伊朗	4.37
5	沙特阿拉伯	0.05	阿尔及利亚	0.72	以色列	0.81	也门	2.08	阿塞拜疆	2.79	阿塞拜疆	2.78
印度出口排名												
	世界	6.40	世界	19.15	世界	29.24	世界	115.92	世界	100.59	世界	68.46
1	沙特阿拉伯	3.02	沙特阿拉伯	4.27	沙特阿拉伯	6.96	伊朗	23.17	沙特阿拉伯	13.83	沙特阿拉伯	10.79
2	孟加拉国	0.59	孟加拉国	3.69	阿联酋	6.61	沙特阿拉伯	11.61	伊朗	13.6	伊朗	7.40
3	科威特	0.50	尼日利亚	1.57	伊朗	3.69	孟加拉国	7.65	孟加拉国	8.00	阿拉伯联合酋长国	6.00
4	英国	0.48	南非	1.04	科威特	1.96	阿联酋	6.56	阿联酋	6.06	伊拉克	4.00
5	阿联酋	0.28	阿联酋	1.01	孟加拉国	1.57	贝宁	5.86	印度尼西亚	3.93	孟加拉国	3.33

（续表）

	2000 年		2005 年		2010 年		2013 年		2014 年		2015 年	
中国出口排名												
	世界	16.43	世界	14.12	世界	5.39	世界	5.14	世界	4.45	世界	3.22
1	韩国	6.4	韩国	7.9	韩国	1.52	韩国	2.72	韩国	2.14	韩国	1.40
2	马来西亚	2.33	日本	1.91	日本	0.97	朝鲜	0.61	日本	0.48	日本	0.55
3	印度尼西亚	1.76	伊朗	1.28	朝鲜	0.60	日本	0.50	朝鲜	0.43	越南	0.21
4	俄罗斯	0.58	马来西亚	0.61	香港	0.30	越南	0.30	越南	0.26	巴基斯坦	0.20
5	日本	0.55	朝鲜	0.5	利比亚	0.22	香港	0.22	巴基斯坦	0.25	香港	0.18
南非出口排名												
	世界	0.92	世界	2.73	世界	5.7	世界	9.4	世界	8.04	世界	3.70
1	肯尼亚	0.29	津巴布韦	1.48	博兹瓦纳	0.93	日本	1.96	其他亚洲国家	1.59	博茨瓦纳	0.89
2	日本	0.25	莫桑比克	0.24	韩国	0.75	博兹瓦纳	1.19	津巴布韦	1.32	纳米比亚	0.63
3	莫桑比克	0.07	赞比亚	0.18	斯威士兰	0.61	津巴布韦	1.05	博兹瓦纳	1.11	津巴布韦	0.61
4	伊朗	0.06	日本	0.15	莱索托	0.52	墨西哥	0.96	莱索托	0.64	斯威士兰	0.33
5	韩国	0.04	马拉维	0.15	肯尼亚	0.49	其他亚洲国家	0.86	纳米比亚	0.52	莱索托	0.31

数据来源：联合国商品贸易数据库

2. 俄罗斯

俄罗斯谷物进出口集中度较高，进口来源地主要位于欧洲和亚洲，出口目标国主要是欧亚国家和地区。就进口而言，2015 年俄罗斯谷物进口排前 5 名国家大致是哈萨克斯坦、罗马尼亚、匈牙利、法国和丹麦，历年来从前 5 个国家的进口额之和始终占谷物进口总额的 65%左右（表 4-34）。就谷物出口而言，2015 年俄罗斯谷物出口前 5 名国家大致是土耳其、埃及、伊朗、沙特阿拉伯和阿塞拜疆，历年对这些国家的出口额之和始终占谷物出口总额的 50%左右。其中 2000—2014 年土耳其从第 12 位上升到第 1 位，出口额从 0.02 亿美元增至 13.28 亿美元，年均增 59.07%；2015 年对埃及出口最多，出口额达到 8.49 亿美元；第 3~5 位依次是伊朗、沙特阿拉伯和阿塞拜疆（表 4-35）。

3. 印　度

印度谷物贸易集中度较高，主要从澳大利亚和阿根廷进口，但出口目标国家和地区较为分散和均匀。就谷物进口而言，印度主要进口来源国为澳大利亚和阿根廷，2000—2015 年自澳大利亚（阿根廷）进口额从 0.02 亿美元（2 万美元）增至 1.27 亿美元（0.13 亿美元），自两国进口额之和始终占谷物进口总额的 75%左右（表 4-34）。就谷物出口而言，印度谷物主要出口到伊朗、沙特阿拉伯、孟加拉国、阿联酋和印度尼西亚等国，但 2000—2015 年，对国家和地区的出口额之和占谷物出口总额的比例从 76.13%下降到 46.02%。其中，出口额增长幅度最高的为伊朗，2005—2013 年从 0.02 亿美元增至 23.17 亿美元，年均增 141.54%，从第 58 位成长为印度第一大出口目的地，2014 年伊朗受经济制裁影响对其出口额出现大幅缩水，降至 13.6 亿美元位居第二；对沙特阿拉伯出口始终保持在前两名，2000—2014 年对其进口额从 3.02 亿美元增至 13.83 亿美元，年均增长 11.48%（表 4-35）。

4. 中 国

中国谷物进出口集中度较高，美国和澳大利亚是主要的进口来源国，出口地集中在亚洲周边国家和地区。就谷物进口而言，中国谷物进口主要来自澳大利亚、美国、越南、泰国和加拿大，历年来自前五大进口来源国的进口额之和始终占谷物进口总额的 80%左右（表 4-34）。其中，自澳大利亚进口额 2000—2010 年从 1.73 亿美元增至 5.25 亿美元，年均增 11.74%，位居第 1 位；2011—2015 年虽然进口额从 6.4 亿美元增至 21.32 美元，但进口来源国地位有所下降，居第 2 位。从美国进口额增长幅度最高，2000—2015 年从 0.28 亿美元亿美元增至 27.78 亿美元，年均增 35.86%，从 2000 年第 5 位增至 2015 年第 1 位。2015 年，从乌克兰进口额大幅增加，跃居第 4 位，达到 10.61 亿美元。就谷物出口而言，中国谷物主要出口到韩国、日本、朝鲜、越南和巴基斯坦，历年来对前五大出口目的地出口额之和始终占谷物出口总额的 75%左右（表 4-20）。其中，2000—2015 年虽然中国对韩国谷物的出口额从 6.4 亿美元降至 1.4 亿美元，但是仍为中国谷物出口第一目的地；2000—2010 年日本（朝鲜）进口数量有所提升分别从 0.55（0.34）亿美元增至 0.97（0.6）亿美元，年均增 5.84%（5.84%），2011—2014 年对日本（朝鲜）出口有所降低，分别从 0.67（1.02）亿美元增至 0.48（0.43）亿美元，位居第 2（3）位（表 4-35）。

5. 南 非

受地缘因素影响，南非谷物进出口以非洲和亚洲地区为主，进口国朝多元化发展。就谷物进口而言，根据联合国商品贸易数据库统计，南非主要进口来源国为泰国、印度、乌克兰、阿根廷和德国，其中 2000—2014 年自泰国进口额位居第一（2000 年和 2014 年位居第二），从 0.5 亿美元增至 2.28 亿美元，年均增 11.45%，2015 年虽仍居第 1 位，但是自泰国的进口额有所下降，为 1.23 亿美元（表 4-34）。自俄罗斯进口额增幅最多，由 2011 年第 9 位升至 2014 年第 1 位，金额从 0.24 亿美元增至 2.73 亿美元，年均增幅 124.90%，但是 2015 年降为第 7 位。2000—2014 年南非进口来源国（地区）数量从 24 个增加为 71 个，进口模式呈现单一化向多元化的转变。就谷物出口而言，受地缘因素影响，出口数量呈现不规则波动，主要出口区域为非洲和亚州地区。其中博兹瓦纳和津巴布韦保持在第二、第三位以外，其余国家波动比较大，2000—2014 年对津巴布韦出口额从 0.01 亿美元增至 1.32 亿美元，年均增幅 41.73%，但是 2015 年有所下降，降至第 3 位，为 0.61 亿美元。2010—2014 年对博兹瓦纳出口额从 0.93 亿美元增至 1.11 亿美元，年均增 1.27%，2015 年博茨瓦纳是南非谷物出口第一目的地，但是出口额有所下降，为 0.89 亿美元（表 4-35）。2000—2014 年南非出口国家（地区）数量从 69 个家增加为 85 个，呈现小幅增长趋势。

（二）糖 料①

金砖各国在糖料贸易方面互补性较强，巴西是世界上最大的糖料出口国，中国是世界

①注：使用的是联合国商品贸易库中的 17 糖及糖食，与 FAO 中的糖料有些差别，但不影响总的市场结构分析

上最大的糖料进口国，俄罗斯糖料进出口国家和地区集中在欧亚大陆，印度对巴西糖料进口依存度较高，南非在非洲食糖产业中占有重要地位。

1. 巴　西

巴西糖料贸易最突出的特点是进口来源地地集中度高，但出口地区与金额较为分散。就糖料进口而言，巴西糖料主要进口来源国是美国、厄瓜多尔、阿根廷、中国和德国，历年来从前五大进口来源国的进口额之和始终占糖类进口总额的70%左右（表4-36）。其中2000—2014年美国（阿根廷）基本保持第1名（第2名），阿根廷、中国和德国紧随其后保持在第3~5名。2010—2014年从美国进口糖类大幅提升从0.06亿美元增至0.32亿美元，且保持首位进口来源国地位，年均增51.97%。

表4-36　2000—2014年金砖国家糖料进口概况　　单位：亿美元

	2000年		2005年		2010年		2013年		2014年	
排名	国家	数量	国家	数量	国家	数量	国家	数量	国家	数量
巴西进口排名										
	世界	0.46	世界	0.25	世界	0.62	世界	1.13	世界	1.01
1	阿根廷	0.11	美国	0.05	美国	0.19	美国	0.42	美国	0.32
2	美国	0.06	厄瓜多尔	0.04	厄瓜多尔	0.09	厄瓜多尔	0.16	厄瓜多尔	0.19
3	墨西哥	0.06	阿根廷	0.04	阿根廷	0.07	中国	0.09	中国	0.09
4	意大利	0.05	德国	0.02	德国	0.05	德国	0.07	德国	0.07
5	厄瓜多尔	0.05	比利时	0.02	荷兰	0.03	阿根廷	0.07	比利时	0.05
俄罗斯进口排名										
	世界	8.95	世界	9.33	世界	15.06	世界	6.57	世界	8.12
1	古巴	3.03	巴西	6.12	巴西	10.02	巴西	1.94	巴西	2.10
2	巴西	2.80	古巴	0.47	乌克兰	0.78	乌克兰	0.7	白俄罗斯	1.59
3	乌克兰	0.83	乌克兰	0.35	中国	0.50	中国	0.56	中国	0.53
4	哥伦比亚	0.44	波兰	0.33	波兰	0.47	土耳其	0.28	古巴	0.51
5	泰国	0.42	哥伦比亚	0.21	阿根廷	0.43	德国	0.26	德国	0.33
印度进口排名										
	世界	0.55	世界	2.68	世界	10.36	世界	6.44	世界	6.32
1	巴西	0.34	巴西	1.85	巴西	7.49	巴西	5.52	巴西	5.42
2	中国	0.04	南非	0.20	泰国	1.09	德国	0.19	德国	0.20
3	尼泊尔	0.02	巴基斯坦	0.14	瓜地马拉	0.33	美国	0.16	美国	0.16
4	荷兰	0.02	伊朗	0.09	阿联酋	0.30	荷兰	0.15	荷兰	0.13
5	德国	0.02	澳大利亚	0.08	西班牙	0.27	巴基斯坦	0.10	中国	0.08
中国进口排名										
	世界	1.77	世界	4.51	世界	10.34	世界	23.64	世界	17.83
1	古巴	0.63	古巴	1.21	巴西	5.04	巴西	14.33	巴西	8.62
2	泰国	0.22	瓜地马拉	0.67	古巴	2.29	古巴	2.25	泰国	2.21
3	韩国	0.21	澳大利亚	0.63	韩国	1.07	瓜地马拉	1.54	古巴	2.10
4	澳大利亚	0.19	韩国	0.54	美国	0.40	韩国	1.48	韩国	1.28
5	美国	0.10	泰国	0.46	澳大利亚	0.39	美国	1.23	美国	1.02

（续表）

	2000年		2005年		2010年		2013年		2014年	
南非进口排名										
	世界	0.19	世界	0.81	世界	3.86	世界	5.39	世界	4.12
1	巴西	0.03	巴西	0.34	斯威士兰	2.19	斯威士兰	2.19	斯威士兰	2.20
2	荷兰	0.02	美国	0.07	巴西	0.62	巴西	1.95	巴西	0.71
3	美国	0.01	哥伦比亚	0.06	博兹瓦纳	0.20	中国	0.21	中国	0.18
4	英国	0.01	中国	0.04	中国	0.14	美国	0.18	博兹瓦纳	0.13
5	西班牙	0.01	芬兰	0.03	美国	0.12	博兹瓦纳	0.14	瓜地马拉	0.13

数据来源：联合国商品贸易数据库

就糖类出口而言，巴西主要出口目的地包括俄罗斯、中国、阿联酋、阿尔及利亚、孟加拉国；前五大出口目的地的出口额之和始终占糖类出口总额的35%左右（表4-37）。其中，2000—2014年对中国出口额从14万美元增至8.8亿美元，年均增790.41%，2012年以后位是巴西糖料出口第一目的地；对阿联酋出口额从1.07亿美元增至8.29亿美元，年均增15.75%，位居第2位；2000—2011年对俄罗斯出口额从3.1亿美元增至18.59亿美元，年均增17.68%，2012年后持续下降从7.48亿美元下降至2014年的5.44亿美元，阿尔及利亚和孟加拉国紧随其后。

表4-37　2000—2014年金砖国家糖料出口概况　　单位：亿美元

	2000年		2005年		2010年		2013年		2014年	
排名	国家	数量	国家	数量	国家	数量	国家	数量	国家	数量
巴西出口排名										
	世界	12.94	世界	41.02	世界	129.50	世界	120.10	世界	96.16
1	俄罗斯	3.10	俄罗斯	7.90	俄罗斯	15.97	中国	14.33	中国	8.80
2	尼日利亚	1.12	尼日利亚	2.84	印度	9.86	阿联酋	8.62	阿联酋	8.29
3	阿联酋	1.07	印度	2.43	伊朗	6.94	阿尔及利亚	7.09	孟加拉国	6.61
4	美国	0.90	阿联酋	2.32	阿联酋	6.38	孟加拉国	7.05	阿尔及利亚	6.44
5	伊朗	0.59	沙特阿拉伯	1.76	沙特阿拉伯	5.73	俄罗斯	5.94	印度	6.43
俄罗斯出口排名										
	世界	0.64	世界	0.80	世界	0.98	世界	2.75	世界	2.61
1	哈萨克斯坦	0.33	哈萨克斯坦	0.28	乌克兰	0.28	哈萨克斯坦	0.66	哈萨克斯坦	0.56
2	阿塞拜疆	0.07	阿塞拜疆	0.18	阿塞拜疆	0.14	乌克兰	0.49	土耳其	0.40
3	乌兹别克斯坦	0.06	乌克兰	0.06	塔吉克斯坦	0.09	白俄罗斯	0.29	白俄罗斯	0.39
4	乌克兰	0.05	蒙古国	0.04	蒙古国	0.08	土耳其	0.26	乌克兰	0.19
5	塔吉克斯坦	0.05	塔吉克斯坦	0.03	土库曼斯坦	0.06	阿塞拜疆	0.19	阿塞拜疆	0.18

（续表）

	2000年		2005年		2010年		2013年		2014年	
印度出口排名										
	世界	0.77	世界	0.78	世界	10.40	世界	11.80	世界	13.06
1	巴基斯坦	0.37	尼泊尔	0.08	巴基斯坦	6.13	苏丹	1.97	苏丹	2.11
2	孟加拉国	0.11	孟加拉国	0.06	韩国	0.67	阿联酋	1.33	伊朗	1.82
3	斯里兰卡	0.05	葡萄牙	0.05	索马里	0.57	斯里兰卡	1.07	索马里	1.40
4	也门	0.02	印度尼西亚	0.05	斯里兰卡	0.56	沙特阿拉伯	0.75	阿联酋	1.18
5	荷兰	0.02	马来西亚	0.05	阿联酋	0.41	索马里	0.67	斯里兰卡	0.79
中国出口排名										
	世界	1.73	世界	4.18	世界	10.60	世界	14.52	世界	15.4
1	巴基斯坦	0.47	巴基斯坦	0.71	美国	1.49	菲律宾	2.09	菲律宾	2.21
2	中国，香港	0.29	美国	0.67	印度尼西亚	0.74	美国	1.63	美国	1.84
3	美国	0.16	中国，香港	0.48	菲律宾	0.72	印度尼西亚	1.09	印度尼西亚	1.06
4	印度尼西亚	0.09	印度尼西亚	0.24	韩国	0.68	韩国	0.79	韩国	0.72
5	沙特阿拉伯	0.08	韩国	0.21	马来西亚	0.63	澳大利亚	0.67	澳大利亚	0.68
南非出口排名										
	世界	2.91	世界	3.05	世界	4.81	世界	5.52	世界	5.27
1	伊朗	0.47	日本	0.48	纳米比亚	0.97	纳米比亚	0.96	纳米比亚	0.77
2	沙特阿拉伯	0.34	印度尼西亚	0.4	博兹瓦纳	0.67	津巴布韦	0.81	莫桑比克	0.68
3	莫桑比克	0.34	韩国	0.33	莫桑比克	0.65	博兹瓦纳	0.64	博兹瓦纳	0.58
4	韩国	0.32	美国	0.22	津巴布韦	0.38	莫桑比克	0.62	津巴布韦	0.46
5	日本	0.27	肯尼亚	0.17	日本	0.37	印度尼西亚	0.37	印度尼西亚	0.45

数据来源：联合国商品贸易数据库

2. 俄罗斯

俄罗斯糖料主要进口地区和出口地区均集中在欧洲和亚洲。就糖料进口而言，俄罗斯糖料排主要进口来源国为巴西、乌克兰、中国、古巴和德国，2000—2014 年前 5 位进口来源国进口额之和占糖类进口总额的比例从 84.09% 降至 62.35%（表 4-36）。其中 2000—2014 年巴西（乌克兰）基本保持第 1 名（第 2 名），2000—2011 年俄罗斯从巴西进口糖类大幅提升，从 2.8 亿美元增至 15.2 亿美元，年均增 16.62%，2012 年大幅下降后至 2014 年始终保持在 2 亿美元左右；2010—2014 年从乌克兰进口额始终保持在 0.8 亿美元左右（除了 2005 年和 2014 年分别为 0.35 亿美元和 0.2 亿美元）；2000—2010 年从中国进口额由 9 万美元增至 0.5 亿美元，2010 以后始终保持在 0.55 亿美元左右。就糖料出口而言，俄罗斯主要出口目的地包括哈萨克斯坦、乌克兰、阿塞拜疆、白俄罗斯和土耳其等，2000—2014 年对前五大出口目的地出口额之和占糖类出口总额从 86.62%降至 66%。

其中，2000—2014 年对哈萨克斯坦出口额从 0.33 亿美元增至 0.56 亿美元位，居首位，年均增 3.85%；对乌克兰出口额从 0.05 亿美元增至 0.19 亿美元，年均增 18.16%，位居第 2 位；对阿塞拜疆出口额从 0.07 亿美元增至 0.18 亿美元，年均增 12.53%（表 4-37）。

3. 印　度

印度对巴西糖料的贸易依存度较高，巴西是印度糖料贸易的伙伴大国。就糖料进口而言，2014 年印度前 5 位的进口来源国分别为巴西、德国、美国、荷兰和中国，2000—2014 年从前五大进口来源国进口额之和占进口总额的比重从 79.94%增至 94.67%（表 4-36）。其中，2000—2014 年对巴西进口额始终保持第 1 名，从 0.34 亿美元增至 5.42 亿美，年均增 21.87%；对德国进口额从 0.02 亿美元增至 0.2 亿美元，年均增 17.88%；对美国进口额从 56 万美元增至 0.16 亿美元，年均增 27.06%。就糖类出口而言，印度主要出口国家包括苏丹、阿联酋、伊朗、索马里和斯里兰卡，2000—2014 年对前五大出口目的地的出口额之和占糖类出口总额从 75.14%降至 55.83%（表 4-37）。其中，2000—2014 年对苏丹出口额从 133 美元美元增至 2.11 亿美元，年均增 43.61%，位居首位；对伊朗出口额从 3.6 万美元增至 1.82 亿美元，年均增长 83.89%，位居第 2 位；对阿联酋出口额从 0.02 亿美元增至 1.18 亿美元，年均增 33.81%，位居第 3 位。

4. 中　国

中国是世界上少数几个既产甘蔗糖又产甜菜糖的国家之一，目前是世界上第四大食糖生产国、第三大食糖消费国和第一大糖料进口国。就糖料进口而言，中国糖料主要进口来源国为巴西、泰国、古巴、韩国和美国，2000—2014 年在前五大进口来源国进口额之和占糖类进口总额的比重从 75.92%增至 85.42%（表 4-36）。其中，2000—2014 年中自巴西进口糖类数大幅增加，从 61 万美元增至 8.62 亿美元，年均增 67.89%；自泰国进口额从 0.22 亿美元增至 2.21 亿美元，年均增 17.92%；自古巴进口额从 0.63 亿美元增至 2.1 亿美元，年均增长 9.02%。就糖类出口而言，中国主要出口到菲律宾、美国、印度尼西亚、韩国和澳大利亚，2000—2014 年对前五大出口目的地出口额之和占糖类出口总额的比重从 62.8%降至 42.28%（表 4-37）。其中，2000—2014 年，对菲律宾出口额从 0.02 亿美元美元增至 2.21 亿美元，年均增 39.94%；对美国出口额从 0.16 亿美元增至 1.84 亿美元，年均增 19.06%；对印度尼西亚出口额从 0.09 亿美元增至 1.06 亿美元，年均增 19.26%。

5. 南　非

南非食糖产业在非洲占据重要位置，其糖料主要出口到非洲国家和地区。就糖料进口而言，2014 年南非糖料进口来源国前 5 位分别为斯威士兰、巴西、中国、博兹瓦纳和瓜地马拉，且自中国进口糖料增速最快（表 4-36）。其中，2010—2014 年对斯威士兰进口糖类金额始终保持 2.2 亿美元左右；2000—2014 年，对巴西进口额从 0.03 亿美元增至 0.71 亿美元，年均增 25.36%，2014 年居第 2 位；2000—2014 年其对中国糖料进口额从 12 万美元增至 0.18 亿美元，年均增 43.03%。2000—2014 年南非糖料进口来源国数量从 58 个增加为 81 个，呈现小幅增加趋势。就糖类出口而言，南非主要出口国家包括纳米比亚、莫桑比克、博兹瓦纳、津巴布韦和印度尼西亚（表 4-37）。其中 2010—2014 年，对纳米比亚（博兹瓦纳）出口额从 0.97 亿美元（0.67 亿美元）降至 0.77 亿美元（0.58 亿美元），年均降 5.61%（3.54%）；2000—2014 年对莫桑比克出口额从 0.34 亿美元增至

0.68 亿美元，年均增 5.08%。南非出口国家（地区）始终保持在 100 个左右，呈现稳定发展趋势，并且对前五大出口目的地出口额之和占糖类出口总额始终保持在 60%左右。

（三）油 料①

金砖各国油料贸易各有所长、各具特色。其中，巴西油料出口集中度高，大豆油出口额就占到其总出口额的七成以上；俄罗斯油料贸易主要进口地区和出口地区均集中在欧洲和亚洲；印度油料进口集中度高，出口呈多元化趋势；油料进出口的市场分布呈现多元化发展态势；南非油料产业在非洲地位突出。

1. 巴 西

巴西油料进出口贸易集中度较高，出口品种集中在大豆油，单品种占到总出口额的七成以上。就油料进口而言，2014 年巴西油料进口来源国排前五位的分别是印度尼西亚、葡萄牙、西班牙、乌拉圭和马来西亚；历年来从前五大进口来源国进口额之和始终占油料进口总额的 75%左右（表 4-38）。其中，2000—2014 年从印度尼西亚（葡萄牙）进口额从 0.18 亿美元（0.36 亿美元）增至 3.75 亿美元（2.21 亿美元），年均增长 24.22%（13.84%）。2000—2014 年巴西进口来源国（地区）数量从 44 个增加为 56 个，呈现小幅增长趋势。

表 4-38 2000—2014 年金砖国家油料进口概况 单位：亿美元

	2000 年		2005 年		2010 年		2013 年		2014 年	
排名	国家	数量	国家	数量	国家	数量	国家	数量	国家	数量
					巴西进口排名					
	世界	2.10	世界	2.12	世界	7.46	世界	9.53	世界	10.18
1	阿根廷	0.82	葡萄牙	0.56	印度尼西亚	2.22	印度尼西亚	2.78	印度尼西亚	3.75
2	葡萄牙	0.36	西班牙	0.30	葡萄牙	1.35	葡萄牙	2.31	葡萄牙	2.21
3	印度尼西亚	0.18	马来西亚	0.27	马来西亚	0.94	西班牙	0.87	西班牙	0.67
4	西班牙	0.16	阿根廷	0.25	阿根廷	0.71	阿根廷	0.55	乌拉圭	0.61
5	乌拉圭	0.13	印度尼西亚	0.20	西班牙	0.56	马来西亚	0.51	马来西亚	0.55
					俄罗斯进口排名					
	世界	3.94	世界	7.08	世界	13.59	世界	12.36	世界	12.42
1	荷兰	0.69	马来西亚	1.78	印度尼西亚	3.68	印度尼西亚	6.32	印度尼西亚	6.42
2	乌克兰	0.67	印度尼西亚	1.47	乌克兰	2.75	马来西亚	1.22	马来西亚	1.06
3	比利时	0.44	乌克兰	1.11	马来西亚	2.61	荷兰	1.05	荷兰	1.06
4	阿根廷	0.34	荷兰	0.68	荷兰	1.64	意大利	0.65	西班牙	0.71
5	德国	0.30	德国	0.31	西班牙	0.62	西班牙	0.62	意大利	0.70

①根据联合国商品贸易数据库中的 15 动植物油、脂、蜡等研究金砖国家市场分布情况

（续表）

排名	2000年		2005年		2010年		2013年		2014年	
	印度进口排名									
	世界	14.10	世界	24.28	世界	64.41	世界	98.20	世界	106.40
1	马来西亚	5.17	印度尼西亚	10.83	印度尼西亚	38.84	印度尼西亚	51.47	印度尼西亚	41.00
2	印度尼西亚	3.77	阿根廷	5.80	阿根廷	9.10	马来西亚	19.01	马来西亚	25.66
3	阿根廷	3.14	马来西亚	3.00	马来西亚	7.63	乌克兰	12.19	阿根廷	15.62
4	尼泊尔	0.57	巴西	1.78	乌克兰	5.15	阿根廷	9.14	乌克兰	15.31
5	美国	0.33	斯里兰卡	1.31	美国	1.70	泰国	1.84	巴西	3.73
	中国进口排名									
	世界	10.23	世界	33.11	世界	88.84	世界	108.2	世界	91.18
1	马来西亚	3.96	马来西亚	12.71	马来西亚	30.85	马来西亚	32.05	印度尼西亚	29.79
2	印度尼西亚	1.91	印度尼西亚	7.49	印度尼西亚	24.88	印度尼西亚	26.79	马来西亚	26.73
3	美国	0.71	阿根廷	7.33	加拿大	8.55	加拿大	11.71	加拿大	5.97
4	加拿大	0.60	巴西	1.74	巴西	8.39	阿根廷	7.89	阿根廷	5.53
5	阿根廷	0.58	加拿大	1.05	阿根廷	3.05	巴西	5.71	巴西	5.40
	南非进口排名									
	世界	1.60	世界	3.39	世界	8.37	世界	8.14	世界	7.71
1	马来西亚	0.51	马来西亚	1.01	马来西亚	2.07	印度尼西亚	2.35	印度尼西亚	3.26
2	阿根廷	0.49	巴西	0.72	印度尼西亚	1.60	阿根廷	1.29	西班牙	0.95
3	印度尼西亚	0.22	阿根廷	0.63	阿根廷	1.59	马来西亚	1.14	马来西亚	0.83
4	荷兰	0.04	印度尼西亚	0.44	德国	0.94	西班牙	1.06	罗马尼亚	0.61
5	澳大利亚	0.04	意大利	0.10	荷兰	0.77	荷兰	0.96	荷兰	0.59

数据来源：联合国商品贸易数据库

就油料出口而言，巴西主要出口目的地包括中国、印度、孟加拉国、委瑞内拉和阿尔及利亚，历年来对前五大出口目的地出口额之和始终占油料出口总额的65%左右（表4-39）。其中，2000—2014年对中国出口额从0.22亿美元增至4.21亿美元，年均增23.47%，2010年以后位居巴西出口额首位；对印度出口额从0.74亿美元增至3.7亿美元，年均增12.18%；对孟加拉国出口额从0.27亿美元增至0.88亿美元，年均增8.81%。2000—2014年巴西出口国家（地区）数量从73个增加为93个，呈现小幅增长趋势。

表4-39　2000—2014年金砖国家油料出口概况　　单位：亿美元

	2000年		2005年		2010年		2013年		2014年	
排名	国家	数量	国家	数量	国家	数量	国家	数量	国家	数量
	巴西出口排名									
	世界	4.69	世界	14.87	世界	16.51	世界	18.45	世界	15.84
1	伊朗	1.03	伊朗	3.72	中国	8.14	中国	6.25	中国	4.21
2	印度	0.74	印度	2.02	伊朗	0.82	印度	2.36	印度	3.70
3	孟加拉国	0.27	中国	1.72	阿尔及利亚	0.76	阿尔及利亚	1.09	孟加拉国	0.88
4	埃及	0.23	荷兰	0.83	印度	0.75	荷兰	0.90	委瑞内拉	0.82
5	马来西亚	0.23	南非	0.70	古巴	0.64	伊朗	0.85	阿尔及利亚	0.82

（续表）

	2000 年		2005 年		2010 年		2013 年		2014 年	
	俄罗斯出口排名									
	世界	0.86	世界	2.41	世界	6.80	世界	21.85	世界	22.66
1	哈萨克斯坦	0.30	意大利	0.41	乌兹别克斯坦	0.89	土耳其	4.18	土耳其	5.00
2	阿尔及利亚	0.20	哈萨克斯坦	0.36	意大利	0.77	埃及	2.41	埃及	3.02
3	埃及	0.14	土耳其	0.36	法国	0.69	乌兹别克斯坦	1.63	乌兹别克斯坦	1.78
4	土耳其	0.08	埃及	0.18	土耳其	0.65	哈萨克斯坦	1.38	挪威	1.39
5	乌克兰	0.02	希腊	0.18	英国	0.31	挪威	1.21	哈萨克斯坦	1.33
	印度出口排名（亿美元）									
	世界	2.37	世界	3.18	世界	7.16	世界	9.84	世界	9.04
1	法国	0.47	法国	0.48	中国	2.23	中国	3.46	中国	2.79
2	荷兰	0.38	中国	0.43	荷兰	1.08	荷兰	1.28	荷兰	1.21
3	美国	0.36	荷兰	0.42	法国	0.96	美国	1.13	美国	0.98
4	日本	0.25	美国	0.36	美国	0.63	法国	0.98	法国	0.92
5	中国	0.23	日本	0.23	日本	0.37	日本	0.33	日本	0.40
	中国出口排名									
	世界	1.29	世界	2.84	世界	3.69	世界	6.07	世界	6.45
1	香港	0.77	香港	0.43	香港	0.61	美国	1.04	朝鲜	1.13
2	日本	0.11	日本	0.33	美国	0.57	朝鲜	0.86	美国	0.94
3	美国	0.06	马来西亚	0.27	朝鲜	0.36	香港	0.63	香港	0.68
4	荷兰	0.05	韩国	0.25	韩国	0.30	日本	0.58	荷兰	0.38
5	韩国	0.05	德国	0.17	日本	0.26	德国	0.30	日本	0.31
	南非出口排名									
	世界	0.42	世界	0.40	世界	2.64	世界	2.90	世界	2.82
1	赞比亚	0.07	津巴布韦	0.12	津巴布韦	1.32	津巴布韦	1.15	津巴布韦	0.91
2	刚果	0.07	莫桑比克	0.06	博兹瓦纳	0.31	博兹瓦纳	0.39	博兹瓦纳	0.37
3	香港	0.05	刚果	0.03	纳米比亚	0.31	纳米比亚	0.36	赞比亚	0.35
4	津巴布韦	0.05	毛里求斯	0.02	莱索托	0.17	赞比亚	0.20	纳米比亚	0.32
5	莫桑比克	0.05	赞比亚	0.02	斯威士兰	0.13	莱索托	0.19	莱索托	0.17

数据来源：联合国商品贸易数据库

2. 俄罗斯

俄罗斯油料主要进口地区和出口地区均集中在欧洲和亚洲，出口模式由单一化向多元化转变明显。就油料进口而言，2014 年俄罗斯油料进口来源国排前五位的分别是印度尼西亚、马来西亚、荷兰、西班牙和意大利（表4-38）。其中，2000—2014年，自印度尼西亚进口额从0.21亿美元增至6.42亿美元，年均增27.41%，2010年以后位居俄罗斯进口额首位；自马来西亚进口额从0.28亿美元增至1.06亿美元，年均增9.98%，位居2014年第2位；对荷兰进口额从0.69亿美元增至1.06亿美元，年均增3.11%，位居2014年第三位。2000—2014年俄罗斯进口来源国（地区）数量从62个增加为74个，呈现小幅增长趋势，并且从前五大进口来源国进口额之和占油料进口总额的比重从61.93%增加到80.11%。就油料出口而言，俄罗斯主要出口国家包括土耳其、埃及、乌兹别克斯坦、挪威和哈萨克斯坦（表4-39）。其中，2000—2014年对土耳其出口额从0.08亿美元增至5亿美元，年均增34.36%，2011年以后其位居俄罗斯油料对外出口第一大目的地；对埃及出口额从0.14亿美元增至3.02亿美元，年均增24.53%，位居2014年第2位；对乌兹别克斯坦出口额从0.01亿美元增至1.78亿美元，年均增长44.79%，是俄罗斯对外出口增速最快的国家。2000—2014年俄罗斯出口国家数量从38个增加为80个，出口模式呈现单一化向多元化的转变，但是对前五大出口目的地出口额之和占油料出口总额的比重大幅下降，从86.05%降到55.25%。

3. 印　度

印度油料贸易进口集中度较高，出口呈多元化趋势。就油料进口而言，2014年印度油料进口前五大来源国分别是印度尼西亚、马来西亚、阿根廷、乌克兰和巴西；历年来从排前五位的进口来源国的进口额之和始终占油料进口总额的94%左右（表4-38）。其中，2000—2014年自印度尼西亚进口额从3.77亿美元增至41亿美元，年均增18.59%，2005年以后成为印度油料第一大进口来源国；自马来西亚进口额从5.17亿美元增至25.66亿美元，年均增12.12%，位居2014年第2位；对阿根廷进口额从3.14亿美元增至15.62亿美元，年均增长11.96%。2000—2011年印度进口来源国家（地区）数量从43个增加到72个后有所回落，2014年为57个。就油料出口而言，印度主要出口国家包括中国、荷兰、美国、法国和日本（表4-39）。其中，2000—2014年对中国出口额从0.23亿美元增至2.79亿美元，年均增长19.51%，2010年以后越居印度出口额首位；对荷兰出口额从0.38亿美元增至1.21亿美元，年均增长8.62%，2014年位居第2位；对美国出口额从0.36亿美元增至0.98亿美元，年均增7.42%。2000—2014年印度出口国家（地区）数量从81个增加为138个，呈现小幅上涨趋势，但出口排前五位的出口目的地的出口额之和始终占油料出口总额的70%左右。

4. 中　国

油料进出口的市场分布呈现多元化发展态势。就油料进口而言，2014年中国油料进口来源国前五名分别是印度尼西亚、马来西亚、加拿大、阿根廷和巴西，2000—2014年从前五大进口来源国进口额之和始终占油料进口总额的80%左右（表4-38）。期间，对印度尼西亚进口额从1.91亿美元增至29.79亿美元，年均增21.68%；对马来西亚进口额从3.96亿美元增至26.73亿美元，年均增17.02%；对加拿大进口额从0.6亿美元增至5.97亿美元，年均增长17.83%。2000—2014年，中国进口来源国数量从41个增加为77个，进口模式由单一化转换为多元化。就油料出口而言，中国主要出口国家（地区）包括朝鲜、美国、中国香港、荷兰和日本（表4-39）。其中，2000—2014年对朝鲜出口额从0.02亿美元增至1.13亿美元，年均增33.4%，是2014年中国油料第一大出口目的地；

对美国出口额从 0.06 亿美元增至 0.94 亿美元，年均增长 21.72%，位居 2014 年第 2 位；对中国香港出口额从 0.07 亿美元增至 0.68 亿美元，位居 2014 年第 3 位。2000—2014 年，中国油料出口国家（地区）数量从 80 个增加为 140 个，呈现单一化向多元化的出口模式的转变，并且对前五大出口目的地出口额之和占油料出口总额的比重从 80.62%降到 53.33%。

5. 南　非

南非油料出口的市场分布主要集中在非洲国家和地区，进出口分布朝多元化趋势。就油料进口而言，2014 年南非油料进口来源国前 5 位分别是印度尼西亚、西班牙、马来西亚、罗马尼亚和荷兰（表 4-38）。其中 2000—2014 年自印度尼西亚进口额从 0.22 亿美元增至 3.26 亿美元，年均增长 21.24%，2012 年以后成为南非油料进口第一大来源国；对西班牙进口额从 0.02 亿美元增至 0.95 亿美元，年均增 31.75%；自马来西亚进口额从 0.51 亿美元增至 0.83 亿美元，年均增长 3.54%。2000—2014 年，南非油料进口来源国（地区）数量从 57 个增加为 77 个，呈现小幅增长趋势，并且从前五大进口来源国（地区）进口额之和始终占油料进口总额的 80%左右。就油料出口而言，南非主要出口国家包括津巴布韦、博兹瓦纳、赞比亚、纳米尼亚和莱索托（表 4-39）。其中，2000—2014 年对津巴布韦出口额从 0.05 亿美元增至 0.91 亿美元，年均增 23.03%，2005 年以后位居南非出口额首位；对博兹瓦纳出口额从 0.31 亿美元增至 0.37 亿美元，年均增长 1.27%，位居 2014 年第 2 位；对赞比亚出口额从 0.07 亿美元增至 0.35 亿美元，年均增长 12.18%，位居 2014 年第 3 位。2000—2014 年，南非出口国家（地区）数量从 62 个增加为 91 个，呈现小幅增长趋势，并且对前五大出口目的地出口额之和占油料出口总额的比重从 69.05%增长至 75.18%。

（四）果　蔬①

果蔬属于易腐易烂农产品，长距离运输较为困难，所以金砖各国果蔬，特别是鲜食果蔬呈现出明显的地缘性特点，进出口都以周边国家和地区为主。巴西果蔬进出口集中程度较高；俄罗斯果蔬进口种类多且分散，出口相对集中；印度果蔬进口品种相对集中，出口品种多且分散；中国果蔬贸易活跃，进出口以周边国家和地区为主；南非水果出口是其出口创汇的重要农产品，在南非农业中具有重要地位。

1. 蔬菜

巴西：巴西食用蔬菜进口的市场分布的集中度较高，出口的市场分布逐渐多元化。就食用蔬菜进口而言，2014 年巴西前五大进口来源国分别是阿根廷、中国、西班牙、加拿大和玻利维亚，历年来从前五大进口来源国的进口额之和始终占食用蔬菜进口总额的 88%左右（表 4-40）。其中，2000—2014 年对阿根廷进口额从 1.08 亿美元增至 2.25 亿美元，年均增 5.38%；自中国进口额从 0.1 亿美元增至 1.46 亿美元，年均增 21.11%；自西班牙进口额从 0.17 亿美元增至 0.21 亿美元，年均增 1.52%。2000—2014 年巴西进口来源国（地区）数量始终保持在 40 个左右，呈现稳定发展趋势。

①在联合国商品贸易数据库中没有综合的果蔬进出口的统计，所以该部分用 07 食用蔬菜、08 食用水果、坚果进行代替

表 4-40 2000—2014 年金砖国家蔬菜进口概况 单位：亿美元

	2000 年		2005 年		2010 年		2013 年		2014 年	
排名	国家	数量	国家	数量	国家	数量	国家	数量	国家	数量
巴西进口排名										
	世界	1.71	世界	1.97	世界	6.21	世界	7.98	世界	4.92
1	阿根廷	1.08	阿根廷	1.22	阿根廷	3.00	中国	3.82	阿根廷	2.25
2	西班牙	0.17	中国	0.40	中国	2.13	阿根廷	2.71	中国	1.46
3	中国	0.10	加拿大	0.07	玻利维亚	0.23	玻利维亚	0.28	西班牙	0.21
4	秘鲁	0.06	玻利维亚	0.04	加拿大	0.18	加拿大	0.24	加拿大	0.15
5	加拿大	0.06	智利	0.04	智利	0.15	荷兰	0.19	玻利维亚	0.14
俄罗斯进口排名										
	世界	3.13	世界	7.23	世界	22.24	世界	28.82	世界	29.59
1	荷兰	0.74	中国	1.19	土耳其	4.71	土耳其	5.72	土耳其	6.00
2	波兰	0.43	乌兹别克斯坦	1.11	荷兰	2.81	中国	3.87	中国	4.67
3	乌兹别克斯坦	0.31	波兰	0.89	中国	2.72	荷兰	2.74	以色列	2.77
4	哈萨克斯坦	0.28	哈萨克斯坦	0.68	波兰	1.81	波兰	2.50	荷兰	2.21
5	中国	0.20	土耳其	0.66	以色列	1.39	以色列	2.41	埃及	2.13
印度进口排名										
	世界	0.90	世界	5.94	世界	18.75	世界	23.05	世界	26.94
1	缅甸	0.27	缅甸	2.07	缅甸	6.64	加拿大	7.28	加拿大	10.05
2	澳大利亚	0.17	加拿大	1.65	加拿大	5.41	缅甸	6.11	缅甸	7.99
3	加拿大	0.16	巴基斯坦	0.67	澳大利亚	1.35	澳大利亚	3.58	澳大利亚	1.90
4	尼泊尔	0.10	坦桑尼亚	0.25	美国	1.30	美国	1.19	美国	1.70
5	新加坡	0.07	伊朗	0.23	坦桑尼亚	1.00	坦桑尼亚	1.11	坦桑尼亚	1.29
中国进口排名										
	世界	0.82	世界	5.24	世界	15.16	世界	25.49	世界	25.8
1	美国	0.17	泰国	3.42	泰国	9.66	泰国	14.48	泰国	17.18
2	加拿大	0.15	越南	0.51	越南	2.11	加拿大	4.10	越南	3.42
3	印度尼西亚	0.14	加拿大	0.46	加拿大	1.50	越南	3.42	加拿大	2.76
4	印度	0.10	印度尼西亚	0.30	缅甸	0.64	印度	1.96	印度	0.77
5	泰国	0.06	印度	0.19	美国	0.38	美国	0.48	美国	0.39

（续表）

	2000年		2005年		2010年		2013年		2014年	
南非进口排名										
	世界	0.29	世界	0.43	世界	1.21	世界	1.18	世界	1.29
1	中国	0.08	中国	0.23	中国	0.71	中国	0.42	中国	0.42
2	美国	0.04	加拿大	0.03	加拿大	0.12	肯尼亚	0.09	美国	0.11
3	新西兰	0.03	新西兰	0.03	印度	0.04	加拿大	0.07	比利时	0.10
4	加拿大	0.02	印度	0.02	纳米比亚	0.03	美国	0.06	加拿大	0.08
5	津巴布韦	0.02	澳大利亚	0.01	埃塞俄比亚	0.03	埃塞俄比亚	0.06	印度	0.06

就食用蔬菜出口而言，2000—2014年，巴西出口国家（地区）数量从29个增加为45个，出口模式呈现单一化向多元化的转变。巴西主要出口国家包括印度、埃及、乌拉圭、越南和委内瑞拉，但2000—2014年对前五大出口目的地出口额之和占食用蔬菜出口总额的比重呈下降趋势，从90.91%下降到70.49%（表4-41）。其中，2010—2014年对印度出口额迅速增长，从0.01亿美元增至0.19亿美元，年均增108.78%，位居2014年首位；2000—2014年对埃及出口额从9万美元增至0.08亿美元，年均增37.79%；2000—2014年对乌拉圭出口额从0.02亿美元增至0.07亿美元，年均增9.36%。

表4-41 2000—2014年金砖国家蔬菜出口概况 单位：亿美元

	2000年		2005年		2010年		2013年		2014年	
排名	国家	数量	国家	数量	国家	数量	国家	数量	国家	数量
巴西出口排名										
	世界	0.22	世界	0.16	世界	0.18	世界	0.37	世界	0.61
1	阿根廷	0.11	美国	0.03	美国	0.03	埃及	0.11	印度	0.19
2	日本	0.04	英国	0.03	阿根廷	0.02	印度	0.06	埃及	0.08
3	美国	0.02	日本	0.03	荷兰	0.02	乌拉圭	0.03	乌拉圭	0.07
4	乌拉圭	0.02	荷兰	0.01	英国	0.02	美国	0.03	越南	0.05
5	安哥拉	0.01	阿根廷	0.01	德国	0.02	英国	0.02	委内瑞拉	0.04
俄罗斯出口排名										
	世界	0.19	世界	0.54	世界	0.63	世界	2.49	世界	2.46
1	立陶宛	0.08	意大利	0.14	意大利	0.15	土耳其	0.88	土耳其	1.17
2	德国	0.02	立陶宛	0.10	土耳其	0.08	印度	0.38	意大利	0.22
3	日本	0.02	德国	0.05	西班牙	0.07	立陶宛	0.35	立陶宛	0.16
4	哈萨克斯坦	0.02	日本	0.03	阿塞拜疆	0.05	意大利	0.20	印度	0.15
5	法国	0.01	法国	0.03	奥地利	0.03	奥地利	0.09	奥地利	0.13

（续表）

	2000年		2005年		2010年		2013年		2014年	
印度出口排名										
	世界	2.52	世界	5.37	世界	9.62	世界	14.04	世界	11.28
1	斯里兰卡	0.42	孟加拉国	1.32	孟加拉国	2.00	马来西亚	1.51	巴基斯坦	1.97
2	孟加拉国	0.34	斯里兰卡	0.6	马来西亚	1.19	巴基斯坦	1.47	孟加拉国	1.03
3	埃及	0.29	马来西亚	0.43	阿联酋	1.06	孟加拉国	1.37	阿联酋	1.02
4	美国	0.28	阿联酋	0.41	斯里兰卡	0.75	阿联酋	1.33	斯里兰卡	0.68
5	马来西亚	0.20	美国	0.30	巴基斯坦	0.75	斯里兰卡	1.15	马来西亚	0.63
中国出口排名										
	世界	15.44	世界	30.52	世界	74.77	世界	78.71	世界	82.26
1	日本	8.50	日本	10.16	日本	11.91	日本	12.86	日本	13.03
2	韩国	0.88	韩国	2.16	印度尼西亚	6.15	越南	8.10	越南	12.59
3	香港	0.71	美国	2.11	韩国	5.47	香港	6.61	香港	8.48
4	美国	0.53	香港	1.58	越南	5.43	马来西亚	5.82	马来西亚	5.87
5	意大利	0.47	马来西亚	1.54	美国	5.21	泰国	5.58	泰国	4.89
南非出口排名										
	世界	0.23	世界	0.41	世界	1.74	世界	1.86	世界	1.89
1	安哥拉	0.05	安哥拉	0.16	纳米比亚	0.52	纳米比亚	0.34	安哥拉	0.34
2	莫桑比克	0.04	英国	0.06	博兹瓦纳	0.32	博兹瓦纳	0.33	博兹瓦纳	0.32
3	德国	0.02	荷兰	0.02	莫桑比克	0.19	安哥拉	0.31	纳米比亚	0.31
4	英国	0.02	德国	0.02	斯威士兰	0.16	莫桑比克	0.19	莫桑比克	0.23
5	毛里求斯	0.01	澳大利亚	0.02	莱索托	0.13	莱索托	0.17	莱索托	0.17

俄罗斯：俄罗斯俄罗斯食用蔬菜进出口的市场分布略有增加。就食用蔬菜进口而言，2000—2014年俄罗斯进口来源国（地区）数量从83个增加为100个，呈现小幅增长趋势。2014年俄罗斯食用蔬菜前五大进口来源国分别是土耳其、中国、以色列、荷兰和埃及，2000—2014年自前五大进口来源国的进口额之和始终占食用蔬菜进口总额的60%左右（表4-40）。期间，对土耳其进口额从0.07亿美元增至6亿美元，年均增长37.43%；对中国进口额从0.2亿美元增至4.67亿美元，年均增25.24%；对以色列进口额从35万美元增至2.77亿美元，年均增61.08%。就食用蔬菜出口而言，2000—2014年俄罗斯出口国家（地区）数量从40个增加为64个，呈现小幅增长趋势，并且对前五大出口目的地的出口额之和始终占食用蔬菜出口总额的70%左右。俄罗斯主要出口国家包括土耳其、意大利、立陶宛、印度和奥地利（表4-41）。其中，2010—2014年对土耳其出口额从53美元增至1.17亿美元，年均增285.46%，位居2014年首位；2000—2014年对意大利出

口额从 53 万美元增至 0.22 亿美元，年均增 30.49%；2000—2014 年对立陶宛出口额从 0.08 亿美元增至 0.16 亿美元，年均增长 5.08%。

印度：印度食用蔬菜进口的市场分布波动变化明显，出口的市场分布呈多元化发展。就食用蔬菜进口而言，2000—2012 年印度进口来源国（地区）数量从 47 个增加到 94 个，后开始有所回落，2014 年为 52 个。2000—2014 年自前五大进口来源国的进口额之和始终占食用蔬菜进口总额的 82%左右（表 4-40）。2014 年印度食用蔬菜前五大进口来源国分别是加拿大、缅甸、澳大利亚、美国和坦桑尼亚。2000—2014 年间，对加拿大进口额从 0.16 亿美元增至 10.05 亿美元，年均增 34.41%；对缅甸进口额从 0.27 亿美元增至 7.99 亿美元，年均增长 27.38%；对澳大利亚进口额从 0.17 亿美元增至 1.9 亿美元，年均增长 18.82%。就食用蔬菜出口而言，2000—2014 年印度出口国家（地区）数量从 103 个增加为 143 个，呈增长趋势。期间对前五大出口目的地出口额之和占食用蔬菜出口总额的比例从 60.71%下降到 47.25%（表 4-41）。印度主要出口国家包括巴勒斯坦、孟加拉国、阿联酋、斯里兰卡和马来西亚。2000—2014 年间，对巴勒斯坦出口额从 0.01 亿美元增至 1.97 亿美元，年均增 45.84%，位居 2014 年首位；对孟加拉国出口额从 0.34 亿美元增至 1.03 亿美元，年均增 8.24%，位居 2014 年第 2 位；对阿联酋出口额从 0.17 亿美元增至 1.02 亿美元，年均增长 13.65%，位居 2014 年第 3 位。

中国：中国蔬菜进口的市场分布较为稳定，出口的市场分布朝集中化发展。就食用蔬菜进口而言，2000—2014 年中国进口来源国（地区）数量始终保持在 50 个左右，呈现稳定发展趋势。2000—2014 年从前五大进口来源国（地区）的进口额之和占食用蔬菜进口总额的比例从 75.61%增长到 95.04%（表 4-40）。2014 年中国食用蔬菜进口来源国前 5 位分别是泰国、越南、加拿大、印度和美国，且期间，对泰国进口额从 0.06 亿美元增至 17.18 亿美元，年均增 49.79%；对越南进口额从 0.03 亿美元增至 3.42 亿美元，年均增 40.26%；对加拿大进口额从 0.15 亿美元增至 2.76 亿美元，年均增 23.12%。就食用蔬菜出口而言，2000—2014 年中国出口国家（地区）数量从 133 个减少为 72 个，呈现集中趋势。对前五大出口目的地的出口额之和占食用蔬菜出口总额的比例从 71.83%下降到 54.53%。中国主要出口国家包括日本、越南、中国香港、马来西亚和泰国（表 4-41）。其中，2000—2014 年对日本出口额从 8.5 亿美元增至 13.03 亿美元，年均增 3.10%，位居 2014 年首位；对越南出口额从 0.07 亿美元增至 12.59 亿美元，年均增长 44.90%，位居 2014 年笋 2 位；对中国香港出口额从 0.71 亿美元增至 8.48 亿美元，年均增长 19.38%，位居 2014 年第 3 位。

南非：南非食用蔬菜食用蔬菜进口的市场分布明显多元化，出口的市场分布较为稳定。就食用蔬菜进口而言，2000—2014 年南非进口来源国（地区）数量从 6 个增加到 70 个，进口呈多元化趋势，同时从前五大进口来源国（地区）的进口额之和占食用蔬菜进口总额的比例从 65.52%降低到 59.69%（表 4-40）。2014 年南非食用蔬菜前五大进口来源国分别是中国、美国、比利时、加拿大和印度。2000—2014 年间，对中国进口额从 0.08 亿美元增至 0.42 亿美元，年均增长 12.57%；对美国进口额从 0.04 亿美元增至 0.11 亿美元，年均增长 7.49%；对比利时进口额从 0.01 亿美元增至 0.1 亿美元，年均增长 17.88% 。就食用蔬菜出口而言，南非主要出口国家包括安哥拉、博兹瓦纳、纳米比亚、莫桑比克和莱索托（表 4-41）。2010—2014 年南非出口国家（地区）数量始终保持在 80

个左右，呈现稳定发展趋势，并且对前五大出口目的地的出口额之和始终占食用蔬菜出口总额的70%左右。其中，2000—2014 年对安哥拉出口额从 0.05 亿美元增至 0.34 亿美元，年均增长 14.67%，位居 2014 年首位；对博兹瓦纳出口额保持在 0.32 亿美元，位居 2014 年第 2 位；对纳米比亚出口额从 0.52 亿美元降至 0.31 亿美元，位居 2014 年第 3 位。

2. 水果

巴西：巴西食用水果进口的市场分布较为稳定，出口的市场分布更加分散。就进口而言，巴西进口来源国（地区）数量在2000—2014 年间始终保持在45 个左右，并且位居前五位的进口来源国（地区）的进口额之和始终占食用水果进口总额的 80%左右（表 4-42）。2014 年巴西食用水果进口来源国前 5 名分别是阿根廷、智利、西班牙、葡萄牙和土耳其。2000—2014 年间对阿根廷进口额从 0.76 亿美元增至 2.69 亿美元，年均增 9.45%；对智利进口额 0.49 亿美元增至 2.15 亿美元，年均增长 11.14%；对西班牙进口额从 0.08 亿美元增至 0.8 亿美元，年均增长 17.88%。

表 4-42　2000—2014 年金砖国家水果进口概况　　单位：亿美元

	2000 年		2005 年		2010 年		2013 年		2014 年	
排名	国家	数量	国家	数量	国家	数量	国家	数量	国家	数量
					巴西进口排名					
	世界	1.90	世界	2.19	世界	5.63	世界	7.90	世界	8.68
1	阿根廷	0.76	阿根廷	1.07	阿根廷	2.48	阿根廷	2.99	阿根廷	2.69
2	智利	0.49	智利	0.42	智利	1.32	智利	2.05	智利	2.15
3	土耳其	0.11	土耳其	0.21	西班牙	0.39	西班牙	0.71	西班牙	0.80
4	美国	0.09	西班牙	0.12	葡萄牙	0.34	土耳其	0.38	葡萄牙	0.58
5	意大利	0.08	美国	0.09	土耳其	0.34	葡萄牙	0.38	土耳其	0.53
					俄罗斯进口排名					
	世界	6.45	世界	21.35	世界	54.71	世界	64.02	世界	54.80
1	厄瓜多尔	1.54	厄瓜多尔	4.14	土耳其	8.26	厄瓜多尔	9.53	厄瓜多尔	9.32
2	乌兹别克斯坦	0.83	土耳其	2.12	厄瓜多尔	6.51	土耳其	9.11	土耳其	8.29
3	摩洛哥	0.46	乌兹别克斯坦	2.06	乌兹别克斯坦	2.89	波兰	4.97	中国	2.99
4	哈萨克斯斯坦	0.44	阿根廷	1.56	波兰	2.72	莱索托	3.76	波兰	2.82
5	阿塞拜疆	0.35	中国	1.38	中国	2.58	中国	3.08	莱索托	2.61
					印度进口排名					
	世界	4.35	世界	7.88	世界	13.16	世界	21.62	世界	25.66
1	坦桑尼亚	0.74	美国	1.47	美国	2.89	美国	4.96	美国	5.66
2	几内亚比绍	0.60	科特迪瓦	1.14	科特迪瓦	1.65	科特迪瓦	2.00	科特迪瓦	3.49
3	美国	0.60	几内亚比绍	0.92	坦桑尼亚	1.22	坦桑尼亚	1.52	几内亚比绍	1.60
4	科特迪瓦	0.42	印度尼西亚	0.87	阿富汗	0.87	阿富汗	1.43	阿富汗	1.53
5	伊朗	0.32	伊朗	0.54	贝宁	0.79	几内亚比绍	1.36	贝宁	1.41

（续表）

	2000年		2005年		2010年		2013年		2014年	
					中国进口排名					
	世界	0.82	世界	5.24	世界	15.16	世界	25.49	世界	25.80
1	美国	0.17	泰国	3.42	泰国	9.66	泰国	14.48	泰国	17.18
2	加拿大	0.15	越南	0.51	越南	2.11	加拿大	4.10	越南	3.42
3	印度尼西亚	0.14	加拿大	0.46	加拿大	1.50	越南	3.42	加拿大	2.76
4	印度	0.10	印度尼西亚	0.30	缅甸	0.64	印度	1.96	印度	0.77
5	泰国	0.06	印度	0.19	美国	0.38	美国	0.48	美国	0.39
					南非进口排名					
	世界	0.25	世界	0.55	世界	0.82	世界	1.17	世界	1.32
1	美国	0.03	土耳其	0.08	莫桑比克	0.10	莫桑比克	0.24	莫桑比克	0.25
2	土耳其	0.03	美国	0.08	西班牙	0.10	美国	0.15	美国	0.24
3	巴西	0.02	巴西	0.05	美国	0.09	西班牙	0.12	西班牙	0.15
4	意大利	0.02	西班牙	0.05	越南	0.07	越南	0.08	越南	0.12
5	印度	0.01	越南	0.02	土耳其	0.06	斯威士兰	0.06	菲律宾	0.05

就食用水果出口而言，巴西水果的出口国家（地区）数量在2000—2014年间从54个增加为77个，由单一化出口模式转换为多元化的出口模式；位居前五位的水果出口目的地的出口额之和始终占食用水果出口总额的77%左右（表4-43）。巴西水果主要出口国家包括荷兰、英国、美国、西班牙和加拿大。其中，2010—2014年对荷兰出口额从2000年的0.71亿美元增至2014年的2.85亿美元，年均增长10.44%，2014年位居首位；对英国的出口额从0.33亿美元增至1.37亿美元，年均增长10.70%，位居2014年第2位；对美国出口额从1.62亿美元降至0.81亿美元，位居2014年第3位，西班牙和加拿大紧随其后。

表4-43 2000—2014年金砖国家水果出口概况 单位：亿美元

	2000年		2005年		2010年		2013年		2014年	
排名	国家	数量	国家	数量	国家	数量	国家	数量	国家	数量
					巴西出口排名					
	世界	3.70	世界	6.81	世界	8.67	世界	8.37	世界	7.91
1	美国	1.62	荷兰	2.00	荷兰	2.46	荷兰	3.06	荷兰	2.85
2	荷兰	0.71	美国	1.82	美国	2.01	英国	1.36	英国	1.37
3	英国	0.33	英国	0.96	英国	1.22	美国	1.05	美国	0.81
4	阿根廷	0.20	西班牙	0.32	西班牙	0.63	西班牙	0.72	西班牙	0.73
5	加拿大	0.17	意大利	0.21	葡萄牙	0.29	德国	0.31	加拿大	0.25

（续表）

	2000年		2005年		2010年		2013年		2014年	
俄罗斯出口排名										
	世界	0.37	世界	0.66	世界	0.22	世界	0.83	世界	0.87
1	中国	0.13	中国	0.18	瑞典	0.05	白俄罗斯	0.32	白俄罗斯	0.28
2	瑞典	0.11	哈萨克斯斯坦	0.13	中国	0.04	哈萨克斯斯坦	0.10	中国	0.15
3	哈萨克斯斯坦	0.03	芬兰	0.08	Italy	0.02	中国	0.09	哈萨克斯斯坦	0.12
4	芬兰	0.03	瑞典	0.07	芬兰	0.02	瑞典	0.05	立陶宛	0.09
5	立陶宛	0.01	立陶宛	0.05	立陶宛	0.02	德国	0.05	德国	0.05
印度出口排名										
	世界	6.06	世界	8.68	世界	10.89	世界	16.76	世界	16.33
1	美国	2.10	美国	2.55	阿联酋	1.93	阿联酋	3.00	阿联酋	3.03
2	荷兰	1.02	荷兰	1.24	美国	1.70	美国	2.86	美国	2.33
3	英国	0.47	阿联酋	0.82	荷兰	1.36	荷兰	1.80	荷兰	1.77
4	阿联酋	0.44	英国	0.59	沙特阿拉伯	0.95	沙特阿拉伯	1.36	沙特阿拉伯	1.31
5	沙特阿拉伯	0.30	沙特阿拉伯	0.45	英国	0.57	英国	0.74	英国	0.75
中国出口排名										
	世界	4.17	世界	10.67	世界	26.79	世界	41.72	世界	43.18
1	日本	1.31	日本	1.57	印度尼西亚	3.35	泰国	5.87	泰国	6.44
2	马来西亚	0.32	俄罗斯	0.93	越南	2.60	越南	4.81	越南	5.54
3	香港	0.31	越南	0.76	俄罗斯	2.51	马来西亚	4.50	印度尼西亚	3.66
4	菲律宾	0.28	印度尼西亚	0.76	泰国	2.22	印度尼西亚	3.15	俄罗斯	3.24
5	新加坡	0.24	马来西亚	0.75	马来西亚	2.19	俄罗斯	3.15	马来西亚	3.19
南非出口排名										
	世界	5.73	世界	12.46	世界	21.96	世界	26.40	世界	28.23
1	英国	1.23	英国	2.75	荷兰	5.06	荷兰	6.10	荷兰	6.14
2	荷兰	1.07	荷兰	2.65	英国	3.24	英国	4.14	英国	4.24
3	比利时	0.96	比利时	0.99	俄罗斯	1.44	阿联酋	1.58	香港	2.23
4	法国	0.31	日本	0.63	阿联酋	1.26	俄罗斯	1.54	阿联酋	1.89
5	沙特阿拉伯	0.31	美国	0.56	香港	0.97	香港	1.34	俄罗斯	1.38

俄罗斯：俄罗斯食用水果进口的市场分布较为分散，出口的市场分布较为集中。就进口而言，俄罗斯进口来源国（地区）数量从102个增加为116个，并且从前五大进口来

源国（地区）的进口额之和始终占食用水果进口总额的50%左右（表4-42）。2014年俄罗斯食用水果进口来源国前5名分别是厄瓜多尔、土耳其、中国、波兰和莱索托。2000—2014年间，对厄瓜多尔进口额从1.54亿美元增至9.32亿美元，年均增长13.72%；对土耳其进口额从0.32亿美元增至8.29亿美元，年均增长26.17%；对中国进口额从0.26亿美元增至2.99亿美元，年均增长19.06%。就食用水果出口而言，俄罗斯出口国家（地区）数量在2000—2014年间始终保持在40个左右，并且对前五大出口目的地的出口额之和始终占食用水果出口总额的75%左右（表4-43）。水果的主要出口国家包括白俄罗斯、中国、哈萨克斯坦、立陶宛和德国。其中，2012—2014年对白俄罗斯出口额保持在0.3亿美元左右，位居首位；2000—2014年对中国出口额从0.13亿美元略增至0.15亿美元；2000—2014年对哈萨克斯坦出口额从0.03亿美元增至0.12亿美元，年均增10.41%。

印度：印度食用水果进口的市场分布年际波动变化较大，出口的市场分布范围更加广泛。就进口而言，2000—2012年印度进口来源国（地区）数量从94个增加为159个后有所回落，2014年为69个。2000—2014年从前五大进口来源国的进口额之和始终占食用水果进口总额的55%左右（表4-42）。2014年印度食用水果排名前五的进口来源国分别是美国、科特迪瓦、几内亚比绍、阿富汗和贝宁。期间，对美国进口额在2000—2014年间从0.6亿美元增至5.66亿美元，年均增17.39%；对科特迪瓦进口额从0.42亿美元增至3.49亿美元，年均增16.09%；对几内亚比绍进口额从0.6亿美元增至1.6亿美元，年均增长7.26%。就食用水果出口而言，2000—2014年印度出口国家（地区）数量从95个增加为146个，出口模式呈现单一化向为多元化的转变，并且从对前五大出口目的地出口额之和占食用水果出口总额的比例从71.45%下降到56.28%（表4-43）。印度主要出口国家包括阿联酋、美国、荷兰、沙特阿拉伯和英国，2000—2014年间对阿联酋出口额从0.44亿美元增至3.03亿美元，年均增长14.78%，位居2014年首位；对美国出口额从2.1亿美元略增至2.33亿美元，位居2014年第2位；对荷兰出口额从1.02亿美元增至1.77亿美元，年均增长4.02%，位居2014年第3位，沙特阿拉伯和英国紧随其后。

中国：中国食用水果进口的市场分布呈现波动增长的趋势，出口的市场分布越来越广泛。就食用水果进口而言，2000—2010年中国水果进口来源国（地区）从53个增加为88个，2014年回落至77个；2000—2014年间位居前五位的进口来源国（地区）的水果进口额之和始终占食用水果进口总额的75%左右（表4-42）。2015年中国食用水果进口来源国排名前五的分别是泰国、智利、越南、菲律宾和美国。2000—2014年间对泰国进口额从0.49亿美元增至11.05亿美元，年均增长24.93%；对智利进口额从0.16亿美元增至7.88亿美元，年均增长32.09%；对越南进口额从0.12亿美元增至7.63亿美元，年均增长34.53%。就食用水果出口而言，2000—2014年出口国家（地区）从74个增加为127个，对前五大出口目的地的出口额之和占食用水果出口总额的比例从58.99%下降到51.11%（表4-43）。中国主要出口国家包括泰国、越南、印度尼西亚、俄罗斯和马来西亚。2000—2014年间对泰国出口额从0.08亿美元增至6.44亿美元，年均增长36.81%，位居2014年首位；对越南出口额从0.15亿美元增至5.54亿美元，年均增长29.41%，位居2014年第2位；对印度尼西亚出口额从0.22亿美元增至3.66亿美元，年均增长22.24%，位居2014年第3位，俄罗斯和马来西亚紧随其后。

南非：南非食用水果进出口的市场分布均有所扩大。南非食用水果、坚果产业是南非的重要创汇农产品，出口到世界多个国家和地区。就食用水果进口而言，2000—2014 年进口来源国（地区）从 62 个增加为 85 个，从位居前五位的进口来源国的进口额之和占食用水果进口总额的比例有所增长，从 44. 00%增长到 61. 36%。2014 年南非食用水果进口来源国前五名分别是莫桑比克、美国、西班牙、越南和菲律宾，2000—2014 年间，对莫桑比克进口额从 0. 01 亿美元增至 0. 25 亿美元，年均增长 25. 85%；对美国进口额从 0. 03 亿美元增至 0. 24 亿美元，年均增长 16. 01%；对西班牙进口额从 30 万美元增至 0. 15 亿美元，年均增长 32. 24%（表 4-42）。就食用水果出口而言，2000—2014 年出口国家（地区）从 102 个增加为 135 个，对前五大出口目的地的出口额之和占食用水果出口总额的比例从 67. 71%下降到 56. 25%（表 4-43）。南非主要出口目的地包括荷兰、英国、中国香港、阿联酋和俄罗斯，2000—2014 年间对荷兰出口额从 1. 07 亿美元增至 6. 14 亿美元，年均增 13. 29%；对英国出口额从 1. 23 亿美元增至 4. 24 亿美元，年均增长 9. 24%；对中国香港出口额从 0. 16 亿美元增至 2. 23 亿美元，年均增 20. 71%。

（五）肉 类

受生产和消费习惯的影响，金砖各国肉类贸易的市场分布各具特色。巴西肉类进口来源地较为集中，仅从 11 个国家和地区进口肉类产品；俄罗斯进出口贸易的市场集中度较高，出口的市场分布扩展明显；印度肉类进口的市场分布集中，出口的市场分布近年来呈倒“U”形走势；中国肉类进出口的市场分布均更加集中，进口地的占比相对分散；南非肉类进出品的市场分布较为稳定，其中出口的市场分布集中在非洲国家和地区。

1. 巴 西

巴西肉类进口的市场集中度较高，出口的市场分布越加广泛。就肉类进口而言，2000—2014 年进口来源国（地区）始终保持在 11 个左右，且从位居前五位的进口来源国的进口额之和始终占肉类进口总额的 98%左右（表 4-44）。2014 年巴西肉类进口前五大来源国分别是巴拉圭、乌拉圭、阿根廷、澳大利亚和意大利。2000—2014 年间对巴拉圭进口额从 0. 28 亿美元增至 1. 97 亿美元，年均增 14. 95%；对乌拉圭进口额从 0. 51 亿美元增至 1. 36 亿美元，年均增 7. 26%；对阿根廷进口额从 0. 43 亿美元增至 0. 91 亿美元，年均增 5. 50%。

表 4-44 2000—2014 年金砖国家肉类进口概况 单位：亿美元

	2000 年		2005 年		2010 年		2013 年		2014 年	
排名	国家	数量	国家	数量	国家	数量	国家	数量	国家	数量
巴西进口排名										
	世界	1. 27	世界	0. 98	世界	2. 10	世界	3. 49	世界	4. 77
1	乌拉圭	0. 51	阿根廷	0. 35	乌拉圭	0. 88	乌拉圭	1. 18	巴拉圭	1. 97
2	阿根廷	0. 43	巴拉圭	0. 31	阿根廷	0. 80	巴拉圭	1. 08	乌拉圭	1. 36
3	巴拉圭	0. 28	乌拉圭	0. 30	巴拉圭	0. 34	阿根廷	0. 81	阿根廷	0. 91
4	美国	0. 02	西班牙	0. 01	意大利	0. 03	澳大利亚	0. 25	澳大利亚	0. 32
5	意大利	0. 01	意大利	0. 00	澳大利亚	0. 02	意大利	0. 07	意大利	0. 08

（续表）

	2000年		2005年		2010年		2013年		2014年	
					俄罗斯进口排名					
	世界	10.15	世界	30.20	世界	58.31	世界	67.48	世界	55.28
1	美国	3.36	巴西	11.94	巴西	19.56	巴西	19.52	巴西	24.18
2	乌克兰	1.96	美国	5.53	德国	7.35	巴拉圭	6.53	白俄罗斯	6.96
3	德国	0.91	阿根廷	2.69	美国	6.59	白俄罗斯	5.31	巴拉圭	6.03
4	法国	0.71	德国	2.27	丹麦	3.23	丹麦	4.41	加拿大	3.38
5	丹麦	0.57	乌克兰	1.52	乌拉圭	2.81	德国	4.29	阿根廷	2.64
					印度进口排名					
	世界	7	世界	52	世界	114	世界	207	世界	296
1	荷兰	4	意大利	15	荷兰	51	澳大利亚	75	比利时	71
2	新加坡	1	德国	11	意大利	21	荷兰	34	澳大利亚	70
3	新西兰	0	泰国	4	西班牙	20	比利时	33	新西兰	65
4	泰国	0	爱尔兰	4	比利时	8	意大利	31	意大利	34
5	尼泊尔	0	英国	4	新西兰	6	德国	15	荷兰	29
					中国进口排名					
	世界	6.37	世界	5.87	世界	22.25	世界	59.30	世界	58.44
1	美国	4.19	美国	2.47	巴西	5.61	美国	11.77	澳大利亚	10.6
2	加拿大	0.35	巴西	1.33	美国	4.05	澳大利亚	11.32	美国	9.84
3	荷兰	0.35	加拿大	0.47	丹麦	3.58	新西兰	7.17	新西兰	9.08
4	丹麦	0.24	丹麦	0.42	阿根廷	2.29	巴西	4.90	巴西	5.50
5	英国	0.21	新西兰	0.38	加拿大	2.24	丹麦	4.14	乌拉圭	3.78
					南非进口排名					
	世界	0.96	世界	2.67	世界	4.93	世界	6.39	世界	5.64
1	澳大利亚	0.25	巴西	1.61	巴西	1.79	巴西	1.60	巴西	1.18
2	中国	0.10	澳大利亚	0.28	纳米比亚	1.12	荷兰	0.91	荷兰	0.89
3	美国	0.10	阿根廷	0.19	加拿大	0.32	纳米比亚	0.80	纳米比亚	0.58
4	巴西	0.10	加拿大	0.17	澳大利亚	0.31	德国	0.59	英国	0.58
5	法国	0.08	新西兰	0.11	德国	0.27	英国	0.58	德国	0.56

肉类出口国家（地区）的市场公布数量从2000年的94个增加为2014年的153个，更加多元化；并且位居前五位的出口目的地的出口额之和始终占肉类出口总额的50%左右（表4-45）。巴西主要出口国家（地区）包括俄罗斯、中国香港、委内瑞拉、沙特阿拉伯和日本．其中2000—2014年间对俄罗斯出口额从0.43亿美元增至24.33亿美元，年均增33.41%，位居2014年首位；对中国香港出口额从1.63亿美元增至22.3亿美元，年均增20.55%，位居2014年第2位；对委内瑞拉出口额从1.25亿美元增至13.52亿美元，

年均增 18.54%，位居 2014 年第 3 位，沙特阿拉伯和日本紧随其后。

表 4-45　2000—2014 年金砖国家肉类出口概况　　单位：亿美元

	2000 年		2005 年		2010 年		2013 年		2014 年	
排名	国家	数量	国家	数量	国家	数量	国家	数量	国家	数量
巴西出口排名										
	世界	16.06	世界	71.79	世界	118.78	世界	147.86	世界	154.17
1	沙特阿拉伯	1.75	俄罗斯	16.56	俄罗斯	19.36	香港	20.22	俄罗斯	24.33
2	荷兰	1.74	日本	6.97	香港	10.66	俄罗斯	17.64	香港	22.30
3	香港	1.63	沙特阿拉伯	5.01	沙特阿拉伯	10.4	沙特阿拉伯	14.07	委内瑞拉	13.52
4	德国	1.24	荷兰	4.63	日本	9.12	委内瑞拉	12.21	沙特阿拉伯	12.18
5	日本	1.22	香港	2.99	伊朗	8.79	日本	9.77	日本	10.95
俄罗斯出口排名										
	世界	0.04	世界	0.05	世界	0.27	世界	0.86	世界	1.05
1	哈萨克斯斯坦	0.02	德国	0.03	德国	0.11	哈萨克斯斯坦	0.51	哈萨克斯斯坦	0.41
2	瑞典	0.01	瑞典	0.01	香港	0.06	香港	0.17	香港	0.32
3	土库曼斯坦	0.00	乌克兰	0.01	越南	0.05	白俄罗斯	0.07	白俄罗斯	0.17
4	阿塞拜疆	0.00	格鲁吉亚	0.00	格鲁吉亚	0.02	格鲁吉亚	0.03	格鲁吉亚	0.03
5	中国	0.00	哈萨克斯斯坦	0.00	芬兰	0.01	芬兰	0.02	越南	0.02
印度出口排名										
	世界	2.69	世界	5.81	世界	17.75	世界	47.71	世界	50.76
1	马来西亚	0.72	马来西亚	1.12	越南	2.47	越南	19.20	越南	23.13
2	阿联酋	0.51	沙特阿拉伯	0.61	埃及	2.11	马来西亚	4.32	埃及	4.75
3	菲律宾	0.41	菲律宾	0.58	马来西亚	2.06	泰国	3.42	马来西亚	4.03
4	埃及	0.32	阿联酋	0.52	沙特阿拉伯	1.58	埃及	3.15	泰国	3.13
5	约旦	0.12	安哥拉	0.47	菲律宾	1.1	沙特阿拉伯	2.92	沙特阿拉伯	2.92
中国出口排名										
	世界	7.53	世界	7.43	世界	9.95	世界	9.89	世界	11.82
1	日本	4.32	香港	3.20	香港	6.46	香港	6.80	香港	7.56
2	香港	1.23	朝鲜	1.04	吉尔吉斯斯坦	0.74	吉尔吉斯斯坦	0.79	吉尔吉斯斯坦	1.22
3	荷兰	0.38	俄罗斯	0.72	马来西亚	0.60	马来西亚	0.59	马来西亚	0.76
4	沙特阿拉伯	0.23	摩尔多瓦	0.32	约旦	0.39	澳门	0.40	澳门	0.45
5	新加坡	0.22	约旦	0.3	澳门	0.27	巴林	0.18	俄罗斯	0.27

（续表）

	2000年		2005年		2010年		2013年		2014年	
南非出口排名										
	世界	0.43	世界	0.34	世界	2.78	世界	1.84	世界	2.55
1	莫桑比亚	0.06	瑞士	0.06	纳米比亚	0.65	莱索托	0.44	莫桑比亚	0.52
2	荷兰	0.06	比利时	0.06	莱索托	0.47	莫桑比亚	0.34	莱索托	0.47
3	瑞士	0.05	安哥拉	0.03	莫桑比亚	0.23	纳米比亚	0.27	纳米比亚	0.29
4	德国	0.04	Bunkers	0.03	津巴布韦	0.21	斯威士兰	0.16	斯威士兰	0.18
5	比利时	0.04	莫桑比亚	0.03	德国	0.19	博兹瓦纳	0.13	科威特	0.16

2. 俄罗斯

俄罗斯是肉类净进口国，进出口贸易的市场集中度较高，出口的市场分布扩展明显。就肉类进口而言，俄罗斯进口来源国（地区）数量在2000—2014年间始终保持在40个左右，并且位居前五位的进口来源国（地区）的进口额之和始终占肉类进口总额的68%左右（表4-44）。2014年俄罗斯肉类进口来源国前5位分别是巴西、白俄罗斯、巴拉圭、加拿大和阿根廷。在2000—2014年间，自巴西进口额从0.22亿美元增至24.18亿美元，年均增39.89%；2012—2014年对白俄罗斯进口额从3.17亿美元增至6.96亿美元，年均增48.18%；2005—2014年对巴拉圭进口额从0.71亿美元增至6.03亿美元，年均增26.83%。就肉类出口的市场分布看，2000—2014年出口国家（地区）数量从16个国家增加为31个国家，肉类出口贸易不断扩张；位居前五位的肉类对前五大出口目的地的出口额之和始终占肉类出口总额的95%左右（表4-45）。俄罗斯肉类的主要出口目的地为哈萨克斯坦、中国香港、白俄罗斯、格鲁吉亚和越南。其中，2000—2014年对哈萨克斯坦出口额从0.02亿美元增至0.41亿美元，年均增24.08%，位居2014年首位；2010—2014年对中国香港出口额从0.06亿美元增至0.32亿美元，年均增51.97%，位居2014年第2位；2012—2014年对白俄罗斯出口额从0.02亿美元增至0.17亿美元，年均增191.55%，居2014年第3位，格鲁吉亚和越南紧随其后。

3. 印　度

印度肉类进口的市场分布非常集中，出口市场分布近年来呈倒U型走势。就肉类进口的市场分布看，2000—2014年进口来源国（地区）数量始终保持在15个左右，并且从五大进口来源国（地区）的进口额之和始终占肉类进口总额的85%左右（表4-44）。2014年印度肉类进口前五大来源国分别是比利时、澳大利亚、新西兰、意大利和荷兰。其中，2010—2014年比利时进口额从8万美元增至0.01亿美元，年均增88.03%；2005—2014年对白俄罗斯进口额从3万美元增至0.01亿美元，年均增47.64%；2000—2014年对巴拉圭进口额从1 413美元增至0.01亿美元，年均增59.79%。就肉类出口的市场分布看，呈倒“U”形走势。2000—2005年印度肉来出口国家（地区）数量从62个家增加为90个，2014年回落至68个；印度主要出口国家（地区）包括越南、埃及、马来西亚、泰国和沙特阿拉伯，2000—2014年，位居前五位的出口目的地的出口额之和始终占肉类出口总额的60%左右

（表 4-45）。具体来看，2005—2014 年对越南出口额从 0.17 亿美元增至 23.13 亿美元，年均增 72.62%；2000—2014 年对埃及（马来西亚）出口额从 0.32 亿美元（0.72 亿美元）增至 4.75 亿美元（4.03 亿美元），年均增 21.25%（13.09%）。

4. 中　国

中国肉类进出口的市场分布均更加集中，进口地的占比相对分散。从肉类进口的市场分布看，2000—2014 中国肉类进口的国家（地区）分布数量从 42 个减少为 22 个，进口来源地更加集中；但是，来自五大进口来源国的进口额之和占肉类进口总额的比例从 83.83%降至 66.39%（表 4-44）。2014 年中国肉类进口前五大来源国分别是澳大利亚、美国、新西兰、巴西和乌拉圭。2000—2014 年间自澳大利亚进口额从 0.18 亿美元增至 10.6 亿美元，年均增长 33.79%；对美国进口额从 4.19 亿美元增至 9.84 亿美元，年均增 6.29%；对新西兰进口额从 0.19 亿美元增至 9.08 亿美元，年均增长 31.81%。从肉类出口的市场分布看，2000—2014 年出口国家（地区）数量从 80 个减少为 50 个，出口地亦更加集中，对五大出口目的地的出口额之和始终占肉类出口总额的 85%左右（表 4-45）。中国主要出口目的地包括中国香港、吉尔吉斯斯坦、马拉西亚、澳门和俄罗斯。其中，2000—2014 年对中国香港出口额从 1.23 亿美元增至 7.56 亿美元，年均增长 13.85%；2005—2014 年对吉尔吉斯斯坦出口额从 0.01 亿美元增至 1.22 亿美元，年均增长 70.54%；2000—2014 年对马来西亚出口额从 0.11 亿美元增至 0.76 亿美元，年均增长 14.80%。

5. 南　非

南非肉类进出品的市场分布较为稳定，其中出口的市场分布集中在非洲国家和地区。从肉类进口的市场分布看，2000—2014 年进口来源国（地区）始终保持在 35 个左右，并且从前五大进口来源国（地区）的进口额之和始终占肉类进口总额的 70%左右（表 4-44）。2014 年南非肉类进口前五大来源国分别是巴西、荷兰、纳米比亚、英国和德国，期间，自巴西进口额从 0.1 亿美元增至 1.18 亿美元，年均增 19.28%；对荷兰进口额从 8 万美元增至 0.89 亿美元，年均增长 65.04%；对纳米比亚进口额从 7 万美元增至 0.58 亿美元，年均增长 61.60%。从肉类出口的市场分布看，2000—2014 年出口国家（地区）数量始终保持在 70 个左右，并且对五大出口目的地的出口额之和始终占肉类出口总额的 70%左右。南非主要出口国家包括莫桑比亚、莱索托、纳米比亚、斯威士兰和科威特。其中，2000—2014 年对莫桑比亚出口额从 0.06 亿美元增至 0.52 亿美元，年均增 16.68%；2010—2014 年对莱索托出口额始终保持在 0.4 亿美元；2010—2014 年对纳米比亚出口额从 0.65 亿美元降至 0.29 亿美元（表 4-45）。

（六）禽　蛋①

金砖各国禽蛋贸易以带壳新鲜、腌制或熟的禽蛋为主，受其易碎以及不便于长途运输等因素影响，禽蛋贸易表现出明显的地缘性和较高的集中度。巴西禽蛋进口主要来自美国、加拿大等美洲国家；俄罗斯禽蛋主要出口至亚洲和欧洲的周边国家；印度禽蛋进口的

①根据联合国商品贸易数据库中的 0407 带壳新鲜、腌制或熟禽蛋进行研究，且没有分品种，只有禽蛋一类统计

市场分布小且来源地集中，出口的市场分布相对较广且分散；中国禽蛋主要出口到中国香港、中国澳门和日本等周边国家和地区；南非禽蛋进口的市场分布集中且相对稳定，出口市场分布相对分散。

1. 巴　西

巴西禽蛋进出口的市场分布稳定，进口的市场分布集中。从带壳新鲜、腌制或熟禽蛋进口的市场分布看，2000—2014 年进口来源国（地区）数量始终保持在 6 个左右（表 4-46）。主要进口来源国为美国、法国和加拿大。其中 2000—2014 年从美国进口额由 189 万美元增至 1387 万美元，年均增长 15.30%，是第一大进口来源地；法国从 0.28 万美元增至 261.76 万美元，年均增幅 63.00%；加拿大则从 193 万美元降至 113 万美元。

表 4-46　2000—2014 年金砖国家禽蛋进口概况

	2000 年		2005 年		2010 年		2013 年		2014 年	
排名	国家	数量	国家	数量	国家	数量	国家	数量	国家	数量
巴西进口排名（万美元）										
	世界	473	世界	1 634	世界	2 059	世界	2 001	世界	1 921
1	加拿大	193	美国	1 041	美国	1 640	美国	1 614	美国	1 387
2	美国	189	荷兰	295	法国	355	法国	194	法国	262
3	英国	87	英国	89	英国	33	荷兰	90	加拿大	113
俄罗斯进口排名（亿美元）										
	世界	0.02	世界	0.29	世界	1.01	世界	2.29	世界	3.08
1	荷兰	0.01	荷兰	0.12	荷兰	0.47	荷兰	0.59	荷兰	0.85
2	匈牙利	0.00	德国	0.06	德国	0.17	白俄罗斯	0.42	白俄罗斯	0.53
3	乌兹别克斯坦	0.00	匈牙利	0.06	美国	0.10	德国	0.34	德国	0.41
印度进口排名（万美元）										
	世界	5	世界	126	世界	61	世界	79	世界	109
1	荷兰	5	德国	72	美国	39	德国	40	德国	77
2			英国	53	德国	20	美国	39	美国	33
3			日本	0	泰国	2				
中国进口排名（万美元）										
	世界	42	世界	1	世界	114	世界	55	世界	77
1	越南	37	美国	1	匈牙利	82	美国	53	美国	74
2	美国	4	其他亚洲	0	美国	26	法国	2	法国	2
3	其他亚洲	1			法国	5	其他亚洲	1	其他亚洲	1
南非进口排名（美元）										
	世界	20 727	世界	878 220	世界	71 772	世界	120 849	世界	103 158
1	德国	14 925	津巴布韦	857 034	纳米比亚	61 132	莱索托	113 647	莱索托	98 015
2	其他亚洲	3 735	德国	21 181	德国	6 547	德国	5 091	德国	4 892
3	香港	1 794	中国	5	中国	2 407	南非	1 768	其他亚洲	127

从带壳新鲜、腌制或熟禽蛋出口的市场分布看，2000—2014 年出口国家（地区）数量始终保持在 25 个左右（表 4-47）。主要出口国家为委瑞内拉、阿联酋和巴拉圭，前三大出口国占到总出口额的比重由 87.5%降至 70.11%。其中，对委瑞瑞拉出口额从 2000 年 0.03 亿美元增至 2014 年的 0.33 亿美元，年均增 18.68%；对阿联酋出口额从 0.17 亿美元略增至 0.19 亿美元；对巴拉圭出口额从 32 万美元增至 0.09 亿美元，年均增长 26.91%。

表 4-47　2000—2014 年金砖国家禽蛋出口概况

	2000 年		2005 年		2010 年		2013 年		2014 年	
排名	国家	数量	国家	数量	国家	数量	国家	数量	国家	数量
巴西出口排名（亿美元）										
	世界	0.08	世界	0.19	世界	1.04	世界	0.61	世界	0.87
1	阿根廷	0.03	安哥拉	0.04	委内瑞拉	0.53	委内瑞拉	0.19	委内瑞拉	0.33
2	委内瑞拉	0.03	日本	0.03	阿联酋	0.17	阿联酋	0.14	阿联酋	0.19
3	乌拉圭	0.01	委内瑞拉	0.03	安哥拉	0.17	安哥拉	0.07	巴拉圭	0.09
俄罗斯出口排名（亿美元）										
	世界	0.06	世界	0.06	世界	0.10	世界	0.25	世界	0.19
1	哈萨克斯斯坦	0.03	哈萨克斯斯坦	0.04	蒙古国	0.05	蒙古国	0.11	蒙古国	0.08
2	吉尔吉斯斯坦	0.01	蒙古国	0.02	吉尔吉斯斯坦	0.02	哈萨克斯斯坦	0.08	哈萨克斯斯坦	0.06
3	阿塞拜疆	0.01	格鲁吉亚	0.00	塔吉克斯坦	0.01	吉尔吉斯斯坦	0.02	塔吉克斯坦	0.02
印度出口排名（万美元）										
	世界	1 064	世界	4 942	世界	3 880	世界	3 060	世界	4 121
1	阿联酋	331	阿联酋	1 779	阿曼	729	阿曼	794	阿曼	2 114
2	阿曼	223	科威特	1 222	安哥拉	635	阿富汗	745	阿富汗	495
3	也门	133	阿曼	863	阿富汗	598	沙特阿拉伯	328	马尔代夫	467
中国出口排名（亿美元）										
	世界	0.30	世界	0.62	世界	1.27	世界	1.56	世界	1.73
1	香港	0.19	香港	0.49	香港	1.01	香港	1.23	香港	1.38
2	美国	0.03	澳门	0.03	澳门	0.10	澳门	0.15	澳门	0.16
3	日本	0.03	新加坡	0.02	新加坡	0.04	新加坡	0.06	新加坡	0.05
南非出口排名（万美元）										
	世界	275	世界	95	世界	2 660	世界	2 861	世界	3 202
1	安哥拉	79	Bunkers	41	莫桑比亚	694	莫桑比亚	1 267	莫桑比亚	1 335
2	莫桑比亚	79	莫桑比亚	20	津巴布韦	504	津巴布韦	434	津巴布韦	672
3	坦桑尼亚	23	德国	18	斯威士兰	401	斯威士兰	418	斯威士兰	352

数据来源：联合国商品贸易数据库

2. 俄罗斯

俄罗斯的禽蛋进口的市场分布有所扩大，出口的市场分布范围基本稳定。从带壳新鲜、腌制或熟禽蛋进口的市场分布看，2000—2014 年俄罗斯带壳新鲜、腌制或熟禽蛋的进口来源国（地区）数量从 9 个增加为 21 个，同时从三大进口来源地的进口额之和占进口总额的比例由 50. 00%增至 58. 12%；2014 年三大进口来源国分别为荷兰、白俄罗斯和德国（表 4-46）。其中，2000—2014 年从荷兰进口额由 0. 01 亿美元增至 0. 85 亿美元，年均增 37. 35%；2012—2014 年自白俄罗斯进口额从 0. 28 亿美元增至 0. 53 亿美元，年均增 37. 58%；2000—2014 年自德国进口额从 1 487美元增至 0. 41 亿美元，年均增长 107. 58%。从带壳新鲜、腌制或熟禽蛋出口的市场分布看，2000—2014 年俄罗斯出口国家（地区）数量始终保持在 25 个左右，且对前三大出口目的地的出口额之和始终占出口总额的 85%左右。主要出口国家为蒙古国国、哈萨克斯坦和塔吉克斯坦。其中，2000—2014 年，自蒙古国国进口额从 0. 01 亿美元增至 0. 08 亿美元，年均增 16. 01%；自哈萨克斯坦进口额从 0. 03 亿美元增至 0. 06 亿美元，年均增 5. 08%；自塔吉克斯坦进口额从 3 万美元增至 0. 02 亿美元，年均增长 34. 98%（表 4-47）。

3. 印　度

印度禽蛋进口的市场分布小且来源地集中，出口的市场分布相对较广且稳定。从带壳新鲜、腌制或熟禽蛋进口的市场分布看，2000—2012 年印度禽蛋进口国家（地区）数量从 1 个增加为 9 个，2014 年回落至 2 个。2000—2014 年其进口额由 5 万美元增至 109 万美元，年均增 24. 62%，主要进口国家为德国和美国（表 4-46）。其中，2005—2014 年自德国进口额从 72 万美元略增至 77 万美元；2010—2014 年自美国进口额从 39 万美元略降至 33 万美元。从带壳新鲜、腌制或熟禽蛋出口的市场分布变化看，2000—2014 年印度出口国家（地区）数量基本保持在 30 个左右，前三大出口国家（地区）占总出口的比重由 64. 57%升至 75. 37%。2000—2014 年其出口额由 1 064万美元增至 4 121万美元，年均增长 10. 16%，主要出口国家（地区）为阿曼、阿富汗和马尔代夫。2014 年对三国出口额分别为 2 114万美元、495 万美元和 467 万美元，与 2000 年相比年均增长率分别为 17. 43%、38. 85%和 19. 19%（表 4-47）。

4. 中　国

中国禽蛋进口的市场分布高度集中，出口的市场分布范围日渐缩小。且进出口国家和地区都较为集中。从带壳新鲜、腌制或熟禽蛋进口的市场分布变化看，历年来中国进口国家（地区）数量始终保持在 3 个左右。2000—2014 年其进口额由 42 万美元增至 77 万美元，年均增 4. 42%，主要进口国家为美国和法国（表 4-46）。其中，2000—2014 年自美国进口额从 4 万美元增至 74 万美元，年均增长 23. 17%；2010—2014 年自法国进口额从 5 万美元降至 2 万美元。从带壳新鲜、腌制或熟禽蛋出口的市场分布看，2000—2014 年中国禽蛋出口国家（地区）数量从 41 个国家减少到 19 个国家，出口目的地更加集中。2000—2014 年中国禽蛋出口额由 0. 3 亿美元增至 1. 73 亿美元，年均增 13. 33%，主要出口国家（地区）为中国香港、中国澳门和新加坡，前三大出口国家（地区）占总出口额的比重由 83. 33%增至 91. 9%。2014 年对上述三大出口目的地出口额分别为 1. 38 亿美元、0. 16 亿美元和 0. 05 亿美元，相比 2000 年，年均增长率分别为 15. 21%、21. 9%和 12. 18%（表 4-47）。

5. 南　非

南非禽蛋进口的市场分布集中且相对稳定，出口市场分布相对分散。从带壳新鲜、腌制或熟禽蛋进口的市场分布看，南非进口国家（地区）数量始终保持在 6 个左右（表 4-46），主要进口来源国为莱索托和德国。2000—2014 年其进口额由 2 万美元增至 10 万美元，年均增 12.18%，其中莱索托 2000—2014 年从 7 万美元增至 10 万美元，年均增长 16.03%，位居 2014 年首位；德国 2000—2014 年从 1.5 万美元降至 4 892美元，年均降低 7.66%紧随其后。从带壳新鲜、腌制或熟禽蛋出口的市场分布看，2000—2014 年南非出口国家（地区）始终保持在 30 个左右，主要出口国家为莫桑比亚、津巴布韦和斯威士兰。对前三大出口目的地的出口额之和始终占出口总额的 70%左右（表 4-47）。2000—2014 年其出口额由 275 万美元增至 3 202万美元，年均增 19.17%，2014 年对上述三国出口额分别为 1335 万美元、672 万美元和 352 万美元，与 2000 年相比，年均增长率分别为 22.38%、52.07%和-0.93%。

（七）奶　类

金砖各国奶类贸易市场分布特色鲜明。巴西奶类进出口市场分布集中度均较高；俄罗斯奶类贸易主要进口地区和出口地区均集中在欧洲和亚洲，出口的市场分布更加集中；印度奶类进口的市场分布波动增加，出口的市场分布逐渐分散；中国奶类进口地较为集中，仅来自新西兰的进口就占到六成以上；进出口的市场分布范围均较为稳定。

1. 巴　西

巴西奶类进口来源地更加集中，出口的市场分布呈现倒“U”形走势。从浓缩或者甜的牛奶和冰激凌进口的市场分布看，2000—2014 年巴西奶类进口国家（地区）数量从 14 个减少到 3 个，进口来源地更加集中，主要进口来源国为阿根廷和乌拉圭（表 4-48）。2000—2014 年其进口额由 2.57 亿美元降至 2.38 亿美元，其中，2000—2014 年自阿根廷进口额从 1.89 亿美元降至 1.39 亿美元；自乌拉圭进口额则从 0.33 亿美元增至 0.83 亿美元，年均增 6.81%。

表 4-48　2000—2014 年金砖国家奶类进口概况

	2000 年		2005 年		2010 年		2013 年		2014 年	
排名	国家	数量	国家	数量	国家	数量	国家	数量	国家	数量
巴西进口排名（亿美元）										
	世界	2.57	世界	0.77	世界	1.73	世界	3.28	世界	2.38
1	阿根廷	1.89	阿根廷	0.49	阿根廷	1.10	乌拉圭	1.57	阿根廷	1.39
2	乌拉圭	0.33	乌拉圭	0.26	乌拉圭	0.51	阿根廷	1.51	乌拉圭	0.83
3	丹麦	0.11	智利	0.01	智利	0.10	智利	0.18	智利	0.15
俄罗斯进口排名（亿美元）										
	世界	0.44	世界	0.62	世界	2.37	世界	7.89	世界	6.57
1	美国	0.23	乌克兰	0.55	法国	0.50	白俄罗斯	6.04	白俄罗斯	5.57
2	乌克兰	0.09	德国	0.01	波兰	0.28	阿根廷	0.36	阿根廷	0.25
3	德国	0.04	芬兰	0.01	德国	0.27	法国	0.29	乌拉圭	0.13

（续表）

	2000 年		2005 年		2010 年		2013 年		2014 年	
印度进口排名（万美元）										
	世界	64	世界	179	世界	1 133	世界	2 000	世界	2 793
1	新西兰	60	法国	159	英国	237	法国	537	法国	834
2	法国	3	德国	6	法国	215	美国	523	新西兰	731
3	荷兰	2	荷兰	5	美国	198	新西兰	439	美国	520
中国进口排名（亿美元）										
	世界	1.16	世界	2.35	世界	13.96	世界	36.06	世界	44.60
1	新西兰	0.77	新西兰	1.81	新西兰	11.37	新西兰	28.70	新西兰	35.39
2	澳大利亚	0.13	澳大利亚	0.26	澳大利亚	0.87	美国	2.24	美国	2.17
3	爱尔兰	0.05	美国	0.13	美国	0.43	澳大利亚	1.26	澳大利亚	1.63
南非进口排名（万美元）										
	世界	1 780	世界	2 800	世界	2 276	世界	2 759	世界	3 881
1	德国	259	新西兰	808	新西兰	407	法国	880	法国	1 114
2	爱尔兰	201	澳大利亚	448	比利时	238	德国	414	英国	560
3	澳大利亚	193	巴西	420	乌拉圭	214	新西兰	302	比利时	444

从浓缩或者甜的牛奶和冰激凌出口的市场分布看，2000—2005 年巴西出口国家（地区）数量从 11 个增加为 84 个，2014 年回落至 43 个。主要出口国家为委内瑞拉、阿尔及利亚和沙特阿拉伯（表 4-49）。2000—2014 年其出口额由 0.05 亿美元增至 2.76 亿美元，年均增长 33.18%，其中，2000—2014 年对委内瑞拉出口额从 4.7 万美元增至 1.81 亿美元，年均增 80.35%；2005—2014 年对阿尔及利亚出口额从 0.18 亿美元增至 0.33 亿美元，年均增 4.43%；2005—2014 年对沙特阿拉伯出口额从 5 万美元增至 0.12 亿美元，年均增 47.92%。

表 4-49　2000—2014 年金砖国家奶类出口概况

	2000 年		2005 年		2010 年		2013 年		2014 年	
排名	国家	数量	国家	数量	国家	数量	国家	数量	国家	数量
巴西出口排名（亿美元）										
	世界	0.05	世界	0.94	世界	0.74	世界	0.58	世界	2.76
1	安哥拉	0.03	阿尔及利亚	0.18	委内瑞拉	0.19	委内瑞拉	0.14	委内瑞拉	1.81
2	巴拉圭	0.01	安哥拉	0.11	安哥拉	0.11	沙特阿拉伯	0.12	阿尔及利亚	0.33
3	美国	0.00	委内瑞拉	0.10	阿尔及利亚	0.09	安哥拉	0.10	沙特阿拉伯	0.12
俄罗斯出口排名（亿美元）										
	世界	0.71	世界	0.50	世界	0.09	世界	0.62	世界	0.64
1	立陶宛	0.23	哈萨克斯斯坦	0.46	乌兹别克斯坦	0.03	哈萨克斯斯坦	0.52	哈萨克斯斯坦	0.54
2	哈萨克斯斯坦	0.18	格鲁吉亚	0.01	阿塞拜疆	0.01	白俄罗斯	0.03	白俄罗斯	0.04
3	波兰	0.07	蒙古国	0.01	格鲁吉亚	0.01	阿塞拜疆	0.03	格鲁吉亚	0.01

（续表）

	2000年		2005年		2010年		2013年		2014年	
印度出口排名（亿美元）										
	世界	0.10	世界	1.25	世界	0.61	世界	5.10	世界	2.35
1	孟加拉国	0.06	孟加拉国	0.27	孟加拉国	0.16	孟加拉国	0.97	孟加拉国	0.76
2	比利时	0.01	阿尔及利亚	0.13	尼泊尔	0.08	埃及	0.75	巴基斯坦	0.31
3	阿联酋	0.01	埃及	0.13	菲律宾	0.06	阿尔及利亚	0.40	阿联酋	0.14
中国出口排名（亿美元）										
	世界	0.28	世界	0.56	世界	0.15	世界	0.26	世界	0.38
1	伊拉克	0.11	其他亚洲	0.18	香港	0.07	香港	0.18	香港	0.10
2	香港	0.07	香港	0.15	缅甸	0.05	缅甸	0.04	马来西亚	0.07
3	缅甸	0.05	缅甸	0.08	新西兰	0.01	尼日利亚	0.01	缅甸	0.04
南非出口排名（万美元）										
	世界	2 142	世界	1 044	世界	6 642	世界	8 406	世界	7 609
1	莫桑比亚	588	赞比亚	235	博兹瓦纳	2 458	博兹瓦纳	2 861	博兹瓦纳	2 699
2	毛里求斯	398	津巴布韦	211	纳米比亚	1 258	莫桑比亚	1 540	莫桑比亚	1 162
3	刚果	331	莫桑比亚	187	莫桑比亚	678	纳米比亚	1 025	纳米比亚	1 027

2. 俄罗斯

俄罗斯奶类进出品的市场分布均集中在欧洲和亚洲地区，其中进口的市场分布较为稳定，出口的市场分布益加集中。就浓缩或者甜的牛奶和冰激凌进口而言，2000—2014 年俄罗斯进口来源国（地区）始终保持在 25 个左右。主要进口来源国为白俄罗斯、阿根廷和乌拉圭（表 4-48）。2000—2014 年其进口额由 0.44 亿美元增至 6.57 亿美元，年均增长 21.30%，其中，2010—2014 年自白俄罗斯进口额从 3.39 亿美元增至 5.57 亿美元，年均增长 13.33%；2000—2014 年自阿根廷（乌拉圭）进口额从 5 312美元（4 万美元）增至 0.25 亿美元（0.13 亿美元），年均增 82.95%（51.15%）。就牛奶、奶油和酸奶等出口而言，2000—2014 年俄罗斯出口国家（地区）数量从 40 个减少到 23 个，对前三大出口目的地的出口额之和占出口总额的比例从 67.61%增加到 92.19%。主要出口国家为哈萨克斯坦、白俄罗斯和格鲁吉亚（表 4-49）。2000—2014 年其出口额由 0.71 亿美元略降至 0.64 亿美元，其中，2000—2014 年对哈萨克斯坦出口额从 0.18 亿美元增至 0.54 亿美元，年均增 8.16%；2012—2014 年对白俄罗斯出口额从 0.02 亿美元增至 0.04 亿美元，年均增 41.42%；2000—2014 年对格鲁吉亚出口额从 154 美元增至 0.01 亿美元，年均增 87.21%。

3. 印　度

印度奶类进口的市场分布波动增加，出口的市场分布逐渐分散。从乳清和奶酪进口的市场分布看，2000—2011 年印度进口来源国（地区）从 3 个增加为 26 个，2014 年回落至 11 个。主要进口来源国为法国、新西兰和美国（表 4-48）。2000—2014 年其进口额由 64 万美元增至 2 793万美元，年均增 30.96%，其中，2014 年自法国、新西兰进口额分别为

834 万美元、731 万美元，与 2000 年相比，年均增长率分别为 49.48%和 19.55%；2005—2014 年自美国进口额从 3 万美元增至 520 万美元，年均增长 77.32%。从浓缩或者甜的牛奶和冰激凌出口的市场分布看，2000—2014 年印度出口国家（地区）数量从 33 个增加为 66 个。主要出口国家为孟加拉国、巴基斯坦和阿联酋。2000—2014 年其出口额由 0.1 亿美元增至 2.35 亿美元，年均增 25.29%，2014 对上述三国出口额分别为 0.76 亿美元、0.31 亿美元、0.14 亿美元，与 2000 年相比，年均增长率分别为 19.88%、18.15%和 20.74%（表 4-49）。

4. 中　国

中国奶类进口的市场分布围为稳定，仅来自新西兰的进口就占到六成以上；出口的市场分布主要在周边国家和地区。从浓缩或者甜的牛奶和冰激凌进口的市场分布看，2000—2014 年中国进口来源国（地区）始终保持在 30 个左右，并且从三大进口来源国的进口额之和始终占进口总额的 90%左右（表 4-48）。主要进口来源国为新西兰、美国和澳大利亚。2000—2014 年其进口额由 1.16 亿美元增至 44.6 亿美元，年均增长 29.78%，2014 年来自上述三国进口额分别达 35.39 亿美元、2.17 亿美元和 1.63 亿美元，与 2000 年相比，年均分别增长 31.44%、39.76%和 19.8%。就浓缩或者甜的牛奶和冰激凌出口的市场分布看，2000—2014 年中国出口国家（地区）数量始终保持在 22 个左右，并且对三大出口目的地的出口额之和占出口总额的 82.14%下降到 55.26%。主要出口目的地为中国香港、马来西亚和缅甸。2000—2014 年其出口额由 0.28 亿美元增至 0.38 亿美元，年均增 2.21%，期间，对中国香港出口额从 0.07 亿美元增至 0.1 亿美元，年均增 2.58%；对马来西亚出口额从 30 万美元增至 0.07 亿美元，年均增幅 25.23%；对缅甸出口额从 0.05 亿美元降至 0.04 亿美元（表 4-49）。

5. 南　非

南非奶类产业在非洲占据重要位置，进出口的市场分布范围均较为稳定。从浓缩或者甜的牛奶和冰激凌进口的市场分布看，2000—2014 年南非进口来源国（地区）始终保持在 36 个左右，并且从三大进口来源地的进口额之和占进口总额的比例从 36.69%增加到 54.57%。主要进口来源国为法国、英国和比利时，2000—2014 年其进口额由 1 780万美元增至 3 881万美元，年均增 5.73%，2014 年来自上述三国进口额分别达 1 114万美元、560 万美元和 444 万美元，与 2000 年相比，年均增长率分别为 45.23%、10.13%和 9.86%（表 4-48）。从浓缩或者甜的牛奶和冰激凌出口的市场分布看，2000—2014 年南非出口国家（地区）始终保持在 45 个左右，并且对三大出口目的地的出口额之和始终占出口总额的 65%左右。主要出口国家为博兹瓦纳、莫桑比亚和纳米比亚。2000—2014 年其出口额由 2 142万美元增至 7 609万美元，年均增长 9.48%，2014 年对上述三国出口额分别为 2 699万美元、1 162万美元和 1 027万美元，与 2000 年的 2 458万美元、588 万美元和 1 258万美元有增有降（表 4-49）。

四、金砖各国农产品贸易相互间关系分析

金砖各国贸易互补性明显，近年来相互间的农产品进出口额不断增长。未来，随着全

球一体化进程的加快，同时在金砖国家合作机制不断完善以及“一带一路”战略的积极推动下，金砖各国的农产品贸易规模将进一步扩大，相互间贸易将呈现增长态势。

（一）农产品贸易相互关系总体状况

近年来，金砖各国农产品贸易来往密切，金砖国家间在农产品贸易不断增长的同时，也呈现不同的特征。其中，巴西与中国农产品贸易频繁且进出口额较大；俄罗斯主要贸易伙伴为欧洲国家和地区，与其他金砖国家间的农产品贸易相对较低，南非与俄罗斯贸易的互补性最为突出；2014 年中国与其他金砖国家的农产品进出口额之和占农产品进出口总额的比例较高，达到 15.55%。

1. 巴　西

就巴西与其他金砖各国的农产品贸易关系而言，中国是巴西的第一大贸易伙伴，无论是进口还是出口都“交往甚密”；巴西与俄罗斯的农产品贸易紧密程度仅次于中国；与南非的进出口额最低，2015 年仅为 4.09 亿美元，但进口额增长明显。巴西与其他金砖国家的贸易往来特别是对其他金砖国家的农产品出口越来越多，2000—2015 年，巴西与其他金砖各国的农产品进出口额之和由 9.34 亿美元增至 230.4 亿美元，占其农产品进出口额的比例由 5.48%提高到 27.36%，其中，进口额由 0.6 亿美元增至 8.74 亿美元，占其农产品进口额的比例由 1.41%增至 7.35%；出口额由 8.74 亿美元增至 223.25 亿美元，占其农产品出口额的比例由 6.85%增至 29.98%。2000—2015 年，巴西与中国的农产品进出口额增长最多，由 4.45 亿美元增至 191.9 亿美元，增长了 42.08 倍，占巴西农产品进出口额的比例由 2.61%提升到 22.79%；自 2013 年起中国超过欧盟成为巴西农产品出口第一大目的地，对中国农产品出口额占到其农产品出口额的 1/5 以上（2013 年、2014 年和 2015 年分别为 20.9%、20.6%和 22.79%）（表 4-50）。

表 4-50　2000—2015 年巴西与其他金砖国家农产品贸易状况　　单位：亿美元

		2000 年	2005 年	2010 年	2013 年	2014 年	2015 年
俄罗斯	进口额	0.15	0.00	0.06	0.17	0.01	0.01
	出口额	4.11	26.88	40.39	27.20	36.30	22.48
	进出口额	4.26	26.88	40.45	27.37	36.31	22.49
印度	进口额	0.11	0.11	0.73	0.83	0.65	0.61
	出口额	0.08	3.68	10.30	4.88	6.96	11.31
	进出口额	0.18	3.79	11.03	5.71	7.60	11.92
中国	进口额	0.26	0.67	4.79	8.70	6.43	6.35
	出口额	4.20	22.11	85.24	198.60	188.98	185.56
	进出口额	4.45	22.79	90.03	207.30	195.41	191.90
南非	进口额	0.12	0.05	0.13	0.16	0.22	0.18
	出口额	0.35	3.39	3.60	4.94	2.49	3.90
	进出口额	0.47	3.44	3.73	5.09	2.71	4.09
世界	进口额	42.79	33.92	92.30	125.26	122.48	97.26
	出口额	127.61	308.03	640.57	866.37	826.32	744.74
	进出口额	170.40	341.95	732.88	991.63	948.80	842.01

数据来源：2000—2015 年数据为联合国贸易数据库

为了更准确地把握巴西与其他金砖国家农产品贸易的主要关系，以 2015 年数据为基础，重点分析进出口集中的农产品类型及其占比。

（1）2015 年巴西农产品贸易规模与结构总体状况。根据联合国商品贸易数据库统计，2015 年巴西农产品进出口额为 842 亿美元，同比下降 11.26%，其中，进口额为 97 亿美元，同比下降 20.59%；出口额为 745 亿美元，同比降 9.87%。

2015 年巴西从世界进口农产品种类中排在前 10 位的分别为：谷物，鱼及水生动物，饮料、酒、醋，食用水果、坚果，制粉工业产品，蔬菜、水果、坚果制品，食用蔬菜，乳品、蛋品、蜂蜜等，杂项食品，肉及食用杂碎。其进口额之和为 69.45 亿美元，占到进口总额的 71.6%。

2015 年巴西出口到世界的农产品种类中排在前 10 位分别为：子仁及果实、工业或药用植物，肉及食用杂碎，糖及糖食，食品工业残渣废料、动物饲料，咖啡、茶、调味香料，谷物，烟草及其代用品的制品，蔬菜、水果、坚果制品，肉、鱼及其他水生动物的制品，杂项食品。其出口额之和为 723.57 亿美元，占到出口总额的 97.12%。

（2）与俄罗斯农产品贸易关系。2015 年巴西与俄罗斯农产品进出口额为 22.46 亿美元，同比降低 38.13%，占巴西农产品进出口额的比例为 3.01%，比 2014 年的 3.83%降低了 1.16%。其中，巴西对俄罗斯农产品的进口额为 0.01 亿美元，同比上涨 81.27%，占巴西农产品进口额的比重为 0.01%，比 2014 年的 0.005%大幅上涨；巴西对俄罗斯农产品出口额为 22.45 亿美元，同比下降 38.15%，占巴西农产品出口额的比重为 3.01%，比 2013 年的 4.39%提高了 1.38%。

2015 年巴西仅从俄罗斯进口了 5 类农产品且金额较小，分别为糖及糖食；饮料、酒、醋；其他动物产品；子仁及果实、工业或药用植物；谷物、粉或乳的制品、糕饼点心，进口额分别为 33.5 万美元、32.97 万美元、23.26 万美元、8.07 万美元和 1.23 万美元。

2015 年巴西出口到俄罗斯的农产品种类排在前 10 位的分别为：肉及食用杂碎；糖及糖食；子仁及果实、工业或药用植物；烟草及代用品的制品；杂项食品；咖啡、茶、调味香料；其他动物产品；蔬菜、水果、坚果的制品；食品工业残渣废料、动物饲料；食用水果、坚果，其出口额之和为 18.78 亿美元，占对俄罗斯出口农产品总额的 83.65%。

（3）与印度农产品贸易关系。2015 年巴西与印度农产品进出口额为 0.5 亿美元，同比下降 93.38%，占巴西农产品进出口额的比例为 0.06%，比 2014 年的 0.8%减少了 0.74%。其中，巴西对印度农产品的进口额为 0.06 亿美元，同比下降 91.02%，占巴西农产品进口额的比重为 0.06%，比 2014 年的 0.53%下降 0.47%；巴西对印度农产品出口额为 0.44 亿美元，同比减少 93.6%，占巴西农产品出口额的比重为 0.06%，比 2014 年的 0.84%下降 0.78%。

2015 年巴西仅从俄罗斯进口了 5 类农产品分别为食品工业残渣废料、动物饲料；烟草及代用品的制品；山梨醇；杂项食品；原棉，进口额分别为 308.88 万美元、201.99 万美元、52.51 万美元、18.07 万美元和 0.19 万美元。2015 年巴西仅对俄罗斯出口 9 类农产品分别为饮料、酒、醋；原棉；杂项食品；烟草及代用品的制品；羊毛（未梳理）；食品工业残渣废料、动物饲料；甘露糖醇；牛、马动物的原皮；羊毛或动物毛的废物（除了回收纤维)，其出口额之和为581.65万美元。

（4）与中国农产品贸易关系。2015年巴西与中国农产品进出口额为189.14亿美元，同比下降3.2%，占巴西农产品进出口额的比例为22.46%，比2014年的20.06%上涨了1.87%。其中，巴西对中国农产品的进口额为6.23亿美元，同比下降3.01%，占巴西农产品进口额的比重为6.41%，比2014年的5.25%上涨1.16%；巴西对中国农产品出口额为182.91亿美元，同比下降3.21%，占巴西农产品出口额的比重为24.56%，比2014年的22.87%略有下降。

2015年巴西从中国进口的农产品种类排在前10位的有鱼等水生动物，食用蔬菜，食品工业残渣废料、动物饲料，其他动物产品，杂项食品，子仁及果实、工业或药用植物，虫胶、树胶、树脂等，食用水果、坚果，制粉工业产品。其进口额之和为6.04亿美元，占从中国进口农产品总额的96.95%。

2015年巴西出口到中国的农产品种类排在前10位的有子仁及果实、工业或药用植物，肉及食用杂碎，糖及糖食，烟草及代用品的制品，原棉，蔬菜、水果、坚果的制品，饮料、酒、醋，谷物，食品工业残渣废料、动物饲料，咖啡、茶、调味香料。其出口额之和为182.56亿美元，占对中国出口农产品总额的99.81%。

（5）与南非农产品贸易关系。2015年巴西与南非农产品进出口额为3.98亿美元，同比上升46.55%，占巴西农产品进出口额的比例为0.47%，比2014年的0.29%上涨0.18%。其中，巴西对南非农产品的进口额为0.18亿美元，同比减少17.41%，占巴西农产品进口额的比重为0.19%，比2014年的0.18减少了0.01%；巴西对南非农产品出口额为3.79亿美元，同比上升52.27%，占巴西农产品出口额的比重为0.51%，比2014年的0.3%上升了0.21%。

2015年巴西从南非进口的农产品共有11大类，排在前5位的分别为：饮料、酒、醋，食用水果、坚果，子仁及果实、工业或药用植物，杂项食品，其他动物产品。五者进口额之和为0.17亿美元，占从南非进口农产品总额的94.44%。

2015年巴西出口到南非的农产品种类排在前10位的有：肉及食用杂碎，糖及糖食，谷物，子仁及果实、工业或药用植物，烟草及代用品的制品，咖啡、茶、调味香料，食品工业残渣废料、动物饲料，饮料、酒、醋，杂项食品，蔬菜、水果、坚果的制品。其出口额之和为3.66亿美元，占对南非出口农产品总额的96.60%。

2. 俄罗斯

俄罗斯农产品的主要贸易伙伴为欧洲主要国家和地区，俄罗斯与金砖其他国家的农产品贸易占比相对较低。2014年其他金砖国家的进出口额之和仅占俄罗斯农产品贸易进出口额的13.18%，比2000年的11.16%下降了2.02%；2014年对其他金砖国家的出口额之和占其农产品出口额的比例更是仅为6.86%，比2000年下降了0.31%。中国是俄罗斯在金砖国家合作中的第一大贸易伙伴，2000—2014年，俄罗斯与中国的农产品进出口额占其进出口额的比例提高最多，由11.75%提高至16.17%；同期巴西与印度的占比分别由4.46%和3.84%升（降）至6.03%和1.17%；与南非的农产品进出口贸易增速最快，年均增长29%（表4-51）。

表 4-51　2000—2014 年俄罗斯与其他金砖国家农产品贸易状况　　单位：亿美元

		2000 年	2005 年	2010 年	2013 年	2014 年
巴西	进口额	3.70	21.00	38.44	29.39	35.95
	出口额	0.00	0.00	0.06	0.14	0.01
	进出口额	3.70	21.00	38.50	29.53	35.96
印度	进口额	3.16	2.15	4.27	5.34	6.70
	出口额	0.00	0.01	0.09	0.48	0.28
	进出口额	3.16	2.16	4.35	5.81	6.97
中国	进口额	1.50	6.29	14.09	17.86	20.06
	出口额	0.77	1.51	9.57	11.29	10.84
	进出口额	2.27	7.80	23.66	29.16	30.90
南非	进口额	0.14	0.56	2.21	3.20	2.77
	出口额	0.00	0.01	0.00	1.35	2.00
	进出口额	0.14	0.58	2.21	4.56	4.77
世界	进口额	72.34	156.15	323.61	437.39	388.63
	出口额	10.77	34.51	58.32	164.80	168.33
	进出口额	83.10	190.67	381.93	602.19	556.96

数据来源：2000—2014 年数据来自联合国贸易数据库

为了更准确地把握俄罗斯与其他金砖国家农产品贸易的主要关系，以 2014 年数据为基础，重点分析进出口集中的农产品类型及其占比。

（1）2014 年俄罗斯农产品贸易规模与结构总体状况。根据联合国商品贸易数据库统计，2014 年俄罗斯农产品进出口额为 556.96 亿美元，同比下降 7.51%，其中，进口额为 388.36 亿美元，同比下降 11.15%；出口额为 168.33 亿美元，同比上涨 2.14%。

2014 年俄罗斯从世界进口农产品种类中排在前 10 位的有肉及食用杂碎，食用水果、坚果，乳品、蛋品、蜂蜜等，饮料、酒、醋，食用蔬菜，鱼及水生动物，子仁及果实、工业或药用植物，杂项食品，蔬菜、水果、坚果制品，可可及可可制品。其进口额之和为 300.23 亿美元，占进口总额的 77.31%。

2014 年俄罗斯出口到世界的农产品种类中排在前 10 位的有谷物，鱼及水生动物，食品工业残渣废料，烟草及代用品的制品，可可及可可制品，谷物、粉或乳的制品，糕饼点心，杂项食品，饮料、酒、醋，子仁及果实、工业或药用植物，乳品、蛋品、蜂蜜等。其出口额之和为 151.21 亿美元，占出口总额的 89.83%。

（2）与巴西农产品贸易关系。2014 年俄罗斯与巴西农产品进出口额为 39.95 亿美元，同比上升 21.81%，占俄罗斯农产品进出口额的比例为 6.46%，比 2013 年的 4.9%下降了 1.55%。其中，俄罗斯对巴西的农产品进口额为 35.95 亿美元，同比上升 22.35%，占俄罗斯农产品进口额的比重为 9.25%，比 2013 年的 6.72%上升了 2.53%；俄罗斯对巴西农产品出口额为 99.67 万美元，同比下降 92.81%，占俄罗斯农产品出口额的比重几乎为零，比 2013 年的 0.14%大幅下降。

2014 年俄罗斯从巴西进口的农产品种类排在前 10 位的有肉及食用杂碎，子仁及果实、工业或药用植物，烟草及代用品的制品，糖及糖食，咖啡、茶、调味香料；食用工业残渣废料，动物饲料，杂项食品，蔬菜、水果、坚果的制品，食用水果、坚果，其他动物产品。其进口额之和为 35.87 亿美元，占从巴西进口农产品总额的 99.78%。

2014 年俄罗斯出口到巴西的农产品仅为六大类且金额较小，品种分别为子仁及果实、工业或药用植物；活动物；烟草及代用品的制品；谷物；杂项食品；饮料、酒、醋，出口额分别为 8.94 万美元、0.34 万美元、0.02 万美元，1.36 万美元，77.26 万美元和 3.83 万美元。

（3）与印度农产品贸易关系。2014 年俄罗斯与印度农产品进出口额为 6.97 亿美元，同比上升 19.97%，占俄罗斯农产品进出口额的比例为 1.25%，比 2013 年的 0.97%提高了 0.29%。其中，俄罗斯对印度农产品的进口额为 6.7 亿美元，同比上升 25.51%，占俄罗斯农产品进口额的比重为 1.72%，比 2013 年的 1.22%增加 0.5%；俄罗斯对印度农产品出口额为 0.28 亿美元，同比下降 41.97%，占俄罗斯农产品出口额的比重为 0.16%，比 2013 年的 0.29%下降了 0.13%。

2014 年俄罗斯从印度进口的农产品种类排在前 10 位的有咖啡、茶、调味香料，烟草及代用品的制品，杂项食品，鱼等水生动物，子仁及果实、工业或药用植物，谷物，食用水果、食用蔬菜，坚果，蔬菜、水果、坚果的制品，虫胶、树胶、树脂等。其进口额之和为 6.7 亿美元。

2014 年俄罗斯出口到印度的农产品种类仅为 12 种，前 5 位的分别为羊毛；可可及可可制品；杂项食品；食用蔬菜；咖啡、茶、调味香料，其出口额之和为 0.27 亿美元，占对俄罗斯出口农产品总额的 96.43%。

（4）与中国农产品贸易关系。2014 年俄罗斯与中国农产品进出口额为 30.9 亿美元，同比下降 5.97%，占俄罗斯农产品进出口额的比例为 5.55%，比 2013 年的 4.84%上涨了 0.71%。其中，俄罗斯对中国农产品的进口额为 20.06 亿美元，同比上涨 12.3%，占俄罗斯农产品进口额的比重为 5.16%，比 2013 年的 4.08%下降 1.08%；俄罗斯对中国农产品出口额为 10.84 亿美元，同比下降 4.04%，占俄罗斯农产品出口额的比重为 6.44%，比 2013 年的 6.85%下降了 0.42%。

2014 年俄罗斯从中国进口的农产品种类排在前 10 位的有：食用蔬菜，蔬菜、水果、坚果的制品，鱼等水生动物，食用水果、坚果，咖啡、茶、调味香料，肉、鱼及其他水生动物的制品，改性淀粉，杂项食品，糖及糖食，以及烟草及代用品的制品，其进口额之和为 17.98 亿美元，占从中国进口农产品总额的 89.63%。

2014 年俄罗斯出口到中国的农产品种类排在前 10 位的有：鱼等水生动物，食品工业残渣废料，动物饲料，子仁及果实、工业或药用植物，烟草及代用品的制品，食用水果、坚果，其他动物产品，饮料、酒、醋，活动物，谷物，以及制粉工业产品，其出口额之和为 10.69 亿美元，占对俄罗斯出口农产品总额的 98.62%。

（5）与南非农产品贸易关系。2014 年俄罗斯与南非农产品进出口额为 4.77 亿美元，同比上涨 4.68%，占俄罗斯农产品进出口额的比例为 0.86%，比 2013 年的 0.76%下降了 0.1%。其中，俄罗斯对南非农产品的进口额为 2.77 亿美元，同比下降 13.64%，占俄罗斯农产品进口额的比重为 0. 71%，比 2013 年的 0. 73%减少了 0. 02%；俄罗斯对南非农产品出口额为 2 亿美元，同比上涨 48. 03%，占俄罗斯农产品出口额的比重为 1. 19%，比 2013 年的 0. 82%增加了 0. 37%。

2014 年俄罗斯从南非进口的农产品仅有 14 大类，其中对食用水果、坚果的进口最多，为 2. 3 亿美元，占从南非进口农产品总额的 83. 03%。

2014 年俄罗斯出口到南非的农产品仅有 5 大类，分别为谷物，杂项食品，烟草及代用品的制品，咖啡、茶、调味香料，以及饮料、酒、醋，出口额分别为 80. 12 万美元、60. 82 万美元、20. 63 万美元、13 万美元和 7. 32 万美元。

3. 印　度

2014 年印度与其他金砖国家的农产品进出口额为 41. 17 亿美元，占到印度农产品进出口总额的 6. 47%，与 2000 年的 6. 6 亿美元和 8. 91%相比，“一升一降”，虽说金额增长，但是比重有所下降。其中，印度与中国的农产品贸易为金砖国家中最多的，2014 年为 24. 51 亿美元，占到印度农产品进出口总额的 3. 85%，与 2000 年的 2. 97 亿美元和 3. 79%相比，实现“双升”，两国农产品贸易紧密度不断提升。就印度与俄罗斯、巴西和南非的农产品进出口额占其总额的比例来看，2000—2014 年，巴西占比有所提升，俄罗斯与南非均呈下降趋势，特别是俄罗斯由 3. 39%降至 0. 99%，下降了 2. 39%（表 4-52）。

表 4-52　2000—2014 年印度与其他金砖国家农产品贸易状况　单位：亿美元

		2000 年	2005 年	2010 年	2013 年	2014 年
巴西	进口额	0. 39	3. 40	8. 00	6. 08	5. 92
	出口额	0. 06	0. 09	0. 52	0. 84	0. 59
	进出口额	0. 45	3. 49	8. 51	6. 92	6. 51
俄罗斯	进口额	0. 20	0. 06	0. 23	1. 14	1. 00
	出口额	2. 45	2. 30	3. 05	5. 01	5. 31
	进出口额	2. 65	2. 36	3. 28	6. 15	6. 32
中国	进口额	1. 47	2. 65	4. 92	5. 67	5. 68
	出口额	1. 50	4. 54	24. 38	37. 04	18. 84
	进出口额	2. 97	7. 19	29. 30	42. 71	24. 51
南非	进口额	0. 13	0. 28	0. 45	0. 50	0. 80
	出口额	0. 40	1. 62	1. 60	3. 70	3. 03
	进出口额	0. 53	1. 90	2. 05	4. 20	3. 83
世界	进口额	28. 77	53. 60	106. 64	185. 36	99. 51
	出口额	49. 50	90. 20	302. 91	484. 17	409. 89
	进出口额	78. 27	143. 80	409. 55	669. 53	636. 10

数据来源：2000—2014 年数据来自联合国贸易数据库

为了更准确地把握印度与其他金砖国家农产品贸易的主要关系，以 2014 年数据为基础，重点分析进出口集中的农产品类型及其占比。

（1）2014年印度农产品贸易与结构总体状况。2014年印度农产品进出口额为636.1亿美元，同比下降4.99%，其中，进口额为208.76亿美元，同比涨12.62%；出口额为427.34亿美元，同比下降11.74%。

2014年印度从世界进口农产品种类中排在前10位的有可可及可可制品；食用蔬菜，食用水果、坚果，咖啡、茶、调味香料，糖及糖类食物，饮料、酒、醋，原棉；子仁及果实、工业或药用植物，羊毛，食品工业残渣废料、动物饲料，其进口额之和为88.73亿美元。

2014年印度出口到世界的农产品种类中排在前10位的有谷物，鱼及水生动物，肉及食用杂碎，原棉，咖啡、茶、调味香料；虫胶、树胶、树脂等，子仁及果实、工业或药用植物，食品工业残渣废料、动物饲料；食用水果、坚果，糖及糖食，其出口额之和为355.25亿美元，占到出口总额的93.13%。

（2）与巴西农产品贸易关系。2014年印度与巴西农产品进出口额为6.51亿美元，同比下降12.16%，占印度农产品进出口额的比例为1.02%，比2013年的1.03%下降了0.01%。其中，印度对巴西的农产品进口额为5.92亿美元，同比下降2.74%，占印度农产品进口额的比重为5.95%，比2013年的3.28%上涨了2.66%；印度对巴西农产品出口额为0.59亿美元，同比下降29.87%，占印度农产品出口额的比重为0.14%，比2013年的0.17%下降了0.03%。

2014年印度从巴西进口的农产品种类排在前10位的有：糖及糖类食物，杂项食品 食用蔬菜，虫胶、树胶、树脂等，咖啡、茶、调味香料，精油，蔬菜、水果、坚果制品，食品工业残渣废料、动物饲料，原棉，以及烟草及代用品的制品，其进口额之和为5.88亿美元，占从巴西进口农产品总额的99.32%。

2014年印度出口到巴西的农产品排在前10位的有咖啡、茶、调味香料，虫胶、树胶、树脂等，精油，子仁及果实、工业或药用植物，食用蔬菜，蔬菜、水果、坚果的制品，烟草及代用品的制品，其他动物产品。食品工业残渣废料、动物饲料；山梨醇。

（3）与俄罗斯农产品贸易关系。2014年印度与俄罗斯农产品进出口额为6.32亿美元，同比增长2.75%，占印度农产品进出口额的比例为0.99%，比2013年的0.92%提高了0.07%。其中，印度对俄罗斯农产品的进口额为1亿美元，同比下降12.16%，占印度农产品进口额的比重为1.01%，比2013年的0.62%有所上涨；印度对俄罗斯农产品出口额为5.31亿美元，同比增长6.16%，占印度农产品出口额的比重为1.3%，比2013年的1.03%提高了0.26%。

2014年印度仅从俄罗斯进口了十四类农产品，前5位分别为食用蔬菜；杂项食品；羊毛；可可及可可制品；精油，五者进口额之和为1亿美元。

2014年印度出口到俄罗斯的农产品种类排在前10位的有咖啡、茶、调味香料，鱼及水生动物，杂项食品，虫胶、树胶、树脂等，子仁及果实、工业或药用植物，蔬菜、水果、坚果的制品，谷物；食用水果、坚果，烟草及代用品的制品，食用蔬菜。其出口额之和为5.12亿美元，占印度对俄罗斯出口农产品总额的96.42%。

（4）与中国农产品贸易关系。2014年印度与中国农产品进出口额为24.51亿美元，同比下降42.6%，占印度农产品进出口额的比例为3.85%，比2013年的6.38%下降了2.53%。其中，印度对中国农产品的进口额为5.68亿美元，同比上涨0.22%，占印度农产品进口额的比重为5.71%，比2013年的3.06%下降2.65%；印度对中国的农产品出口额为18.84亿美元，同比下降49.15%，占印度农产品出口额的比重为4.6%，比2013年的7.65%大幅下降3.06%。

2014年印度从中国进口的农产品种类排在前10的有生丝和废丝，食用水果、坚果，食用蔬菜，精油，食品工业残渣废料、动物饲料，虫胶、树胶、树脂等，制粉工业产品，蔬菜、水果、坚果制品，咖啡、茶、调味香料，子仁及果实、工业或药用植物。其进口额之和为4.82亿美元，占从中国进口农产品总额的84.86%。

2014年印度出口到中国的农产品种类排在前10位的有原棉，动植物油、脂、蜡，鱼等水生动物，虫胶、树胶、树脂等；子仁及果实、工业或药用植物；精油；其他动物产品，编结用植物材料，废棉和精梳棉，咖啡、茶、调味香料。其出口额之和为18.12亿美元，占印度对中国出口农产品总额的96.18%。

（5）与南非农产品贸易关系。2014年印度与南非农产品进出口额为3.83亿美元，同比下降8.74%，占印度农产品进出口额的比例为0.60%，比2013年的0.63%略有上升。其中，印度对南非农产品的进口额为0.80亿美元，同比上升60.13%，占印度农产品进口额的比重为0.80%，比2013年的0.27%增加0.53%；印度对南非农产品出口额为3.03亿美元，同比下降18.02%，占印度农产品出口额的比重为0.74%，比2013年的0.76%稍有下降。

2014年印度从南非进口的农产品种类排在前10的有羊毛，食用水果、坚果；原棉；蔬菜、水果、坚果制品，烟草及代用品的制品，子仁及果实、工业或药用植物，绵羊或山羊的生皮；饮料、酒、醋，谷物，杂项食品，其进口额之和为0.78亿美元，占从中国进口农产品总额的97.5%。

2014年印度出口到南非的农产品种类排在前10位的有谷物，鱼等水生动物，咖啡、茶、调味香料，烟草及代用品的制品，精油，杂项食品；蔬菜、水果、坚果制品，子仁及果实、工业或药用植物，食用蔬菜，糖及糖食。其出口额之和为2.74亿美元，占印度对中国出口农产品总额的90.43%。

4. 中　国

21世纪以来，中国与其他金砖国家的农产品贸易合作越来越频繁，其对中国农产品贸易的贡献越来越大。2000—2014年，中国与其他金砖国家的农产品进出口额由15.95亿美元涨至290.96亿美元，占到中国农产品进出口额的比重由3.82%增至16.15%，其中，进口额由11.56亿美元增至251.92亿美元，占其农产品进口额的比重由4.79%提升到22.73%，其他金砖国家正成为中国主要的农产品进口来源地；出口额由4.38亿美元增至39.04亿美元，占其农产品出口额的比例也由2.49%提升至5.63%，比重也在逐步提高（表4-53）。2000—2014年，中国与巴西的农产品贸易增速最快，进出口额由5.72亿美元增至216.69亿美元，占中国农产品进出口额的比例由1.37%增至12.03%，是金砖国家中与中国农产品贸易最大的；同期，中国与俄罗斯、印度和南非的农产品贸易同样保持增长态势。

表 4-53　2000—2014 年中国与其他金砖国家农产品贸易状况　　单位：亿美元

		2000 年	2005 年	2010 年	2013 年	2014 年
巴西	进口额	5.56	28.38	98.90	219.56	210.15
	出口额	0.17	0.70	5.10	8.53	6.54
	进出口额	5.72	29.08	103.99	228.09	216.69
俄罗斯	进口额	4.38	11.46	13.88	15.64	15.45
	出口额	1.79	7.29	15.32	20.94	22.93
	进出口额	6.18	18.75	29.20	36.58	38.38
印度	进口额	1.44	3.43	22.76	29.35	20.36
	出口额	1.98	2.11	5.17	6.01	6.24
	进出口额	3.41	5.54	27.93	35.35	26.60
南非	进口额	0.19	0.54	3.10	5.14	5.96
	出口额	0.45	1.03	2.73	3.39	3.33
	进出口额	0.64	1.57	5.83	8.53	9.29
世界	进口额	241.14	424.25	989.65	1 180.10	1 108.53
	出口额	175.92	238.32	435.48	670.57	692.93
	进出口额	417.07	662.57	1 425.13	1 850.67	1 801.46

数据来源：2000—2014 年数据为联合国贸易数据库。数据仅包含（海关数据 1-24、29.543、290544、3301-3505、380910、4101-4103、5001-5003、5101、5103、5201-5203、5301）中数据。http://comtrade.un.org/data/

为了更准确地把握中国与其他金砖国家农产品贸易的主要关系，以 2014 年数据为基础，重点分析进出口集中的农产品类型及其占比。

（1）2014 年中国农产品贸易规模与结构总体状况。2014 年中国农产品进出口额为 1 801.46亿美元，同比减少 2.66%，其中，进口额为 1 108.53亿美元，同比减少 6.06%；出口额为 692.93 亿美元，同比增 3.33%。

2014 年中国从世界进口农产品种类中排在前 10 位的有子仁及果实、工业或药用植物，谷物、粉或乳的制品，鱼及水生动物；乳品、蛋品、蜂蜜等，谷物，肉及食用杂碎，食用水果、坚果，原棉，食品工业残渣废料、动物饲料，饮料、酒、醋。其进口额占到进口总额的 82.05%。

2014 年中国出口到世界的农产品种类中排在前 10 位的有鱼等水生动物，肉、鱼及其他水生动物的制品，食用蔬菜，蔬菜、水果、坚果制品；食用水果、坚果，食品工业残渣废料、动物饲料，子仁及果实、工业或药用植物，杂项食品，咖啡、茶、调味香料，其他动物产品。其出口额占到出口总额的 82.21%。

（2）与巴西农产品贸易关系。2014 年中国与巴西农产品进出口额为 216.69 亿美元，同比下降 5%，占中国农产品进出口额的比例为 12.03%，比 2013 年的 12.32%下降了 0.3%。其中，中国对巴西的农产品进口额为 210.15 亿美元，同比下降 4.28%，占中国农产品进口额的比重为 18.96%，比 2013 年的 18.61%增加了 0.35%；中国对巴西农产品出口额为 6.54 亿美元，同比下降 23.31%，占中国农产品出口额的比重为 0.94%，比 2013

年的1.27%下降0.33%。

2014年中国从巴西进口的农产品种类排在前10位的有子仁及果实、工业或药用植物，糖及糖类食物；动植物油、脂、蜡，烟草及代用品的制品，原棉；蔬菜、水果、坚果制品，杂项食品；虫胶、树胶、树脂等，咖啡、茶、调味香料，精油。其进口额占从巴西进口农产品总额的99.9%。

2014年中国出口到巴西的农产品种类排在前10位的有鱼及水生动物；食用蔬菜；其他动物产品；蔬菜、水果、坚果制品；食品工业残渣废料、动物饲料；杂项食品；虫胶、树胶、树脂等；糖及糖类食物；子仁及果实、工业或药用植物；改性淀粉，其出口额占对巴西出口农产品总额的94.72%。

（3）与俄罗斯农产品贸易关系。2014年中国与俄罗斯农产品进出口额为38.38亿美元，同比增长4.92%，占中国农产品进出口额的比例为2.13%，比2013年的1.98%略有上涨。其中，中国对俄罗斯农产品的进口额为11.45亿美元，同比下降1.23%，占中国农产品进口额的比重为1.39%，比2013年的1.33%稍有上涨；中国对俄罗斯农产品出口额为22.93亿美元，同比增长9.52%，占中国农产品出口额的比重为3.31%，比2013年的3.12%有所上涨。

2014年中国从俄罗斯进口的农产品种类排在前10位的有鱼及水生动物；食品工业残渣废料、动物饲料，活动物，食用水果、坚果；子仁及果实、工业或药用植物，其他动物产品，烟草及代用品的制品，动植物油、脂、蜡，谷物；饮料、酒、醋，其进口额占从俄罗斯进口农产品总额的98.9%。

2014年中国出口到俄罗斯的农产品种类排在前10位的有蔬菜、水果、坚果的制品；肉、鱼及其他水生动物的制品；食用蔬菜；食用水果、坚果；鱼等水生动物；杂项食品；改性淀粉；咖啡、茶、调味香料；食品工业残渣废料、动物饲料；糖及糖类食物，其出口额占对俄罗斯出口农产品总额的91.85%。

（4）与印度农产品贸易关系。2014年中国与印度农产品进出口额为26.6亿美元，同比下降24.75%，占中国农产品进出口额的比例为1.48%，比2013年的1.91%下降了0.43%。其中，中国对印度农产品的进口额为20.36亿美元，同比下降30.62%，占中国农产品进口额的比重为1.84%，比2013年的2.49%下降0.65%；中国对印度农产品出口额为6.24亿美元，同比增长3.93%，占中国农产品出口额的比重为0.90%，与2013年的0.90%持平。

2014年中国从印度进口的农产品种类排在前10位的有原棉，动植物油、脂、蜡，鱼及水生动物，食用蔬菜；精油，子仁及果实、工业或药用植物；虫胶、树胶、树脂等，废棉和精梳棉，编结用植物材料，咖啡、茶、调味香料。其进口额占从印度进口农产品总额的97.63%。

2014年中国出口到印度的农产品种类排在前10位的有生丝和废丝；食用水果、坚果；虫胶、树胶、树脂等；精油；食用蔬菜；蔬菜、水果、坚果的制品；糖及糖类食物；食品工业残渣废料、动物饲料；咖啡、茶、调味香料；杂项食品，其出口额占对印度出口农产品总额的88.86%。

（5）与南非农产品贸易关系。2014年中国与南非农产品进出口额为9.29亿美元，同比上涨8.79%，占中国农产品进出口额的比例为0.52%，比2013年的0.51%稍有提高。

其中，中国对南非农产品的进口额为5.96亿美元，同比增长15.9%，占中国农产品进口额的比重为0.54%，比2013年的0.44%提高了0.10%；中国对南非农产品出口额为3.33亿美元，同比下降1.99%，占中国农产品出口额的比重为0.48%，比2013年的0.51%略有下降。

2014年中国从南非进口的农产品种类排在前10的有羊毛，食用水果、坚果，生皮，鱼及水生动物；饮料、酒、醋，食品工业残渣废料、动物饲料，蔬菜、水果、坚果的制品，绵羊或山羊的生皮，原棉，活植物、插花等，其进口额占从南非进口农产品总额的98.23%。

2014年中国出口到南非的农产品种类排在前10位的有：蔬菜、水果、坚果的制品，其他动物产品，食用蔬菜，改性淀粉，糖及糖类食物，鱼及水生动物，杂项食品，肉、鱼及其他水生动物的制品，咖啡、茶、调味香料，烟草及代用品的制品，其出口额占对南非出口农产品总额的88.27%。

5. 南　非

2000年以来，南非与其他金砖国家农产品贸易不断增长，进出口额由2000年的1.4亿美元增至2014年的18.19亿美元，年均增长20%，占南非农产品进出口额比例由3.96%提高到11.59%，对南非农产品贸易的重要性凸显。2000—2014年，南非与其他金砖国家农产品贸易均呈增长趋势，2014年其与中国、俄罗斯的农产品进出口相对较多，分别为6.88亿美元和4.48亿美元，比2000年分别增长了12.71倍和578.46倍；与俄罗斯农产品贸易的进出口额年均增速最快，由0.08亿美元增至4.48亿美元，年均增长34%，进口额由0.01亿美元增至2.76亿美元，年均增长率达到53%；与印度保持平稳增长态势，占其农产品进出口额的比重由0.91%增至2.34%（表4-54）。

表4-54　2000—2014年南非与其他金砖国家农产品贸易状况　　单位：亿美元

		2000年	2005年	2010年	2013年	2014年
巴西	进口额	0.32	2.53	3.62	4.88	2.92
	出口额	0.10	0.06	0.15	0.16	0.23
	进出口额	0.41	2.59	3.77	5.04	3.15
俄罗斯	进口额	0.01	0.01	0.02	0.84	2.76
	出口额	0.07	0.40	1.66	1.95	1.72
	进出口额	0.08	0.41	1.67	2.79	4.48
印度	进口额	0.38	1.32	1.66	3.64	3.14
	出口额	0.03	0.25	0.44	0.52	0.54
	进出口额	0.41	1.58	2.10	4.16	3.67
中国	进口额	0.37	1.03	2.97	4.98	3.12
	出口额	0.13	0.64	1.76	3.67	3.76
	进出口额	0.50	1.67	4.73	8.64	6.88
世界	进口额	13.92	27.26	49.13	72.29	57.87
	出口额	21.51	39.19	61.16	101.73	99.01
	进出口额	35.43	66.46	110.29	174.01	156.88

数据来源：2000—2014年数据为联合国贸易数据库

为了更准确地把握南非与其他金砖国家农产品贸易的主要关系，以 2014 年数据为基础，重点分析进出口集中的农产品类型及其占比。

（1）南非总体状况。2014 年南非农产品进出口额为 156.88 亿美元，同比下降 9.84%，其中，进口额为 57.87 亿美元，同比下降 19.94%；出口额为 99.01 亿美元，同比下降 2.67%。

2014 年南非从世界进口农产品种类中排在前 10 位的有谷物；动植物油、脂、腊等，肉及食用杂碎，饮料、酒、醋；食品工业残渣废料、动物饲料，糖及糖食；杂项食品，鱼及水生动物，蔬菜、水果、坚果的制品，咖啡、茶、调味香料，其进口额之和为 47.84 亿美元，占到进口总额的 82.67%。

2014 年南非出口到世界的农产品种类中排在前 10 位的有食用水果、坚果，饮料、酒、醋，谷物，蔬菜、水果、坚果的制品，糖及糖食；鱼及水生动物，杂项食品，乳品、蛋品、蜂蜜等，动植物油、脂、腊等，羊毛，其出口额之和为 79.57 亿美元，占到出口总额的 80.37%。

（2）与巴西农产品贸易关系。2014 年南非与巴西农产品进出口额为 3.15 亿美元，同比下降 37.53%，占南非农产品进出口额的比例为 2.01%，比 2013 年的 2.89%下降了 0.89%。其中，南非对巴西的农产品进口额为 2.92 亿美元，同比下降 40.17%，占南非农产品进口额的比重为 5.04%，比 2013 年的 6.75%下降了 1.71%；南非对巴西农产品出口额为 0.23 亿美元，同比上涨 43.26%，占南非农产品出口额的比重为 0.23%，比 2013 年的 0.16%下降了 0.07%。

2014 年南非从巴西进口的农产品种类排在前 10 位的有肉及食用杂碎；糖及糖食；烟草及代用品的制品；子仁及果实、工业或药用植物，咖啡、茶、调味香料，饮料、酒、醋，食品工业残渣废料、动物饲料，动植物油、脂、蜡，改性淀粉，杂项食品，其进口额之和为 2.84 亿美元，占从巴西进口农产品总额的 97.26%。

2014 年南非出口到巴西的农产品排在前 10 位的有饮料、酒、醋，食用水果、坚果，蔬菜、水果、坚果的制品，子仁及果实、工业或药用植物；其他动物产品，杂项食品，咖啡、茶、调味香料，鱼等水生动物，食品工业残渣废料、动物饲料，活植物、插花等，其出口额之和为 0.23 亿美元。

（3）与俄罗斯农产品贸易关系。2014 年南非与俄罗斯农产品进出口额为 4.48 亿美元，同比上涨 60.48%，占南非农产品进出口额的比例为 2.86%，比 2013 年的 1.61%上涨了 1.25%。其中，南非对俄罗斯的农产品进口额为 2.76 亿美元，同比上涨 229%，占南非农产品进口额的比重为 4.77%，比 2013 年的 1.16%上涨了 3.61%；南非对俄罗斯农产品出口额为 1.72 亿美元，同比下降 11.87%，占南非农产品出口额的比重为 1.74%，比 2013 年的 1.92%下降了 0.18%。

2014 年南非从俄罗斯进口的农产品种类较多，但是集中度较高，仅对谷物的进口额就达到了 2.73 亿美元，占到了其从俄罗斯进口农产品总额的 98.95%。此外，还少量进口烟草及代用品的制品，杂项食品，食用蔬菜，咖啡、茶、调味香料等。

2014 年南非出口到俄罗斯的农产品同样呈现较高集中度，仅食用水果、坚果这一项的出口额就达到了 1.38 亿美元，占到其对俄罗斯农产品出口总额的 80%。此外，还少量出口饮料、酒、醋，蔬菜、水果、坚果的制品，活植物、插花等，以及子仁及果实、工业或药用植物等。

（4）与印度农产品贸易关系。2014 年南非与印度农产品进出口额为 3. 67 亿美元，同比下降 11. 77%，占南非农产品进出口额的比例为 2. 34%，比 2013 年的 2. 39%下降了 0. 05%。其中，南非对印度的农产品进口额为 3. 14 亿美元，同比上涨 13. 9%，占南非农产品进口额的比重为 5. 42%，比 2013 年的 5. 04%上涨了 0. 38%；南非对印度农产品出口额为 0. 54 亿美元，同比上涨 3. 15%，占南非农产品出口额的比重为 0. 54%，比 2013 年的 0. 51%上涨了 0. 03%。

2014 年南非从印度进口的农产品种类排在前 10 位的有谷物，鱼等水生动物，咖啡、茶、调味香料；烟草及代用品的制品，蔬菜、水果、坚果的制品，杂项食品，子仁及果实、工业或药用植物，精油，动植物油、脂、蜡；食用蔬菜，其进口额之和为 2. 83 亿美元，占从印度进口农产品总额的 90. 13%。

2014 年南非出口到印度的农产品排在前 10 位的有羊毛，食用水果、坚果，蔬菜、水果、坚果的制品，虫胶、树胶、树脂等，鱼等水生动物，饮料、酒、醋，绵羊或山羊的生皮，子仁及果实、工业或药用植物，谷物，及杂项食品，其出口额之和为 0. 52 亿美元，占对印度农产品出口总额的 96. 30%。

（5）与中国农产品贸易关系。2014 年南非与中国农产品进出口额为 6. 88 亿美元，同比下降 20. 37%，占南非农产品进出口额的比例为 4. 39%，比 2013 年的 4. 97%下降了 0. 58%。其中，南非对中国的农产品进口额为 3. 12 亿美元，同比下降 37. 32%，占南非农产品进口额的比重为 5. 39%，比 2013 年的 6. 89%下降了 1. 49%；南非对中国农产品出口额为 3. 76 亿美元，同比上涨 2. 66%，占南非农产品出口额的比重为 3. 80%，比 2013 年的 3. 6%上涨了 0. 20%。

2014 年南非从中国进口的农产品种类排在前 10 位的有蔬菜、水果、坚果的制品，食用蔬菜，其他动物产品；改性淀粉，糖及糖食；肉、鱼及其他水生动物的制品，杂项食品，谷物、粉或乳的制品、糕饼点心，食品工业残渣废料、动物饲料，咖啡、茶、调味香料，其进口额之和为 2. 64 亿美元，占从中国进口农产品总额的 84. 62%。

2014 年南非出口到中国的农产品排在前 10 位的有羊毛，食用水果、坚果，饮料、酒、醋，牛、马等动物的生皮，食品工业残渣废料、动物饲料，鱼等水生动物，蔬菜、水果、坚果的制品，绵羊或山羊的生皮，其他动物产品；编结用植物材料，其出口额之和为 3. 65 亿美元，占对中国农产品出口总额的 97. 07%。

（二）金砖国家间主要农产品贸易结构

作为金砖各国主要的农产品类型，水稻、小麦、玉米、大豆、食糖、大蒜、马铃薯、苹果、橙子、牛肉、鸡肉、猪肉和牛奶与奶酪在各国农产品进出口贸易中占有重要位置。巴西在食糖、大豆、大蒜和鸡肉方面与其他金砖国家的合作较多，但是在水稻、小麦、玉米方面贸易往来较少。

1. 巴　西

巴西是世界上重要的农产品出口国，2014 年在上述 13 类主要农产品中，巴西食糖出口量、额均居世界首位；玉米和大豆出口量、额均居世界第 2 位；鸡肉的出口量、额分别居世界第 2 位和第 1 位；水稻出口量、额分别居世界第 6 和第 7 位；大蒜进口量、额均居世界第2位；小麦的进口量、额也排在世界前列，分别为第5和第6位。巴西在食糖、大豆、大蒜和鸡肉方面与其他金砖国家的合作较多，但是在水稻、小麦、玉米方面贸易往来较少。

就玉米而言，2015年巴西对其他金砖国家玉米出口量、额分别仅为47.46万吨和0.85亿美元，占巴西玉米出口量、额的比例分别为1.64%和1.70%，虽比2000年的0.08%和0.05%有所提高，但对巴西玉米出口的贡献仍然较低。就水稻而言，2015年巴西对其他金砖国家水稻出口量、额分别为1.11万吨和0.04万美元，占巴西水稻出口量、额的比例均为1.15%。就小麦而言，巴西与俄罗斯、印度、中国、南非的小麦进出口来往均较少，仅是个别年份对个别国家存在少量的进口或出口。

就食糖而言，2000—2015年巴西对其他金砖国家的出口量由188.78万吨增至375.1万吨，占巴西食糖出口量的比重由29.03%降至15.63%；出口额由3.13亿美元增至11.83亿美元，占巴西食糖出口额的比重由26.12%降至15.48%。目前，中国是巴西食糖最大的出口地，2001—2014年巴西对中国的食糖出口量由13.03万吨增至250.68万吨，年均增长23.52%，出口额由0.26亿美元增至7.64亿美元，年均增长27.16%；2015年对中国的出口量、额占到巴西食糖出口量、额的比例分别为10.44%和9.99%，比2000年的1.17%和1.14%均大幅提高。印度是金砖国家中仅次于中国的，巴西第二大的食糖贸易伙伴，2000—2015年，巴西对印度的食糖出口量由2.8万吨增至151.86万吨，年均增长30.5%，出口额由0.04亿美元增至4.58亿美元，年均增长36.33%，2014年对印度的出口量、额占到巴西食糖出口量、额的比例分别6.32%和6%，比2000年的0.43%和0.33%均大幅提高。

就大豆而言，2000—2015年巴西对其他金砖国家的出口量由178.36万吨增至4155.78万吨，占巴西大豆出口量的比重由15.49%涨至76.5%；出口额由3.37亿美元增至160.51亿美元，占巴西大豆出口额的比重由15.42%增至76.49%。目前，中国是巴西大豆最大的出口地，2000—2015年巴西对中国的大豆出口量由178.36万吨增至4092.55万吨，年均增长23.23%；出口额由3.37亿美元增至157.88亿美元，年均增长29.23%。2015年对中国的出口量、额占到巴西大豆出口量、额的比例分别为75.34%和75.24%，比2000年的15.49%和15.42%均大幅提高。俄罗斯是金砖国家中仅次于中国，巴西第二大的大豆贸易伙伴，2014年对俄罗斯的出口量、额分别为5.03万吨和2.32亿美元。

就大蒜而言，巴西在金砖国家中几乎仅与中国存在贸易来往（除与印度在2011年，与南非在2000年和2001年存在少量往来，数额较小，几乎为零），所以巴西与中国的大蒜贸易数据代表着巴西与其他金砖国家大蒜贸易状况。2000—2015年，巴西对中国的大蒜的进口量由1.33万吨增至9.68万吨，占巴西大蒜进口量的比重由14.99%涨至59.83%；进口额由0.09亿美元增至0.95亿美元，占巴西大蒜进口额的比重由13.96%增至54.24%。

就鸡肉而言，2000—2015年巴西对其他金砖国家的出口量由6万吨增至64.42万吨，占巴西鸡肉出口量的比重由6.32%涨至16.21%；出口额由0.33亿美元增至8.64亿美元，占巴西鸡肉出口额的比重由3.74%增至13.54%。金砖国家中，巴西对中国的鸡肉出口量最大（不包括中国香港），2000—2015年巴西对中国的鸡肉出口量由1.89万吨增至30.7万吨，年均增长19.5%，出口额由0.11亿美元增至6.08亿美元，年均增长31.65%。

2015 年对中国的出口量、额占到巴西大豆出口量、额的比例分别为 7.73%和 9.53%，比 2000 年的 1.99%和 1.26%均大幅提高。南非是金砖国家中仅次于中国的，巴西第二大的鸡肉贸易伙伴，2015 年对南非的出口量、额分别为 24.21 万吨和 1.33 亿美元。

此外，巴西与其他金砖国家在橙子、牛肉、牛奶与奶酪、马铃薯等方面的贸易交往几乎为零（表 4-55）。

表 4-55　2000—2015 年巴西与其他金砖国家主要农产品贸易状况

单位：万吨、亿美元

项目		年份							
		2000	2005	2010	2011	2012	2013	2014	2015
水稻	进口量	1.99	0.00	0.01	0.00	0.05	0.01	0.00	0.00
	进口额	0.02	0.00	0.00	0.00	0.00	0.00	0.00	0.00
	出口量	0.00	0.10	0.38	8.90	4.83	0.57	0.02	1.11
	出口额	0.00	0.00	0.02	0.47	0.28	0.03	0.00	0.04
小麦	进口量	0.00	0.00	2.87	0.00	0.00	0.00	0.00	0.00
	进口额	0.00	0.00	0.06	0.00	0.00	0.00	0.00	0.00
	出口量	0.00	0.00	13.86	9.14	32.04	20.96	0.00	0.00
	出口额	0.00	0.00	0.24	2.09	0.84	0.62	0.00	0.00
玉米	进口量	0.00	0.00	0.00	0.00	0.00	0.00	0.00	0.00
	进口额	0.00	0.00	0.00	0.00	0.00	0.00	0.00	0.00
	出口量	0.00	6.92	6.74	6.93	8.04	5.11	2.47	47.46
	出口额	0.00	0.06	0.13	0.20	0.19	0.12	0.05	0.85
大豆	进口量	0.00	0.00	0.00	0.00	0.00	0.00	0.00	0.00
	进口额	0.00	0.00	0.00	0.00	0.00	0.00	0.00	0.00
	出口量	178.36	716.21	1 945.31	2 237.49	2 267.90	3 224.78	3 322.65	4 155.78
	出口额	3.37	17.18	72.91	111.00	119.53	171.46	169.19	160.51
食糖	进口量	0.00	0.00	0.00	0.00	0.00	0.00	0.00	0.00
	进口额	0.00	0.00	0.00	0.00	0.00	0.00	0.00	0.00
	出口量	188.78	549.71	717.00	583.60	479.35	630.16	552.45	375.10
	出口额	3.13	10.84	31.50	33.19	24.48	26.51	21.16	11.83
大蒜	进口量	1.33	7.18	9.72	10.07	8.83	12.14	10.39	9.68
	进口额	0.09	0.31	1.41	1.02	0.89	1.13	0.81	0.95
	出口量	0.00	0.00	0.00	0.00	0.00	0.00	0.00	0.00
	出口额	0.00	0.00	0.00	0.00	0.00	0.00	0.00	0.00
苹果	进口量	0.00	0.00	0.00	0.00	0.00	0.00	0.00	0.00
	进口额	0.00	0.00	0.00	0.00	0.00	0.00	0.00	0.00
	出口量	0.02	0.00	0.33	0.05	0.08	0.08	0.00	0.33
	出口额	0.00	0.00	0.02	0.01	0.01	0.01	0.00	0.03
橙子	进口量	0.00	0.00	0.00	0.00	0.00	0.00	0.00	0.00
	进口额	0.00	0.00	0.00	0.00	0.00	0.00	0.00	0.00
	出口量	0.00	0.00	0.00	0.00	0.00	0.00	0.00	0.00
	出口额	0.00	0.00	0.00	0.00	0.00	0.00	0.00	0.00

（续表）

项　目		年　份							
		2000	2005	2010	2011	2012	2013	2014	2015
牛肉	进口量	0.00	0.00	0.00	0.00	0.00	0.00	0.00	0.00
	进口额	0.00	0.00	0.00	0.00	0.00	0.00	0.00	0.00
	出口量	0.09	0.01	0.02	0.09	0.00	0.04	0.00	0.12
	出口额	0.00	0.00	0.00	0.00	0.00	0.00	0.00	0.05
猪肉	进口量	0.00	0.00	0.00	0.00	0.00	0.00	0.00	0.00
	进口额	0.00	0.00	0.00	0.00	0.00	0.00	0.00	0.00
	出口量	2.31	40.92	22.90	12.42	12.95	13.57	18.68	24.19
	出口额	0.30	8.27	6.45	3.91	3.75	4.15	8.11	6.52
牛奶	进口量	0.00	0.00	0.00	0.00	0.00	0.00	0.00	0.00
	进口额	0.00	0.00	0.00	0.00	0.00	0.00	0.00	0.00
	出口量	0.00	0.00	0.00	0.00	0.00	0.00	0.00	0.00
	出口额	0.00	0.00	0.00	0.00	0.00	0.00	0.00	0.00
马铃薯	进口量	0.00	0.00	0.00	0.00	0.00	0.00	0.00	0.00
	进口额	0.00	0.00	0.00	0.00	0.00	0.00	0.00	0.00
	出口量	0.00	0.00	0.00	0.00	0.00	0.00	0.00	0.00
	出口额	0.00	0.00	0.00	0.00	0.00	0.00	0.00	0.00

数据说明：2000—2015年巴西对俄罗斯、印度、中国和南非的商品贸易数据摘自联合国商品贸易数据库

2. 俄罗斯

俄罗斯是世界上重要的农产品进口国。2014年在上述13类主要农产品中，俄罗斯苹果进口量、额均居世界首位；橙子进口量、额分别居世界第3位和第1位；马铃薯进口量、额分别居世界第3位和第1位；大蒜进口量、额居世界第7位和第6位；大豆进口量、额居世界第7位和第9位；猪肉进口量、额居世界第8位和第6位；牛肉和食糖的进口量、额也均居世界前20位。同时，俄罗斯是世界上重要的小麦出口国，2014年其小麦出口量、额分别居世界第3位和第4位，此外，玉米出口量、额分别居世界第8位和第9位，大豆出口量、额均居世界前20位。俄罗斯与其他金砖国家在大蒜、马铃薯、橙子、食糖、猪肉、鸡肉等方面进口数据、金额及其所占比例均呈上涨趋势；与水稻、苹果的贸易则出现明显下降趋势；在大豆、牛肉、牛奶与奶酪方面，俄罗斯与其他金砖国家贸易来往较少。

就水稻而言，2000—2014年，俄罗斯从其他金砖国家的进口量由26.97万吨降至10.55万吨，占俄罗斯水稻进口量的比重由76.71%降至34.91%；进口额由0.51亿美元增至0.52亿美元，占俄罗斯水稻进口额的比重由72.91%降至32.97%。目前，在金砖国家中，俄罗斯进口水稻最多的国家是印度，2000—2014年，俄罗斯从印度进口水稻的数量由5.14万吨增至9.69万吨，年均增长4.63%；进口额由0.15亿美元增至0.47亿美元，年均增长8.75%。2014年从印度的进口量、额占到俄罗斯水稻进口量、额的比例分别为32.09%和29.88%，比2000年的14.63%和21%均大幅提高。中国是金砖国家中仅次于印度的，俄罗斯第二大的水稻贸易伙伴，2000—2014年俄罗斯从中国进口水稻贸易

逐年缩减，2014 年从中国进口水稻的数量、金额分别为 0.85 万吨和 0.05 亿美元。就小麦、玉米而言，虽说俄罗斯是重要的小麦、玉米出口国，但是其主要出口到土耳其、埃及、新西兰等国家与地区，与其他金砖国家的小麦、玉米贸易相对较低，2014 年俄罗斯对其他金砖国家的小麦出口量、额仅占其小麦出口量、额的 1.79%和 0.04%，有些年份甚至为零；2014 年俄罗斯对其他金砖国家的玉米出口量、额仅占其玉米出口量、额的 3.57%和 0.07%，有些年份甚至为零。

就苹果而言，2000—2014 年俄罗斯从其他金砖国家的进口量由 4.81 万吨增至 9 万吨，占俄罗斯苹果进口量的比重由 24.04%降至 8.57%；进口额由 0.14 亿美元增至 0.57 亿美元，占俄罗斯苹果进口额的比重由 16.88%降至 9.26%。目前，在金砖国家中，俄罗斯进口苹果最多的国家是中国，2000—2014 年俄罗斯从中国进口苹果的数量由 4.55 万吨增至 8.61 万吨，年均增长 4.67%，进口额由 0.13 亿美元增至 0.54 亿美元，年均增长 10.64%。2014 年从中国的进口量、额占到俄罗斯苹果进口量、额的比例分别为 4.23%和 8.96%，比 2000 年的 7.26%和 4.11%有增有降。南非是金砖国家中仅次于中国的，俄罗斯第二大的苹果贸易伙伴，2014 年从南非进口苹果的数量、金额分别为 0.39 万吨和 0.03 亿美元。俄罗斯与巴西存在少量苹果方面贸易，与印度没有开展该类贸易。

就橙子而言，2000—2014 年俄罗斯从其他金砖国家的进口量由 3.04 万吨增至 12.09 万吨，占俄罗斯橙子进口量的比重由 12.18%升至 25.79%；进口额由 0.08 亿美元增至 1.1 亿美元，占俄罗斯橙子进口额的比重由 12.08%降至 26.34%。目前，在金砖国家中，俄罗斯进口橙子最多的国家是南非，2000—2014 年俄罗斯从南非进口橙子的数量由 2.62 万吨增至 11.61 万吨，年均增长 11.21%，进口额由 0.07 亿美元增至 1.05 亿美元，年均增长 21.1%。2014 年从南非的进口量、额占到俄罗斯橙子进口量、额的比例分别为 24.77%和 25.15%，比 2000 年的 10.51%和 10.37%均大幅提高。中国是金砖国家中仅次于南非的，俄罗斯第二大的橙子贸易伙伴，2014 年从中国进口橙子的数量、金额分别为 0.48 万吨和 0.05 亿美元。俄罗斯与巴西存在少量橙子方面贸易，与印度几乎没有开展该类贸易。

就马铃薯而言，2000—2014 年俄罗斯从其他金砖国家的进口量由 0.54 万吨增至 11.54 万吨，占俄罗斯马铃薯进口量的比重由 1.99%增至 16.72%；进口额由 0.01 亿美元增至 0.59 亿美元，占俄罗斯马铃薯进口额的比重由 1.57%升至 15.38%。目前，在金砖国家中，俄罗斯进口马铃薯最多的国家是中国，2000—2014 年俄罗斯从中国进口马铃薯的数量由 0.54 万吨增至 9.81 万吨，年均增长 23.09%，进口额由 0.01 亿美元增至 0.5 亿美元，年均增长 35.56%。2014 年从中国的进口量、额占到俄罗斯马铃薯进口量、额的比例分别为 14.23%和 13.2%，比 2000 年的 1.99%和 1.57%均大幅提高。印度是金砖国家中仅次于中国的，俄罗斯第二大的马铃薯贸易伙伴，2014 年从印度进口马铃薯的数量、金额分别为 1.72 万吨和 0.08 亿美元。

就大蒜而言，俄罗斯在金砖国家中几乎仅与中国存在贸易来往（与巴西、印度和南非仅在个别年份有贸易往来，但是数据与金额均较低），所以巴西与中国的大蒜贸易数据，代表着巴西与其他金砖国家大蒜贸易状况。就大蒜而言，2000—2014 年，俄罗斯从中国进口的大蒜数量由 1.45 万吨增至 4.44 万吨，占俄罗斯大蒜进口量的比重由 76.47%升至 85.09%；进口额由 0.03 亿美元增至 0.56 亿美元，占俄罗斯大蒜进口额的比重由

61.13%增至83.99%。

就食糖而言，2000—2014年俄罗斯从其他金砖国家的进口量由182.82万吨降至49.14万吨，占俄罗斯食糖进口量的比重由37.92%增至48.78%；进口额由2.8亿美元增至2.06亿美元，占俄罗斯食糖进口额的比重由36.55%升至41.37%。目前，在金砖国家中，俄罗斯进口食糖最多的国家是巴西，与印度、中国、南非仅在个别年份存在少量贸易。

就猪肉而言，2000—2014年俄罗斯从其他金砖国家的进口量由1.61万吨增至12.42万吨，占俄罗斯猪肉进口量的比重由7.53%增至33.37%；进口额由0.14亿美元增至5.21亿美元，占俄罗斯猪肉进口额的比重由6.74%升至34.66%。目前，在金砖国家中，俄罗斯进口猪肉最多的国家是巴西，2000—2014年，俄罗斯从巴西进口猪肉的数量由1.46万吨增至12.37万吨，年均增长16.47%；进口额由0.13亿美元增至5.18亿美元，年均增长30.34%。2014年从巴西的进口量、额占到俄罗斯猪肉进口量、额的比例分别为33.23%和34.5%，比2000年的6.87%和5.97%均大幅提高。近年来，与印度、中国和南非几乎没有进行猪肉贸易。

此外，俄罗斯与其他金砖国家的鸡肉贸易不断提高，2000—2014年俄罗斯与其他金砖国家进口的鸡肉量、额占其进口量、额的比重分别由2.21%和2.57%提升至13.94%和18.93%。在大豆、牛肉、牛奶与奶酪方面，俄罗斯与其他金砖国家贸易来往较少（表4-56）。

表4-56　2000—2014年俄罗斯与其他金砖国家主要农产品贸易状况

单位：万吨、亿美元

项目		年份						
		2000	2005	2010	2011	2012	2013	2014
水稻	进口量	26.97	15.05	1.66	1.11	6.45	2.89	10.55
	进口额	0.51	0.36	0.08	0.07	0.35	0.16	0.52
	出口量	0.00	0.00	0.00	0.00	0.03	0.02	0.00
	出口额	0.00	0.00	0.00	0.00	0.00	0.00	0.00
小麦	进口量	0.40	0.04	0.00	0.02	0.00	0.02	0.00
	进口额	0.00	0.00	0.00	0.00	0.00	0.00	0.00
	出口量	0.00	0.00	3.27	14.28	10.49	49.98	1.79
	出口额	0.00	0.00	0.06	0.33	0.31	1.24	0.04
玉米	进口量	1.17	0.16	0.01	0.01	0.03	0.11	0.03
	进口额	0.01	0.00	0.00	0.00	0.00	0.03	0.00
	出口量	0.00	0.00	0.00	0.01	0.42	0.49	3.57
	出口额	0.00	0.00	0.00	0.00	0.01	0.01	0.07
大豆	进口量	0.01	3.46	42.08	30.24	12.51	0.00	0.00
	进口额	0.00	0.09	1.96	1.70	0.90	0.00	0.00
	出口量	4.38	0.01	0.00	0.00	0.00	0.00	0.00
	出口额	0.08	0.00	0.00	0.00	0.00	0.00	0.00

（续表）

项目		年份						
		2000	2005	2010	2011	2012	2013	2014
食糖	进口量	182. 82	236. 58	179. 32	206. 99	40. 68	39. 67	49. 14
	进口额	2. 80	6. 10	9. 97	15. 16	2. 28	1. 89	2. 06
	出口量	0. 00	0. 00	0. 00	0. 00	0. 00	0. 00	0. 00
	出口额	0. 00	0. 00	0. 00	0. 00	0. 00	0. 00	0. 00
大蒜	进口量	1. 45	3. 95	4. 04	5. 53	3. 99	4. 35	4. 44
	进口额	0. 03	0. 17	0. 30	0. 67	0. 51	0. 58	0. 56
	出口量	0. 00	0. 00	0. 00	0. 00	0. 00	0. 00	0. 00
	出口额	0. 00	0. 00	0. 00	0. 00	0. 00	0. 00	0. 00
苹果	进口量	4. 81	12. 77	16. 27	14. 67	13. 44	11. 81	9. 00
	进口额	0. 14	0. 54	0. 82	0. 81	0. 79	0. 74	0. 57
	出口量	0. 00	0. 00	0. 00	0. 00	0. 00	0. 00	0. 00
	出口额	0. 00	0. 00	0. 00	0. 00	0. 00	0. 00	0. 00
橙子	进口量	3. 04	5. 89	14. 71	12. 67	13. 21	13. 89	12. 09
	进口额	0. 08	0. 31	1. 29	1. 18	1. 22	1. 31	1. 10
	出口量	0. 00	0. 00	0. 00	0. 00	0. 00	0. 00	0. 00
	出口额	0. 00	0. 00	0. 00	0. 00	0. 00	0. 00	0. 00
牛肉	进口量	0. 00	0. 03	0. 00	0. 00	0. 00	0. 00	0. 00
	进口额	0. 00	0. 01	0. 00	0. 00	0. 00	0. 00	0. 00
	出口量	0. 00	0. 00	0. 00	0. 00	0. 00	0. 00	0. 00
	出口额	0. 00	0. 00	0. 00	0. 00	0. 00	0. 00	0. 00
鸡肉	进口量	1. 52	24. 54	14. 27	7. 01	7. 03	5. 43	6. 33
	进口额	0. 09	2. 02	2. 58	1. 49	1. 57	1. 47	1. 52
	出口量	0. 00	0. 00	0. 00	0. 03	0. 00	0. 00	0. 00
	出口额	0. 00	0. 00	0. 00	0. 00	0. 00	0. 00	0. 00
猪肉	进口量	1. 61	39. 96	22. 52	13. 43	12. 44	12. 86	12. 42
	进口额	0. 14	5. 89	7. 06	4. 34	4. 00	4. 37	5. 21
	出口量	0. 00	0. 00	0. 00	0. 00	0. 00	0. 00	0. 00
	出口额	0. 00	0. 00	0. 00	0. 00	0. 00	0. 00	0. 00
牛奶与奶酪	进口量	0. 00	0. 00	0. 00	0. 00	0. 00	0. 00	0. 00
	进口额	0. 00	0. 00	0. 00	0. 00	0. 00	0. 00	0. 00
	出口量	0. 00	0. 00	0. 00	0. 00	0. 00	0. 00	0. 00
	出口额	0. 00	0. 00	0. 00	0. 00	0. 00	0. 00	0. 00

（续表）

项 目		年 份						
		2000	2005	2010	2011	2012	2013	2014
马铃薯	进口量	0.54	5.23	3.54	9.21	5.19	5.90	11.54
	进口额	0.01	0.12	0.15	0.45	0.25	0.31	0.59
	出口量	0.00	0.01	0.00	0.00	0.00	0.00	0.00
	出口额	0.00	0.00	0.00	0.00	0.00	0.00	0.00

3. 印 度

印度是世界上的农产品出口大国，2014 年在上述 13 类主要农产品中，印度水稻出口量、额均居世界首位；食糖出口量、额分别居世界第 3 位和第 4 位；玉米出口量、额均居世界第 7 位；小麦出口量、额分别居世界第 10 位和第 9 位；大豆出口量、额均居世界第 10 位；大蒜出口量、额分别居世界第 6 位和第 11 位。印度与其他金砖国家在水稻、大豆、大蒜方面的贸易往来表现出明显的下降趋势（占比明显下降），同时在食糖、苹果的进口方面表现出明显的增长态势，其中，食糖进口量、额分别居世界第 9 位和第 14 位，从其他金砖国家进口的食糖几乎占到进口量、额的 100%。

就水稻而言，印度与其他金砖国家的贸易往来以出口为主，2000—2014 年进口量、额均为零。2000—2014 年印度对其他金砖国家的出口量由 9.65 万吨增至 42.98 万吨，占印度水稻出口量的比重由 6.52%降至 3.85%，期间占比波动性较大，最高 2002 年达到 14.89%，最低 2009 年仅为 0.3%；出口额由 0.25 亿美元增至 1.85 亿美元，占印度水稻出口额的比重由 4.03%降至 2.34%，同样占比波动较大，最高 2002 年达到 14.41%，最低 2009 年仅为 0.32%。在其他金砖国家中，南非是印度水稻出口的第一大国，2000—2014 年，印度对南非的水稻出口量由 8.29 万吨增至 33.46 万吨，年均增长 10.48%，出口额由 0.21 亿美元增至 1.44 亿美元，年均增长 14.84%。2014 年对南非的出口量、额占到印度水稻出口量、额的比例分别为 3%和 1.82%，比 2000 年的 5.59%和 3.29%均有所下降。此外，印度对巴西、俄罗斯及中国同样出口水稻，但是出口量、额均很小，但对俄罗斯出口增长趋势明显，2014 年出口量、额分别为 9.52 万吨和 0.41 亿美元，同比增长 261%和 212%。

就玉米而言，印度与其他金砖国家玉米进口贸易急剧下降，对其他金砖国家玉米出口小幅增长。2000—2014 年印度对其他金砖国家的出口量由 5.65 万吨降至 0.06 万吨，占印度玉米出口量的比重由 99.89%降至 8.25%；出口额由 0.25 亿美元增至 1.85 亿美元，占印度玉米出口额的比重由 99.64%降至 6.02%。虽说印度对其他金砖国家的玉米出口量、额均大幅降低，但是近年来表现出的是缓慢增长态势，2002—2011 年印度与其他金砖国家几乎没有玉米出口，2012 年以后开始恢复性增长。2000—2014 年印度对其他金砖国家的进口量由 0 万吨增至 1.47 万吨，占印度玉米进口量的比重由 0 提升到 0.41%；进口额由 0 亿美元增至 0.04 亿美元，占印度玉米进口额的比重由 0 增至 0.47%，虽说进口量、额占比仍然较低，但是表现出明显的增长趋势。

就大豆、大蒜而言，两者最明显的特征就是近年来与其他金砖国家的贸易急剧下降。

2000—2014 年，印度对其他金砖国家的大豆出口量由 1.20 万吨降至 0 万吨，占印度大豆出口量的比重由 27.66%降至 0；出口额由 0.03 亿美元降至 0 亿美元，占印度大豆出口额的比重由 30.16%降至 0。2000—2014 年，印度对其他金砖国家的大蒜进口量由 0.39 万吨降至 0 万吨，进口额由 0.02 亿美元降至 0 亿美元，占印度大蒜进口量、额的比例分别由 78.60%和 80.40%均降至 0。

就食糖而言，虽说印度是世界上重要的食糖出口国，但是其对巴西、俄罗斯、中国、南非出口量较少，2014 年仅为 1.05 万吨和 0.05 亿美元，占其食糖出口量、额的比例仅为 0.43%和 0.44%。但是，印度食糖进口几乎全部来自于金砖国家内部，2000—2014 年印度从其他金砖国家进口食糖的数量由 17.31 万吨增至 137.69 万吨，占印度食糖进口量的比例由 88.26%提升到 99.95%；进口额由 0.38 亿美元增至 5.42 亿美元，占印度食糖进口额的比例由 87.2%增至 99.66%。在金砖国家中，印度食糖最大的进口国是巴西，虽说与中国、南非也有少量进口，但是数量与金额都较少。

就苹果而言，2000—2014 年印度从其他金砖国家进口苹果的数量由 0.04 万吨增至 8.28 万吨，占印度苹果进口量的比例由 9.45%提升到 40.48%；进口额由 28.6 万美元增至 0.87 亿美元，占印度苹果进口额的比例由 9.11%增至 37.07%。在金砖国家中，印度最大的苹果进口国为中国，2000—2014 年，印度从中国进口苹果的数量由 0.01 万吨增至 8.24 万吨，年均增长 64.97%，进口额由 5.62 万美元增至 0.87 亿美元，年均增长 68.92%。2014 年从中国的进口量、额占到印度苹果进口量、额的比例分别为 40.3%和 36.91%，比 2000 年的 1.64%和 1.79%均大幅提高。南非是金砖国家中仅次于中国的，印度第二大的苹果贸易伙伴，2014 年从印度进口苹果的数量、金额分别为 0.04 万吨和 38.69 万美元。

此外，印度与其他金砖国家在牛肉、猪肉、鸡肉等肉类及牛奶与奶制品等奶类方面的贸易往来较少，近年来几乎为零（表 4-57）。

表 4-57　2000—2014 年印度与其他金砖国家主要农产品贸易状况

单位：万吨、亿美元

项目		年份						
		2000	2005	2010	2011	2012	2013	2014
水稻	进口量	0.00	0.00	0.00	0.01	0.00	0.00	0.00
	进口额	0.00	0.00	0.00	0.00	0.00	0.00	0.00
	出口量	9.65	40.61	1.40	19.05	46.16	49.26	42.98
	出口额	0.25	1.07	0.13	0.71	1.91	2.17	1.85
小麦	进口量	0.00	0.00	0.00	0.00	0.00	0.00	0.00
	进口额	0.00	0.00	0.00	0.00	0.00	0.00	0.00
	出口量	0.00	0.00	1.85	0.00	0.14	0.68	0.22
	出口额	0.00	0.00	0.05	0.00	0.00	0.02	0.01
玉米	进口量	5.61	0.00	0.01	0.00	0.01	0.29	0.06
	进口额	0.06	0.00	0.00	0.00	0.00	0.03	0.00
	出口量	0.00	0.68	0.15	13.90	0.89	9.45	1.47
	出口额	0.00	0.02	0.01	0.41	0.02	0.26	0.04

（续表）

项　目		年　份						
		2000	2005	2010	2011	2012	2013	2014
大豆	进口量	0.00	0.00	0.00	0.01	0.01	0.00	0.00
	进口额	0.00	0.00	0.00	0.00	0.00	0.00	0.00
	出口量	1.20	0.00	0.01	0.10	0.02	0.00	0.00
	出口额	0.03	0.00	0.00	0.01	0.00	0.00	0.00
食糖	进口量	17.31	79.22	147.79	7.48	74.68	81.65	137.69
	进口额	0.38	2.05	7.57	0.45	4.00	3.62	5.42
	出口量	0.00	0.03	0.52	4.26	3.66	1.40	1.05
	出口额	0.00	0.00	0.02	0.26	0.20	0.07	0.05
大蒜	进口量	0.39	1.02	0.00	0.00	0.01	0.00	0.00
	进口额	0.02	0.04	0.00	0.00	0.00	0.00	0.00
	出口量	0.00	0.00	0.01	0.01	0.09	0.01	0.00
	出口额	0.00	0.00	0.00	0.00	0.01	0.00	0.00
苹果	进口量	0.04	0.68	5.84	6.76	6.55	9.49	8.28
	进口额	0.00	0.04	0.52	0.67	0.61	0.94	0.87
	出口量	0.00	0.00	0.00	0.00	0.00	0.00	0.03
	出口额	0.00	0.00	0.00	0.00	0.00	0.00	0.00
橙子	进口量	0.00	0.04	0.43	0.29	0.81	0.43	0.53
	进口额	0.00	0.00	0.03	0.02	0.06	0.03	0.04
	出口量	0.00	0.01	0.00	0.00	0.01	0.00	0.00
	出口额	0.00	0.00	0.00	0.00	0.00	0.00	0.00
牛肉	进口量	0.00	0.00	0.00	0.00	0.00	0.00	0.00
	进口额	0.00	0.00	0.00	0.00	0.00	0.00	0.00
	出口量	0.02	0.00	0.00	0.00	0.00	0.00	0.00
	出口额	0.00	0.00	0.00	0.00	0.00	0.00	0.00
鸡肉	进口量	0.00	0.00	0.00	0.00	0.00	0.00	0.00
	进口额	0.00	0.00	0.00	0.00	0.00	0.00	0.00
	出口量	0.00	0.00	0.00	0.00	0.00	0.00	0.00
	出口额	0.00	0.00	0.00	0.00	0.00	0.00	0.00
猪肉	进口量	0.00	0.00	0.00	0.00	0.00	0.00	0.00
	进口额	0.00	0.00	0.00	0.00	0.00	0.00	0.00
	出口量	0.00	0.00	0.00	0.00	0.00	0.00	0.00
	出口额	0.00	0.00	0.00	0.00	0.00	0.00	0.00
牛奶	进口量	0.00	0.00	0.00	0.00	0.00	0.00	0.00
	进口额	0.00	0.00	0.00	0.00	0.00	0.00	0.00
	出口量	0.00	0.00	0.00	0.00	0.00	0.00	0.00
	出口额	0.00	0.00	0.00	0.00	0.00	0.00	0.00

（续表）

项　目		年　份						
		2000	2005	2010	2011	2012	2013	2014
马铃薯	进口量	0.00	0.00	0.00	0.00	0.00	0.00	0.00
	进口额	0.00	0.00	0.00	0.00	0.00	0.00	0.00
	出口量	0.00	0.00	0.03	2.24	0.03	0.14	1.00
	出口额	0.00	0.00	0.00	0.08	0.00	0.01	0.03

4. 中　国

中国是世界上重要的农产品进口国与出口国，2014 年在上述 13 类主要农产品中，中国水稻、大豆进口量、额均居世界首位；食糖进口量、额分别居世界第 1 位和第 2 位；猪肉进口量、额居世界第 6 位和第 11 位；鸡肉进口量、额分别居世界第 5 位和第 7 位；牛奶与乳酪进口量、额分别居世界第 9 位和第 6 位。同时，中国大蒜出口量、额均居世界首位；苹果出口量、额分别居世界第 4 位和第 2 位；马铃薯出口量、额分别居世界第 6 位和第 5 位。中国与其他金砖国家在大豆、食糖、鸡肉进口贸易方面集中度较高，占中国大豆、食糖、鸡肉进口的比例较高，在苹果、橙子、大蒜、马铃薯出口贸易方面集中度较高，占其相应出口的比例较高，但在小麦、玉米、牛肉、猪肉等农产品方面贸易交往较少。

就水稻而言，中国与其他金砖国家的水稻贸易往来主要是出口，且主要是出口到俄罗斯，近年来下降趋势明显。2000—2014 年中国对其他金砖国家水稻出口数量由 22.93 万吨降至 0.79 万吨，出口额由 0.60 亿美元降至 0.06 亿美元，出口量、额占中国水稻出口量、额的比重分别由 7.76%和 10.62%降至 1.88%和 1.47%；中国对俄罗斯的水稻出口数量由 21.48 万吨降至 0.78 万吨，出口额由 0.57 亿美元降至 0.05 亿美元，出口量、额分别下降了 96.37%和 91.23%；中国也对南非保持水稻出口，但数量与金额都较少，2014 年分别为 0.01 万吨和 9.74 万美元。

就大豆而言，中国与其他金砖国家的大豆贸易往来主要是进口，且主要来自巴西，近年来增长趋势明显。2000—2014 年中国从其他金砖国家进口大豆数量由 216.33 万吨增至 3 206.48万吨，进口额由 4.74 亿美元增至 187.46 亿美元，进口量、额占中国大豆进口量、额的比重分别由 20.76%和 20.86%提升到 44.91%和 46.55%；中国从巴西进口的大豆数量由 211.95 万吨增至 3 200.55万吨，进口额由 4.66 亿美元增至 187.24 亿美元，年均增长率分别为 21.4%和 30.19%；中国也从俄罗斯进口少量大豆，2014 年进口量、额分别为 5.93 万吨和 0.21 亿美元。

就食糖而言，中国与其他金砖国家的食糖贸易往来主要是进口，且主要来自巴西，近年来增长趋势明显。2000—2014 年，中国从其他金砖国家进口食糖数量由 0 增至 210.52 万吨，进口额由 0 亿美元增至 8.64 亿美元，进口量、额占中国食糖进口量、额的比重分别提升到 60.39%和 57.80%；中国从巴西进口的食糖数量由 0 增至 210.12 万吨，进口额由 0 增至 8.62 亿美元；中国也从印度进口少量食糖，2014 年进口量、额分别为 0.4 万吨和 0.02 亿美元。同时，中国对俄罗斯开展少量食糖出口。

就大蒜、马铃薯而言，中国与其他金砖国家的水稻贸易往来主要是出口，近年来增长趋势明显。大蒜方面，中国与巴西、俄罗斯、印度、南非均开展了大蒜出口业务，2000—2014 年中国对其他金砖国家大蒜出口数量由 2.15 万吨增至 14.75 万吨，出口额由 0.07 亿美元增至 1.24 亿美元，出口量、额占中国大蒜出口量、额的比重分别由 5.61%和 5.20%升至 8.44%和 8.40%。马铃薯方面，俄罗斯是金砖国家中最大的出口目的地，只是个别年份与巴西、印度、南非存在少量出口，但数据与金额较少，几乎为零。2000—2014 年中国对其他金砖国家马铃薯出口数量由 0.23 万吨增至 9.78 万吨，出口额由 25.27 万美元增至 0.42 亿美元，出口量、额占中国马铃薯出口量、额的比重分别由 5.45%和 5.16%升至 18.11%和 15.39%。

就苹果而言，中国与其他金砖国家苹果贸易往来主要是出口，且主要出口到俄罗斯与印度。2000—2014 年中国对其他金砖国家苹果出口数量由 5.86 万吨增至 16.45 万吨，出口额由 0.16 亿美元增至 1.8 亿美元，出口量、额占中国苹果出口量、额的比重分别由 19.68%和 16.08%变至 19.01%和 17.52%，基本保持稳定；中国出口到俄罗斯的苹果数量由 5.84 万吨增至 8.91 万吨，出口额由 0.15 亿美元增至 0.89 亿美元，年均增长率分别为 3.05%和 13.33%；中国出口到印度的苹果数量由 0.01 万吨增至 7.54 万吨，出口额由 6.1 万美元增至 0.91 亿美元，年均增长率分别为 56.77%和 65.53%。

就橙子而言，中国主要出口到俄罗斯，主要从南非进口，与巴西、印度的贸易往来较少。2000—2014 年中国对其他金砖国家橙子出口数量由 0.01 万吨增至 0.45 万吨，出口额由 1.75 万美元增至 436.41 万美元，出口量、额占中国橙子出口量、额的比重分别由 2.60%和 4.27%升至 5.13%和 4.04%。2000—2014 年中国从其他金砖国家橙子进口数量由 0.05 万吨增至 5.12 万吨，进口额由 26.05 万美元增至 0.57 亿美元，进口量、额占中国橙子进口量、额的比重分别由 0.98%和 1.13%升至 56.66%和 52.07%。

就鸡肉而言，中国与其他金砖国家的鸡肉贸易往来主要是进口，且主要来自巴西，与另外三国鸡肉贸易几乎为零，近年来增长趋势明显。2000—2014 年，中国从其他金砖国家（巴西）进口鸡肉数量由 0.02 万吨增至 21.68 万吨，进口额由 11.23 万美元增至 5.47 亿美元，进口量、额占中国鸡肉进口量、额的比重分别由 0.02%和 0.02%提升到 46.24%和 62.33%。

此外，就小麦、玉米而言，中国与其他金砖国家贸易往来较少，占相应小麦、玉米贸易的比重较低，几乎为零。在小麦贸易方面，中国仅与俄罗斯开展了少量小麦业务，与巴西、印度、南非没有小麦贸易，在玉米贸易方面，虽说中国与其他金砖国家都存在贸易往来，但是数额较少。同时，中国与其他金砖国家在牛肉、猪肉、牛奶与乳酪方面贸易来往也较少（表 4-58）。

表 4-58　2000—2014 年中国与其他金砖国家主要农产品贸易状况

单位：万吨、亿美元

项目		年份						
		2000	2005	2010	2011	2012	2013	2014
水稻	进口量	0.00	0.00	0.00	0.00	0.05	0.02	0.10
	进口额	0.00	0.00	0.00	0.00	0.00	0.00	0.00
	出口量	22.93	11.91	3.74	2.76	0.40	0.55	0.79
	出口额	0.60	0.40	0.18	0.14	0.03	0.04	0.06

（续表）

项　目		年　份						
		2000	2005	2010	2011	2012	2013	2014
小麦	进口量	0. 00	0. 00	0. 00	0. 00	0. 00	0. 00	0. 13
	进口额	0. 00	0. 00	0. 00	0. 00	0. 00	0. 00	0. 00
	出口量	0. 24	0. 03	0. 00	0. 00	0. 00	0. 00	0. 00
	出口额	0. 00	0. 00	0. 00	0. 00	0. 00	0. 00	0. 00
玉米	进口量	0. 00	0. 00	0. 01	0. 30	0. 43	1. 00	3. 09
	进口额	0. 00	0. 00	0. 01	0. 01	0. 01	0. 03	0. 06
	出口量	15. 05	0. 00	0. 00	0. 00	0. 00	0. 00	0. 00
	出口额	1. 13	0. 19	0. 00	0. 00	0. 00	0. 00	0. 02
大豆	进口量	216. 33	795. 18	1 858. 79	2 062. 56	2 398. 29	3 187. 71	3 206. 48
	进口额	4. 74	23. 81	81. 49	117. 92	142. 96	191. 70	187. 46
	出口量	0. 02	0. 13	0. 00	0. 03	0. 02	0. 02	0. 03
	出口额	0. 00	0. 00	0. 00	0. 00	0. 00	0. 00	0. 00
食糖	进口量	0. 00	2. 49	108. 96	199. 24	199. 62	330. 07	210. 52
	进口额	0. 00	0. 06	5. 04	12. 69	11. 36	14. 36	8. 64
	出口量	1. 62	0. 90	1. 05	0. 01	0. 00	0. 00	0. 00
	出口额	0. 03	0. 02	0. 07	0. 00	0. 00	0. 00	0. 00
大蒜	进口量	0. 00	0. 00	0. 00	0. 00	0. 00	0. 00	0. 00
	进口额	0. 00	0. 00	0. 00	0. 00	0. 00	0. 00	0. 00
	出口量	2. 15	11. 92	13. 04	16. 36	13. 64	16. 83	14. 78
	出口额	0. 07	0. 58	2. 18	1. 96	1. 50	1. 61	1. 24
苹果	进口量	0. 00	0. 00	0. 00	0. 00	0. 00	0. 00	0. 00
	进口额	0. 00	0. 00	0. 00	0. 00	0. 00	0. 00	0. 00
	出口量	5. 86	13. 12	23. 72	23. 72	22. 04	20. 33	16. 45
	出口额	0. 16	0. 44	1. 71	1. 94	1. 87	2. 01	1. 80
橙子	进口量	0. 05	1. 10	0. 64	2. 72	2. 13	3. 21	5. 12
	进口额	0. 00	0. 07	0. 06	0. 34	0. 23	0. 36	0. 57
	出口量	0. 01	0. 40	1. 56	1. 03	1. 41	0. 94	0. 45
	出口额	0. 00	0. 01	0. 10	0. 08	0. 11	0. 09	0. 04
牛肉	进口量	0. 00	0. 00	0. 00	0. 00	0. 00	0. 00	0. 00
	进口额	0. 00	0. 00	0. 00	0. 00	0. 00	0. 00	0. 00
	出口量	0. 00	0. 00	0. 00	0. 00	0. 00	0. 00	0. 00
	出口额	0. 00	0. 00	0. 00	0. 00	0. 00	0. 00	0. 00
鸡肉	进口量	0. 02	14. 35	28. 57	25. 86	23. 03	19. 19	21. 68
	进口额	0. 00	1. 29	5. 29	5. 95	5. 49	4. 87	5. 47
	出口量	1. 19	0. 04	0. 00	0. 00	0. 00	0. 00	0. 00
	出口额	0. 15	0. 00	0. 00	0. 00	0. 00	0. 00	0. 00

（续表）

项　目		年　份						
		2000	2005	2010	2011	2012	2013	2014
猪肉	进口量	0.00	0.00	0.00	0.00	0.30	0.16	0.09
	进口额	0.00	0.00	0.00	0.00	0.08	0.04	0.02
	出口量	0.02	0.65	0.00	0.00	0.00	0.00	0.15
	出口额	0.19	4.34	0.00	0.00	0.00	0.00	0.36
牛奶与乳酪	进口量	0.00	0.00	0.00	0.00	0.00	0.00	0.00
	进口额	0.00	0.00	0.00	0.00	0.00	0.00	0.00
	出口量	0.01	0.01	0.00	0.00	0.00	0.00	0.00
	出口额	0.00	0.00	0.00	0.00	0.00	0.00	0.00
马铃薯	进口量	0.00	0.00	0.00	0.00	0.00	0.00	0.00
	进口额	0.00	0.00	0.00	0.00	0.00	0.00	0.00
	出口量	0.23	5.14	3.55	5.88	5.16	5.76	9.78
	出口额	0.00	0.08	0.10	0.22	0.19	0.21	0.42

5. 南　非

南非是世界上重要的农产品进口国与出口国，2014 年在上述 13 类主要农产品中，南非橙子出口量、额均居世界第 2 位；苹果出口量、额分别居世界第 7 位和第 8 位；食糖出口量、额分别居世界第 9 位和第 10 位；玉米出口量、额分别居世界第 12 位和第 10 位。同时，南非鸡肉进口量、额分别居世界第 8 位和第 13 位；水稻进口量、额居世界第 9 位和第 12 位。通过前面研究可以发现，南非的农产品主要出口到非洲等国家和地区，所以除橙子和苹果外，南非与其他金砖国家的贸易往来以进口为主。

就水稻而言，2000—2014 年南非从其他金砖国家进口的数量由 9.07 万吨增至 33.41 万吨，进口额由 0.20 亿美元增至 1.52 亿美元，占南非水稻进口量、额的比例分别由 16.92%和 14.94%增至 36.70%和 36.14%。在金砖国家中，印度是南非水稻进口的第一大国，2000—2014 年，南非从印度进口的数量由 8.90 万吨增至 33.10 万吨，进口额由 0.20 亿美元增至 1.47 亿美元，年均增长率分别为 9.83%和 15.38%。此外，南非与巴西和中国也存在水稻进口，不过量较少。

就小麦而言，在金砖国家中，俄罗斯是南非小麦进口的第一大国，与其他三国存在贸易往来，但是数额较小。2000—2014 年南非从俄罗斯进口的数量由 0 万吨增至 102.24 万吨，进口额由 0 亿美元增至 2.73 亿美元，占南非小麦进口量、额的比例分别提升至 56.04%和 54.94%。

就大豆而言，在金砖国家中，巴西是南非大豆进口的第一来源地，与其他三国存在贸易往来，但是数额较小。2000—2014 年南非与其他金砖国家（巴西）进口的数量由 0 万吨增至 6.18 万吨，进口额由 0 亿美元增至 0.28 亿美元，占南非大豆进口量、额的比例分别提升至 59.68%和 53.76%。

就食糖而言，2000—2014 年南非与其他金砖国家进口的数量由 47.66 吨增至 15.38 万吨，进口额由 1.24 万美元增至 0.73 亿美元，占南非食糖进口量、额的比例分别由 0.61%和 0.67%提升至 31.17%和 26.81%。在金砖国家中，南非与巴西的食糖贸易最大，

2000—2014 年南非从巴西进口量、额分别由 44.25 吨和 1.05 万美元，增至 14.68 万吨和 0.69 亿美元，年均增长率分别为 78.44%和 87.42%。

就大蒜而言，南非大蒜进口主要来自中国，同时也从俄罗斯进口少量大蒜。2000—2014 年南非与其他金砖国家进口的数量由 0.04 万吨增至 0.09 万吨，进口额由 15.57 万美元增至 0.01 亿美元，占南非食糖进口量、额的比例分别由 74.85%和 66.11%降至 47.22%和 26.07%。

就苹果、橙子而言，南非苹果与橙子主要是用于出口。2000—2014 年南非对其他金砖国家出口苹果数量由 0.25 万吨增至到 0.50 万吨，出口额由 0.01 亿美元增至 0.05 亿美元，占南非苹果出口量、额的比例分别由 1.20%和 1.29%提升至 1.31%和 1.51%。在金砖国家中，南非苹果主要出口到俄罗斯，2000—2014 年，南非对俄罗斯的苹果出口量、额分别由 0.20 万吨和 0.01 亿美元，增至 0.45 万吨和 0.05 亿美元，年均增长率分别为 5.90%和 14.09%。2000—2014 年南非对其他金砖国家出口橙子的数量由 1.93 万吨增至 16.48 万吨，出口额由 0.04 亿美元增至 0.79 亿美元，占比分别由 4.95%和 2.87%增至 14.42%和 13.29%。

就鸡肉而言，2000—2014 年南非与其他金砖国家进口的数量由 4.87 万吨增至 16.85 万吨，进口额由 0.19 亿美元增至 1.18 亿美元，占南非鸡肉进口量、额的比例分别由 43.23%和 43.93%降至 42.92%和 31.51%。在金砖国家中，南非进口的第一大来源国为巴西，2000—2014 年南非从巴西进口量、额分别由 1.99 万吨和 0.09 亿美元，增至 16.85 万吨和 1.18 亿美元，年均增长率分别为 16.49%和 20.44%（表 4-59）。

表 4-59　2000—2014 年南非与其他金砖国家主要农产品贸易状况

单位：万吨、亿美元

项目		年份						
		2000	2005	2010	2011	2012	2013	2014
水稻	进口量	9.07	27.03	5.85	20.47	77.06	79.95	33.41
	进口额	0.20	0.73	0.32	1.14	4.04	3.88	1.52
	出口量	0.00	0.00	0.00	0.00	0.00	0.00	0.00
	出口额	0.00	0.00	0.00	0.00	0.00	0.00	0.00
小麦	进口量	0.00	0.00	11.95	11.74	39.74	44.22	102.24
	进口额	0.00	0.00	0.21	0.35	1.13	1.33	2.73
	出口量	0.00	0.00	0.00	0.00	0.00	0.00	0.00
	出口额	0.00	0.00	0.00	0.00	0.00	0.00	0.00
玉米	进口量	0.00	0.00	0.28	0.01	0.16	0.08	0.01
	进口额	0.00	0.00	0.05	0.00	0.01	0.01	0.00
	出口量	0.02	0.03	0.00	0.16	0.00	0.18	0.32
	出口额	0.00	0.00	0.00	0.00	0.00	0.01	0.01
大豆	进口量	0.00	0.00	0.01	0.11	0.01	0.00	6.18
	进口额	0.00	0.00	0.00	0.01	0.00	0.00	0.28
	出口量	0.00	0.00	0.10	0.23	0.32	0.16	0.00
	出口额	0.00	0.00	0.00	0.01	0.02	0.01	0.00

（续表）

项目		2000	2005	2010	2011	2012	2013	2014
食糖	进口量	0.00	2.37	9.80	13.94	18.51	38.27	15.38
	进口额	0.00	0.06	0.54	0.97	1.11	1.92	0.73
	出口量	0.01	10.12	0.33	0.00	0.00	1.79	0.00
	出口额	0.00	0.20	0.02	0.00	0.00	0.08	0.00
大蒜	进口量	0.04	0.06	0.15	0.13	0.09	0.09	0.09
	进口额	0.00	0.00	0.02	0.02	0.01	0.01	0.01
	出口量	0.00	0.00	0.00	0.00	0.00	0.00	0.00
	出口额	0.00	0.00	0.00	0.00	0.00	0.00	0.00
苹果	进口量	0.00	0.00	0.00	0.00	0.00	0.00	0.00
	进口额	0.00	0.00	0.00	0.00	0.00	0.00	0.00
	出口量	0.25	0.20	0.31	0.76	0.78	0.77	0.50
	出口额	0.01	0.01	0.03	0.07	0.07	0.08	0.05
橙子	进口量	0.00	0.00	0.00	0.00	0.00	0.00	0.00
	进口额	0.00	0.00	0.00	0.00	0.00	0.00	0.00
	出口量	1.93	7.00	14.91	13.63	14.69	16.09	16.48
	出口额	0.04	0.21	0.82	0.82	0.78	0.81	0.79
牛肉	进口量	0.00	0.08	0.00	0.01	0.00	0.00	0.00
	进口额	0.00	0.02	0.00	0.00	0.00	0.00	0.00
	出口量	0.00	0.00	0.00	0.00	0.00	0.00	0.00
	出口额	0.00	0.00	0.00	0.00	0.00	0.00	0.00
鸡肉	进口量	4.87	15.92	19.36	19.92	21.15	18.78	16.85
	进口额	0.19	1.11	1.79	2.02	1.82	1.60	1.18
	出口量	0.03	0.00	0.00	0.00	0.00	0.00	0.00
	出口额	0.00	0.00	0.00	0.00	0.00	0.00	0.00
猪肉	进口量	0.06	1.65	0.00	0.00	0.00	0.00	0.00
	进口额	0.01	0.31	0.00	0.00	0.00	0.00	0.00
	出口量	0.01	1.06	0.72	1.21	1.84	2.49	3.39
	出口额	0.00	0.03	0.04	0.09	0.11	0.17	0.23
牛奶与奶酪	进口量	0.00	0.00	0.03	0.00	0.00	0.00	0.00
	进口额	0.00	0.00	0.00	0.00	0.00	0.00	0.00
	出口量	0.00	0.00	0.00	0.00	0.00	0.00	0.00
	出口额	0.00	0.00	0.00	0.00	0.00	0.00	0.00
马铃薯	进口量	0.00	0.00	0.00	0.00	0.00	0.00	0.00
	进口额	0.00	0.00	0.00	0.00	0.00	0.00	0.00
	出口量	0.00	0.00	0.00	0.00	0.00	0.00	0.00
	出口额	0.00	0.00	0.00	0.00	0.00	0.00	0.00

第五章　金砖国家农业投资信息分析

世界银行统计数据显示，21 世纪的前 10 年，“金砖国家”（BRICS）国内生产总值（GDP）整体平均增长率超过 8%，远高于全球平均增长率。近年来，在全球 GDP 增速下滑的前提下，金砖国家增长率也有所下降，降至 4%左右，但仍高于全球平均水平，成为全球经济复苏的领跑者。2014 年受全球经济脆弱、投资政策不确定、地域政治风险高、新入投资被一些大的撤资而抵消等因素影响，外国直接投资内流量同比下降 16%。其中，金砖国家的流入量也从 2013 年的 2 940亿美元减至 2014 年的 2 520亿美元；但其占世界的比例由 2013 年的 20%上升为 21%，“金砖国家”逐渐在全球对外投资中扮演重要角色。值得注意的是，尽管各国近年来均十分重视农业的发展，农业方面的投资额呈增长趋势，但因农业的弱质性、不确定性等自身特性的约束，其占各国的总投资比例仍然较低。

一、金砖国家农业利用外资情况分析

金砖国家对发达国家等的市场依赖程度总体较高，其经济增长主要是依靠出口导向、投资拉动的模式。随着“金砖国家”的迅速崛起，其对外国直接投资（FOREIGN DIRECTION INVESTMENT，以下简称 FDI）的吸引力大幅增强，极大促进了相关国家的经济增长和发展。据联合国贸易发展组织（UNCTAD）数据，全球外国直接投资继 2012 年滑坡之后，2013 年投资流入量增长 9%，达 1.45 万亿美元；2014 年受全球经济脆弱、投资政策不确定、地域政治风险高、新入投资被一些大的撤资而抵消等因素影响，外国直接投资内流量同比下降 16%，为 1.2 万亿美元。其中，“金砖国家”的外国直接投资流出量占全球 FDI 流出量的比例近年来略有提升，从 2010 年的 10.6%上升至 2014 年的 15.9%；但其占发展中经济体 FDI 流出总量的比例相对较高，2010—2014 年保持在 40%左右的高位，2014 年甚至高达 46.91%。2014 年，流入发展中国家的外国直接投资达到历史新高，为 6 810亿美元，增长 2%；其中，金砖国家流入量为 2 520亿美元，占世界的比例由 2013 年的 20%上升为 21%。受农业本身特质的影响，农业领域的利用外资近年来虽呈增长趋势，但其占各国的总投资比例仍然较低。

（一）农业利用外资的规模

作为新兴经济体，金砖各国农业利用外资的规模总体波动增长，发展态势各具特色，其占总投资的比重也变化不一。其中，巴西近年来在种植、林、牧、渔业领域中 FDI 总体呈现波动趋势，农业投资占外商总投资的比例波动上升；俄罗斯农业领域 FDI 投资规模波动变化，规模较小，发展趋势平稳；印度农业利用外资数量大、范围广、途径多、增长明显；中国农业 FDI 总量波动上升，但其占外商总投资的比例波动略降；南非农业利用外资的总体规模较小，占总投资的比例趋于下降。

1. 巴　西

巴西是金砖国家中利用外资环境最为宽松和自由的国家。在国际金融公司对世界 20 多个新兴市场的评估报告中，巴西被评定为“可以完全自由进入的市场”，这在其他发展中国家是不多见的。巴西在发展农业方面坚持自由、开放的方针，大胆吸引外资。外国投资人享受与本国投资者相同的待遇，如自由选择投资领域、进出口不限、资本以及利润可自由汇出、信贷自由、投保自由等。

近年来，巴西在种植、林、牧、渔领域中 FDI 流量总体呈现波动趋势。2006 年，巴西吸纳的农业类 FDI 流量为 1.37 亿美元，2008 年增至 6.08 亿美元，增加了 3.4 倍；受 2008 年金融危机影响，2009 年 FDI 降至 1.98 亿美元；2009 年之后，许多跨国公司纷纷把投资对象转向新兴经济体，流入巴西的农业 FDI 快速增加至 2013 年的 7.63 亿美元，较 2009 年增加了近 3 倍；随后受宏观经济形势波动的影响，2014 年流入巴西的种植、林、牧 FDI 略降为 5.01 亿美元（图 5-1）。此外，根据投资数据，巴西的渔业 FDI 全为流出量，种植、牧业全为流入量，这主要和巴西的地理位置有关。

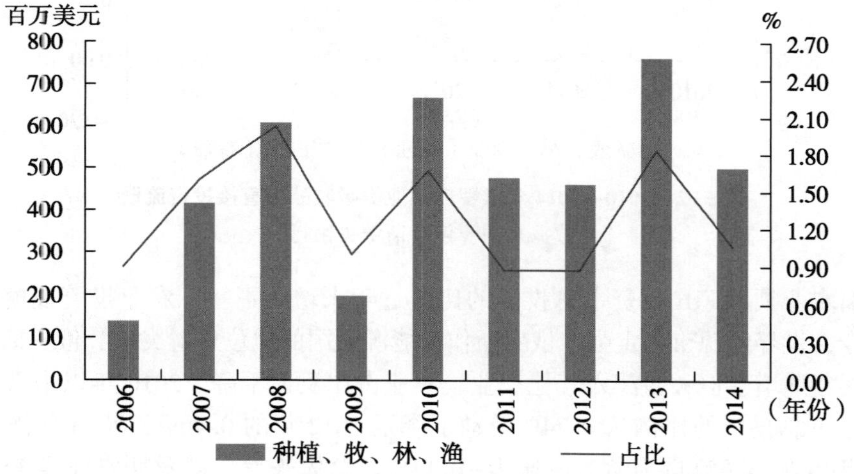

图 5-1　2006—2014 年巴西农业吸纳外国直接投资流量情况

数据来源：BANCO CENTRAL DO BRASIL

注：因数据源限制，统计数据仅为股权投资数据

农业投资占外商总投资的比例呈波动下降趋势。农业投资占比从 2006 年的 0.89%波动增至 2008 年的 2.02%后，又波动降至 2014 年的 1.06%。可见，随着经济的发展，巴西政府和相关企业更多地注重第二、第三产业的发展，外资投入在种植、林、牧、渔上的比例较少，且有进一步减少的趋势，但投资金额总量仍然比较可观（图 5-1）。

此外，由在巴西注册投资公司的投资数据显示（此处数据为总投资额，即股权投资+贷款投资），2000 年巴西农林牧渔业投资存量为 3.84 亿美元，2010 年增至 83.14 亿美元，10 年增长了 20 倍之多，年均增速为 36%；2013 年进一步增至 137.84 亿美元，3 年增长了 65.79%，年均增速为 18.36%。

2. 俄罗斯

俄罗斯农业发展条件优越，土地、化肥投入成本较低，气候、水等资源条件对农业生产较为有利，吸引了外商对农业的直接投资，投资额总体呈波动增长。从 FDI 值变化看，2010 年后，除 2013 年外，俄罗斯农业类 FDI 净流量同比下降，从 2010 年的 3.18 亿美元下降至 2012 年的 2.31 亿美元，下降了 27.36%；2013 年俄罗斯宏观经济形势不容乐观，但农业类投资资金流量不降反增，为 6.19 亿美元，占总投资的比例扩大至 0.89%；2014 年俄罗斯卢布大跌，俄罗斯经济形势继续萧条，外国资金大量撤资，农业类投资净流量也由正转负，流出量高于流入量 0.3 亿美元（图 5-2）。

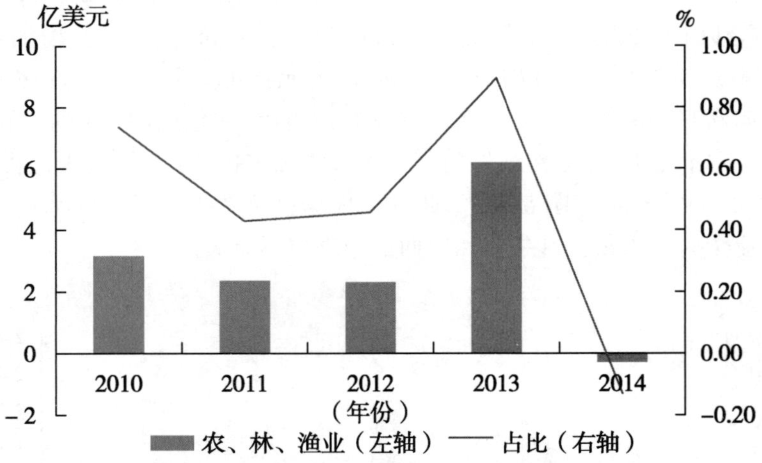

图 5-2　2010—2014 年俄罗斯农业类吸收外国直接投资流量

数据来源：俄罗斯中央银行

俄罗斯农业领域 FDI 投资占总投资的比重近年来增减不一，农业投资规模较小。21 世纪初至今，世界能源市场走强，俄罗斯作为能源大国的地位日益突出，俄罗斯吸收外商直接投资逐年递增，但大多注入其他产业，农业占比反而下降。2010 年以来俄罗斯农业类 FDI 流量占总投资的比例从 0.74%波动下降至 2012 年的 0.46%，2013 年涨至 0.89%后，2014 年农业类净流量为负，占比为-0.13%。总体来看，俄罗斯农业类 FDI 占比不高，农业投资规模较小，发展趋势平稳。

3. 印　度

印度农业利用外资数量大、范围广、途径多，近年增长明显。印度独立后，政府对农业发展中利用外资方面一直持欢迎态度，在服从全国农业发展战略的前提下，国际援助和贷款优先投向农业、农村的基础设施建设。1949—1990 年印度充分利用世界银行和国际开发协会 50 多亿美元的资金支持，发展农田灌溉设施建设，使国内农业灌溉面积增长了一倍，充分发挥了外资对本国农业的促进作用。印度政府在积极引进农业外资利用的同时，对农业先进技术的引进也在不断加强。20 世纪 60 年代末，印度引进美国先进技术，先后培育、推广了优质高产的小麦、水稻，建立了国家种子公司和 8 所农业大学，并建立了田间水土管理系统，充分发挥了外资对本国农业的促进作用。据 UNCTAD 数据，2003—2004 年印度农业类 FDI 净流量从 0.02 亿美元增至 0.10 亿美元。另据印度产业政策和促进部（DIPP）数据，2011—2014 年，投入印度的农业类 FDI（来自 DIPP 的印度 FDI

均为股权流入量（equity inflows））从3.64亿美元涨至14.02亿美元，增长了近3倍，年均增速高达56.75%，发展规模迅速，前景可观（图5-3）。

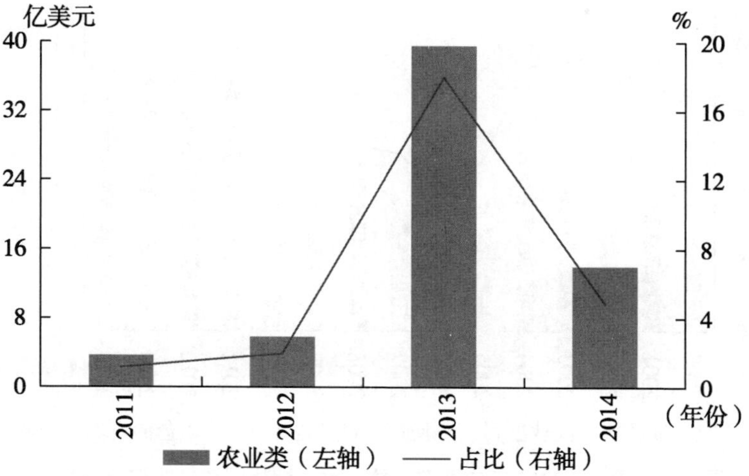

图5-3　2011—2014年印度农业类外国直接投资流量

数据来源：Department of Industrial Policy & Promotion Ministry of Commerce and Industry

注：印度农业投资数据仅为股权流入量

印度农业类FDI占外商总投资的比例也增长明显。2003—2004年，印度的农业类FDI占比分别为0.13%和0.43%，投资占比较低；2011—2014年，在印度FDI下降了9.03%的前提下，投入印度的农业类FDI占外商总投资的比例却从1.15%涨至4.87%，农业投资规模发展迅速。

4. 中　国

改革开放以来，中国抓住经济全球化深入发展的机遇，不断扩大开放、深化改革、积极合理吸收外资、主动参与国际分工和承接国际产业转移，在吸收外商直接投资方面取得了举世瞩目的成绩，外资对中国经济的投资在波动中不断加大。

中国农业FDI流量波动上升，但其占总投资的比例波动略降。2000—2014年中国农、林、牧、渔的FDI流量从6.76亿美元波动上涨至15.22亿美元；其占外商总投资的比例波动略降，从1.66%小幅降至1.27%，且两者波动趋势相同（图5-4）。

具体来说，2000年，外商直接投资中国签订的农、林、牧、渔业的项目数量为821个，实际使用金额6.76亿美元，外商投资企业注册数为5 066户，投资额为92.15亿美元。与2000年对比，2010年外商直接投资中国签订的农、林、牧、渔业的项目数量为929个，增加了13.15%；实际使用金额19.12亿美元，增加了近2倍；外商投资企业注册数为7 103户，增加了40.21%；投资额为325亿美元，增加了2.5倍。与2010年对比，受金融危机和宏观经济形势不景气影响，中国的总体投资发展缓慢，而农业由于其特殊性，下降速度更快。2014年外商直接投资中国签订的农、林、牧、渔业的项目数量减少了210个，实际使用金额减少了3.9亿美元，外资企业注册数为319户，投资额增加了197亿美元。2000年以来，虽然受合同内容或项目设计范围的限制，外商投资签订合同项目数有所下降，降幅为12.42%，但外商投资农业实际使用金额大幅上涨了125.15%，年

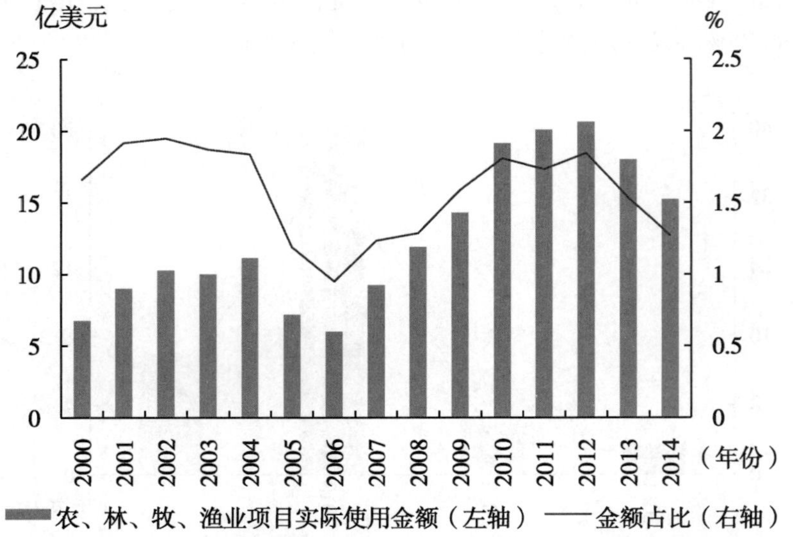

图 5-4　2000—2014 年中国农、林、牧、渔外国直接投资流量情况

数据来源：历年中国统计年鉴

均增速达 5.97%；同时，外资企业注册数和投资额均呈现不同程度的增长，涨幅分别为 33.91%和 466.47%（表 5-1）。

表 5-1　2000—2014 年中国农林牧渔业业吸收外商投资情况

年　份	签订的投资项目		项目实际使用额		投资企业年底注册		投资企业投资额	
	项目数（个）	占比（%）	金额（亿美元）	占比（%）	注册数（户）	占比（%）	金额（亿美元）	占比（%）
2000	821.00	3.67	6.76	1.66	5 066.00	2.49	92.15	1.12
2005	1 058.00	2.40	7.18	1.19	5 752.00	1.63	235.00	1.61
2010	929.00	3.39	19.12	1.81	7 103.00	1.60	325.00	1.20
10 年增幅（%）	13.15	—	182.84	—	40.21	—	252.69	—
10 年年均增速（%）	1.24	—	10.96	—	3.44	—	13.43	—
2014	719.00	3.02	15.22	1.27	6 784.00	1.47	522.00	1.37
14 年增幅（%）	-12.42	—	125.15	—	33.91	—	466.47	—
14 年年均增速（%）	-0.94	—	5.97	—	2.11	—	13.19	—

数据来源：历年中国统计年鉴

越来越多的 FDI 流入中国，与中国国内良好的宏观经济环境、庞大的市场投资规模，国家对外商企业投资农业的促进和激励措施，完善的基础设施建设、低廉的要素价格和生产成本投入等一系列因素有关。

5. 南　非

南非直接利用外资的总体规模不大，且存在资本外逃的现象。1998 年之前，南非外商直接投资规模总体较小且发展趋势比较平稳，1980—1998 年年均 FDI 存量不超过 200 亿美元；1999 年以后，吸收 FDI 的能力有了显著提高，总体呈增长趋势。在 20 世纪 80

年代以来，南非出现了几次大规模的资本外逃，这是南非吸收FDI的一个显著的特点，与其他金砖国家较为稳定的FDI流入趋势形成了对比。

在农业领域，南非农业利用外资的总体规模较小。南非农业利用外资除在2003年出现一次资金外逃外，农业吸引外商投资的金额较低，投资变化不大。2004—2010年农、林、猎、渔业投资存量从7.19亿兰特增至9.32亿兰特，增长了29.62%，年均增速为4.42%，南非农业吸引外商投资的金额较低（图5-5）。

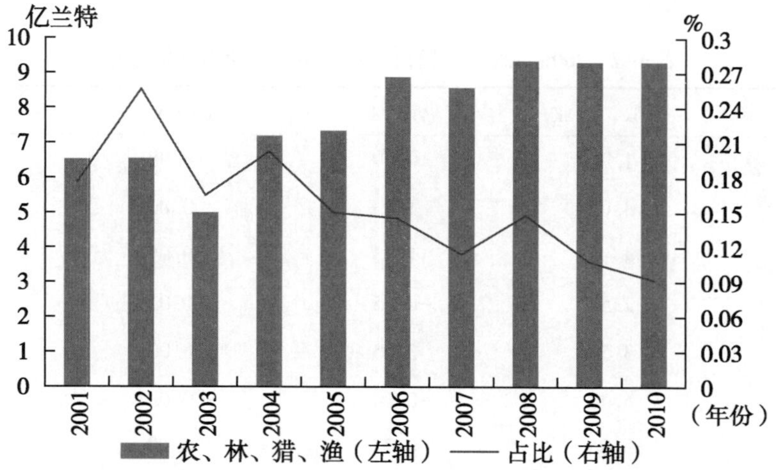

图5-5　2001—2010年南非农、林、猎、渔业吸收外国直接投资存量情况

数据来源：UNCTAD 3，南非为投资存量数据，且其金额转换汇率为2016年3月21日的兰特对美元汇率0.0653

南非农业利用外资占总投资的比例趋于下降。2004—2010年，南非农、林、猎、渔业FDI投资总体存量占总投资的比例从0.18%下降至0.09%（图5-5）。且从每年的投资流量看4，每年增加的FDI更是微乎其微，甚至还有负增长的情况，南非农业利用外资的情况惨淡。

（二）农业利用外资的结构

在金砖国家农业利用外资规模波动变化的同时，金砖国家利用外资的结构也发生了明显的变化。其中，巴西农业利用外资的规模结构更加多元化，种植、牧业外资规模大于林业，二者投资占比波动增加，渔业投资一直较小；俄罗斯农、林、猎业的外资利用的增长速度远高于渔业的增长速度；印度植物油类、农业服务、林木产品、茶和咖啡、糖类的占比减少，食品加工业、农业机械、化肥的外资利用占比提高；中国农业、畜牧业FDI占比增加明显，渔业占比明显下降，林业占比略有增加；南非的矿业、制造业、农业、服务业是其经济的四大支柱，近年来南非的食品加工业也吸引了大量外资流入。

1. 巴　西

巴西农业利用外资的规模近年来发生明显变化，种植、牧业和林业吸引的外资流量占比波动增加，除2010年二者投资规模比较接近外，多数年份种植业投资规模大于林业，渔业投资几乎没有。巴西农业发达，加之其拥有丰富的矿产资源、巨大的市场容量和市场潜力，使之成为国际投资者在南美诸国中的青睐对象。20世纪50年代以来，在巴西对外资开放的领域越来越广泛，农业领域外资吸引力不断提高的同时，结构也发生了明显的改变。巴西农业利用外资流量的结构中，渔业的比例很小，可以忽略不计，种植、牧业和林业之间，2006—2008 年二者稳步增长，且种植、牧业占比远高于林业；2009 受金融危机影响，种植、牧业和林业投资均出现下降，其中林业直接降为负投资净流量；2010 年二者投资流量均大幅增加，二者投资规模空前接近，占比仅差 5.8%；2011—2014 年，林业投资呈由负到正的增长态势，而种植、牧业确表现为波动下降，但其投资占比仍高于林业（表 5-2）。

表 5-2　2006—2014 年巴西农业利用外资流量结构分布　　单位：亿美元

年　份	种植、牧业	林　业	渔　业	合　计
2006	1.76	0.59	-0.98	1.37
2007	3.02	1.13	0.00	4.15
2008	4.98	1.15	-0.05	6.08
2009	2.54	-0.55	-0.02	1.98
2010	3.54	3.15	0.00	6.69
2011	5.41	-0.64	0.00	4.77
2012	3.86	0.77	0.00	4.63
2013	6.08	1.55	0.00	7.63
2014	3.45	1.56	0.00	5.01
增幅（%）	96.02	164.41	—	265.69
增速（%）	8.78	12.92	—	17.60

数据来源：BANCO CENTRAL DO BRASIL

注：因数据源限制，统计数据仅为股权投资数据

从近年来种植、牧业和林业吸引 FDI 流量的发展速度看，巴西农业各部门吸引外资的能力总体增加但具体年份有强有弱，种植、牧业外资投入快速规模大于林业。2006—2014 年，巴西种植、牧业吸引的 FDI 从 1.76 亿美元增至 3.45 亿美元，增长了 96.02%，年均增速为 8.78%；林业吸引的 FDI 从 0.59 亿美元增至 1.56 亿美元，增长 1.5 倍之多，年均增速为 12.92%。

2. 俄罗斯

俄罗斯在农业吸引外资总体能力不断加强的基础上，农、林、猎业外资利用的增长速度远高于渔业的增长速度。高度发达的工业和丰富的能源储备是俄罗斯吸引外商直接投资的优势所在，俄罗斯的国际资本流入呈现多样化，主要集中在第二、第三产业，在农业方面的占比较少，但流入量仍稳步增加。2003—2013 年俄罗斯的农、林、猎 FDI 流入量从 1.54 亿美元增至 6.10 亿美元，增长了 296.10%，年均增速为 14.76%；渔业的 FDI 流入量从 0.38 亿美元增至 2012 年的 0.65 亿美元，但 2013 年受金融危机及全球气候变化的影响，渔业吸引的 FDI 大幅下降至 0.30 亿美元，退回至 10 年前的水平。尤其是 2013 年，在俄罗斯外商总投资增长 10.10% 的基础下，农、林、猎、渔 FDI 却下降了 7.11%；其

中，农、林、猎下降了2.24%，渔业同比下降了53.85%。可见，渔业受宏观经济和气候环境的影响较大（表5-3）。

表5-3　2003—2013年俄罗斯农业FDI流入量结构分布　　单位：百万美元

年　份	农、林、猎	渔	小　计	农、林、猎业占比（%）	渔业占比（%）
2003	154	38	192	80.21	19.79
2004	121	43	164	73.78	26.22
2005	156	22	178	87.64	12.36
2006	468	49	517	90.52	9.48
2007	468	49	517	90.52	9.48
2008	862	27	889	96.96	3.04
2009	437	45	482	90.66	9.34
2010	466	16	482	96.68	3.32
2011	638	25	663	96.23	3.77
2012	624	65	689	90.57	9.43
2013	610	30	640	95.31	4.69
增幅（%）	296.10	-21.05	233.33		
年均增速（%）	14.76	-2.34	12.79		

数据来源：俄罗斯统计局

俄罗斯农业各部门各行业差别较大，农、林、猎业中外资利用与渔业的外资利用占比逐渐扩大。2003年，俄罗斯农、林、猎业利用外资与渔业利用外资的占比为80.21∶19.79；2010年，俄罗斯农、林、猎业利用外资与渔业利用外资的占比差距扩大到近年来的最大，为96.68∶3.32；到2013年，两者的占比为95.31∶4.69。

3. 印　度

印度农业发展深受自然灾害的影响，外资多用于提高农业生产的稳定性方面，如改善灌溉设施、扩大灌溉面积、生产和进口化肥等。生产性基础设施建设一直是印度农业发展的重点，20世纪60年代以后，印度的外商投资主要用于水利灌溉设施。1951—1971年印度在灌溉和防洪设施方面的投资共支出271亿卢比；80年代以后，印度增加水利灌溉工程所用贷款的比例。

2011—2014年，印度农业利用外资规模结构变化中，食品加工业增幅最大，增长了近4倍；植物油类、化肥及农业机械增幅明显；农业服务和糖类的投资由负转正；而对林木产品及茶和咖啡的投资呈负增长趋势。2011—2014年印度农业类FDI流入量从3.64亿美元增至14.02亿美元，增加了近3倍；其中，属于精深加工方面的食品加工业的投资占比最高，近年来均超50%，2013年甚至高达90.78%，其增长最快，年均增速高达67.81%；植物油类、化肥及农业机械等服务于日常生活的品种增幅较快，分别为48.65%、75.63%和51.25%；农业服务的投资由负转正后，越来越受重视，投资占比也逐渐增加；印度糖类一直不具优势，受国际市场变化多端因素影响，对其投资虽由负转正，但投资占比仍较低，近年来基本不足1%；对于印度林木产品及茶和咖啡的投资一直较低，且呈负增长趋势，分别下降了82.81%和51.87%（表5-4）。

表5-4　2011—2014年印度农业类外商直接投资流量结构分布　　单位：百万美元

类别	2011年		2012年		2013年		2014年		增幅	增速
	金额	占比	金额	占比	金额	占比	金额	占比		
食品加工业	191.96	52.72%	316.65	54.42%	3 591.63	90.78%	907.17	64.69%	372.58%	67.81%
化肥	127.88	35.12%	42.59	7.32%	20.62	0.52%	224.6	16.02%	75.63%	20.65%
植物油类	79.45	21.82%	112.08	19.26%	13.94	0.35%	118.10	8.42%	48.65%	14.13%
农业机械	49.58	13.62%	8.21	1.41%	129.64	3.28%	74.99	5.35%	51.25%	14.79%
农业服务	-98.87	-27.16%	43.9	7.54%	186.41	4.71%	65.48	4.67%	-166.23%	-187.17%
糖类	-2.30	-0.63%	10.17	1.75%	3.70	0.09%	7.87	0.56%	-442.17%	-250.69%
林木产品	12.10	3.32%	46.71	8.03%	6.56	0.17%	2.08	0.15%	-82.81%	-44.40%
茶和咖啡	4.28	1.18%	1.56	0.27%	4.08	0.10%	2.06	0.15%	-51.87%	-21.63%
合计	364.08		581.87		3 956.58		1 402.35		285.18%	56.75%

数据来源：Department of Industrial Policy & Promotion Ministry of Commerce and Industry

注：印度农业投资数据仅为股权流入量

从2012年起，印度农业类的FDI流量均为流入量大于流出量，净流量为正，故从2012—2014年印度农业利用外资规模结构比例变化看，植物油类、农业服务、林木产品、茶和咖啡、糖类的占比减少，而食品加工业、农业机械、化肥的外资利用占比提高。2012年，食品加工业：化肥：植物油类：农业机械：农业服务：糖类：林木产品：茶和咖啡的外资规模结构比例为54.42：7.32：19.26：1.41：7.54：1.75：8.03：0.27；2014年，其外资规模结构比例变化为64.69：16.02：8.42：5.35：4.67：0.56：0.15：0.15。

4. 中　国

我国农业类外商投资的项目目前多集中在初级农产品加工方面，对于种植业和养殖业的投资大多集中在水产畜牧和花卉上。造成这种投资格局的原因是这类项目所需投资少、见效快、科技含量不高、利润高，而且项目的申请、审批程序较简单，更容易吸引外商投资。另一方面，农业资源开发、生产型项目，比如荒山、荒地的开发，这些项目耗时长、风险大、不易于经营管理，较难吸引外商投资；此外，对于农业的技术研发、品种改良等项目，一般也很难得到外商的青睐。

2010—2014年，从我国农、林、牧、渔各业利用FDI的情况来看，农业利用FDI的占比最高，约占农业类投资的一半；其次是畜牧业；渔业和林业相对较少。

2010年以来，中国农业类利用外资流量总体呈下降趋势，从19.12亿美元下降至2014年的15.22亿美元，下降了21.62%；农、林、牧、渔各业利用FDI分布不均，农业下降幅度最小，仅为10.62%；林业最大，高达71.11%；仅畜牧业呈增加趋势，增长34.86%（表5-5）。

表 5-5 2010—2014 年中国农、林、牧、渔各业利用 FDI 流量情况 单位：亿美元

行业	2010 年		2011 年		2012 年		2013 年		2014 年	
	金额	占比	金额	占比	金额	占比	金额	占比	金额	占比
农业	9.51	49.74%	8.72	43.40%	13.29	64.45%	9.47	52.63%	8.50	55.85%
林业	3.15	16.47%	3.53	17.57%	1.33	6.45%	0.65	3.62%	0.91	5.98%
畜牧业	2.18	11.40%	3.36	16.72%	2.39	11.59%	4.70	26.12%	2.94	19.32%
渔业	1.44	7.53%	1.09	5.43%	1.11	5.38%	0.92	5.14%	0.65	4.27%
农林牧渔服务业	2.83	14.80%	3.39	16.87%	2.51	12.17%	2.25	12.49%	2.22	14.59%

数据来源：商务部

从近年中国农业利用外资规模的结构比例变化看，农业、畜牧业 FDI 占比增加明显，渔业占比明显下降，林业占比略有增加。2010 年，中国农业：林业：畜牧业：渔业：服务业的 FDI 占比为 49.74：16.47：11.40：7.53：14.80；到 2014 年，各业 FDI 占比变化为 55.85：5.98：19.32：4.27：14.59。

5. 南 非

南非是非洲南端的明珠，是进入非洲的大门，矿业、制造业、农业、服务业是南非经济的四大支柱①。长期以来，发达国家同南非一直保持着紧密的经济往来，这些国家的跨国公司通过投资、贷款、援助以及技术转让等，控制这南非许多生产部门。传统的南非最好的投资产业是轻工业，而近年来南非的食品加工业也吸引了大量外资流入。

（三）农业利用外资的市场来源

金砖各国农业利用外资的市场来源各不相同。巴西利用外资总体上呈现“以放为主、重在利用”的特征，农业利用外资的集中度不高，近年来农业利用外资的市场来源非常广泛、市场结构较稳定。俄罗斯农业外国直接投资的市场主体主要来自西方国家和中东的石油生产国，以及亚洲的中国、韩国和日本，新西兰也在着手进入该地区进行农业投资。印度农业利用外资来源广泛，欧洲、中东、亚洲、澳洲和非洲等国家和国际组织是其主要来源地。中国农业利用外资的范围向全方位、多领域的方向发展，农业领域利用外资所占的比重越来越大，外商投资农业的来源地构成基本稳定。

1. 巴 西

巴西对农业的投资始于 19 世纪中叶。19 世纪，英国是巴西农业最大的投资国；20 世纪以来，美国取代了英国成为巴西农业外资的最大来源国。20 世纪六七十年代以来，巴西政府开始吸引美国、日本的投资，对巴西稀树林带进行开发；同时积极引进以色列的农业灌溉技术，扩大东北干旱地区的水浇地面积，有效改善了当地的农业生产条件。

巴西利用外资总体上呈现“以放为主、重在利用”的特征，农业利用外资的集中度不是很高，开发区遍及巴西各地，涉及的范围相当广泛。资金来源比较稳定，主要来自日本、美国及国际复兴开发银行。可以说，引进国外资本和技术，通过开放促进发展，是巴西发展农业经济的一项非常成功的做法和经验。2000 年，巴西前七大投资

①资料来源：任晓洁《外商直接投资流入对金砖国家经济的影响》

国投资存量占总投资的比例为24.6%，投资集中度不高，其中荷兰为第一投资国，美国位居第二；而到2010年，主要投资国变化较大，前两大国不变，西班牙从第31位跃居第3位，卢森堡从第16位跃居第4位，法国从第9位跃居第5位，英国从第13位跃居第7位。2010年以来，巴西农业FDI存量的市场结构较稳定，前三大国保持不变，依次为荷兰、美国和西班牙；前7国仅2011年日本、法国和卢森堡交换了位置，其余各国的重要位置均保持不变，且合计占比达30%左右；前7国4年来保持不变。此外，集中度虽然不是很高，前七国投资存量占比在30%左右，但有一个增加趋势，2013年为33.06%，可见巴西的农业FDI从很多国家均有来源，巴西农业吸引外资投入的能力不错、范围较广（表5-6）。

表5-6　2010—2013年巴西种植、林、牧、渔业利用外资市场来源存量情况

单位：百万美元

国家	2000	国家	2010	国家	2011	国家	2012	国家	2013
荷兰	72.38	荷兰	1 493.31	荷兰	1 251.60	荷兰	1 791.91	荷兰	2 719.46
美国	67.76	美国	755.28	美国	1 114.24	美国	1 494.77	美国	1 711.82
英属维京群岛	45.14	西班牙	537.03	西班牙	959.26	西班牙	1 101.96	西班牙	983.78
巴拿马	26.50	卢森堡	429.70	日本	709.69	卢森堡	633.93	卢森堡	641.47
日本	24.23	法国	414.39	法国	556.63	法国	558.88	法国	562.38
瑞士	22.72	日本	406.70	卢森堡	372.66	日本	525.61	日本	489.66
德国	21.97	英国	187.13	英国	346.76	英国	298.76	英国	267.27
占比（%）	24.60	占比（%）	30.38	占比（%）	23.35	占比（%）	26.19	占比（%）	33.06

数据来源：BANCO CENTRAL DO BRASIL

注：因数据源限制，统计数据仅为股权投资数据

2. 俄罗斯

俄罗斯吸收的外商直接投资来源地主要集中在欧洲地区。其中，塞浦路斯是重要的来源地，另外，荷兰、英国、法国、德国也是俄FDI的重要来源国。

目前对俄罗斯的农业外国直接投资（FDI）方兴未艾。在俄罗斯的欧洲地区，投资者主要来自西方国家（如英国、芬兰、瑞士、法国、以色列和美国等）和中东的石油生产国，以及一些金融机构也在进行短期的农业投资；在俄罗斯的西伯利亚和远东地区，投资者主要来自亚洲的中国、韩国和日本，新西兰也在着手进入该地区进行农业投资①。由于外资进入俄罗斯的时间较短，且其投资覆盖地区的广度和深度仍较为有限，尚有很大的空间可供开发，这一切为中国进一步加强对俄罗斯的农业投资合作，提高农业资源的利用提供了机会。对中国而言，与俄罗斯接壤，对其进行农地投资有着便利的地缘优势。

①资料来源：张雯丽，翟雪玲，曹慧《巴西、韩国、印度农业利用外资实践及启示》

3. 印　度

美国是早期向印度提供农业贷款最多的国家，在对印度进行系统援助农业技术的同时，两国也进行科学研究合作。在外资对印度农业技术的援助中，美国技术援助占比逐年增加，1960—1965 年为 24%，1965—1968 年为 40%，之后上升到 1967—1971 年的 61%。前苏联是最早对印度进行农机设备援助的投资者，1956 年 8 月前苏联赠送给印度价值 750 万卢比的农业机械设备，在拉贾斯坦苏拉特加尔建立了第 1 个国家机械化种子农场，并于 1959 年提供 40 万卢比装备在该场建立了一个农业机械设备维修厂。

近年来，印度的 FDI 来源国越来越多元化，对世界各国外资企业的吸引力也在不断增强。1991 年印度实行经济改革以来，农业外商直接投资总量不大，在利用外资发展农业过程中，由于多方接受外国经济援助的指导思想，先后接受了美国、前苏联、英国、德国、加拿大、日本、世界银行、国际开发协会等国家和国际组织的援助，外资来源地很分散，欧美、中东、亚洲、澳洲和非洲是其主要来源地，其中，毛里求斯是印度吸收外资的最重要的来源国，另外，美国、英国、德国等欧美国家也是印度吸收外资重要的来源地，近年来，这些国家对印度的直接投资呈现上升趋势。

4. 中　国

中国外商投资农业的来源地构成基本稳定，主要来自中国香港、中国台湾和新加坡等国家和地区。2010 年以来，中国农业类外商投资来源地比较稳定，尤其是 2010—2013 年前五大来源地保持不变，为中国香港、中国台湾、英属维尔京群岛、新加坡和开曼群岛，5 国的投资占比之和依次为 84.03%、87.43%、90.29%和 90.01%。2014 年，美国首次跻身第五大投资来源国，投资金额为 7 438万美元，占比为 4.89%；同时，新加坡也由长期的第四大来源国晋级为第二大来源国，投资金额为 10 109 万美元，占比为 6.64%（表 5-7）。

表 5-7　2010—2014 年中国农业 FDI 流量主要投资国

2010年			2011年			2012年			2013年			2014年		
国别地区	实际使用外资金额	占比(%)	国别地区	实际使用外资金额	占比(%)	国别地区	实际使用外资金额	占比(%)	国别地区	实际使用外资金额	占比(%)	国别地区	实际使用外资金额	占比(%)
合计	191 195	100	合计	200 888	100	合计	206 220	100	合计	180 003	100	合计	152 227	100
中国香港	108 720	56.86	中国香港	139 445	69.41	中国香港	145 676	70.64	中国香港	133 705	74.28	中国香港	104 539	68.7
英属维尔京群岛	19 335	10.11	英属维尔京群岛	11 724	5.84	台湾省	13 075	6.34	英属维尔京群岛	12 177	6.76	新加坡	10 109	6.64
台湾省	17 212	9.00	台湾省	10 727	5.34	英属维尔京群岛	11 750	5.70	台湾省	9 868	5.48	台湾省	9 021	5.93
新加坡	9 866	5.16	新加坡	8 932	4.45	新加坡	9 282	4.50	新加坡	3 439	1.91	英属维尔京群岛	8 815	5.79
开曼群岛	5 554	2.90	开曼群岛	4 799	2.39	开曼群岛	6 423	3.11	开曼群岛	2 845	1.58	美国	7 438	4.89
韩国	3 905	2.04	加拿大	2 851	1.42	美国	2 533	1.23	日本	2 539	1.41	开曼群岛	1 730	1.14
瑞典	3 725	1.95	美国	2 719	1.35	萨摩亚	2 314	1.12	新西兰	2 162	1.20	加拿大	1 546	1.02

（续表）

2010年			2011年			2012年			2013年			2014年		
国别地区	实际使用外资金额	占比（%）	国别地区	实际使用外资金额	占比（%）	国别地区	实际使用外资金额	占比（%）	国别地区	实际使用外资金额	占比（%）	国别地区	实际使用外资金额	占比（%）
日本	3 410	1.78	马绍尔群岛共和国	2 336	1.16	日本	2 299	1.11	萨摩亚	1 826	1.01	毛里求斯	900	0.59
美国	2 659	1.39	日本	2 246	1.12	加拿大	2 121	1.03	韩国	1 778	0.99	马绍尔群岛共和国	822	0.54
加拿大	1 788	0.94	韩国	1 961	0.98	澳大利亚	1 853	0.90	美国	1 574	0.87	萨摩亚	803	0.53

数据来源：商务部

随着中国对外开放的不断深入，中国利用外资的范围向全方位、多领域的方向发展，农业领域利用外资所占的比重越来越大。2012 年世界银行对中国农业领域的投资达 27%，亚洲开发银行对中国农业领域的投资达到 19%，农业获得的外资在各行业中所占的比重最高①。

5. 南　非

长期以来，南非外商投资的来源国大部分是发达国家，除 2008 年外，2001—2010 年发达国家外资来源占比均在 90%以上。主要投资国依次为英国、美国、德国、瑞士、日本、法国、澳大利亚和荷兰。英国是南非最大的投资国，2010 年其外资占总投资的 50%，在南非有千余家公司；美国是仅次于欧共体的第二大投资来源国②。中国对南非的直接投资起步比较晚，同其他国家的投资规模相比也相对较小，但在发展中国家中其投资占比最高，2010 年中国外资占发展中国家外资来源的 50. 8%。

在发展中国家或地区中，中国台湾对南非的投资发展很快。中国台湾同南非关系的改善是从 20 世纪 70 年代中期开始，起初中国台湾台湾在南非投资地区主要集中于南非的黑人家园，其产业覆盖面较广，主要是劳动密集型产业，如金属加工、塑料和纺织等。

二、金砖国家农业对外投资情况

据《世界投资报告》数据，2014 年巴西、俄罗斯、印度、中国、南非的对外直接投资分别为 1 860亿美元、2 580亿美元、880 亿美元、7 890亿美元、1 440亿美元。其中，巴西和俄罗斯主要投资到发达国家，占比分别为 83. 33%和 86. 05%；中国主要投资到发展中转型经济体，占比为 82. 89%；印度和南非投资到发达国家和发展中转型经济体的数额相差不大，其比例分别为 44. 32 ∶ 54. 55 和 45. 83 ∶ 54. 17。从 FDI 的流向来看，金砖国家之间的相互投资并不多，从各国对外投资的前五大发展中转型经济体来看，仅印度、中国和南非有对金砖国家的投资，其中，印度对俄罗斯（第 4 位）有投资，中国对俄罗斯

①李剑，王妤．国外农业利用外资的经验借鉴［J］．世界农业，2014（02）：122-148

②曲如晓．南非：外商投资的热土［J］．世界经济文汇，1996（2）：64-67

（第 3 位）有投资，南非对中国（第 1 位）有投资。目前，“金砖国家”之间建立更紧密的贸易投资关系已经具备较好的基础和条件，也已积累了丰富的经验，只要各国政府有意愿和决心，就一定能够取得突破性的进展。目前，中国作为“金砖国家”中经济实力最强、贸易和投资比重最大、外汇储备最多的国家，其有条件也有能力在推动“金砖国家”贸易投资关系方面发挥更加积极的作用。

（一）农业对外投资规模

金砖国家农业类对外投资趋势差别较大。其中，巴西投资存量呈增长趋势，农业类对外投资占比波动增长；中国投资流量和投资占比均呈持续增长趋势；印度投资流量和投资占比均有减少（图 5-6）。

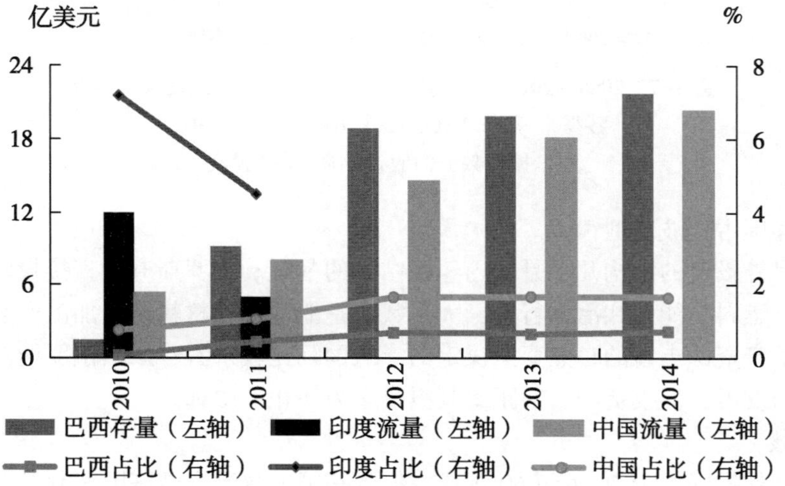

图 5-6　2010—2014 年金砖国家农业类对外投资趋势

1. 巴　西

巴西种植、牧、林业对外投资存量一直保持单边增长态势。农业类对外投资存量由 2008 年的 1.06 亿美元暴增至 2011 年的 9.18 亿美元，增长了 7 倍多；2012 年再次大幅增至 18.87 亿美元，翻了一番；此后继续保持增长趋势，但增速有所放缓，至 2014 年投资存量为 21.77 亿美元，增长了 15.37%（图 5-7）。

农业类对外投资存量占总投资的比例虽然较小，但也保持增长态势。农业类对外投资存量占总投资的比例变化趋势与投资额大致相同，占比从 2008 年的 0.07%快速增至 2011 年的 0.45%后，2012 年继续增至 0.71%，2013 年有所下降为 0.67%；2014 年，在巴西对外投资总额减少 13.34 亿美元的前提下，种植、林、牧业投资却增加了 1.88 亿美元，投资占比恢复增长，增至 0.74%，可见虽然巴西对外农业投资的规模较小，但近年来巴西逐渐重视对农业方面的对外投资。

2. 俄罗斯

俄罗斯的对外直接投资始于前苏联时期，但是其外直接投资的快速发展则发生在 20 世纪 90 年代后期，苏联解体、俄罗斯独立后。俄罗斯对外投资的快速发展从独联体成员国开始，主要有以下特点：一是投资额逐年增长，但总体上规模偏小；二是总体投资占比

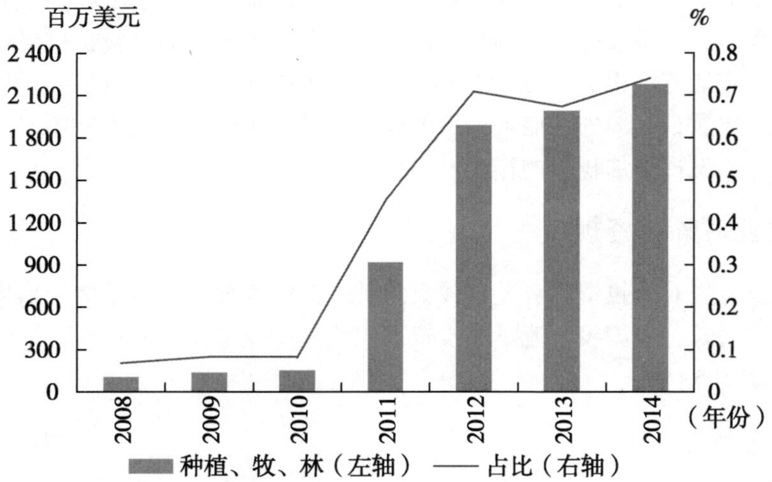

图 5-7　2008—2014 年巴西种植、牧、林业对外投资存量情况

数据来源：BANCO CENTRAL DO BRASIL

注：投资数据为股权投资+贷款投资

趋于下降，各国占比波动性很大。

俄罗斯对外投资的结构几乎是国内经济结构的翻版。俄罗斯对外直接投资中占有支配地位的行业是燃料、能源和冶金行业，大多数还是能源等原材料初级加工产品的生产。这是由俄罗斯矿产资源丰富的自然禀赋决定的。从国际比较来看，虽然俄罗斯对外直接投资获得了较快的发展，但投资的数额距离其投资潜力还相差很远。

3. 印　度

印度的对外投资始于 20 世纪 60 年代，但受其国内政治、经济因素制约，起步阶段对外投资发展极为缓慢，规模也有限；经过 90 年代的经济改革，印度的对外投资发展规模有了一定的发展；直到进入 21 世纪，印度的对外投资才驶入快车道。据 UNCTAD 数据，2000 年印度的海外投资流量为 7.09 亿美元，到了 2010 年这一数据迅速增至 167 亿美元，10 年增长了 22 倍，同年农猎林渔业投资流量为 12 亿美元，占总量的 7.19%；2011 年，印度货币卢比贬值，印度对外总投资锐减至 111 亿美元，而由于农业的弱质性，农业对外投资的减幅更大，当年农猎林渔业 FDI 流量为 5 亿美元，占总量的 4.5%。

4. 中　国

自改革开放以来，中国境外农业投资与合作取得较快进展，主要体现在以下三个方面。

一是投资合作规模扩大、速度加快。20 世纪 80 年代以来，特别是我国加入世贸组织后，中国陆续颁布出台多项措施支持对外农业投资与合作，农业对外投资的规模不断快速扩大，领域涵盖农、林、牧、渔各业。2004—2014 年，中国农林牧渔对外直接投资流量从 2.89 亿美元增长到 20.35 亿美元，增长了 6 倍，年均增速为 21.57%；尤其 2009—2012 年，中国农林牧渔对外直接投资流量以超过 50% 的速度加快发展，特别是 2009 年，几乎翻了一番；2012 年经济危机后，增速有所下降，2013—2014 年分别为 24.07% 和 12.26%（图 5-8）。农业类投资占总投资的比例于 2004 年达到近年峰值 5.25% 后，2005 年降至

0.86%，此后波动上升至2014年的1.65%。

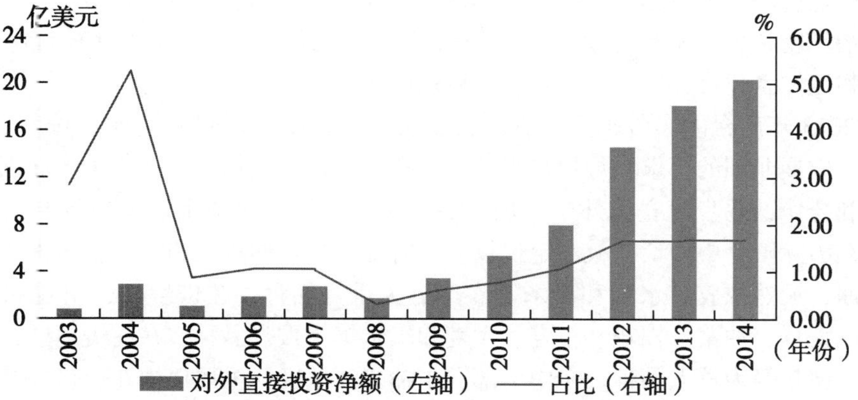

图5-8　2003—2014年中国农林牧渔业对外投资流量情况

数据来源：历年中国统计年鉴

从中国农业领域不同行业的投资变化看，各行业均呈不同程度的增长态势，近两年中国对外投资中牧业及农林牧渔服务业合计占比最多，渔业最少，但各业投资存量占比变化不大。2011—2014年的农、林、牧、渔业各业投资存量变化，牧业及农林牧渔服务业增长最快，4年增长了近4倍，且其占农业总投资的比例增长了14%，其余各业均有不同程度的降低；渔业增长最慢，4年仅增长了78%，其占农业总投资的比例下降了7%（表5-7）。可见，中国对外投资中牧业及农林牧渔服务业最多，渔业最少，主要原因可能是中国牧草资源较为匮乏，而渔业资源较发达，需要取长补短，弥补国内的不足。

表5-7　2011—2014年中国农、林、牧、渔业对外投资存量结构

年　份	农　业		林　业		渔　业		牧业及农林牧渔服务业	
	金额（亿美元）	占比（%）	金额（亿美元）	占比（%）	金额（亿美元）	占比（%）	金额（亿美元）	占比（%）
2011	10.60	31.00	10.60	31.00	6.63	19.4	6.36	18.60
2012	15.13	30.50	14.14	28.50	9.23	18.6	11.11	22.40
2013	20.53	28.60	19.24	26.80	10.27	14.3	21.76	30.30
2014	28.00	28.90	25.58	26.40	11.82	12.2	31.49	32.50

数据来源：历年《中国对外直接投资统计公报》

二是投资合作领域、地区分布更加广泛。从区域布局看，目前已与联合国粮食及农业组织、世界粮食计划署、国际农业发展基金会、世界银行、国际农业研究磋商小组等主要国际农业和金融组织以及140多个国家和地区建立了农业科技交流和经济合作关系，并同50多个国家和地区建立了近60个双边农业或渔业合作工作组，其中对外农业投资与合作的市场结构遍及全球六大洲的93个国家和地区①。从领域分布看，目前中国境外农业投

①资料来源：程国强《我国境外农业资源利用现状与问题》

资与合作涉及多个行业和领域，主要集中在国内比较优势不足，供给短缺以及资源密集型产业上，产业链的发展也已从最初的生产发展到加工、仓储、物流、贸易等多个环节，具体包括粮油作物种植、畜禽养殖、农产品加工、水产品生产与加工、森林资源开发与利用、仓储物流体系建设、农村能源与生物质能源等。

我国 2013 年出台的《鼓励开展境外农业投资合作指导意见》提出，按照加强周边、拓展美洲、发展非洲的要求，加快与当地政府和企业在仓储物流、加工生产和国际流通等领域的互利合作，逐步建立境外产销加工储运基地，提高我国企业境外重要农产品权益量，增强在国际贸易中的话语权和定价权。同时提出投资的重点布局，在东南亚地区，主要以棕榈油、天然橡胶、水稻和玉米等农产品为重点品种。在俄罗斯、中亚和中东欧地区，主要以大豆、油菜、棉花、小麦、大麦和玉米等为重点品种。在南美地区，主要以大豆、棉花、糖料等为重点品种。在中南部和东部非洲地区，主要以棉花、粮食等为重点品种。在中西部非洲地区，主要以棉花、棕榈油、天然橡胶等为重点品种。积极探讨在南亚、大洋洲和北美地区开展以大豆、棉花、油菜、小麦、糖料等农产品为重点品种的农业投资合作。争取到 2020 年使我国企业在境外拥有的大豆、棉花、糖料、棕榈油和天然橡胶权益量，分别达到我国进口量的 20%、40%、30%、15%和 20%。

三是投资合作主体多元、模式多样。20 世纪 80 年代以前，中国农业对外投资合作多是承担国家的对外援助项目，主要由农业科研院所和国有农业企业承担，参与主体相对单一。伴随中国农业对外开放程度的提升，农业对外投资合作的参与主体日益多元化。

从经营方式看，经过过年的探索与实践，中国企业已由最初的独资形式为主，发展为合资、合作等多种形式；参与境外农业投资合作的企业合作层次也逐步升级，由单纯的合作开发资源发展到资本联合经营，推动国际产业并购。

5. 南　非

据尼日利亚 2014 年 7 月当地媒体报道，南非一投资商计划在埃多、埃努古和贝努埃州投资农业生产，投资总额为 2 亿美元。投资商先期要求州政府整合 5 000公顷的农用土地，用于油棕榈的种植生产。尼方对此表示大力支持，并愿提供土地及相关配套基础设施，同时建议投资商加大投资力度，将油棕榈种植面积扩大到 10 万公顷。

（二）农业对外投资市场结构

金砖国家农业对外投资市场结构不一，各具特点。其中，巴西农业对外投资的市场结构近年来发生了变化，从以欧洲市场为主，逐渐转向以美洲市场为主。俄罗斯公司海外业务的发展是以欧盟、独联体国家为主要区域，且出现了在美洲、非洲和亚洲市场扩大业务的趋势。印度总体对外投资规模很小，绝大部分投资分布在东南亚和非洲。中国对外农业投资与合作的市场结构已遍及全球六大洲的 93 个国家和地区，亚洲是中国企业境外农业投资与合作最为集中的地区，其次为非洲、欧洲、大洋洲、北美洲和南美洲。南非对外投资的市场主要是英国，而直接投资增速最大的则在非洲。

1. 巴　西

巴西农业对外投资的市场结构近年来发生了变化，从以欧洲市场为主，逐渐转向以美洲等其他市场为主。2010 年巴西农业对外投资主要集中在欧洲市场，前五大投资国——荷兰、西班牙、阿根廷、卢森堡和葡萄牙中仅阿根廷位于美洲，且对前 5 国的投资存量占统计总量的比例分别为92.94%，之后，投资市场逐渐向欧洲以外的其他市场转移（表5-8）。到2014年，位列前5位的国家——巴拿马、卢森堡、西班牙、美国、阿根廷中仅卢森堡、西班牙属于欧洲，而其他国家属于美洲。

表5-8　2010—2014年巴西种植、林、牧、渔业对外投资存量市场结构

单位：百万美元

国家	2010年	国家	2011年	国家	2012年	国家	2013年	国家	2014年
荷兰	50.00	丹麦	637.00	卢森堡	875.00	美国	763.00	巴拿马	180.00
西班牙	37.00	卢森堡	47.00	巴哈马群岛	192.00	阿根廷	289.00	卢森堡	144.00
阿根廷	17.00	阿根廷	36.00	阿根廷	132.00	秘鲁	126.00	西班牙	143.00
卢森堡	12.00	葡萄牙	18.00	秘鲁	48.00	巴拿马	80.00	美国	108.00
葡萄牙	5.00	乌拉圭	17.00	乌拉圭	43.00	乌拉圭	65.00	阿根廷	34.00
合计	122.00		756.00		1 291.00		1 321.00		609.00
总投资额	131.00		774.00		1 340.00		1 389.00		630.00
占比（%）	92.94		97.66		96.31		95.13		96.64

数据来源：BANCO CENTRAL DO BRASIL

注：因数据源限制，此处数据为股权投资额；因部分国家数据缺失，此处总投资额为已有国家数据的汇总

近年来巴西对美洲等其他市场的投资力度加大。其中，对卢森堡农业的投资从2010年的500万美元增至2011年的4700万美元，增长近3倍；2012年疯狂增至8.75亿美元，增长了177倍；2014年则降至1.44亿美元。对阿根廷的农业投资趋势也类似，2013年之前呈快速增长趋势，2014年却下降了88.3%；对巴拿马的投资则从2013年的0.8亿美元增至2014年的1.8亿美元。

2. 俄罗斯

近年来，俄罗斯对外投资的市场构成发生了一定的变化，由以欧盟、独联体为核心，逐步向美洲、非洲和亚洲等区域的其他市场扩大。欧盟是俄罗斯海外业务发展的主要区域，其投资占俄罗斯25家大公司外国资产总额的60%以上，其次是独联体国家，仅占20%①。与此同时，俄罗斯企业出现了在美洲、非洲和亚洲市场扩大业务的趋势。其中，在乌兹别克斯坦，主要通过实施大规模的项目联合以及农业领域的稳步合作等实现生产和运输成本的降低以及新型生产关系的调整。

3. 印　度

印度的对外投资规模总体较小，市场分布相对集中在经济规模较小的国家。由于经济发展缓慢、外汇紧缺，政府限制企业以现金对外投资。直到20世纪六七十年代，能够称得上是跨国经营的只有比尔拉、塔塔、马法特拉尔等少数几个大工业家族。但就整体而

①王殿华．转型国家对外投资问题研究——俄罗斯对外直接投资的特征、优势及前景［J］．俄罗斯中亚东欧研究，2010（4）：51-56

言，印度的对外投资规模很小，称得上跨国公司的不过一两家。大部分投资分布在东南亚和非洲，涉及农业的主要部门有围纺织、人造纤维、造纸、机械、油脂和食品加工等，小部分投在欧美的餐饮和旅店等行业①。

在双边合作方面，印度和新加坡、韩国和泰国等签订了双边自由贸易协定，与此同时，还选择与巴基斯坦、斯里兰卡、尼泊尔、马尔代夫、智利等经济规模较小的国家开展双边 FTA 的谈判。

4. 中　国

中国对外农业投资与合作的市场结构已遍及全球六大洲的 93 个国家和地区。其中以大洋洲、东盟和俄罗斯为主要市场。

从中国农林牧渔业对外投资流量变化看，近两年有约一半的投资流向东盟、俄罗斯、中国香港和澳大利亚等国家和地区。其中，中国对东盟和欧盟的投资占比大幅提高，而对其余主要投资地区的占比均有不同程度的减少，其中，增长速度最快的是对欧盟的投资。2013 年，中国农林牧渔业对外投资流量为 181 313 万美元，同比增 24.07%，其中，近一半的投资流向大洋洲，流向东盟和俄罗斯的投资流量，同比分别大幅增长 81.28%和 70.21%；2014 年，投资流量进一步增至 204 000 万美元，增长了 12.51%，流量仍主要流向东盟和俄罗斯，尤其是对欧盟的投资大幅提高，从-12 362 万美元增至 16 757 万美元，增长了 2 倍多（表 5-9）。在中国对东盟和欧盟的投资占比大幅提高的同时，对其余主要投资地区的占比均有不同程度的减少，可见经济联合体对中国还是具有一定的吸引力。

表 5-9　2010—2014 年中国农林牧渔业对外投资流量情况　　单位：万美元

国家或地区	2010 年		2011 年		2012 年		2013 年		2014 年	
	流量	占比	流量	占比	流量	占比	流量	占比	流量	占比
全球	53 000	—	80 000	—	146 138	—	181 313	—	204 000	—
非洲	—	—	—	—	—	—	16 726	9. 22	13 307	6. 52
大洋洲	—	—	—	—	—	—	83 688	46. 16		0. 00
欧盟	1 093	2. 06	14 905	18. 63	1 153	0. 79	-12 362	-6. 82	16 757	8. 21
东盟	16 843	31. 78	19 072	23. 84	29 971	20. 51	54 331	29. 97	78 346	38. 40
美国	198	0. 37	1 368	1. 71	2 201	1. 51	2 191	1. 21	2 199	1. 08
澳大利亚	323	0. 61	1 954	2. 44	13 041	8. 92	7 594	4. 19	7 481	3. 67
俄罗斯	18 064	34. 08	14 747	18. 43	23 525	16. 10	40 042	22. 08	35 234	17. 27

数据来源：历年《中国对外直接投资统计公报》

从投资存量方面看，中国在世界各地的农林牧渔业对外投资存量近年增长明显，且主

①文富德．印度企业加速“走出去”的主要原因与主要措施［J］．南亚研究季刊，2009（2）：37-44

要在东盟、俄罗斯等国家和地区投资存量较高，而近两年欧盟的增速最大。2013 年中国农林牧渔业对外投资存量为 71.80 亿美元，同比增长 44.76%，其中，东盟和俄罗斯的存量较高，占比分别为 22.24%和 23.43%，同比分别增长 60.18%和 31.30%；2014 年，中国的对外投资存量变化幅度不是很大，东盟和俄罗斯仍占主要地位，其他主要投资地区的投资存量均有不同程度的增加，中国在世界各地的农林牧渔业投资主要呈增长趋势（表 5-10）。

表 5-10 2010—2014 年中国农林牧渔业对外投资存量情况

国家或地区	2010 年		2011 年		2012 年		2013 年		2014 年	
	存量	占比	存量	占比	存量	占比	存量	占比	存量	占比
大洋洲	—	—	—	—	—	—	8.40	11.70	10.70	11.04
欧盟	2.08	7.97	3.57	10.44	3.64	7.34	2.38	3.31	4.04	4.17
东盟	5.28	20.23	7.09	20.73	9.97	20.10	15.97	22.24	24.44	25.22
美国	0.31	1.19	0.48	1.40	0.68	1.37	0.83	1.16	1.14	1.18
澳大利亚	0.23	0.88	0.47	1.37	1.73	3.49	2.83	3.94	3.53	3.64
俄罗斯	7.48	28.66	8.84	25.85	12.81	25.83	16.82	23.43	21.00	21.67
全球	26.10	—	34.20	—	49.60	—	71.80	—	96.90	—

数据来源：历年《中国对外直接投资统计公报》

值得注意的是，近年中国对俄罗斯的农业投资占中国对俄罗斯总投资的比重之首。2010—2014 年其占总投资的比重分别为 31.80%、20.60%、30.00%、39.20%和 55.60%，俄罗斯农业对外资的吸引能力可见一斑，且呈增长趋势，未来中俄农业方面的投资合作有望进一步加强。

从区域布局看，中国境外农业投资与合作已遍及全球六大洲的 93 个国家和地区（表 5-11）。其中，亚洲是中国企业境外农业投资与合作最为集中的地区，其次为非洲、欧洲、大洋洲、北美洲和南美洲。据商务部境外投资企业（机构）名录统计，截至 2012 年 5 月，中国共在境外设立 598 个农业企业。其中在亚洲设立境外农业企业 354 家，占中国境外农业企业总数的 59.2%，主要分布在老挝、印度尼西亚、韩国、越南、柬埔寨、中国香港、泰国、缅甸等国家和地区；在非洲设立境外农业企业 78 家，占 13.0%，主要分布在赞比亚、埃塞俄比亚、坦桑尼亚、莫桑比克、马里等国家；在欧洲设立境外农业企业 80 家，占 13.4%，主要分布在俄罗斯、法国、德国、英国等国家；在大洋洲、北美洲和南美洲分别设立境外农业企业 34 家、30 家和 20 家，依次占 5.8%、5.0%和 3.3%。这种布局特征符合比较优势原则和中国境外农业投资由近及远的发展变动规律①。

①杨易，马志刚，王琦，张利利，董岩．中国农业对外投资合作的现状分析 [J]．世界农业，2012（12）：107-112

表 5-11 中国境外农业企业在全球的地区分布

地区	境外农业投资企业数目	占境外农业企业总数的比重（%）	境外农业投资企业覆盖国家数目	国家和地区总数	投资覆盖率（%）
亚洲	354	59. 2	33	49	67. 4
非洲	80	13. 4	33	59	55. 9
欧洲	78	13. 0	13	59	22. 0
大洋洲	34	5. 8	6	25	24. 0
北美洲	30	5. 0	2	4	50. 0
南美洲	20	3. 3	6	49	12. 2
合计	598	100. 0	92	245	38. 0

资料来源：根据商务部《境外投资企业（机构）名录》整理

注：截至 2012 年 5 月，根据梳理出的 598 家企业进行计算

5. 南　非

南非对外投资的市场主要是发达国家，但其占比呈下降趋势，2001—2010 年，南非对发达国家投资占比从 90%下降至 53%；随着南非对发达国家投资量的下降，对发展中国家的投资随之增加，其占比从 2001 年的仅 9. 94%增至 2010 年的 42. 10%。英国是南非最大对外投资国，2010 年，其占南非对外投资额的 16. 71%；卢森堡是南非的第二大对外投资国，但对其投资不太稳定，时高时低，2010 年甚至超过英国成为最大的对外投资国，其占比为 17. 35%。南非位处非洲，尽管南非对非洲的投资占比不高，但近几年其增速却在不断增加，从 2001 年的 6. 91%增至 2010 年的 20. 53%。据南非种族关系研究所数据，1994—2009 年，南非对外直接投资总额从 677 亿兰特增至 5 357亿兰特，增长了 8 倍，而同期南非对非洲直接投资总额则从 38 亿兰特增至 1 157亿兰特，增长了 31 倍。可见，由于地缘优势，南非正逐渐加大对非洲的投资。

有关南非农业领域的对外投资相关数据不足。

三、金砖国家农业外资政策

金砖国家在世界经济中有着举足轻重的地位。近年来，金砖国家越来越重视利用外资政策以吸引更多的外国投资。虽然金砖国家农业占其中的比例较小，但越来越注重对农业方面的发展，各国制定了一系列的吸引农业利用外资的鼓励性政策。

（一）农业外资政策概况

为吸引外资，金砖各国均根据本国特色制定相关法律和各种鼓励性政策，以营造良好的投资环境。巴西政府欢迎外资进入本国市场，是拉美国家中最早开始大力引进外国投资的国家之一，其对外资企业实行国民待遇，巴西外资法被外国投资者认为是拉美国家中最为完备的法规。俄罗斯为吸引外资，对外国投资者提供法律保障，包括鼓励性政策、保护

性政策和限制性政策等。印度政府多次调整外资政策但总体仍以高度限制为主，农业利用FDI的一个明显特征是以引进先进技术为目标，坚持自力更生的原则，建立起中央一级的机构进行管理，特别注重外资来源的多元化。中国农业利用FDI政策不断完善，政府采取系列措施对外商投资管理体制进行深化改革。南非财政部、经济发展部以及贸工部三部联合修订完善“综合的投资政策”，吸引外资对南非农业领域的投资。

1. 巴　西

巴西政府欢迎外资进入本国市场，是拉美国家中最早开始大力引进外国投资的国家之一，对外资企业实行国民待遇。巴西的外资法被外国投资者认为是拉美国家中最为完备的法规。1995年，巴西宪法修正案明确提出，自此以后内外投资之间的区别不再，禁止所有形式的歧视待遇，规定法律面前内外资平等。目前，巴西几乎所有对私有部门开放的投资领域都对外资开放。

20世纪60年代末70年代初，巴西经济发展偏重于工业，政府采取“高增长战略”，不断拓展其制造业在世界的占有量，对农业相对忽视，使得巴西农业生产基本处于停滞状态。为了改变这种农业支撑工业、制造业的状况，70年代以后，巴西政府确定了优先发展农业的基本政策，把农业放在国民经济发展的优先地位，施行了一系列促进农业发展的措施，如对外开放、引进外资等，对1962年颁布的第1部《外国投资法》进行了较大幅度的修订，对对外资企业的法律地位、投资领域及范围等均作了详细规定，并提出了一系列促进巴西农业外商投资的措施，如鼓励性政策、减免税收等，使得巴西农业，尤其是大型种植园产业及牧业得以迅速发展。其后又陆续颁布了一些法令，对外资法进行修改和补充，如《外资管理法施行细则》《 公司法 》和《 劳工法 》等。

目前，巴西农业对外开放程度整体较高，吸引了大量的商业贷款、国外及国际组织贷款、外国直接投资等发展国内农业经济。当前，外国投资者在巴西国内进行大规模的土地开发，实行规模化经营和机械化作业，使巴西农业生产效率得到了有效提升，从而进一步提高了巴西的农产品出口和国际竞争力。

2. 俄罗斯

俄罗斯现行联邦级别的鼓励和调节外商投资的基础性法律是《俄罗斯联邦外国投资法》。此外，与外国投资有关的法律还有《俄罗斯联邦租凭法》《俄罗斯联邦产品分成协议法》《俄罗斯联邦土地法典》《俄罗斯联邦经济特区法》《加里宁格勒州特别经济区法》《马加丹特别经济区法》等①。其中，《加里宁格勒州特别经济区法》和《马加丹特别经济区法》以联邦立法形式颁布，《俄罗斯联邦外国投资法》和《俄罗斯联邦产品分成协议法》等已进行了多次修订和补充。

俄罗斯外资利用领域规定出现了新变化，如：提高出口关税、严格加强对在边境地区木材的流通和出口监督等。为避开“比较优势陷阱”、发展国内木材加工业，2007—2009年3年间俄罗斯采取贸易壁垒措施，对木材和原木加工品出口关税做出一系列较大调整。期间，针叶和阔叶原木出口关税实现了三级跳，在2007年2月5日两者出口均提高20%（每立方米分别不少于10欧元和24欧元），税率为13.9%的基础上；2008年4月1日再提高25%（每立方米不少于15欧元），税率为23.1%；2009年1月1日针叶阔叶原木出

①王佳慧．当代俄罗斯外资立法的发展［J］．俄罗斯中亚东欧市场，2012（9）：14-21

口关税进一步分别提高80%和40%（每立方米不少于50欧元），税率为77%。而对木材加工品的出口关税则实行零关税政策，从2008年1月1日起，出口到关税联盟协定缔约国的铁路枕木、刨花木板、纸张纸板等木材加工品的出口关税从10%下调为零关税。由此，俄罗斯木材加工品出口关税将为零，而原木出口关税大为提高，成为全球原木出口关税最高的国家之一，高于巴西、加拿大、美国以及其他木材出口国。然而，由于原木出口关税的提升关系到伐木工人、木材出口商和贸易伙伴国等各方利益，使得原木出口关税的决议充满争议，新关税政策实施过程中遭遇阻力，导致2009年的关税提升方案遭受延迟。

但总的来说，俄罗斯利用公私合营、投资基金及贷款等多种方式，以及一系列外商投资、出口优惠政策的实施吸引了大量投资用于木材加工行业。2000—2007年，俄罗斯木材加工业的投资从2000年约3亿美元迅速增至2006年的17亿美元，增长了4.67倍；2007年进一步大幅增至26亿美元，增长了52.94%。投资扩大带来的技术更新、产能扩大和升级，使得俄罗斯木材加工业链条向外延伸，枕木、锯木、木板、纸张和纸板、木浆和回收纸等木材加工品产量快速增加，木材加工业随之壮大起来。

2008年金融危机后，2009—2010年俄罗斯吸引外资陷入低谷，外资来源几乎下降了一半。为吸引更多外资，俄政府提出了“现代化战略”和国有资产私有化，通过修改相关政策法律法规，简化外资办理手续、调低外资准入门槛，成立“俄直接投资基金”等举措，使得2011年外资来源迅速增加了38%，吸引外资回暖，在此过程中采用的主要政策工具包括为外国投资提供法律保障，实施鼓励性政策、保护性政策和限制性政策。具体来说，法律保障体现在实施鼓励和调节外商投资的基础性法律，包括《俄联邦外国投资法》《俄联邦租赁法》《俄联邦产品分成协议法》《俄联邦土地法典》《俄联邦经济特区法》等；鼓励性措施主要表现在税收优惠（减免进口关税和增值税、减免利润税）、经济特区优惠政策、地区优惠政策等；限制性措施主要包括投资行业规定（俄罗斯政府鼓励外商直接投资的领域大多是传统产业）、投资方式的规定等。

3. 印　度

印度自1947年独立以来，就开始引进外资，是较早使用外资的国家之一，但印度政府对外资利用持高度谨慎态度。

20世纪五六十年代，印度政府为农业利用外资确定了“限制与利用”的基本原则。此后，虽然根据具体时代背景印度政府多次对外商农业投资政策进行调整、修订，但总体仍以高度限制为主。近年来，为吸引外资在农业方面的投入，印度政府颁布多项鼓励农业外资投入的优惠政策，同时放宽投资限制，但对外资利用仍然比较谨慎，仅限于从歧视性待遇向国民待遇过渡。

印度农业利用外资的目标一直是服从全国发展战略。20世纪60年代，印度政府对外资农业企业提供各种优惠政策，如对农产品加工企业购买、安装设备提供优惠，对茶叶企业减免税收，允许农业设备、化工等企业持有更多股份，同时免除生产化肥设备的进口关税。90年代后，印度政府仍把农业发展放在优先地位，与此同时对外商投资领域进一步放开，外资持股比例由最高不超过40%放宽到51%。1993年印度颁布了农业发展十点计划，称为印度农业的二次革命，其核心内容是强调通过生物工艺学的应用和向农民转让科技知识来改善印度农业生产率与生产规模不符的问题，从而使印度农产品的国际竞争力得到有效提高。1997年后印度农业利用FDI的另一个明显特征是引进先进技术，其中，对国内急缺的技术引进给予政策倾斜，对推广范围大、见效快的项目引进给予政策支持；但仍规定在合作项目中外商必须将技术对印方公开，并对印方员工进行技术培训；在引进外资的同时，印度十分重视技术内部化，要求引进技术的单位，考虑自身的吸收能力做出选择，同时又为后继的科研提供科研经费。

总体来看，印度依靠世界银行等国际组织的援助，积极争取优惠贷款，为印度农业发展提供了资金支持，使印度农业吸收外商投资得以快速增长。在全面的经济改革中，积极开放实施外资政策，特别注重在引进外资的过程中进行多元化发展；在引进外资的方式上，不仅把外商投资作为一种增加投资的手段，而是依靠外商的技术引进提升自身的生产效率；在外资引进管理方面，实行严格的管理制度，并将外资合作与国家发展战略相结合。可以看出，在印度外资发展的历程中，自力更生的原则始终贯穿其每一个发展时期，这是印度农业利用外资得以快速发展的保障。

4. 中　国

中国农业外资政策始于改革开放之初，经历了三个发展阶段，逐步建立了完善的促进外商投资的法律法规和具有支撑作用的政策，促进我国农业外资利用的快速发展。目前，外商投资已经涉及农业及其相关产业的大多数领域，形成了全方位、宽领域、多层次的对外开放格局。

第一阶段是1978—1991年的建章立制阶段。期间，国家陆续颁布多项支持外资的法律法规政策，开启了为外资立法的大门，为外资进入中国奠定了法律基础，对外商投资企业给予税收、土地使用费等方面的优惠，把利用外资确立为发展中经济的长期方针。支持外资的法律法规政策包括：《中华人民共和国中外合资经营企业法》《中华人民共和国国务院关于管理外国企业常驻代表机构的暂行规定》《关于外国企业常驻代表机构办理登记事项的通知》《关于执行〈中华人民共和国国务院关于管理外国企业常驻代表机构的暂行规定〉中若干问题的说明》《关于加强利用外资工作的指示》《中华人民共和国外资企业法》《关于鼓励外商投资的规定》《外商投资开发土地管理办法》《中华人民共和国外商投资企业和外国企业所得税法》等。总体上看，这一阶段的建章立制，为中国农业利用FDI的长远发展奠定了坚实的基础，使得中国农业利用FDI朝规范化、法制化方向发展。但由于对外开放时间较短、经济基础建设还比较薄弱、市场投资环境还有待改善，这一阶段我国农业利用FDI协议金额仅为10.83亿美元①。

第二阶段是1992—2001年的解放思想阶段，是我国农业利用FDI发展的黄金时期。国家在政策法规上继续支持外商投资，并明确了鼓励、允许、限制和禁止的外商投资领域和方向，如《关于设立外商投资股份有限公司若干问题暂行规定》《外商投资举办投资性公司的暂行规定》《指导外商投资方向暂行规定》《外商投资产业指导目录》《关于设立中外合资对外贸易公司试点暂行办法》等。总的来看，此阶段法律法规更加完善，为外国企业在华投资更具指导性意义，我国农业利用FDI获得了快速发展，协议金额达到126.29亿美元。

第三阶段是2002年至今的科学发展阶段。中国加入世界贸易组织（WTO）后，根据经济的发展、产业结构的调整升级，中国农业利用FDI政策进一步完善。《外商投资产业

①徐玉波．农业利用外商直接投资对中国农业的影响［D］．北京：中国农业科学院，2012

指导目录》第 4 次修订、《中华人民共和国企业所得税法》颁布、《中西部地区外商投资优势产业目录》修订、《关于进一步做好利用外资工作的若干意见》出台、《关于印发鼓励开展境外农业投资合作指导意见的通知》印发、《中西部地区外商投资优势产业目录》实施、《国家级经济技术开发区和边境经济合作区"十二五"发展规划（2011-2015年）》落实等，进一步鼓励外国企业、跨国公司进入中国农业领域，为推动我国农业利用 FDI 起到了重要的促进作用。这一阶段，我国农业利用 FDI 政策的不断完善，吸引外商投资范围涉及我国农业及相关产业绝大多数领域，形成了全方位、宽领域、多层次的对外开放格局。2002—2014 年，我国农业 FDI 实际使用金额从 10.28 亿美元增至 15.22 亿美元，增长了 48%，累计金额达 173.1 亿美元，同时农业利用外资的合同个数和项目金额也不断提高。但近年来，受 2012 年全球金融危机的影响，我国吸收外资面临多方位、多层次的国际竞争，农业外资利用农业利用外资有所下降，但是总体看，我国吸收外资的综合优势正在增强。

5. 南　非

南非在鼓励外资投入方面也颁布了一系列政策法规条例，修订完善"综合的投资政策"，内容包括投资友好型的税收政策、工业鼓励措施等；出台《投资促进和保护法案》草案，以代替实施多年的《双边投资条约草案》，关于物产权的内容更加丰富了，而且体现了外国投资享受国民待遇的原则。

具体来说，涉及农业方面的有：①中小型企业发展计划。一是优惠政策享用者在 3 年内每年可以得到免税现金补贴，二是外商投资补贴优惠政策，南非对某些行业的中小型企业实施鼓励投资政策，简称 FIG，如其农业及农产品加工业、水产业、生物技术等行业的固定资产投资符合条件，可按一定比例获得现金补贴；②外国投资补贴。对南部非洲关税同盟（SACU）和南部非洲发展共同体（SADC）以外的外国投资者，南非政府给予相当于机器设备价值的 15%，每个项目最多不超过 300 万兰特的现金补贴，用于将机器设备从海外运抵南非；③其他优惠措施。如：减税案（THS），适用于投资总资产超过 300 万兰特的项目；经认可，每年用于科研开发的固定资产开支可减税 25%，如果研究中止，减去的税收应预以退还；对所有私营的制造业提供援助，企业前期直接开发成本，可得到 50%的政府资金援助，最高限额可达 100 万兰特。

（二）农业外资政策实施现状

金砖各国农业外资政策实施成效表现不一。巴西农业对外商投资开放程度整体较高，除海洋捕捞业外，其他如农业生产、加工及出口领域都对外资开放。俄罗斯在扩大企业投资方面政策尚不健全，完整性和连续性也不够，导致俄罗斯政府在对外资利用方面的支持不够，在农业方面，近年来外资外流不断增加，2014 年俄罗斯农业外资净流量由正转负。印度利用外资持谨慎态度，主要原则是自力更生，外资流量可以保持，但必须逐步消除对外援的依赖。中国农业利用外资规模偏小，国家为了鼓励农业发展，出台了一系列吸引外资投资农业的政策法规，《商务部关于 2013 年全国吸收外商投资工作的指导意见》明确指出鼓励外资投向现代农业、先进制造、新能源等领域，由此可见现代农业是目前中国鼓励外资投向的主要农业领域。南非对外商投资者几乎没有投资限制，鼓励外商投资南非，通过降低或减免关税、降低利率、减少房屋和土地租金等，给外资企业提供了稳定的经济和政治环境。

1. 巴　西

巴西农业对外开放程度整体较高，对农业外资利用实行高度开放政策。目前，农业对外开放领域除海洋捕捞业外，遍及农业生产、加工及出口等。如农业机械、化肥等生产要素的生产和供应；粮食、经济作物等农产品的大规模生产种植；谷物加工，油脂、奶酪加工，可可、香蕉、甘蔗等经济作物的出口等。

同时，巴西也通过引进先进技术发展国内农业经济，并根据其国内的资源配置利用外资开发落后地区的农业，使得昔日荒无人烟的中西部地区如今已成为巴西主要的农业产区之一 。具体来说，一方面利用世界银行等国际组织的贷款组织移民，开发亚马孙河流域，并在马瑙斯建立自贸区，从而带动周边的地区的经贸发展，促使工农商协同发展；另一方面对外资企业给予政策优惠，如减免企业税、提供基础建设方面的补助金等。

2. 俄罗斯

目前，俄罗斯在扩大企业投资方面政策尚不健全，完整性和连续性也不够，导致俄罗斯政府在对外资利用方面的支持不够。农业方面，近年来外资外流不断增加，2014 年俄罗斯农业外资流出量大于流入量，净流量由正转负。

俄罗斯发展 FDI 的优先政策是：为促进国家经济现代化可持续发展，支持企业出口结构多样化，提升工业原材料地位，减少赤字和污染；同时，要以更加负责任的态度选择企业和项目，开发新市场，扩大原料基地，消除关税和非关税贸易壁垒，降低生产成本①。

俄罗斯政策支持 FDI 的主要优先方向包括：投资者和接受投资国家具有紧密的利益关系；保护本国和外国投资者的相互权利，从而降低非商业风险概率；取消外国投资者和国内投资者从事对外投资的双重征税；为国有和私营公司合作参与国外项目，包括通过海外房地产及其他资产或临时转让项目的管理，提供贷款担保；建立促进外国投资的金融机构等。

3. 印　度

目前，印度经济虽然取得了显著成绩，2014 年，印度 GDP 超过俄罗斯，在金砖国家中仅次于中国和巴西，但经济发展缓慢，受各项投资减少影响，经济增速放缓，由 2010 年的两位数下降至 2014 年的 5%~6%；外商投资从 2011 年的 316.41 亿美元减至 2014 年的 287.85 亿美元；农业类投资虽然大幅增加了 2 倍，但数量仍不大，且绝大部分属于外国经济援助。自力更生的经济发展方式是印度利用外资的主要原则，但要求在保证外资流量稳步增长的同时，逐步消除对外援的依赖。在农业方面，积极优先引进农业先进技术，大力发展水利灌溉工程建设和和化肥农业机械生产，明确把服从全国农业发展战略作为农业利用外资的目标。

4. 中　国

2002 年国家制订并颁布了《国家指导外商投资方向规定》，明确将外商投资项目分为鼓励、允许、限制和禁止四类。近年来我国农业利用外资成效显著，据统计，2000—2014 年我国农业实际利用外资达 188.84 亿美元，外资利用呈逐年增长趋势，但近年有所下降，

---

①王殿华．转型国家对外投资问题研究——俄罗斯对外直接投资的特征、优势及前景［J］．俄罗斯中亚东欧研究，2010（4）：51-56

国内农业外资利用存在着如下问题：一是农业利用外资规模偏小，农业外商投资占我国整理外资利用的比例较小，且近年来稳中有降，2014 年为 1.27%；二是结构不合理、区域分布不平衡。目前我国仅对一些大型种植业项目和涉及许可证、配额的项目有政策引导，缺乏对全行业的统筹管理布局，使得外资企业偏好农产品加工等投资少、见效快的项目，而对农业技术开发、农产品品种改良、农业生物制品生产、荒山荒地开发利用等风险高、回报慢的项目投入很少，对于实现农业可持续发展十分不利。

根据我国经济发展形势，针对我国农业外商投资不足、农业外资利用与现代化建设布局不匹配的现状，国家采取了一系列促进农业外资利用的政策法律法规，并对原有的规定不断进行修订，如上海自贸区自 2014 年起允许外商独资企业在特定行业参与菜籽油、糖和化肥的批发、零售和分销，允许展开粮食和棉花的零售和分销；积极引进国外先进农业技术和管理经验，如 2015 年颁布的《关于加大改革创新力度加快农业现代化建设的若干意见》首次明确提出加强农业转基因生物技术研究、安全管理、科学普及；坚持扩大对外开放，鼓励农业外商投资，尤其发展现代农业、利用资源和再生资源及环境保护等方面的工程，保障了农业吸引外资的基本环境和投资优势，为外资企业提供一个规范、透明、公开的投资环境。

5. 南　非

南非对外商投资者几乎没有设置投资限制，除实施降低或减免关税外，还设置了各种投资奖励和激励措施来吸引外资，如降低利率、减少房屋和土地租金等，给外国投资者提供了稳定的经济和政治环境。

南非在成功推动南部非洲发展共同体（SADC）的同时，积极酝酿将东南非共同市场（COME-SA）、东非共同体（EAC）整合为涵盖东、南部非洲 26 个国家的自由贸易区；同时，积极推动南部非洲关税同盟（SACU）与南美共同市场的自由贸易协定（FTA）谈判①。

2010 年，为进一步解决南非所面临的严重就业危机，创造更多就业机会，南非政府推出一系列鼓励投资的优惠政策，着力改善南非的基础设施和治安环境，树立良好国际形象，加大力度吸引外来投资，努力使本国成为外商在非洲投资的首选目的地。

（三）农业投资合作

金融危机后，国际产业分工格局发生了变化，其中，金砖国家作为五个庞大的经济体和新兴市场，正成为世界经济增长的新引擎。金砖国家开发银行也于 2014 年 7 月 16 日成立，将“为金砖国家以及其他新兴市场和发展中国家的基础设施建设、可持续发展项目筹措资金”。金砖国家开发银行的设立能够弥补现有国际金融机构功能的缺失、缓解金砖国家资金缺口问题，为促进区域的互联互通提供支持，促进深化区域一体化。金砖各国应该充分利用有利条件，挖掘各自农业领域的资源、科技、环境、资本、劳动力等优势，加强农业投资合作，实现农业效益的最大化。

1. 巴　西

巴西在自然资源、劳动力资源、技术进步、投资环境建设等方面具有较明显的比较优

①吕博．“金砖国家”间的贸易和投资［J］．国际经济合作，2012（10）：27-30

势，而在基础设施建设、经济环境等方面存在着一些不利因素，金砖各国可以从各自特色出发加强投资合作。

（1）自然资源优势。巴西拥有丰富土地资源、森林资源和水利资源，森林覆盖率为60.7%，木材储量658亿立方米，水资源丰富，拥有世界18%的淡水，水利蕴藏量达1.43亿千瓦/年，这些将成为吸引外商投资的自然因素，尤其是对于土地和森林资源都相对缺乏的中国和印度，但对于具有相同优势的俄罗斯来说不具吸引力。目前，巴西在原材料出口、天然资源和能源密集型产品方面越来越专业化。

（2）劳动力资源和成本优势。巴西是拉美人口第一大国、世界人口第五大国，劳动力供应充沛，主要缺少高技能劳工。2009年3月巴西平均工资为1 321雷亚尔，相对于发达国家和一些新兴经济体及发展中国家与地区而言，劳动力成本相对低廉；但是，相对于中国、印度等人口大国的发展中国家而言，巴西的劳动力成本优势并不突出。

（3）经济优势。在过去的几十年里，巴西经济实现了稳定增长，成为新兴市场中高增长和低通货膨胀率的例子。巴西具有吸引外资的诸多优势，是世界上资源最丰富的国家之一，工业化和城市化水平较高。

（4）科技优势。巴西近年来农业科技领域发展迅速，在农牧业领域技术中处于先进地位，农业科技领域的合作是巴西对外国投资者最具发展潜力的领域。如中巴科技合作成果丰硕，在信息技术、生物技术、农牧林业、水产养殖、医药卫生等领域均签有合作协议。同时，巴西也很重视食物营养安全和家庭农场建设，金砖国家可以对巴西加强此方面的投资力度。

（5）基础设施和经济环境劣势。农业基础设施落后成为巴西农业发展的主要瓶颈，因而需要吸引外资来帮助建设和改善落后的基础设施并促进产业结构升级；同时，巴西也存在一些政治、经济和经营方面的不稳定因素或是障碍。外国投资者应对这些不利方面加以适当关注，以便规避风险，保证投资的顺畅进行。

一是政治风险。巴西国内整体政局稳定，民族关系和谐，国际关系良好，没有特别大的政治风险。

二是经济风险。巴西国内经济发展不平衡及人均收入发展不平衡严重阻碍了社会发展；尽管巴西在偿还外债方面已经有了很大的进步，但是总债务负担依然沉重，成为其经济发展中的包袱；利率水平较高，2011年以来，巴西为抵抗通胀，多次进行加息，2015年3月5日，巴西将基准利率上调至12.75%，为2009年以来的最高水平，远远高于世界其他国家，对鼓励投资和刺激消费带来消极作用；汇率波动大，巴西实行浮动汇率制，近几年来，汇率波动幅度较大，给投资和贸易带来一定的风险。

三是风险规避与防范措施。巴西虽然欢迎外国投资，但其希望引进的是能够促进出口、提高产品科技含量和扩大当地就业的项目，对于那些主要在巴西国内销售仅存在价格优势的产品和项目，政府的优惠政策力度不够，可能会受到抵制，甚至倾销或不正当竞争的指控。因此，选好投资产品和项目对外资企业的生存和发展至关重要。

2. 俄罗斯

俄罗斯在自然资源方面具有明显的比较优势，而在劳动力资源、宏观投资环境等方面存在着一些不利因素，金砖各国可以从各自特色出发加强投资合作。

（1）资源优势。俄罗斯是世界上唯一一个自然资源能完全自给的国家，目前已探明的资源储量约占世界资源总储量的21%，居世界首位。俄罗斯拥有广阔肥沃的黑土地带、宜于耕种的森林灰化土壤、无数的森林以及广阔的草场和牧场，适合农业和畜牧业的发展，为国际农业经济合作奠定了坚实的基础。其森林覆盖面积8.67亿公顷，占其国土面积的50.7%，世界森林总量的22%，居世界第1位；木材蓄积量807亿立方米；天然气已探明蕴藏量为48万亿立方米，占世界探明储量的1/3，居世界第1位；水力资源4 270立方千米/年，居世界第2位；渔业资源丰富，生物资源总量2 580多万吨，鱼类为2 300万吨；天然资源估价达到10.2万亿美元，比巴西（3.3万亿美元），南非（1.1万亿美元），中国（0.6万亿美元），印度（0.4万亿美元）4国加起来还要多。俄罗斯丰富的地下矿藏及自然森林资源，对森林资源匮乏的中国有巨大的吸引力。

（2）劳动力资源缺乏。俄罗斯人口短缺和未来劳动力不足是影响其吸引外资的关键所在。2010—2015年期间俄罗斯出现劳动力严重不足，同时，俄罗斯农业平均报酬居各行业首位，高昂的劳动力成本也是制约其农业投资的一大因素。近年来，由于俄罗斯国内政治形势趋于稳定，国民经济蓬勃发展，投资环境得到了较大改善，基础设施发达、通讯网络迅速、能源供应充足、科技智力资源巨大，但也存在着一些不确定性因素和风险，投资者需谨慎对待，如：

政治风险。俄罗斯国内政局基本稳定，党团斗争不会殃及社会，但国际上与美欧（盟）关系错综复杂，与周边国家关系总体平稳，但也时有摩擦。

利率和汇率风险等经济和市场风险。俄罗斯联邦统计局发布数据显示，2014年俄通货膨胀率为11.4%，为2008年通货膨胀率13.3%之后的最高水平，企业融资难度艰巨，且2014年年底卢布的多次“断崖式”暴跌给俄罗斯的金融经济产生了巨大冲击，让准备入俄的投资者止步不前。

2015年在莫斯科召开的金砖国家农业合作工作会议上，俄罗斯农业部国际合作部指出，从国家的农业发展和出口潜力扩展角度出发，政府应增加农业方面的支持力度，以吸引更多投资者为了实现政府的计划及快速进口替代，俄罗斯政府2015年的农业金融支持由30亿美元增至35亿美元。2015年1月俄罗斯农业部补充了信贷补贴条例，增加联邦预算补偿，2015年投资信贷支付比例增至中央银行再融资利率的100%，同时，可能将投资信贷期延长至1年。随着信贷补贴的实施，修正后的政府计划包括新的供给措施，如对农业企业现代化建设的直接投入进行部分补贴。计划近3年对以下领域提供约8亿美元的补贴：水果储藏、马铃薯和蔬菜储藏、温室复合物、牛奶生产复合物和批发配送中心。俄罗斯农业部的补贴条例使得所选投资项目的投入补偿为估计成本的20%~30%。

从主要农产品的生产结构和进出口情况来看，金砖国家之间并不是竞争关系，而是经济互补的贸易合作伙伴。然而，目前俄罗斯和金砖国家之间的贸易是不平衡的。俄罗斯政府对来自欧盟、美国和加拿大的部分农产品、材料和食物实行禁运（俄罗斯于2014年8月6日实行禁运一年，之后将时间延长至2016年8月6日），给金砖国家的贸易扩展提供新的机会。

目前俄罗斯和金砖国家之间的相互投资并不是很高、很有效，仅占总投资量的约2.5% 。加大金砖国家农业之间的投资合作和贸易，增加相互投资及重要多边项目的投入是很有必要的，可以互惠互利，共同提高经济、市场、科技潜力。近年来，俄罗斯农业的技术突破使其农业出口迈上新台阶，俄罗斯农业的出口潜力将进一步发展，有利于投资环境的改善和长期投资的增加，进而创造出更多具有高附加值的产品。

3. 印　度

世界经济论坛《2013—2014 年全球竞争力报告》显示，印度在全球最具竞争力的148 个国家和地区中，排名第 60 位。作为一个人口超过 12 亿、国内需求旺盛的发展中大国，印度市场潜力巨大；印度的政治相对稳定，经济增长前景良好，地理位置优越，对缺乏劳动力的俄罗斯和南非非常具有吸引力；印度的自然资源和水利资源较丰富，但距巴西和俄罗斯仍有一定差距，未来这方面的投资合作可进一步加强；印度国内发展农业和制造业面临着基础设施建设短缺、资金援助不够、农业技术薄弱（虽然印度在原子、电子、航空和生物等诸多高技术领域取得了诸多重要成就，但是，制造业技术和农业技术却相对薄弱）等问题，需要积极地吸引外商直接投入，调整其产业结构，促进印度经济发展。

2015 年在莫斯科召开的金砖国家农业合作工作会议上，印度政府提出了希望金砖国家之间加强以下领域的投资合作：提高水资源利用率的技术和有效措施（滴灌和喷灌，不整地农业保护，激光土地平整）；缓解适应气候变化的有效措施；开发能提高生产率和减少环境影响的土壤生物；作物育种/生物技术，包括，提高产量和质量，如：提高营养的杂交水稻和生物强化、提高作物的养分利用率、气候变化下的病虫害管理、非生物胁迫管理；减少食物浪费的小型农场机械化和采后技术；知识共享：市场机构，管理食物库存、储藏和分配系统的机制体制等。

4. 中　国

中国自然资源丰富多样、潜力巨大，水资源丰富，河川多年平均径流相当于世界径流总量的 5.8%；森林面积居世界第 8 位，但覆盖率仅 12.98%，列世界 121 位；生物资源丰富，种子植物数居世界第 3 位。但在庞大的人口压力下，中国人均资源占有量低，各项自然资源人均占有量均低于世界平均水平，因此，中国在鼓励吸引外商投资国内优势农业产业的同时，就国内短缺的产业如森林等，积极地开展对外投资；中国的劳动力资源优势突出，农业科技领域的发展已有成效但和农业发达国家相比仍有不足，需加强各国间的农业合作，积极开展农业投资互助，以达到双赢的效果。

鼓励外商投资的农业产业的目录为：①木本食用油料、调料和工业原料的种植及开发、生产；②绿色、有机蔬菜（含食用菌、西甜瓜）、干鲜果品、茶叶栽培技术开发及产品生产；③糖料、果树、牧草等农作物栽培新技术开发及产品生产；④花卉生产与苗圃基地的建设、经营；⑤橡胶、油棕、剑麻、咖啡种植；⑥中药材种植、养殖（限于合资、合作）；⑦农作物秸秆还田及综合利用、有机肥料资源的开发生产；⑧林木（竹）营造及良种培育、多倍体树木新品种培育；⑨水产苗种繁育（不含我国特有的珍贵优良品种）；⑩防治荒漠化及水土流失的植树种草等生态环境保护工程建设、经营；⑪水产品养殖、深水网箱养殖、工厂化水产养殖、生态型海洋增养殖①。

中国在鼓励外商投资的同时，为保护本国农业产业，也对一些项目加以限制，如：①农作物种选育和种子生产（中方控股）；②珍贵树种原木加工（限于合资、合作）；

①中华人民共和国商务部．附件：外商投资产业指导目录（2011 年修订）［EB/OL］．（2012-04-24）［2015-10-15］．http：//www.mofcom.gov.cn/article/bh/201204/20120408086699.shtml

③棉花（籽棉）加工。禁止外商投资的项目有：①我国稀有和特有的珍贵优良品种的研发、养殖、种植以及相关繁殖材料的生产（包括种植业、畜牧业、水产业的优良基因）；②转基因生物研发和转基因农作物种子、种畜禽、水产苗种生产；③我国管辖海域及内陆水域水产品捕捞。

5. 南　非

据世界经济论坛《2013—2014 全球竞争力排名》报告显示，南非在全球 144 个经济体中排名第 53 位。

南非农业吸引外资的优势主要体现在：稳定而增长强劲的经济，为投资增长奠定了基础；良好的市场机遇，其进出口限制因素少，独特的地理优势吸引着投资者；南非劳动力成本和税率较低；基础设施现代化，有利于农产品产供销一线的全面发展；丰富的自然资源，南非约 12%的地表可用于农作物种植，约 130 万公顷的土地具备灌溉条件，生物资源丰富，植物有 2 000多种，约占地球已知物种数量的 10%，南非水果种植发展迅速，是世界第一大鄂梨和克莱门氏小柑出口国，第二大葡萄柚供应国和第三大鲜食葡萄供应国；南非的信息通信技术和电子行业发展也很迅速，农业生物技术发达，在使用生物防治技术消灭各种果树病虫害方面成果不少，在家畜疾病防疫方面开发了世界第一个家畜动物血清诊断包。其中，政府鼓励的是食品、饮料和农产品业的投资，以促进农业和水产养殖业基础设施投资，鼓励新建或扩建食品和饮料加工业，具体包括：园艺初级农业、食品加工、农产品加工、饮料加工、渔业和水产养殖业。

此外，在南非投资也需要注意：一是南非制约农业生产的最重要因素就是缺水，农业用水占全国水资源总量的 50%；二是南非劳动法律规定严格，工会势力强，合法罢工和非法罢工时有发生，可能会影响投资效率；三是南非实施自由浮动汇率，汇率波动大、市场化程度高，有一定的投资风险；四是南非基础设施建设发展缓慢，存在电力短缺、铁路运力不足等问题，甚至开始制约经济增长，这方面可加强与俄罗斯进行合作，俄罗斯拥有巨大的电力资源和技术指导；五是南非高素质劳动力缺乏，工资水平高，如发展高科技农业，将面临严峻的劳动力压力。为克服和规避上述风险，2010 年南非政府制订的“新增长路线”，旨在推动南非经济发展由当前缺乏持续发展潜力的消费型模式向可吸纳更多劳动力的生产型模式转变，计划在未来 10 年内优先在基础设施建设、农业、绿色经济等重点领域挖掘潜力，为外商在南非投资农业提供了难得的机遇。

近年来，南非不断拓展与世界的投资合作。中南合作发展取得了重要进步，在中国“21 世纪海上丝绸之路”的倡议下，中南未来经贸合作的新亮点定位于海洋经济合作。《中华人民共和国政府与南非共和国政府海洋与海岸带领域合作谅解备忘录》《中华人民共和国和南非共和国 5—10 年合作战略规划 2015—2024》等多项投资合作文件的签署，以及中国—南非海洋领域合作联委会的召开，为中南海洋经贸投资合作奠定了坚实的基础。未来，两国还将加强在多边框架下的全球海洋观测、应对气候变化、发展蓝色经济等海洋热点问题的磋商与合作，共同参与第二次国际印度洋考察等重大国际海洋计划，并启动《中国—南非海洋科技合作规划 2015 年—2020 年》的编制工作①。

---

①刘洪，宋云松，王丹，王忻，尹俊．中国与南非经贸投资合作规划思路初探［J］．开发性金融研究，2015（3）：101-106

第六章　金砖国家农业支持政策比较

作为农业大国，金砖国家均为十分重视农业发展，各国针对本国国情出台了一系列各具特色的相关涉农政策，形成了不断完善的农业政策体系，对保障粮食安全、增加农民收入，减少贫富差距、稳定国内物价、增强国际竞争力等起到了重要的作用，为本国农业发展奠定了坚实的基础。巴西在政策的制定方面主要以提高农民生活水平、消除区域发展不均、鼓励优势企业参与国际竞争为主；俄罗斯围绕农业改革和农业发展出台了系政策；印度在政策的制定方面以保障粮食安全、实现社会公正公平为主，同时在理解和执行WTO有关规则方面也有着非常丰富的经验；中国政府在保障粮食安全、加快农业发展方面出台了一些政策；南非政府制定了一系列政策对内消除种族隔离，对外积极融入国际市场。

一、农业政策的目标与发展路径

金砖国家为发展农业，根据时代变迁和本国的国情改变，适时制定了一系列的政策目标，形成了独特的政策发展轨迹。

（一）农业政策的发展目标

金砖国家农业政策发展目标的制定都是为了更好地发展本国农业，是各国农业发展的“方向盘”，对其农业发展具有重要的指示作用和支撑作用。因各国因国情与时代不同，其农业政策发展目标的侧重也有所不同。

1. 巴　西

20世纪70年代以来，巴西政府改变了重工轻农的经济发展模式，高度重视农业发展，制定了系列支持农业发展的政策措施，优先发展农业和粮食生产。农业已成为巴西重要的支柱产业。当前，巴西农业政策的主要目标是进一步实现以促进经济快速发展、保持环境可持续、提升农业人口就业水平、调整国民收入分配、减缓区域不均衡发展等为主旨，通过制定具有特定目标的农业发展计划来实现农业发展。

2. 俄罗斯

俄罗斯农业政策的目标在《俄罗斯农业联邦法》中进行了详细的阐述，该法于2007年1月11日颁布生效，首次将农业政策纳入政府的社会经济政策之中。《俄罗斯农业联邦法》指出政府每5年制定一次农业生产和市场调节规划，并确定配套的预算和措施法律化。新法明确规定了本国农业政策的六大核心目标：加快提升农村人民生活质量，以实现农业可持续发展为目标；不断改善农产品的质量，以提升农产品核心竞争力为目标；进一步加强农业可再生资源的保护和利用水平；不断改进投资环境，以提高投资质量和效率为目标；加快建设市场基础设施建设，以形成有效合理的市场运行机制为目标；不断创新评估技术和制度，以实现农产品投入产出合理评估为目标。

3. 印　度

印度作为人口大国和农业大国，其农业政策目标可以概括为两个方面：一是以发展生产、增加粮食产量、保障粮食安全为主的经济目标。1947 年独立以来印度政府通过提供财政支持，来减缓国际竞争对国内农业的冲击，加快农业发展步伐，保持合理的粮食自给率，以此达到粮食自给和向消费者提供可接受价格的基本食品目标，到 20 世纪 80 年代，印度才基本实现了口粮自给。二是以合理分配财富、消除贫穷、实现社会公正和公平为主的社会目标。20 世纪 70 年代以来，印度政府将经济发展的重点转向缓解农村贫困，出台实施了系列扶贫计划，包括农村综合发展计划、全国农村就业计划、农村无地者就业保证计划、农村青年自营职业培训计划、农村妇女和儿童发展计划和干旱地区发展计划等。

4. 中　国

中国的农业政策在不同时期的侧重点各有不同。其一，作为人口众多、资源相对有限且多次饱受饥荒的大国，保障粮食安全将是中国长期农业政策的核心目标；其二，21 世纪以来，在中国城乡间、区域间居民收入差距不断扩大所引发的社会问题日益尖锐的环境下，中国的农业政策倾向于投入大量资金实现增加农民收入、促进农村发展的目标；第三，近年来中国食品质量安全问题层出不穷，引起了国内外的高度关注，此背景下保障农产品质量安全成为中国政府农业补贴政策的重要目标之一；第四，面对农业生产资源日益紧缺、生态环境逐渐恶化的窘境，中国政府及时调整发展理念，将农业资源与生态环境保护制定作为农业发展政策的重要目标之一。

5. 南　非

南非多重政策选择源于白人的发达农业与黑人家庭农场的二元结构。1994 年以来南非政府明确了农业政策的具体目标：一是明确农产品市场主管部门，建立以市场为导向的农业产业。1996 年实施的《农产品市场法案》旨在确保所有市场参与者自由进入农业市场、提高农产品市场营销效率、增加农产品出口创汇的机会，提高农业产业的活力。二是确定土地改革的目标与方式。1997 年实施的《土地政策白皮书》以土地改革作为经济增长的引擎，推动农业和工业的发展。三是弥补种族隔离政策对黑人造成的利益损失。通过《重建与发展计划》（RDP）、《黑人农业经济赋权框架》等系列政策改善种族隔离时代黑人对黑人造成的不公平待遇。四是促进农业可持续发展，保障食品安全。通过制定《农村可持续发展综合战略》《食品安全和营养综合战略》等系列措施，促进农村经济与农业的可持续发展、保障食品质量安全。五是促进农产品出口。南非政府鼓励更多的资金和技术进入农业，促使南非农业适应全球经济竞争。六是强化农业科研服务能力，促进农业发展。以小农户为服务对象，提高农业科研的应用水平，鼓励私营企业投资农业科研，建立公私信息共享的系统。

（二）农业政策的演变路径

金砖国家农业政策的演变路径因各国当时的国情和发展方向不同，各有差异。但各国农业政策的演变方向均表现出极大的相似性——波浪式前进和螺旋式上升。

1. 巴　西

巴西农业政策围绕政府补贴不断演变，以1994年乌拉圭回合达成的农业协议为标志呈现出明显的阶段性特征。主要经历了以下三个阶段。

第一阶段：一般服务和农业补贴为主的农业政策阶段（1985年前）。20世纪70年代中期，巴西逐渐认识到忽视农业、片面发展工业带来的危害，并逐渐调整农业发展政策，加强政府对农业的调节和干预。1975年“农业优先计划”颁布，全面结束过去“以农养工”政策。‘农业优先计划”强调“巴西经济发展的基础在于农牧业”，并对“餐桌”农产品产量提出新的要求，力争在20世纪90年代前达到粮食自给自足。在此阶段，巴西政府加大对农业部门的投资，主要用于诸如水利修建、道路建设、发展农业产品收购网点和供应站等农业基础设施和服务建设。除一般服务支持外，政府的农业直接补贴所占比例较大。1965—1985年期间，巴西政府累计使用2 191亿美元的政策资金用于农业发展，其中农业补贴资金310亿美元，其余资金主要用于投资和市场。

第二阶段：以价格支持为主的农业政策阶段（1985—1995年）。1985年开始限于财政压力，巴西政府逐渐开始实施以农产品价格支持为主的农业支持政策。农业生产者通过诸如保护价收购等系列的项目得到价格支持。在这些价格支持政策中，部分计划是以降低和稳定物价为目的；还有部分计划旨在支持因基础设施不完善导致生产成本较高或因处于低收入区域而在竞争中处于不利地位的中小规模农业生产者。价格支持促进了巴西农业的发展。1985—1995年期间，巴西政府的农业补贴逐渐降低，补贴金额由142亿美元降低至60亿美元，而谷物产量由3 601万吨增长到4 964万吨。

第三阶段：目标多重、工具多元的农业政策阶段（1995年以后）。鉴于WTO的成立与农业协议的签订以及国内的财政压力，1995年开始巴西政府制定和实施了促进农业市场开放的农业支持政策，主要有以下几个方面。一是改革价格支持政策。巴西政府提出了两项新政策——期权合约补贴和产品售空计划，这两项政策逐步取代了价格支持政策，极大地减缓了巴西政府直接购买政策所带来的库存压力和财政压力。雷亚尔土地成本的升值、地区性干旱以及虫灾等导致农业生产成本上升，生产者价格在2005年之前持续上升，2005/06年下降明显。为此，政府扩大对家庭农户和商业农场的产出支持，特别是产品售空计划，主要支持了巴西最大的出口产品——咖啡和大豆的生产。二是加大对中小农户以及贫困农户的支持。通过家庭农业支持计划（1995年实施）给小型农户提供信贷补贴，农业培训和技术推广等优惠政策保障小农户的基本收入，抑制农业人口流失；通过零饥饿计划（2003年实施）减少饥饿乃至贫困人口；通过土地改革计划（2003年实施）将政府没收和新开垦的土地分配给无地农民，为他们提供住所或利率极低的土地购买贷款等。另外，巴西政府自1995年以来一直致力于农民债务危机问题，2008年提出债务重构计划，包括降低贷款利率等，但到目前为止效果仍极其有限。三是重视农业基础设施建设。薄弱的基础设施建设是制约巴西农业发展的重要瓶颈。因此，巴西将基础设施建设作为政策重点之一，把改善交通运输条件作为促进农村发展的重要手段，政府修建了公共道路连接各农场和洲际公路，并且出资自主农场内部道路建设。四是改革农产品贸易政策。政府一直致力于建立巴西农业私人部门和贸易团体机构之间的联系，重点监督动植物卫生检疫协定实施情况，保障动植物食品和保护检疫检验顺利进行，实施出口担保金、出口资助、出口信贷等支持政策。

2. 俄罗斯

俄罗斯农业政策调整的过程可以分为三个阶段：

第一阶段：农业市场化和私有化改革阶段（1990—2000 年）。十月革命后，前苏联将土地收归国有，采取集体农庄和国营农场的农业生产组织形式，由于农民生产积极性低，农作物产量较低，农产品短缺，农业经济发展十分缓慢。1992 年，政府开始实行“休克疗法”式的激进经济改革，将国营农场为中心的大规模农业、集体农庄重新改组，实行土地私有化。俄罗斯联邦最高苏维埃主席叶利钦签署了《俄罗斯社会主义共和国土地法典》，取消单一的土地所有制。1991 年 12 月 27 日叶利钦签署《关于土地改革的紧急措施》，对国有和市政所有的土地进行私有化，根据俄罗斯联邦《企业与法》对集体农庄和国营农场进行重组，无偿将土地转给公民所私有制，实行农业市场化运行。自此，俄罗斯大部分农业生产资料和消费品开始按照市场经济运行，通过价格调节引导和激励政府逐渐减少甚至取消农产品价格补贴，彻底实现农产品价格市场化。

第二阶段：国家调控与市场化改革结合阶段（2000—2006 年）。20 世纪 90 年代的农业私有化和市场化改革没有取得预期成效，反而带动工业产品价格的大幅上涨，农业生产者的生产积极性受到打击，加之 1993 年宏观经济形势恶化，俄罗斯农业生产收到严重影响。2000 年普京政府上台后，政府在 2001 年 10 月和 2002 年 7 月先后出台了《俄罗斯联邦新土地法典》《农用土地流通法》等促进现代化农业发展的相关政策，为农用土地流通提供了有效保障，为家庭农场的发展产生了积极影响。此后，政府又先后削减农业税种类，从开始的 28 种降到 10 种；到 2004 年又开始实施《统一农业税法》，该税法规定农民应缴纳的税率为农业收入的 6%，这一措施减少了农民负担 150 亿卢布；2005 年政府继续免除农产品生产企业的税负，这些措施对当时农业的恢复发展起到了重要作用。

第三阶段，新农业法案实施、农业支持力度加大（2007 年后）。2002 年以来，俄罗斯经济逐渐恢复，保持较快增长，但农业生产效率仍较低下，农村人口逐渐减少，国民经济发展速度明显快于“三农”的发展。2005 年普京总统将农业与住房、教育和医疗一同规划为俄罗斯未来重要发展领域。2006 年《联邦农业发展法》颁布，新农业法案的出台明确了政府的重要职责，规定了每五年就要制定一个市场调节和农业发展的规划，并出台配套的预算和措施。2007 年出台《2008—2012 年农业发展、农产品市场调节、农村发展规划》，规划明确了扩大农村就业、提高农村生活水平等农村可持续发展的具体方案；通过加大财政支持、实现现代化和加快重点领域发展，来提升俄罗斯农业生产的竞争能力，减缓农产品进口；加大土壤保护等自然资源的保护和恢复。新农业法实施以后，俄罗斯农业得到了较快发展。据统计，2007—2012 年俄罗斯农业生产年均增长 4%，畜牧业年均增长 5%。2013 年在面对经济危机和货币危机的同时，俄罗斯政府仍然继续支持农村地区发展，划拨了 90 亿卢布用于支援农村发展，除此之外，各级地方政府和俄罗斯其他机构也要提供相应资金支持农村农业发展。

3. 印　度

印度的农业发展，因其庞大的人口压力而受到了较大的限制。印度政府为了解决居民粮食安全和贫穷的问题，多年来围绕保障粮食产出、促进农业发展等出台了一系列与农业发展紧密相关的政策。从其政策轨道演变看，印度的农业政策的演变可以大致划分为四个阶段。

第一阶段：以尼赫鲁思想为指导的农业政策阶段（1947—1965年）。印度在独立以前农业基本上处于崩溃状态，1907—1947年印度人口增长显著快于粮食产量增长，其中人口增长率达40%，而粮食生产增长率仅为12%，人均粮食占有量迅速下降。加之极为复杂的土地关系结构，土地分配极不平等，大量土地集中于少数土地主手中，且从地主到实际耕种土地的佃农之间有多层中间人，佃农受剥削最重，号称农业大国印度却无法满足国内3.6亿人的粮食需要。尼赫鲁政府上台后，为实现农作物增产，不断开垦荒地，扩大农作物种植面积。印度政府明令废除现有的土地所有制度“柴明达尔”，并且出台了“土地持有最高限额法”制度，使现有的农村生产关系在一定程度上有所改变，不仅逐步实现耕者有其田计划，而且对于农业现代化的实现、加快农业生产发展也起到了积极地作用，同时保留了小农经济的特点。1950年农产品价格委员会正式在印度成立，委员会为保护农产品生产者权益、保障居民粮食安全，制定和实施了农产品最低保护价格，建立了粮食公共流通管理系统和粮食收购存储体系。

第二阶段：支持“绿色革命”的农业政策阶段（1966—1990年）。农业制度改革在尼赫鲁的指导下取得了一些成效。但从长期来看，农业的核心问题被没有得到真正的解决。20世纪中期，粮食产量增长率仅2.5%，人均粮食仅395克/天。1966年到1967年的的干旱天气导致农作物歉收16%~17%，最为严重的粮食危机成为印度独立以来国民经济发展和国民生存的阻碍。1966年初，印度推动“绿色革命”，主要是促进农业集约化、现代化发展，实现以粮食为代表的农作物高产稳产，扩大灌溉面积，推广高产优质农作物，建立农业科研、推广、应用等支持体系，通过实行农产品最低收购价、加大农业投入财政补贴、扩大农村信贷等一系列农业扶持政策支持农业发展。粮食产量在绿色革命的推动下大幅增加，极大地解决了印度的粮食危机问题，促使印度农业发展到了一个新的发展阶段，使印度经济逐步走上了良性循环的道路。

第三阶段：自由化、市场化经济政策背景下的农业政策阶段（1991—2005年）。1984年拉吉夫·甘地以“迅速消除贫困”为基本目标，将“科技兴国”定位为印度的基本国策的同时忽视了对农业的继续支持，导致这一阶段印度农业经济发展缓慢，部分地区的农业生产增长率缓慢下降。1991年拉奥总理开始了印度自独立以来最大规模的经济改革。在农业发展方面，拉奥尽管对农业予以一定的关注，如：对农业基础设施的建设增加投资、对农村信贷体制进行改革、实行“小农农业商业贷款银团”扶贫工作等，整体来看这些措施促进了农业的发展。但与同时代其他领域的进步相比，农业发展相对落后。瓦杰帕伊总理就职期间并没有改变农业投资严重不足的现状，2002年印度农业出现全面的负增长，这一阶段印度农业政策的特点表现在如下三个方面：一是对农业投入品的补贴逐步减少；二是对农业的优惠贷款逐渐消减；三是价格机制被更多地用来刺激农业生产。

第四阶段：第二次绿色革命的农业政策实施阶段（2006年以来）。第一次绿色农业革命主张增加农业生产投入、促进市场化等政策，对农业发展不够重视，导致印度农业结构失衡、产量下滑、生态被破坏。为提升农民收入、增加农民就业，保障居民食物营养安全，2006年初印度实施第二次绿色革命政策。此次绿色革命不仅增加对基础设施和农业科研的投入、提升用水和土壤效率，而且致力于减轻农民的债务危机、推广低息信贷、鼓励农民种植出口畅销的农作物、支持新技术在农业领域的应用，同样也鼓励私营部门从事生物技术研发等一系列措施，支持农业发展。2007年，印度出台了“国家农民政策”促进农业部门的全面发展。2014年，印度政府重新调整了粮食缓冲储备，旨在确保定向公共分配系统（TPDS）的粮食供给，在粮食减产时，可通过公开市场销售稳定粮价。印度政府在过去几年间始终将国储粮保持在平均库存量5 000万~5 500万吨，远远高于实际需求，但对粮食安全起到了保障作用。

4. 中　国

新中国成立以后，中国的农业政策经历了从“以农养工”的政策向“以工促农”的政策转变。经过几十年的发展，《农业法》在1993年正式颁布（2003年重新修订），该法规定了农业发展是国家经济发展的首要地位。整体看，中国农业政策始终沿着保障粮食安全、加快农业发展、提高农业竞争力的轨道不断演变，其演变轨迹可分为以下四个发展阶段。

第一阶段：解放农业生产力到农民生产积极性被抑制的阶段（1949—1978年）。1949—1953年中国新成立，为发展农业生产，全面解放农村生产力，废除了封建剥削的地主阶级土地所有制，实行土地改革，对于愿意从事农业生产且具有劳动能力的农民分配土地，土地改革极大地调动了农民的生产积极性，使农民获得了基本的农业生产资料。1953年以后中国开始实施农业社会主义改造，互助组、初级社和高级社纷纷成立。1958年人民公社化运动正式开始，虽然在一定程度上促进了农业规模化和机械化发展，但却严重抑制了农民的生产积极性，特别是大锅饭和平均主义，使得农业产能倒退。

第二阶段：重新确立土地经营制度的农业发展政策阶段（1979—1996年）。中国政府于1978年开始对土地经营制度进行改革，到1983年基本实现了全国土地承包到户；1984年到1992年间，土地承包期限为15年以上；而1993年以后，土地承包期限延长至30年以上。农民的生产积极性由家庭联产承包责任制的实施而得到了极大地提升，粮食产量明显增加。因此，我国基本农业生产制度就以家庭联产承包责任制为主的土地经营制度的实施为确立标志。

第三阶段：农业支持政策的产生阶段（1997—2003年）。1997年之前，增加农业产出、保障居民粮食消费是我国农业政策的首要目标。1997年之后，解决农产品价格普遍较低、农民收入增长缓慢、农产品销路等问题成为我国农业政策需要考虑的问题。中国农业政策的目标开始转向保障粮食安全和促进农民增收。1997年开始实施“粮食保护价”制度，保护粮食生产者的利益；2002年开始实施优质大豆良种补贴等支持政策以提高大豆的含油量。至此，中国农业支持政策不断产生。

第四阶段：农业支持政策力度稳步增强阶段（2004年至今）。在经历了1998年以来中国粮食产量持续下滑，2003年中国粮食价格又迅速上涨等一系列粮食生产、消费问题后，从2004年开始中国政府对小麦、稻米和玉米等粮食作物的生产者提供了包括良种补贴在内的一系列补贴，如大型农机具购置补贴、农资综合补贴、目标价格补贴以及生猪补贴等，使我国粮食产量实现了“十二连增”。

5. 南　非

多年来，南非始终致力于取消种族隔离政策、出台新的市场法以及积极融入国际市场并取得了显著的成绩，这些转变也使得南非拥有着较为自由而富有竞争力的农业经济。总体来看，南非农业政策可以分成如下三个阶段：

第一阶段，农业政策服务白人阶段（1910—1994年）。自1910年南非建立以来一直处在白人的绝对统治之下，1948年南非政府建立种族隔离政策，针对黑人的歧视法规陆续出台。在这种社会背景之下，农业用地基本上都由白人控制，土著居民仅拥有指定保留地的耕地。长时期的种族隔离和歧视政策使得南非农业出现了以少量白人控制的大商业农场和大量黑人自给的小农场共存的农业经济格局。而当时南非的所有涉农优惠政策，包括干旱和洪涝援助、贷款利息补贴、农业机械购置税的减免以及政府在农业技术培训、研究和咨询上的支出，都是针对商业农场的白人，商业农场的工人都由技术水平低的黑人构成，随着1960年农业机械的推广，大量黑人劳力失去了工作机会。在农产品贸易领域，1937年的市场法确定了南非政府在该领域的垄断经营权。

第二阶段，全面消除种族歧视阶段（1994—1997年）。1994年，南非举行了首次民族选举，从此以后所有的种族歧视法规被废除，旨在消除社会差距的政策陆续出台。政治体制的改变带来了农业领域的巨大变化，一些重要的农业政策得以颁布，包括土地改革、农业社会化服务部门的重组、新的市场法和水资源法、贸易自由化和劳动力市场改革等。1996年南非政府颁布了《农产品市场法案》（1996年第47号法案），并于1997年废除了1968年修订的《市场法案》。1996年的《市场法案》严格限制政府干预农产品市场的行为，同时要求每2年对政府干预市场的行为进行一次评审。与1968年的《市场法案》相比，1996年新市场法案提出提高农产品市场流通效率、增加农产品出口额、确保食品安全、支持小规模农场、促进农业可持续发展、稳定农业生产者收人等内容。

第三阶段，全面实现农业贸易自由化和消除不平等（1997年至今）。从1997年开始南非正式采取新的关税体系，新的关税体系中农产品的关税水平降低了0.4%。虽然总体上南非降低了农产品的进口关税，但南非仍然对部分农产品实行进口许可证和配额等技术性贸易壁垒措施，并且废除了在“总体出口激励方案”框架下建立的出口直接补贴。2013年南非政府第一季度共创造就业岗位5.4万个，仍有1 200万人民食不果腹，饥饿人口约占全国总人口的23%。为加快农业发展，政府将渔业列为农业综合发展的重要组成部分，出台了相关的渔业政策支持青年人开办渔业公司。2015年，南非政府公开《政府征用法》草案，草案中规定政府可以因公共利益需要征用私人财产，并按照市场价格的80%给予补偿。

二、农业生产支持政策

金砖国家为发展本国农业制定了一系列农业生产支持政策，主要包括农村信贷在内的农业价格补贴支持政策和包括农业补贴在内的农业金融服务支持政策等。基于国情和发展需要，各国在制定农业生产支持政策时均有不同侧重。其中，巴西更加重视家庭农业的支持；俄罗斯在粮食价格和税收政策方面有所侧重；印度在债务重订方面给予了大力支持；中国重点围绕粮食品种给予了补贴和其他方面的支持；南非的特色在于政府投资基金和税收减免政策。

（一）价格补贴支持政策

金砖国家将农业价格支持政策看做是农业生产支持的核心政策，认为其是发展农业、促进工农协调发展的有力举措，不断完善发展。各国在制定农业价格补贴支持政策方面的重点略有不同。

1. 巴　西

巴西农产品价格补贴支持政策主要包括最低保护价政策、公开出售期权合约体系政策、食品采购计划政策、农业家庭价格保护计划政策、生产者价格保护计划政策、产品售空计划政策等。

第一，最低保护价政策。巴西农产品最低收购价是政府部门根据不同地区农产品生产、消费情况，确定并公布收购价格，并以此价格从生产者或生产者合作组织手中购买农产品。巴西农产品价格不断变化，2005/07 年巴西除玉米和水稻的最低价格分别上升 4% 和 10%外，其他主要商品的最低保护价格基本没有变化，但部分产量较小的作物（如棕榈蜡和黄麻）的最低保护价格有一定上升；2007/08 年大豆最低保护价有所上升，除此以外，非主要商品的最低保护价上涨明显，上涨幅度达到 20%；2008/09 年开始，除棉花外的主要农产品的最低保护价格均有不同程度上升，小麦和豆类上升较多；2011 年，巴西政府为拯救经济，收购稻谷用于饲料加工，这是巴西政府首次采取这类措施，巴西政府陆续出资 3 750万美元收购 50 万吨稻谷，用于禽类和猪饲料加工，政府除对稻农直接收购稻谷外，还延长了债务偿还期（已超过 6 875万美元）。

第二，公开出售期权合约体系。公开出售期权合约体系是巴西除最低保护价外的另一项重要的农业支持政策工具。为确保生产者或者生产者合作组织的预期销售，在每个生产季开始前，该系统公布确定的农产品收购执行计划，包括提供期权合同的农产品名称、数量和执行价格（该价格一般不低于最低收购价格），具体由巴西食品供应公司执行合约，负责收购合约持有者的农产品。1996/97 年计划实施初期，公开出售期权合约农产品主要为玉米，后来在执行过程中又增加小麦、水稻、高粱、棉花和咖啡。2005/06 年政府临时终止此计划并选择了私人部门销售期权合约，私人代理商替代了巴西食品供应公司的职能，负责购买生产者销售的农产品。当市场价格低于执行价格时，政府付给私人代理商风险报酬。2006/07 年公开出售期权合约体系恢复。

第三，食品采购计划政策。2003/04 年为保障小农生产收入，巴西政府制定食品采购计划，由巴西食品供应公司负责从家庭农业生产者手中收购粮食，收购价格参考市场价格。食品采购计划推动了巴西部分农产品生产，提高了农户农业生产收入。2007 年，食品采购计划占政府采购总量的比例达到 11%，相比 2006 年的 2%上升了 9%；另外，奶制品日平均生产量从 2006 年的 65 万升增加至 2007 年的 78 万升；奶农的规模也由 1. 9 万人增加到 2. 9 万人。

第四，农业家庭价格保护计划政策。农业家庭价格保护计划是巴西另一个农业生产者价格支持项目。2006 年 12 月，农业家庭价格保护计划设立，主要包括两个方面：一是确保农民即使在贷款出现问题时，可以以一个保证价格出售生产的农产品，以此来降低农户的债务风险和资本消耗、提高农产品产量和农民收入、保证价格以地区平均生产成本为基础；二是当农产品平均市场价格低于最低保护价格的 10%时，政府为农民提供补贴。自该计划实施来，巴西对腰果提供了支持。

第五，生产者价格保护计划政策。生产者价格保护计划类似于差额补贴。2005 年，生产者价格保护计划开始实行，以向产品生产者支付的形式进行。生产者价格保护计划在实施初期，仅对大豆和玉米生产者进行支持；随着实施的深入，支持范围扩大到咖啡等生产者。2013 年巴西政府优先减免联邦税（国家税），在生产和消费等诸多环节也实行了减免。政府一直将投资、融资以及民众的消费作为优先考虑的重点，提供更多资源让消费者选择，如在食品上减少消费，则可在耐用消费品等其他商品上增加消费。减税后的基本菜篮子商品中的肉类和卫生用品平均降幅约 6%，其他商品降幅约 3%。巴西政府对基本菜篮子减税，这不仅对消费者和中低收入家庭有利，也是政府应对通胀的措施，政府希望将通胀率控制在目标范围内。

第六，产品售空计划政策。除对农产品生产者提供政策支持外，巴西政府对农产品消费者也进行支持，最重要的支持措施是农产品售空计划（PEP）。该计划通过政府部门向加工企业、批发商等农产品消费者进行差价支付，差价是政府最低购买价格与市场价格间的差额。自 1996 年实施以来，产品售空计划一直被用来支持棉花、玉米和小麦的购买。2000 年 7 650万雷亚尔被用作 PEP 补贴，其中的 5 700万雷亚尔用于棉花、1 950万雷亚尔用于玉米；2002/03 年巴西政府暂停实施该计划；2004 年重新恢复，并将范围扩大到水稻、大豆以及其他豆类产品；2006 年获得产品售空计划支持的农作物达到 910 万吨，其中主要为大豆和玉米；2007 年该措施支持的农产品数量大幅下降，下降最多的为玉米。

2. 俄罗斯

俄罗斯涉及的农业价格支持政策包括粮食市场价格支持政策，产量补贴、生产规模补贴、投入品补贴等收入支持政策，以及农业税收政策等。

第一，价格支持政策。2001 年以来俄罗斯联邦食品市场监管处实施粮食市场干预政策，该政策是以粮食市场最低价格和最高价格之间的价格区间为基础进行干预的。当粮食市场价格低于较低价格区间时，政府会通过购买粮食或者提供粮食抵押贷款；当粮食市场价格高于较高价格区间时，政府将会向市场投放粮食；以上政策在 2006 年的《农业发展法》中有明确规定。除此之外，政府还明确了小麦制粉、饲料小麦、黑麦、饲料大麦和玉米的干预价格区间，在收购干预期间，限制粮食的进口；在商品干预期间，限制粮食的出口。2007 年为抑制国内粮食价格上涨，俄罗斯联邦政府向大型工业中心和粮食进口区等主要区域的粮食市场投放约 130 万吨（约占总干预储备量的 85%）粮食实行了价格干预。2008 年粮食丰收（产量达到 107 万吨），粮食价格开始急剧下跌，为此联邦政府从预算中拨款 13 亿卢布用于收购粮食。

第二，收入支持政策。俄罗斯政府按照不同情况给予不同的收入支持，主要包括生产规模补贴、产量补贴、投入品补贴以及其他类型的补贴等。其中，①生产规模补贴是指按种植面积和动物头数对农民进行的补贴。为保护俄罗斯一些少数民族的传统生活方式，20 世纪 90 年代开始，联邦政府对绵羊、北方鹿的饲养按照每头牲畜提供补贴。2008 年开始，对马的饲养也实行此项补贴；同时为维护和建立永久性的种植园，政府按照植物种植面积给予补贴；但这些补贴在全部农业支持中并不占主要地位；②产量补贴是指对植物产品和动物产品产量的补贴，其中植物产品补贴在收入支持中所占比例较小。2006/07 年产量补贴平均占生产者支持总量的3%；对于养殖业的补贴，由地区预算资金直接对肉类、牛奶、鸡蛋和羊毛按照出售量进行补贴。2006/07年大约74%的直接补贴投入奶业；2008年随着饲料成本的大幅增加，家禽和猪肉生产者除常规的州区产量补贴外，还从联邦预算中得到额外的产量补贴。种植业方面，联邦政府提供给亚麻和大麻种植者产量补贴；部分地区也为谷物、土豆和其他一些农产品提供农作物补贴；③投入补贴是指俄罗斯政府为农业企业和小型农场提供农业生产投入品和投资的直接补贴，包括对购买肥料、化学品、优良种子以及气候恶劣地区种植饲料所需的种子运输成本等方面的补贴。2006/07年由于燃油价格上涨，俄罗斯联邦对播种所耗费的燃料给予补贴；2008年年底100亿卢布被联邦政府用于燃料费用补贴。购买纯种牲畜仔和牲畜人工授精的也可获得补贴；农场繁殖纯种公牛的可获得国家财政支持。租赁国家农业机械的同样可以获得生产投入补贴；俄罗斯国家租赁公司和俄罗斯农业银行运用获得大量的联邦基金实施投入补贴这一方案；国家对农场建筑的修建、重建和改善农田灌溉给予补助。这些补贴大多是在国家规划的框架之内实施，并由联邦和地区共同筹集预算资金。2006/07上述方案总支出（不包括利率补贴）平均占生产者支持量的9%，与联邦和地区预算资金大致相等。2008年俄罗斯出台一项新的2012年生效的农业政策，该项政策是为了减少农业投入成本，政府与化肥生产商签订了“化肥销售协议”；按照协议，俄罗斯化肥生产商以不超过协议的最高价格，向国内市场提供最低数量的化肥，而政府取消化肥出口税。

除上述补贴外，2015年俄罗斯政府调整了畜牧业补贴政策，由联邦预算补贴调整为地方补贴。过去六年间，政府对畜牧业提供约合130亿美元支持，人均肉类消费75千克，符合国际水平，进口替代计划已初见成效，政府此次调整希望能够进一步发挥更有效的作用。2016年俄罗斯政府实施一种非惯例的支持农业生产者的政策，实施话费出口浮动税率，这项措施的好处是不会导致化肥市场价格降低，不会增加化肥生产商的经济负担，预计2016年这项开支为230亿卢布（2.9亿美元）。

第三，农业税收政策。2003年俄罗斯农业组织开始实行农业统一税（SAT）政策，组织可自由选择农业统一税或维持原来税制。其中，农业统一税税额为农业组织总收益值与总成本值之间差额的6%，而采用农业统一税的企业可免征所得税、财产税、单一社会税及增值税。2007年农业组织缴纳的各种税收和社会支付总额为827亿卢布，其中增值税所占比例最高（35%），其次是单一社会税（24%），而农业统一税所占的比例仅为1.5%。据统计，截至2008年年底，大约有65%的农业组织采用了农业统一税，而那些没有采用农业统一税的农业组织在申报初级农产品和加工农产品收入时可免征所得税，还可享受农产品和食品项目增值税优惠。除此之外，俄罗斯政府规定牲畜和家禽销售适用的增值税为10%（增值税标准税率18%），相同的税率优惠也适用于肉类、牛奶及奶制品、植物油及人造黄油、精炼糖及原糖、鸡蛋和蔬菜等主要农产品以及包括饲料、混合饲料、油籽粕和油籽饼等在内的大量的农业投入品。

3. 印　度

印度的农业价格支持政策主要由价格支持政策、收入补贴政策和税收政策等组成。

第一，价格支持政策。印度政府的价格支持政策主要包括最低保护价政策、市场干预政策、储备政策和区域销售限制政策等。印度农业的价格支持政策的目的是增加农产品产量和提高农业生产力，维护生产者和消费者利益，在全社会范围内形成合理的价格体系。

1965年前“以农养工”的农产品价格政策为城镇居民生活质量保持平稳提供了重要的政策支持，但同时农业生产者的利益受到了极大的损害，造成印度农业生产发展缓慢、粮食生产不足、粮食进口进一步加剧。从1965年开始农产品价格政策发生较大变化，政府先是成立了农产品价格委员会，根据农产品生产成本，结合工农产品性价比、供需情况、合理利润、不同作物之间的价比等因素，制定农产品收购支持价格，然后政府会在农产品收获之前正式公布最低保护价格。①农产品最低保护价格政策。印度为减少农业生产者所面临的风险，保证生产者的利益，促进农产品生产销售，保证粮食安全，实施主要农产品最低保护价格政策。当某农产品的价格低于最低保护价时，政府则对其进行市场干预，通过印度粮食公司收购谷物，国家农业合作社和印度营销联合会收购豆类和油籽，印度棉花公司和营销联合会收购棉花，印度黄麻公司收购黄麻。目前享有最低保护价的农产品主要有水稻、玉米、高粱、豆类、棉花、花生、芝麻、小麦、大麦、油菜、芥菜、葵花籽、大豆、甘蔗和烟草等26种商品。2007/08年度农产品最低保护价进行了较大调整，小麦最低保护价比2006/07年度上涨了1/3，其他农产品增幅在0.1%（烟草和甘蔗）~15%（大麦）之间不等；2008/09年度，除椰干和甘蔗外，大部分农产品的最低支持价格变化较大，增幅从29%~94%之间不等；2014年出台“关于提高2014/15年农事年农作物的最低支持价格（MSP）”的政策，对稻米、棉花、红豆、黑豆和绿豆的最低支持价格都做了继续提高的明确规定；②市场干预政策。印度政府的市场干预政策主要是指对于未实行最低保护价支持政策的园艺产品和其他易腐农产品实施的市场干预计划。政府针对各邦的实际情况制定市场干预价格；当这类产品的市场价格显著下降时，产品收购机构会以某一固定时期的价格作为固定的市场干预价格进行收购。市场干预价格或互助协议价格的制定根据产品生产成本，并且要在政府相关部门之间进行详细论证，由此带来的收购损失由中央政府和邦政府共同分担。2002年开始市场干预政策扩大至洋葱、马铃薯、苹果、鸡蛋、棕榈油、柑橘、大蒜、菠萝、香料、葡萄等产品，具体政策由邦政府设计，并由营销联合会以及各邦政府指定的机构执行，由此带来的损失由中央政府和邦政府按1∶1分别承担（东北部的邦按照3∶1比例分担）；③储备政策。印度政府的储备政策是印度重要的农业政策之一，是以粮食产品的季节性来调整管理粮食产品的进出口，确保粮食安全的。2005—2008年粮食实际储备低于调节性库存的储备标准，粮食公司大量进口小麦和大米，缓解了2008/09年对粮食需求的压力；到2008年年底国内粮食价格开始高于国际粮食价格，印度国内预期普遍较低，极大地增加了印度政府对采购粮食支持的财政压力；④区域销售限制政策。印度政府的区域销售限制政策是指印度实行分区域粮食销售政策，该政策禁止把粮食销售到规定以外的区域，目的是“封锁”粮食过剩区域，维持政府粮食收购价格；而实际上分区导致国内粮食市场的“分割”。2003年印度农产品营销委员会法颁布，对区域销售限制政策进行修改，建议各邦政府据此制定本邦的“邦农产品营销委员会法”，以促进农产品市场建设投资，鼓励企业部门从事直接销售，促进全国统一市场的形成，农业部要求各邦在2007/08年度之前完成邦级“农产品营销委员会法”的修订。但各邦农产品市场改革的进程差距很大；在马哈拉施特拉邦和北方邦，仍然严格执行通过市场管制引导生产的政策；而在泰米尔纳德邦，除15种农产品以外，政府取消对其他农产品的销售地点和销售对象的限制。

第二，补贴政策。印度农业投入品的补贴是从20世纪80年代中期开始的，补贴主要包括灌溉补贴、电力补贴、化肥补贴和种子补贴，其中种子补贴只是偶尔发放。此外，政府规定商业银行、合作社和区域银行应向农民提供用于农业投入的贷款利率要低于市场利率。1995 年以后，根据《农业协议》对发展中国家补贴的规定，印度开始实施农业补贴政策。①农业补贴中化肥补贴是最大项目。为鼓励农民使用化肥，确保化肥价格在农民可承受的范围之内，供应商的化肥出售价格由政府进行控制。印度依据稳定价格补贴计划，采用尿素政府定价，直接给予化肥生产商和进口商补贴保证化肥价格稳定，因此，印度化肥售价无论国产还是进口价格都低于生产成本。当其价格低于生产成本时，由政府补偿化肥生产商的损失；②灌溉用水补贴是印度政府的第二大投入补贴。2005/06 年度达 32 亿美元，占投入补贴总额的 27%，政府灌溉体系的运营成本大于总投入，其亏损额也包括在灌溉用水补贴之内；③印度采用区别对待的电力补贴方法，一般农户在灌溉用电方面享受免费待遇，其余用电享受优惠价格，而贫困农民所有用电均享受免费待遇。印度电力补贴 2005/06 年度达 45 亿美元，占当年投入补贴总额的 38%，2007/08 年度出现明显增加，达到 71 亿美元。

第三，税收政策。印度法律详细规定了印度的税收政策，其中年收入低于 10 万卢比且耕地面积小于 8 英亩的农户可免交全部税款。印度农业税的征收面很窄，主要对约占农民总数 10%的上层富农征税，税收征管难度较小，农民的负担也较轻。印度当地的实际情况是无论是普通农户还是农业大户在实际申报年收入和耕地面积时通常都是低于标准值，导致印度政府税收几乎为零。因此，印度政府在实际工作中始终保持较高的税收政策。

4. 中　国

鉴于粮食安全对中国的极端重要性，中国的农业生产补贴政策重点围绕粮食生产展开，大部分政策措施都是针对种粮农民的，这些农业价格支持政策主要包括价格支持补贴、投入补贴、收入补贴等。

第一，价格支持政策。保障粮食获得能力是中国政府粮食政策的核心目标。中国政府始终以确保粮食价格的相对稳定、实现粮食价格既要对生产者有一定激励性又要避免过高价格侵蚀消费者为宗旨。价格支持政策主要包括最低收购价政策、目标价格政策和临时收储政策。

（1）最低收购价政策。2004 年中国全面放开粮食市场，最低收购价政策应运而生的。中国政府从保护粮农利益、保证粮食供应的角度出发，对稻谷和小麦实行最低收购价政策。2005 年最先在稻谷主产区启动最低收购价格方案；2006 年开始在小麦主产区启动小麦最低收购价格；从 2008 年至今国家先后连续 7 年执行粮食主产区最低收购价格以应对粮食成本连续上涨的情况。2015 年小麦（三等）的最低收购价格分别为 118 元/50 千克，与 2014 年持平，红小麦、白小麦、混小麦（国标三等）从 2007 年的每公斤 1.38 元/千克、1.44 元/千克、1.38 元/千克统一提高到 2014 年的 2.36 元/千克，分别增长了 63.9%、71.0%、71.0%；早籼稻、中晚籼稻和粳稻（国标三等）的价格分别从 1.40 元/千克、1.44 元/千克、1.50 元/千克增加至 2.70 元/千克、2.76 元/千克、3.10 元/千克，分别增长 92.86%、91.67%、106.67%（表 6-1）。最低收购价政策成为调动和保护农民种粮生产的积极性，保证我国粮食生产稳定发展的重要手段。

表 6-1 中国粮食最低收购价与临时收储价（2005—2015）

年份	最低收购价						临时收储			目标价格
	小麦			稻谷			玉米	大豆	油菜籽	大豆
	白小麦	红小麦	混合麦	早籼稻	中晚籼稻	粳稻				
2005	—	—	—	1.40	1.44	1.50	—	—	—	—
2006	1.44	1.38	1.38	1.40	1.44	1.50	—	—	—	—
2007	1.44	1.38	1.38	1.40	1.44	1.50	—	—	—	—
2008	1.54	1.44	1.44	1.54	1.58	1.64	1.50	3.70	4.40	—
2009	1.74	1.66	1.66	1.80	1.84	1.90	1.50	3.74	3.70	—
2010	1.80	1.72	1.72	1.86	1.94	2.10	1.80	3.80	3.90	—
2011	1.90	1.86	1.86	2.04	2.14	2.56	1.98	4.00	4.60	—
2012	2.04	2.04	2.04	2.40	2.50	2.80	2.12	4.60	5.00	—
2013	2.24	2.24	2.24	2.64	2.70	3.00	2.24	4.60	5.10	—
2014	2.36	2.36	2.36	2.70	2.76	3.10	2.24	—	5.10	4.80
2015	2.36	2.36	2.36	2.70	2.76	3.10	—	—	—	4.80

注：（1）临时收储价格和最低收购价的品质标准为国家质量标准三等品，每个等级之间差价为 0.04 元/千克；（2）2008 年稻谷和小麦最低收购价为两次提价后的国家价格；（3）2008 年临时收储品种还有粳稻和中晚籼稻，收购价分别是 1.84 元/千克和 1.88 元/千克；（4）2012 年后取消小麦品种差价；（5）在东北主产区玉米临时收储价格不相同，三个地区间相差 0.02 元/千克，表中取吉林价格，而内蒙古、辽宁 2012 年的收储价格为 2.14 元/千克，黑龙江为 2.10 元/千克，吉林为 2.12 元/千克

（2）临时收储政策。临时收储政策是国家调控除稻谷、小麦之外大宗农产品收购市场的重要手段。玉米、油料、大豆、棉花和冻猪肉等农产品均曾实行过临时收储政策，目前享受临时收储政策的农产品有油料、冻猪肉等。2008 年受国际金融危机影响，国内油菜籽市场收购价格连续大幅下跌。为切实保护农民利益，解决油菜籽市场“卖难”问题，国家出台油菜籽临时收储计划，以 4.4 元/千克的价格收购农民手中的油菜籽。同年下半年，国际金融危机不断向实体经济蔓延，多种农产品需求大受抑制，价格爆跌，为了提高农民的收入和种粮的积极性、稳定粮食生产，国家从 2008 年 10 月开始先后启动了 5 批玉米临时收储计划，以 1.5 元/千克的价格在黑龙江、吉林、辽宁和内蒙古 4 个玉米主产省、自治区临时收诸玉米，并随后 3 次调增临时收储数量，由最初的 500 万吨调到 4 000万吨，占当年全国玉米产量的 24.17%，更占到以上 4 个省、自治区玉米产量的 80%左右；随后以 3.7 元/千克的价格收储 150 万吨大豆，并随后 2 次增加收储数量至 725 万吨，并将延长收储时间至 2009 年 6 月底；除了玉米、大豆和油菜籽的临时收储，国家还针对棉花和食糖等重要农产品进行了临时收储，以稳定农产品市场价格。2009 年 6 月国家开始实施冻猪肉收储措施，采用电子竞价方式确定加工企业和收储价格，全年中央政府收储冻猪肉总量达到 12 万吨，相当于 150 万头生猪。到目前为止，国家已经多次实施中央储备冻猪肉收储工作。2014 年中央一号文件对玉米、油菜籽、食糖保留临时收储，取消了大豆、棉花的临时收储政策。

（3）目标价格政策。目标价格政策是中国政府继最低收购价和临时收储价政策以后

又一有力举措。以最低收购价和临时收储为主的价格支持政策，在保护农民利益、调动农民生产积极性、保障国家粮食安全等方面发挥了十分重要的作用，但由于国家政策性收购掌握的粮源在市场上处于支配地位，使相关农产品价格基本由托市调控政策决定，粮食等农产品价格形成机制及市场价格信号被人为扭曲，改变了各类主体的市场预期和经营行为，弊端逐渐凸显。长此下去，导致了我国农产品市场更加敏感和脆弱。以棉花为例，国际棉价较低，而我国的棉花收储价格却比较高，造成棉花抛售艰难。此外，主要的产品粮棉油都由国家来收储，财政也面临一定的压力。在产业链上下游的集体呼吁下，2014 年国家开展棉花、大豆的目标价格改革试点，探索推进农产品价格形成机制与政府补贴脱钩的改革。目标价格政策是指政府提前设定农产品的目标价格，当市场实际价格高于政府设定的目标价格时，低收入消费者获补贴；当市场实际价格低于政府设定目标价格时，则按差价补贴生产者。新疆棉花、内蒙古和东北大豆首次在 2014 年实施目标价格补贴试点，继而开始探索生猪、粮食等农产品的目标价格保险试点，粮食规模生产营销贷款试点等。2015 年国家继续完善相关政策，其中新疆棉花目标价格水平为 19 100元/吨，较 2014 年下降了 700 元/吨；大豆目标价格为 4 800元/吨。目前，开展探索粮食、生猪等目标价格保险试点。

第二，收入补贴政策。农业物质投入价格和种粮劳动力机会成本的高低显著影响着农民的农业生产决策。随着粮食种植的物质投入成本的提高、二三产业的发展和非粮农产品需求的增加，大量农业劳动力转移到二三产业就业或种植经济作物，种粮劳动力老龄化和女性化趋势开始显现，种粮机会成本增加。为此，中国政府陆续出台了系列政策，通过各种方式补贴农业生产，鼓励农业可持续发展。农业支持保护补贴分为种粮农民直接补贴、农资综合补贴和农作物良种补贴等三种，具体主要包括农机具购置补贴、良种补贴、粮食直补、农资综合补贴、生猪补贴、祖代蛋鸡补贴、渔业油价补贴等。

粮食补贴是中国政府稳定粮食生产的重要措施。改革开放后，为维持人民生活和市场的稳定，国家大幅度提高了主要农副产品的收购价格，虽然保护价政策对保护种粮农民利益起到了一定作用，但由于补贴环节多，导致补贴效率低下，导致粮食大量积压、农产品价格下滑严重、农民生产积极性受到严重打击，全国种植面积下降。2004 年，为扭转粮食生产连年下滑的严竣形势，中国政府出台粮食直补政策。2004 年共有 29 个省（区、市）实行了粮食直补，2006 年扩大到全国 31 个省（区），补贴品种基本上涵盖了主要粮食作物。2007—2010 年国家粮食补贴金额维持在 151 亿元的水平；2013 年政府安排 151 亿元资金补贴种粮农民；2015 年中央财政补贴 140. 5 亿元给种粮农民，具体实施由各级人民政府负责。

良种补贴是指国家补贴农民选用优质农作物，旨在提高优质农产品产量、增加良种覆盖率、不断提升农产品品质，国家依据优势产区农户种植优势品种的不同给予相应的良种补贴金额。我国从 2002 年开始组织实施良种推广“补贴项目”，2002 年对东北地区的 1 000万亩大豆实行良种补贴，2003 年对小麦进行良种补贴，2004 年对水稻和玉米设立良种补贴，2007 年对油菜和棉花良种进行补贴；2010 年对青稞进行良种补贴，同时对花生进行良种试点补贴；2013 年对东北和内蒙古的大豆、河南信阳、长江流域 10 个省市和陕西汉中、安康冬油菜进行良种补贴，并对花生和马铃薯进行良种试点补贴。其中小麦、玉米、大豆、青稞和油菜每亩补贴 10 元（新疆小麦每亩补贴 15 元），水稻和棉花每亩补贴

15 元，微型马铃薯每粒补贴 0.1 元（一、二级种薯每亩补贴 100 元），花生补贴 50 元/亩（大田花生 10 元/亩）。水稻、玉米和油菜采用现金直接补贴方式，小麦、棉花和大豆采用现金直接补贴活差价补贴方式。2015 年中央继续财政安排农作物良种补贴资金 203.5 亿元，由各地方根据实际情况以便民为宗旨确定。

农机具购置补贴是对从事农业生产的大型农机局购置或更新部分的补贴。农业部和财政部于 2004 年正式实施农机购置补贴，仅 2004 年就在 66 个县实施农机购置补贴 0.7 亿元；此后中央农机补贴规模不断加大，范围逐渐扩大至全国农场和牧县，到 2009 年，中央农机具购置补贴累计 199.7 亿元，仅 2009 年就高达 130 亿元，同比增长 22.5%；2012 年安排农机具补贴 215 亿元，同比增长 22.9%，截至 2012 年全国共补贴各类农业机械 595 万台套，比 2011 年增加近 35 万台套，受益农户达到 456 万户。2013 年全国所有农牧业县（场）已全部实施了农机购置补贴，涵盖了 175 个品目 48 个小类 12 个大类机具，根据实际情况各地区还可再增加 30 个品目。2015—2016 年农机购置补贴针对从事农业生产的经营组织和个人，补贴 137 个品目 43 个小类 11 个大类，各地区可结合实际情况确定具体机具补贴方案。农机补贴政策不允许对同类产品实行差别补贴，补贴标准要由省级主管农机化的部门确定，采用自主购机、县级结算、直补到卡的方式实施。

农资综合补贴的目的在于缓解农资价格上涨对农民的影响，减少生产成本，保障合理收益，促进粮食生产和农民增收。2006—2007 年农资综合补贴分别为 120 亿元、276 亿元。2008 年，国家安排 482 亿元农资综合补贴资金，由于化肥、柴油等农资价格持续上涨，中央追加补贴资金，累计达到 716 亿元。2009 年基于“动态调整、价补统筹、只增不减”原则，国家启动补贴资金动态调整机制，主要根据化肥和柴油价格的变化调整补贴金额，2009—2010 年补贴资金分别为 795 亿元和 835 亿元。2012 年政府为支持春耕备耕工作，向各省预拨了 1 071亿农资综合补贴款，要求通过“一折通”或“一卡通”发放到农民手中。2014 年位弥补种粮农民生产成本，中央预拨农资综合补贴 1 071亿元给各省区市，按照动态调整制度合理使用。

生猪补贴指国家为支持生猪规模化发展，稳定猪肉市场而提供的资金支持。目前生猪产业的支持措施包括：一是建立能繁母猪补贴制度。中央和地方于 2007 年分别拿出 11.1 亿和 12.6 亿元对 4 656.5万头能繁母猪按照每头 50 元的补贴标准给予支持，2008 年补贴标准提到每头猪 100 元，加大对生猪产业的补贴力度；二是启动能繁母猪政策性保险。2007 年起中央财政支持在全国范围内建立能繁母猪重大病害、自然灾害、意外事故等保险制度，2008 年中央安排能繁母猪保险保费补贴资金 18 亿元；三是实施生猪良种补贴政策。2007/08 年中央财政按每头补助 40 元的标准，对母猪开展人工授精给予补贴，两年分别下拨资金 1.8 亿元和 3.6 亿元；四是生猪调出大县奖励政策。为增强生猪调出大县生猪，提升生猪规模化养殖户（场）生猪品种质量，中央以生猪调出量、出栏量和存栏量为主要指标，确定生猪安排奖励资金，2007 年和 2008 年中央财政分别下拨 15 亿元和 21 亿元；2012 年中央财政安排奖励资金 35 亿元，专项用于发展生猪生产；2013 年中央实施奖励生猪调出大县；2014 年中央为发展生猪产业奖励资金 35 亿元，用于养猪规模化支出，如良种引入、圈舍改造和粪污处理等。资金的使用需要按照“直拨到县、专项使用、引导生产、多调多奖”原则使用（其中，调出量、出栏量和存栏量的测算权重依据分别为 50%、25%和 25%）；2015 年中央继续扩大生猪调出大县的奖励支出；五是发展生猪标准化规模养殖；六是发布生猪调控预案。

祖代蛋鸡补贴政策是中国政府对蛋鸡产业发展的重要支持措施。2008 年鸡蛋价格一路走低，各地大量宰杀蛋鸡出售鸡肉的现象时有发生，国家出台多项政策不断加强对蛋鸡养殖业持续发展的扶持力度。这些政策主要包括建立蛋鸡生产动态监测体系；建立祖代蛋种鸡补贴制度；给予存栏达到一定规模的蛋鸡养殖户适当补贴；将蛋鸡新品种配套系选育纳入国家科技支撑计划；加强蛋鸡防疫工作；提升蛋鸡养殖信贷支持力度；发展鸡蛋现代流通方式。2008 年中央财政根据国务院《研究扶持蛋鸡生产发展有关问题的会议纪要》的要求，按照全国存栏 38 万套，每套补贴 100 元的标准，安排祖代蛋种鸡补贴 800 万元。

奶类补贴是政府为提升奶业质量安全水平而给予支持。从 2012 年开始中国政府每年补贴 3 亿元支持“振兴奶业苜蓿发展行动”，每次集中补贴 180 万元用于 3 000亩片区建设单元，用于苜蓿良种化推行、改善苜蓿生产条件、提升苜蓿标准化生产技术和质量管理。

渔业油价补贴是目前为止中国对渔业实施的最大的一项扶持政策。2012 年政府安排 42 亿用于更新改造海洋渔船，优先淘汰耗能高的老旧船，坚持渔民自愿原则，提升渔船较远海域作业能力，补贴金额不超过每艘船的投资 30%且低于每艘渔船不住上限，采用先建后补的方式，按进度分批拨付，严格补贴用途，不能用于拖欠款的偿还。对资源破坏较大的帆张网、底拖网和单船大型有囊灯光围网不再批准作业。2013 年至今政府不断加大渔业补贴金额，完善渔业补贴制度。2013 年对 D 级危房户、临时房户、无房户每户补贴 2 万元，对面积狭小的非危房户、C 级危房户每户补贴 7 500元。2013 年开始对山东、安徽、浙江、江苏、江西、湖南、湖北、广西、福建、四川、重庆等地补助 10 亿元用于渔民上岸安居工程，力争到 2015 年完成全部渔民上岸安居任务。

基础设施建设补贴是指中央政府为进一步快速发展农业，提高基础设施水平而提供支持。2015 年政府投资 6 亿转移支付资金按照不超过单个设施平均建设造价 30%标准实行全国统一定额补贴，实施先建后补政策，扶持包括那领书贮藏窖、果蔬烘干房和贮藏库等 3 大类 16 种农产品产地初加工设施建，覆盖区域包括内蒙古、辽宁、吉林、河南、河北、附件、湖南、山西、甘肃、四川、宁夏、新疆等 13 个省（区）以及新疆建设兵团。2015 年政府重点支持在养殖污染严重和养殖业发达的地区开展畜禽粪便原料建设，用于养殖场自用或发点上网；优先安排日产生物天然气 1 万立方米以上的大型沼气工程；鼓励早起运营机构进入农村早起建设领域，优先支持政府于社会资本合作模式（PPP）；鼓励节能增效和产气率高的新成果、新设备、新技术推广应用。

培训补贴是指中央政府对农民开展系统培训提供的各种支持。2015 年中央财政安排农民培训经费 11 亿，分别在全国 4 个省、20 个市、500 个示范县开展新型职业农民重点示范培训教育，针对经营能力和农业技能重点培训了种植大户、家庭农场主、农业合作社负责人、农业企业经营者、农业服务人员以及返乡就业农民。同时政府整合了教育培训资源、专门制定了规划和政策围绕“转方式、调结构”的目标培养现代青年农场主 1 万名，不断壮大新型职业农民队伍，保障农业发展后继有人。

5. 南　非

南非农业价格支持政策主要以市场法案和税收减免政策为主。

第一，市场法案。1937 年南非政府颁布在南非农业经济历史上极具争议的《市场法案》，提出仅对商业农场给予支持的市场干预政策。在种族歧视和种族隔离政策时期，南非政府仅对白人占有的商业农场在农业生产、农产品价格等方面给予支持，因此南非的商业农场非常发达（南非商业农场的产值约占南非农业产值的80%）。1968年，南非政府对1937年的《市场法案》进行了修订，颁布了《农产品市场法案》（1996年第47号法案），并且于1997年废除了1968年修订的《市场法案》。1996年的《市场法案》严格限制政府干预农产品市场的行为，同时要求每两年对政府干预市场的行为进行一次评审。与1968年的《市场法案》相比，1996年新市场法案提出的新内容包括：提高农产品市场流通效率、增加农产品出口额、确保食品安全、支持小规模农场、促进农业可持续发展、稳定农业生产者收入等内容。目前，南非政府主要针对黑人所有的小规模农场在农产品价格及收入方面给予支持，但是支持水平比较低。因此，目前南非的农产品市场基本是按照市场机制运行。

第二，税收减免政策。20世纪90年代中期，南非政府对农业税的征收方式进行了修订，将农业方面的资金由以前的一次性征税改为依次每年征收50%、30%和20%的农业税。另外，2000年开始南非实行“柴油退税制度”，该制度主要是免去农业、林业和矿业使用柴油的税金（南非的柴油燃油税率为32%）。

（二）金融服务支持政策

金砖国家农业生产支持的另一重要方法就是农业金融服务支持政策，但各国支持的方向均有所差异。

1. 巴 西

巴西政府在金融服务支持方面出台了一系列政策，主要包括农村信贷体系和优惠贷款、家庭农业支持计划和债务重订计划等。

第一，农村信贷体系和优惠贷款。巴西的农业贷款主要是由国家农村信贷体系依据土地占有面积、农业产值、农业生产率和农业现代化水平等确定贷款额度来提供的，主要目的是对未与市场建立联系并很难获得贷款的小型农业生产者提供固定的、低于市场利率的农业信贷。信贷分为三种：一是销售和储存农产品信贷，主要帮助生产者解决销售、储备农产品的资金；二是种植信贷，主要用于购买生产资料；三是投资信贷，主要用于添置固定资产，但对购买土地不予贷款。后两类信贷可根据受益人不同进一步划分为针对大中型农业生产者及农业合作组织和针对小型农业生产者两种。为保证有足够的贷款资金，国家农村信贷体系的主要基金通过强制性获得。

在贷款受益者方面，国家农村信贷体系为巴西境内的农户或者农业合作组织提供生产、销售、投资的贷款。与市场利率相比（2007年为12%），农业信贷6.75%的年利率是比较低的。巴西国家农村信贷在2003—2007年间的信贷业务不断增加；与2003年相比，2007年的信贷金额增加了2/3，达到了500亿雷亚尔，占到了农业生产总值的25%；其中，增长最多的是种植信贷，占2007年巴西国家农村信贷体系发放信贷总量的60%左右，而销售信贷和投资信贷分别占到19%和21%。通过家庭农业支持计划发放的巴西国家农村信贷近年来一直处于上升状态。2005/07年的市场利率从19%下降到12%，由于市场利率的降低，优惠利率和市场利率的差额也在逐渐缩小。政府规定农业信贷年利率最高为12%，对中小农户在贷款利率方面要更加优惠（6%~9%），其他的贷款资金来源还有农村合作银行储蓄、国家发展银行基金和地方性基金。

2012年巴西增加农业投资贷款，在投资支持贷款项目（PSI-BK）框架内，投放用于购买农机具、灌溉和仓储设施的贷款额达到36亿雷亚尔（当前雷亚尔与美元汇率为2.08：1），比去年同期的26亿雷亚尔猛增36.2%。由于贷款年利率从5.5%调低到2.5%，贷款使用迅猛增加。2013年5月巴西政府公布“2013—2014年农业和畜牧业计划”，该计划表示将对农业和畜牧业发展提供更多的低利率信贷支持；在2013/14年，对购买农业设备的贷款利率将从目前的5.5%降低到2.5%。在上述计划中，政府对商业化农产品生产和出口导向型农业发展的信贷支持总额约1 152.5亿雷亚尔（当前雷亚尔和美元比率约为2：1），同比提高7.5%；其中，对农产品生产和销售的信贷支持为869亿雷亚尔，同比提高8.4%；对农业投资的信贷支持为283亿雷亚尔，同比增加5%。

在降低信贷利率和增加信贷数量的基础上，印度政府还对国家农村信贷采取了其他一系列调整措施，如提供特殊贷款、支持农民通过农机现代化计划购买二手农业机械、通过农业一体化项口支持环境保护等。

第二，家庭农业支持计划。巴西政府针对缺乏国际竞争力的家庭农户，采取了一系列关于家庭农业支持方案，主要包括农业信贷、基础设施建设、免费培训及提供技术支撑等，这些方案旨在让家庭获得稳定收入。为促进对可再生能源的利用和环境保护，2007/08年又增加了对环境保护技术农户和使用可再生能源技术的资助；2008/09年增加了“粮食增产计划”，资助水稻、玉米、大豆、木薯、疏菜、奶制品和水果的生产。2008年经过修改的家庭农业支持计划开始实施，新的规则简化了贷款程序，消除了以前繁杂的贷款申请人分类，为农户提供了更为优惠的贷款利率。2003—2007年该计划共签署799万份合约，金额达337亿雷亚尔，其中，2006/07年度，家庭农业支持计划的交易额达到84亿雷亚尔。

第三，债务重订计划。由于2006/07年间雷亚尔升值、气候灾害及虫灾等使得农业生产成本增加，农业生产者面临资金困难，债务偿还能力不足，政府通过重新确定还债期限支持生产者。巴西政府于2006年宣布，所有2006年到期、分12个月偿付的投资信贷均可获得12个月的延期；所有已经发放的2005年的种植信贷都可获得1年的延期。棉花、玉米、大豆、高粱或小麦生产者在申请延期过程中都不需要提交正式的信用分析。2008年，针对有30%的农业生产者无力偿还部分或所有贷款，政府提出了解决债务问题的一揽子计划。2012年巴西政府临时出台紧急财政救助措施，对受旱灾影响的东北部米纳斯吉拉斯州和圣埃斯皮里图州每个农户给予280雷亚尔的财政救助；巴西政府向受到旱灾影响的每个农户支付了5期、每期为80雷亚尔的补助。2012年罗塞芙总统将自然灾害紧急救助金额由160雷亚尔的标准调整到最高为560雷亚尔。

2. 俄罗斯

信贷优惠是俄罗斯支持农业的主要金融服务措施之一，主要以银行贷款利率补贴的形式实施。俄罗斯信贷优惠的对象包括各类农业生产者企业、小型家庭农场和农户、从事农产品加工的生产合作社、食品加工企业等。补贴贷款分为短期贷款（期限为1年）和投资贷款（期限为2年、5年或8年）。信贷优惠补贴直接支付给借款人，优惠利率以俄罗斯中央银行再贷款利率为基准，并随受益者类型的不同而变化。对于农业企业和食品加工企业，联邦政府按照俄罗斯中央银行利率的2/3进行补贴（自信贷合同签订之日起生效)；当贷款用于建造牲畜设施或购买农业机械时，地区政府配套的补贴不得低于中央银行利率的1/3；对于小型农场和生产合作社，利率补贴为中央银行利率的95%，地区政府必须补足联邦补贴的剩余一部分，金额不少于中央银行利率的5%。借款人仅需支付银行的贷款利率和政府补贴利率的差额部分。

《2006年国家优先项目》的颁布推动了补贴信贷政策；而《2008—2012国家规划》的主要目标之一是进一步增加农业贷款。近几年，信贷补贴的规模和范围大幅度增加，贷款类型从只提供短期贷款扩大到长期和中期贷款，受益者范围扩大到包括农村住户和生产者合作社，借款用途也呈现出多样化。由于投资信贷大幅度增加，2005—2008年政府资助的信贷金额增长了4倍，大部分提供给农业组织的补贴贷款用于牲畜设施的建造、重建和现代化建设。2006/07年俄罗斯已完成了约510个牲畜设施工程，目前约有3 000个牲畜设施工程在建，短期和中期借款多数与畜牧部门有关，通常用来购买机械、设备，引进纯种牲畜和新建和改建牲畜设施；而小型家庭农场和农户的补贴贷款用于购买能够增加产品市场份额的各种投入和投资。小额借款人补贴贷款总额从2005年的3亿卢布增加到2007年的490亿卢布，但那些正在积极寻求商业化生产的小农场和农户的借款只占其总数的3%。

国家的另一项支出是为俄罗斯农业银行提供运营资金。据俄罗斯农业部统计，目前该银行为农业和食品部门提供的价值约为60%的优惠信贷。由于小额借款的经营成本较高，私人银行通常不感兴趣。为提高银行小额信贷能力，国家向俄罗斯农业银行拨款，增设地方分行的网点、招聘和培训额外工作人员以及向小额借款者提供咨询服务。在2006年联邦政府向俄罗斯农业银行投资101亿卢布；2007年投入69亿卢布；2008年俄罗斯最初计划只投入22亿户布，但随后联邦政府向俄罗斯农业银行投人315亿卢布，弥补银行流动资全不足以满足优惠信贷的需要。2015年在俄罗斯政府反危机计划框架内，俄奶业获得4.6亿美元（1美元约合65卢布）支持。此外，在国家农业发展计划中也安排了一系列对奶业的扶持措施，总额不少于3.8亿美元。据悉，在反危机计划框架内，俄农业将获得总额7.7亿美元的资助。

2012年，俄罗斯政府表示此前实施的农业贷款贴息政策并未降低农产品生产成本，仅是降低了农业领域使用贷款的“门槛”，俄政府将取消该项政策，建立专门的农业信贷基金取代现有的农业贷款贴息政策，贷款年利率为3%~5%，更有利于俄农业发展，并应对入世后带来的挑战。同年，俄政府还制定了扶持本国农业生产者的政策机制，以应对化肥价格上涨对农业带来的冲击，解决现有的农业扶持体系不符合俄入世后实际需要的问题。调控主要根据俄罗斯化肥生产者协会与俄罗斯农业生产者联盟签署协议实施，该协议于2008年签署，有效期至2012年年底。政府还对化肥购买者予以部分补贴（2012年的补贴额度为50亿卢布）。

3. 印　度

关于金融服务支持方面印度政府出台了包括债务削减免除政策和农业信贷政策在内的一系列政策。

第一，农业信贷政策。农村信贷政策的顺利执行是印度政府打造良好金融环境的重要举措之一。印度农业信贷有三种形式：一是贷款期限为15个月短期信贷，主要用于购买种子、化肥等农业生产资料，短期贷款利率优惠10%，无需担保抵押；二是贷款期限在5

年以内中期信贷，主要用于改善农业生产条件的投资，利率较低；三是贷款期限在5年以上长期信贷，主要用于农村电气化和农田保护。印度农业信贷主要是通过简化支付手续和批文、改善信贷管理、消除商业银行对农业农民信贷歧视、增加小规模农户信贷等方式，保障农业信贷的顺利实施。为增加农业部门的信贷，政府还采取了其他的一些措施，如1998/99年实施“农民信用卡计划”，截止到2007年已有7 030万农民拿到了该信用卡。

2006年印度政府出台了包括1 350亿卢比的金融援助在内的一揽子计划，国家农业和农村发展银行为该计划的执行机构。根据该计划，2006/07年度的作物收获季节，农民可以得到高达30万卢比的短期作物贷款，享受7%的利率优惠，而政府向国家农业和农村发展银行和其他银行提供2%的利息补贴；2007/08年度利息补贴政策的财政支出为168亿卢比；2008/09年度补贴金额与2007/08年度相当，利率优惠仍为7%，此外，2008/09年度通过正规机构（银行和合作信贷机构）发放的农业贷款总量为2.8万亿卢比。2014年印度政府通过促进质押贷款及消除贸易壁垒来解放市场，为农民提供低成本信贷、直接现金支付，以扩大灌溉覆盖范围、提高土壤肥力，实现农民收益的提高。不仅如此，为保障全国农产品采购业务顺利进行，印度政府将农业合作营销联合会（NAFED）的信用额度增加近1倍，从163亿卢比提高到350亿卢比；为避免农民亏本抛售，NAFED每年以政府基准价格收购多达16种农产品。2014年印度政府公布2014/15财年农业信贷补贴方案，2014/15财年的农业信贷支出目标从1万亿卢比（1元人民币约合10卢比）提高到8万亿卢比。

第二，债务削减和免除政策。根据官方数据，印度49%的农户是负债者，其中58%的未清偿来自正规渠道的贷款、42%没有清偿来自私人非正规渠道借款。在印度，虽然有各种各样的农业问题，但高负债是近几年导致大量农民自杀的最主要因素之一。为了解决农民债务问题，2008年，财政部长宣布了一项大型农民债务免除和削减计划，该计划最初预算费用是6 000亿卢比，拨付给政府规定的商业银行、农村区域银行和合作信贷机构，以完全解除在2007年3月31日以前向种植规模很小的农民和边缘农民（农场规模在两公顷以下）发放的所有贷款中应在2007年12月31日已经到期应归还、截至2008年2月29日尚未获得偿还的贷款。印度政府实施这项措施的成本是5 000亿卢比。对于大中型规模农民（农场在两公顷以上），采取一次性解决方案，对符合以上条件的贷款，农民只需偿还75%，其余的25%予以免除。印度政府为此项措施支付了1 000亿卢比。2008年5月，印度政府进一步扩大了此计划的覆盖面，包括种植、园艺、奶制品和家禽养殖，以及其他农业贷款，因此，原计划的6 000亿卢比上升到了7 160亿卢比（170亿美元）。

债务减免计划的实施在2008年6月30日前完成，要求所有的银行分支机构根据指示列支此计划所有受益人的名单。中央政府将为这些债务买单，补偿银行的损失。财政部长向银行保证，政府会维护银行的流动性，受益于债务减免计划的农民拥有依照正常规则向银行重新申请农业贷款的权利，预估该计划的受益对象涵盖了所有小规模农民、边缘农民和60%~65%的大规模农民。债务免除计划在印度引起一场争论，许多学者认为这项计划最终可能会削弱农业信贷系统、破坏所有正在运作的信贷体系的规则。1990年的贷款免除政策，使合作信贷部门至今没有完全恢复，商业银行对农业长期贷款的发放更加谨慎。此外，在他们无力偿还当前贷款的情况下，又规定他们可以获得新的贷款，这可能最终加重而不是减轻不履行者和债务累累的农民的债务危机。

为资金匮乏的糖厂提供免息贷款。2012 年印度政府规定甘蔗最低收购价为 280 卢比/担（时价 1 人民币元约合 10 卢比），而糖厂计划的甘蔗最高收购价为 225 卢比/担，随着制糖成本的不断增加和国内糖价的持续走低，糖厂的运营也入不敷出，当年直接拖欠甘蔗收购款高达 340 亿卢比。为解决糖厂流动资金缺乏问题，政府提出为资金匮乏的糖厂提供免息贷款，仅 2013 年银行为糖厂提供贷款 300 亿卢比，免息金额高达 38~40 亿卢比。该笔免息费用将由总额为 120 亿卢比的食糖发展基金承担。此外，商工部具体负责解决产品转口贸易期限缩短和出口退税提高的相关问题。

4. 中　国

进入 21 世纪，特别是 2004 年以来，中国政府多次提出了对农业实施金融服务支持政策，主要是在农业信贷、农业基础建设、农村金融服务、金融机构援助、土地规模经营等方面给予支持和补贴，集中表现在历年一号文件中。

2007 年一号文件指出，在保证资金安全的基础上，县域内各金融机构可按一定比例的新增存款用于支持农业和促进农村经济发展，充分发挥调整政策性银行以解决“三农”问题资金短缺的状况。通过对中国农业发展银行职能定位的调整，拓宽业务范围和资金来源；国家开发银行要在农村基础设施建设和农业资源开发上发挥重要的作用；继续发挥以中国农业银行为代表的商业银行在支持农业和农村经济发展中的作用。

2009 年一号文件指出，鼓励微型金融和小额信贷服务，大力扶持发展创新型的农村金融产品服务，金融机构为微小型的农村金融组织提供多种方式的资金资助，涉农贷款存在呆账情况的应予以放款核销条件，加大中央财政对中西部地区保费补贴力度，扩大政策性农业保险的品种和试点范围，鼓励农村发展商业保险和互助合作保险，加快建立财政支持和农业再保险的风险分散机制。

2013 年一号文件指出，改善农村金融服务。优先满足农民的信贷需求，不断创新金融服务和产品，对新型生产经营主体的信贷支持有所增加，不断改善农村的支付服务，保障支付渠道畅通，鼓励融资与抵押担保相结合的工具服务农村产业发展，进一步支持新型农村金融机构与社会资本的融合，鼓励多形式、多层次农业信用担保体系的创新。

2014 年一号文件指出，强化金融机构服务“三农”职责。鼓励小额贷款公司引入征信系统，不断完善管理体制，拓宽融资渠道，发挥支农的作用。鼓励证券期货经营机构创新“三农”个性化产品，不断培育新型农业合作金融组织，发展农业金融合作，推动社区农村资金互助式发展，鼓励有条件的涉农企业完善管理机构，力争在创业板、主板上市，不具备条件的企业可进行股权公开挂牌和转让，同时为防范金融风险，支持地方发展风险补偿基金，及时制定相适宜的农村合作金融发展方案。

2015 年一号文件指出，推进农村金融体制改革。鼓励金融资源融入三农事业，创新农村金融改革方案，保证农业信贷不断增加，完善农村金融发展的配套税收政策，为农业资产抵押贷款提供便利，试点农民住房财产抵押和土地经营抵押工作，鼓励银行业金融机构发行农业类专项债券，不断加强农村妇女的担保财政贴息贷款支持，鼓励大型农机局融资租赁试点。政府不断增加小麦、稻谷和玉米保险覆盖区域，鼓励特色优势产品保险，为其提供相应补贴，鼓励畜产品和森林产品的保险覆盖面积增加，提倡多种高兴事的互助合作保险。

2016 年一号文件指出，金融资源更多向农村倾斜。加强中长期涉农信贷的实施，鼓励中国农业发展银行的政策职能作用，逐渐探索发挥农村信用社的服务职能，淡化其行政管理，鼓励邮政储蓄设立“三农金融事业部”，打造农业服务专业体系，创新农村普惠金融，全面实行农村金融服务链条，降低融资成本，同时鼓励农村发展移动金融和互联网金融，创立农产品期货品种，试点农产品期权，加强农村农民金融消费风险的教育和保护，重点对新型农业经营主体、农户贷款、扶贫贴息贷款等“三农”贷款做好统计，建立农村信用体系。

5. 南　非

南非政府在金融服务支持政策方面采取了一系列措施，主要包括农业信贷优惠政策、土地银行政策、小额信贷计划和政府投资基金等。

第一，农业信贷优惠政策。1994 年以前南非农业信贷局负责对小规模商业农场提供低于市场利率的贷款业务，农业信贷局的信贷资金主要由农业部的财政预算来支持。1997 年，南非政府关闭农业信贷局，并于 2001 年颁布《农业债务管理法案》取代了 1966 年的《农业信贷法案》，新法案对触资、管理和承担农业信贷局留下的农村债务做出了明确规定。

第二，土地银行政策。土地银行是南非主要的涉农贷款金融机构，其服务的客户主要包括农业合作组织、农产品营销组织以及个体农户。土地银行的资金主要来自于金融市场，土地银行不向政府缴纳税费和股息，利用自己的收益来支持发展；土地银行向其客户贷款的利率低于商业银行的利率。2002 年南非政府颁布了《土地和农业发展银行法案》（2002 第 25 号法案），该法案指出土地银行应在促进和推动“公平土地所有权，特别是增加历史上曾经处于劣势地位人群的土地所有权”方可提供金融服务。土地银行除了为商业农业和农业产业提供融资服务，还为土地再分配计划提供贷款服务，土地银行以特殊的利率向小规模农场的农场主提供贷款。那些购买耕地的小规模农场主第一次可以申请特别贷款服务，即可以向土地银行申请所购耕地 80%费用的贷款，贷款利率为 24 个月 10%的利率。土地银行为历史上曾经处于劣势地位的、从事农业或在农村社区居住的居民提供低息贷款。

第三，小额信贷计划。为促进南非农村地区发展，南非政府于 2005 年批准建立“南非小额信贷计划”，这个计划不仅为公共耕地的农业发展提供资金支持，同时为小规模农场主提供资金支持。“南非小额信贷计划”服务的内容为向公共土地的农民、小规模农场的农场主、佃户、农村小企业家等涉农人员提供储蓄、信贷、保险等服务。2005 年“南非小额信贷计划”在南非 3 个省挑选了一些地区作为试点，当年贷出款金 1. 5 亿兰特。

第四，政府投资基金。南非政府直接投资农业的项目有：建设农业围栏、安装灌溉设施、建设农业基础设设施。在 20 世纪 90 年代初，南非政府大大减少了对农业的直接投资；2005 年南非政府实施了“农业支持综合计划”，对那些受益于土地改革、并且愿意建立商业农场的农户给予支持，支持的方式主要是通过投资贷款，帮助他们建立维持生计的农业工程。

三、农产品贸易政策

农产品贸易政策是指一国针对农产品的进出口活动而制定的管理制度与方案，主要包括关税与配额政策、出口补贴政策、相关检验检疫规定等。金砖国家为调节农产品市场余缺、调整对外经济关系、保护本国粮食安全和农业相关产业发展等，均从本国自身国情出发，本着充分利用国际国内两种资源，制定了一系列各具特色的农产品贸易政策。其中，巴西为提升农产品国际市场竞争力，采取积极的农产品出口政策和限制进口的政策；俄罗斯采用的是消极的出口政策和积极的进口政策；印度支持部分农产品的出口并采取适当调剂的进口贸易政策；中国采取了积极的出口贸易政策和适度的进口贸易政策；南非政府采取出口补贴和出口许可保护本国中小出口企业获得公平的农产品出口机会。

（一）出口贸易政策

金砖国家的出口贸易政策各不相同，可分为三类。第一类是为提升农产品国际市场竞争力，扶植本国中小出口企业而采取积极的出口贸易政策，如巴西政府采取鼓励农产品出口的税收政策；中国农产品出口贸易政策是支持优势农产品扩大出口并支持有条件的企业“走出去”；南非政府采取出口补贴和出口许可保护本国处于弱势地位的中小出口企业获得公平的农产品出口机会；第二类是为确保本国粮食安全而采取的消极的出口贸易政策，如俄罗斯通过禁止出口、出口配额、出口许可证以及出口关税等方式限制出口；第三类是保障本国粮食安全和鼓励部分农产品出口的兼顾型出口贸易政策，如印度一方面鼓励部分产品尤其是园艺产品的出口，而另一方面特别限制被本国消费者视为不可或缺粮食商品的出口。

1. 巴　西

巴西作为重要的农业出口大国，为了能更好地开拓农产品国际市场、增强农产品国际竞争力，巴西政府采取积极的农产品出口政策以及限制进口的政策，主要表现在政府鼓励农产品出口和限制农产品进口的税收政策。巴西作为 WTO 规定的有权利实施农业出口补贴的 26 个国家之一，乌拉圭农业谈判后（1995 年以后）再没有对农产品实行过出口补贴，而是通过其他方式对农产品出口商进行补贴，主要包括关税退税体系和出口融资措施两种。

第一，关税退税体系。巴西的关税退税体系建立于 1966 年，目的在于减少用于加工出口产品的原材料和半加工产品的进口关税。该体系从开始实施至今，已有 10%～15%的进口产品获得了关税退税。2015 年巴西农业联合会（CNA）主席认为中巴两国应签署卫生协议为巴肉类出口提供便利，建议两国政府签署优惠关税协议以避免关税升级影响豆粕、豆油、烘焙咖啡（粉）等高附加值产品出口。

第二，出口关税政策。巴西联邦宪法规定，所有的出口商品都要征收 30%的关税，巴西政府可以根据具体情况把关税降到零或提升到 150%，咖啡、食糖和酒精可以免除出口关税。同时，巴西对不同国家的出口农产品品种，关税水平存在差异。根据 WTO 的《关税报告》，2013 年巴西对出口中国的农产品的简单平均关税水平和零关税的占比分别为 15.7%和 3.8%；对出口欧盟的分别为 14.6%和 20%；对出口美国的分别为 7.8%和 72.8%；对出口日本的分别为 14.9%和 38.4%；对出口俄罗斯的分别为 22.4%和 9%。

第三，出口融资措施。印度出口融资措施主要包括银行信贷、出口资助计划以及出口担保金等三种措施。银行贷款是由巴西国家经济社会发展银行提供的 3 项出口融资计划中最主要的一项，多种商品和服务均可申请银行贷款，信贷的金额最低为出口商品的 3/5，最终由需求量决定，一般提供的信贷金额最少是出口商品价值的 60%。该措施提供的信贷额 2005 年 59 亿美元，2006 年上升至 64 亿美元，2007 年又下降至 42 亿美元，但在出口商品信贷总量中，只有极少一部分用于农产品出口信贷。2006 年和 2007 年用于农产品出口的信贷仅为 1 300万美元和 1 900万美元，分别占重量的 0.2%和 0.4%。2007 年巴西国家经济社会发展银行对通过该计划获得信贷的农产品重新进行了分类，并增加了符合条件的农产品种类。

1991 年为使巴西出口商得到与国际市场上相同的资金支持，政府开始实施出口资助计划，可通过出口资助计划资金资助和出口资助计划补贴的方式获得。其中，出口资助计划资金资助是巴西银行为出口商提供资金或直接替出口商支付费用，依据附加值的不同可适当延期偿偿还，如鲜花、肉制品、水果、烟草等农产品的最长偿还时间是半年（如鲜花、水果、肉制品、烟草和饮料酒精），而蔬菜、香料、茶叶、谷物和花生等最短偿还时间是 2 个月。商品的单位价值决定了偿还资金的时间，如果偿还期小于 2 年，出口资助计划需提供 100%的商品价值资金；偿还期大于 2 年，出口资助计划只能提供 85%的商品价值资金。具体出口资助计划金额由需求决定，利率参照国际市场利率。

1999 年开始由巴西出口信贷担保公司和再保险组织共同创建了出口担保金计划，该计划为政治和特殊风险提供小于 2 年的短期担保和大于 2 年的长期担保业务，最大保险金额是商品价值的 95%，如出口担保金计划只为商业风险提供商品价值 90%的中长期担保。巴西联邦宪法规定，出口商品要上交 30%的关税，巴西政府有权利调整出口商品的关税水平，最低为免税，最高为 150%，可以免税的商品主要有食糖、咖啡和酒精等。同一种农产品在不同时期关税水平可能不同，如 2000 年出口烟草到巴拉圭河乌拉圭的关税为 150%，而 2001 年为增加国内销量只征收了 9%的出口关税。

2. 俄罗斯

俄罗斯把出口关税作为限制出口的重要手段之一，对部分农产品及原木等征收高额出口关税。如 2010 年 6 月，俄罗斯总理批准“对未加工漆木，经酸洗剂、杂酚油或其他木材防腐剂处理的木材征收 25%的关税”。同时，俄罗斯针对不同国家出口的品种存在差异，所采取的出口关税水平也存在明显的差异。根据 WTO 的《关税报告》，2013 年俄罗斯对出口欧盟的农产品的简单平均关税水平和零关税的占比分别为 15.8%和 21.7%，对出口土耳其的分别为 23.7%和 16.3%，对出口白俄罗斯的分别为 15.1%和 100%，对出口乌克兰的分别为 10.2%和 97.2%，对出口阿塞拜疆的分别为 13.2%和 99.6%。

俄罗斯出口补贴政策与农产品市场价格联系紧密，随着价格变动而不断调整。与农产品进口相比，俄罗斯出口农产品较少，贸易逆差较高，主要的出口品种是谷物（主要是小麦）。2007 年农产品贸易逆差额达 185 亿美元，在 2006/07 年度出口小麦占总农产品出口量的 42%；2007/08 年粮食价格上涨，粮食出口管理从鼓励（2006 年）转为限制；2008 年由于粮食的大丰收，俄罗斯政府取消了对小麦和大麦的出口关税，重新变为自由出口。2010年8月到2010年12月为保持牲畜存栏量和稳定国内粮食价格，俄罗斯政府暂停了粮食和其他农产品出口禁令；后期由于持续上涨的粮食价格，政府决定延长粮食出口禁令至2011年7月底。为稳定国内粮食市场，俄罗斯政府从2015年2月开始至2015年中期征收小麦的出口关税，小麦出口关税为海关报价的15%再加7.5欧元，总额不能低于每吨35欧元；但俄专家表示或因征收粮食出口税失去传统出口市场，被乌克兰取代。此外，为防止部分粮食通过关税同盟（白俄罗斯、哈萨克斯坦、吉尔吉斯斯坦和俄罗斯）外流，暂时禁止小麦和混合麦出口到哈萨克斯坦和白俄罗斯。

俄罗斯从2006年开始先后提高原木、未加工锯材的出口关税。2007年7月再次把原木出口关税自6.5%但不低于4欧元/立方米的水平提高到20%但不低于10欧元/立方米；2008年4月，再次将原木出口关税提高到25%但不低于15欧元/立方米；原定于2009年再次提高原木出口关税，由于国际金融危机的影响，俄罗斯决定推迟实施；2010年6月正式执行对未加工漆木，杂酚油、经酸洗剂或其他木材防腐剂处理的木材出口关税征收25%，但每立方米不少于15欧元。

目前，资源型产品和部分原材料的出口是受到限制的，限制的措施主要包括出口配额、出口许可、出口关税和禁止出口等。像化肥、渔产品、鱼籽、原木等产品需要有出口许可，鲟鱼和鱼子酱在俄罗斯是禁止出口的，而部分农产品的出口要征收较高的关税。俄罗斯承诺，为了确保国内原材料供应而对其出口采取的任何限制性措施都不应以提高下游加工业的出口为目的。加入WTO后，俄罗斯已对鱼类和甲壳类动物、生皮、木材、纸浆和纸张以及某些产品的出口关税进行约束，出口配额管理主要采用招标和拍卖方式。

3. 印　度

作为WTO创始国之一，印度政府按照《农业协议》的总体规则与要求，积极调整农产品贸易政策，确保其国内农业健康稳定、快速发展。在农产品出口政策方面，印度一方面强调鼓励出口，通过鼓励部分产品尤其是园艺产品的出口，提高农民收入水平；另一方面强调保证粮食安全，特别限制被本国消费者视为不可或缺商品的出口。当然，同时也强调鼓励出口和粮食安全两者之间的平衡。

第一，出口促进政策。为了推动农产品出口，2001年以来的外贸政策采取了一系列促进农产品出口的措施。主要包括以下几个方面：一是建立农产品出口区。2002年印度在全国各地成立了农产品专属出口区，由中央和联邦援助、农业部协助为其提供各种服务和资金支持，由国家园艺局提供冷冻储藏设施，由大学提供研发支持，目的是利用各种支持计划，开发和整合特定区域的特定农业资源，结合加工企业进行出口。二是对特殊农产品的出口支持。2004年提出的“特殊农产品计划”的目的是促进水果、蔬菜、花卉、小型林产品、奶制品、家禽及其相关产品的出口贸易。政府通过进口税信贷激励出口，基本等同于离岸价格出口值的5%，但是政府可随时更改享受“特殊农产品计划”的产品目录。根据WTO的《关税报告》，2013年印度对出口美国的农产品的简单平均关税水平和零关税的占比分别为4.8%和73.8%，对出口欧盟的分别为13.9%和25.9%，对出口中国的分别为15.7%和7.1%，对出口沙特阿拉伯的分别为8.9%和26.2%，对出口印度尼西亚的分别为5.3%和9.6%。三是运输补贴以及出口退税。那些享受最低支持价的产品，如谷物、糖和棉花，偶尔也受到出口刺激政策的支持，以弥补处理、加工和国内运输成本。2007年为了鼓励食糖出口，中央政府宣布对出口食糖予以运输补贴（包括国内运输和远洋运输），对沿海各州，每吨补贴1 350卢布（34美元），对非沿海各州，每吨补贴1 450卢布（37美元）。此外，食糖出口商还可以享受一定的出口退税。

第二，出口限制政策。自20世纪90年代初，印度政府逐步取消出口禁令、许可证以及其他出口限制，绝大多数农产品出口不受限制。但为了实现国内主要商品的供求平衡、保证粮食安全和国内市场价格的稳定，政府也会在某些时侯对部分农产品采取出口限制政策。2006年，出口限制相对减少，仅禁止了豆类、糖、羊肉的出口；2007/08年，国际粮食市场价格大幅上涨、国内市场通胀压力增大，政府则大幅度提高了出口限制，特别是谷物和豆类；2013年印度商工部发布第3号通告对《2009—2014外贸政策》（印度目前出口管理的主要指导性政策）的第三章进行修改，规定满足条件的出口商，若其本年度出口额高于上一年度则可获得相当于增长幅度2%的免税额度。随后，印度工商部发布通告再次修改《2009—2014外贸政策》第三章，增加了三类不具有“重点市场计划”项下出口免税资格的商品，分别为棉花、棉纱以及其他实施最低出口限价的商品；每单位货值所享受的关税优惠不得超过1 000万卢比，超过该值则应由相应地区的主管部门核准。

2013年以来，印度商工部还陆续发布多次通告，规定出口至任何国家（俄罗斯除外）的葡萄鲜果、干果、花生及其制品须经黄曲霉素含量检验并获得农业和加工食品出口发展局签发的黄曲霉素检验证书后方得出口。3月将有机豆类和小扁豆的出口禁令有效期延续至2014年3月31日，但出口数量低于每年1 000吨的不受禁令限制；5月规定手工艺品出口促进委员会可作为木制手工艺品出口许可证的代理发放机构；8月恢复对洋葱的最低出口限价，其限价为不得低于1 150美元/吨（按FOB价格计算）；10月对食用油的出口限制将延长至变更这一政策的新文件出台之日，包装小于5千克的知名品牌食用油可适用1 400美元/吨的最低出口限价。

2013年印度由于洋葱批发价格跌破20卢比/千克，农民已停止洋葱拍卖，迫于葱农的压力，政府出台新的政策要求取消洋葱的最低出口价格限制，同时该项政策也将大大提高印度洋葱的竞争力。2014年全国花生油、豆类和洋葱价格下滑、农民利益受到损害，印度政府出台了要求放宽或取消豆类、花生油和洋葱的出口限制政策；同时印度政府正在实施5年期大宗食用油出口禁令，只允许5千克小包装食用油（花生）出口。同年，政府决定不再享受出口激励政策的品种有棉纱、棉花、肉类和肉制品，主要是受出口激励政策的影响，这些产品的出口量已经明显增加，不需要再享受该政策。此外，印度政府因粮食安全问题不再支持贸易便利化协议，这项决议主要取决于发展中国家的粮食安全问题在多边谈判中未取得进展。

4. 中　国

近年来，中国为农产品出口提供检验检疫、通关的便利和优惠，目的是扩大优势农产品出口，支持农产品质量可追溯体系和农产品出口基地建设；如农产品出口信贷创新，探索农业保险和信用保险相结合的风险防范机制；支持龙头企业和农产品加工企业协会维护自身权益，解决国际贸易壁垒；制定支持政策，鼓励农业资源与农业科技国际合作，鼓励有条件的企业走出国门；充分利用保税加工物流和海关特殊监管区域等措施发展农产品加工贸易。

为了更好地促进农产品出口，实现农业增至创收，对农产品实施低关税，甚至零关税。2008年中国对部分小麦、玉米、大米、大豆产品的出口征收出口关税，税率为5%～

25%。2009 年 7 月 1 日起，降低甚至取消了部分小麦和大米的出口关税。只有国营企业才享有对棉花、大米、玉米和烟草的出口权，并且对这些产品的出口实施配额管理。2010 年中央一号文件指出，要加强农业利用外资的水平，使用高效灵活的农产品出口政策，建立健全农产品及物资进出口监测预警，加强农产品进出口调控，保证农产品进出口的质量安全，严厉打击农产品走私违法犯罪行为。根据 WTO 的《关税报告》，2013 年中国对出口日本的农产品的简单平均关税水平和零关税的占比分别为 20.7%和 35.6%，对出口欧盟的分别为 13.3%和 22.4%，对出口美国的分别为 4.3%和 25.1%，对出口中国香港的分别为 0%和 100%，对出口韩国的分别为 43.9%和 2.6%。

我国出口信贷资金主要靠国家财政支持，在国家财政紧张情况下，可通过向中国人民银行发行金融债券等方式融资来满足出口信贷资金需求。部分政策性保险业务主要由具有商业性的中国人寿保险公司承担。

5. 南　非

南非出口贸易政策主要包括出口补贴和出口许可两个方面。

第一，出口补贴。履行 WTO 农业协议，1995 年南非政府发起了一个三年内取消一般出口激励计划（GEIS）。1996 年 3 月南非政府宣布加速取消 GEIS 计划；4 月对加工产品的 GEIS 补贴由 14%下降到 12%，对原料出口的 GEIS 补贴由 3%下降到 2%；7 月则进一步下降了加工产品的 GEIS 补贴至 6%，彻底取消了原料的出口补贴。1997 年 7 月南非彻底取消了出口农产品的 GEIS 补贴。根据 WTO 的《关税报告》，2013 年南非对出口欧盟的农产品的简单平均关税水平和零关税的占比分别为 12.7%和 79.1%，对出口纳米比亚的分别为 9.9%和 100%，对出口博茨瓦纳的分别为 10.8%和 100%，对出口中国的分别为 14.9%和 9.8%，对出口津巴布韦的分别为 30.6%和 83.1%。

第二，出口许可。南非对一些国家和某些产品实行关税配额、反倾销税、反补贴税等措施。针对欧盟和美国对南非部分农产品实行进口配额限制，南非政府为确保本国处于弱势地位的中小出口企业获得公平的农产品出口机会，对这些农产品出口中小企业采取发放出口许可的办法，确保农产品中小出口企业获得一定的出口量。2014 年南非政府暂停对欧盟市场的出口，导致损失达 10 亿兰特，这是由于欧盟查出产自南非的四个批次柑橘有黑斑病问题。此外，欧盟向南非农林渔业部发出警告，若再查出一个黑斑病柑橘批次，将永久禁止进口南非柑橘。

（二）进口贸易政策

金砖国家农产品进口贸易政策的制定对本国农产品的生产和消费产生直接影响。其中，关税政策是各国通用的保护本国农业产业发展的重要进口贸易政策；除此之外，各国还采用了其他不同的进口贸易政策。巴西为提升农产品国际竞争力，采取了进口管理政策限制进口；俄罗斯制定了关税配额和卫生与植物卫生措施；印度将进口限制、关税配额、政府监测等非关税措施与关税措施相结合调控进口；中国制定了关税配额政策、国营贸易政策和其他管理政策调节进口；南非采用进口许可证等方式指导进口。

1. 巴　西

巴西为提升农产品国际竞争力，采取了进口贸易政策规范进口。主要通过关税政策和进口管理政策实施。

第一，关税政策。巴西进口政策中最重要的条款是南方共同市场制定的共同关税政策。1990年以来巴西农产品进口关税下降明显，农产品的简单平均关税从1990年的26%下降到2008年的10%，而总体产品的平均关税为12%，低于WTO农产品平均水平的36%。巴西农产品2/3的税率在0%~10%，农产品最高税率可达35%。WTO资料显示，2007年非农产品和农产品的最惠国平均关税为13%和11%，而巴西的最惠国关税为12%，农产品和加工食品进口被征一定数额的关税。巴西从改革以后税率下降迅速，目前实行最惠国关税。此外，由于实行附加关税，巴西20世纪90年代的关税不断上升。加入WTO后，巴西在苹果、梨和小麦三种农产品上享有关税配额，而小麦配额在2004年废止。

近年来巴西农产品进口关税总体上基本保持稳定，进口关税政策针对不同类别农产品，关税水平有所区别。其中，对于巴西竞争力相对较低的棉花、乳制品、畜产品、饮料与烟草等实施高额关税，进口关税水平超过了20%；2014年其棉花、乳制品、畜产品、饮料与烟草平均关税水平分别为55%、48.8%、37.8%和37.7%，且除畜产品外，均没有执行零关税优惠。而对于巴西竞争性较强的谷物、油料等实行低关税或零关税（平均关税水平只有6.6%）；2014谷物、油料的最惠国关税水平仅为10.6%和7.9%，同时分别有14.7%和10.8%的进口执行零关税。2006—2014年，除2010年和2011年为最低的31.4%，巴西的农产品进口简单平均关税基本稳定在35.4%~35.4%；最惠国的农产品进口简单平均关税则维持在10.1%~10.2%的水平，除2010年和2011年增至最高的13.7%。2013年，巴西政府修订多项产品的进口关税税率，并设立关税税率配额。

巴西还采取了一系列不符合共同关税政策规定的关税，比如在某些情况下进口化肥、杀虫剂的关税为零，而一些特殊的奶制品和大米被课以较高关税（如奶粉、乳清、奶酪的进口关税为27%）。总体来说，巴西税率大多由南方共同市场协议决定，WTO规定的市场准入条款没能限制巴西有效的关税保护措施。根据乌拉圭农业协议，巴西没有权利实行农业特殊保障政策，但是巴西实行了贸易救济措施。在2005年实行的12项措施中，取消了从阿根廷和乌拉圭进口的奶粉和从希腊进口的桃罐头的关税，尽管之后提升了最惠国关税（由14%上升至55%）；2006/07年，巴西没有出台新的反倾销和其他农业贸易保护措施；2013年为抑制通货膨胀，印度政府决定从2013年6月24日起到2013年11月30日止取消大豆进口关税，目的是简化海外采购程序，增加大豆进口，以较低价格的大豆产品满足国内市场增长需求。

第二，进口管理政策。巴西的进口管理政策包括技术性贸易壁垒、非自动进口许可、动植物卫生检疫措施、许可证和关税评估等非关税措施。其中，进口许可证制度是指进口商进行交易前需取得进口许可证，许可证份自动进口许可证和非自动进口许可证两种。针对那些非严格贸易管制的商品，可申请自动进口许可证，审批简单，高效便捷；对于巴西控制的商品，审批程序较多，需要再货物装船前报关，然后在相应机关办理文件和证明，经过会签才可进口。非自动进口许可证的审批工作由巴西外贸秘书局负责。进口商可通过巴西外贸网提交申请获得登记号，而后须到巴西银行或其分行提交相关材料，交纳许可证申请费用，外贸秘书局会统一进行审批。非自动进口许可证的有效期是两个月以内。

复杂的海关手续。指巴西海关对农产品，尤其是食品的检查十分严格，有繁琐的卫生安全质量标准，要求进口商必须提供所有相关文件，如在进口前必须检附原产地公会的产品分析报告及巴西政府检验机构的样品分析报告；对某些货品要求提交特别的文件，如巴西农业部签发的活植物或植物组成部分卫生合格证明书、有可能传播疾病的动物及动物产品卫生证明书等；还需要在卫生部活农业部登记取得进口号码，提货时需严格按照检验相关文件执行，在相关部门对该进口食品检验抽样报告完成前，进口商不得出售商品。这样，抽检报告、通关通常耗时数月，所耗时比一般进口商品长，对于有保质期限制压力的食品进口有消极影响，阻碍了很多农产品的进口。

产地来源声明。2013 年巴西政府发出第 6/2013 号法令，简化核实不须受贸易救济措施限制的产品产地来源的程序，上述产品的进口商应在进口前就每宗进口许可证的申请，向生产商或出口商索取产地来源声明，而非产地来源证明，并须保存该产地来源声明 5 年。同年 5 月巴西的发展、工业和外贸部发布第 22/2013 号法令，修订有关简化核实不须受贸易救济措施限制的产品产地来源的程序。巴西进口商应发展、工业和外贸部的要求，经综合外贸系统递交产地来源声明的期限延长至 10 个工作日。此外，进口货品如源自已与巴西签订关税优惠国际协定的国家，而该货物附有适用的产地来源证，便可免受产地来源声明规定的约束。巴西财政部也于同年 5 月开始执行修改的 1356 号令，目的是在不影响正常国际贸易物权交割的情况下，简化进口程序、提高货物清关效率。但由于进口商可能与传动勾结，或者报关货物从绿色通道运输都可能使出口企业、银行、船代和货代等面临风险。

2. 俄罗斯

俄罗斯是世界上重要的农产品贸易国，俄罗斯关于进口贸易政策主要采用了关税措施、关税配额，以及卫生与植物卫生措施等。

第一，关税措施。《税法典》是俄罗斯税收管理的主要法律依据，税收优惠是俄罗斯鼓励外国投资的主要政策工具之一。根据俄罗斯税收法律规定，免征生产性固定资产物资，如外国投资者作为法定投入而进口的零配件和技术设备；外商投资俄政府鼓励的优先发展项目，投资额不少于 1 000万美元且占项目总额的 30%以上的，免交前两年的利润税，第 3 年和第 4 年的利润税分别为 40%和 50%。俄罗斯进口货物的来源地决定其征收的关税，如果进口货物来源地是最惠国则按照最惠国税率征税，如果不是则按 2 倍税率征收，如果是从普惠制国家进口的商品征收 75%的关税，如果是从最不发达国家或者与俄罗斯签署自由贸易协议的独联体国家免征进口关税。中国是俄罗斯普惠制关税的受惠国之一，但自中国进口的果汁、菜汁、矿泉水等食品饮料不得适用普惠制关税。

俄罗斯对不同类别农产品关税差别较大，部分农产品税目实施零关税，零关税产品的进口额约占其农产品进口总额的 8%。目前，农产品的加权平均关税约为 13%，俄罗斯对 12%以上的农产品征收 15%以上的高关税。在农产品中，加权平均关税超过 20%的是动物制品，其中最高可达 101%，果蔬等最高关税可达 26%，食糖最高关税达 68%，谷物最高关税达 100%，饮料烟草最高关税大 357%，渔产品最高关税达 167%。2013 年 10 月俄罗斯总统签署的《〈税法〉修订案》，自 2014 年 1 月 1 日起俄罗斯对汽油、酒精饮料及烟草制品的消费税税率实施指数化。对于畜产品的进口关税也较高，2014 年为 23. 2%，最高税率达到 80%，只有 7. 4%的该类商品享受零关税。

糖类适用特别进口制度，原糖进口适用于可变进口关税。进口税从每吨 140 美元到 270 美元不等。如果纽约期货交易所的原糖价格较高，则辅之以较低的关税，反之亦然。2007 年体制改变，可以在每年的 12 月至 5 月申请适用税率较高的季节税，该税设定了原糖220~270美元/吨的范围区。从2007年12月到2008年5月原糖季二节税每吨220美元，2008年6月下降至140美元。2010年4月由俄罗斯、白俄罗斯、哈萨克斯坦组成的关税同盟委员会决定对原糖观测改为1个月，且原糖进口关税从2010年8月1日起下降至203美元/吨，9月和10月下降至140美元/吨。

近年来俄罗斯的农产品进口关税总体上呈下降趋势，特别是在其2012年起正式成为WTO成员国以来，为了履行承诺，关税下降明显。2006—2012年，俄罗斯最惠国平均关税水平，除2010年和2011年为9.5%和9.4%以外，基本都维持在13.2%~14.6%，而2013年和2014年分别降至12.2%和11.6%，总体平均关税水平更低，仅为11.1%和11.2%。特别是在整体关税水平逐步降低的过程中，俄罗斯仍对部分进口产品保持了较高关税，形成了明显的关税高峰。此外，俄罗斯还对部分产品保留了关税配额。2013年欧亚经济委员会决定将部分奶制品进口关税从15%上调至18.3%，此举并非保护措施，系在俄入世谈判框架内被许可的调整范围。该政策自颁布之日起30天内将生效，涉及奶制品品种包括黄油、奶酪等。

第二，关税配额。从2003年开始俄罗斯就实施肉类产品进口配额，加入WTO时，俄罗斯承诺肉类进口配额制度会保留至2009年，可适当增加配额，但2010年之后逐步削减禽肉、猪肉和牛肉的进口配额。根据俄罗斯经济发展部关于肉类进口配额的规定，2010年削减了禽肉进口配额，降低了猪肉进口配额，冷冻牛肉进口配额53万吨，冷鲜牛肉进口配额3万吨，禽肉进口配额78万吨，比2009年减少了22%。俄罗斯在削减配额的同时还大幅度的提高了关税水平，2009年对禽肉的配额外进口征收95%的关税（不得少于每千克0.8欧元），对猪肉的配额外进口征收75%的关税（不得少于每千克1.5欧元）。

2013年5月俄罗斯联邦政府总理签署命令，对关税同盟2008年进口配额分配协议进行修改。目前，关税同盟成员国仅对肉类（主要为猪肉）和乳清进口征收配额关税，现行配额不是根据每个成员国的生产和消费差额按比例分配。2013年，大约90%的配额分配给俄罗斯，而俄罗斯入世后至2019年肉类进口配额将固定不变，至2020年将取消。按比例分配关税配额不能灵活地根据关税同盟成员国生产情况进行调整，因为俄罗斯入世议定书配额额度已经确定。新的配额分配系统将根据关税同盟的生产和消费差额决定，成员国可获得肉类产品进口配额以外且肉类产品生产和消费差额内的补充配额。

就关税配额而言，俄罗斯的关税配额产品有146个税目（占全部农产品的6%，共有4类：牛肉（鲜冷藏牛肉和冻牛肉）、猪肉（鲜冷冻猪肉和碎猪肉）、禽肉和乳清，其中乳清的税目数量很少。在“入世”承诺履行期内，俄罗斯对这些产品配额内约束税率的削减幅度很小，大部分最终配额内税率与初始税率一致，至2019年肉类配额量固定不变。同时，俄罗斯的肉类关税配额不是按照公开招标方式进行分配，在实践中，多将禽肉、猪肉和牛肉的多数配额分配给美国、欧盟和泰国等国家和地区据俄联邦海关总署的数据，2007年配额完成率规定，牛肉为71%、猪肉为97%和家禽肉类为92%。牛肉的配额利用率偏低，部分原因是它的大部分配额分配给欧盟。2014年俄罗斯政府表示受关税同盟成员国对乳制品业投入不足，导致原料严重不足、生产成本增高、相关加工厂关闭以及入世后相关产品进口关税下调等影响，2013年1—11月从非独联体国家进口到同盟境内的奶制品激增，进口额同比增长25.7%，进口量同比增长17.6%；其中，奶渣、酸奶、乳酪、奶粉分别增长12%、33%、46%和110%。2015年俄罗斯允许自欧盟进口牛肉类副产品、某些种类的猪肉产品及马铃薯，并表示此前禁止进口上述种类产品并非由于反制裁，而是其他原因。

第三，植物卫生措施。俄罗斯兽医与植物卫生监督局于2013年颁布了加入WTO以后俄罗斯进口规定，由之前出口到俄罗斯的产品出口商需在兽医与植物卫生监督局许可名录内变为只保留中、高风险需要兽检的进口商的名目，检疫标准严格遵循世贸组织规定，但低风险级别的出口商没有做出规定，仍然保留最低风险产品出口商的名目，他们只有提供符合检疫标准的证明才可以不接受世贸组织的审计，否则要接受收益与植物卫生监督局的检查。

2012年欧亚粮食安全中心召开的题为“俄罗斯入世”的国际研讨会，会上决议粮食市场保护水平将下降31%，最终的税率为15%；粮食加工品关税税率降低至26%，最终税率为11%；对白糖和糖果的税率降低29%，最终税率12%。俄罗斯可应用世贸规则，改变“黄箱”补贴不断上升现状，增加对“绿箱”补贴政策的使用。2014年俄罗斯根据特别经济措施法，决定对美国、欧盟、瑞士、加拿大、奥地利和日本实施反制措施。为弥补供应缺口，俄抓紧同土耳其、拉美国家磋商，增加对俄蔬菜、水果、肉类和奶产品的供应。

3. 印　度

印度关于进口贸易主要采取了关税措施和非关税措施两种政策。

第一，关税措施。印度在基本关税之外，对进口货物征收附加关税、特别附加税等。除葡萄酒、烈性酒或其他酒精饮料外，所有进口货物要征收附加关税。特别附加税为4%的从价税，适用于除按照海关通知免除外的所有货物。一直以来，印度政府对所有农产品采用0~182%的从价税，但部分商品是会受到高关税保护，如饮料、酒精、醋、谷类、咖啡、茶、动物或植物油脂等。2006—2014年除2010年和2011年为最低的48.7%，印度的农产品进口简单平均关税基本稳定在114%左右，2014年为113.5%。最惠国的农产品进口简单平均关税表现出一定的下降趋势，除2010年和2011年最低的13%和12.6%之外，其余年份均在30%以上，2014年为33.4%比2006年的37.6%，下降了4.2%。

根据印度海关法的规定，政府对初榨豆油、棕榈油等产品的进口关税不采用进口商报价而采用“参考价格”计算。印度对加工品和半成品的保护要弱于对原材料和农产品的保护，关税增长的现象不断减少，但个别产品除外，如各种冷、鲜、冻肉的进口关税只征收30%，而食用杂碎、肉或动物血制成的香肠要征收100%的进口关税。分品种来看，相对于其他金砖国家，印度对所有的农产品关税水平均较高，并且对任何种类农产品都未执行零税率。对于马铃薯、葡萄、苹果、柑橘、开心果的关税始终保持在30%以上，此外糖果、巧克力、灵动薯条、饼干、罐头汤、混合蔬菜汁等加工食品的关税也都维持在30%以上。尤其是动物或植物油脂类一直执行高关税，2014年其简单平均进口关税水平达到169.7%，最高关税为300%，最惠国简单平均关税仍高达37%。

印度同构自由贸易协定提供市场准入机会给伙伴国。南亚自贸区（SAFTA）农业关税37.2%，其中孟加拉、马尔代夫、不丹和尼泊尔等最不发达的南亚自贸区的农产品关税为30%，亚太贸易协定（APTA）最惠国关税41%，而斯里兰卡平均关税仅为7.6%。印度的约束关税居世界第一，可以从100%到300%不等，其中2008年印度约束关税有114%，由于印度不同农产品不同税收之间的空间导致印度农产品贸易障碍。

第二，非关税措施。印度政府主要通过进口限制、关税配额、国营贸易和政府监测等手段实现非关税管制。印度政府可以用道德、公共安全、公共卫生和宗教信仰等理由禁止野生动物、牛肉、天然海绵状物、脂肪和动物油脂、家畜、野生鸟类、鱼类废弃物、禽流感国家或地区的家禽等农产品进口至印度，进口限制的农产品数量可达农产品关税细目的7.7%。印度卫生部负责进口农产品的质量检验，其职责主要是：监控及检验进口农产品的质量，保证进口农产品符合印度标准，不危害人的健康。印度农业及合作部是印度负责进口农产品卫生检疫的主管部门，其职责主要是：通过实施病虫害风险分析（PRA）对进口农产品进行病虫害卫生检疫并开展农药残留测试。印度农业及合作部在全国下设35个植物检疫站，具体负责进口农产品的卫生检疫工作。印度管理农产品进口卫生检疫的法律是《2003年植物检疫规则》，该规则自2004年1月1日起实施，至今已经过数次修订，基本实现了与国际标准的接轨①。2013年6月印度商工部发布第18号通告，要求进口至印度的畜产品必须附有出口国相关政府部门或经授权的检疫检验机构出具的健康证书，并在相应的文件中写明畜龄、性别和饲养状况等信息。此外，还应获得分别由印度畜牧业部、渔业和乳业部等政府机关签发的卫生许可证。印度实行对外贸易经营权登记制，将进口产品分为禁止类、限制类、专营类和一般类等四类。印度对限制类产品的经营实行许可证管理。

关税配额是印度商工部外贸总局根据指定机构的要求对包括奶粉、玉米、初榨葵花籽油和红花油、精炼菜油及芥籽油等在内的产品负责配额的分配，当这些要求超过当年配额时则按比例比配。印度始终未向WTO报送关税配额安排，印度关税配额程序不透明且比较复杂。所谓国营贸易，是指印度继续对谷物（小麦、大米、玉米、黑麦、燕麦、粗粮）、椰干和天然椰籽油的进口采取国营贸易方式。所谓政府监测，是指政府对食用油、棉花、丝绸、牛奶和奶制品、谷物、水果和蔬菜、香料、茶叶、咖啡及含酒精饮料等对进口变化敏感的农产品开展监测。政府根据市场状况，在其各自的约束税率范围内调整其适用税率。如果敏感产品的进口数量激增，则需要在税率允许范围内提高进口关税。

4. 中　国

中国政府的进口贸易政策主要包括关税措施、关税配额管理、其他管理措施和国营贸易等。

第一，关税措施。近年来中国整体进口关税水平呈下降趋势。在加入WTO的谈判中，中国承诺对农产品降低关税，关税水平从2001年的19.9%降到了2005年的15.5%，到2008年减让关税结束（表6-2）。2010年后除2011为15.6%外，其余年份均维持在15.2%水平，仅为世界水平的1/4。最惠国的农产品进口简单平均关税下降趋势更为明显，除2010年和2011年最低的9.6%之外，其余年份均在15%以上，2014年为15.2%比2006年的15.7%，下降了0.5%。分品种来看，相对于其他金砖国家，中国对所有的农产品关税水平均相对偏低，最高是糖料，平均关税水平为27.4%，最高税率为50%，其次为谷物，平均关税水平为23.7%，最高税率为65%，对油料征收的平均进口关税最低为11.1%，最高为30%，其中7.1%享受零关税。

---

①http：//in.mofcom.gov.cn/aarticle/jmxw/200510/20051000504442.html

表 6-2　农产品平均关税水平　　单位：%

年　份	平均	年　份	平均
2000	21.3	2008	15.1
2001	19.9	2009	15.2
2002	18.8	2010	15.2
2003	17.4	2011	15.6
2004	15.8	2012	15.2
2005	15.5	2013	15.2
2006	15.5	2014	15.2
2007	15.5	2015	15.2

第二，配额管理。中国在加入 WTO 时承诺对大米、小麦、玉米、豆油、棕榈油、菜籽油、棉花、食堂、羊毛等大宗农产品按照一定的配额增长率实行关税配额管理，改变原有的绝对配额管理。大宗农产品进口配额内的关税极低（1%~10%），但配额之外实行高关税（9%~80%不等）；具体执行期限到 2004 年为止（植物油 2005 年）（表 6-3）。2014 年继续对小麦等 7 种农产品和尿素等 3 种化肥的进口实施关税配额管理，并对尿素等 3 种化肥实施 1%的暂定配额税率。对关税配额外进口一定数量的棉花继续实施滑准税，并适当调整税率，以保证国内棉花市场供需基本稳定。对冻鸡等 47 种产品实施从量税或复合税，其中，根据进口平均价格的变化和人民币对美元的汇率变化情况，适当调整了少量商品的从量税、复合税税额。

表 6-3　大宗农产品的关税配额　　单位：万吨

分类	商品	2002 年	2003 年	2004 年	配额内税率	配额外税率率
粮食	小麦	846.8	905.2	963.6	1%~10%	71%降至 65%
	玉米	585.0	652.5	720.0	1%~10%	
	大米	199.5	232.8	266.0	1%~9%	
	豆油	251.8	281.8	311.8	9%	
植物油	棕榈油	240.0	260.0	270.0	9%	52.4%降至 19.9%
	菜籽油	88.0	101.9	112.7	9%	
食糖	食糖	176.4	185.2	194.5	20%降至 15%	60.4%降至 50%
棉花	棉花	81.9	85.6	89.4	1%	54.4%降至 40%
羊毛	羊毛	26.5	27.6	28.7	1%	38%
	毛条	7.3	7.6	8.0	3%	

资料来源：《中国加入世贸组织知识读本二》

第三，国营贸易管理。中国加入 WTO 后仍保留对粮棉油糖等重要农产品的国营贸易管理制度，为保证非国营企业充分使用关税配额，允许他们保证一定比例的关税配额分配。其中，大米、小麦、玉米、食糖、棉花的国营贸易比分别为50%、90%、68%、70%和33%，2002年和2005年植物油的进口配额中国营贸易企业的比例分别为34%和10%，从2006年开始，植物油实行单一关税9%，取消了国营贸易。中国承诺分配给私营贸易企业一部分贸易配额给中美农茶品市场，还会将国营企业未用的配额再次分配给私营企业。

第四，其他管理措施。中国加入WTO承诺要对进口产品和国产产品应用商品认证和检验体系进行合格评定，会根据资助计划逐步采用国际标准，但仍然会保留发展中国家的权力。为保护国内农业生产和人体健康，中国禁止动植物病原体（包括菌种、毒种等）、害虫及其他有害生物、动植物疫情流行的国家和地区的有关动植物、动植物产品和其他检疫物，动物尸体和土壤的进口，违规者将作遣返或者销毁处理。繁殖材料如植物种子、动物产品等的进口，应提前提交申请，办理检疫手续。其他动植物产品的输入应在合同中表明符合中国法定检疫要求，并需附有输出国或输出地政府动植物检疫机关出具的检疫证书。为更好地从技术角度对转基因产品进行管理，中国还制定了《农业转基因生物进口安全管理办法》。此外根据WTO规则，中国实时监控大豆和棉花的数量，保持其在WTO规则的控制内。

5. 南　非

南非的进口贸易政策主要包括关税政策和进口许可证等。

第一，关税政策。南非保护本国农业的贸易措施主要是对进口农产品征收从价税或从量税。相对于其他产品，南非对农产品的关税保护水平相对较低。另外，南非对一些国家和某些产品实行关税配额、反倾销税、反补贴税等措施。2006—2014年除2010年和2011年为最低的19%，南非的农产品进口简单平均关税由40.8%降至40.4%；最惠国的农产品进口简单平均关税下降趋势更为明显，2014年为8.4%比2006年的9%，下降了0.6%。分品种来看，2014年，南非平均关税水平最高的为奶制品，为93.2%，最高税率为96%；其次为饮料与烟草，平均关税水平为91.1%，最高税率为597%；谷物的最高税率达到597%；对其他农产品征收的平均进口关税最低为11.9%，最高为72%，其中54.8%享受零关税。2015年，南非已与美国达成协议，取消对自美进口禽肉征收的惩罚性关税。南非每年从美国进口约6.5万吨鸡肉，终止惩罚性关税将造成国内相关产业工人失业，但这是南非为从《非洲增长与机遇法案》延长案中获益所必须做出的让步。南非是非洲南部关税联盟［南非是非洲南部关税联盟（SACUSACU）的成员国,］的成员国，SACUSACU之间关税的平均税之间关税的平均税率为率为9.7%，远低于对SACUSACU成员国之外征收的关税税率（平均税率为成员国之外征收的关税税率（平均税率为39.7%）。

第二，进口许可证。南非规定限制产品进口需要根据产品的而不同在相应的管理部门申请进口许可证（有效期是发放日到当年年底），申请许可证之前需向南非贸易工业部下属的进出口管制局登记注册。南非《酒产品法》规定，出口任何酒精成分超过1%的酒类产品（除高粱啤酒、啤酒和药物外）需申请出口许可证，进口至南非的肉类要申请许可证，且不同产地的肉类其检验检疫及通过程序会有所不同；检验检疫人员可撤销活暂停已办理的许可证，也可增加申请许可证的条件和要求，理由是“公益利益”。

四、一般服务支持政策

金砖国家不仅为生产者个人提供支持，还通过公共财政对农业提供支持，通常用一般服务支持估计值（GSSE）来表示。一般服务支持估计值（GSSE）表示国家生产者集体提供的支持服务，即有利于农业但切入点并不是个体农户的支持服务，也是衡量一国政府对农业部门实施的一般性（或公共性）服务政策而引起的价值转移。金砖各国由于国情和发展目标的不同，在一般服务支持的内容、规模和结构制定上各有不同。

（一）一般服务支持内容

金砖各国根据各自国情特点，为本国农业发展制定了一系列的一般服务支持政策。这些政策为农业发展打下了坚实的基础。其中，巴西重点对农业科技创新、基础设施建设方面给予支持；俄罗斯侧重于科技创新支持；印度致力于基础设施建设和市场营销推广等方面给予支持；中国重视对基础设施建设、粮食流通体制改革、科技创新等给予支持；南非主要集中于基础设施建设、市场营销推广和检验与控制等方面的支持。

1. 巴　西

巴西一般服务支持政策重点对农业科技创新、基础设施建设等方面给予支持。

（1）在农业科技创新方面。巴西在过去的25年不断成为农产品生产和出口大国，资料显示1985—2006年巴西农产品产量增加了77%，这主要得益于20世纪80—90年代的科研投入和各项政策改革，科研投入在不断转化为科技创新，进一步提升了劳动生产率，各项政策的改革促进了巴西农作物种植面积的增加和企业劳动生产率的提升，稳定了巴西国内的经济。

巴西政府对农业科研的投入力度不断加大，农业科技投入占联邦政府开支的15%。联邦政府的财政资金主要保证国际农业科研项目的研究、农业科研机构的经费和农业院校的教研经费等。州政府的财政资金主要集中用于保证农业新技术的开发和应用。以圣保罗州为例，州政府每年财政用于农业科技的奖金为3亿美元，约占州财政支出的2%。农业科技组织，如CATL的经费由州政府承担。各城市用于农业方面的资金也主要用于技术服务方面。

进入21世纪，巴西政府更加重视科学技术的发展，特别是重视科技创新，采取了以下主要措施：对科研和创新进一步加大投资力度；在科研和创新领域采取现代化的公共管理模式；直接支持具有创新性的研究与开发项目；进一步加强和改进国际科技交流与合作。为确保粮食安全，巴西通过全球布局战略加强技术交流，以提高创新能力，1996年巴西制定了一个雄心勃勃的全球农业科技战略计划，布局战略涉及除大洋洲以外的各大洲，其主要方式是在美国、法国、荷兰、加纳、英国、德国、中国、韩国、南非、委内瑞拉和巴拿马等不同类型国家建立联合实验室。目前有的已完成建设工作，有的正在积极推进。同时，与相关国际组织的合作也将逐步强化。这项全球计划由巴西国家财政安排专项资金扶持、巴西农科院具体实施。

2010年5月。巴西在结束《2007—2010年全球科技与创新发展行动规划》时，召开了第四届全国科学技术与创新大会，并强调要进一步加强国家科技创新体系，扩大公共部门和私人企业对研发的投资。

Embrapa 在 2013 年 4 月与合作伙伴巴西农业研究系统推出了“巴西农业创新联盟”。这一举措的目的是让创新项目产生更多的协同效应，同时，它意在更及时地将“科学技术转化成为生产力”，更快地到达农民手中，更迅速地为整个社会提供信息。通过产品库安排模型，Embrapa 的研发成果能快速推出，该模型根据对巴西社会重要的战略主题，进行研发及创新行动优选。研发项目组合进一步嵌套到“宏观主题”，它提供一种有趣的方式来预测发展前景，分析和传播有关信息。这种方法还有助于更迅速、有效地应对多学科在未来农业中所发挥的作用，更加依靠更为复杂和先进的知识、技术和创新模式。

此外，巴西制定的 2020 年目标中明确表示，要降低农业部门 4.9%～6.1%的二氧化碳排放量，承诺 2025 年温室气体排放量在 2005 年基础上减少 37%，2030 年减少 43%，并凭借其 2010—2011 年农业和畜牧业计划启动了低碳农业项目以推动农艺措施的采用，帮助保护环境和提高生产力，如恢复退化草场和整合种植业、畜牧业和林业。

（2）基础设施建设方面。巴西在 20 世纪 80 年代对仓储、灌溉相关企业提供低息优惠贷款，不断加强灌溉、仓储等基础设施的资金投入。其中在“东北部百万公顷灌溉计划”上面政府投资了 50 亿美元，为降低农业运输和生产成本，政府决定优先发展农村交通。同时政府考虑落后地区的农业基础薄弱，还在东北部的半沙漠地区兴建了 10 个综合开发基地，重点发展热带经济作物的研究。巴西政府与 2007 年巴西政府出台经济增长加速计划（PAC），用以吸引更多的私人投资，并提高公共部门在基础设施建设上的投资；PAC 的目的是 5 年内增加 5 千亿雷亚尔的投资；另外，PAC 还将提供 30 亿雷亚尔的公共投资用于灌溉设施。巴西政府还实施了低碳农业计划（如牧场再生计划），该计划为期 12 年，将得到 20 亿雷亚尔的资金资助，农户可从该计划中享受 3 年的宽限还款期，农产合作社贷款的利率为 5.5%，家庭农场则更低为 2.0%或者 0.0%，该计划的试点地区在巴拉那。

巴西政府为提高国内有机农产品的产量和消费量，2012 年为提高种子的分销效率制定了相关措施，如增加生产者技术支持、对严格管理生产者资质、提高有机农产品社会认知，为有机农业和生态农业的基地建设提供资金支持。巴西政府拟在 2 年间投资 340 万雷亚尔在 22 个农业核心区发展项目中选取优质项目，打造农业核心区建设，其中舍友职业技术培训中心的有 5 个，均按照科技部标准建设。2013 年巴西政府投资 2.5 亿雷亚尔在实施国家仓储建设项目（PNA），并对私营经济部门提供税收和信贷优惠政策，扩大巴西的农产品仓储容积，在 2015 年前满足巴西粮食仓储的需要。2014 年根据巴西农业部消息，巴西与日本就巴西农业基础设施和物流体系建设及稀疏草原开发设立合作项目，该项目将使巴西农业在国际竞争中处于有利地位，有助于提高农业生产者收入，保证全球食品供应和增加。

2. 俄罗斯

俄罗斯《2008—2012 年农业发展、农产品市场调节、农村发展规划》提出以下目标：一是可持续农村发展，其中包括以科技进步促进农村生产率的提高，并增加农村就业和提高农民生活水平；二是以先进的农业科学技术增强俄罗斯农业的国际竞争力，其中包括扩大农业财政支持、鼓励科技研发和引进农业科学技术、实现农业现代化和加快农业重点领域发展以替代进口；三是利用高新农业技术和生物农业科技保护和恢复农业资源，其中包括土壤保护、植物保护、生态系统保护。2007—2012 年，农业生产年平均增长率为 4%，牲畜生产年均增长率为 5%，真正实现了以先进农业科技带动农业进步的国家战略。

俄罗斯还实行了跨区域农业科技合作政策，如俄罗斯联合了乌克兰、哈萨克斯坦（3 个国家粮食出口量占世界出口总量的 1/3）实行"农业科技共创新"政策，由俄罗斯政府出钱，乌克兰和乌兹别克斯坦进行粮食生产科技研发，农业科技成果归 3 个国家共享。

2013 年，俄罗斯联邦开始实施农机供应合同补贴国家计划，2014 年对农业机械设备制造商的补贴额为 19 亿卢布。截至 2015 年 9 月，共有 48 家俄罗斯农业机械制造企业参加该项国家计划，直接导致 2015 年的俄罗斯农机供应同比增长 60. 8%。根据俄罗斯工业和贸易部的倡议，2015 年在销售拖拉机和其他农机具时，给予俄罗斯农业生产者的折扣从 15%扩大到 25%。此外，俄罗斯联邦政府还扩大了享受补贴的农机具范围。农民对农业机械需求的增长，计划参与者数量的扩大，导致已签合同的补贴发放需要 52. 3 亿卢布，比计划水平高出 33%。

俄罗斯对农业科技创新方面（生物技术）给予了极大的重视。2015 年 8 月底，俄罗斯最大的创新中心"斯科尔科沃"确定了一个新方向：生物农业技术。在遭受西方制裁以及俄方实施反制裁的背景下，俄罗斯政府面临着振兴农业实现禁运食品国产替代的艰巨任务。2015 年 5 月底，普京签署法律修正案，拟通过农业和工业领域的生物技术拓展斯科尔科沃的研究活动。从 8 月初开始，斯科尔科沃中心挑选获得支持和投资的项目入驻中心，希望到 2020 年，其能吸引近 200 家开发农业和工业生物技术的企业入驻。

俄罗斯拥有大型林业可以进行生物资源生产，以及拥有的非农业用地可用于潜在的生物燃料作物的生产，近年来俄罗斯对生物能源的兴趣有所增加。在《关于 2007—2012 年国家优先方向的研究与发展》政策中，俄罗斯拨款 5580 万卢布发展生产生物能源的技术和设备。最近俄罗斯生物燃料协会已经创建，预期目标是促进生物能源研究，开发试点项目，着手关于生物燃料问题的立法。但目前俄罗斯的再施政策中，没有具体的政策是用于支持生 发展方案，预计将生产农业用生物柴油。

俄罗斯农业科技政策最近变化将对该国农业的未来发展产生重大推动作用，其主要意义在于：一是农业被正式列为俄罗斯未来经济发展重点领域之一；二是农业科技交流政策立法逐步成为体系；三是政府对农业科技研发和交流，财政支持力度不断加大；四是国家重新在农业发展中占有指导地位。

3. 印　度

印度的一般服务支持政策侧重于基础设施建设和市场营销推广等方面。

（1）农业科技创新方面。印度政府十分重视农业研究，对从事农业研究和推广的科研机构实行政府全额拨款，经费主要来源于中央政府和邦政府的财政预算，90%的农业研究经费由政府提供，农业生产税基金、世界银行贷款、美印合作基金、双边合作和国外援助等也是印度农业科研投入的经费来源渠道。加入 WTO 以前，印度用于农业科研和农业发展的预算占总预算比重 1/5 以上，其中 1994 年的农业科研经费投入占到 GDP 的 0. 9%，和发达国家水平相近。加入 WTO 以后印度政府对于农业科研和农业发展的预算大幅提高，尤其是在基因重组、生物技术、转基因、遥感技术、空间技术、环境和生物多样性等更加系统、更加高级的领域发展，同时也引导各大院校、科研院所专家讲网络信息技术和计算机管理逐步应用到农业生产中。

印度政府为更好地建设农业技术创新和推广，不断组建高效率、有组织的农业科研推广团队负责这项任务。政府为一些特殊商品计划提供投入支持和一般服务支持；其中，2005/06 年专门成立了“全国园艺委员会”，通过采取科研支持、改进生产技术、改进管理、市场营销、鼓励出口、提高产品附加值等措施以鼓励园艺生产。

印度农业部下属的国家作物遗传资源局基因库，是位居中美之后的世界第三大作物遗传库，精心保存的各种农作物种质资源超过 40 万份。所保存的种质资源用来开发应对天气变化、抗逆性弱、低产等问题的新品种。2014 年印度由于采用了新品种，印度粮食总量近年来大幅上升，同时也使印度步入大米、小麦和园艺作物生产大国之列。因得益于中央管理的基因库繁育出的新品种，印度农业生产力在未来几年将会得到进一步提高。此外，印度食品通胀连续三年高企，国家作物遗传资源局（NBPGR）将帮助提高关键农产品供给来改变通胀现状。

印度 11 个邦制定了促进有机农业发展的相关政策，其中有 4 个邦计划将有机农业的占比提高到 11%以上。近年来，印度每年出口的有机农产品高达 19 大类、300 个产品，出口额近百亿卢比，有机农业在前 5 年增长近 29 倍。

（2）基础设施建设方面。加入 WTO 后，印度先后致力于农产品市场设施、农产品生产区域冷储藏设备、农村零售市场的管理和配置、农村电力供应质量和效率等建设和改善，不断提升包括灌溉渠、水库和排水设施的建设，以及农村新能源的开发和利用。

2005 年，印度政府实施了一项重要的 Bharat Nirman 计划，该计划用 4 年的时间来改善印度的农村基础设施；为了发挥印度村庄的发展潜力，已经按照计划为该方案划拨了 1.74 万亿卢比，由中央政府、各州政府、外部援助和商业贷款共同承担。同时，为了解决农业用水问题，印度政府实施了一项投资最大也是最重要的计划—“提升灌溉效益计划（Accelerated Irrigation Benefit Programme）”；另外“微型灌溉计划（Micro Irrigation Programme）”覆盖 40 万公顷；“雨水灌溉区发展计划（Rain Area Development Programme）”目标是在非灌溉区发展农业。

（3）市场营销和推广方面。合作社经济已成为印度实现农业发展的重要措施，是印度国民经济的一支重要力量。合作社是农民用以保护自身利益的重要组织，按照功能可分为农业信用合作社、销售合作社、渔业合作社、奶类合作社、耕种合作社、农产品加工合作社、消费合作社及住宅合作社等。首先，印度政府支持各邦政府修订相关立法，使之与联邦法律相适应；其次，不断加大对农村合作社的财政、信贷支持；第三，加大对合作社人力资源的培训。

2013 年在以色列政府的资助下，印度政府创立了热带水果卓越中心，每天的访问量有 50~60 个农民，主要访问果树栽培的相关信息，该项目占地面积达 31 公顷，已获得资助达 9 700万卢比，果园开发种植的品种有柠檬、椰枣、橄榄、潘石榴和石榴等水果，这些水果种植成本低且有政府的种植技术扶植。从各方面将热带水果卓越中心的建立促进了印度水果产业的建立和发展。

4. 中　国

中国一般服务支持政策侧重于对基础设施建设、粮食流通体制改革、科技创新等方面给予支持。

（1）农业科技创新。中国政府对农业科技创新的重视程度逐年增加，尤其是2004年以后多次提出要加强农业科技创新，提升农业科技创新研发的支持力度。近年来，现代农业科技创新的相关建设受到高度重视，国家鼓励区域性、国家层面的农业科研中心建设，鼓励农民推广新技术、新品种，提倡农业科研单位和涉农企业与农户合作推广新型农作物品种和相关技术，不断提升农机装备结构升级，探索发展符合我国国情的农业机械化道路；建立信息服务平台，加强农业农村农民信息化建设能力的提升，根据实际搭建农业信息网络中心共享机制，构建农业数据库，搭建应用强的信息共享设施，在有条件的地区率先启动农村信息化示范工程。从2015年开始中国政府逐渐推进改革中国种业发展，出台一系列政策支持国家种业体制改革，发展现代种业，这些措施包括鼓励农业科研单位、大学、企业开展优势种子的研发技术服务推广工作，定期发送种子市场交易价格数据和供需相关信息，实施国家救灾备荒种子5 000万千克的储备保有量；继续在全国140个粮油棉主产县推进农作物新品种的展示示范工程，为农民选用优质品种提供技术服务指导；加强大豆、玉米良种的科研重大攻关，尽快培育推广突破性品种，为相关品种提供绿色审核通道；国家对于有重大贡献的成果给予一定的奖励，并制订了制种大县补贴计划，全面开展第三次全国种子资源普查，坚决打击销售假冒伪劣种子和侵犯其他种子权利的行为。

（2）基础设施建设。中国政府一向重视农业农村基础设施的建设和改进，尤其是2004年以后，农业基础设施建设已然成为国家重点扶持农业的重要部分，政府在一号文件中多次表示要进一步加大农村基础设施的建设升级改造，如加强节水灌溉工程、大型灌溉配套设施、农田水利改造升级、雨水集蓄利用相关设施的投资，扶植农村公路设施建设、能源设施建设和饮用水安全设施建设，适宜的地区建设集中式供水设备，在有条件的地区发展秸秆气化、太阳能、小水电、风力发电、沼气等清洁能源技术，并鼓励农民施用有机化肥，保养耕地质量。

（3）粮食流通体制改革方面。中国粮食流通政策在保障粮食安全方面起到了重要的作用。1949—1980年为解决长期粮食供给短缺的问题中国政府采用了统购统销的粮食流通政策。1978年中国家庭联产承包责任制实施后，农民生产积极性空前高涨，中国政府开始实施价格“双轨制”。从1994年起为了发挥市场在粮食产销中的调节作用，国家对订购的粮食实施“保量放价”措施，正式废除了统购统销的粮食政策。2004年中国实行多渠道销售粮食，全面放开了粮食销售和收购；2010年开始扩大农产品市场流通的扶持以及基础设施和升级改造的支持。2015年中央一号文件提出健全农业市场规范运行法律制度，重点是健全农产品市场流通法律制度、规范市场秩序、促进公平交易、营造农产品流通法治化环境。

5. 南　非

南非一般服务支持政策（GSSE）包括：灾害救助、水资源使用政策、农业科研，农业推广、教育、培训，农业基础设施建设，建立发达的农产品市场流通机制等，主要侧重于基础设施建设、市场营销推广和检验与控制等方面。

（1）农业科技创新方面。在《农业研究委员会法案》的基础上，1990年南非建立了农业研究委员会（ARC），1992年正式成为负责技术推广技术转让和农业科研、等工作国有科研机构。南非ARC专门建立了农村生计可持续发展部来满足小规模农产的技术需求，加强其余农业科研的联系，各省平均农业技术研究和推广服务的经费占到各省农业财政支出的9.6%。南非农业部每个季度都为农业部门制定了分析规划和经济研究，提供经济、农业和统计信息，目的是为农业产业发展提供相关信息。农业相关领域的研究中，基础性研究主要由南非大学承担，教育部定期向生物科学院和农业大学提供财政拨款。国家级和省级的农业教育和培训机构在南非均有设立，建立这些机构的主要目的是为促进南非农业环境和经济的可持续发展。农业推广服务的主要对象是小规模农场主，服务内容主要有农产品营销策略、农业生产方法、组织农民集体购买农业投入生产资料等。

（2）基础设施建设方面。据南非政府联合会计审计报告显示，南非政府近2/3的农业资金投入用于包括农业公共设备的更新或升级、农业灌溉设施建设、农场围栏和大坝建设、农户输水系统建设等农业基础设施建设领域。

（3）市场营销和推广方面。为提升南非农产品市场化销售水平，加快南非农产品在国内市场和国际市场的流通速度，农业部制定了农产品贸易和营销发展计划，配合“赋权黑人发展农业经济”（AgriBEE）计划，国家农业市场委员会（NAMC）要向农业部每年划拨支持资金。为促进农产品市场流通，南非农业部给予的支持政策主要包括：①加强对农产品出口市场的研究和拓展，培养研究农产品出口市场的专家，建立农产品虫害和疾病监测和控制服务体系。②建立农业市场准入体系，促进农业市场准入；针对出口市场提出援助计划；为农产品出口企业提供融资贷款；组织农产品出口访问团、农产品交易会促进农产品出口。③南非政府积极组织参与农产品国际贸易、农产品国际展览等活动，为增加南非农产品国际影响力的农产品出口企业提供支持；南非政府针对农产品国际贸易变化走势划拨了专项资金来研究，同时及时向国内市场发布信息。

（4）检验与控制方面。灾害援助。以前南非政府对农业干旱实行“三层援助计划”，即：对作物生产者提供应紧资金（通常以短期债务合并的方式发放）、对那些受水配额约束的农户给予灌溉支持、对保护草原以及放牧草原给予长期援助。现在，国家灾害管理体系替代了过去的干旱灾害“三层援助计划”。当发生灾害时，根据“国家灾害管理体系”总统亲自宣布灾害区域、灾害救助标准及救助方法等内容；为监督农业灾害救助工作的实施效果，农业部负责对灾害援助工作的评估和管理。

水资源政策。受南非土壤和气候等因素影响，南非部分地区的农业发展水平取决于水资源的可持续利用情况。因此，南非政府于1998年正式颁布了《国家水资源法》，指出要加快解决缺水地区用户的用水问题。新法案对农业带来的影响包括：①整合流域管理体制；②通过流域管理协会来分散水资源管理；③终止河流附近居民拥有水权的原则；④优先考虑小规模农场的用水；⑤终止水价格补贴等内容。《水资源法》提出要提高供水能力，向贫困家庭提供免费送水，向小规模农场的农场主供水。由于用水条件的改善，小规模农场的卫生条件和食品安全都得到改善，对小规模农场的粮食安全起到积极的作用。

与OECD部分国家及中国相比，南非国内农业总体支持水平①（%TSE）比较低，1994—1996年南非%TSE值为1.2%，除澳大利亚、新西兰外，南非的%TSE水平低于OECD其他所有成员国，同时低于中国的%TSE水平；2005—2007年南非%TSE水平的平均水平降为0.7%，仍然低于除澳大利亚、新西兰外的OECD其他成员国%TSE水平，也

①农业总体支持水平（%TSE）：表示一国某年值对农业的总体支持水平（TSE）占该国当年GDP的比重。%TSE值越高表示该国的国内收入用于支持农业的开支越大

低于中国的%TSE。

（二）一般服务支持规模

金砖国家依据国情和发展目标的不同对一般服务支持的力度也有所不同。国际上通常用 GSSE 表示国家对一般服务的支持程度，GSSE 值的大小表明了一国对国内农产品的生产和消费决策的影响程度大小，同样可以体现出一国对农产品贸易的扭曲程度大小。金砖国家依据国情和发展目标的不同，其一般服务支持的力度也有所不同。巴西一般服务支持规模处于较低水平，国家重视程度有待提升；俄罗斯一般服务支持的规模也较低；中国一般服务支持规模和力度较低，国家的重视程度和投入力度也有待提升；而南非政府对此十分重视，一般服务支持规模较高。

第一，巴西一般服务支持规模水平较低。2000 年以来，巴西的农业总体支持水平（TSE）呈持续增加的态势，从 7 056. 8雷亚尔上升至 2014 年的 23 875. 5雷亚尔，增长了 2 倍多；同期 GSSE 由 1 894. 5雷亚尔上涨至 3 352. 9雷亚尔，涨幅为 76. 9%，年均增速为 4. 2%，增长幅度慢于 TSE；从% GSSE① 来看，巴西的一般服务支持程度从 2000 年的 26. 9%波动下降至 2014 年的 14. 0%（图 6-1）。可见，虽然近年来巴西的一般服务支持估计在逐年递增，但占农业总支持估计的比例却在下降，巴西的一般服务支持规模还不够，处于较低水平，国家的重视程度还有待提升。

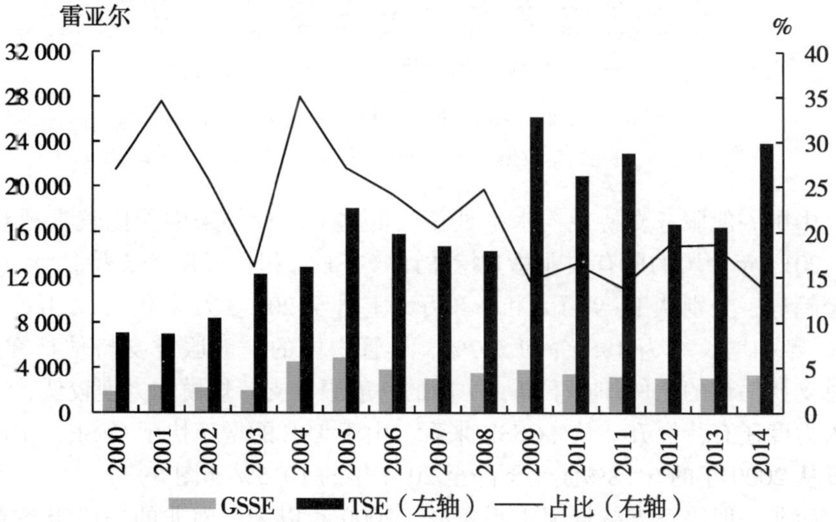

图 6-1　2000—2014 年巴西一般服务支持情况

数据来源：OECD 数据库

第二，俄罗斯一般服务支持规模水平呈下降趋势。2000 年以来，俄罗斯的一般服务支持估计总量大幅增加，从 1. 6 万卢布上升至 2014 年的 6. 8 万卢布，增长了 3 倍多，年

①%GSSE：表示对农业一般服务提供的支持总价值（GSSE）占对农业总支持水平（TSE）的比重。一国的%GSSE 值越大，意味着该国的农业支持政策对农业生产场生产行为影响越小，对农产品贸易扭曲程度越低

均增速为10.8%；同期TSE也呈井喷式增加，由2.3万卢布上涨至2009年68.2万卢布的历史高位后，逐渐回落至41.7万卢布，总体增加了17倍多，可见TSE的增长幅度明显快于GSSE，必然导致GSSE的下降。具体看俄罗斯的一般服务支持程度从2000年71%的历史高位骤然降至次年的21%后，呈平稳态势，至2014年为16%（图6-2）。总的来说，2000年以来俄罗斯的一般服务支持估计量逐年快速增长，以2009年为拐点，此后时涨时跌，GSSE占农业总支持估计的比例也随之波动，可见俄罗斯政府对农业的支持力度近年来有下降趋势，一般服务支持的规模也不够。

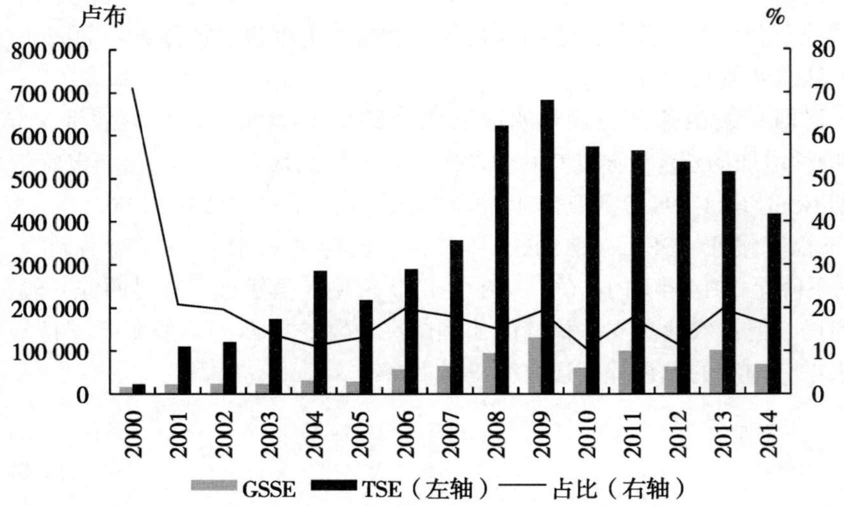

图6-2　2000—2014年俄罗斯一般服务支持情况

数据来源：OECD数据库

第三，中国一般服务支持规模水平处于较低水平。近年来中国比较重视对农业的支持，2000—2014年中国的所有农业总支持估计（TSE）和一般服务支持估计（GSSE）均呈逐年递增趋势，分别从15.9万元和9.8万元上升至201.3万元和21.2万元，增长了1倍和11倍，年均增长率为19.9%和5.7%。尽管中国的一般服务支持估计在逐年递增，但占农业总支持估计的比例却在下降，中国的一般服务支持规模和力度较低，国家的重视程度和投入力度还有待提升。从%GSSE来看，由于TSE的增速快于GSSE，中国的一般服务支持程度从2000年的61.8%波动下降至2014年的10.5%（图6-3）。

第四，南非一般服务支持规模水平较高。2000年以来，南非的一般服务支持估计量平稳增长，GSSE、TSE和%GSSE变化均比较平稳，从2064卢比、4 970卢比和41.53%波动上升至2014年的4 362卢比、9 375卢比和46.5%，增长了111.39%、88.7%和5%；GSSE占农业总支持估计的比例稳步上升，且GSSE的年均增速（5.5%）快于TSE（4.6%），可见TSE的增长幅度明显快于GSSE。南非成为近年来金砖国家唯一%GSSE上升的国家，也是%GSSE最高的国家（图6-4）。总的来说，2000年以来南非在一般服务支持规模较高的情况下，政府对农业的支持力度仍在不断加强，足见国家对一般服务支持的重视程度。

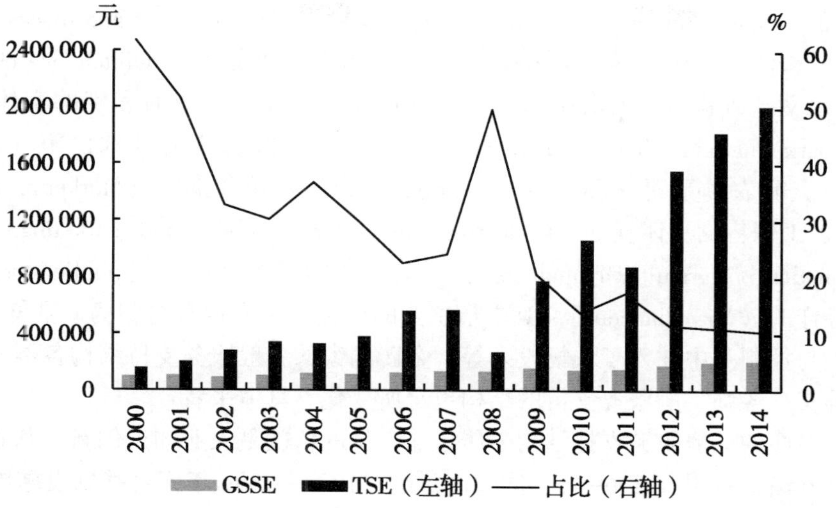

图 6-3 2000—2014 年中国一般服务支持情况

数据来源：OECD 数据库

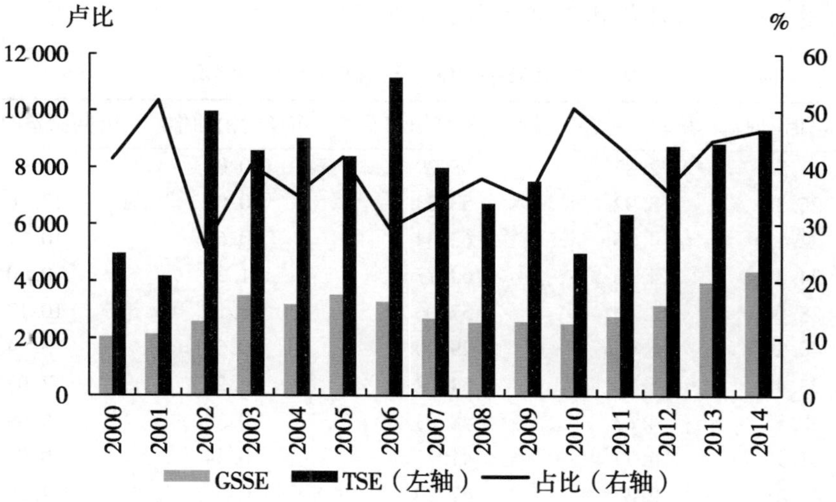

图 6-4 2000—2014 年南非一般服务支持情况

数据来源：OECD 数据库

（三）一般服务支持结构

2014 年以前一般服务支持（GSSE）结构分为 7 类，分别是：H 项（为提高农业生产的研究和发展）、I 项（农业培训和教育）、J 项（检疫服务）、K 项（改善非农集体基础设施的服务）、L 项（帮助开发农产品市场（促进农产品销售量））、M 项（支付公共处理（公共储备）的费用）、N 项（其他因信息缺乏而无法归类并记入上述类别的一般服务）。

2014 年起，OECD 对 GSSE 进行了修订并将之前的数据作了处理，分为 6 类：农业知识和创新（Agricultural knowledge and innovation system）——农业知识的产生和转移（Generation and transfer）；检验与控制（Inspection and control）——农产品安全和检验

(Agricultural product safety and inspection)、病虫害检验和控制（Pest and disease inspection and control）和投入控制（Input control）；基础设施维护和发展（Maintenance of infrastructure）——水文基础设施（Hydrological infrastructure）、库存、流通和别的实体基础设施(Storage, marketing and other physical infrastructure)、公共机构的基础设施（Institutional infrastructure）和农场重建（Farm restructuring）；市场营销和推广（Marketing and promotion）——加工销售的总体规划（Collective scheme for processing and marketing）和农产品推广（Promotion of agricultural products）；公共储备的费用（Cost of public stockholding）；其他各种各样的（Miscellaneous）。其中最主要的变化就是农业教育归为农业知识转移类，同时在检验与控制类中加入了农场投入等。金砖国家的一般服务支持结构各不相同，且随着时间的推移，各国一般服务支持的结构也有所变化。具体来看：

第一，巴西的一般服务支持结构中居于前三位的依次是农业知识创新、基础设施维护和发展、公共储备费用（表6-4）。同时注意到，1995—1999年，对基础设施维护和发展的支持处于绝对领先地位，而2000—2005年，基础设施和农业知识创新的补贴平分秋色，到2006—2014年，对基础设施的补贴重回领先地位，而农业知识创新和公共储备费用的补贴基本相当；对检验与控制、市场营销和推广的补贴平均分别为5.2%和2.5%；对其他各种各样的支持除2004年和2005年外，其余年份均为0。

表6-4　1995—2014年巴西GSSE分类情况　单位:%

年份	农业知识创新	检验与控制	基础设施维护和发展	市场营销和推广	公共储备的费用	其他
1995	21.96	2.82	58.29	0.00	16.93	0.00
1996	25.38	3.92	53.23	0.00	17.46	0.00
1997	22.17	4.26	62.34	0.65	10.57	0.00
1998	24.31	4.66	69.77	1.25	0.00	0.00
1999	28.00	3.63	57.06	1.14	10.17	0.00
2000	40.29	6.08	49.00	0.69	3.94	0.00
2001	33.48	5.20	54.02	0.28	7.03	0.00
2002	40.55	4.83	48.03	0.50	6.09	0.00
2003	51.99	4.77	41.77	0.54	0.93	0.00
2004	43.43	2.37	47.20	0.58	4.25	2.17
2005	46.74	2.85	42.79	1.74	4.66	1.22
2006	12.94	4.25	73.09	2.60	7.12	0.00
2007	16.45	3.67	67.75	2.47	9.65	0.00
2008	16.61	6.12	61.97	3.09	12.21	0.00
2009	20.92	5.96	57.50	3.20	12.42	0.00
2010	15.61	8.60	55.10	5.79	14.91	0.00
2011	13.44	8.27	55.27	7.06	15.97	0.00
2012	16.66	6.97	47.46	15.10	13.81	0.00
2013	15.17	8.80	52.00	1.65	22.38	0.00
2014	12.51	5.12	54.25	2.04	26.08	0.00
平均	25.93	5.16	55.39	2.52	10.83	0.17

数据来源：OECD数据库

第二，俄罗斯一般服务支持结构中占比较大的为农业知识创新、检验与控制、基础设施维护和发展、其他，另外两项的占比较小，平均在1%以下（表6-5）。且2006年以来，对农业知识创新、检验与控制、其他的补贴占前3位，三者20年来的平均占比分别为28.7%、25.5%、27.4%。

表6-5　1995—2014年俄罗斯GSSE分类情况　单位:%

年　份	农业知识创新	检验与控制	基础设施维护和发展	市场营销和推广	公共储备的费用	其他
1995	17.64	17.24	27.05	3.14	0.00	34.93
1996	34.76	19.48	11.83	2.72	0.00	31.21
1997	5.75	4.02	14.19	0.49	0.00	74.55
1998	17.83	15.00	34.46	0.00	0.00	32.71
1999	14.89	20.14	20.60	0.00	0.00	44.37
2000	21.60	20.72	22.06	0.00	0.00	35.62
2001	21.50	29.62	43.19	0.35	0.14	5.20
2002	30.38	33.82	29.31	0.39	0.13	5.98
2003	33.73	43.57	19.01	0.37	0.00	3.31
2004	33.01	42.11	20.71	0.22	0.07	3.89
2005	45.50	34.61	9.97	1.57	0.94	7.40
2006	24.03	30.44	10.12	0.39	1.85	33.17
2007	24.65	33.03	12.65	0.49	4.00	25.18
2008	23.45	19.75	5.91	0.03	0.67	50.19
2009	20.92	16.01	5.53	0.02	0.00	57.52
2010	41.92	29.82	8.40	0.03	8.31	11.53
2011	29.20	18.34	6.71	0.02	0.00	45.73
2012	48.59	32.41	11.25	0.08	0.00	7.68
2013	33.04	19.40	12.07	0.39	0.44	34.65
2014	50.11	30.72	14.37	0.78	0.74	3.28
平均	28.68	25.51	16.97	0.57	0.86	27.41

数据来源：OECD数据库

第三，中国一般服务结构中基础设施和农业知识的重视不断加强。2010年以前，中国的一般服务支持中，各项政策的补贴结构位序保持不变，第1位为公共储备费用，2004年前一直在50%以上，之后逐渐降至20%；第2位为基础设施维护和发展，一直在30%上下；第3为农业知识创新，且呈快速增加趋势，从1995年的9.2%增至2010年的29.1%；其次为检验与控制、市场营销和推广，占比均不足10%；没有其他各种各样的补贴（表6-6）。2010年以后，中国对基础设施维护和发展、中国知识创新的补贴持续增加，已高于公共储备费用（2014年农业知识创新的补贴略低于公共储备费用），可见近年来，中国政府对基础设施和农业知识的重视逐渐增加。

表 6-6　1995—2014 年中国 GSSE 分类情况　　单位：%

年　份	农业知识创新	检验与控制	基础设施维护和发展	市场营销和推广	公共储备的费用	其他
1995	9. 15	5. 55	22. 98	0. 00	62. 32	0. 00
1996	8. 12	4. 37	24. 44	0. 00	63. 07	0. 00
1997	7. 41	4. 63	22. 72	0. 00	65. 24	0. 00
1998	5. 60	3. 07	32. 25	0. 00	59. 09	0. 00
1999	10. 90	2. 73	28. 36	0. 00	58. 01	0. 00
2000	10. 10	2. 22	26. 84	0. 00	60. 84	0. 00
2001	10. 82	2. 99	29. 26	0. 00	56. 93	0. 00
2002	13. 30	3. 66	30. 58	0. 00	52. 46	0. 00
2003	12. 52	3. 70	32. 92	0. 00	50. 86	0. 00
2004	13. 81	5. 62	29. 24	0. 00	51. 33	0. 00
2005	16. 15	6. 23	30. 51	0. 00	47. 11	0. 00
2006	18. 57	7. 04	28. 84	0. 01	45. 53	0. 00
2007	18. 73	6. 99	24. 89	3. 17	46. 22	0. 00
2008	16. 46	8. 76	28. 51	3. 61	42. 65	0. 00
2009	16. 86	9. 41	33. 62	4. 10	36. 01	0. 00
2010	29. 07	7. 16	29. 68	2. 29	31. 80	0. 00
2011	29. 62	7. 32	37. 25	2. 27	23. 53	0. 00
2012	29. 25	6. 84	39. 89	2. 42	21. 60	0. 00
2013	28. 64	6. 38	35. 39	2. 35	27. 23	0. 00
2014	27. 74	6. 29	35. 18	0. 94	29. 86	0. 00
平均	16. 64	5. 55	30. 17	1. 06	46. 58	0. 00

数据来源：OECD 数据库

第四，南非的一般服务支持结构中，对农业知识创新、基础设施维护和发展的补贴一直处于前 2 位，且除 2005—2009 年外，对农业知识创新的支持处于绝对领先地位，其次分别是检验与控制、市场营销和推广，南非没有对公共储备费用和其他各种各样的方面有任何补贴（表 6-7）。但同时注意到，近年来南非对农业知识创新的创新处于下降趋势，从 2000 年的 60. 2%降至 2014 年的 39. 0%，下降了约一半；对基础设施维护和发展的支持处于持续上升态势，从 2000 年的 24. 4%增至 2014 年的 36. 5%，上升了 12. 2%；对检验与控制的补贴自 1997 年以来一直处于平稳态势；而对市场营销和推广的补贴是从 2010 年才发展起来的，可见，南非的农业一般服务支持手段还比较少。

表 6-7　1995—2014 年南非 GSSE 分类情况　　单位：%

年　份	农业知识创新	检验与控制	基础设施维护和发展	市场营销和推广	公共储备的费用	其他
1995	91. 59	3. 33	4. 87	0. 21	0. 00	0. 00
1996	92. 28	2. 43	5. 30	0. 00	0. 00	0. 00
1997	65. 82	17. 53	16. 65	0. 00	0. 00	0. 00

（续表）

年　份	农业知识创新	检验与控制	基础设施维护和发展	市场营销和推广	公共储备的费用	其他
1998	59.95	11.78	28.27	0.00	0.00	0.00
1999	59.66	14.75	25.59	0.00	0.00	0.00
2000	60.20	15.38	24.37	0.05	0.00	0.00
2001	51.95	13.58	34.39	0.07	0.00	0.00
2002	53.15	15.53	31.32	0.00	0.00	0.00
2003	57.02	16.53	26.45	0.00	0.00	0.00
2004	46.13	18.72	34.95	0.20	0.00	0.00
2005	39.04	18.87	41.91	0.18	0.00	0.00
2006	42.18	11.58	45.77	0.47	0.00	0.00
2007	50.76	12.41	36.16	0.67	0.00	0.00
2008	43.66	17.33	38.60	0.40	0.00	0.00
2009	42.39	13.01	44.23	0.36	0.00	0.00
2010	43.36	16.56	35.54	4.55	0.00	0.00
2011	44.00	17.32	33.68	4.99	0.00	0.00
2012	44.35	16.27	33.88	5.51	0.00	0.00
2013	40.50	16.21	36.48	6.81	0.00	0.00
2014	39.02	16.21	36.54	8.23	0.00	0.00
平均	53.35	14.27	30.75	1.64	0.00	0.00

数据来源：OECD 数据库

第七章　金砖国家农业发展水平分析

农业始终是金砖国家的基础产业，金砖国家农业发展的水平，对金砖国家经济的发展具有重要影响。本章主要从农业规模化水平和机械化水平两方面入手，综合考虑联合国粮食及农业组织（FAO）、世界银行（World Bank）等国际权威机构在分析国家或地区农业发展水平中采取的指标体系，以及金砖各国本国的统计指标体系，从规模化和机械化的总体概况、发展历程和现状趋势三个角度出发，对金砖国家农业现代化发展水平进行深入研究。这对于全面了解金砖国家农业发展历程和现状，准确把脉金砖国家农业发展差异性和互补性，加深国际间合作，提升国家竞争力以及进一步发展农业都具有重要的参考意义与借鉴价值。

一、农业规模化水平

农业规模化水平是反映一国农业现代化发展水平的重要指标。金砖国家国土资源丰富、劳动力充足，农业生产资源禀赋优势明显，拥有世界上35.6%左右的耕地、41%的林地和30%的草地（2013年），同时也拥有世界上42.5%的人口，劳动力之和占世界总量的45%（2015年），这些优势为金砖国家农业的规模化发展奠定了坚实的基础。在经过多年的农业改革和发展后，金砖国家已逐步建立起适合本国国情的农业规模化发展体系，规模化总体水平均得到了长足发展。

（一）金砖国家农业规模化概况

金砖国家农业规模化水平呈现整体逐步上升的趋势，但受各国资源禀赋特点和全球经济发展形势等因素影响，农业规模化发展水平各不相同。其中，巴西是世界农业强国，资源禀赋优势为其农业规模化生产打下了良好基础，规模化程度居金砖国家之首；俄罗斯耕地面积巨大，但劳动力资源相对短缺，政府采取土地流转等方式发展企业和私人农场，使俄罗斯农业规模化程度明显提升；印度农业劳动力充足，耕地面积亚洲第一，但受制于人口密度、人文环境等因素，农业仍以小规模生产为主，规模化生产经营程度不高；中国是世界农业大国，许多农产品产量位居世界第一，但受人口数量庞大、耕地资源分布不均、经济发展地区性差异明显等因素影响，农业规模化整体呈现大而不强的状态；南非由于历史和种族原因形成的农业二元结构使其农业生产规模呈现大型农场经营与传统小农生产并存的特殊局面。

1. 巴　西

农业作为巴西国民经济中的支柱产业之一，得力于潜力巨大的可耕地资源和充足的劳动力。巴西耕地面积占全国国土面积的80%以上，2013年巴西拥有耕地面积0.76亿公顷，人均耕地面积0.37公顷；2014年巴西农村人口占总人口14.57%，农业劳动力总量993万人，约占全国总劳动力9.41%。巴西农业规模化产出均衡，2013年巴西劳均农业增加值1 024.2美元/人，同期巴西人均农业产值11 199美元，均位居金砖国家次席。

巴西国内耕地占有状况并不均衡，但这种不均衡却为农业规模化发展带来契机。目前，巴西国内大庄园主和小农并存，约有450万个农业单位。其中，30万个大农业单位平均占用土地500公顷，1.5万户大农场平均占有土地3万公顷。全国的良田大部分掌握在大庄园主手里，他们经营现代化的商业性农场，拥有很高的农业生产效率，通过规模经营获取效益；而410万个小农生产单位，其平均土地面积10公顷，最多的60公顷，劳动生产率和经济收入都很低，农业生产也主要以满足国内市场需求为目的。促使巴西进入全球农产品供应前沿的推力主要来自大型农场。由于政府采取土地私有制政策，允许私人土地进行交易，因此巴西国内的大型庄园和规模巨大的农场较多。在巴西的中西部地区，规模化的现代农场其面积一般都超过8 100公顷，面积甚至超过了美国中西部地区的大农场；并且巴西的大型农场中通常配有最先进的大型农业机械设备（如由GPS定向导航技术的自动定向拖拉机在田中可精确地行驶）。凭借规模经济效益，巴西农业在世界上已经具备较强的竞争力。

2. 俄罗斯

俄罗斯农业规模化程度高，拥有丰富的耕地资源，耕地面积占全世界的10%，且50%的可耕地资源是黑壤，农业用地面积占俄罗斯总面积的23.8%。俄罗斯拥有的耕地面积1.22亿公顷，人均耕地面积为0.85公顷（2013年）；俄罗斯农村人口占全国总人口26.08%，农业雇佣劳动力约占全国总劳动力的7.26%（2014年）。2013年俄罗斯劳均农业增加值（现价美元）926.34美元/人，低于中国和巴西；但同期人均农业生产总值14 680美元，居金砖国家之首。

劳动力不足是制约俄罗斯农业发展的瓶颈，同时也倒逼其发展规模化生产。俄罗斯联邦政府分别于2001年和2002年颁布新《土地法》和《农用土地流转法》，以立法的形式加大了对农业土地的管控力度，推动俄罗斯农业向规模化、规范化方向迈进。目前，俄罗斯农业的规模化生产主要有两种形式：①企业化农场，由原来的集体农庄或国营农场转变而来。2008年，企业化农场占全国耕地的76.0%，贡献了全国农业产值的49.3%，其平均规模约为200公顷，以粮食和经济作物为主，其产量占总产的70.0%以上；②私人农场，是由原来的集体农庄职工利用所分得的土地单独或联合进行农业生产采取的组织形式。2008年，私人农场耕地仅占俄罗斯耕地总量的4.2%，农业生产产值却占俄罗斯农业总产值的41.5%。私人农场的生产规模在1~200公顷不等。两种规模化农场的农业产值共占俄罗斯农业总产值的90.8%，可见俄罗斯的农业规模化程度较高，未来也会继续朝规模化农业的方向发展。

3. 印　度

印度拥有丰富的土地资源，其耕地面积数量居亚洲之首。2013年印度的耕地面积为1.57亿公顷，人均占有耕地面积0.12公顷。印度劳动力充足，2014年农村人口占总人口的67.63%，农业劳动力约占全国总劳动力的52.54%，数量占比过大。这种高占比在另一层面对本国农业的规模化发展起到了负面影响，印度农业的规模化水平明显低于其他金砖国家。2013 年，印度劳均农业增加值（现价美元）397. 18 美元/人，同期人均农业总产值仅为 1 548美元，远低于其他四国。

虽然印度耕地资源丰富，但由于人口数量不断增长带来的压力，其农地规模一直被局限在一个较小的区间内。印度农业主要以小农经济为主，经营单位主要是个体农户，其平均经营的土地规模只有 1. 68 公顷（1985/86 年度），但占农户总数 57. 8%的边际农户的平均规模只有 0. 39 公顷。目前，印度国内约有农场总数 1. 16 亿个，农场规模普遍较小，具体表现在占地面积小于 2 公顷的小型农场占 70%，同时占全国总栽培面积的 20%；2 公顷的中型农场占 26%，同时占全国总栽培面积的 48%；只有 4%的农场占地面积大于 10 公顷，其占全国总栽培面积的 32%。总体来看，印度农业规模化程度并不高。

4. 中　国

中国地大物博、农业人口数量众多，农业资源丰富但分布并不均匀。由于人口不断增长和实行家庭联产承包责任制等原因，中国农业经营规模化发展缓慢。2013 年中国耕地面积 1. 06 亿公顷，人均耕地面积仅为 0. 08 公顷；拥有土地的农户数量由改革开放初期的 1. 8 亿户增加到 2013 年的 2. 5 亿户，户均耕地面积却由 0. 57 公顷下降到 0. 42 公顷。与印度状况类似，中国也存在农业劳动力占比过大的问题；2014 年中国农村人口占全国总人口 45. 59%，农业雇佣劳动力约占全国总劳动力的 58. 43%，为 4. 99 亿人。2013 年中国劳均农业增加值（现价美元）1 922. 56美元/人，居金砖国家首位；但同期人均农业产值为 6 626美元，高于印度同期水平，与巴西、俄罗斯仍有较大差距。

目前，中国仍以一家一户家庭式经营为农业生产的主导模式。家庭平均经营规模为 13. 35 公顷，其中经营规模 3. 33 公顷以下的有 48. 42 万个，占家庭农场总数的 55. 2%；3. 33 公顷到 6. 67 公顷的有 18. 98 万个，占 21. 6%；6. 67 公顷到 33. 33 公顷的有 17. 07 万个，占 19. 5%；33. 33 公顷到 66. 67 公顷的有 1. 58 万个，占 1. 8%；66. 67 公顷以上的有 1. 65 万个，占 1. 9%。

5. 南　非

南非矿产资源丰富，但耕地、水资源等农业资源较为贫瘠。2013 年南非的耕地面积为 0. 13 亿公顷，占土地面积的 10. 30%，农业用地面积占土地面积的 79. 83%；人均占有耕地 0. 24 公顷。南非农业劳动人口数量为金砖国家最低，2013 年农业劳动人口数量仅为 109 万人；2014 年南非农村人口占全国总人口的 35. 70%，农业雇佣劳动力约占全国总劳动力的 5. 57%；农业增加值占国内生产总值的 2. 49%。2013 年南非劳均农业增加值（现价美元）为 385. 43 美元/人，同期人均农业总产值也并不高，为 6 936美元。

南非国内存在两种不同的农业生产机制：①主要是白人拥有的，生产规模较大，占有较多耕地，主要依靠雇佣劳动力来经营，生产现代化水平非常高的商业农场。这些现代化的商业大农场走高度市场化的路线，其年总产值占南非农业总产值的 90%以上。2003 年南非农场主的大农场约有 6 万个，规模一般在 1 000公顷以上，集中了全国 86%的土地；②主要是黑人拥有的，生产规模较小，主要依靠家庭劳动力经营，生产现代化水平较低的家庭农场。这些家庭农场拥有全国 71%的农业人口，却只经营了 14%的土地，人均占有耕地仅为 0. 1 公顷，远低于全国人均 0. 3 公顷的占有量，生产水平低下。

（二）金砖国家农业规模化历程

金砖各国结合本国农业资源、经济基础和社会禀赋等国情，通过出台和实施一系列政策措施，促进农业规模化发展。其中，巴西在大庄园土地占有制的基础上，着力发展了巴西大庄园农场生产方式；俄罗斯则继承了苏联时期的规模化生产方式，逐渐将其改造成为企业和私有农场为主的规模化生产方式；印度通过两次“绿色革命”，逐步提高了农业的规模化生产水平；中国在家庭联产承包责任制的基础上，通过土地流转以期实现适度规模的生产经营方式；南非通过土地改革，改变种族问题带来的农业发展不均衡问题，实现了商业农场与家庭农场共同发展。

1. 巴　西

大庄园土地占有制度是巴西农村社会经济关系的基础。巴西的大庄园土地占有制度形成于葡萄牙殖民统治时期，虽然这种大庄园土地占有制带来了很多包括导致许多农民没有土地或只有较少土地的弊端，但它在某种程度上成为了巴西发展农业规模化生产经营的优势条件。

20 世纪 50 年代在工业化大带动下，巴西农业逐渐向现代化方向进行转变；60 年代起巴西进入农业现代化最初的快速发展阶段。据 1967 年的统计，巴西拥有土地 100 公顷以上的地主只占农户总数的 12.2%，却占有注册土地总面积的 79.6%；100 公顷以下的土地所有者占农户总数的 87.8%；土地在 1 000公顷以上的大地主占农户总数的 1%，却占注册土地总面积的 45.1%；拥有 10 万公顷以上的特大地主所有者只有 27 户。1985 年占地 0~50 公顷的农户占农户总数 82.4%，耕地总面积仅占 13.2%，这种土地高度集中在少数人的制度造成了社会的不稳定。近年来，巴西政府为维护社会稳定，除给 50 多万户无地农民分配土地外，还提供一定额度的贷款，供其购买农机和发展生产。尽管如此，巴西至今仍有 1 200万农民没有自己的耕地。为了配合农业现代化的要求，巴西政府于 1980 年制订国家灌溉计划，积极发展水利工程，经过数十年的努力，灌溉面积增加了 1 000多万公顷。同时，巴西政府还鼓励农场主与农民自行修建灌溉系统，并为其提供 50%的建设资金支持。

进入 21 世纪以来，巴西农业技术迅速提升，农业现代化程度明显提高，规模化经营方式逐渐成为政府的主要发展目标。对此，政府采取了一系列农业支持措施，包括土地改革计划、家庭农业支持计划、信贷政策、价格支持政策、鼓励合作社发展等，鼓励农民、企业参与土地开发，对新开垦的土地提供政策和税收优惠。同时，巴西政府还放开国际市场，鼓励大规模经营的农场到国际市场上去竞争，并对处于弱势的小农场进行补贴，保证其基本收入。由于政府农业投入不断增加，实行机械化耕种的程度逐渐提高，施用的化肥和农药大量增加，修建了不少农用灌溉水利、电力和道路设施，使巴西的农业规模化生产有了较大幅度的提高。2012 年，巴西平均每个农业经济活动人口耕地面积为 4.0 公顷/人，高于南美洲平均水平 3.6 公顷/人，也远高于世界平均水平（1.0 公顷/人）。农业生产的集约化和规模化符合巴西人少地多的国情，大农场的生产及经营方式提高了农业生产的效率及作物的产量，是巴西农业发展较快的主要动因。

2. 俄罗斯

“十月革命”前，俄罗斯是一个以小农经济为主的国家；十月革命后，苏联时期的俄罗斯在实行土地国有化政策的基础上，建立了一批全民所有制的国营农场，并自上而下地大力发展农业集体化；到20世纪30年代末，基本形成国营农场和集体农庄两种所有制并存的发展态势。

20世纪80年代，俄罗斯拥有国营农场和集体农庄近5万个，平均每个农场或农庄播种面积达到4 400多万公顷、职工500多人、拖拉机50多台。按每个农业生产单位的规模而言，苏联的国营农场和集体农庄应是世界上最大的农业生产组织形式。1991年以前俄罗斯农业体制主要是集体农庄和国营农场两种公有制形式，其中国营农场占58%，集体农庄占40%。1991年苏联解体后，俄罗斯农业发展始终处于徘徊阶段，这段时期俄罗斯的集体农庄、集体企业和国营农场慢慢转化为更具规模化和专业化的企业化农场和私人农场。俄罗斯开始将土地及国营农场私有化，并提出农村要发展100万个家庭农场的目标。

20世纪末，俄罗斯政府通过调整农业政策、完善土地使用管理制度，建立了以土地租赁权为中心的土地使用新制度，转而支持资本和土地向大生产者集中；逐步探索土地租用和拍卖机制，引导发展规模化大型农场，提出将发展私有化小农业改为发展市场经济体制下的大规模农业；恢复和发展农工综合体，扩大规模经营和现代化管理效益。1999年普京担任总统，出台一系列农业相关政策，使得集体农庄、集体企业、国营农场、开放型股份公司和农业合作社占农业企业的比例分别从15.7%下降到5.0%、6.6%下降为1.0%、5.6%下降为0.4%、1.7%上升至5.5%、21.5%上升到45.8%。在小规模的农庄、农场数减少的同时，大规模的农业企业不断兴起，俄罗斯农业的规模化进程正在迅速发展。

3. 印　度

印度的可耕地面积位于世界前列，但其粮食产量却远未发挥其实际的生产潜能。造成这种局面的原因很多，其中最主要是由印度的农业生产特点所决定的——小农经济在印度占绝对优势，每个农户的经营规模均较小。印度的农用土地是20世纪50年代划定的，其后虽有过几次调整，但变化都不大；85%的耕地仍然是依靠人和畜力耕作，而70%的耕地无灌溉设施，仅靠雨水灌溉。

20世纪60年代中期至80年代初期，印度的主要农业区经历了“绿色革命”的农业技术革新过程。此次“绿色革命”推动了印度农业的现代化进程，影响了农业结构，缩小了人均耕作规模。1970年至1990年间，印度的主要农业区平均农场规模都在不同程度地缩小，很多中农和大农降到了小中农的地位。这是所谓的传统模式——“人口压力下的农业变迁”，即随着人口数量增长和土地稀缺性增强，农业生产朝着劳动密集型和土地集约型的方向演变。具体而言，在人口压力下，单位耕地面积上投入的劳动及其他投入数量日益增加，土地利用强度随之不断提高，以便在耕地面积固定的情况下提高土地的单产和总产。在这个过程中，农场经营规模则不断缩小，土地碎分现象日趋严重。因此，出现了国内的“农业是农民副业”的现象。1991年起，印度政府宣布对农业经济进行改革，尤其是1995年加入WTO以后，政府通过农业补贴手段，调整国内支持结构，实行了粮食价格补贴政策、农业投入品支持政策、农业信贷政策和农业保险支持等政策，在一定程度上弥补了农业资源禀赋的先天不足，极大地促进了印度农业的发展，但农业规模化水平的发展仍然缓慢。

2004年，印度总理瓦杰帕伊正式提出“第二次绿色革命”的口号，全力引进促进农业现代化的生物技术和其他前沿技术。此后，印度农业开始了一个全新的发展阶段，农业规模化和现代化进入快速发展通道。随着政府的鼓励，合作社的建立，农场规模的扩大，农业投入的增加，印度不仅显著增强了农民的抗灾能力，稳定了农业的产量，而且极大地提高了印度农业的规模化生产和经营水平。

4. 中　国

20 世纪 50 年代起，中国照搬了苏联的“集体农庄”模式，发展“人民公社”，虽建成了集体化程度高的组织形式，但约束了农业生产力的提高。截至 1956 年，共建立了 130 多万个高级合作社，他们共同使用大型的生产资料、共同抗击风险，使得中国农业生产初具规模化。但由于建国初期我国生产力水平总体低下，农民无法从事大型的农业生产活动，也没有大型的农机具，同时抵御自然灾害的能力相当薄弱，这种“拔苗助长”式地加快农业生产规模化适得其反，亟须进行农业改革。

改革开放以来，家庭联产承包责任制的出现，使得中国农业生产力得到了充分地解放。家庭联产承包责任制的施行，极大地释放了中国农业的效率潜力，是中国农业获得巨大发展的基础。但从 20 世纪 80 年代中期开始中国粮食产量的增长速度开始放缓，原因也是多方面的。其中农业集约化程度低、分散经营是一个重要原因。受家庭经营模式等因素的影响，中国的农业规模化生产经营水平低下，难以发挥规模经济的优势。对此，20 世纪 90 年代起中国开始了土地经营规模的讨论。

21 世纪以来，为改变中国农业小、乱、散的家庭式经营模式，提高农业规模化程度，中国政府近年颁布了一系列的惠农利农政策，鼓励支持发展多种形式的适度规模经营。2013 年“家庭农场”的概念第一次出现在中央一号文件中；2014 年中央一号文件又对农村土地制度改革提出了更明确的政策细节；2014 年 11 月中共中央办公厅、国务院办公厅印发了《关于引导农村土地经营权有序流转发展农业适度规模经营的意见》，指出土地流转和适度规模经营是发展现代农业的必由之路。随着时代的需求和国家的政策导向，中国正由传统自然的、小农耕作的家庭联产承包制向规模化、科技化、专业化分工协作相结合的家庭农场、农民合作社、龙头企业、农业社会化服务组织发展转变。

5. 南　非

南非农业资源较为贫乏，有力的政策支持是南非政府实现农业规模化发展的基础。1910 年南非联邦成立后，政府采取了有利于白人农场主的政策，南非农业正逐步向着现代化的方向过渡。1937 年，南非政府颁布《市场法案》，明确提出针对白人商业农场生产食糖、葡萄酒等产品实行价格支持政策，这标志着南非农业支持政策的开始。带有种族歧视的政策在使南非农业现代化、规模化水平的逐渐提高的同时，也促生了许多种族问题。南非种族歧视和种族隔离政策期间，白人剥夺了许多黑人的土地。1991 年，约占人口总数 10%的白人占据了南非 87%的土地。

20 世纪 90 年代，南非逐渐实现了政治民主。针对土地所有权严重扭曲的状况，政府采取了土地改革政策，意在归还黑人曾经被掠夺的耕地，促进黑人家庭农场的发展。土地改革成为民主选举后南非实行农业支持政策的基础。南非政府在归还黑人土所有权的基础上，为促进黑人家庭农场的发展，缩小黑人的家庭农场与白人的规模化商业农场之间的差距，实施了以黑人家庭农场为主要支持对象的农业支持政策。特别是 1996 年《市场法案》取代 1937 年法案后，南非的农业支持政策发生了较大的调整，支持对象由以商业农场为主转向以家庭农场为主。土地银行还为土地再分配计划（LRAD）提供贷款服务，那些想购买耕地的家庭农场第一次可以得到土地银行的“特别贷款”服务，即：家庭农场主可向土地银行申请其所购耕地开支80%的贷款，贷款利率为10%（低于南非其他商业银行的贷款利率）。另外，为促进农村地区发展，2005年1月南非政府批准建立“南非小额信贷计划”（MAFISA），其主要内容是：优先向小规模家庭农场的农场主、佃户、农村小企业家等涉农人员提供储蓄、信贷、保险等服务。南非正逐步巩固本国家庭农场和商业农场同步发展的生产格局。

（三）金砖国家农业规模化现状

反映农业规模化水平的指标有许多，可从农业生产的产出和投入两个角度对金砖国家农业规模化总体水平进行分析。

（1）农业产出水平。由表7-1可以看出：人均农业产值方面，俄罗斯最高，这也与其地广人稀的特点有关，其次是巴西；金砖国家除印度外，目前均已进入10%之内，但除了南非2.32%低于世界平均水平外，其他国家与世界的3.12%相比，仍然较高。谷物单产方面，俄罗斯和印度单产明显低于其他三个国家，也低于世界平均水平；中国谷物单产最高，2013年为5 891.4千克/公顷，其次是巴西4 826.4千克/公顷。

表7-1　金砖国家农业产出水平表

项　目	人均农业产值（美元）	农业增加值占GDP比重（%）	谷物单产（千克/公顷）
巴西	11 199	5.56	4 826.4
俄罗斯	14 680	4.03	2 240.1
印度	1 548	18.63	2 961.6
中国	6 626	9.41	5 891.4
南非	6 936	2.32	3 724.9
世界		3.12	3 851.3

数据来源：世界银行，2013年数据

（2）农业投入水平。由表7-2可以看出：农业劳动力方面，中国和印度有着大量农业劳动力，远高于其他金砖国家，南非最少，2014年约为109万人；耕地利用方面，金砖国家耕地面积共占世界耕地面积的35.6%，其中巴西耕地面积最大，2013年其耕地面积达到2.79亿公顷。劳均耕地面积俄罗斯最高，2013年达到1.59公顷/人，中国最低，为0.132公顷/人；农业灌溉方面，中国和印度有着较高的灌溉面积，2013年两国灌溉面积分别占世界灌溉面积的，远高于其他金砖三国，南非受自然环境等因素影响，其灌溉面积是金砖国家中最少的；化肥投入量方面，2013年巴西、印度和中国均超过世界平均投入量为119.9千克/公顷，而俄罗斯15.2千克/公顷，不仅是金砖国家最少，而且存在施用量不足的隐患。

表7-2　金砖国家农业投入水平表

项　目	农业劳动人口（百万人）	耕地面积（亿公顷）	劳均耕地面积（公顷/人）	灌溉面积（亿公顷）	化肥施用量（千克/公顷）
巴西	9.93	2.79	0.70	0.05	175.7

（续表）

项　目	农业劳动人口（百万人）	耕地面积（亿公顷）	劳均耕地面积（公顷/人）	灌溉面积（亿公顷）	化肥施用量（千克/公顷）
俄罗斯	5.61	2.17	1.59	0.04	15.2
印度	276.13	1.80	0.32	0.67	157.5
中国	499.00	1.35	0.13	0.69	364.4
南非	1.09	0.97	0.64	0.02	57.7
世界		25.50		3.25	119.9

数据来源：世界银行，农业劳动人口为2014年数据，其余为2013年数据

可见，尽管金砖国家农业规模化水平总体不断提升，但又各有不同。其中，巴西和俄罗斯农业规模化水平相对较高；南非尽管有着独特的二元结构，但在白人经营的商业农场规模化水平带动下，农业规模化整体水平在金砖国家中处于中等水平；中国和印度由于受本国人口和资源禀赋等因素的影响，农业规模化程度在金砖国家中尚处较低水平。

1. 巴　西

（1）在农业产出方面，1997—2012年巴西人均粮食生产总值指数（以2004年人均粮食生年为基）从78增至119，增长了52.56%；人均农业生产总值指数从77增至119，增长了54.55%；每个农业生产者的农业生产总值指数从63增至150，增长了138.10%（见表7-3）。人均粮食和农业生产总值指数的变化基本同步，每个农业生产者的农业生产总值指数增速大约是前两者分别增速的2.5倍。前两者的增加说明巴西整个农业的生产规模在快速提高。但比较发现，2002年以前每个生产者的指数低于人均指数，说明2002年以前巴西农业的规模化水平尚不高，并没有发挥出每个生产者的最大效率；而2002年以后生产者的农业生产总值指数超过人均生产总值指数，且呈快速增长趋势，说明得益于农业规模化水平的逐步提升，巴西农业的产出水平正处在快速提高的通道中。

表7-3　巴西农业人均生产总值指数

项　目	国内生产总值指数（以2004总值指数农年为基准）				年均增速（%）		
	1997年	2002年	2007年	2012年	1997年	2002年	2007年
人均粮食生产	78	90	108	119	2.90	3.71	1.96
人均农业生产	77	90	108	119	3.17	3.71	1.96
每个农业生产者的农业生产	63	83	115	150	5.67	6.74	5.46

数据来源：FAOSTAT

（2）在农业投入方面。从劳动力投入情况看，1999—2014年巴西总人口从1.72亿人增加至2.02亿人，增加了17.45%；而农业劳动人口却从1 349万人下降到993万人，下降了26.39%；农业劳动人口占总雇佣劳动人口的比例从16.70%下降到9.41%（表7-4），说明虽然巴西的总人口数在不断增加，但随着巴西农业的发展和规模化的提高，务农人民和务农劳动力占总劳动力的比例反而都减少了。且这3个“五年”里，农业劳动人口年均增速下降的幅度较总人口的年均增速增加的幅度更大，这可以从另一个角

度表明巴西农业规模化的进程较快。

表 7-4　1999—2014 年巴西总人口和农业劳动人口数

类　别	总数（百万人）				年均增长率（%）		
	1999 年	2004 年	2009 年	2014 年	1999 年	2004 年	2009 年
总人口	172.01	184.01	193.49	202.03	1.36	1.01	0.87
总劳动人口	80.77	91.87	99.65	105.52	2.61	1.64	1.15
农业劳动人口	13.49	12.67	11.35	9.93	-1.25	-2.18	-2.64

数据来源：FAOSTAT

从土地利用情况看，2000—2013 年，巴西的耕地面积从 5 777.64 万公顷增加到 7 600.81万公顷（表 7-5），其占土地面积的比例从 6.91%上升到了 9.09%，增加了 31.56%，年均增长 2.13%；农业用地占土地面积的从 31.28%增加至 33.26%，增加了 6.66%。可见，巴西正快速地扩大其耕地面积和农用面积，农业的规模化特征更加明显；人均耕地占有量从 0.33 公顷增加到 0.37 公顷，增长了 12.39%，年均增长 0.90%；劳均耕地占有量从 0.69 公顷微增至 0.70 公顷，增长了 2.33%，年均增长 0.18%；耕地的增长速度约是人均耕地的 2.55 倍，劳均耕地的 13.57 倍。这一方面表示巴西增加的耕地更多地落入少数大庄园主手中，使土地更加集中；另一方面也表示巴西农业规模化正在快速地发展。

表 7-5　2000—2013 年巴西耕地变化情况

年　份	总耕地面积（万公顷）	人均耕地占有率（公顷/人）	劳均耕地占有率（公顷/人）	耕地占土地面积（%）	农业用地占土地面积（%）
2000	5 777.64	0.33	0.69	6.91	31.28
2001	5 907.10	0.33	0.690	7.07	31.52
2002	6 150.40	0.34	0.70	7.27	31.43
2003	6 464.20	0.36	0.72	7.64	31.74
2004	6 720.60	0.37	0.72	7.94	32.04
2005	6 802.31	0.37	0.71	8.04	32.07
2006	6 743.45	0.36	0.69	7.97	32.00
2007	6 783.16	0.36	0.69	8.02	32.04
2008	7 023.90	0.37	0.70	8.30	32.33
2009	7 042.00	0.36	0.69	8.32	32.33
2010	7 032.10	0.36	0.68	8.31	32.32
2011	7 193.00	0.37	0.68	8.50	32.51
2012	7 260.50	0.37	0.68	8.69	32.97
2013	7 600.81	0.37	0.70	9.09	33.36
增长幅度（%）	31.56	12.39	2.33	31.56	6.66
年均增长率（%）	2.13	0.90	0.18	2.13	0.50

数据来源：世界银行

巴西拥有丰富的耕地面积，其耕地面积居全球第5位。目前，巴西农业规模化发展虽然非常迅速且较为均衡，规模化总体水平位居金砖国家之首，但其耕地面积和农业用地面积占土地面积的比例还有提升的空间，未来的发展潜力巨大，值得期待。

2. 俄罗斯

（1）在农业产出方面，1997—2012年俄罗斯人均粮食生产总值指数（以2004年人均粮食年为基）和人均农业生产总值指数均从96增至109，增长了13.54%；每个农业生产者的农业生产总值指数从82增至125，增长了52.44%（表7-6）。人均粮食和农业生产总值指数的变化完全同步，每个农业生产者的农业生产总值指数增速约是前两者分别增速的3.87倍。前两者的增加说明俄罗斯整个农业的生产规模提高了，而与第三者的数据比较后我们可以发现，和巴西一样俄罗斯2002年以前的生产者指数低于人均指数，2002年以后每个生产者的农业生产总值指数均超过了人均生产总值指数，且增长幅度是其3.87倍（巴西为2.53倍），说明俄罗斯的农业生产规模提升更快，农业规模化发展也更迅速，由于俄罗斯有资源禀赋优势，其规模化程度仍要大于巴西。2012年俄罗斯的人均耕地面积为0.84公顷，而巴西为0.37公顷。

表7-6　俄罗斯农业人均生产总值指数

项　目	国内生产总值指数（以2004总值指数农年为基）				年均增速（%）		
	1997年	2002年	2007年	2012年	1997年	2002年	2007年
人均粮食生产	96	96	103	109	0.0	1.42	1.14
人均农业生产	96	96	103	109	0.0	1.42	1.14
每个农业生产者的农业生产	82	91	106	125	2.1	3.10	3.35

数据来源：FAOSTAT

（2）在农业投入方面，从分析劳动力投入情况看，俄罗斯存在总人口和农业劳动力同时下降的趋势。1999—2014年俄罗斯总人口从1.47亿人减少至1.42亿人，减少了3.27%；农业劳动人口也从777万人下降到561万人，下降了27.80%；农业劳动人口占总雇佣劳动人口的比例从10.84%下降到7.26%（表7-7）。15年来，俄罗斯的劳动人口占总人口的比例增加了11.38%，而农业劳动人口占总劳动人口的比例却下降了32.99%，在总人口不断下降，总劳动人口逐年上升的情况下，农业劳动人口却不断减少。虽然俄罗斯农业规模化总体水平较好，但农业人口的不断下降依然有可能成为制约其农业现代化进一步发展的瓶颈。

表7-7　1999—2014年俄罗斯总人口和农业劳动人口数

类　别	总数（百万人）				年均增长率（%）		
	1999年	2004年	2009年	2014年	1999年	2004年	2009年
总人口	147.28	144.33	143.69	142.47	-0.40	-0.09	-0.17
总劳动人口	71.71	74.18	77.71	77.26	0.68	0.93	-0.12
农业劳动人口	7.77	7.00	6.42	5.6	-2.07	-1.71	-2.66

数据来源：FAOSTAT

其次分析土地利用情况，20 世纪 90 年代后俄罗斯的耕地面积基本保持平稳态势。2000—2013 年，俄罗斯的耕地面积从 1.24 亿公顷略降至 1.22 亿公顷，下降了 1.72%，其占土地面积的比例从 7.60%略降至 7.46%，下降了 1.69%；农业用地占土地面积的比例从 13.26%略降至 13.24%，下降了 0.12%；人均耕地占有量从 0.84 公顷略增至到 0.85 公顷，增加了 0.40%；劳均耕地占有量从 1.71 公顷略降至到 1.59 公顷，减少了 7%（表 7-8）。

表 7-8　2000—2013 年俄罗斯耕地变化情况

年　份	总耕地面积（亿公顷）	人均耕地占有率（公顷/人）	劳均耕地占有率（公顷/人）	耕地占土地面积（%）	农业用地占土地面积（%）
2000	1.24	0.85	1.71	7.59	13.26
2001	1.24	0.85	1.74	7.56	13.24
2002	1.24	0.85	1.71	7.54	13.23
2003	1.23	0.85	1.66	7.48	13.20
2004	1.22	0.85	1.63	7.46	13.19
2005	1.22	0.85	1.62	7.43	13.17
2006	1.22	0.85	1.61	7.42	13.16
2007	1.22	0.86	1.59	7.42	13.16
2008	1.22	0.86	1.58	7.43	13.16
2009	1.22	0.86	1.58	7.43	13.16
2010	1.20	0.84	1.57	7.33	13.05
2011	1.22	0.85	1.58	7.42	13.14
2012	1.20	0.84	1.56	7.31	13.09
2013	1.22	0.85	1.59	7.46	13.24
增长幅度（%）	−1.72	0.40	−7.00	−1.69	−0.12
年均增长率（%）	−0.10	0.03	−0.67	−0.10	0.00

数据来源：世界银行

目前，俄罗斯的规模化程度已达到一定规模，其耕地总量和人均耕地占有量均居全球第 3 位。俄罗斯丰富的耕地资源，先进的农业技术为其农业规模化的发展奠定了基础，在农业劳动人口锐减，耕地面积和农用面积基本保持不变略有减少的情况下，俄罗斯实现了劳均农业产值的大幅提高，也印证了其农业规模化生产水平较高的现状。

3. 印　度

（1）在农业产出方面，1997—2012 年印度人均粮食生产总值指数（以 2004 人均粮食生年为基）和人均农业生产总值指数均从 97 增至 118，增长了 21.65%；每个农业生产者的农业生产总值指数从 93 增至 121，增长了 30.11%（表 7-9）。三者的变化基本同步，说明印度农业产出的整体水平有所提高，但其水平增长速度较慢，每个农业生产者的农业生产总值指数的增长速度均慢于巴西和俄罗斯，且 2007 年以后更是几乎停滞发展，年均增速仅 1%左右。

表 7-9　印度农业人均生产总值指数

项　目	国内生产总值指数（以 2004 总值指数业年为基）				年均增速（%）		
	1997 年	2002 年	2007 年	2012 年	1997 年	2002 年	2007 年
人均粮食生产	97	91	111	118	-1.27	4.05	1.23
人均农业生产	97	90	112	118	-1.49	4.47	1.05
每个农业生产者的农业生产	93	89	113	121	-0.88	4.89	1.38

数据来源：FAOSTAT

（2）农业投入方面。从劳动力投入情况看，1999—2014 年印度总人口从 10.25 亿人增加至 12.67 亿人，增加了 23.65%；农业劳动人口从 2.35 亿人增加到 2.76 亿人，增加了 17.65%；农业劳动人口占总劳动人口的比例从 59.54%下降至 52.54%（表 7-10）。农业劳动人口的增速慢于总人口和总劳动人口增速，且农业劳动人口占总劳动人口比例逐年下降，这说明，印度农业的规模化发展还是有成效的，但其发展速度十分缓慢。虽然印度拥有大量劳动力的优势，但农业劳动力占比过大也会成为限制其农业规模化发展的重要因素。

表 7-10　1999—2014 年印度总人口和农业劳动人口数

类　别	总数（百万人）				年均增长率（%）		
	1999 年	2004 年	2009 年	2014 年	1999 年	2004 年	2009 年
总人口	1 025.02	1 110.63	1 190.14	1 267.40	1.62	1.39	1.27
总劳动人口	394.17	434.91	478.99	525.52	1.99	1.95	1.87
农业劳动人口	234.70	248.84	262.99	276.13	1.18	1.11	0.98

数据来源：FAOSTAT

从土地利用情况看，2000—2013 年，印度的耕地面积从 1.61 亿公顷略降至 1.57 亿公顷，下降了 2.44%，其占土地面积的比例从 54.13%降至 52.81%，下降了 2.44%；农业用地占土地面积则从 60.87%略降至 60.64%；人均耕地占有量从 0.15 公顷降至到 0.12 公顷，减少了 20.53%；劳均耕地占有量从 0.40 公顷降至到 0.32 公顷，减少了 18.74%（表 7-11）。一直以来，印度的耕地面积变化不大，其农业规模化生产发展也并不迅速，印度劳均耕地面积的下降速度慢于人均耕地，表明印度的规模化发展还是取得了一定的成效。在印度拥有亚洲最大耕地面积的优势条件下，印度农业的规模化发展并未发挥出其优势，其发展速度有待进一步提高。

表 7-11　2000—2013 年印度耕地变化情况

年　份	总耕地面积（万公顷）	人均耕地占有率（公顷/人）	劳均耕地占有率（公顷/人）	耕地占土地面积（%）	农业用地占土地面积（%）
2000	16 093.0	0.15	0.40	54.13	60.87
2001	16 032.5	0.15	0.38	53.92	60.70

（续表）

年　份	总耕地面积（万公顷）	人均耕地占有率（公顷/人）	劳均耕地占有率（公顷/人）	耕地占土地面积（%）	农业用地占土地面积（%）
2002	15 993.4	0.15	0.37	53.79	60.55
2003	15 986.5	0.15	0.36	53.77	60.64
2004	15 945.0	0.14	0.35	53.63	60.57
2005	15 921.3	0.14	0.34	53.55	60.49
2006	15 872.0	0.14	0.34	53.38	60.53
2007	15 810.4	0.14	0.34	53.18	60.44
2008	15 792.0	0.13	0.34	53.11	60.44
2009	15 782.3	0.13	0.34	53.08	60.53
2010	15 751.0	0.13	0.33	52.98	60.46
2011	15 735.0	0.13	0.33	52.92	60.47
2012	15 620.0	0.13	0.33	52.54	60.31
2013	15 700.0	0.12	0.32	52.81	60.64
增长幅度（%）	−2.44	−20.53	−18.74	−2.44	−0.38
年均增长率（%）	−0.19	−1.75	−1.58	−0.19	−0.03

数据来源：世界银行

印度的耕地面积亚洲第一，但其人均耕地面积排名世界129位，印度农业规模化的发展限制主要来自于其庞大的人口压力，农民不可能快速地转移到城镇，实现土地的集中化。但印度丰富的耕地资源，也为其农业规模化发展提供了必要条件，随着印度“第二次绿色革命”的逐步开展，未来其农业规模化会有新的发展空间。

4. 中　国

（1）农业产出方面。1997—2012年中国人均粮食生产总值指数（以2004人均粮食生年为基）从78增至122，增长了56.41%；人均农业生产总值指数从79增至121，增长了54.55%；每个农业生产者的农业生产总值指数从75增至128，增长了70.67%（表7-12）。从三者的增幅可以看出中国农业的整体生产规模正快速提高，且规模化的发展保持3%左右的年均增速，主要是因为中国农业规模化生产的起点低，后期发展空间大，加上政府一直以来对农业的重视，一系列有关农业发展政策的发布，中国农业的规模化发展较快。但比较每个农业生产者和人均农业生产总值指数的变化发现，两者变化基本同步，意味着中国农业的规模化发展程度还不够，每个农业生产者实现的农业价值还有待提高。

表7-12　中国农业人均生产总值指数

项　目	国内生产总值指数（以2004总值指数农年为基）				年均增速（%）		
	1997年	2002年	2007年	2012年	1997年	2002年	2007年
人均粮食生产	78	92	106	122	3.36	2.87	2.85
人均农业生产	79	92	106	121	3.09	2.87	2.68
每个农业生产者的农业生产	75	90	107	128	3.71	3.52	3.65

数据来源：FAOSTAT

（2）农业投入方面。从劳动力投入情况看，1999—2014年中国总人口从13.02亿人增加至14.25亿人，增加了9.46%；农业劳动人口从5.09亿人下降到4.99亿人，下降了1.95%；农业劳动人口占总劳动人口的比例从67.20%下降至58.43%（表7-13）。可以看出，中国的总人口数在不断增加，并且随着中国农业的发展，务农的人民逐渐减少，农业劳动力比重也逐年下降，这一方面得益于中国城镇化的快速发展，另一方面也是中国农业规模化发展的结果。中国的农业劳动人口结构与印度类似，农业劳动力占全国的比重较大，与巴西、俄罗斯相比尚存一定差距，中国农业规模化生产水平仍需进一步提升。

表7-13　1999—2014年中国总人口和农业劳动人口数

类　别	总数（亿人）				年均增长率（%）		
	1999年	2004年	2009年	2014年	1999年	2004年	2009年
总人口	13.02	13.40	13.82	14.25	0.58	0.61	0.62
总劳动人口	7.58	7.92	8.28	8.55	0.88	0.89	0.64
农业劳动人口	5.09	5.10	5.09	4.99	0.02	-0.04	-0.37

数据来源：FAOSTAT

从土地利用情况看，2000—2013年，中国的耕地面积从1.18亿公顷下降到1.06公顷（表7-14），其占土地面积的比例从12.59%下降到11.26%，减少了10.54%，年均减少0.85%，可见，随着中国的城镇化建设加快，耕地面积总体呈下降趋势，其中2007年和2012年降幅最大，分别为7.46%和5.09%；农业用地占土地面积比例从55.60%略降至54.81%；人均耕地占有量从0.09公顷下降到0.08公顷，下降了16.78%，年均降1.40%；劳均耕地占有量从0.16公顷下降到0.13公顷，下降了18.60%，年均降1.57%；人均耕地面积和劳均耕地面积的下降速度分别约是耕地的1.59倍和1.77倍，且劳均耕地的下降幅度快于人均耕地，中国的农业规模化发展面临比较严重的耕地资源减少的压力。

表7-14　2000—2013年中国耕地变化情况

年　份	总耕地面积（亿公顷）	人均耕地占有率（公顷/人）	劳均耕地占有率（公顷/人）	耕地占土地面积（%）	农业用地占土地面积（%）
2000	1.18	0.09	0.16	12.59	55.60
2001	1.16	0.09	0.16	12.36	55.38
2002	1.19	0.09	0.16	12.75	56.09
2003	1.17	0.09	0.16	12.51	55.89
2004	1.22	0.09	0.16	13.10	56.53
2005	1.18	0.09	0.16	12.69	56.15
2006	1.18	0.09	0.15	12.67	56.15
2007	1.09	0.08	0.14	11.72	55.26
2008	1.09	0.08	0.14	11.64	55.25

（续表）

年　份	总耕地面积（亿公顷）	人均耕地占有率（公顷/人）	劳均耕地占有率（公顷/人）	耕地占土地面积（%）	农业用地占土地面积（%）
2009	1.10	0.08	0.14	11.79	55.44
2010	1.11	0.08	0.14	11.94	55.62
2011	1.12	0.08	0.14	11.96	55.66
2012	1.06	0.08	0.13	11.28	54.81
2013	1.057	0.08	0.13	11.26	54.81
增长幅度（%）	−10.54	−16.78	−18.60	−10.54	−1.43
年均增长率（%）	−0.85	−1.40	−1.57	−0.85	−0.11

数据来源：世界银行

中国拥有世界上第4位的耕地面积，但人均耕地面积仅排第169位，中国农业目前仍以建立在家庭联产承包责任制基础上的一家一户的家庭经营方式为主。目前，中国农业规模化的程度整体上呈逐年上升趋势，中国政府正通过土地流转等方式加快转变农业生产经营方式，逐渐迈向规模化、集约化的生产方向，未来一段时间，中国农业规模化水平仍将会有很大的提升空间。

5. 南　非

（1）农业产出方面。1997—2012年南非人均粮食生产总值指数（以2004人均粮食生年为基）和人均农业生产总值指数均从98增至111，增长了13.27%；每个农业生产者的农业生产总值指数从76增至141，大幅上涨了85.53%（表7-15）。人均粮食和农业生产总值指数的变化完全同步，每个农业生产者的农业生产总值指数增速约是前两者的7.06倍。可以看出，1997年南非农业生产已初具规模，近年来农业生产整体稳步发展，但其快速增长的每个农业生产者的生产总值指数表明：南非农业生产已取得长足发展，水平较高。

表7-15　南非农业人均生产总值指数

项　目	国内生产总值指数（以2004总值指数总年为基）				年均增速（%）		
	1997年	2002年	2007年	2012年	1997年	2002年	2007年
人均粮食生产	98	101	100	111	0.60	−0.20	2.11
人均农业生产	99	101	100	111	0.40	−0.20	2.11
每个农业生产者的农业生产	76	91	106	141	3.67	3.10	5.87

数据来源：FAOSTAT

（2）农业产出方面。从劳动力投入情况看，1999—2014年南非总人口从4 420万人增加至5314万人，增加了20.23%；但农业劳动人口也从151万人下降到109万人，下降了27.81%；农业劳动人口占总雇佣劳动人口的比例从9.67%下降到5.57%（表7-16），为金砖国家最低，这与南非农业二元结构紧密相关。在南非，白人商业农场生产效率很高，需要雇佣的劳动力数量较少，客观上降低了农业从业人员数量，但也在侧面表明南非农业规模化的发展已达到了一定高度。

表 7-16　1999—2014 年南非总人口和农业劳动人口数

类　别	总数（百万人）				年均增长率（%）		
	1999 年	2004 年	2009 年	2014 年	1999 年	2004 年	2009 年
总人口	44. 20	47. 55	50. 89	53. 14	1. 47	1. 37	0. 87
总劳动人口	15. 62	17. 16	18. 57	19. 58	1. 90	1. 59	1. 06
农业劳动人口	1. 51	1. 38	1. 24	1. 09	-1. 78	-2. 12	-2. 55

数据来源：FAOSTAT

从土地利用情况看，2000—2013 年南非的耕地面积从 1 381. 2万公顷降至 1 250. 0万公顷，下降了 9. 50%，其占土地面积的比例从 11. 39%下降至 10. 30%，下降了 9. 50%；农业用地占土地面积的比例从 80. 89%降至 79. 83%，下降了 1. 31%；人均耕地占有量从 0. 31 公顷下降至 0. 24 公顷，下降了 25. 09%，年均降 2. 20%；劳均耕地面积占有量从 0. 85 公顷下降至 0. 64 公顷，下降了 24. 09%（表 7-17）。劳均耕地面积的下降幅度为总耕地面积的 2. 54 倍。这主要是受南非土地改革影响，从事传统农业的黑人拥有更多的土地，导致其全国农业规模化的各项指标下降。总的来说，类似于俄罗斯，南非在农业劳动人口锐减，人均耕地保持不变。劳均耕地略减的情况下，南非实现了每个农业生产者农业产值的大幅提高，表明南非的农业规模化程度已达到一定高度。

表 7-17　2000—2013 年南非耕地变化情况

年　份	总耕地面积（万公顷）	人均耕地面积（公顷/人）	劳均耕地面积（公顷/人）	耕地占土地面积（%）	农业用地占土地面积（%）
2000	1 381. 2	0. 31	0. 85	11. 39	80. 89
2001	1 368. 5	0. 31	0. 82	11. 28	80. 80
2002	1 370. 0	0. 30	0. 81	11. 29	80. 81
2003	1 360. 0	0. 30	0. 81	11. 21	80. 73
2004	1 330. 0	0. 29	0. 81	10. 96	80. 46
2005	1 317. 5	0. 28	0. 76	10. 86	80. 36
2006	1 260. 0	0. 26	0. 71	10. 39	79. 87
2007	1 260. 0	0. 26	0. 70	10. 39	79. 87
2008	1 280. 0	0. 26	0. 70	10. 55	80. 05
2009	1 266. 0	0. 25	0. 70	10. 44	79. 95
2010	1 253. 3	0. 25	0. 70	10. 33	79. 87
2011	1 203. 3	0. 23	0. 66	9. 92	79. 45
2012	1 250. 0	0. 24	0. 66	10. 30	79. 42
2013	1 250. 0	0. 24	0. 64	10. 30	79. 83
增长幅度（%）	-9. 50	-25. 09	-24. 09	-9. 50	-1. 31
年均增长率（%）	-0. 76	-2. 20	-2. 10	-0. 76	-0. 10

数据来源：世界银行

目前，南非耕地总量和人均耕地占有量分别居全球第 23 位和第 69 位。作为经济最发达的非洲国家，虽然其国土面积相对较小，但耕地资源比较丰富，人均耕地面积和劳均耕地面积也比较可观，占土地面积86%的大农场的农业生产格局更为其农业规模化的发展奠定了基础，未来可以通过提高农业科技技术来实现其农业规模化的进一步发展。

二、金砖国家农业机械化水平

农业机械化水平是衡量一个国家农业现代化发展水平的又一重要标准，其水平的高低将直接反映该国农业生产效率的高低。一定程度上，机械化的发展与农业规模化的发展程度相辅相成。大规模、集约型的生产经营方式便于大规模使用农机设备作业；而农机设备的高效率使用又会反过来进一步推进农业生产的规模化和集约化程度。金砖国家农业规模化的发展各有特点，同样，其机械化发展的脉络也各有不同。

（一）金砖国家农业机械化概况

金砖国家的农业机械化发展水平与各国农业规模化发展水平关系密切。其中，巴西的大庄园规模化生产方式、俄罗斯的集体农庄和大型农业企业的规模化农场生产方式、南非的大规模白人商业农场的规模化生产经营方式均为三国的农业机械化发展创造了良好的基础条件。因此，巴西、俄罗斯和南非的机械化发展较为成熟，农业机械设备的使用数量不断下降的同时，不断向大功率、高效能农业机械的方向发展。而中国和印度两国由于人口庞大等原因，农业规模化程度相对不高，其中印度的机械化以小型农机具为主，而中国则是大、小型农业机械共存、分布不均衡为特点，但现阶段两国农业机械使用数量仍处于上升阶段。

1. 巴　西

巴西的农业机械化发展水平较高。尽管巴西国内的土地占有极不均衡，但在规模化经营的大庄园经济中，农业机械已经得到了基本的普及。功率在100千瓦以上的大型、高效农机装备已经普遍运用于大豆、甘蔗、咖啡和可可等作物的生产过程中。以甘蔗生产为例，巴西甘蔗种植面积950万公顷，而87%的面积都已实现了整地、开垄、播种、施肥、中耕培土、除草、排灌、收割的全程机械化作业。近二十几年来，巴西在保持耕地面积不变的情况下谷物产量增加了一倍，农业机械化发展成效显著。目前，除运用拖拉机、联合收割机、播种机、灌溉机械和农用飞机等传统农用机械外，针对大型农场的自走式大型收获机和针对甘蔗等热带作物特点的热带作物机械业也被广泛应用在巴西的农业生产中。

巴西农业机械化得以快速发展在很大程度上得益于政府的机械化支持政策：①农机具购买补贴政策。在巴西农民购买农业机械可以享受低息贷款。巴西市场一般贷款实际利率为25%，农业贷款利率最高为12%，对中小农户利率分别为9%和6%，购买农机的低息贷款的年息为8. 75%~10. 75%。发放低息贷款的办法取得了很好的效果，既扶持了农机化的发展，也促进了农机工业的发展。②农机国产化支持政策。巴西国家开发银行为鼓励和促进巴西农业机械产业的发展，专门设立了一项特别资助项目——“拖拉机和农业机械现代化计划”，为农业机械的购买者提供资助和补贴，对农机生产国产化率在60%以上的企业提供贷款。这一计划促进了巴西农机销售和农机生产国产化水平的提高，刺激了农机零配件的生产，使巴西新生产的农机国产化率迅速达到60%以上。政府的一系列支持政策取得了非常显著的效果，既提高了农民的购买力和积极性，又促进了农业生产机械化水平的提高，同时也刺激了巴西农机工业的发展。

2. 俄罗斯

俄罗斯幅员辽阔、土壤肥沃等自然资源优势非常适宜农业机械化的发展。目前，得益于规模化的农业生产方式，俄罗斯农业机械化发展水平较高，呈现出鲜明的特点。

（1）俄罗斯农机需求呈现多样化态势。俄罗斯目前分集体、私人和企业分别去经营集体农庄、私人农场和企业农场，不同规模的农场对不同的农机设备的需求呈现出多样化的特点。集体农场受苏联时期影响，设备多已达到设计使用的寿命，因此以更新老旧设备为主；私人农场多以家庭经营为主，则以小型农机具为主要需求目标；大型企业经营的规模化农场对大型农机设备需求量较大，拖拉机功率需达到250千瓦以上，谷物收割机割台割幅达到9~12米。

（2）俄罗斯农机设备工作高效，机械化装备现代化程度高。多年来，俄罗斯主要农用机械年末拥有量不断下降的同时，农作物单产依然保持逐年增加的趋势。例如俄罗斯年末每千公顷拖拉机拥有量从2000年的7万台降至2014年的3万台，而同期的小麦单产却从1 610千克/公顷上升到2 230千克/公顷，这种变化最主要是得益于现代化的农机装备的应用。目前，俄罗斯农业机械以大型为主，不仅整合多种功能，而且能够复式作业，一个设备能完成多种工序。

（3）国家对机械化发展高度重视。一方面，俄罗斯政府逐步建立了覆盖中央、各联邦主体以及基层的多层次农业机械发展管理体制——装备政策司（原称农业机械化管理司），专门负责农业机械化和农机产业的工作，此外还设有专门从事农业机械化技术推广普及工作的组织。另一方面，实施国家优惠政策扶持。为了扩大农业机械使用的广泛性，俄罗斯政府制定了一系列支持农业机械化发展的政策，对进口国外农机产品给予减免关税照顾，对农民和农场购买农机作业用油可凭信用证赊购等。俄农业部每年公布农业机械采购目录，同时成立了一个专门公司，国家提供优惠贷款，对列入目录的产品先由该公司统一购买，然后采取两种形式销售：一是实行分期付款卖给用户或提供无息贷款，农民购买农机可先按价格的10%付款，以后用5~10年或更长的时间来支付余款等；二是实行租赁经营，帮助无购买力的农民和农场主能够使用农业机械进行生产，俄罗斯农业租赁公司主要业务是出租与销售联合收割机。农机租赁政策有力地促进了农机产品的销售，推进了俄罗斯农业机械的普及应用和农业机械化的发展。

3. 印　度

印度的农业生产特点与其大型机械化设备的使用不吻合，促使印度农业生产主要以小型机械化设备为主。目前，印度农业生产的机械化程度较低，农机设备的利用率约为40%。其中，水稻和小麦生产的机械化程度较高，收获和翻耕过程的机械化率超过60%，其他农作物机械化程度则非常低。在印度，每千公顷耕地大约使用11辆拖拉机，低于世界平均每千公顷19辆拖拉机的数量。印度农业机械制造业缺乏有组织的管理，除拖拉机制造业之外，其他农业机械设备制造的数据都无法确定。印度的拖拉机制造行业仅有14家制造商，对大型现代化的机械设备需求逐渐增长。据业内估计，印度农业机械设备的市场规模大约为66亿美元。

在发展农业机械化过程中，印度政府比较重视水利灌溉设施的投资，同时也采取了一些促进农业机械化发展的贷款政策。本国的农机制造厂可向银行贷款，发展国内农机制造业；银行向拖拉机和农机制造厂贷款，年利率一般是10%~15%。农民可通过银行贷款购买农机。目前，有90%以上的农民是通过银行贷款购买拖拉机、水泵等农机的。2006年印度的滴水灌溉土地面积达16万公顷，洒水灌溉的土地面积约60万公顷，印度大约有超过1 700万台灌溉用水泵和226万台拖拉机。

4. 中　国

中国近年来农业机械化发展速度较快，但总体水平仍然不高，地区间发展不平衡。首先，中国农业机械数量多、应用初具规模，但农机装备质量较差、小型农机设备占比较高，大型农机设备使用则较少，农业机械化仍以粗放型为主；其次，发达地区的农业规模化生产水平程度高、农业机械化发展速度快，而欠发达地区农业机械化发展非常缓慢，往往要靠政府扶持才能完成正常的农机作业。

2014年，中国农业耕种收的综合机械化水平突破了60%，在取得历史性发展的同时，中国农业机械总动力达到10.8亿千瓦，农业机械化发展成果显著。在农业机械设备使用结构方面，尽管大中型农用机械的数量在不断增加，小型农用设备的数量有所减少，但2014年中国大中型农用拖拉机数量仅568万台，而小型拖拉机数量达到1730万台，小型农用机械在数量上仍远高于大型设备的数量，中国农业机械化仍需进一步发展，进而实现农机设备由数量向质量方向的转变。

5. 南　非

南非农业的二元结构使得其农业机械化发展有着独特的特点。一方面白人商业农场凭借规模化的农业生产方式，机械化发展程度高；另一方面，黑人的家庭农场则仍在使用传统的小型农业机械设备，机械化发展较为缓慢。为提高家庭农场农业机械化应用水平，南非政府从2000年开始实行“柴油退税制度”（Diesel Refund System），免除因农业生产使用柴油的燃油税金（当时南非的燃油税率高达31.6%）。

在农机行业方面，2006年南非的农业设备市场大约价值1.71亿美元。其中，仅拖拉机就占据了60%的市场份额，紧随其后的是联合收割机和打包机。近年来，随着南非耕地面积和农业用地的减少以及在南非销售的新拖拉机的平均功率的提升（从58千瓦上升到80千瓦），导致南非市场对拖拉机的整体需求降低，使得近年来销售数量的低迷，农业机械库存超过了正常水平。2013年拖拉机的销量相比2012年下降了5%，联合收割机的销量也下滑了3%。

（二）金砖国家农业机械化历程

金砖国家农业机械化发展历程各具体色。其中，巴西农业的机械化先后经历快速上升和缓慢发展阶段，目前处于稳定发展时期；俄罗斯面临经济运行下行的压力，农业机械化发展前景不容乐观；印度农业机械化正处于快速发展的上升期；中国机械化发展在经历了一段时期的政策调整后，目前处于快速发展阶段；南非的机械化发展水平呈现稳中略降的整体态势。

1. 巴　西

巴西的农业机械化发展始于20世纪50年代，最初主要从欧美国家引进拖拉机和配套器具。其后伴随着农业现代化的发展而发展。从巴西平均拖拉机拥有量变化分析看，巴西的农业机械化发展呈 3 个阶段（图 7-1）。

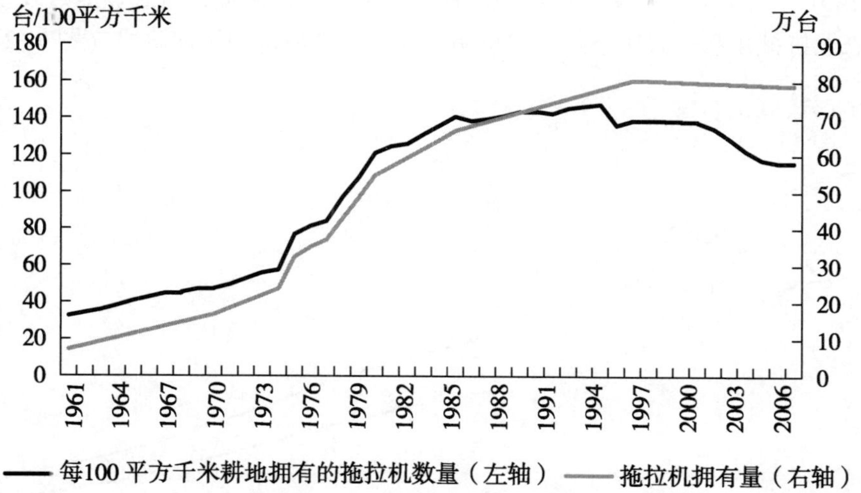

图 7-1　1961 年以来巴西拖拉机拥有量变化趋势

数据来源：世界银行

第一阶段：1961—1973 年为持续增长期。拖拉机拥有量从 7. 2 万台增加至 23. 6 万台，每 100 平方千米耕地拥有的拖拉机数量从 32. 55 台增至 57. 56 台，平均每年增加 1. 92 台，共增加了 76. 82%。此阶段巴西拖拉机拥有量呈快速增长趋势的重要原因是由于巴西耕地面积的快速扩充。

第二阶段：1974—1993 年为快速增长期（年均增长率 2%）。拖拉机拥有量从 23. 6 万台增加至 77. 9 万台，每 100 平方千米耕地拥有的拖拉机数量从 57. 6 台增至 147. 6 台，平均每年增加 4. 5 台，增加了 156. 5%。此阶段巴西在耕地面积稳定的情况下，每 100 平方千米耕地拥有的拖拉机量仍大幅增加，充分体现了巴西农业机械化的快速发展的势头。

第三阶段：1994 年至今整体呈稳中略降态势。1994—2006 年巴西拖拉机拥有量从 77. 88 万台降至 78. 81 万台，每 100 平方千米耕地拥有的拖拉机数量从 147. 65 台降至 116. 86 台，平均每年减少 1. 62 台，下降了 20. 85%。2002 年巴西提供 74 亿美元的农场信贷，2003 年初国家开发银行为鼓励和促进农业机械化发展，又专门设立了一项总金额为 2. 82 亿美元的特别资助项目——“拖拉机和农业机械现代化计划”，为农业机械的购买者提供资助和补贴，2005 年巴西用于农业机械的投资为 10 亿美元，这些措施都极大地促进了生产的机械化和高效化，又反过来刺激了农机工业的发展，轮式拖拉机和联合收割机产销量大增。此阶段巴西的拖拉机拥有总量波动不大，发展进入较为稳定的时期。目前，巴西农业机械化的发展程度较高，机械化水平稳步发展，已达世界领先水平。

2. 俄罗斯

俄罗斯在苏联时期就早已实现了农业机械化，至今已有 90 年的历史。早在 1985 年，苏联就拥有拖拉机 279. 8 万台和联合收割机 83. 2 台，但目前苏联时代留下来的农业机械绝大多数都已老化报废。20 世纪 90 年代以前，俄罗斯的种植业和畜牧业的机械化水平均较高，其中粮食作物的种植和收获已实现了百分之百的机械化。1990 年除蔬菜和马铃薯收获外，其他作物栽植和收获的机械化水平均在 80%~98%，而畜牧业的综合机械化水平除养羊业较低外，其余均在 68%~80%的水平。

苏联 1991 年解体后多年来，由于俄罗斯政府处于经济困境，对农业的财政投入不够，俄罗斯的农业机械化水平有所下降，农机制造业一直处境徘徊不前阶段（图 7-2）。

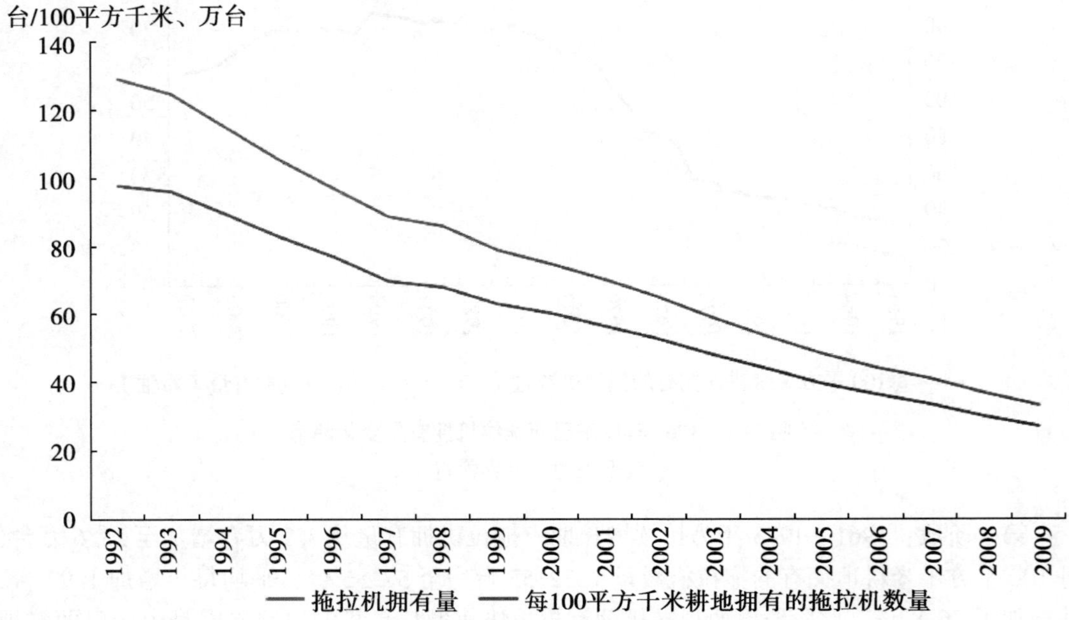

图 7-2　1992—2009 年俄罗斯拖拉机拥有量变化趋势

为提高农业生产力以满足现代农业发展的需要，俄罗斯继续坚定推行农业机械化战略，建立了覆盖中央、各联邦主体以及基层的多层次农业机械发展管理体制，及时提升了农业机械化水平，促进了农业可持续发展。其中，20 世纪 90 年代末，俄罗斯农业部制订了“俄罗斯联邦拖拉机和农机工业生产计划及其未来发展战略”，计划要求到 2005 年要使俄罗斯拖拉机保有量达到 128 万台，谷物联合收割机保有量达到 36 万台，饲料收获机达到 16 万台，但这一水平也只是俄罗斯 1990 年机械化水平的 90%左右。2001 年俄罗斯农业部计划将农业投入资金总额约 100 亿卢布，作为购买拖拉机和农机的专项资金。但从实际发展来看，俄罗斯提高农机化水平的计划并没有达到。1992 年俄罗斯的拖拉机数量逐年减少，从 129 万台减少到 33 万台，减少了 74. 43%；每 100 平方千米耕地拥有拖拉机的数量从 97. 78 台减少到 27. 10 台，减少了 72. 28%，远低于当初的计划水平。

3. 印　度

印度的农业机械化始于 20 世纪 40 年代末。1961 年以来，印度的拖拉机拥有量一直呈持续上升状态，农业机械化发展也随之大致分为三个阶段（图 7-3）。

第一阶段：1961—1969 年为平缓增长期，拖拉机拥有量从 3. 1 万台增加至 10 万台，每 100 平方千米耕地拥有的拖拉机数量从 1. 99 台增至 6. 23 台，平均每年增加 0. 47 台，共增加了 13. 51%。印度以扩大农业种植和浇灌面积、增加肥料使用率、提高农业机械化水平和提高粮食单产为重点进行了农业的第一次“绿色革命”，多年的“绿色革命”使印度农业机械化水平有了显著提高，农用拖拉机从 5. 4 万台增加到 100 万台，农用排灌动力

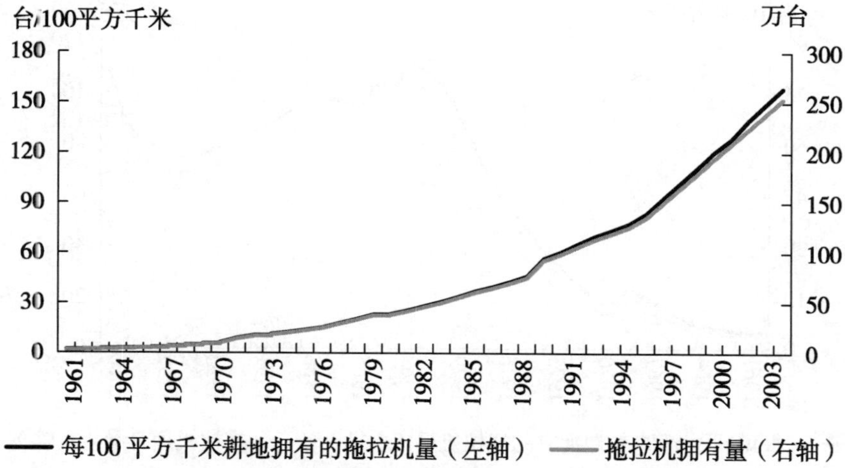

图 7-3　1961 年以来印度拖拉机拥有量变化趋势

数据来源：世界银行

机械从 55.8 万台增加到 750.8 万台。

第二阶段：1970—1987 年为持续增长期，拖拉机拥有量从 10 万台增加至 75 万台，每 100 平方千米耕地拥有的拖拉机数量从 6.23 台增至 46.12 台，平均每年增加 2.22 台，增加了 11.77%。印度的农业机械化仍处于慢速发展阶段，农用拖拉机和农业机械用于主要的农业操作，次要操作仍大部分是由人力完成。

第三阶段：1988 年至今为快速增长期，1988 年印度拖拉机拥有量从 75.09 万台大幅增至 253.29 万台，每 100 平方千米耕地拥有的拖拉机数量从 46.12 台增至 158.44 台，平均每年增加 7.49 台，增加了 8.57%。印度为进一步加快本国的农业机械化步伐，积极采用拖拉机配套农业机械进行耕地、播种、收割、机械排灌、手动与机动植保机械防治病虫害、机械脱粒等作业。但总的看来机械化水平还较低，农业生产年均增长 3%。进入 21 世纪后，印度正在努力向“世界强国”的目标迈进，印度政府正在大力推进以“推广和采用农业现代科学技术”为核心的“第二次绿色革命”。为鼓励和促进农民开发利用风能和沼气，政府对农民购买灌溉用风车一般给予 25%的补贴，有些贫困地区甚至高达 50%。对个体农户建沼气池给予 20%~70%的补贴，对农民购买大型动力机械通常给予 50%~70%的补贴，未来印度农业机械化将迎来全新发展机遇。

4. 中　国

中国的农业机械化发展历程大致可分为以下 4 个阶段。

第一阶段：1949—1980 年为行政推动阶段。1949—1957 年，国家对农机工业投资 3.24 亿元，建立了一批农机制造企业，从生产旧式农具、仿制国外新式农具开始，发展很快。到 1957 年，全国农机制造企业发展到 276 家，有职工 123 万人，固定资产总值 2.8 亿元。1957 年冬季开始全国开展了轰轰烈烈的农具改革运动，一直延续到 1961 年，参加人数数以亿计。1958—1965 年，国家对农机工业的投资达到 21.73 亿元，国家有计划地新建和改、扩建农机制造企业。20 世纪 60 年代至 70 年代，中国政府对农业机械化非常重视，1962 年确定了“第一步实现农业集体化，第二步是在农业集体化的基础上实现农

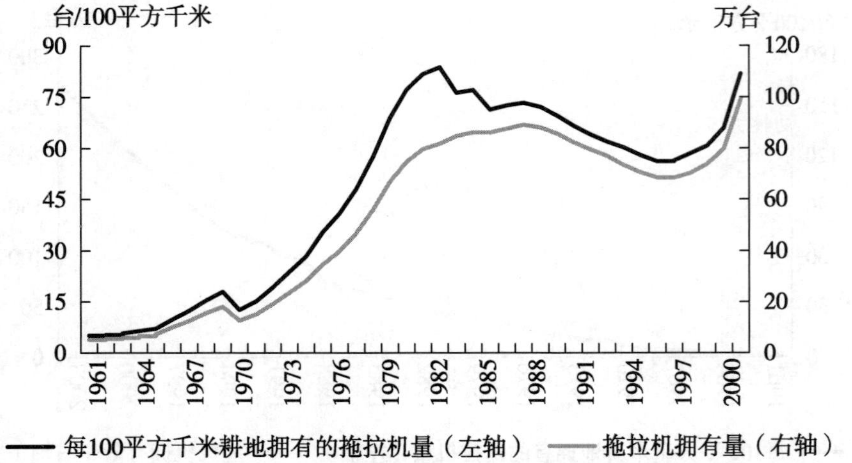

图 7-4　1961 年以来中国拖拉机拥有量变化趋势

数据来源：世界银行

业机械化和电气化”的方针政策，农业机械化的重要性曾被强调到无以复加的地步。“1980 年基本上实现农业机械化”已经成为了当时的一条重要的政治口号。至 1980 年中国的拖拉机拥有量已增值 74.79 万台，每 100 平方千米耕地拥有的拖拉机数量为 77.14 台，机械化得到了快速发展，然而，以当时农业经济的发展水平，机械化节余下来的劳动力无处安置，以及农业经营体制的根本问题尚未解决等问题，这样的目标不切合当时的发展需要，最后也只能无疾而终（图 7-4）。

第二阶段：1981—1994 年为机制转换阶段。1981—1994 年中国拖拉机拥有量从 79.69 万台降至 70.57 万台的低位，降低了 11.44%；每 100 平方千米耕地拥有的拖拉机数量从 81.69 台降至 57.97 台，降低了 29.04%。国家对农机化的政策进行了逐步的调整，形成了农业机械化“计划+市场”的运作机制，允许农民自主购买、经营农业机械。1983 年中共中央一号文件《当前农村经济政策的若干问题》明确指出“农民个人或联户购置农副产品加工机具、小型拖拉机和小型机动船从事生产和运输对于发展农村商品生产活跃农村经济是有利的，应当允许大中型拖拉机和汽车在现阶段原则上也不必禁止私人购置”。当时的集体农机站推行经济承包责任制，截至 1982 年年底，集体所有的拖拉机实行承包经营的达 60%。此时受“实现机械化”的政策目标影响，1982 年我国的拖拉机拥有量达到历史最高值的 81.79 万台，每 100 平方千米耕地拥有的拖拉机数量增至 83.67 台。此外，还拓宽了农机服务范围，改革了农机管理工作，以发展小型农机为主，开发生产中国特色的农机产品。与 1980 年相比，1994 年大中型拖拉机下降 7.2%，而小型拖拉机增长了 336.5%。但随着机械化的程度飞跃发展，每台拖拉机可以照顾到更多的耕地，单位面积使用拖拉机的量减少了，同时由于前期高速过度地发展农业机械化，导致富余的机械化需要慢慢消化。

第三阶段：1995—2003 年为市场导向阶段。1994 年中国共产党第十五次代表大会召开提出了我国经济体制改革的目标是建立社会主义市场经济体制。1994 年 7 月 1 日，国家取消了农用平价柴油。至此国家在计划经济体制下出台的农机化优惠政策全部取消，而农业机械化也将进入以市场为导向的发展阶段。2004 年《中华人民共和国农业机械化促进法》的出台，标志着农业机械化走上了依法促进的新阶段。《农业机械产品修理、更换、退货责任规定》《农业机械试验鉴定办法》《农业机械维修管理规定》等法规相继出台，农业机械管理的法规体系初步形成。在国家相应法规和政策措施的保护和引导下，农业机械化的市场化进程加速，农业机械化事业发展加快，农业机械化水平明显提高。2007年底，中国耕种收的综合机械化水平已达41%，农业劳动力占全社会从业人员比例已降至38%。至2012年大中型拖拉机拥有量从2004年的111.86万台大幅增加至485.24万台，增加了333.78%。农机社会化服务水平明显提高。2011年中国农机作业服务组织超过17万个，在各类农机服务组织中，农机专业合作社从无到有发展迅速。此外，该阶段还建立了比较完善的农业机械化管理和科技支撑体系，增强了政策履行和服务能力。中国农业机械化发展已经由初级阶段逐步跨入了中级阶段。

5. 南　非

1961年以来，根据南非拖拉机拥有量的变化趋势（图7-5），可将其农业机械化发展历程大致可分为以下3个阶段。

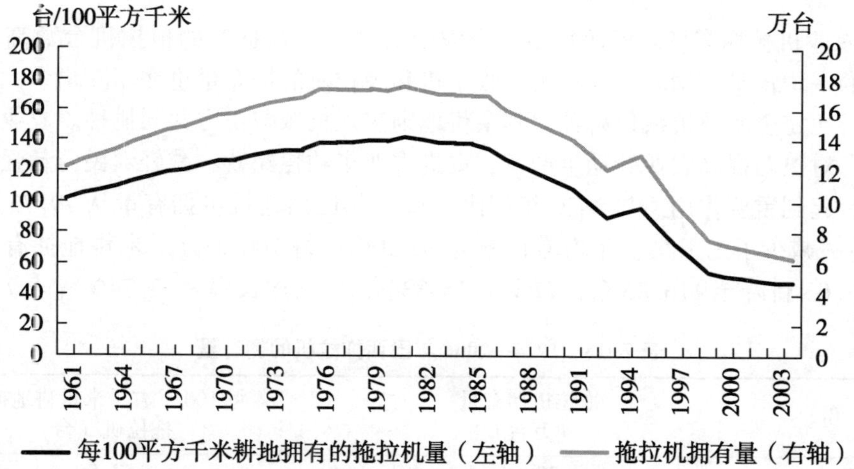

图7-5　1961年以来南非拖拉机变化趋势

数据来源：世界银行

第一阶段：1961—1980年为持续增长期，拖拉机拥有量从12.22万台增加至17.56万台，每100平方千米耕地拥有的拖拉机数量从101.85台增至141.58台，平均每年增加1.99台，共增加了39.01%。二战后，随着农业机械化的推广，南非大大提高了农业生产率和商品率。20世纪60年代初南非就实现了农业机械化，每100平方千米耕地拥有的拖拉机数高于世界平均水平的97.38%，到80年代反到低于世界平均水平。

第二阶段：1981—1998年为快速下降期，拖拉机拥有量从17.56万台减少至7.55万台，每100平方千米耕地拥有的拖拉机数量从141.58台减至54.87台，平均每年减少4.82台，减少了61.24%。1994年南非政府实施土地改革，计划用20年左右的时间让黑人掌握30%的农场，传统耕作耕地的面积的增加导致短期内农机的使用进一步减少，但是长远来说，小规模的农场也会对农机产生需求。

第三阶段：1999年至今为稳定发展期，1999年南非拖拉机拥有量呈现稳中略降的整体态势，从7.55万台略降至6.32万台，每100平方千米耕地拥有的拖拉机数量从54.87台略降至47.52台，平均每年减少1.47台，下降了13.4%。目前，在已有的数据基础上可以看出，未来南非的农业机械数量仍有继续下降的可能。

（三）金砖国家农业机械化现状

目前，由于各国农业机械化水平发展统计口径不一且缺乏完整性，国际上也尚未形成统一的标准。但从总体上看，金砖国家农业机械化水平不断提升，又各具特色。其中，巴西依然是农业机械化强国，未来巴西农业机械化仍将处于稳定发展趋势；俄罗斯农业机械工作效率尽管不断提高，未来俄罗斯农业机械化的发展具有较大挑战；印度的农业机械化水平整体不高，尚处于发展阶段，未来印度农业机械化仍有较大的发展空间；中国农业机械化取得了较大的进步，但农机化程度依然不够，远低于发达国家水平，存在科技含量较低、政府支持力度不够等问题；南非处于向农业机械化转型的时期，农业机械的市场需求出现下滑，且没有任何迹象表明未来农机需求将会反弹。

1. 巴　西

（1）农业机械拥有量。巴西每100个农业劳动力平均拥有的拖拉机台数高于拉美地区和亚洲的平均水平。同时，播种机、收割机和脱粒机的拥有量也在不断增多。目前，巴西有1/3耕地完全实现机械化耕种，其余耕地则实现机械与畜力共同耕种。农业机械化的基本实现，对巴西提高农业劳动生产率，促进农业集约化经营，减轻农民劳动强度以及缩小工农差距起到重要作用。与2000年相比，2006年巴西拖拉机拥有量从79.75万台降至78.81万台，减少了1.18%，年均增长率为-0.20%；每100平方千米耕地拥有的拖拉机数量从138.03台降至116.86台，减少了15.33%，年均增长率为-2.74%（表7-18）。

表7-18　1974—2006年巴西拖拉机的拥有量

年　份	拖拉机拥有量（万台）	每100平方千米量耕地拥有拖拉机（台）
1974	23.60	57.56
1994	77.88	147.65
1995	79.12	136.28
1996	80.37	138.92
1997	80.22	138.81
1998	80.06	138.71
1999	79.90	138.37
2000	79.75	138.03
2001	79.59	134.74
2002	79.43	129.15
2003	79.28	122.64
2004	79.12	117.73
2005	78.96	116.08
2006	78.81	116.86

数据来源：世界银行

（2）农机产业。拖拉机方面，巴西国内主要生产和销售轮式和履带式两种拖拉机。

目前，巴西国内市场轮式拖拉机销量呈稳定增长的趋势，与2004年相比，2013年增幅达126%；履带式拖拉机则呈现较为平稳的销售态势，销量稳定在300式拖拉机则台。联合收割机方面，从2004年起巴西国内的联合收割机销售情况并不稳定，有比较明显的波动，但从2010年开始有了比较明显的上升趋势，2013年联合收割机销量超过8 000台。

巴西是农业机械化强国。目前，大型农业机械的使用及农业机械效率不断提高促使巴西农业机械数量已逐渐处于稳定回落的趋势中。未来一段时间里，巴西农业机械化仍将处于稳定发展的态势中。

2. 俄罗斯

（1）农业机械拥有量。从1992年起，俄罗斯主要农业机械的年末拥有量均处于不断下降的趋势中，截至2014年年末，拖拉机、播种机和谷物联合收割机三种机械的年末拥有量分别为243.7千辆、100.7千辆和64.6千辆，分别比1992年下降了81.1%、82.7%和82.6%（图7-6）。出现这种情况的原因主要有以下三个方面：①苏联时期遗留下了数量庞大的农机器具，老旧机器的更新换代淘汰了相当数量；②受俄罗斯经济发展的外部环境和农业改革政策变动的影响，俄罗斯农业发展面临较大的下行压力，农业机械化发展形势并不乐观；③俄罗斯农业规模化水平的提高促使农机具使用效率提升，不再需要过多的机械设备。

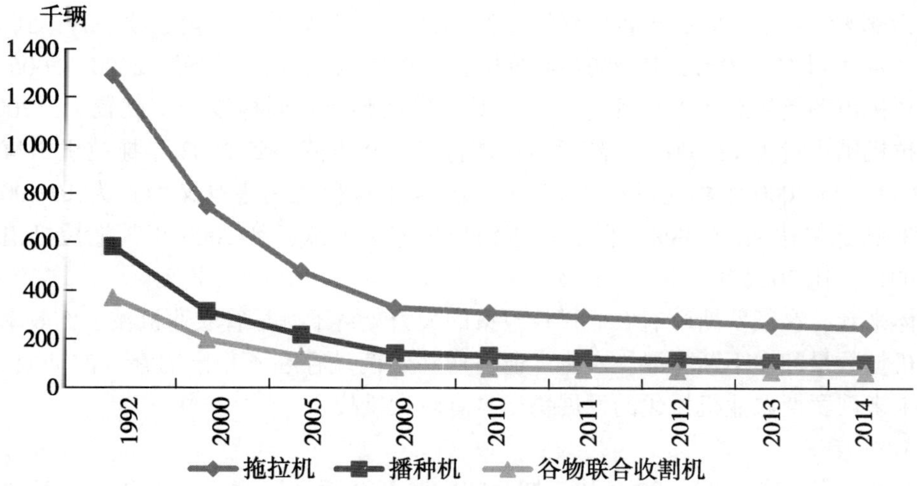

图7-6　俄罗斯主要农业机械年末拥有量走势

数据来源：俄罗斯联邦统计局

（2）农业机械使用率。从1992—2014年间，俄罗斯每千公顷拖拉机和谷物联合收割机数量分别从11台和6台降至3台和2台。农机具数量逐渐减少的同时，机械工作效率得到了很大的提升。在此期间，俄罗斯单位拖拉机和谷物联合收割机的作业能力从92公顷和160公顷上升分别上升到289公顷和408公顷（图7-7）。总体来看，虽然农机具使用量明显下降，但随着效率的提升，俄罗斯主要农作物单产呈现逐步升高的态势，谷物单产从2000年的1 560千克/公顷上升到2014年的2 410千克/公顷。

（3）农机产业。产量方面，2000—2007年俄罗斯的拖拉机产品产量总体先降后升，波动幅度较大。2000年俄罗斯的拖拉机产量为19 200台，随后3年产量连年下降，到

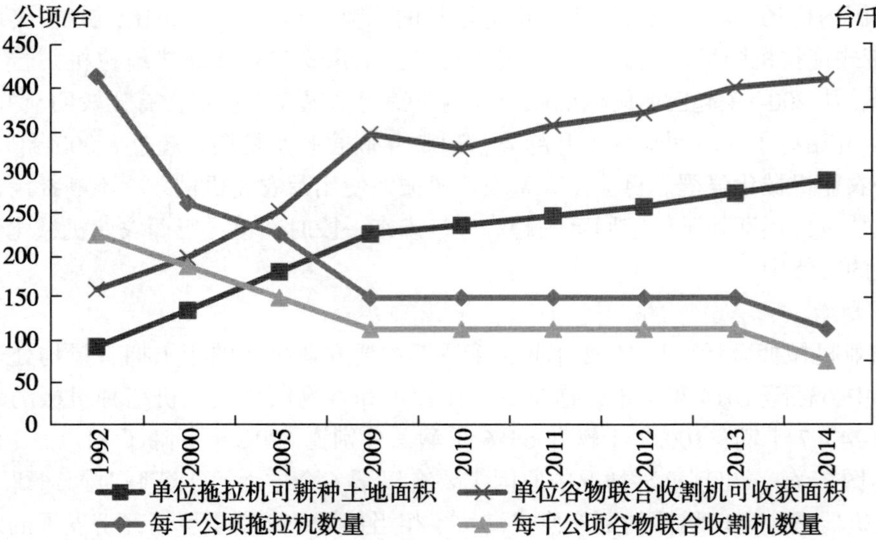

图 7-7 俄罗斯农业机械使用情况

数据来源：俄罗斯联邦统计局

2003 年拖拉机产量下降为 8 000台，与 2000 年相比大幅减少 58. 33%；2004 年拖拉机产量又增长为 9747 台，与 2003 年相比涨幅达到 21. 84%；随后几年产量连续上升，到 2007 年拖拉机产量达到 13 500台，比 2004 年增长 38. 50%。农机销售方面，2000—2006 年间俄罗斯拖拉机市场销售总体上呈现为先降后升的发展趋势，同样波动幅度较大。2000 年俄罗斯拖拉机销售量为 12 800台，随后 3 年销售量连年下降，到 2003 年拖拉机销售量下降为 6 500台，与 2000 年相比减少 49. 22%；2004 年拖拉机销售量又增长为 10 100台，与 2003 年相比涨幅达到 55. 38%；随后两年销售量连续上涨，到 2006 年其拖拉机销售量达到 15 000台，比 2004 年增长 48. 51%。

总体来看，在俄罗斯政府农业科技政策的大力支持下，尽管农业机械工作效率不断提高，但机械数量却在不断下滑，农机产业在产和销两端存在不稳定因素，波动幅度较大。因此，未来俄罗斯农业机械化的发展仍然具有较大挑战。

3. 印　度

（1）农业机械拥有量。90 年代后期，印度展开全面经济改革，出台了一系列利农政策，印度的农业机械化也随之快速发展起来。2000—2003 年，印度拖拉机总量从 209. 10 台增至 253. 29 台，增加了 21. 13%，年均增 6. 60%；每 100 平方千米耕地拥有的拖拉机数量从 128. 51 台增至 158. 44 台，增加了 23. 29%，年均增幅为 7. 23%，农业机械数量增长迅速（表 7-19）。

表 7-19 2000—2003 年印度拖拉机拥有量情况

年　份	总拥有量（万台）	平均拥有量（台/100 平方千米）
2000	209. 10	128. 51
2001	223. 80	139. 59
2002	238. 50	149. 12

（续表）

年　份	总拥有量（万台）	平均拥有量（台/100平方千米）
2003	253.29	158.44
增幅（%）	21.13	23.29
增速（%）	6.60	7.23

数据来源：世界银行

（2）农机总动力。20世纪70年代以前，印度农业机械化水平低下，农机总动力增长缓慢；进入80年代以后，印度农业机械化水平保持了非常迅速的增长势头。1981年农机动力水平为0.63千瓦/公顷，到2010年增长到1.66千瓦/公顷，增幅超过163.5%，农业机械化的迅速发展成为印度农业生产进步的主要驱动力（图7-8）。

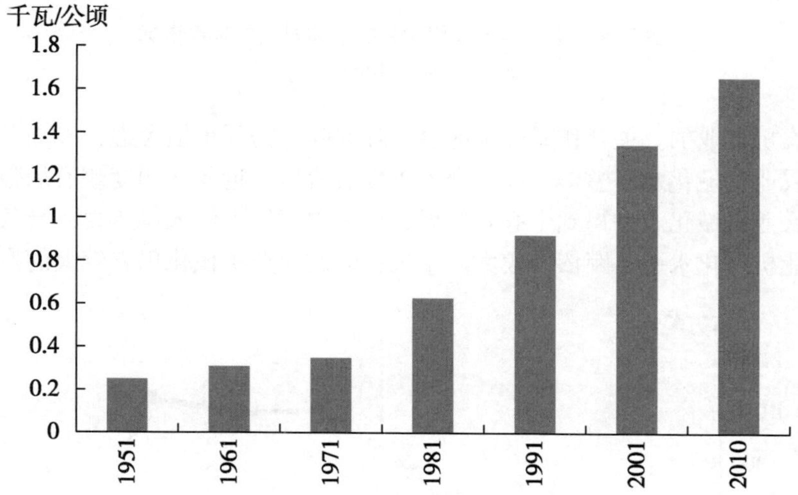

图7-8　印度每公顷农机总动力情况

数据来源：印度农业部

（3）农机产业。由于印度农民人均收入较低且农场以中小型为主，因此中小功率设备成为市场销售的主导机型，主要是拖拉机和耕耘机（Power Tiller）。受农业现代化发展水平和“第二次绿色革命”等因素的影响，除2012年销售有所下降外，其余年份的拖拉机和耕耘机销售量均实现逐年攀升。其中，2004年销售拖拉机和耕耘机247 351台和17 481台；到2013年销量分别增加至696 828台和56 000台，增幅达181.7%和220.3%（图7-9）。从印度农业机械化发展情况来看，未来两种主要农业机械的销量仍有进一步的增长空间。

（4）农机设备进出口。印度曾一度采取限制进口整机的政策。90年代起，印度的拖拉机工业已形成了可以满足市场需求的生产能力，政府相应取消拖拉机进出口限制，但由于进口价格昂贵、国内小型机械的生产成本较低等因素，农业机械出口额一直高于进口额。从2007年起，印度拖拉机进出口呈上升的趋势；但到2014年进出口额反而出现大幅下降情况，出口额由10.46亿美元降至2.83亿美元，进口额由4.41亿美元降至1.03亿美元（图7-10），降幅较大。截至目前，还无法确定导致突然下降的具体原因。因此，在

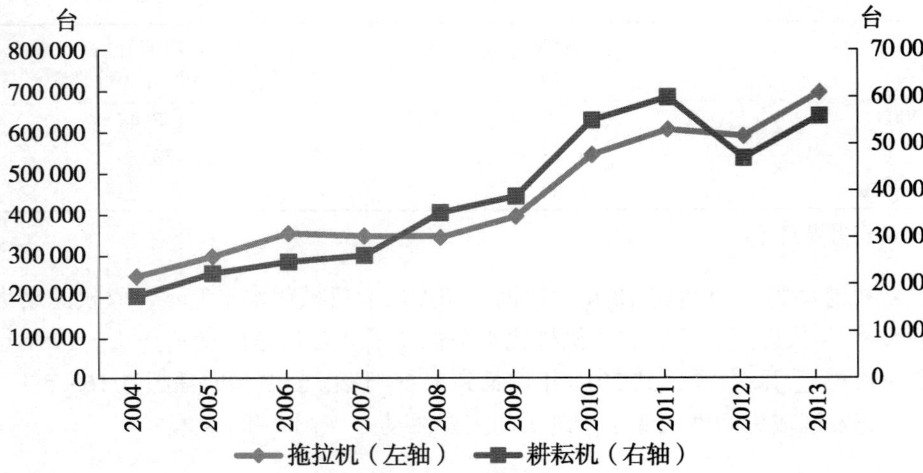

图 7-9　2004 年至今印度拖拉机和耕耘机销售情况

数据来源：印度农业部

与印度进行农机行业的有关合作时，可能会面临风险，需要审慎考虑，多加考察。

印度的农业机械化水平整体不高，尚处于发展阶段。近年来印度政府加强了对农业的重视力度，农业机械化水平得到了有效发展，但是由于巨大的人口压力，与其他金砖国家相比，其农业机械化水平差距依然较大。未来，印度农业机械化仍有较大的发展空间。

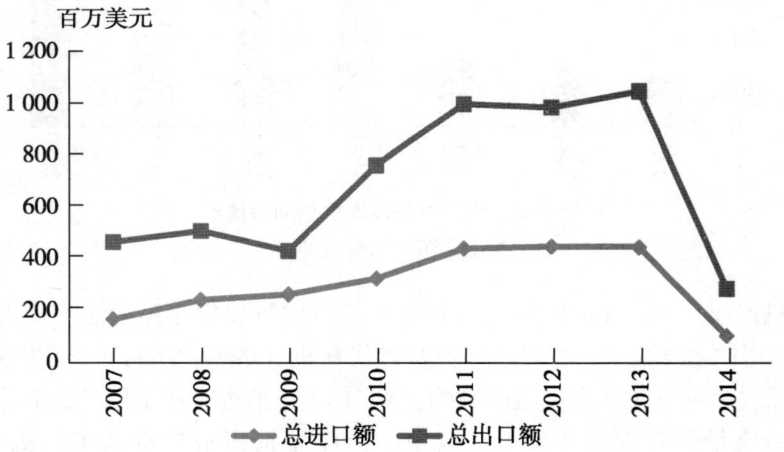

图 7-10　2007 年至今印度农业机械进出口额情况

数据来源：印度农业部

4. 中　国

（1）农业机械拥有量。近年来在各种农机利好政策的影响下，中国的农业机械化发展取得了长足进步（表 7-20）。2000—2014 年农用机械总动力从 5 257.4亿瓦增至 10 805.7亿瓦，几乎翻了一番；大中型拖拉机拥有量从 97.45 万台大幅增至 567.95 万台，增加 4 倍多，年均增长率接近 14%；小型拖拉机拥有量从 1 264.4万台大幅增至 1 729.8万台；大中型拖拉机配套农具从 140.0 万部大幅增至 889.6 万部，增加了 6 倍多。

表 7-20　2000—2014 年中国农业机械拥有量

年　份	农用机械总动力（亿瓦）	大中型拖拉机（万台）	小型拖拉机（万台）	大中型拖拉机配套农具（万部）
2000	5 257.4	97.5	1 264.4	140.0
2001	5 517.2	83.0	1 305.1	146.9
2002	5 793.0	91.2	1 339.4	157.9
2003	6 038.7	98.1	1 377.7	169.8
2004	6 402.8	111.9	1 454.9	188.7
2005	6 839.8	139.6	1 526.9	226.2
2006	7 252.2	171.8	1 567.9	261.5
2007	7 659.0	206.3	1 619.1	308.3
2008	8 219.0	299.5	1 722.4	435.4
2009	8 749.6	351.6	1 750.9	542.1
2010	9 278.0	392.2	1 785.8	612.9
2011	9 773.5	440.7	1 811.3	699.0
2012	10 255.9	485.2	1 797.2	763.5
2013	10 390.7	527.0	1 752.3	826.6
2014	10 805.7	568.0	1 729.8	889.6

数据来源：中华人民共和国国家统计局

从对农业机械拥有数量的发展脉络可以看出，2000 年起中国大中型拖拉机拥有量逐年攀升，小型拖拉机在经历一段时期的上升后，上升速度逐渐放缓，2012 年起开始逐渐下降（图 7-11）。这种发展趋势表明中国农业机械化发展已经逐渐向大型化、高效化的方向发展。

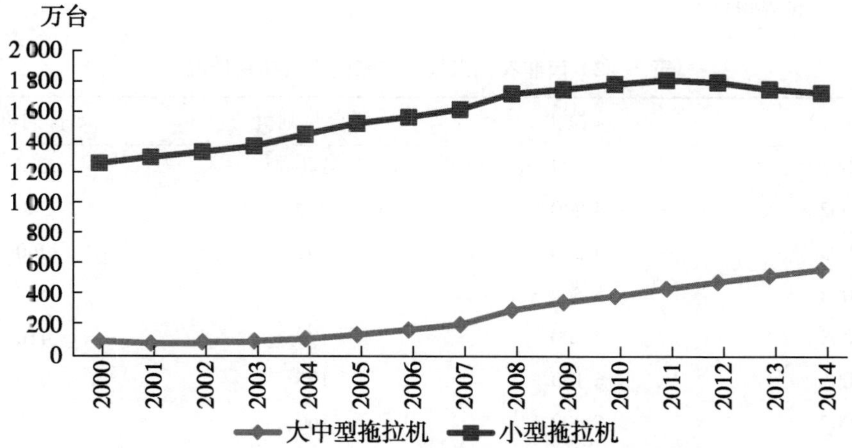

图 7-11　2000 年至今中国大中型拖拉机和小型拖拉机拥有量走势

数据来源：中华人民共和国国家统计局

（2）农机产业。过去十年间，我国农机行业发展态势良好。2012 年农机工业总产值达到3 100亿元，农业耕种收的综合机械化率达到57%；全国农机总动力迈上 10 亿千瓦台阶，同比增长 4. 3%；大中型拖拉机预计达到 490 万台，同比增长 11. 2%；薄弱环节的水稻插秧机、玉米联合收获机拥有量预计达 50. 7 万台和 23. 3 万台，同比分别增长 18. 7%和 36. 1%。

近年来中国政府加强了对农业的重视，各项利农政策的发布确实带来农业的发展，农业机械化也取得了较大的进步。但中国的农机化程度还不够，远低于发达国家水平，存在科技含量较低、政府支持力度不够等问题。

5. 南　非

（1）农业机械拥有量。有关南非农业机械化发展水平可参考的数据和指标都较少，根据现有资料本节只讨论 2000—2004 年南非农业机械化（拖拉机）的拥有量情况。2000—2004 年间南非每 100 平方千米耕地拥有的拖拉机数量从 52. 35 台减少到 47. 52 台，减少了 9. 22%，年均减少 2. 39%，可见南非近年来的农业机械化发展比较稳定（表 7-21）。

表 7-21　2000—2004 年南非拖拉机拥有量情况

单位：万台、台/100 平方千米

年　份	总拥有量	平均拥有量
2000	7. 23	52. 35
2001	7. 00	51. 17
2002	6. 78	49. 45
2003	6. 55	48. 14
2004	6. 32	47. 52
增幅（%）	-12. 59	-9. 22
增速（%）	-3. 31	-2. 39

数据来源：世界银行

表 7-22　南非农机市场近年来的农机销售情况　　单位：台

年　份	拖拉机	联合收割机	打捆机
2001	3 100	110	210
2002	4 830	200	200
2003	4 200	192	260
2004	5 560	280	420
2005	4 400	190	410
2006	6 150	195	510
2007	5 200	160	520
2008	7 230	340	610
增幅（%）	133. 23	209. 09	190. 48

数据来源：焦高俊 . 扫描南非农业和农机市场 . 产业观察. 国际，2009

（2）农机行业。2001—2008 年，南非拖拉机、联合收割机和打捆机的销售量分别从 3 100台增至 7 230台、110 台增至 340 台和 210 台增至 610 台，分别大幅增加 133. 23%、209. 09%和 190. 48%（表 7-22）；2005 年销售新拖拉机的平均功率已经从 58 千瓦上升到 80 千瓦，可见南非市场对农业机械的需求旺盛。这一方面是由于国家政策导向所致，而另一方面则是受市场利率变化拉低了农机价格的影响。但到 2013 年，南非拖拉机销量比 2012 年下降了 5%，联合收割机销量也下滑了 3%。近期，农业机械的市场需求出现下滑，南非的农业机械库存已超过了正常水平且没有任何迹象表明未来农机需求将会反弹。

2012 年末，南非西开普地区发生农场工人罢工后，南非劳工部发布新法规，提高农场工人的最低工资，规定农民的最低工资为每日 105R（南非兰特），这大大激发了当地农场主更少地雇佣农民，转向采购农业机械，促进南非农业机械化的转型。然而，由于银行贷款利率的不断攀升，南非农民的农业机械化依然面临高额成本等诸多问题，农机销售收入和利润空间也都将会进一步压缩。

第八章　金砖国家农业合作展望

农业合作是金砖国家合作的重要组成部分，是金砖机制中最为重要和务实的领域之一，是最容易取得突破和成效的合作路径。金砖国家农业资源、生产、贸易和发展阶段等各有特点，互补性强。不仅在粮食安全、农业应对气候变化、农业科技和信息交流等方面具有共同的立场，同时在农业发展的多个领域都具有可以相互借鉴、彼此合作的结合点。未来金砖国家农业合作，既有深刻的理论基础，又有实际的发展需求。目前，虽然金砖国家农业合作仍处于起步阶段，但在全球经济一体化趋势和“一带一路”战略的共同推动下，潜力巨大、前景广阔。

一、金砖国家农业合作潜力分析

金砖国家农业合作潜力取决于多重因素，采用 SWOT 分析方法，探析金砖各国农业合作的优势、劣势、机遇与挑战，判别农业合作的前景，新时期新形势下金砖国家农业合作的深入进行。

（一）金砖国家农业合作优势

农业互补性强，是农业合作的基础与优势，应充分发挥优势，实现资源优化，进而推动农业共同发展，促进农业提质增效。

1. 农业资源丰富且互补性强

总体上，金砖各国农业资源是相对丰富、农业发展条件较为良好的国家，近年来农业发展都取得了不小的成就，同时各国在资源禀赋、发展状况上又存在着差异、互补性强，这是农业合作的基础与前提。

土地资源。金砖各国的土地资源都相对丰富，如俄罗斯国土面积为 1 709.8万平方千米，占世界总量的 1/8，但是金砖国家间土地利用情况差别较大，中国可耕地面积不到世界的 8%，但谷物收获面积占到了世界的 1/8；同时，印度可耕地面积较大，占到世界的 1/9，灌溉面积占到世界的 1/5；俄罗斯可耕地资源不少，但灌溉条件有限，谷物产量不高；南非国土面积和耕地资源相对较小，均只占全球的约 1%，谷物种植及灌溉条件就更差。从人均来看看，印度和中国人均占有土地、可耕地资源较少；俄罗斯、巴西较多，南非也高于世界平均水平。由此可见，金砖各国总体耕地资源丰富，但各国之间又存在差异，存在互相开发利用的空间与可能性。

水资源。从水资源总量来说，金砖各国都是较为丰富的国家，尤其是巴西是世界上水资源最丰富的国家之一，占全球淡水总量的 12%（巴西国家水资源委员会，2012 年巴西水资源报告）；俄罗斯临北冰洋和太平洋，境内河道纵横，湖泊星罗棋布，是仅次于巴西的水资源大国。从灌溉面积来看，印度人均拥有的灌溉面积最高，甚至高于世界平均水平。

农业规模化与机械化水平。主要从劳动力投入、机械与化肥使用量方面进行简单评价，总体来说，中国和印度属于高投入的国家，中国平均每个劳动力耕作面积、平均每千公顷拖拉机、收割机与化肥使用量分别为0.2公顷、27.7部、5.8台、467.6千克，印度分别为0.6公顷、19.9部、3台和157.7千克；其他三国相对较低，俄罗斯分别为018.6公顷、3部、0.8台和15.9千克，南非分别为11.6公顷、4.3部、0.7台和49.7千克，巴西分别为5.2公顷、12.7部、0.9台和165.4千克。

2. 农产品生产及贸易互补性强

金砖国家地处四大洲，受自然资源、社会经济、人口规模等因素的制约及影响，各国农业政策以及生产农产品具有较大差异，这是农业合作的支撑与保障。

农业政策方面。各国在制定农业发展政策时也会各有着重，中国以保障粮食安全，口粮绝对自给为主，俄罗斯农产品则以进口为主，印度则在鼓励农产品的出口，南非在减少贫困与饥饿方面仍在不断探索，巴西则在生物质燃料发展方面提供了巨大的政策支持。

农产品生产方面。中国、印度和南非以种植业生产为主，中国主要农作物包括水稻、小麦、玉米、大豆和高粱等，印度主要农作物包括水稻、小麦和玉米，南非主要农作物包括玉米、小麦、甘蔗和大麦等；俄罗斯受气候环境的影响，主要以发展林业、畜牧业为主，巴西则逐渐实现了种植业、畜牧业、水产业和林业的全面协调发展，2014年巴西肉类产量占到世界产量的33%左右，是世界牛肉和鸡肉第三大生产国。

农产品贸易方面。金砖国家农产品主要出口地为欧盟、美国、日本、东盟等国家和地区，他们农产品出口市场存在很强的相似性，但是各国出口与进口农产品的类别上存在较大差别。巴西是农产品出口大国，特别是咖啡、蔗糖和橙汁等出口量均居世界第一位，进口农产品主要包括谷物、油籽油脂以及水果等；俄罗斯出口农产品种类较少，主要为小麦和大麦，该国是农产品净进口大国，进口包括乳制品、水果蔬菜、谷物、酒精等多种类型；印度出口较多的农产品包括豆粕、大米、香料等，主要进口食用植物油；中国出口优势农产品多是劳动密集型的，同时其是重要的农产品进口大国，特别是大豆进口量在2014年超过7 100万吨；水果、蔬菜是南非最大的出口创汇农产品项目，多进口大米、小麦等谷物，以满足国内需求。

3. 农业科技各有所长、互补性强

科技是第一生产力，土地利用率、劳动生产率和产品商品率的提高，必须依靠科学技术的进步。先进农业科学技术的合作与创新同样是金砖国家农业合作的重要组成，不同的历史积淀和发展历程，决定了金砖各国在农业科技方面各有所长，使得各国农业科技互补性强，合作空间和可能性较大。

就巴西而言，巴西对农业科技研发及应用非常重视，在基因技术（特别是棉花、玉米、大豆育种和种植方面）、胚胎转移技术（克隆、生物防治、药剂防治方面）、燃料乙醇和生物柴油技术、大豆生物固氮技术以及甘蔗综合利用技术在世界处于领先地位。

就俄罗斯而言，农业科技力量雄厚，在农业栽培技术的许多方面处于世界领先地位。俄罗斯拥有阵容很大的选育种和培育优良品种的系统，通过对各种土壤和气候条件下的农作物种植进行研究。尤其是粮食新品种培育的杂交技术方面处于世界领先水平，所用种子处理剂和生物表面活化剂无污染，无药物残留，无毒害。在生物农药、生物活性物质、防治农作物病虫害方面，俄罗斯都位居世界领先水平。

就印度而言，其在生物杀虫剂研制与制造方面、转基因作为培育领域和农业信息化建设方面都具有明显优势，2016 年印度科技部发布的《国家生物技术发展战略（2015—2020）》，明确提出未来将开展实施大型生物技术研发项目，吸引多方投资，创新生物技术产品，建立强大的基础设施和商业化设备，培养大量生物技术领域科技人才，计划 2025 年印度生物技术产业产值达 1 000亿美元，并将印度打造为世界级的生物制造中心。

就中国而言，悠久的农业发展历史，使得中国在耕作技术、农田水利、节水灌溉、良种选育、机械化技术等方面经验丰富，具有农业技术优势，特别是在化学杀虫剂的研制、生产与推广应用方面、在航天育种、农业机械化与设施工程技术方面优势明显。

就南非而言，相对其他金砖国家南非的农业科技水平偏低，但是南非农业技术培训及推广体系较为完善，南非农业部大力组织科研力量进行农业、园艺、兽医学的研究和普及工作，在许多农牧场推广优良品种，实现良种化。

（二）金砖国家农业合作劣势

金砖各国同为世界上重要的发展中国家，且在农业生产、贸易、资源和技术互补性强，合作优势明显的状况下，特别是在金砖国家合作机制不断完善的情况下，农业合作没有明显的劣势，只是以下几个方面可能是金砖国家农业合作顺利推进的阻碍：①金砖各国社会制度不同。中国为社会主义社会，巴西、俄罗斯、印度、南非为资本主义社会，社会制度的差别决定各国在遇到国际重大问题是可能立场和处理方式会有所不同，这是金砖国家农业合作的潜在劣势所在。②金砖各国所处社会发展阶段的差异。虽说中国和印度同为世界上经济增长最快的发展中国家，但是中国经济步入新常态，国民收入连年增长，2015 年人均 GDP 达到 8 016美元。而虽说印度经济步入快速发展期，据印度储备银行数据，2014—2015 财年，印度经济增长率为 7.3%，但是印度社会贫富差距大，治安问题堪忧，这些都可能阻碍了中国到印度进行农业投资的脚步。对巴西和南非而言，同样面临贫富差距过大，社会安定性不强等问题。

（三）金砖国家农业合作面临机遇

目前，可以说是金砖国家农业合作的黄金机遇期，具体主要表现在两国农业合作的宏观环境日趋向好，并且随着金砖合作将启动第二个十年，即金砖机制“中国年”的启动，同时随着“一带一路”倡议的推进，特别是基础设施建设的推进，为金砖国家农业合作提供了良好机遇。

1. 农业合作的宏观环境日趋向好机遇

金砖各国均为金砖国家、WTO 成员国家和“一带一路”倡议沿线国家等，良好的政治环境为两国农业合作带来了机遇。第四届金砖国家农业部长会议，更是明确指出未来要在信息交流、粮食安全、气候变化、农业技术合作、农业投资与贸易促进等领域促进金砖国家的农业合作；第五届金砖国家农业部长会议，更是就农业投资、渔业、经贸、科研、质检及地反政府农业合作等议题进行了深入磋商，为金砖国家农业合作打下良好基础。金砖国家均为WTO成员国，使得各国能够在WTO农业规则和框架下，尽力排除非关税措施的贸易壁垒，促进和提高农产品市场的开放水平与农产品贸易合作的顺利开展。2016年9月8日开幕的第19届中国国家投资贸易洽谈会明确，中国与“一带一路”沿线国家在农业领域具有高度的互补性，农业合作正在成为“一带一路”建设的重点领域。

2. “一带一路”基础设施建设机遇

长期以来，制约中国农业对外开放的关键因素之一就是道路不畅。“一带一路”倡议的实施，特别是支持沿线国家铁路、公路以及港口等基础设施建设的相关扶持政策与推进计划的共同作用下，在丝路基金、上合组织开放银行、金砖国家新开发银行、亚洲基础设施投资银行等金融平台的大力支持下，中国向西开放的关键通道和口岸将被打通，为区域农业合作带来了前所未有的机遇，未来金砖各国的农产品贸易环境将得到优化，贸易通过合作得到加强，有助于推动各国农产品生产基地建设和农产品加工贸易发展，挖掘未来新的农产品贸易增长点。

3. 金砖机制的“中国年”的到来

王毅表示中国将探索“金砖+”的拓展模式，通过金砖国家同其他发展中大国和发展中国家组织进行对话，建立更广泛的伙伴关系，扩大金砖的“朋友圈”，把金砖合作打造成为当今世界最有影响力的南南合作平台，农业合作作为金砖合作的重要组成部分，也将获得更多的发展机遇与更广阔发展空间。

(四) 金砖国家农业合作未来挑战

挑战与机遇并存，当金砖国家农业合作机遇良好时，必然面临着新的挑战，具体来看就是农业合作领域的国际竞争越来越激烈、金砖国家合作机制仍不完善、以及金砖国家在农业重大问题方面的不确定性。

1. 农业合作领域的国际竞争激烈

金砖各国均为世界上经济增长较快的国家，2014年金砖国家GDP总额达17.03万亿美元，占到全球GDP总额的21.85%，比2000年的2.73万亿美元和8.21%，分别增长了5.23倍和1.66倍。2000—2013年金砖国家农业生产总值从4 946亿美元增至19 639亿美元，年均增长11.19%，占世界农业生产总值的比重从36.05%增至48.36%，呈现稳步增长的趋势。不断增大的农业市场，使得美国、欧盟等传统农业强国，对此虎视眈眈，各国间的农业合作面临激烈的国际竞争。

2. 金砖国家合作机制仍不完善

金砖国家的合作建立在共同利益基础之上，若未来各国国家利益之间出现冲突，农业合作可能夭折。目前金砖各国之间经济发展速度非常不均衡，合作机制建设相对落后，各国国内外经济社会环境变幻莫测，各国国家发展规划不确定，这些都是影响未来金砖国家农业合作的不确定条件。

3. 金砖各国在农业发展重大问题上态度的不确定性

目前各国在粮食安全问题、应对气候变化问题等方面达成积极共识，但是在生物质能源发展方面存在巨大分歧，比如巴西积极推动发展生物质能源特别是生物乙醇生产，占用大量土地，消耗粮食资源，但是南非、中国对此就保持保守态度。未来各国对待农业问题态度如何更是不可预知，这些都将影响未来农业合作趋势与发展方向。

（五）金砖国家农业合作前景判断

金砖国家资源禀赋各异，农业各有特色与优势，互补性强，合作前景广阔。中国农产品品种多、数量大，劳动力资源丰富，农业实用技术先进；俄罗斯农业资源丰富，科技实力雄厚，能源充足；印度生物技术和科技创新能力领先，棉花、香料、烟草等传统产品历史悠久；巴西农林牧副渔各业协调发展，重要的农产品出口国；南非农业部门是南非三大支柱之一，规模居非洲第三位，在非洲地区粮食安全格局中举足轻重。

综合判断，认为巴西因为与中国、印度、俄罗斯等国的距离较远，所以常规农业合作潜力不大，但在特殊领域合作前景广阔，如种子资源、南半球特有农副产品等；印度与俄罗斯的合作潜力最大；与中国合作潜力较大的为俄罗斯和印度；南非与中国和印度有较强的互补性和一定的合作前景，且南非在果蔬贸易方面与俄罗斯存在一定合作空间。

总之，金砖国家间农业合作前景广阔，特别是在粮食安全、共同应对气候变化对农业生产的影响、农业科技研发与推广等方面，具有较大的合作空间。

二、金砖国家农业合作趋势

拥有世界43%的人口、35.6%的耕地和18%的全球贸易的金砖国家，都高度重视农业合作与发展，金砖国家农业部长会议相继发表《莫斯科宣言》《成都宣言》，希望通过农业领域的密切合作、协调及联合行动，制定全面有效的措施，推动各方农业发展。

通过分析历届金砖国家农业部长会议成果，认为未来农业合作将在加强信息交流、提升粮食安全领域、加强农业适应气候变化领域、农业技术方面、农业投资与贸易促进方面等的合作，并对合作方式进行相关展望。

（一）粮食安全领域合作进一步提升

金砖国家是农业大国，但不是农业强国，温饱问题仍是金砖国家面临的共同挑战。21世纪以来，全球粮食供求日益偏紧，粮食安全问题日益突出。虽然金砖国家谷物收获面积与产量保持增长态势，但是各类作物增速差异较大，粮食生产结构性矛盾日益突出。再加上未来粮食生产资源环境约束增大、粮食消费需求刚性增长、贫困人口数量仍然巨大、自然灾害严重的状况下，粮食安全形势不容乐观。根据英国风险分析公司 Maplecroft 的报告，中国、俄罗斯、巴西、南非粮食安全处于中等风险，但是印度粮食安全处于高风险。因此，可以看出未来保障粮食安全的压力会不断增大。

为了维护世界共同粮食安全，金砖各国未来在加强自身粮食生产的基础上，应进一步提升粮食安全领域的合作，最大限度地降低粮食安全面临的风险。长期来看，通过提高粮食生产的劳动生产率和技术进步率，来增加粮食产量和改进粮食品质，是实现金砖国家粮食安全的根本出路。具体来说：①重视耕地安全。通过先进农业技术的推广和应用，以及合理的耕作制度安排，提高耕地的生产效率，有效保护耕地；②提高水资源利用效率。随着可利用地表水资源的减少，应不断完善各国水利基础设施建设，大力推广节水灌溉技术，发展节水农业；③推行绿色生产方式，增强农业可持续发展能力。深入推进有机生态肥、生物农药的使用，建立健全化肥农药行业生产监管及产品追溯系统。大力推行高效生态、可循环的种养模式，严格控制污染物排放，加大环境污染治理力度，防治面源污染；④加大农业投入力度。各国探索设立农业科研与生产专项基金，加快农业高新技术创新与推广，加强优质、高产新品种研发，提高农业生产资料利用效率与土地产出率，最大限度的提高粮食增产的可能性。

对于金砖国家整体而言，应加强金砖国家间在育种、耕作技术、农产品贸易、资源配置等合作与沟通，共同提高粮食单产水平、耕地使用量和粮食竞争力与安全水平。首先，探索建立资源协调机制。虽说金砖各国耕地资源与水资源都相对丰富，但是中国农业生产的耕地资源约束越来越明显，而俄罗斯、巴西、印度的可利用耕地面积还很大，所以可以探索建立耕地资源协调机制，中国在俄罗斯、印度等国建立粮食等农产品生产、加工、物流基地，提高总体农业效益与产出。其次，不断加强金砖国家间科技与信息合作，促进国家间的农业技术交流，实现整体粮食生产能力的提高。同时，加强金砖国家粮食安全信息交流，提高金砖国家粮食安全监测与预警能力，做到早预警早处理，把问题解决在萌芽状态。最后，金砖国家团结在一起，拧成一股绳，发出共同声音，积极推动全球和区域粮食安全治理机制建设，提高国际影响力。如，参与联合国粮食及农业组织组织、亚太经合组织和 G20 等倡议的全球和区域粮食储备体系、粮食安全治理机制和禁止粮食禁运等行动计划，共同维护世界粮食安全。

（二）农业应对气候变化合作进一步完善

气候变化是国际社会普遍关心的重大、全球性问题，既是环境问题，又是发展问题，归根到底是发展问题。

目前，金砖国家在全球气候变化大会等重要国际事务上发挥了重要乃至决定性作用。如，中国、印度和巴西在哥本哈根气候变化大会上保持一致立场，认为在减少温室气体排放和保护环境方面，必须坚持《京都议定书》规定的共同但有区别的责任原则。2012 年金砖国家在北京召开的农业与气候变化讨论会上，达成共识，充分认识到气候变化对农业生产、粮食安全的影响，认为农业的脆弱性使其受气候变化的影响甚为明显。并纷纷采取了多种措施以应对未来可能变化，努力保障农业的可持续发展，提高国家的粮食安全水平。农业是气候变化关注的重要议题之一，在加上农业是缓解气候变化的重要渠道，未来应该给予更多关注。

在积极良好共识的基础上，金砖国家未来应对气候变化的合作将不断加强。首先，探索建立共享的农业气象信息数据库，加强气象变化预测和分析，减少气象灾害对农产品生产和市场贸易的冲击；其次，探讨保护性耕作、节水农业、农艺改良、农业保险等应对气候变化、促进农业可持续发展的技术措施和政策措施；最后，加强在国际和区域组织中的合作与协调。同时，未来将不断加强气候变化对农业影响评估方法与体系的沟通与合作。

（三）农业信息交流进一步加强

信息通信技术的进步带动了社会方方面面的发展，更为农业这一古老的行业注入了前所未有的活力，开启了农业发展的新时代。信息化建设是农业合作话语权的基础，不管在农产品现货市场还是期货市场，信息完整性、分析利用与预警能力都是至关重要的，特别是在提高农产品价格国际话语权的谈判中。目前，美国等发达国家在农业信息调研、分析方面起着主导作用，如美国农业部美国花费大约 15 亿美元用于农业数据调研，并通过分析和发布市场报告，引导全球农产品价格走势。

未来为了提高金砖国家在农产品定价中的话语权，提高各国应对国际、国内农产品价格的异常波动，更好地引导生产、消费，应对粮食危机，确保粮食安全，金砖各国在不断完善本国农业信息监测与预警体系的基础上，农业信息交流将进一步加强，逐步构建和完善金砖国家农业信息监测与预警体系。

金砖各国从农业基础数据收集、信息分析预警队伍建设、独具特色预警模型构建等方面不断加强各国信息交流工作，交流内容不仅包括各成员国的基本社会经济信息（耕地面积、人口数量、人均收入、国民生产总值、农业生产总值等）、生产（产量）、消费（人均拥有量、人均消费量）、贸易（进口数量和出口数量）、市场价格（收购价格、批发价格、零售价格）等定量内容，同时包括成员国农业发展政策（价格补贴政策、农村金融保险政策、农业管理体制等）、农产品贸易政策（进出口关税、出口补贴政策、出口配额、检验检疫规定等）、农业科技最新动态（农业科技政策、最新科技成果、科技推广效果等）等。此外，还将不断完善信息交流成果的发布机制，对金砖国家主要农产品生产、消费和贸易情况进行分析与预测、发布金砖国家农业政策系列研究报告、发布金砖国家未来农业风险分析与评估报告等，为推动金砖国家农业发展提供信息服务与支持。

（四）农产品贸易与农业投资领域合作进一步推进

国际市场与资源是国内市场与资源的良好补充，是调节国内生产与满足消费需求的重要手段。金砖各国经济发展水平与资源禀赋，影响其农业产业发展水平与结构，这为各国开展农产品贸易与农业投资领域合作提供了空间。

就农产品贸易而言，目前金砖国家都已成为 WTO 成员，未来在 WTO 框架下，金砖国家可积极利用 WTO 已有条例，充分发挥各国间产品上的互补性，农产品贸易进一步加强。具体：①推动农产品贸易便利化，在 WTO 框架下，加快农产品贸易绿色通道建设，提高农产品检验检疫标准的互相认可程度；②大力发展加工贸易，金砖国家在共同合作机制下，紧紧抓住“一带一路”机遇，扩大农产品生产加工基地建设，加大对相应企业的扶持力度，借着“丝绸之路”的东风，提高金砖国家农产品贸易的深度；③加快建立各国间的农产品展览会以及跨国农产品电商的发展，多渠道、多方式的加大农产品贸易往来。

就农业投资而言，在目前各国良好投资的基础上，未来在农产品贸易合作、农业基础设计建设等方面的投资将不断加强。截至 2010 年，中国对非洲累积实现各类投资 400 多亿美元，直接投资 130 对亿美元。巴西农业投资环境良好，从其内部看，巴西基础设施便利、劳动力供应充足、政治和金融稳定、国内自由贸易区政策优惠、技术研发水平较高；从外部看，巴西参加了相关的区域经济一体化组织，投资优惠较多。俄罗斯地广人稀，有大片未开发的土地，且近年来出台了一系列吸引外资的优惠政策和农业改革方针，尤其是西伯利亚和远东地区，对外来劳动力和投资需求强烈，农业合作空间较大。金砖国家应多方面调整农业投资合作的相关政策，优化农业合作的贸易投资环境，积极推进农业的相互投资。一是，加强农业生产领域的投资，构建大型农业生产资料企业“走出去”或“请进来”的政策支持体系，加快农产品战略资源基地建设；二是，加强流通领域的农业投资，加强金砖国家间农业和食品工业合作，推动农产品物流业发展，促进农业向精深加工、产业链条完整的国际化大农业转变。

（五）农业技术与创新合作进一步深入

科技是第一生产力，特别是在资源环境约束不断加强、人口压力不断加大的情况下，如何更好利用先进农业科技，提高农业生产水平与品质，是金砖国家共同面对的课题。

目前，各国已经形成了各具优势的农业科技体系，为未来金砖国家农业科技与创新合作打下良好基础。巴西在生物能源转化技术、大豆育种以及菌治虫的生物防治方面取得了较突出成果，俄罗斯在小麦新品种培育方面取得突出进展，印度的农业科技推广体系较为发达，南非非常重视科研成果转化，在农业科研直接服务于农业生产方面，取得了良好的效果。

未来金砖国家将积极探索建立金砖农业科技合作战略联盟，配合农业部长会议，每1~2年轮流召开五国农业科学院院长论坛，加强对话与交流，共同分析世界农业科技面临的重大挑战；研讨如何共享科技资源、促进各国农业科技发展和提高科学研究效率；落实金砖五国农业部长会议达成的共识和成果。各国农业部共同出资设立专项基金支持战略合作联盟的相关活动。同时，未来各方在农业先进技术、设备和专业技术人才等领域的交流与合作将不断加强。

未来合作方式主要包括：①建设现代技术示范园区，把各国先进的农产品生产、加工技术引入园区，加大对推广和人员的培训，提高相关人员对其他国家先进技术的认可程度，加快农业技术“走出去”步伐；②建立联合实验室，开展重大技术课题的联合开发。发挥各国农业科技优势，集中最先进的专家学者，提高科技创新能力；③开展广泛的学术交流，以及农业科研人才和人员的联合培养。

三、发展建议

金砖国家农业合作的不断推进与加强，不仅需要各成员国通力合作，更是需要加强舆论引导与机制建设，明确行动计划并加以落实，寻求务实合作领域与重点项目，不断推进和引导农业合作。

一是加强舆论引导和宣传，营造良好氛围。金砖国家人口规模和国土面积大，工业化和城市化推进快，利用各国农业生产发展空间广阔。巴西是“世界农产品基地”、俄罗斯是“世界加油站”、印度是“世界办公室”、中国被称为“世界工厂”和“世界市场”、南非有望成为“世界矿主”，金砖国家发展好了，有利于增加世界经济的动力与活力，进而拓宽国际环境宽容度，同时不断提高金砖国家内部国家的认可度，为合作提供良好政治、经济保障。

二是完善机制建设。建设并不断完善金砖国家农业合作机制，将金砖国家农业部长会议、工作组会议和各领域研讨会等形式作为定期沟通机制纳入到工作规程之中，同时可以研究探讨建立金砖国家农业合作工作组，定期进行沟通协调，保持密切联系。

三是细化近期行动计划并逐项落实。进一步细化金砖国家农业基础信息交流系统、保障最脆弱人口的粮食安全、减少气候变化对粮食安全的负面影响和推动农业适应气候变化、农业技术合作与创新、贸易与投资促进等领域行动计划的细化，明确主导单位，逐项加以落实。如从技术层面寻找合作共同点，实现农业合作机制的突破。比如从建立金砖国家农业科技战略联盟入手，以各国农科院等科研部门为主体，开展农业科技业务合作。

四是加强磋商和协调，尊重彼此、求同存异、共谋发展。尊重每一个成员在特定历史条件下对重大问题的认识和立场，淡化障碍，在共同关心的问题上多做文章，凸显集体利益和力量。把握各方需求和关切，结合自身发展实际，发现利益结合点，并以之为纽带。以粮食安全、农业应对气候变化、农业科技合作、农产品贸易和投资促进等共同关注的农业发展和国际合作问题为切入点，搭建合作平台，开展磋商，形成重点合作领域与项目。

参考文献

澳大利亚 Lonely Planet 公司 . 2013. Lonely Planet 旅行指南系列：俄罗斯 . 北京：中国地图出版社 .

巴西国家地理统计局 . 统计数据库［EB/OL］. http：//www. ibge. gov. br/english/. 2015-09-20.

巴西国家水资源委员会 . 2012 年巴西水资源报告［R/OL］. http：//www. icid. org/cp_ brazil.html. 2015-10-11.

巴西农业的“效率革命”［N］. 第一财经日报，2011-06-08.

白维军，王奕君 . 2012. 巴西缩小贫富差距的做法及启示［J］. 经济纵横（3）.

白维军 . 2012. “金砖国家”反贫困政策比较研究［J］. 现代经济探讨（12）：86-90.

波波夫，张晓涛 . 1998. 俄罗斯农业的危机与出路［J］. 世界农业（10）：15-16.

陈建梅 . 2008. 日本、印度农业补贴政策的经验与启示［J］. 农场经济管理（3）：42-43.

陈进，黄健青 . 2013. 金砖国家经贸合作发展报告（中国 2013）［M］. 北京：对外经贸大学出版社 .

陈晓艳 . 2006. 中印农产品贸易关系及合作潜力研究［D］. 南京：南京农业大学 .

邓国庆 . 2002. 重视、扶持、引进：巴西科技政策的发展及特点［J］. 华夏星火（4）：21-26.

刁莉，高玉芳 . 2003. 过渡中的俄罗斯社会保障制度解析［J］. 经济社会体制比较（4）.

丁建新 . 2005. 俄罗斯面临的粮食安全问题［J］. 全球科技经济瞭望（12）：38-39.

董运来，赵慧娥，王大超 . 2008. 印度农业贸易：政策改革、问题及挑战［J］. 中国农村经济（6）：74-80.

窦金花 . 2014. 中国农产品贸易安全评价研究［D］. 青岛：中国海洋大学 .

对外投资合作国别（地区）指南（2015 版）［EB/OL］. http：//fec. mofcom. gov. cn/gbzn/ guobiezhinan. shtml. 2015-12-07.

俄罗斯联邦统计局 . 人口统计［EB/OL］. http：//www. gks. ru/wps/wcm/connect/rosstat_ main/ rosstat/en/main. 2015-09-20.

方嘉禾 . 2012. 世界生物资源概况［J］. 植物资源学报，11（2）：121-129.

方晓丽 . 2013. “金砖国家”农业外贸竞争力分析及合作发展探索［J］. 商业时代，34：45-47.

冯帆，邓娟 . 2011. 中国与金砖国家的贸易关系及其特点［J］. 学海（3）.

复旦大学金砖国家研究中心，金砖国家合作与全球治理协同创新中心 . 2013. 金砖国家研究（第一辑）[M]. 上海：上海人民出版社.
复旦大学金砖国家研究中心. 2015. 全球发展中的金砖伙伴关系 [M]. 上海：上海人民出版社.
高道明，王桦，田志宏. 2014. 俄罗斯加入的农业承诺及其影响 [J]. 欧亚经济（2）：71-80.
高贵现. 2014. 中非农业合作的模式、绩效和对策研究 [D]. 武汉：华中农业大学.
耿晔强，马海刚. 2007. 巴西农业贸易政策发展演变及启示 [J]. 世界农业（8）：36-40.
郭连成. 2004. 俄罗斯土地私有化与农业政策调整 [J]. 太平洋学报（2）：31-39.
郭淑红. 2005. 中非农业合作潜力分析与策略研究 [J]. 世界农业（9）：31-34.
国家发展和改革委员会农村经济司. 2011. 俄罗斯农业改革历程及对我国的启示 [J]. 中国科技投资（2）：76-79.
果鲁诺娃，奥丽雅. 2012. 俄罗斯利用外国直接投资的政策与效应研究 [D]. 哈尔滨：黑龙江大学.
何燕华，蒋新苗. 2014. WTO 视角下金砖国家农业国内支持政策探析 [J]. 湖北社会科学（10）：136-142.
何燕华，杨炼. 2014. 金砖国家农业国内支持政策及其国际合作路径——基于 WTO 农业治理框架. 湖南农业大学学报：社会科学版（3）：39-45.
胡烨. 2014. 印度农业补贴政策及对中国的启示 [J]. 南亚研究季刊（2）：66-71.
黄帅，杨荣斌. 2012. 俄罗斯斯科尔科沃创新中心建设经验及启示 [A]. 科技发展研究，上海科技发展研究中心 [C].
黄一坤，刘钊. 2007. 印度科技政策的特点与启示 [J] 科技管理研究（7）：57-58.
吉海英. 2007. 南非生物多样性保护的法律与实践 [J]. 中共济南市委党校学报（1）：39-40.
焦震衡. 1997. 巴西的社会问题及其对策 [J]. 拉丁美洲研究，1997（6）：41-46.
雷启淮. 1993. 印度利用外资发展农业 [J]，南亚研究季刊（1）：1-13.
李超峰. 2013. 中国矿产资源整合与规制研究——以山西省煤炭资源整合为例 [D]. 北京：中国地质大学.
李峰. 2013. 中国矿产资源储量分类与 JORC 类矿产资源储量分类的对比与研究 [D]. 北京：中国地质大学.
李华，杨恺. 2012. 俄罗斯矿产资源现状及开发 [J]. 中国煤炭地质（12）：69-72.
李剑，王妤. 2014. 国外农业利用外资的经验借鉴 [J]. 世界农业（2）：122-125，148.
李琳. 俄罗斯农产品贸易政府支持多 [N]. 新农村商报，2010-08-25（A15）.
李先德，宗义湘. 2012. 农业补贴政策的国际比较 [M]. 北京：中国农业科学技术出版社.
李筱菁，任金政. 2008. 印度农业保险的发展历程及启示 [J]. 世界农业（11）：53-55.
李形. 金砖国家及其超越-新兴世界秩序的国际政治经济学解读 [M]. 北京：世界知

识出版社.
李远.1999. 巴西科技发展政策及对经济的影响［J］. 全球科技经济瞭望（9）：28-29.
联合国开发计划署.2014 Human Development Report［EB/OL］. http：//www.undp.org/content/undp/en/home/librarypage/hdr/2014-human-development-report/. 2015-09-20.
联合国商品贸易数据库［EB/OL］. http：//comtrade. un. org/. 2015-09-30.
梁光明. 俄罗斯土地资源管理［M］. 北京：中国大地出版社，2003.
林燕梅，成功.2014. 印度生物遗传资源及相关传统知识获取与惠益分享制度分析［J］. 贵州社会科学（10）：87-91.
林跃勤，周文.2011. 金砖国家经济社会发展报告［M］. 北京：社会科学文献出版社.
林跃勤，周文.2014. 新兴经济体蓝皮书：金砖国家发展报告（2014）. 北京：社会科学文献出版社.
娄方.1998. 俄罗斯的投资环境和外资利用状况［J］. 东欧中亚市场研究（9）.
陆绮雯，巴西是如何缩小贫富差距的［N］. 新财经周刊.2007-11-17（011）.
马友君.2004. 俄罗斯吸引外资的历程及其前景［J］. 边疆经济与文化（3）.
美国地质调查局. 矿产资源报告［EB/OL］. http：//www. usgs. gov/. 2015-09-20.
南非国家统计局. 人口统计［EB/OL］. http：//www. statssa. gov. za/. 2015-09-20.
宁亮亮.2013. 中国农业利用外资现状和发展对策研究［D］. 石家庄：河北师范大学.
农业部农业贸易促进中心. 开放视角下中国粮食安全战略再思考.［EB/OL］. http：//www. moa. gov. cn/sydw/mczx/myyj/201501/t20150107_ 4324150. htm. 2015-12-05.
农业部市场预警专家委员会.2015. 中国农业展望报告（2015—2024）［M］. 北京：中国农业科学技术出版社.
佩旦·安德森［英］，张晶译.2012. 卢拉的巴西［J］. 国外理论动态（3）7.
秦富，李宇彤，张吉祥.2002. 中国农业利用外资研究［J］. 农业经济问题（1）：42-47.
人力资源和社会保障部，发展改革委，教育部，工业和信息化部，财政部，农业部，商务部.2011. 促进就业规划（2011-2015 年）.
任晓洁.2014. 外商直接投资流入对金砖国家经济的影响［D］. 济南：山东财经大学.
商务部外资司.2013 中国外商投资报告［EB/OL］. http：//www. fdi. gov. cn/1800000121_ 35_ 166_ 0_ 7. html. 2015-12-07.
石广生.2002. 中国加入世贸组织知识读本［M］. 北京：人民出版社.
世界银行，国务院发展研究中心联合课题组. 2012. 2030 年的中国：建设现代、和谐、有创造力的社会［M］. 北京：中国财政经济出版社.
世界银行. 世界银行数据库［EB/OL］. http：//data. world bank. org. cn/. 2015-09-15.
宋莉莉，马晓春.2010. 南非农业支持政策及启示［J］. 中国科技论坛（11）：155-160.

孙华平 . 2013. 中国与南非农产品贸易实证研究 [J]. 社会科学家（11）：51-54.
孙致陆，李先德 . 2013. 经济全球化背景下中国与印度农产品贸易发展研究——基于贸易互补性、竞争性和增长潜力的实证分析 [J]. 国际贸易问题（12）：68-78.
汤碧 . 2012. 中国与金砖国家农产品贸易：比较优势与合作潜力 [J]. 农业经济问题（10）：67-76.
陶海东 . 2010. 俄罗斯农业的发展战略 [J]. 经济导刊（6）：10-11.
童剑新贫困标准高低之辩，2011.
汪晓波，朱英丽 . 2009. 俄罗斯农业现况及中俄农业合作潜力 [J]. 北方经贸（6）：36-38.
王春雨，任鹏飞 . 中俄农业合作潜力大 [N]. 农民日报，2005-08-16（3）.
王殿华，黄斗铉 . 2010. 俄罗斯粮食安全问题与中俄食品贸易 [J]. 俄罗斯中亚东欧市场（012）：12-17.
王辉耀 . 2009. 人才战争：全球最稀缺资源的争夺 [M]. 北京：中信出版社 .
王宁 . 2007. 中国与印度吸引外国直接投资的比较研究 [D]. 武汉：华中科技大学 .
王琦 . 2014. 中国农产品关税水平及结构分析 [J]. 世界农业（1）：100-106.
王沈阳，邢厚媛 . 中国对外投资合作发展报告 2014 [EB/OL]. http：//fec.mofcom.gov.cn/uploadfile/duiwaitouzihezuofazhanbaogao2014. pdf. 2015-12-07.
王维 . 2011. 俄罗斯调整木材出口关税的效应分析 [J]. 俄罗斯中亚东欧市场（2）：47-51.
未来科技：俄印巴西新兴之路 [N]. 经济参考报，2010-06-02（2）.
魏凤 . 2009. 俄罗斯粮食安全现状及其政策评价 [J]. 农村经济（8）：115-119.
吴殿廷，杨欢，耿建忠，等 . 2014. 金砖五国农业合作潜力测度研究 [J]. 经济地理（1）：121-127.
吴国松，朱晶 . 2013. 中国农业贸易政策调整与比较优势变动研究——加入 WTO 十年以来 [J]. 西北农林科技大学学报：社会科学版（1）：47-63.
吴国松 . 2012. 中国农产品进口非关税贸易壁垒量化研究 [J]. 经济经纬（5）：43-47.
吴佳珅 . 印度推出新的科技创新政策 [N]. 科技日报，2013-01-09（3）.
夏吉生 . 2004. 新南非十年土改路 [J]. 西亚非洲（6）：45-50.
向元钧 . 印度如何保护农业市场 [N]. 国际商报，2003-01-02（007）.
谢锋斌 . 2013. 印度矿产资源现状及形势分析 [J]. 中国矿业（8）：14-17.
新华网 . 于康震出席第四届金砖国家农业部长会议 [EB/OL].http：//news.xinhuanet.com/ politics/2015-03/16/c_ 127586704. htm. 2015-10-20.
徐丽，陈新，魏海蓉，等 . 2014. 俄罗斯粮食和农业植物遗传资源概况 [J]. 现代农业科技（1）：83-89.
徐明峰 . 2011. 全球农产品贸易与中国农产品国际竞争力研究 [D]. 大连：东北财经大学 .
徐玉波 . 2012. 农业利用外商直接投资对中国农业的影响 [D]. 北京：中国农业科学院.

许丹松 . 1999. 部分发展中国家农业利用外资政策及其启示 [J]. 国际经济合作 (7): 28-32.
许建芹 . 2010. 综论印度社会保障制度 [J]. 社会保障研究, 2011 (4).
许世卫, 信乃诠 . 2010. 当代世界农业 [M]. 北京: 中国农业出版社 .
许宪春 . 2014. 金砖国家联合统计手册 (2014) [M]. 北京: 中国统计出版社 .
杨军, 杨文倩, 李明, 王晓兵 . 2012. 中非农产品贸易结构变化趋势、比较优势及互补性分析 [J]. 中国农村经济 (3): 44-52, 67.
杨立华 . 2006. 南非社会保障体系中的社会救助制度 [J]. 西亚非洲, 2010 (9).
杨依杭 . 农业产业投资促进报告 2014 [R]. 2015-02.
张兵, 李翠莲 . 2011. "金砖国家" 通货膨胀周期的协动性 [J]. 经济研究 (9).
张超, 李哲敏, 董晓霞, 彭春燕 . 2014. 金砖国家农业发展水平分析——基于熵权法和变异系数法的比较研究 [J]. 科技与经济 (12): 42-46.
张超, 李哲敏, 董晓霞 . 2015. 金砖国家农业补贴政策 [J]. 世界农业 (7): 87-92.
张国强, 郑江淮, 崔恒虎 . 2010. 中国服务业发展的异质性与路径选择——基于 "金砖四国" 比较视角的分析 [J]. 世界经济与政治论坛 (4).
张怀波, 刘瑞涵 . 2010. 俄罗斯农业补贴政策之解析 [J]. 世界农业 (11): 53-55.
张雯丽, 翟雪玲, 曹慧 . 2013. 巴西、韩国、印度农业利用外资实践及启示 [J]. 国际经济合作 (5): 42-46.
张小瑜 . 2015. 世界农产品贸易结构变化与发展趋势 [J]. 农业展望 (1): 64-69.
张晓莲 . 2014. 金砖国家农产品国际贸易格局分析 [J]. 世界农业 (8): 123-129.
赵丽 . 2009. 中国和印度对外直接投资比较研究 [D]. 北京: 北京第二外国语学院 .
赵晓红 . 2013. WTO《农业协定》框架下中国与印度农业贸易政策对比研究 [D]. 太原: 山西财经大学 .
争旭 . 1995. 印度利用外资发展农业 [J]. 中国外资 (9): 53, 55.
郑焕斌 . 在可持续性基础上创造财富——南非的科技创新政策 [N]. 科技日报, 2005-12-28 (4).
支宏娟 . 2013. 中印利用 FDI 优化产业结构的比较研究 [D]. 成都: 西南财经大学 .
智建伟 . 2013. 中俄农业互补性合作研究 [D]. 哈尔滨: 东北林业大学 .
中国国家统计局 . 人口统计 [EB/OL]. http: //www. stats. gov. cn/tjsj/. 2015-09-20.
中国国土资源部 . 中国国土资源公报 [EB/OL]. http: //data. mlr. gov. cn/. 2015-10-11.
中国海关 . 2013. 中华人民共和国海关进出口税则 [M]. 北京: 经济日报出版社 .
中国经济网 . 南非对外投资非洲地区增速最快 [EB/OL]. http: //intl. ce. cn/specials/zxgjzh/ 201202/08/t20120208_ 23053517. shtml. (2012-02-08) 2015-12-05.
中国科协调研宣传部 . 南非科技人力资源的现状和发展趋势 . 中国科学技术协会网站 [EB/OL]. http: //www. cast. org. cn/n35081/n35668/n35728/n36419/11105294.html, 2009-02-25.
中国新闻网 . 金砖国家共议 "气候变化对粮食安全不利影响" [EB/OL]. http: //

www. Chinanews. com/gj/2013/10-29/5439365. shtml. 2015-10-20.

中华人民共和国国家统计局 . 2014. 金砖国家联合统计手册 [M]. 北京：中国统计出版社 .

中华人民共和国农业部 . 第五届金砖国家农业部长会议在莫斯科召 [EB/OL]. http：//www. gov. cn/xinwen/2015-10/11/content_ 2944996. htm. 2015-10-20.

中华人民共和国农业部国际合作司 . 第二届金砖国家农业部长会议共同宣言 [EB/OL]. http：//www. moa. gov. cn/zwllm/zwdt/201111/t20111109_ 2406567. htm. 2015-10-20.

中华人民共和国商务部对外贸易司 . 中国农产品进出口月度统计报告 [R/OL]. http：//wms. mofcom. gov. cn/article/ztxx/ncpmy/ncpydtj/200603/20060301783733. shtml. 2015-09-30.

中华人民共和国驻印度共和国大使馆网站 . 印度出台新的国家科技政策 [EB/OL]. http：// in. china-embassy. org/chn/gyyd/t1003207. htm. 2013-1-6.

中农发集团国际农业合作开发有限公司 . 南美地区农业投资环境 [EB/OL]. http：// www. caidco. com/en/index. php? a=newscon&id=357&oneid=132. 2015-12-07.

周柏春 . 2010. 中国科技政策发展的历程、战略重点、存在问题及其对策 [J]. 科技管理研究 (11)：21-23.

周丹，陆万军 . 2015. 中国与金砖国家间衣卢品贸易成本弹牲测皮与分析 [J]. 数量经济技术经济研究 (1)：20-35.

驻巴西联邦经商参处 . [EB/OL]. http：//br. mofcom. gov. cn/. 2015-12-05.

驻俄罗斯联邦经商参处 . 俄罗斯政府对农业补贴率达 13. 5%. [EB/OL]. http：// www. mofcom. gov. cn/article/i/jyjl/m/201309/20130900312791. shtml. 2015-12-05.

驻里约经商室 . 巴西农业补贴创历史新高 [EB/OL]. http：//riodejaneiro. mofcom. gov. cn/ article/jmxw/200707/20070704913098. shtml. 2015-12-05.

驻南非联邦经商参处 . [EB/OL]. http：//za. mofcom. gov. cn/. 2015-12-05.

驻印度联邦经商参处 . [EB/OL]. http：//in. mofcom. gov. cn/. 2015-12-05.

宗义湘，闫琰，李先德，等 . 2011. 巴西农业支持水平及支持政策分析——基于 OECD 最新农业政策分析框架 [J]. 财贸研究，22 (2)：51-58.

Agricultural Policy Monitoring and Evaluation 2015 [EB/OL]. www. oecd. org/tad/ agricultural- policies/monitoring-and-evaluation. htm. 2015-12-05.

Albert Wöcke，Linda Sing. Inward FDI in South Africa and its policy context [EB/OL]. http：// ccsi. columbia. edu/files/2014/03/South Africa IFDI - May 8 2013 - FINAL. pdf. 2015-12-07.

Alexey Kuznetsov. Outward FDI from Russia and its Policy Context，Update 2011 [EB/OL]. http：//papers. ssrn. com/sol3/papers. cfm? abstract _ id = 2337449. 2015 - 12-07.

Alma Alicia Bezares Calderón. Outward FDI in Brazil：A matter of economic.

ATHANASIOS ARVANITIS. Foreign Direct Investment in SouthAfrica：Why Has It Been So Low? [EB/OL]. https：//www. imf. org/external/pubs/nft/2006/soafrica/eng/pasoafr/

sach5. pdf. 2015-12-07.

Bo Xu. 2014. Foreign Direct Investment in Brazil and China: A Comparative Study [J]. International Journal of Business and Management, 9 (1): 35-42.

David Tarr, Natalya Volchkova. Russian Trade and Foreign Direct Investment Policy at the Crossroads. [EB/OL]. http: //www. krbcouncil. org/uploaded/webedit/pdf110703860. pdf. 2015-12-07.

Europe and Central Asia Food and Agriculture. Fao Statistical Yearbook 2014 [EB/OL]. http: //www. fao. org/3/a-i3621e/i3621e00. pdf. 2015-12-05.

FAO. FAOSTAT [EB/OL]. http: //faostat. fao. org/. 2015-09-15.

FAO. FAOSTAT [EB/OL]. http: //faostat. fao. org/. 2015-09-30.

Giews. Food Outlook [M/OL]. http: //www. fao. org/giews/english/fo/index. htm. 2015-10-10.

Hirofumi Arai. Foreign Direct Investment of Russian [EB/OL]. http: //www. ide. go. jp/English/ Publish/Download/Apec/pdf/2001 22. pdf. 2015-12-07.

Jan Strasky. What drives FDI toRussian regions? [EB/OL]. https: //www. dbresearch. com/ PROD/DBR INTERNET EN-PROD/PROD0000000000297573/What drives FDI to Russian regions%3F. PDF. 2015-12-07.

Kulwindar Singh. Foreign Direct Investment in India: A Critical Analysis of FDI from 1991-2005 [EB/OL]. http: //unpan1. un. org/intradoc/groups/public/documents/APCITY/UNPAN024036. pdf. 2015-12-07.

Mehmet Ögütçü. ATTRACTING FOREIGN DIRECT INVESTMENTFOR RUSSIA'S MODERNIZATION [EB/OL]. [2015-12-07]. http: //www. oecd. org/investment/investmentfordevelopment/1942539. pdf.

Pedro da Motta Veiga. Foreign Direct Investment in Brazil: regulation, flows and contribution to development [EB/OL]. http: //www. iisd. org/pdf/2004/investment countr report brazil. pdf. 2015-12-07.

Ron Sandrey. Foreign Direct Investment in SouthAfrica: the BRIC perspective [EB/OL]. http: //www. namc. co. za/upload/other trade publications/FDI% 20in% 20SA% 2020130222. pdf. 2015-12-07.

Srikant Misra. 2011. Study of Implications of FDI on Indian Economy [D]. Lucknow: Integral University.

Stephen Gelb, Anthony Black. Foreign Direct Investment in SouthAfrica [EB/OL]. http: //r4d. dfid. gov. uk/ pdf/outputs/cnem/drc07 south africa. pdf. 2015-12-07.

Stephen Gelb. Foreign Direct Investment Links between South Africa &China [EB/OL]. http: // www. tips. org. za/files/foreign direct investment links between south africa. pdf. 2015-12-07.

Thand institutional configuration [EB/OL]. http: //web. isanet. org/Web/Conferences/FLACSO - ISA% 20BuenosAires% 202014/Archive/fbf46b9f - 95f0 - 4aa2 - b9ab - 60b89d693598. pdf. 2015-12-07.

THE HINDU. India among top 10 FDI recipients［EB/OL］. http：//www. thehindu. com/business/Economy/india - among - top - 10 - fdi - recipients/article7350866. ece. 2015 - 12-07.

The Moscow Times. Russia is No. 3 in Attracting Foreign Direct Investment［N］. 2014-01-29.

The World Bank Moving Out of Poverty in Northeast Brazil 2010.

United States Trade Representative. Report on Russia's Implementation of the WTO Agreement［EB/OL］. http：//www. ustr. gov/sites/default/files/Russia WTO Implementation Report%20FINAL-12-20-13. pdf.（2013-12-26）2015-12-05.

WTO. WTO 数据库［EB/OL］. http：//stat. wto. org/Statistical Program/WSDB Stat Program Home. aspx? Language=E. 2015-09-30.

www. fmprc. gov. cn/ce/cein/chn/gyyd/t1003207. html，2013-01-06.

Yunyun Duan. FDI in BRICs：A Sector Level Analysis［J］. International Journal of Business and Management，2010，5（1）：46-52.